CENGAGE Learning

上海市二类高原学科
（应用经济学科商务经济方向）

西方商务经济学名著译丛
Economics For Business

商务学

（第12版）

[美] 威廉·普赖德（William M. Pride）
罗伯特·休斯（Robert J. Hughes） 著
杰克·卡普尔（Jack R. Kapoor）

李育冬 等译

U1052901

Business

復旦大學出版社

译　序

教育部2012年颁布的最新《学科目录》中，经济学学科门类下新增设了商务经济学(Business Economics)专业，这无疑对“以商立校”的上海商学院来说，是一个非常好的发展契机。商务经济学在国外是非常重要的学科，国内目前还未有高校将商务经济学作为发展的主力学科。在上海“四个品牌”和“五个中心”的建设过程中，商务经济发展的重要性不言而喻，我校正是认识到此，希望通过商务经济学科的建设，满足商务经济方面的各种需求，实现与国际接轨，这对于我校教学与学科发展的意义重大。我校的商务经济学是全国第二批批准增设的专业学科，同时也是上海目前唯一开设商务经济学本科专业的高校。经过数年发展与积累，我校的商务经济学建设在学科队伍、发展方向、科研成果、学术环境等方面已经取得了诸多的经验与成绩。

商务经济学院是我校以商务经济学为重点发展方向建立的二级学院，学院已经形成了一支以中青年专业教师为骨干的创新创业型人才团队，该团队在教学、科研、人才培养、社会服务等方面取得了令人瞩目的成绩。这本《商务学》译著正是该人才团队依托我校高峰高原学科(应用经济学科——商务经济方向)取得的成果，同时也是学院酝酿已久计划出版的商务经济系列译著之一。

《商务学》这本教材由美国三位知名教授编写，他们不仅拥有深厚的学术理论功底，同时也具备在大型商贸企业任职的经历，该书从首次出版至今已有十二版，成为了北美商学院有关商务经济学的主要教材之一。该书围绕商务环境、商业结构、管理和组织、人力资源、市场营销、电子商务、金融与投资七大主题对商务经济进行了全面的讲解。除了全面的文字表达外，还配有精美的图片、视频、教案以及课后练习，学生除了使用纸质版的书本外，可以免费登录该书的指定网站进行24小时的学习。从难度上看，该书定位于高年级本科生或者商学院的研究生。

结合目前国内商务经济学的发展情况，在教学体系中，“商务经济学”这门学科必修课始终没有较为成熟的教材。因此，学院集中力量翻译这本国外流行的商务经济学教材，一方面是想将这本译著作为目前商务经济学课程的教材使用，另一方面也旨在让其起到一个抛砖引玉的作用，为全国高校从事商务经济学教学的同仁们编写商务经济学教材打下基础。

本书翻译分工：第一部分由李育冬负责翻译，第二部分由唐旭茂负责翻译，第三部分由刘倩负责翻译，第四部分由孙迪负责翻译，第五部分由李成彬负责翻译，第六部分由缑长艳负责翻译，第七部分由梁爽负责翻译。

李育冬

上海商学院

2018 年 8 月 30 日

致读者

亲爱的商科学生们：

你们是如何定义成功的？一些人认为，成功就是高薪工作、升职和经济保障。一些人则认为，成功意味着找到工作时间与个人时间之间的和谐平衡。无论你如何定义成功，也无论你个人的目标如何，我们撰写此书的目的只有一个：帮助你在当今竞争激烈的商业世界中取得成功。

我们认为，成功的衡量不仅仅是看你在学期末获得多少分数，还要看你如何使用本书中的信息和概念来为更美好的生活打下基础。在开始阅读本书时，就要记住一件重要的事情。商务课程不一定是很难的。事实上，商务学习以及学习如何获得成功的过程是有趣的。为帮助你获得成功，在本次版本的《商务学》中我们更新了内容和信息，这些内容和信息不仅能帮助你取得更好的分数，而且能帮助你实现个人的目标，并获得成功的人生。

我们努力确保在每一章节中都有一定的内容能够帮助你理解商业世界，并成为一名优秀的员工、一个明白的消费者，甚至是一位成功的老板——如果这是你的梦想。书中增添的所有新的特色内容进一步强调了成功主题，包括职业成功、道德失败或成功、创业成功和成功之道。你也可以使用章节总结、复习题、讨论题、案例题来巩固重要的概念。

我们对与本书配套的"课程伴侣网"网站尤其感到骄傲。该网站上含有更多的学生学习活动以及电子书——均为你量身设计，帮助你体验成功。对于最先进技术的追求者们，这里有配套的其他在线方案，包括 MindTap 和 CengageNow。多种多样的学习活动（均为你量身设计帮助你体验成功）可在 CengageBrain.com 上获得。你可以从中找到：

- 互动测试题
- 学生 PPT 幻灯片
- 视频链接

- 章节音频回顾
- 游戏和填字字谜
- 互动抽认卡

敬请检验，普赖德、休斯、卡普尔是如何在本书中通过视觉引导帮助你学习商务，帮助你不仅在职业上而且在人生中获得成功。

著　者

致：南茜、艾伦、迈克以及查理·普赖德

致：我的妻子佩吉以及我的母亲芭芭拉·休斯

致：我的妻子特丽萨；我的子女凯伦、凯瑟琳和戴夫；
并纪念我的父母拉姆和希娜·卡普尔

目　　录

第一部分
商务环境

第四部分
人 力 资 源

第五部分
市 场 营 销

第一部分

商务环境

在《商务学》的**第一部分**，我们将首先分析商业世界环境以及经济是如何影响我们生活的。然后，我们将讨论影响企业和社会的道德与社会责任问题。最后，我们探讨国际商业越来越重要的作用。

第 1 章

探索商务和经济世界

学习目标

1. 讨论要在商务世界中获得成功，你必须做些什么。
2. 定义商务，并确定潜在的风险和回报。
3. 定义经济，并描述两种经济体制：资本主义经济和指令性经济。
4. 确定衡量经济表现的两种方法。
5. 分析典型商业周期中的不同阶段。
6. 概括四种竞争类型。
7. 总结影响商务环境的因素以及美国商业未来将面临的挑战。

商界报道

Zynga 聚焦商业

Zynga，以其创始人的美国牛头犬命名，是目前一批社交媒体中全球性飞速增长的游戏背后的快速发展企业。如果你玩过"开心农场"你应该知道 Zynga 游戏多么容易上瘾。尽管"开心农场"游戏的开发与上线仅用了 6 个星期，但是它立即激发了几百万玩家的想象力，登录脸谱网账号开始种树或与"邻居"交换种子。Zynga 其他颇受欢迎的游戏还有"开心城市""开心城堡"以及"填字游戏"。

Zynga 创始人及 CEO Mark Pincus，是哈佛大学 MBA，也是一位经验丰富的企业家。在 Zynga 之前，他已创办四家其他类型的网络企业——并从中成功赚取数百万美元。2007 年，他想到创办一个游戏企业，在游戏中玩家可以通过连接朋友来获得成功（想一下"开心农场"里面的"邻居"），并且通过购买特殊道具（例如，虚拟拖拉机和牛）来获得竞争优势。

现在，当世界范围的玩家购买数字拖拉机和牛，他们可用真实货币支付，这也是为什么 Zynga 的利润是真实的。事实上，这如此真实，以至于根据其追踪记录，Zynga 能够在 2011 年 12 月上市并销售其公司股份。

随着 Zynga 业绩的持续增长，Pincus 和其公司的管理者们通过提供员工福利不断地保持员工对公司的满意度，例如：假期惊喜以及尽可能舒适的办公环境。和许多其他高科技公司一样，Zynga 提供免费午餐和晚餐。在旧金山的公司总部，允许员工带上宠物狗上班(并且还能获得免费狗粮)，员工可以在公司美味咖啡供应点拿取一杯现煮的浓缩咖啡，在公司禅式风格茶坊喝茶，在公司健身房锻炼，或休息一会儿，到公司休息区玩一下电竞游戏。

在如今的快节奏商业环境中，人们现在谈论和点击的在线游戏可能在新事物进入市场后即被淘汰。因此，为使 Zynga 保持持续的成功，Pincus 以及他的整个团队一直在共同努力。[1]

哇！我们所生活的世界多么富有挑战性。等一下，思考下列经济问题，并想一想它们是如何影响到你、美国的商业以及全球经济的。

- 美国的失业率徘徊在 8%左右；
- 焦虑的顾客减少支出；
- 政府增加开支刺激经济却导致美国历史上最大的国家负债；
- 不稳定的股票市场和对银行及金融机构的担忧；
- 改革运动，包括“占领华尔街”运动抗议贫富差距。

事实上，世界上的每个人都不同程度地受到了 2007 年年末开始的经济危机的影响。尽管美国政府以及其他国家政府采用不同经济刺激手段来稳定经济，但这至少需要近四年的时间才能改善经济。当前，虽然已经有了某种程度上的改善迹象，人们对于他们的经济未来和国家未来仍然感到担心。幸运的是，在你阅读此段内容的时候，国家的经济已经很大程度地得到了加强。然而，仍然不要忘记那句老话，“历史是我们最好的导师”。无论是国家还是个人都应分析一下问题之所在，从而避免将来再犯相同的错误。

另外，我们应记住一点：我们的经济在不断地调整和变化以适应不断变化的世界的挑战，并不断地向追求成功的人提供机遇。我们的经济体系提供了极大的自由度，从而使得像 Zynga 这样的企业(本章“商界报道”中的网络游戏公司)能够适应不断变化的商业环境。尽管在经济困难时期经济萧条，Zynga 及其 3 000 名员工获得了成功，因为他们能够引入玩家们喜爱的新游戏，获得利润，并上市。

“企业所有人可以生产他们所选择的任意合法产品或服务，并以他们自己定位的价格尝试出售，虽然具有一定的限制，但主要是强制确保公共安全”，我们称这种商业体制为**自由企业**。在这种商业体系下，由个人来决定生产什么、如何生产以及以何价格销售。我们的自由企业体制确保了，像亚马逊这样的网络平台能够销售任何商品，从电视、玩具和工具到计算机、照相机和服装。我们的体系赋予了亚马逊的所有人以及股东从其企业的成功中赚取利润的权利，赋予了亚马逊管理层与邦诺书店(Barnes & Noble)以及电子巨头索尼相竞争的权利,同时也赋予了你选择的权利。

本章中,我们将简要地分析什么是商业以及它是如何发展的。首先,我们将讨论要想在商业中获得成功,你必须要做些什么,并且我们将探索学习商业机构的重要原因。然后,我们将定义什么是"商业",分析商业机构是如何满足顾客需要并赚取利润的。我们将分析资本主义和指令性经济是如何回答四大基本经济问题的。之后,我们的重点将转移到世界各国是如何衡量经济表现的、一个典型商业周期的各个阶段以及四大竞争类型。之后,我们将回顾帮助塑造当今商业体系的几大事件、当前商业环境以及企业所面临的挑战。

1.1　在不断变化的商业世界中你的未来

此标题中的关键词是"不断变化"。在同时面临经济问题以及愈演愈烈的竞争(不仅来自美国国内还有位于世界其他国家的国际公司)时,员工和管理者开始提出这个问题:"我们现在要做些什么?"虽然这个问题很普通,但是确实很难回答。当然,对于一个正在学习商学课程的大学生或者一个刚刚开始职业生涯的员工来说,这个问题更难回答。然而,对于愿意努力工作、坚持学习并具有适应能力的人们来说,机会仍然存在。让我们以三个基本理念来开始本部分内容的讨论。

- 你想要什么?
- 你为什么想要?
- 写下来!

这是 Joe Dudley,世界上最受尊敬的黑人企业家之一,在一次国家级电视脱口秀上给予所有想在商业中取得成功的人们的建议。Dudley 的厉害之处在于,他在他家的厨房里创办了他的一个制造企业,并由他的妻子和孩子们作为这个新公司的员工。他随后发展了属于他自己的护发和美容产品生产线,并直接销售给美国境内的美容师、理发师、美容学校和消费者以及 18 个其他国家。如今,Dudley 先生拥有一个价值数百万美元的帝国——美国最成功的少数民族所有企业之一。他不仅是一个成功的企业家,还是霍雷肖·阿尔杰奖的获得者——该奖是授予在逆境中获得成功的杰出个人奖项。[2]

当然,有些人会说,Joe Dudley 是因为幸运或刚好处于合适的时间与合适的地点,但事实是,他有过一个梦想,并通过艰难的努力实现了他的梦想。如今,Dudley 的愿望是看到人们成功——实现"美国梦"。他会第一个告诉你,你有着与他曾经拥有的相同机会。按照 Dudley 先生自己的说法,"成功是一次旅程,而不仅仅是一个目的地"。[3]

无论你是想找份兼职工作来支付你的学费和生活费,还是想开始你的职业生涯找份全职工作,还是创业,你必须要拿出点东西来让你和其他人不一样。现在的雇主与我们的经济体系比之前任何时候的要求都要更高。问问你自己:我能够做些什么从而使得雇主愿意向我支付薪水？我拥有什么技能是公司所需要的？带着这些问题，我们以另外一个问题来开始下一部分的议题：为何学习商业？

1.1.1 为何学习商业？

高等教育的潜在利益是巨大的。首先是经济利益。大学生的平均收入要比高中生多出很多。大学生一生的收入要高很多，年收入金额也是如此（见图 1.1）。除收入高之外，你将发现学习商业的另外至少五个强烈的原因。

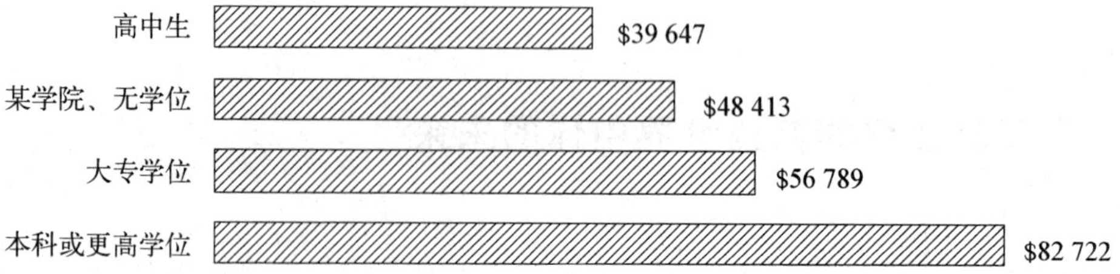

图 1.1 谁挣的钱最多？

注：教育改变人生。美元金额代表的是全职工人的平均工资。
资料来源：2012 年美国统计摘要。网址：www.census.gov，2012-01-10。工资金额来自表 692。

为帮助选择职业 在你以后的生活中你想做些什么？在你生活的某个阶段，很可能已经有人问过你这个问题了。和其他人一样，你或许觉得这个问题很难回答。本教程将向你介绍宽阔广大的职业机会。在私有企业中，从小型、当地的个人所有企业到像美国运通和万豪国际这样由几千位股东所有的大型企业，因规模不同，其职业范围不同。在联邦州、市、地方政府以及像红十字会和救助儿童会这样的慈善机构中也有各种就业机会。为帮助确定哪种职业适合你，请阅读附录 A：《商业中的职业》，详见本书网站。

查看该内容请：

1. 登录 www.cengagebrain.com。
2. 在 CengageBrain.com 主页的上方搜索你要找的书的 ISBN 编号（本书英文版 ISBN 编号为 978-1-133-59585-4）。这样你就可以找到该产品页面以及免费的配套资源。

职业成功

用数字荣誉勋章来炫耀你的才艺吧

下一代的荣誉勋章将以像素来代替织物实物，带来新的可能性——数字勋章使得你能够在你的网站上或脸谱页面上展示你的才艺，目的是鼓励学生、职业变换者、退伍军人以及各个年龄段的学习人士获得或改进在其职业发展和生活中具有帮助性的技能。无论你是刚刚踏入职场还是想要尝试一个新的领域，不妨看一看数字荣誉勋章能够为你提供些什么。

麦克阿瑟基金会正在与像史密森尼以及美国退伍军人事务部门这样的机构合作，通过其“终身学习勋章”项目来鼓励和认可各个领域的技能素质。

其中有金融素养勋章、工程设计勋章、电影摄制勋章、数学能力勋章、自然历史勋章以及军事经验勋章。“这些勋章是通过另一种方式来讲述你是谁以及你知道些什么，”麦克阿瑟基金会的一个管理者如此解释。

康涅狄格州的TopCoder公司，向在其国际编程竞赛活动中的高分获得者颁发数字勋章（和奖励现金）。国家航空和航天局已经和美国童子军以及美国女童子军联合颁发机器人学方面的勋章。你将来会有一个数字荣誉勋章吗？

资料来源：Eisenberg A., For Job Hunters, Digital Merit Badges[N]. NewYork Times, 2011-11-20, 03; Sam Kilb S., Credential, the Next Generation[N]. New York Times Education, 2011-11-06, 10; Katz L., Boy Scouts Can Now Earn Robotics Merit Badge[N/OL]. *Cnet News*, http://news.cnet.com, 2011-04-10.

除附录A中的职业信息外，还有许多提供有关职业发展信息的网站。要了解更多信息，请访问以下网站：

- www.careerbuilder.com
- www.careeronestop.org
- www.monster.com

要提高你自身的职业高度，你也可以通过使用网络来促进职业发展。像脸谱网、推特网、领英等社交媒体网站能够帮助你获得招聘信息、使潜在的雇主能够找到你，并让你给当前或今后的老板留下好的印象。要最大限度地利用在线网络，首先从鉴别和加入你能够与潜在雇主、往届同学，以及拥有或知道招聘信息的人们建立联系的网站开始。然后，确保你的在线简历、图片和朋友圈内容适当且无不良信息。最后，做好准备，在你获得招聘信息时能够立即回应。

当你在考虑什么是你的理想职业的时候，要记住一件事情：一个人对职业的选择最终将是他或她的价值观的体现。使得一个人感到满意的事情不一定能让另一个人也满意。例如，有个人或许梦想成为一个企业高管，并在30岁之前成为一个百万富翁，而另一人或许对金钱回报的要求并没有那么高，但是他希望他的事业能够有机会帮助他人。你人生所选择从事的事业是建立在你感觉最为重要的事情之上，而你本身是该决定非常重要的部分。

做一名成功的员工　决定你想从事的职业类型才仅仅是第一步。要在你选择的领域获取一份工作并取得成功，你需要制定一个计划或发展规划，确保你拥有该工作所需要的技能与知识。同时，你还应具有在劳动力文化多样性的环境中与他人良好协作的能力。

文化(或工作环境)多样性是指劳动力种族、民族和性别的不同。通过你的这些技能、你对美国商业体系的认知以及工作环境文化多样性的适应,可以让你在与潜在雇主面试时拥有内在优势。本课程、你的导师以及你所在高校或大学所有可取资源能够帮助你获得职业成功所需的技能和知识。然而,不要低估你实现梦想的自身能力。除工作相关的技能和知识之外,你还需要在具体工作上取得成功,雇主在雇用新员工或晋升员工时也会看员工是否具有以下优点:

- 诚实守信
- 工作努力
- 独立
- 时间管理技能
- 积极
- 愿意学习
- 交流技能
- 职业精神

雇主同样感兴趣的是,你曾经在暑假或勤工俭学时有过怎样的协同工作/学校活动经验。这些因素在你应聘你真正想要的工作时是很重要的。

提高你的管理技能 通常,管理人员和主管是由普通员工晋升上来的。事实上,很多员工都想成为管理人员,因为管理人员的工资更高。虽然管理职业的回报比较明显,但其为获得更高工资所需要付出的时间和努力并非所有人都能看到。在起步阶段,雇主对管理人员和主管的期盼会比之前的任何时候都要更多。通常高负荷工作量对经理人的工作时间要求会很长,并且大多数是不支付加班工资的。经理人面临着经济危机造成的更多难题、更激烈的竞争、裁员、要求提高质量和公司资源的利用效率。

要成为一名合格的管理人员,必须具有履行四大基本管理功能的能力:计划、组织、领导和激励、控制。这四个主题将在第6章“理解管理过程”中进行讨论。要成功履行这些管理功能,管理人员必须具有以下四种非常重要的技能。

- 人际技能——与公司内部员工、其他管理人员以及公司外人员进行有效沟通的能力。
- 分析技能——正确识别问题、制订合理替代方案并能选择解决问题的“最佳”方案的能力。
- 技术技能——完成组织机构内正在进行的某种具体工作所需要的技能。虽然管理人员或许不直接执行该项技术任务,但是他们应具有给员工进行培训和回答技术问题的能力。
- 概念性技能——能够进行“宏观”抽象思维的能力。概念性技能能够帮助管理人员理解组织机构或方案的各个部分如何才能结合在一起。

除上述四种技能之外,一个成功的管理人员还应具有作为一个普通员工获得成功所需的许多相同品质。

自己创办企业　有些人选择为自己工作,并创办自己的企业。要获得成功,企业创办者们必须拥有成功的员工所具有的许多相同品质,并且他们必须愿意努力并进行长时间的工作。

同样,如果你所创办的小企业能够提供顾客想要的某种产品或服务,那也是有帮助的。例如,Demiforce 软件开发公司的 CEO 和创始人 Steve Demeter,以为苹果公司 iPhone 制作 Trism 应用程序开启了他的职业生涯。Trism 的发行立即产生了轰动,在苹果应用程序商店上线的前两个月以 $4.99 的价格销售了 50 000 份。现在 Demeter 和其 Demiforce 公司的员工发挥运用工作中的各种创意,齐心协力,目标统一:创造人们想要的游戏和应用程序。[4]然而,不幸的是,许多小型企业都无法获得成功:在前十年大约有 70%会失败。企业失败的典型原因包括资金不足(金钱不足)、企业位置差、客服差、员工不合格或未受培训、受骗、缺乏适当的商业计划、未能寻求外界专业援助。第 5 章中"小企业、企业家才能以及加盟"和其中所精选的话题与例子等材料将帮助你决定你是否想自己创办企业。这些内容同时也能帮助你解决上述的许多问题。

做一个明白的消费者和投资者　我们生活在商业世界之中。不参与商业交易你就无法购买房子、无法从福特经销商那里购买一辆新的福特混合动力汽车,无法从 Gap 公司购买一条牛仔裤,也无法从街道小摊上购买一个热狗。因为,毫无疑问,几乎你每天的生活中都会进行商业交易。因而,学习商业的一个非常充分的理由就是做一个彻底明白的消费者。很多人也会依据对商业的基本理解来帮助他们对未来进行投资。Julie Stav,一位拉美裔的作家(股票经纪人出生)/广播名人,说过:"带上 25 美元,加上动力和决心,然后看着它翻倍成为帝国。"[5]《你的股份》一书的作者认为,在投资你的金钱之前,学习关于经济和商业的基本知识、公有基金以及其他知识是有必要的。她同样认为,投资越早越好。当然,发财不是靠做梦。事实上,就像生活中的很多方面一样,建立能助你实现经济目标的投资类型需要计划和决心。

1.1.2　给商业学生的特别提示

在开始阅读本书内容时,要记住一件事情:商业课程不一定难。我们已经竭尽所能的消除了你在课堂上遇到的典型问题。本书每章中的特色内容均经过有多年教育经验的教育者们评估和推荐。另外,我们还曾邀请过商业学生参与对每章内容进行过评判。根据反馈,本书具有以下特色内容:

- 每章内容的开头会有学习目标。
- 商界报道是引入章节内容的案例,强调并详细介绍了获得成功的企业是如何做生意的。
- 每章会从"职业成功""创业成功""道德成功或失败"以及"成功之道"中选择其中两个栏目,着重强调员工和创业者们是如何获得成功的。

- 每章中有两个个人应用内容，为学生提供专门的例子和解释，从而帮助你能立即掌握和理解该部分材料。
- 维护地球栏目提供了关于公司致力于保护环境方面的信息。
- 社交媒体讲解了公司与个人是如何使用社交网络和社交媒体网站的。
- 章末材料包括有关于引入章节案例的提问、本章总结、关键词、复习题和讨论题，以及两个案例。

除书中正文内容外，还有一系列的学生配套内容有助你探索商业世界。我们对与本书配套的网站的设立尤为骄傲。在该网站上你可以找到在线学习帮助，如互动测试、重要术语和定义、学生PPT幻灯片、字谜游戏以及每章的视频链接。如果你想看一下本《商务学》版本配套的网上材料：

1. 登录 www.cengagebrain.com。

2. 在 CengageBrain.com 主页，使用页面上方的搜索引擎搜索书本的 ISBN。这样你就可以找到书本网站和免费的配套资源。

作为本书的作者，我们希望你能够获得成功。我们明白时间对你的价值，并且你的时间表上排满了许多不同活动。我们也理解本书价格不菲。因此，我们希望本书对你有用并且能从你的投资中获得最大回报。为帮助你在学习本书时有个好的开始，我们在表1.1中提供了一系列的建议，帮助你发展有效的学习技能和对本书的运用。

表 1.1 运用本书及其资源的七种方法

1. 课前准备	提前准备是在生活中许多方面取得成功的关键。提前准备有助于你对课堂的参与、提问以及提高你的考试成绩
2. 阅读	虽然阅读是太明显不过的一个建议了，但是往往很多学生从不花时间真正地阅读。找一个安静的空间，远离嘈杂，花上足够的时间做一个“内容专家”
3. 划线或标记重要理念	将书本内容变成你自己的。不要害怕在你的书本上写一写、划一划，或将重要的内容标记出来。突出重要的概念将会使得你在复习时较为轻松
4. 记笔记	在阅读时，花点时间记下重点并用你自己的语言进行总结。同时，在上课时要记笔记
5. 理念的应用	如果你能将学习内容在你真实生活中实践，那么，学习起来总会更轻松。想一想你现在或将来应如何应用书本中的材料
6. 练习批判性思维	测试一下书本中的材料。这些概念有道理吗？进行批判性思维技能训练，请回答与每章末案例所提出的问题。同样，“为职业成功建立技能”中的许多练习均要求批判性思维
7. 考试准备	在考试前投入足够的时间复习。注意每章末的总结和复习题。然后，注意运用书本网站上的资源

请仔细阅读上述建议并利用这些建议来帮助你在学习中获得成功并获得更高的分数。记住 Joe Dudley 说的话,“成功是一次旅程,而不仅仅是一个目的地”。

书本永远是由它的使用者——学生和导师来评估的。如果你有任何意见和建议,我们将非常欢迎并表示真挚的感谢。你可以通过下方的任意一个邮件地址来联系我们:

w-pride@tamu.edu, bhughes@dcccd.edu, kapoorj@cod.edu。

1.2　商业:定义

商业是指以获取利润为目的,人类生产和销售满足社会需求的物品或服务所进行的有组织的努力。广义上的商业是泛指一个社会中的所有此类努力(如“美国商业”)。然而,狭义上的商业即企业,指某个具体组织机构,如 Kraft 食品公司,或 Cracker Barrel 老乡村店。要获得成功,企业必须具备三大特点:有组织、满足需求、盈利。

1.2.1　人类有组织性的努力

组建一个企业必须整合四种资源:物质、人力、经济和信息。**物质**资源包括制造过程中以及建筑和机械中所使用的原材料。例如,莎莉集团(现在是 Hillshire Brands 旗下公司)需要用面粉、糖、黄油、鸡蛋以及其他原材料来生产其在世界范围内销售的食物产品。另外,这个伊利诺伊州的企业还需要人力、经济和信息资源。**人力**资源是指向机构提供劳动力换取工资的人。**经济**资源是指支付员工工资、购买材料以及综合维持机构运营所需的金钱。**信息**资源是告诉机构管理人员如何有效地整合和利用另三种资源的资源(见图 1.2)。

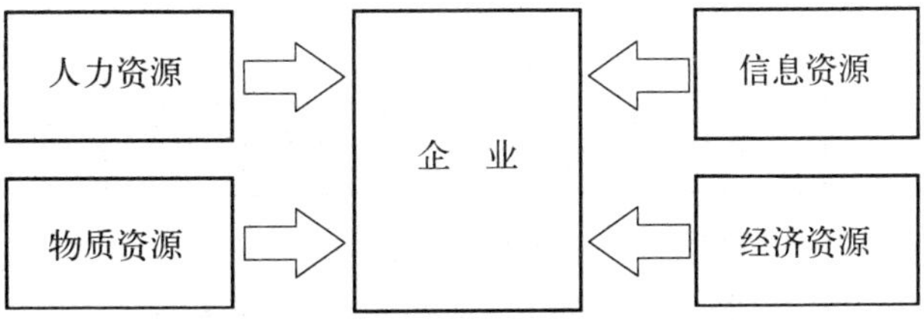

图 1.2　整合资源

注:要获得成功,一个企业必须有效整合所有四种资源。

今天,企业通常可分成三大类。**服务业**提供服务,如理发店、法律顾问、税务咨询。H&R Block 公司在美国、加拿大和澳大利亚提供税务咨询、小额银行业务以及各种商业咨询和顾问服务。**制造业**将各种材料转化处理成有形商品,如送货卡车、毛巾、计算机。例如,英特尔公司生产计算机芯片并销售给生产计算机的公司。最后,有些公司被称为**营销中介**,他们从生产商那里购买产品并进行再次销售。索尼公司是生产立体声设备、电视机以及其他电子产品的制造商。这些商品可能会销售给百思买或沃尔玛这样的营销中介，然后由他们在其零售商店再次将这些产品销售给消费者。

1.2.2 满足需求

所有公司的最终目标肯定是满足顾客需求。人们购买物品和服务并非简单的为了拥有它们；人们购买物品和服务是为了满足他们的具体需求。有些人可能觉得他们最想要的交通工具是一辆配有空调、导航系统、立体声系统、制冷和制热座椅、自动挡位、电动车窗以及带远程控制外后视镜的宝马轿车。有些人可能认为一辆手动挡的雪佛兰索尼克就可以了。这两种产品对于它们的需求者来说都可以拥有，另外，还有多种多样的其他产品可以满足其他人的交通需求。

如果公司忽视了客户的需求，他们很可能会意识到前路艰难。相反，如果公司理解他们的顾客需求并努力满足这些需求，那么，他们通常就能成功。1962 年，Sam Walton 在阿肯色州罗杰斯创立了他的第一个打折商店。虽然起初的这家商店跟你今天看到的沃尔玛超级市场有着很大的区别，但其基本理念"为顾客提供服务，并低价销售顾客需要的物品"却是该公司能成长为世界上最大零售商的原因的一部分。沃尔玛在包括美国在内的 28 个国家拥有 10 000 多家商店，这个获得巨大成功的打折商店公司仍在不停地开办新店以满足其全球范围内顾客的需求。[6]

1.2.3 商业利润

企业以其物品或服务从顾客那里换取金钱（销售收入）。同样，它也必须支付与营业相关的成本费用。如果一个公司的销售收入大于其成本费用，那么，公司就是盈利的。更具体的讲，见图 1.3，**利润**等于销售收入减去所有的营业成本。

销售收入	
营业成本	利 润

注：利润等于销售收入减去所有的营业成本。

图 1.3 销售收入与利润之间的关系

由于公司的营业成本大于销售收入，导致利润为负数时，称为**亏损**。任何一个企业不可能无止境地一直亏损运营。管理层和员工必须寻求方法提高销售收入并减少成本费用来回到盈利状态。如果不采取具体措施来消除亏损，那么，公司可能就会被迫关门或破产。虽然许多人（特别是股东和公司所有人）认为利润是公司的本质底线或最重要的目标，但利益攸关者却可能看重的是公司的社会责任情况。**利益攸关者**是指受组织机构的政策、决定和活动影响的不同人群或各类人群。例如，许多股份公司在年度社会责任报告中公布其在维护地球、参与绿色生态活动以及帮助提高人民生活质量方面的内容时十分谨慎。通用磨坊公司在其社会责任报告中公布了其在 2010 年在包括对美国和世界各地饥饿灾区的援助以及对非营利性组织的资助等方面贡献了 1 亿美元，比 2009 年增加了 10%。[7]虽然股东和公司所有人有时会争论，公司在慈善方面的贡献支出可能实际上是被用作支付股东红利或公司所有者的投资回报了，但事实上，大多数具有社会责任的企业公司认为承担社会责任是一件正确的事情，并且对企业有利。

企业所获得的利润成为企业主的财产。因此，在某种意义上，利润是企业主因生产和提供客户需要的产品和服务而获得的报酬。同样，利润也是企业主因承担企业所有权方面的风险所获得的报偿。其中一种风险就是可能收不到报偿。除企业主外的所有其他人（员工、供应商、贷方）都必须在企业主之前获得报偿。

企业主承担的另一种风险是，他们有可能失去他们投入的一切。无法盈利的企业是很有可能失败的，一旦企业失败，则企业主将会失去他们所投入的一切金钱、精力和时间。

要满足社会需要并获取利润，企业的经营必须在国家经济体系的框架范围内进行。在接下来的内容中，我们将定义经济学，并讲解两种不同类型的经济体系。

1.3　经济体系的种类

经济学是研究如何创造和分配财富。其中，**财富**是指“任何有价值的事物”，包括企业生产和销售的产品和服务。如何**分配财富**，简单地说，就是“谁得到什么”。经济学专家通常会用经济学来解释我们的选择决定，以及随着我们日常生活需求的不同，我们的选择是如何变化的。简单地说，个人、企业、政府和社会必须做出决定，反映在特定时间对每个群体什么才是重要的。例如，假设你周末想要去一个独特的度假胜地，同时你又想参与一个投资项目。但由于经济原因，你无法将两种想法都实现，那么，你必须决定哪种更为重要。企业公司、政府，甚至是社会都面临着同样的抉择。每个群体在做出重要决定时都必须应对不足的情况。这里的**不足**，意味着“缺乏资源”（金钱、时间、自然资源等）来满足需要和需求所需的资源。

创业成功

建立一个价值百万美元的 App 企业

Nick D’Aloisio，居住在英格兰伦敦南部，在他 12 岁时开创了他的第一个苹果手机 App。在创办两个 App 以后，D’Aloisio 对一个新的 App 的想法使他跻身成为 App 企业世界的主力联盟中的一员。

D'Aloisio 在网上搜索有关学期论文信息时发现他在确定每个网页内容的时候花费了大量的时间。为了提高速度，他研究出了一种新的算法可以将重点总结成几个字。他将这个 App 命名为 Trimit，发布在苹果应用程序商店上以每次下载 99 美分的价格出售，并在发布后的头三天就赚取了 1 600 美元。

为了促进 Trimit 的发展势头，D'Aloisio 决定将其免费。App 的下载量急剧上升，并吸引到了维港投资（一家进行企业投资的公司）的注意。维港对该 App 的商业注资 250 000 美元，将其重新命名为 Summly，并在几个月后重新上线。Summly 仅在第一周就成功获得了 30 000 次的下载量，从而使得 D'Aloisio 建立一个价值百万美元 App 企业的目标即将实现。

资料来源：Wakefield J，British Teenage Designer of Summly App Hits Jackpot[N /OL]. *BBC News*，www.bbc.co.uk，2011-12-08；Olson P，Teen Programmer Hopes to Make a Million from A.I. App[J /OL]. *Forbes*，www.forbes.com，2011-01；Eaton K.，The 15-year-old Creator of the Trimit App Makes Regular Old Entrepreneurs Seem Like Slackers[N /OL]. *Fast Company*，www.fastcompany.com，2011-08-11.

今天，专家们通常通过两种视角来研究经济问题：微观经济学和宏观经济学。**微观经济学**是指对个体和企业的决策的研究。例如，考察房屋的价格是如何影响个体的购买量的。另一方面，**宏观经济学**是对国家经济和全球经济的研究。宏观经济学考察国家收入、失业率、通货膨胀、税收、政府支出、利率等因素对一个国家和社会的经济效应。

个体、公司、政府和社会的决定和决策以及人们对财富的创造和分配的方式决定了一个国家的经济体系种类或**经济**。

多年来，世界经济体系的本质区别体现在两方面：(1) 生产要素的所有权；(2) 不同的体系是如何在四大基本经济问题上引导一个国家的经济活动的。

生产要素是指生产物品和提供服务所利用的各种资源，包括以下四种范畴：

- **土地和自然资源**是指生产活动过程中用来制造家电、汽车和其他产品的要素，通常包括原油、森林、矿物、土地、水和空气等。
- **劳动力**是指生产物品和提供劳务所付出的时间和精力，包括人力资源，如管理人员和员工等。
- **资本**是指组织运用中所使用的金钱、设施、设备和机械。虽然对大多数人来说，资本即意味着金钱，但是它还可以指佩珀里奇农场生产设施里的生产设备或者麦当劳公司办公所用的一台电脑。
- **企业家才能**是指组织土地、劳动力和资本的才能，是自愿从事生产活动并有效利用其他生产要素所需的知识和能力。**企业家**是指以他或她的时间、精力和金钱为风险创办和经营企业的人。

一个国家的经济体系很大程度地影响着其人民和组织机构的经济活动。当我们意识到一个国家的经济体系决定着生产要素是如何被用来满足社会需求的,这种广泛的影响就会变得愈加明显。如今存在两种不同的经济体系:资本主义和指令性经济。每种经济体系对下述四大问题的处理方式决定着一个国家的经济:

(1) 生产和提供**什么**物品和服务——生产多少?

(2) 这些物品和服务将**如何**生产和提供?

(3) **为谁**生产和提供这些物品和服务?

(4) **谁拥有**以及由谁来控制大多数的生产要素?

1.3.1　资本主义经济

资本主义经济是指提供物品和服务的大多数企业的所有权和经营权归个人所有的一种经济体系。资本主义起源于 18 世纪苏格兰经济学家亚当·斯密的理论。在其 1776 年发布的《国富论》中,斯密认为:通过社会中的个人追求其自身的个人利益,是实现社会利益的最佳途径。根据斯密的理论,个人在努力提高其自身的财富的同时,他们间接地提升了共同体及共同体中人民的利益。斯密进而将这种概念称之为"看不见的手"。**看不见的手**是亚当·斯密用来描述"个人获取私人利益是如何服务于其他人和国家利益"的术语。例如,小型鞋业企业主提升个人财富的唯一途径是将鞋出售给顾客。要获得更多的利益,该小型企业主必须雇用工人来生产更多的鞋。根据"看不见的手",小型企业主共同体中的人们不仅拥有了鞋子,同时还拥有了为制鞋商服务的工作。因此,该共同体中人们的成功在某种意义上使国家的经济与小型企业主的成功产生了间接联系。

亚当·斯密的资本主义理论建立在下面四个本质问题之上(见图 1.4):

(1) 创造财富是由个人主导,而非政府主导;

(2) 个人必须拥有用于创造财富的私人财产和资源;

(3) 经济自由确保了市场竞争的存在,允许买卖双方自由选择进出市场;

(4) 政府的作用应限制在对外来敌人的防御,确保内部秩序并提供公共服务与教育。

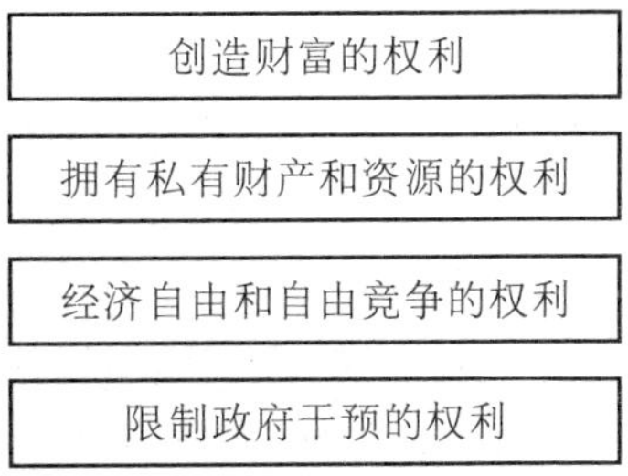

图 1.4　亚当·斯密的自由放任型资本主义基本假设

斯密认为政府的角色极其重要。他认为政府应该只承担制度制定和公共管理的角色。法语中的术语 *laissez faire* 对斯密的资本主义体系的描述暗示了政府不应在经济中进行干预。简单来说,该术语的意思是"放任其行"(以其认为合适的方式)。

亚当·斯密的自由放任型资本主义同样以在市场经济的理念为基础。**市场经济**(通常称为**自由市场经济**)是指一种经济体系,在这种经济体系下,生产和销售由企业和个人决定,销售价格和数量由市场决定。资源的所有人应自由决定如何利用资源,并有权享受从资源所有权中获得的收入、利润和其他收益。

1.3.2 美国资本主义

我们的经济体系扎根于亚当·斯密的自由放任型资本主义。然而,实际的经济并非是完全像斯密所偏好的自由放任一样,因为政府所参加的角色并非仅仅是公共管理者和制度制定者。我们的经济实际上是**混合型经济**,体现了资本主义和社会主义两种特征。

在混合型经济体系中,本节开头提到的四大基本经济问题(**什么**、**如何**、**为谁**,**和谁**)是通过家庭、企业和政府之间的相互作用进行对应的。图 1.5 展示了这三种角色之间的相互作用。

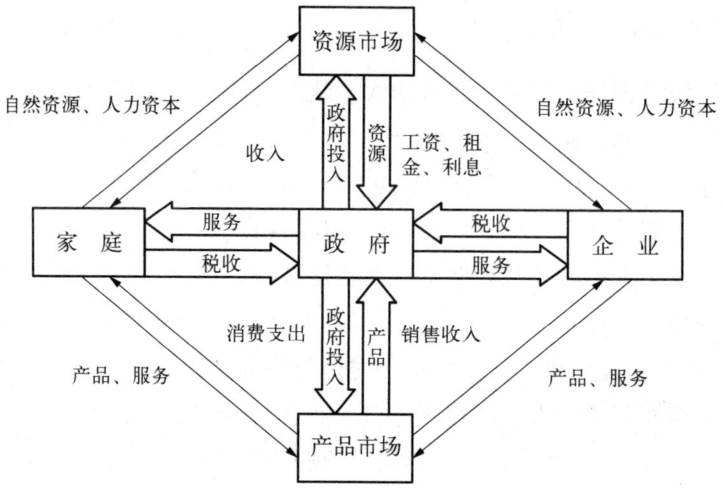

图 1.5 我们混合型经济的循环流动

注:我们的经济体系是以买卖双方之间的相互作用以及政府的参与为导向的。

家庭 家庭由个人组成,既是物品和服务的消费者又是某些生产要素的所有者。作为**资源所有者**,家庭成员为企业提供劳动力、资本和其他资源。作为回报,企业支付工资、房租、红利和利息,成为家庭的收入。

作为**消费者**,家庭成员用他们收入所得购买企业生产和提供的物品和服务。今天,我国大约 70%的国家生产总值是由**消费品**构成的——个体为满足消费所购买的物品和服务。[8]这意味着消费者群体是美国企业最大的客户。

企业 像家庭一样,企业需要从事两种不同的交易。它们用金钱换取自然资源、劳动力和资本,并利用这些资源生产和提供物品和服务。然后,它们用它们的产品和服务换取销售收入。而销售收入进而又被用来换取更多的资源,从而生产和提供更多的物品和服务。

当然,在循环流动的过程中,企业主希望以利润的形式将某些东西从中移除。当企业利润分配给企业主时,这些利润演变成家庭收入。(企业主最终也是家庭成员。)家庭试图将一部分收入作为储蓄进行保留。但是,利润和储蓄真的从流动中被移除了吗?通常不会!如果经济体系运行良好,家庭会愿意用他们的储蓄进行企业投资。他们可以直接购买企业发行的股票,购买持有企业股票的共有基金的股份,或将钱借给企业。他们也可以间接地将钱作为储蓄存入银行。作为常规商业运营活动，银行和其他金融机构再利用这些储蓄进行投资。因此，企业利润同样被保留在商业体系之中，即图1.5中的循环流动是完整的。那么，政府是如何融入其中的呢？

政府 宪法序言中规定政府有责任保护和促进公共福利。不可否认丰富多样的政府服务的重要性，但它们要么是由非私营企业所提供，要么仅提供给负担得起的人们。通常性的服务包括国家防御、警察、消防、教育、道路和高速公路的修建。为支付这些服务，政府从家庭（例如个人所得税和销售税）和公司（公司所得税）收取各种税费。

图1.5表明了用税换取政府服务的关系。同样表明了，政府使用税金来获得提供这些服务所需的资源和产品。

实际上，包括政府因素在内，我们的循环流动图看起来更像是许多流动图的组合。事实上，确实如此。重点是各种流动图在一起形成了一个体系——有效回应基本经济问题的一个完整的经济体系。简单来说，体系得以运行。

1.3.3 指令性经济

我们在讨论如何衡量一个国家的经济表现之前，我们快速地了解一下被称为指令性经济的另一种经济体系。**指令性经济**是指一种经济体系，在这种经济体系下，政府决定生产和提供**什么**物品和服务，**如何**生产，**为谁**生产，以及由**谁**拥有和控制大多数生产要素。对四大基本经济问题的回答是通过中央集权政府计划决定的，至少在某种程度上如此。如今，有两种经济体系（社会主义和共产主义）是指令性经济的代表。

社会主义经济 在社会主义经济中，重要行业由政府拥有和控制。这些行业通常包括交通、公用事业、通信、银行，以及重要生产业，如钢铁工业。在社会主义经济中，土地、建筑和原材料也可能是国家的财产。不同的国家，对小型企业私有制的允许程度不同。通常，人们选择自己的职业，但多数会在国有企业工作。

生产什么以及如何生产，均根据国家目标而定，建立在规划需要和有效资源之上。物品和服务的分配（谁获得什么）同样是由国家控制，由国家管控税费、租金和工资。社会主义国家所声称的目标中包括平均分配收入，消除贫困，以及按需分配社会服务（例如医护服务）。社会主义经济的不利方面包括不断增加的税收，以及对个人和企业主来说缺乏激励和积极性。

如今，很多贴有传统社会主义标签的国家，包括法国、瑞典和印度，正向自由市场经济转型。目前，许多曾经被认为是共产主义的国家，现在通常被称为社会主义国家。先前称之为共产主义，现在称之为社会主义（或甚至是资本主义）的国家的例子有苏维埃社会主义共和国联盟先前的大多数联盟国和越南。

共产主义 如果说亚当·斯密是资本主义之父，那么，卡尔·马克思则是共产主义之父。马克思在其19世纪中期的著作中倡导一种无阶级社会，人民共同拥有所有经济资源。所有的劳动者将根据他们的能力为**共产主义**社会做贡献，并按需获得回报。

自从苏联分裂以及大多数东欧国家进行经济改革,剩下的共产主义国家的例子有朝鲜和古巴。今天,这些所谓的共产主义经济似乎仅是控制更为严格的社会主义。四大基本经济问题是通过中央集权政府的计划回应的。重点强调按照政府需求生产,而非按照消费者的需要,所以经常会发生消费品紧缺的情况。劳动者对工作的选择余地很小,但拥有特殊技能或才能的劳动者可以获得特权。

1.4 经济表现的衡量

如今,当你在听广播、看电视新闻、上网,或看报纸的时候,总会听到或看到关于经济的事情。稍微花点时间想一想这些问题:

- 美国的国内生产总值正在上升还是下降?
- 为什么失业率重要?
- 美国劳动者与其他国家劳动者一样具有生产力吗?

我们很容易地就可以从各方面获得这些问题以及其他类似问题的答案。更重要的是,这些问题和其他问题的答案可以用来衡量一个国家的经济健康状况。对于个人来讲,一个国家的经济健康状况可以影响:

- 你继续进行学习所需要的经济资助;
- 你获得一份工作的能力;
- 你用信用卡消费、购车、购房以及其他信贷交易所需支付的利息金额。

1.4.1 生产率在全球市场的重要性

生产率是衡量一个国家的经济表现的方法之一。**生产率**是指一个工人一小时的平均产出量。提高生产率可以带动经济增长,因为在特定的劳动力下物品和服务的产出量更大。以下三个问题解释了生产率是如何对你和经济产生影响的。

提问: 生产率增长如何影响经济?

回答: 因为生产率的提高,生产更多的物品和服务只需要较少的人工,那么,雇主降低了成本,赚取更多的利润并将产品以更低的价格出售。最后,生产率的提高有助于使美国企业在与其他国家的竞争中更具优势。

提问: 国家如何才能提高生产率?

回答: 降低成本并促使员工围绕着努力提高生产率而进行高效率的工作。例如,美国的生产率随着更多的经济活动向网络的转移而有望大幅提高,因为这种向网络的转移降低了客服成本,并解决了企业间常规的订购功能。我们将在第 8 章讨论提高生产率的其他方法。

提问: 生产率提高总是有利的吗?

回答： 更少的人工生产出更多的物品和服务可能导致失业率的上升。在这种情况下，生产率提高对于雇主是有利的，而对于在激烈竞争中寻找工作的失业人员来说是不利的。因为在近期的经济危机中雇主能够利用更少的人工来生产出更多的物品和服务，他们不会在经济开始改善的时候雇用新的员工从而增加工资支出。

1.4.2　国家的国内生产总值

除生产率之外，还可以通过**国内生产总值**来衡量一个国家的经济状况。**国内生产总值(GDP)**是指，在一年中一个国家在其领土范围内所生产出的全部产品和劳务的价值。例如，美国所属的通用汽车工厂与美国境内的日本丰田汽车工厂所生产的汽车价值均属于美国 GDP 的范畴。2011 年美国的 GDP 为 15.1 万亿美元。[9]（注：本书出版于 2012 年，2011 年是指上一年，已经有了相关的完整数据。）

GDP 指数方便了美国与其他国家之间的经济状况对比，因为它是国际经济核算使用的标准指数。同样，GDP 可用于一个国家不同时期的经济对比。这种对比使得经济研究者们可以对一个国家的经济增长幅度进行推断。例如，政府专家预测 2018 年[10]美国的 GDP 将会增长至 21.8 万亿美元。

要将不同年份时期的 GDP 进行准确的对比，我们必须根据通货膨胀调整美元的价格。**通货膨胀**是指价格水平全面上涨。（与通货膨胀相对应的是通货紧缩。）**通货紧缩**是指价格水平全面下降。通过根据通货膨胀进行数据调整，我们可以衡量一个国家的实际 GDP。实际上，可以用不变价美元（购买等量物品和服务的美元价值）来比较一个国家产出的物品和服务。图 1.6 描绘了现期美元价值下的美国 GDP 以及根据通货膨胀调整后的美元价值下的实际美国 GDP。注意，1990—2011 年，美国的实际 GDP 从 8 万亿美元增

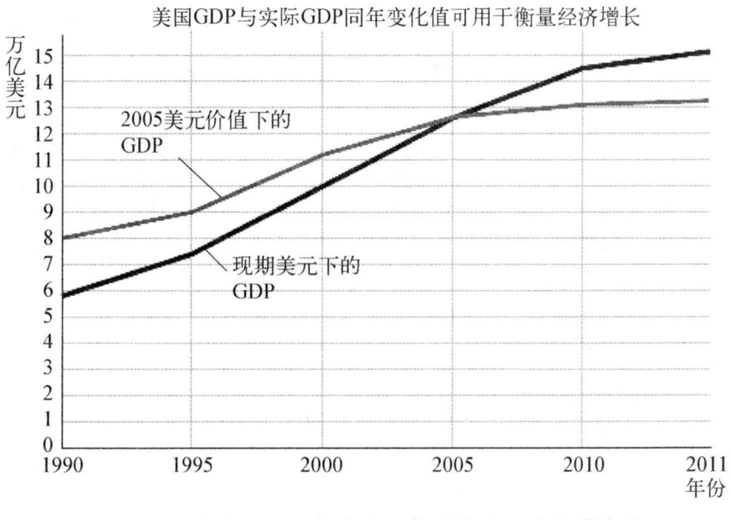

图 1.6　现期美元价值下和通货膨胀调整后的美元价值下的美国 GDP

资料来源：美国经济分析局网站，www.bea.gov，2012-01-30。

长到13.3万亿美元[11]。

1.4.3 衡量一个国家经济的重要经济指数

除生产率、GDP和实际GDP外，还有其他用于评估一个国家经济状况的经济指数。由于近期的经济危机，新闻中经常提及的一个非常重要的统计指数是失业率。**失业率**是指一个国家在某时间段失业劳动力所占的比例。根据美国劳工统计局的资料，在工人失业的过程中失业工人本身、他们的家庭以及国家整体发生损失。失业工人和他们的家庭损失工资，国家则损失失业人员所可能生产的物品和服务。另外，这些失业的工人会损失购买力，从而可能会导致其他工人[12]失业。美国的失业率通常在4%—6%，但却在近期的经济危机中达到了高峰。尽管联邦政府与各州计划降低美国的失业率，但在本书出版时失业率仍高达8%左右。这是特别重要的统计指标，尤其是如果你正处于失业状态。

消费价格指数(CPI)是一个衡量城市消费者一般所固定购买的物品价格水平变动情况的月度指数。属于CPI范畴的物品包括食物和饮料、交通、住房、衣服、医护、娱乐、教育、通讯，以及其他物品和服务。经济学者们通常用CPI来确定通货膨胀不仅对国家经济而且对于个人消费者的影响。另一种月度指数是生产价格指数。**生产价格指数(PPI)**是衡量生产者收取成品出厂价格的指数。因为PPI的变化反映了批发销售价格的上升或降低，所以PPI准确预示了CPI的变化以及消费者支付日常必需品的价格变化。

表1.2中描述了其他一些衡量经济的方法。和GDP、实际GDP、失业率以及价格指数一样，这些方法都可以被用于不同阶段某些经济数据的对比。

表1.2 评估一个国家经济健康状况常用的方法

经 济 衡 量	描 述
1. 贸易差额	某特定时期内，一个国家的出口总额与进口总额之间的差额
2. 消费者信心指数	衡量消费者对于国家经济的乐观或悲观程度。通常按月通报
3. 企业利润	特定时期内，企业创造的利润总额
4. 通货膨胀率	追踪一段时期内物品和服务价格增长的经济统计方法。通常按月或按年计算
5. 国民收入	各部分人口所获得的总收入，包括职工、个体户、企业，以及其他类型收入
6. 新建房屋开工率	某特定时期内，新建住房开工的总数量
7. 基准利率	银行向其最具信用的顾客收取的最低利率

1.5 商业周期

世界上所有的工业化国家均在追求经济增长、充分就业以及价格稳定。然而，一个国家的经济通常是波动不定的，而非是每年稳步增长的。事实上，如果你将美国这样的一个国家的经济增长率用曲线图表示出来，你会发现它就像过山车一样有高峰(高点)，也有低谷(低点)。这种起伏现象通常称为**商业周期**，即在一个国家的经济活动中增长与衰退的循环周期。在本书出版时，许多专家认为美国经济已有改善迹象。然而，近阶段于2007 年秋发生的经济危机所造成的经济萧条在美国经济完全恢复之前需要等待更长的时间。美国的失业率仍然很高。人们不愿将钱花在更多的消费品上。股市价格虽然正在改善，但仍处于几年前的历史低值之下。尽管联邦政府制定了一系列的刺激方案帮助失业者，支持国家银行和华尔街企业公司，减少房屋没收拍卖的数量，开放个人与企业的信贷，但是许多专家仍然认为我们存在着严重的经济问题。其中一个就是国债的金额之大(我们将在本章后面的部分讨论这个话题)令人担忧。另一个问题(收入与财富的不平等)由于“占领华尔街运动”的抗议者和类似的不满民众正变得愈加明显。更糟糕的是，当今的经济危机不仅仅影响着美国国内，同样也影响着世界其他国家的经济。

经济增长或经济萧条所导致的变化影响消费者对产品和服务的购买量，从而影响企业公司对产品和服务的生产量。总体来讲，商业周期由四个阶段组成：高峰(有时称为繁荣)、衰退、低谷、恢复(有时称为扩张)。

在**高峰时期**(繁荣)，经济处于最高点，失业率低，总收入相对也高。只要经济前景保持繁荣，那么，消费者就愿意购买产品和服务。事实上，在高峰时期企业通常会扩展并提供新的产品和服务来把握利用消费者不断增长的购买力。

总的来说，经济学家将**衰退**定义为一个国家的 GDP 连续两个或两个以上季度出现负增长。由于在衰退时期失业率上升，因而总购买力下降。伴随着经济衰退产生的悲观态度，消费者和企业支出紧缩。由于购买力下降，消费者变得更为实际，不愿购买一些不重要或非必需的物品。并且在经济衰退时期，各层政府和公司通常会推迟或放慢大型项目的开发。作为对经济衰退的回应，许多公司会专注于生产能够向顾客提供最大价值的产品和服务。然而，对于管理优质并且能够提供顾客需要的产品和服务的公司来说，机会仍然存在。例如，卡特彼勒，一个生产土方和建筑机械的国际性公司，从发展中国家正在蓬勃发展的建筑中成功获利，因为不论世界其他地方的经济状况如何，发展中国家对基本基础设施的改善不会停止。

经济学家将**经济萧条**定义为严重的经济衰退，与一般的经济衰退相比持续时间更长并且商业活动衰退更大。经济萧条的特点包括失业率非常高、工资水平低、购买力下降、缺乏经济自信度、股票价值低，以及商业活动全面衰退等。

商业周期的第三个阶段是**低谷**。经济衰退或萧条的低谷是一个国家的生产与就业触底达到最低水平时的转折点。为消除经济衰退和萧条的影响，联邦政府通常实施一定的货币政策和财政政策。**货币政策**是指美联储对美国货币供应规模和利率水平的决策。**财政政策**是指政府通过调整税费结构和政府支出水平来影响储蓄和支出的手段。

尽管联邦政府每年的财政收入大约为 2 万亿美元，但是政府每年的支出超过收入，从而导致**联邦赤字**。例如,2002—2011 年美国政府连续发生联邦赤字。联邦赤字的总额称为**国债**。目前,美国国债达到 15.2 万亿美元,平均到美国的每个男人、女人以及儿童身上约 49 000 美元。[13]

自第二次世界大战以来,商业周期的高峰期周期从三年推延到五年。在同一时期,经济衰退期平均时间为 11 个月。[14]一些专家认为,有效地利用货币政策和财政政策可以加快经济恢复并缩减经济衰退期持续的时间。**经济恢复(或扩张)**是指经济从衰退或萧条转向繁荣的迹象。高失业率开始降低,收入增加,同时购买力与购买意愿上升。

在本书出版时,许多商业领袖与政客仍在争辩美国经济是否仍然处于衰退期,还是处于低谷期或已经开始恢复。不幸的是,造成近期经济危机的问题仍然存在,要将这些问题改正和解决仍需要很长一段时间。

1.6 竞争类型

资本主义体系确保了由个人和企业来决定生产什么、如何生产以及产品的价格。例如,美泰公司有权发行新版的著名芭比娃娃,授权芭比名称的使用,调整玩具的价格和经销方式,并尝试在其他国家生产和销售芭比品牌产品,或通过网站 www.mattel.com 进行网络营销。资本主义体系同样授予了消费者在美泰产品以及其他竞争品牌产品之间进行选择的权力。

作为一个消费者,你需要选择哪种产品和服务是你想要购买的。类似美泰与其他玩具制造商之间的竞争是资本主义经济必然的和极度重要的产物。商业**竞争**本质上是为获取潜在顾客的销售份额而在企业之间发生的相互角逐较量。在资本主义经济体制下,竞争同样确保了一个公司要进行生存,只能通过提供顾客所需的产品和服务令顾客满意。经济学者们从理想化竞争、完全竞争到无竞争概念中区分了四种不同程度的竞争,即完全竞争、垄断竞争、寡头垄断和完全垄断。通过表 1.3 可以快速地了解这四种不同类型的竞争,包括各种竞争类型的公司数量与实例。

表 1.3 四种不同类型的竞争

企业的数量决定了一个行业的竞争程度		
竞争类型	**企业公司或供应商数量**	**真实世界实例**
1. 完全竞争	很多	玉米、小麦、花生
2. 垄断竞争	很多	衣服、鞋子
3. 寡头垄断	少数	汽车、谷物
4. 完全垄断	一个	版权保护的软件,很多当地公用事业

1.6.1　完全竞争

完全(或纯粹)竞争是指一种市场状态,在这种状态下某种产品的购买者和出售者有很多,但是不存在任何单一的买家或卖家拥有足够的能力影响该产品价格。完全竞争的存在,需要以下五个重要条件。

- 我们所讨论的是某单一的产品,例如小麦。
- 企业进入行业不存在限制。
- 所有卖家销售的产品没有区别。
- 所有的买家和卖家对市场了如指掌(以小麦为例,完全了解小麦的出售价格)。
- 任何一个买家或卖家不会构成对整个市场的影响。

在完全竞争下,每个卖家的要价应与其他卖家相同。为什么?因为如果一个卖家对每蒲式耳小麦的要价高于其他卖家50美分,那么,该卖家的小麦将一点也卖不出去。在这种竞争中,买家可以并能够在购买小麦时找到更好的价格。另一方面,如果某公司愿意以低于现行的价格进行销售,那么,它的小麦可以很快售出。然而,这种卖家将会在销售收入(利润)方面遭受损失,因为买家实际上愿意出更多的钱。

在完全竞争中,卖家(买家也一样)必须接受现行价格。每种产品的价格是由买家和卖家共同通过供求效应而决定的。

供给与需求的基本概念　某特定产品的**供给**是指生产者以其某种希望的价格出售的该产品的数量。生产者通常是理性的人群,所以我们认为他们应该会将这种产品大部分以较高的价格出售,只有较少部分以低价出售,如图1.7所示的供应曲线。

某特定产品的**需求**是指购买者以其某种希望的价格购买的该产品的数量。购买者通常也是理性的,所以我们认为他们(群组人群)会在产品价格低的时候买得多,在产品价格高的时候买得少,如图1.7中的需求曲线所示。

均衡价格或市场价格。总存在一个价格可以使得该产品的需求量与供给量完全相等。假设生产者们愿意以7美元每蒲式耳小麦的价格**供应**200万蒲式耳的小麦,同时购买者们愿意以7美元每蒲式耳小麦的价格购买200万蒲式耳的小麦。

竞争给了消费者选择。为什么有这么多的肥皂产品?这称为竞争。不同的制造商会通过产品区别来发展和宣传他们的产品与类似产品之间的差异。产品区分不仅使得他们的产品在竞争中生存,而且让消费者有了更多的选择。

换句话说,当价格为7美元时,供求达到平衡,或均衡。经济学者把这个价格称为**市场价格**。某产品的**市场价格**是指需求量与供应量达到完全相等时的价格。

理论上和现实生活中,影响供求的因素同样影响着市场价格。例如,如果研究学者发现小麦能够提供某种未知的健康益处,小麦的**需求**可能会发生变化。那么,购买者对每种价格的小麦的需求量将会增加。或者,如果科技使得相同数量土地的小麦产量大幅上升,那么小麦的**供给**可能会发生变化。其他能够影响竞争价格的变化还有:购买者品味的改变,新产

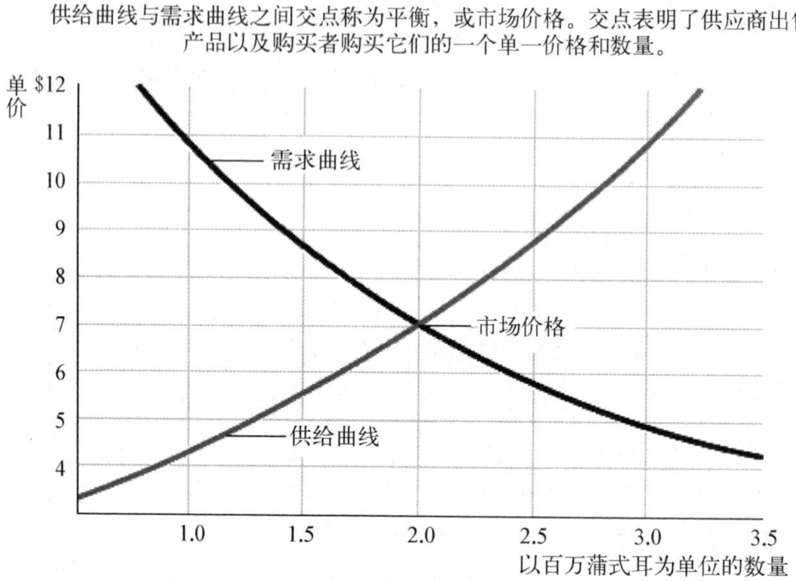

图 1.7　供给曲线和需求曲线

资料来源：美国经济分析局网站 www.bea.gov,2012-01-30。

品的开发,通货膨胀或经济衰退导致的收入变化,甚至是气候的变化影响了小麦的产量。

在当今世界中,完全竞争是极其罕见的。然而,很多现实的市场竞争属于垄断竞争。

1.6.2　垄断竞争

垄断竞争是指一种市场状态,在这种市场状态下,卖家有很多,买家的数量也相对很大。垄断性竞争市场下出售的各种产品本质上相似,并且均用于满足相同的需要。然而,每个卖家均努力通过提供独特的产品特点,例如引人注目的品牌名称、独特的包装、类似免费送货或终身质保等服务,使其产品与其他产品不同。

产品差异化是指发展和促进自己的产品区别于所有竞争产品的过程。从肥皂到衣服到家具到鞋子,这是许多消费者产品生产者无法改变的事实。例如,托马斯维尔这样的家具生产商肯定明白竞争的残酷性,所有竞争者均努力在市场中占有自己份额。通过将其自己的产品与竞争者生产的类似产品差异化,托马斯维尔才能在其产品的市场价格上获得一些有限的控制。

为什么消费者选择这种产品而非另一种呢? 下次你去打折店、超级市场,或药店的时候,留意一下争相竞争你口袋里的钱的所有产品。没有两种罐装蔬菜、洗发水或糖果是完全相同的。产品的差异化使得你在购物时有许多选择。

1.6.3　寡头垄断

寡头垄断是指一种市场(行业)状态,其中卖家很少。通常,这些卖家规模相当大,进入他们的市场需要巨大的投资。寡头垄断的例子有汽车、航空、汽车租赁、谷物和农具等行业。

由于在寡头垄断下卖家很少，所以每个卖家的市场活动都会强烈影响到竞争者的销售量与价格。例如，如果通用汽车降低了汽车价格，那么，福特、本田、丰田以及尼桑通常会效仿从而保持其市场份额。如果不考虑激烈的价格竞争，那么产品差异化便成为主要的竞争武器。这在大型汽车制造商的广告宣传中非常明显。比如，当丰田由于质量和安全问题面临销售量下滑时，它开始提供购买者奖励来吸引新车购买者。很快，福特和通用开始提供类似的奖励并且目的相同——吸引新车购买者。

1.6.4 完全垄断

完全垄断是指某种市场（行业）只有一个卖家，并且其他公司进入该行业存在阻碍。在完全垄断下，某种产品或服务不存在类似的替代选择，因为该产品的供应商只有一家公司，那么似乎该公司可以完全在价格上进行掌控。然而，并非因为不存在竞争，该公司就可以将其价格设成天文数字；如果那样，该公司不久就会发现其既没有顾客也没有销售收入。相反，处于完全垄断的公司必须根据其产品的需求量标定相应的价格使得利润处于最高水平。

公用事业是美国典型的完全垄断行业之一，包括供应地区煤气、水，或电的公司。这些公用事业公司属于**自然垄断**行业，这种行业要求巨额资本投资并且在这种行业内任何设施的复制都是一种浪费。自然垄断存在的原因是因为其存在可以最佳地服务于公众利益，但是它们的运营会受到各种国家机构和联邦机构的审查和控制。尽管许多公用事业企业仍属于自然垄断的范畴，但是在国家的许多区域竞争正在增加。例如，消费者在选择既能提供家庭用电又能提供企业用电的电力公司时，对于选择的要求正在不断增加。

法定垄断（有时称之为**有限垄断**）通过政府机构批准授予特权、执照、版权、专利，或商标权形成。例如，版权具有一定的期限并且可以用于保护书面材料的所属权，防止竞争者（指未在书面材料开发方面投入所需的时间、精力和费用的竞争者）的非法使用。由于微软公司拥有着其盛行的 Windows 软件的版权，因此微软公司可以享有合法垄断。除自然垄断和合法垄断外，美国的联邦反垄断法禁止完全垄断和试图形成完全垄断。

1.7 当今美国商业

尽管我们的经济体系还远算不上完美，但与世界上其他国家相比，它给美国人民提供了较高的生活水平。**生活水平**是指个人或社会富裕程度的一种非精确的、主观衡量的，主要是指物质方面的满意度。同样，我们的经济体系能够解决蔓延社会的许多问题并向愿意努力和不断学习的人们提供机会。

了解当今的商业环境和未来的挑战可以帮助我们理解商业的发展。

1.7.1 早期商业发展

美国的商业体系根基在于最早期的移民者带来的知识、技能和价值。美国第一批移民者主要担忧的是日常所需的供给——食物、衣服和住所。几乎所有家庭都居住在农场,并且全部的家庭成员都为了生存而工作。他们会将剩余主要通过实物交换的形式用于殖民地人们之间以及与当时称为英国贸易的船上的人们的交易。**实物交换**是指不使用货币,直接以一种物品或服务换取其他物品或服务的交换体系。随着这种交易的不断增加,小型商户开始出现。其中一些移民者能够利用他们的技能和多余的时间通过家庭生产制的形式进行工作。**家庭生产制**是指一种生产制造形式,在这种形式下,原材料由某雇主分发给各家各户,然后由家庭成员制成成品。最后,成品再由该雇主出售。

1793 年,一个年轻的英国机械学徒塞缪尔·斯莱特在罗得岛州的波塔基特市建立了一所纺织工厂将棉花纺成线。斯莱特的聪慧使得美国首次出现了**工厂生产制**,在这种体制下产品制造所需要的材料、机械和人工全部集中在一个地方。美国工业革命从而诞生。接着出现了一种称之为**专业化**的生产技术用于提高生产率。**专业化**是指将制造过程划分成不同工种以承担和分配不同的工作任务。

1820—1900 年是机械行业发明和创新的黄金时期。在这段时期,新型交通工具使得美国国内市场得到了大幅度的扩张。确切地说,美国现代商业体系的许多特点都是在这个时期形成的。

1.7.2 20 世纪的商业发展

进入 20 世纪,工业增长和繁荣景象仍然持续保持良好。亨利·福特的流动性汽车生产线给工人带来了工作,进一步细化了专业化,并加快了消费品的大规模生产。企业所有权和管理同样发生了本质性变化。大型企业的所有权不再属于个人;相反,企业的所有权属于大量的公司股东共同所有,他们自愿投资,但不参与企业运营。

1929 年股市的突然崩盘结束了 20 年代的繁荣盛世,经济几乎崩溃。紧接着 20 世纪 30 年代的经济大萧条是一段痛苦与苦难时期。在政府参与之前,人们对商业以及其满足社会所需的能力丧失了信心。1933 年罗斯福成为美国总统之后,联邦政府出台了一系列的方案使得经济重新运转。在这些方案的实施过程中,政府首次深入地参与了商业。

理解 20 世纪之后美国发展过程中发生的大型历史性事件,可以帮助我们记住经济就像本章前述的类似过山车一样——经济增长期后出现经济下滑期。

- 第二次世界大战、朝鲜战争、越南战争;

- 20 世纪 50 年代和 60 年代,经济增长迅速,生活水平得到提高;
- 20 世纪 60 年代的社会责任运动;
- 20 世纪 70 年代中期,原油紧缺,大多数物价上涨;
- 20 世纪 80 年代初期,通货膨胀率高涨,利率上升,商业利润下降;
- 20 世纪 90 年代持续性经济增长。

汽油短缺将会再次发生吗? 对于一个像美国这样的工业化国家,原油是一种基本自然资源。当美国于 20 世纪 70 年代中期发生原油短缺时,随处可见加油站前立着"由于短缺关闭"(Closed due to shortage)这样的标识。即使现在,国家经济开始从近期的经济危机中复苏,汽油的供应和价格仍然是人们所关心的问题。

20 世纪末,因特网成了经济的主力。电子商务(本书中将持续探索的一个话题)已经成为我们接受的一种商业活动方式。**电子商务**是指以利润为目的,人类通过因特网生产和销售满足社会需要的产品和服务所进行的有组织的努力。

不幸的是,20 世纪末,大量企业的倒闭和股值的下滑预示了更大的经济问题。

1.7.3　新世纪:2000 年及以后

许多经济专家认为,21 世纪初期的特点是利弊交织。有利的是,科技成了平价商品。个人与企业现在都可以通过点击一下按钮就能获得信息。他们也同样可以在线购买和销售商品。

除信息技术外,服务行业的增长也改变了在 21 世纪美国企业做生意的方式。由于服务行业雇用了美国大约 85%的劳动力,因此出现了服务经济。[15] **服务经济**是指对服务生产的投入多于物品生产投入时的一种经济状态。典型的服务行业包括餐馆、洗衣店和干洗店、房地产、电影院、维修公司等普通行业。我们将在第 8 章更详细地讲解服务行业是如何影响经济的。

另一方面,不利的是,在看电视、上网、听广播或阅读报纸的时候,我们容易听到一些有关经济的新闻。由于表 1.2 中的许多经济指数均显示经济问题仍顽固存在,因此人们对经济仍持一定的悲观态度。

1.7.4　当今商业环境

在往下阅读之前,请先回答以下问题:

在如今富有竞争性的商业世界中,以下哪种环境会影响商业?

a. 竞争环境;

b. 全球环境;

c. 科技环境;

d. 经济环境;

e. 以上所有。

正确答案：e。如今的商业受所有以上环境的影响。

竞争环境 企业在竞争环境下运营。本章开始就指出，竞争是资本主义的一个基本组成部分。每天，企业主们都必须清楚什么使得他们的企业成功，以及他们提供的产品和服务与竞争有何不同。让我们花点时间，回顾一下该定义：

商业是指以获取利润为目的，人类生产和销售满足社会需求的物品或服务所进行的有组织的努力。

在商业的定义中，请留意“满足社会需求”。这几个字关于“一个成功的公司如何有效地与竞争者抗衡”说了很多。如果你满足了顾客的需求，那么你获得成功的概率更大。

全球环境 与竞争环境有关的是全球环境。与美国企业相竞争的不仅是本国的企业还有来自全球的企业。全球专家认为，中国是世界上发展最快的经济体之一。然而，不仅仅是中国。世界其他国家同样与美国公司竞争。曾经一段时间“美国制造”标签让美国企业在国内和全球市场独占鳌头。现在，其他国家具有生产和销售同样产品的能力。外交委员会会长 Richard Haass 认为：“全球化中有赢家也有输家。每次购物的时候我们都是赢的，因为价格更低了。因为全球化，选择更多了。但同样还有输家。外来竞争或科技创新让许多人丢掉了工作。”[16]

当许多外国公司正试图将他们的产品和服务销售给美国顾客的同时，美国公司也通过将产品和服务销往国外获得销售额和利润的增长。事实上，在发展中国家有很多的“潜在”顾客，他们愿意购买美国公司制造的产品和服务。例如，宝洁公司在尼日利亚销售洗衣液、肥皂和尿不湿，并计划将商业扩展到 50 多个非洲国家。[17]宝洁公司不是个例。联合利华、杜邦、强生、通用汽车等美国公司同样正在将他们的物品和服务销售给全球各个国家。事实上，如今的世界比曾经许多美国企业领袖想象的要小得多。

科技环境 虽然不断加剧的全球竞争以及技术创新改变了我们做生意的方式，当今的科技环境对美国公司来说比以往任何时候都要更具挑战性。制造设备、产品营销、与顾客交流等方面的变化均是科技改变日常商业活动的例子。例如，如今很多企业正在使用社交媒体向顾客提供有关产品和服务方面的信息。不同的人对社交媒体的定义不同，但对我们来说，**社交媒体**是指使个人与企业交流和分享创意、个人信息和有关产品或服务信息的在线互动。想一下脸谱网在 2004 年达到在线用户 8 亿人次，推特网在 2006 年达到在线用户 3 亿人次，就能明白社交媒体有多么流行。由于社交媒体的快速发展以及科技与信息不断增长的重要性，企业需要投入更多的金钱使其在不断变化的科技环境中保持前进，以及花费更多的费用来培训员工使用新科技。

经济环境 在进行企业决策时必须始终考虑到经济环境。这在国家经济急剧下降或某公司销售收入和利润下滑时尤为重要。例如，由于近期的经济危机，在过去的四年中无论是大型企业还是小型企业在支出和聘用新员工方面都有所降低。

除经济压力外，如今的社会责任型管理人员以及企业主必须考虑可持续性。根据美国环境保护局，**可持续性**是指在不影响后代满足未来他们的所需的情况下满足当前需要。[18]虽然"绿色"一词在过去的意思是指彩色蜡笔中的一种颜色，但如今绿色意味着一种新的商业模式。因此，各种因素的结合，包括经济因素、人口增长、能源使用量增大，以及环境问题等，使得人们的生活方式和企业的运营模式正在改变。

现在再回顾一下我们在这部分内容开始的提问，很明显，所有不同类型的环境——竞争、全球、科技、经济，都影响着一个企业的商业活动模式。因此，我们必须始终考虑改进以及挑战。

1.7.5 面临的挑战

以上就是对美国商业体系的简要介绍。

当体系运转良好时，它可以给希望工作的人提供工作，提供没有几个国家可以比拟的生活水平，以及给个人发展创造更多机会。然而，就像人类创造其他的体系一样，它并不完美。美国的商业体系在给我们带来繁荣的同时，也带来了20世纪30年代的大萧条，20世纪70年代和80年代初的经济问题，以及2007年秋开始的经济危机。

很明显，当今的体系是可以改进的。确切地说，有很多人愿意告诉我们他们认为美国经济需要些什么。然而，这同一批人所提出的意见却又是相互冲突的。谁对谁错呢？即使是专家们也无法达成一致。

然而，专家们却一致认为，在未来的十年一些重要问题将会给我们的经济体系带来挑战。其中一些需要解决的问题包括：

- 我们怎样才能创造一种更稳定的经济以及为失业者创造新的工作机会？
- 我们怎样才能管控银行、储蓄和贷款机构、信用社，以及其他金融机构从而防止导致近期经济危机的类似弊端的发生？
- 我们应怎样减少国债、持续保持经济健康发展，以及刺激商业增长？
- 我们应怎样利用科技在全球市场中提高美国工人的生产率，并使美国公司更具竞争力？
- 我们怎样才能维持竞争效益，并保护我们美国经济体系下的小型企业？
- 我们怎样才能既鼓励经济增长，又同时持续节约自然资源，并保护我们的环境？
- 我们怎样才能满足需要健康保健，以及社会保障的双职工家庭、单亲家庭、老年人群以及不幸人群的需求？
- 我们怎样才能击垮恐怖主义，并解决与伊朗、朝鲜以及世界其他国家之间的冲突？

要回答这些问题绝非易事。过去，美国人民一直运用他们的智慧和创造力来解决经济问题。现在，在21世纪继续前行，我们需要同样的智慧和创造力来不仅解决我们当前的问题，还要在全球市场中竞争，并为后代建立一个美好的国家及经济体系。

美国商业体系绝非完美，但也相当不错。我们将在第2章学习社会责任和商业道德时讨论相关的一些问题。

商界报道回看

Zynga

在线游戏已经成为大型商业。仅在几年的时间内(并且是在经济处于困难的时期)Zynga 创始人 Mark Pincus 将 Zynga 从一个刚刚起步的游戏小公司发展成一个盈利且拥有 3 000 名员工的大型企业,并在纳斯达克上市。社交媒体游戏不仅仅是输和赢,Pincus 解释道:"我们使他们每天至少有 15 分钟的时间不仅用于玩游戏,同时将他们生活中的人们联系起来。"

要和艺电和暴风这样的强大对手相竞争,Zynga 必须持续开发新游戏从而维持忠实的玩家,并通过虚拟物品和广告的销售保持收入持续增长。Pincus 及其管理团队通过衡量每个游戏的玩家人数、购买虚拟物品的人数以及游戏特色的受欢迎度,密切关注 Zynga 商业状况。Zynga 会保持继续前进吗?

讨论题

1. 在企业获得成功所整合和组织的四种资源(物质、人力、信息和经济资源)中,哪种资源对于 Zynga 的发展意义最大? 为什么?

2. 在影响企业的四种环境(竞争、全球、科技和经济环境)中,你认为在 Zynga 的长期利润方面哪种环境有利? 哪种不利?

本章小结

1. 讨论要想在商业世界中获得成功,你必须做些什么。许多年来,商业中的人们——员工和管理者们,想当然地认为繁荣将会持续。当面临经济问题和越来越激烈的竞争时,很多人开始问道:我们现在怎么办? 虽然这个问题很普通,但却很难回答。确切地讲,对于一个商学大学生或刚刚就业的员工来说,这个问题更难回答。然而,对于那些愿意努力工作、不断学习和具有适应能力的人们来说,机会仍然是存在的。你所选择的职业最终将取决于你本身的价值以及你生活中的价值观。通过学习商业,你可以成为一个更优秀的员工或管理者或决定自己创业。你也可以成为一名更明智的消费者和投资者。

2. 定义商业并鉴别潜在风险和回报。商业是指以获取利润为目的,人类生产和销售满足社会需求的物品或服务所进行的有组织性的努力。组建和经营一个企业必须整合四种资源:物质、人力、经济和信息。企业三大基本类型有服务业、制造业和营销中介。利润等于销售收入减去所有的营业成本。它是企业主动承担商业风险所获得的回报,主要风险在于收不到回报以及失去投入公司的一切。虽然许多人认为利润本质上是一个企业底线或最为重要的目标,但是许多企业会认真地通报他们在维护地球、参与绿色生态运动以及帮助提高人们生活质量等方面付出的努力。

3. 定义经济学并描述两种经济体系：资本主义和指令性经济。经济学是研究如何创造和分配财富。每种经济体系必须回答四个问题：生产和提供什么物品和服务？这些物品和服务将如何生产？为谁生产和提供这些物品和服务？谁拥有以及由谁来控制大多数的生产要素？资本主义(我们的经济体系类型)是指提供物品和服务的大多数企业的所有权和经营权归个人所有的一种经济体系。资本主义来自亚当·斯密的理论。斯密的完全自由放任型资本主义经济体系是指：生产要素归实体私有,个人自由决定对资源的使用;价格根据竞争市场的供求效应决定;政府的经济角色限制在制度定制和公断。

如今,我们的经济体系是混合型经济。描绘我们商业体系特点的循环流动图(见图 1.5)中,家庭和企业利用货币作为交换媒介进行资源与物品和服务的交换。同样,政府从企业和家庭收取税金来购买提供服务所需的物品和资源。

在指令性经济中,政府而非个人拥有着大多数生产要素并行使着其他三个经济问题的决策权。社会主义和共产主义经济(至少在理论上)属于指令性经济。

4. 鉴别衡量经济表现的方法。衡量一种经济体系表现的方法之一是评估生产率,即一个人工一小时的平均产出量。国内生产总值(GDP)是指,在一年中一个国家在其领土范围内所生产出的全部产品和劳务的价值,也可用于衡量一个国家的经济状况。同样还可以通过通货膨胀调整 GDP 从而获得实际 GDP。除 GDP 以外,还有其他经济指数,包括一个国家的贸易平衡、消费者信心指数、消费价格指数(CPI)、公司利润、通货膨胀率、国家收入、新建房屋开工率、基准利率、生产价格指数(PPI)以及失业率。

5. 典型商业周期中的各个阶段。一个国家的经济发展是波动的,而非是每年匀速增长的。这些波动通常称为商业周期。一般来说,商业周期包括四种状态：高峰(有时称为繁荣)、衰退、低谷、恢复(有时称为扩张)。一些专家认为,有效的利用货币政策(美联储对美国货币供应规模和利率水平的决策)和财政政策(政府影响储蓄和支出的手段)可以加快经济恢复。

联邦赤字是指政府的支出大于其在税务和其他方面的收入。目前美国国债达到 15 万亿美元,平均到美国的每个男人、女人以及儿童身上约 49 000 美元。

6. 四种竞争类型的概述。竞争本质上是为获取潜在顾客的销售份额,企业之间发生的相互角逐与较量。在资本主义经济体制下,这可以确保企业经营的有效性和效率。竞争同样确保了一个公司要生存,只能通过提供顾客所需的产品和服务来令顾客满意。经济学者们区分了四种不同程度的竞争,从强到弱为完全竞争、垄断竞争、寡头垄断和完全垄断。供求关系综合影响着客户购买产品和服务时支付给生产者的价格。

7. 汇总影响商业环境以及美国企业未来所面临的挑战因素。从工业革命之初到 19 世纪和 20 世纪初的美国工业大规模扩张,我们的政府对商业一直保持自由放任的态度。然而,在 20 世纪 30 年代大萧条时期,联邦政府开始向人民提供一系列的社会服务。

理解 20 世纪之后美国发展过程中发生的大型历史性事件,可以帮助我们记住经济就像本章前述中类似过山车一样——经济增长期后出现经济下滑期。历史性的时间因素和不断变化的商业环境包括战争、快速经济增长、社会责任运动、原油短缺、通货膨胀率高涨、利率上升、商业利润下降、科技运用增加、电子商务以及社交媒体等,塑造了今天的商业和经济。

如今,企业运营受到竞争环境、全球环境、科技环境以及经济环境的影响比以往任何时候都要强烈。因此,未来商业有大量可改善的机会和挑战。

关键词

自由企业	看不见的手	衰退	产品差异化
文化(工作环境)	市场经济	萧条	寡头垄断
多样性	混合型经济	货币政策	完全垄断
商业	消费品	财政政策	自然垄断
利润	指令性经济	联邦赤字	生活水平
利益攸关者	生产率	国债	实物交换
经济学	国内生产总值	竞争	家庭生产制
微观经济学	通货膨胀	完全(纯粹)竞争	工厂生产制
宏观经济学	通货紧缩	供应	电子商务
经济	失业率	需求	服务经济
生产要素	消费价格指数(CPI)	市场价格	社交媒体
企业家	生产价格指数(PPI)	垄断竞争	可持续性
资本主义	商业周期		

复习题

1. 如果你建议他人学习商业,你将给出哪些理由?
2. 影响一个人选择职业的因素有哪些?
3. 描述建立和经营企业所必须整合的四大资源。它们与经济学家提出的生产要素有何区别?
4. 描述利润、企业风险以及满足顾客需要之间的关系。
5. 四大基本经济问题有哪些?资本主义经济是如何回答这四大问题的?
6. 描述自由放任型资本主义经济的四大基本假设。
7. 根据图 1.5,概括企业和家庭在我们的商业体系中的经济相互作用。
8. 资本主义与社会主义和共产主义有哪些区别?
9. 生产率与失业率之间是如何联系的?
10. 定义国内生产总值。为何它对衡量经济具有重要意义?
11. 生产价格指数与消费价格指数之间是如何联系的?
12. 典型商业周期中包括哪四大阶段?货币政策和财政政策与商业周期是如何联系的?
13. 鉴别并比较四种竞争形式。
14. 解释产品的均衡价格或市场价格是如何确定的?
15. 本章描述了影响商业的四种不同环境。选择其中一种环境,并解释它是如何影响俄勒冈州的一个小型电子产品制造商的?为什么?

讨论题

1. 近期经济危机造成的问题是如何影响商业公司的?这些问题是如何影响员工和个人的?

2. 哪些因素使得美国商业发展成混合型经济体系而非其他类型的经济体系？
3. 个人消费者在回答四大基本经济问题方面真的有发言权吗？
4. 国内生产总值是反映一个国家经济健康状况的可靠指数吗？哪种指数可能更为可靠？
5. 讨论这句话："商业竞争促使生产效率和产品质量的提高。"
6. 政府参与我们的商业体系是有利的，还是不利的？原因有哪些？
7. 从本章 1.7.5 中列举的挑战里选择一项，并描述商业和社会通过哪些可能的方式在将来能够解决或消除该问题。

视频案例 1.1

对于 Nederlander Concerts 公司来说,娱乐即意味着利润

Nederlander Concerts 公司总部位于美国音乐会行业两个最大市场之一——洛杉矶(另一个是纽约)。该公司是娱乐行业中尚存的为数不多的家族企业之一,专注于音乐艺术家在美国西部演出的签约和宣传,如咕咕玩偶乐队、魔力红乐队和辛迪·劳帕等。该公司拥有或经营的剧院、露天剧场和室内剧场,包括洛杉矶的希腊剧院,以及阿纳海姆的圣巴巴拉剧院和葛洛夫剧场,同时该公司还在西海岸沿线市场经营音乐会或演出场地出租业务。另外,Nederlander Concerts 公司还与加州大型城市(如圣莫尼卡和圣何塞)合作管理或经营当地市区剧院并举办演出。

Nederlander Concerts 公司主要专注于小中型演出活动,可以提供一种独特的音乐会体验,让观众与演出者们能够近距离接触。因此,它可以将这种高质量体验以高于大型剧场票价的价格出售。正因为这种高质量的体验,才能指望将演出票全部售罄,从而让公司和艺人获利。该公司的首席运营官说:“公司的主要部门包括人才招募和营销、经营、金融和商业开发……我拥有一个人才招募团队,我有一个营销团队,我们有一个大楼总经理,我们有一个实质性的人员团队来协助粉丝、协助艺人,并协助我们所购买的演出。我们处于一个具有竞争性的市场,我们所作所为是相当有趣的。”

虽然音乐会行业存在竞争似乎有点奇怪,但事实上 Nederlander Concerts 公司与其他举办商(如 Live Nation 公司)之间的竞争并非仅在于观看演出观众的竞争,还有流行艺人的签约竞争。因此,音乐爱好者与表演者必须都要开心才行。音乐艺人所关心的主要是他们将得到的经济交易。Nederlander Concerts 公司首席运营官解释说:“要想签到演出并非易事;因为有竞争……我们在艺人中的声誉很好。但是还有另外一个因素,才是决定交易的关键。那就是给出你最高的价格。你要想一下,经纪人是不是在……告诉你有人比你出价高,愿意出更多。你不得不拿出你‘不能再高了’的数字并停止竞价(该场演出),或你不得不说‘好吧,为了得到演出,我再加点’。所以,经纪人与购买商之间存在着真正的绝招……这种交易的艺术是我们每天的生活之道。”

有了人才之后,我们怎样才能让音乐爱好者来观看演出?Nederlander Concerts 公司营销副总裁说:“那就是去了解市场,去找所有你能找到的报纸,去听所有你能找到的电台,观看所有的电视节目、所有的新闻……然后再回到这些问题,谁是你要找的艺人,谁是他们的观众?你如何找到他们?……人们不去看演出的首要原因,是因为他们说他们不知道。这是让人恼火的。但是我们正在努力使那个人群的比例……小一点,更小一点,再小一点。”

当所有事情运转良好,公司就会盈利。“我们希望将大部分业务,也就是实际上我们 90%的业务,投入在我们拥有或经营的场所,从而降低演出活动的风险……获得更多的收入来解决成本,包括人才成本,然后我们才能带走更多的利润。”[19]

讨论题

1. Nederlander Concerts 公司与其他剧院和举办商竞争音乐爱好者。你认为该公司与电视、电影、CD、DVD、流媒体视频和体育活动之间也存在竞争吗?如果的确如此,这种竞争对 Nederlander Concerts 公司的业务有何影响?

2. Nederlander Concerts 公司要成为一个成功的企业,你能想到它必须要满足多少种不同人群的需求吗?

3. 举一个例子说明 Nederlander Concerts 公司是如何利用四种生产要素的。

案例 1.2

华特·迪士尼娱乐世界

一个将米奇老鼠和米妮老鼠带入公众视野的公司已经为大众家庭提供娱乐长达 90 年。虽然动画曾是华特·迪士尼公司的最初着重点，现在这个娱乐帝国已经跨越四种主要商业形式：影视娱乐（包括电影、舞台秀和录制音乐）、公园和景点（如，迪士尼世界和迪士尼海上巡游）、消费产品（玩具、书籍和其他商品），以及媒体（包括宽带电视、有线电视和在线媒体）。迪士尼总部位于加利福尼亚州的伯班克，但其经营范围已扩展到世界各地，公司每年年收入达到 410 亿美元，拥有 156 000 名员工。

多年来，迪士尼收购了多家企业并开创新的企业来进一步强化其竞争地位和提高利润。它拥有负责制作《玩具总动员》和许多其他动画影片的皮克斯影视工作室，并建立了试金石影业为更广大的观众制作和经销影片。在其寻求多种媒体中的全球发展过程中，它收购了 ABC 电视网络以及 ESPN 体育频道。为向儿童互动媒体扩展，迪士尼购买了颇受欢迎的企业俱乐部网站，并开始制作在线游戏和视频游戏，其中许多是以其流行的影视人物为特色。

迪士尼公司的创始人华特·迪士尼虽然不是主题公园的发明者，但他却成功通过 1955 年加州迪士尼乐园的开园将行业转型。1971 年佛罗里达迪士尼世界的开园让这种魔力持续。公司于 1983 年在日本经济繁荣顶峰时期开办了东京迪士尼乐园，两大主题乐园吸引了来自世界的一批批参观者。之后，它又与国际合伙人合作创办了巴黎迪士尼乐园和香港迪士尼乐园。下一个即将开园的是与一家中国企业合资 37 亿美元创办的上海迪士尼。每年总共有超过 1.2 亿人次参观迪士尼主题乐园和景点。

迪士尼在中国看到了巨大的增长潜力。由于经济和政治方面的改善，中国消费者现在拥有的可支配收入多于以往任何时候，购买力更强。中国影院的票房正以两位数的速度增长，许多迪士尼的好莱坞大片在中国大卖。同时，进军中国影院的影片竞争巨大，因为政府对外国电影的数量有限制。着眼未来，迪士尼与当地一家公司合伙共同制作《钢铁侠 3》，并植入中国式剧情转变。不仅如此，迪士尼还提供其电影制作专业方面的支持，帮助发展中国动画产业。

这么多年来迪士尼以微笑服务顾客，在满足各种年龄段的需求方面具有相当敏锐的洞察力。该公司于 1986 年成立迪士尼学院，向企业、学校、医院和其他组织机构教授如何提供著名的迪士尼式客服。迪士尼专家们向国家橄榄球联赛职员提供培训为迎接超级杯做好准备，并向雪佛兰经销商员工讲授配合购买者的技巧。当佛罗里达医院向迪士尼寻求有关提高患者满意度的帮助时，迪士尼专家们做了相关研究并给出了许多建议，如通过友好的接待使年轻的患者感到放松，用隐藏式照明代替荧光灯。这些以及其他方面的改变使得该医院的患者满意度提升至整个美国的前 10%行列。迪士尼学院的收入在近几年内翻倍增长，这也是该公司利润迅速飙升的原因之一。[20]

讨论题

1. 华特·迪士尼公司是如何整合人力、信息、物质和经济资源来获得商业成功的？
2. 迪士尼的竞争格局是什么，并且对其未来扩展和利润方面有何影响？
3. 在你看来，商业环境中的哪个因素对迪士尼的增长能力影响最大？请解释为什么。

尾注

1. Sources: Based on information from the Zynga Web site at www.zynga.com accessed January 12, 2012; Jon Swartz, "CEO Calls Zynga His 'Crowning Achievement,'" *USA Today*, December 18, 2011, www.usatoday.com; Evelyn M. Rusli, "Zynga's Tough Culture Risks a Talent Drain," *New York Times*, November 27, 2011, www.nytimes.com; Miguel Helft, "Check Out Zynga's Zany New Offices," *Fortune*, November 7, 2011, pp. 59–60; "The World's 50 Most Innovative Companies: #9, Zynga," *Fast Company*, n.d., www.fastcompany.com.
2. The Horatio Alger Web site at www.horatioalger.org (accessed January 5, 2012).
3. Ibid.
4. The 66Apps Web site at www.66apps.com (accessed January 11, 2012).
5. Idy Fernandez, "Julie Stav," *Hispanic*, June–July 2005, 204.
6. The Walmart stores Web site at www.walmartstores.com (accessed January 9, 2012).
7. The General Mills Web site at www.generalmills.com (accessed January 9, 2012).
8. The Bureau of Economic Analysis Web site at www.bea.gov (accessed January 9, 2012).
9. The Bureau of Economic Analysis Web site at www.bea.gov (accessed January 30, 2012).
10. The Bureau of Labor Statistics Web site at www.bls.gov (accessed January 9, 2011).
11. The Bureau of Economic Analysis Web site at www.bea.gov (accessed January 30, 2012).
12. The Bureau of Labor Statistics Web site at www.bls.gov (accessed January 8, 2012).
13. The Treasury Direct Web site at www.treasurydirect.gov (accessed January 9, 2012) and the U.S. Census Bureau Web site at www.census.gov (accessed January 9, 2012).
14. The Investopedia Web site at www.investopedia.com (accessed January 9, 2012).
15. The Bureau of Labor Statistics Web site at www.bls.gov (accessed January 12, 2011).
16. Bill Weir, "Made in China: Your Job, Your Future, Your Fortune," ABC News Web site at www.abcnews.com (accessed September 20, 2005).
17. Les Dlabay, "The Future of Global Business at 'Base of the Pyramid,'" *The Daily Herald Business Ledger*, November 29, 2011, p. 22.
18. The Environmental Protection Agency Web site at www.epa.gov (accessed January 9, 2012).
19. Company Web site www.nederlanderconcerts.com (accessed January 14, 2012); "Nederlander Organization company overview," *BusinessWeek*, August 20, 2010, www.businessweek.com; Hannah Heineman, "Moving Forward on Capital Improvement Projects," *Santa Monica Mirror*, July 28, 2010, www.smmirror.com; Steve Knopper, "Tour Biz Strong in Weak Economy," *Rolling Stone*, October 2, 2008, 11–12; Ray Waddell, "Nederlander/Viejas Deal Offers Touring Opportunities," *Billboard*, January 10, 2008, www.billboard.com; interviews with Nederlander employees and the video "For Nederlander Concerts, Entertainment Is a Profitable Business."
20. Sources: Based on information in Brooks Barnes, "In Customer Service Consulting,

Disney's Small World Is Growing," *New York Times*, April 23, 2012, www.nytimes.com; David Pierson and Richard Verrier, "Disney to Join Animation Initiative," *Los Angeles Times*, April 11, 2012, www.latimes.com; "Disney Making 'Iron Man 3' with Chinese Partner as Hollywood Expands China Ties," *Washington Post*, April 16, 2012, www.washingtonpost.com; Jason Garcia, "Cruise Line, Theme Parks Propel Disney Profit," *Orlando Sentinel*, February 7, 2012, www.orlandosentinel.com; http://corporate.disney.go.com.

第2章

讲道德并对社会负责

学习目标

1. 明白商业道德的含义。
2. 定义商业世界中出现的道德问题的种类。
3. 讨论影响组织机构中的道德行为水平的因素。
4. 解释如何鼓励道德性决策。
5. 描述当今商业的社会责任观是如何演变而成的。
6. 解释商业的社会责任方面的两种观点，并理解赞成和反对社会责任增长的争论。
7. 讨论导致消费者运动的因素，并列举部分结论。
8. 分析目前美国的就业法案是如何被用来消除以往的不公平待遇的。
9. 描述污染的主要类型，以及它们的原因和解决办法。
10. 鉴别企业必须采取哪些步骤来实施社会责任项目。

商界报道

Panera关爱其社区

美国和加拿大一共有1 500家Panera面点咖啡店，其中有一部分与其他连锁店不同。这些Panera爱心咖啡店属于Panera面点旗下的非盈利性部门，并且墙上悬挂的菜单上写着"建议资助金额"而非具体的价格。顾客在下过单以后不在收银台付款，而是将钱放入一个募捐箱，捐助任何他们希望捐助的金额，用这种方式来支付他们餐费。支付不起的人们被鼓励在咖啡店做点他们力所能及的兼职工作。

"欢迎来到Panera爱心咖啡店，Panera爱心咖啡店是我们持续努力(以真实、实质性的方式为社区做贡献)的下一阶段，"Panera的创始人Ron Shaich说道。虽然他的公司在向慈善事业捐助金钱和食物方面有着很长的历史，但 Shaich 觉得还远远不够。他的想法是开一些“随便你付”的咖啡店，在那里生活拮据的人们可以有尊严地享受一顿平常的饭店用餐。

在前三家咖啡店开张（密苏里的克莱顿、密歇根的迪尔伯恩，以及俄勒冈州的波特兰）的时候，Shaich 曾不确定那些有能力支付的顾客们是否会按照期望的金额捐献，或者有钱的人中有多少人会贪便宜，仅仅支付一点点或一点都不给。目标是让 Panera 爱心咖啡能够自我维持，从而使其给社区的回报不仅仅是食物。目前为止，大约有 60% 的顾客按照建议金额捐献，20% 的顾客捐献得更多，以及有 20% 的顾客捐得不够。一顿饭最大的单次捐助是 500 美元。

只要每个位置的店铺收到建议资助金额的 80%，那么，这些咖啡店就可以有足够的利润继续运营并能够支付一些额外的费用，例如为当地的年轻人提供工作培训。“这不是施舍，”Shaich 解释说。“这是一臂之力，而且我们每个人在我们的生活中的某个时段都会有这个需要。”

很明显，Panera 这样的公司想成为负责任的企业公民。这些公司认识到将公司与环境需求以及其他重要社会问题和谐化的必要性。然而，并非所有的公司都在决策中和日常活动中实际考虑到社会责任和道德。有些管理者认为这种商业实践是一种低质投资，得不偿失。还有一些管理者（实际上，大多数管理者）将这些实践的成本看作一种必要的商业费用，就像工资和房租一样[1]。

如今，向 Panera 那样的大多数管理者们正在寻求不断增加的社会责任活动计划与利润产出之间的平衡。这同样是公司展示其价值和吸引具有同样想法的员工、客户和股东的一种不错的方法。在极具竞争性的商业环境中，越来越多的像 Panera 这样的公司正在通过提高其在道德和社会责任方面的声誉使其显得与众不同。

本章开始我们将定义商业道德，并分析道德方面的一些问题。之后，我们将看一下组织机构中的行为标准以及如何鼓励道德行为。然后，我们将转入社会责任话题。我们将比较和对照当今的两种社会责任观以及目前对增加企业社会责任的赞成和反对的争论。然后，我们将分析消费者运动的主要元素。我们将讨论商业中的社会责任是如何影响就业法案以及环境问题的。最后，我们将考虑一个企业社会责任方案中的承诺、计划和资金。

2.1 商业道德定义

道德学是研究对与错和个体抉择的道德品行的学问。讲道德的思想决定或行为是指参照某行为标准来说是“正确的”。**商业道德**是指商业中道德标准的应用。最近一些关于不道德行为的诉讼案件使商业道德成为大众关注的问题。其中一个案件，科普利制药公司因伪造药品制造商向食品和药品管理局的报告被判定为联邦刑事犯罪(并支付了1 065万美元的罚款)。另一起被广泛报道的案件是关于对烟草公司的诉讼,虽然只提交了一宗代表所有吸烟者的集体诉讼,但该案件处理的金额已经达到 2 460 亿美元。Engle 起诉 R. J. Reynolds 烟草公司的案件可能会导致烟草行业损失大约 5 000 亿美元。另一起案件中,美国第五大有线电视公司——阿德菲亚通讯公司同意支付 7.15 亿美元来解决对其公司创始人 John J. Rigas 及其儿子 Timothy J. Rigas 关于暴利收入操纵的联邦调查。检察官和政府监管官员因该父子俩涉嫌将阿德菲亚基金中的 23 亿美元挪为已用并未向公司支付他们所控制的证券提起公诉。结果,当阿德菲亚宣布破产时,投资者们损失了 600 多亿美元。对 Rigas 一家的起诉于 2012 年初结束。父子俩分别被判入狱服刑 12 年和 17 年。John J. Rigas 于 2009 年 1 月申请总统特赦,但乔治・沃克・布什在下台前并未批准该申请。Rigas 先生将于 2018 年从联邦监狱释放。Rigas 一家已经向二审法院进行上诉,等待法院受理日期的到来以进行口头辩论[2]。

2.2 道德问题

道德问题通常来自一个企业与投资者、顾客、员工、债权人或竞争者之间的关系。每个群体有着不同的具体想法,而且通常会将压力施加给组织机构的管理者。比如,投资者们希望管理层能够做出明智的经济决策来提高销售额、利润以及他们的投资回报。顾客们希望一个公司的产品安全、可靠并且价格合理。员工们则要求在招聘、晋升和福利方面获得平等的对待。债权人要求账目按时支付并且公司提供的财会信息准确。竞争者们则希望该公司的竞争手段公平且诚实。TAP 药品公司的销售代表对美国的所有在开处方药时使用 TAP 新型前列腺癌症药物亮丙瑞林的泌尿科医生提供大屏幕电视、电脑、传真机和高尔夫假期。而且,这些销售代表在欺骗医保政策的同时将亮丙瑞林低价或免费出售。最近,经 TAP 前任销售副总裁 Douglas Durand 和 Joseph Gerstein 博士揭发,联邦政府在对 TAP 的诉讼中赢得 8.75 亿美元的判决。

2006 年年末,惠普公司的董事会主席 Patricia Dunn 和顾问总监 Ann Baskins 在公司使用入侵性手段来观察记者以及公司股东的私人生活的指控声中辞职,惠普的诚信也随之受到影响。密歇根州国会议员 John Dingell 说:"我们有来自惠普公司的人证来证明这种'盗窃'行为,如果(前任董事长)Richard Nixon 还活着的话,这肯定会使他感到羞愧。"还有一个例子,想一下纳斯达克股票交易所的前任股票经纪人、金融顾问和主席 Bernard Madoff。他在 2009 年被判在证券方面的金融欺诈罪,包括骗取客户 650 亿美元的庞氏骗局。Madoff 被判入狱服刑 150 年。

商人们每天都要面对道德问题,并且有些问题很难评断。虽然有些问题不经常发生,但部分问题会经常出现。下面,我们来仔细看一看几个道德问题。

2.2.1 公平和诚实

公平和诚实是两个重要的道德问题。除了遵守所有的法律法规外，商人还应避免故意欺骗、误导或威胁他人。如果不能避免，则为之付出的代价将是昂贵的。比如，最近一个名为安德森方舟会计事务所的国际避税公司的领导人基恩·安德森和韦恩·安德森被判 20 年徒刑。安德森家族、总会计师 Richard Marks、行政总监 Karolyn Grosnickle 被判缴纳 2 亿多美元的罚款和赔偿金。有 1 500 多安德森方舟会计事务所的客户总共损失了 3 100 万美元。另外，普华永道会计事务所因被指控在为几家联邦机构收取差旅报账中造假，同意向美国政府赔付 4 200 万美元。[3]

迪尔公司要求每位员工公平对待顾客、供应商、竞争对手和员工同事。“禁止员工通过操纵、隐瞒、滥用特有信息、歪曲重要事实或其他不平等手段利用任何人。”鼓励员工通过 24 小时热线或匿名电子邮件举报可能违反公司道德规定的行为。举报行为不仅得到鼓励，而且会受到认可和保护。[4]

个人信息安全漏洞已经成为新世纪中个人隐私的主要威胁。企业能够保护你的个人信息安全吗？

2.2.2 组织关系

一个商人或许会经受不住诱惑将他或她自己的个人利益放在其他人或组织机构的利益之上。比如，2002 年年末，泰科国际有限公司前任 CEO——Leo Dennis Kozlowski，被指控涉嫌挪用 4 300 万美元公司资金以其自己的名义做慈善捐赠，其中向西东大学捐赠 500 万美元，该校后来将其新建的商学院大楼命名为 Kozlowski 大楼。[5]另外，泰科认为其前任 CEO 未经董事会允许私自挪用 6 170 万美元作为无利息搬迁贷款。他被指控将钱用于个人奢侈享受，包括一艘价值 1 500 万美元的游艇，并花费 390 万美元粉刷雷诺阿油漆，以及花费 200 万美元为其妻子办生日派对。[6] Kozlowski 先生目前已在监狱服刑了 25 年，向泰科公司支付了 1.34 亿美元赔偿金以及 7 000 万美元的刑事罚金。2009 年，美国最高法院驳回了他的司法复审的提请。

与顾客和同事的关系通常会造成道德问题。这些方面的不道德行为包括他人的想法或成果据为己有，不兑现自己在相互约定中的承诺，以及强迫他人实施不道德的行为。[7]

2.2.3 利益冲突

当一个商人利用某种情况来实现其自身利益而非雇主利益时，利益冲突随之产生。当商业交易过程中涉及付款和礼物时，这种冲突也有可能产生。明智之举是记住，任何向他人的赠予如果造成了该人对商业决策不正当的影响即为贿赂，并且所有形式的贿赂均是不道德的。

例如，北电网络公司禁止其员工、管理人员以及董事接收任何礼品或在任何有可能向北电网络公司供应物品或服务的公司担任董事或管理人员。然而,北电员工可以在非竞争对手、供应商或客户的公司兼职。在美国电话电报公司,员工们被告知如果有任何他们觉得不适当的投资,应与负责人商议。威瑞森通讯公司禁止其员工和管理人员在其销售商、供应商或客户公司持有“大量的”金融股权。

在宝洁公司(P&G),所有员工的行为应对公司负责,始终以公司的最大利益为唯一目的。当员工的个人关系或经济利益或其他利益有可能影响其责任时,或当员工利用其在公司里的职务谋取私利时,也会产生利益冲突。宝洁公司要求其员工披露所有的潜在利益冲突,并经公司要求时,立即采取措施消除相应的利益冲突。通常,从与保洁公司具有商业往来的人员那里收取礼品、娱乐宴请或好处费是不被允许的,因为这样做可能意味着对其他公司存在着一种义务并可能导致利益冲突。

2.2.4 宣传

商业宣传,特别是广告宣传,能够引发道德问题。虚假广告或误导性广告是非法的而且是不道德的,会激怒顾客。针对儿童的广告赞助商必须特别小心地避免误导信息。健康产品广告商同样要采取预防性措施来防止低脂、零脂肪和低热量等描述用语的虚假使用。事实上,联邦贸易委员会在这些标识的使用上已经发布了指导意见。

2.3 影响道德行为的因素

一个道德价值观念很强的人在商业环境下做出的决策会不会引起道德质疑呢?在一个企业组织机构中有哪些因素会影响一个人做出道德或不道德决策的倾向呢?虽然这些问题的答案并不是很明确,但是我们确定了三类会影响一个组织机构内部行为标准的因素,如图 2.1。这三类因素包括个人因素、社会因素和机会因素。

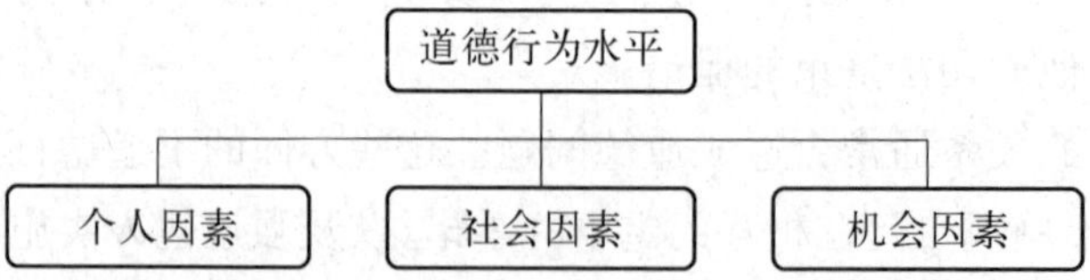

图 2.1 影响一个组织机构内部道德行为水平的因素

资料来源:Ferrell O.C. and Gresham L., A Contingency Framework for Understanding Ethical Decision Making in Marketing[J]. *Journal of Marketing*, 1985, (2): 89.

2.3.1 影响道德的个人因素

几个影响组织机构内部道德行为水平的个人因素。

- **个体对一件事的了解程度**。个体对一件事情了解多少是一个因素。对一种情况了解得比较透彻的决策者可以采取一定的措施来避免道德问题，然而对于一个了解不多的人来说，其无意识的行为可能会导致一种道德困境。
- **个人价值观**。个体的道德观、价值观以及围绕价值方面的观念同样明显地影响他或她的商业行为。大多数人加入组织机构是为了实现个人目标。
- **个人目标**。个体所努力实现的个人目标以及他们追求这些目标的方式对其在一个组织机构的行为有着重要的影响。在像阿德菲亚、亚瑟·安德森、安然、哈利伯顿、奎斯特、世通等这样的充满丑闻的公司，某些人的行为经常会出现关于个人人品和诚信方面的问题。

2.3.2 影响道德的社会因素

- **文化习俗**。一个人在工作场所的行为，在某种程度上是由文化习俗决定的，并且这些社会因素随着文化的不同而不同。比如，在有些国家，海关报关员对于履行他们普通、合法的工作（正常工作的一部分）而收取好处是可以的，并且在道德上是允许的，然而在其他国家，这种惯例将被视为不道德，并且很有可能是违法的。
- **同事**。同事的行为和决定也是一个社会因素，并且可以塑造一个人的商业道德感。比如，如果你的同事在上班时间利用公司电话拨打长途，你可能觉得这种行为是可以接受的并且不违背道德，因为每个人都是这样。
- **对你来说重要的人**。比如配偶、朋友和亲人，他们的价值观念能够影响你对工作场所中行为的道德看法。
- **因特网的使用**。对于员工在工作中可以通过高速网络随意登录网站的公司来说，因特网甚至成了新的挑战。一个员工在线上的行为有可能被视为是对同事的冒犯，并且如果员工在具有争议的网站上实施与其工作无关的不道德的行为，公司还有可能惹上官司。有趣的是，近期的一项调查显示，许多工作者认为他们工作时间对科技手段的使用都是受到监控的。大多数员工对于多数监控方式都是同意的，如传真和电子邮件监控，网络使用追踪，甚至于电话录音。

2.3.3 “机会”作为影响道德的一个因素

- **机会的存在**。机会在这里是指员工在选择实施不道德行为时，组织机构所给予的自由尺度。在某些机构，某些公司制度和规定减少了产生不道德行为的机会。例如，在某些快餐店，接单和收钱的是一个员工，而上菜的是另一个员工。这种规定降低了不道德行为的机会，因为收钱的人不参与产品的递送，递送产品的人又不和钱打交道。
- **道德准则**。道德准则的存在以及管理层对其赋予的重要性也是机会的决定性因素（将在接下来的内容中详细讨论道德准则）。

- **执行**。公司制度、规定和道德准则的执行力度是影响机会的主要力量。对违规进行坚定和严厉的处理,可以减少不道德行为的机会。

你在上班时间打私人电话吗?许多人都这样干。虽然大多数员工将私人电话的时间控制在几分钟以内,但有些人打私人电话超过30分钟。你是否利用公司时间和公司的设备拨打私人电话是个人道德决定的例子之一。

既然我们了解了一些可以影响工作场所道德行为水平的因素,那么,接下来让我们探索一下怎样来鼓励道德行为,并劝阻不道德行为。

2.4 鼓励道德行为

很多机构都同意商业道德仍有很大的进步空间。一个较为棘手的问题是:在现实社会中商业能否变得更有道德?大部分观点对这一话题的建议是:政府、贸易机构甚至是私人公司可以建立合理的道德行为的标准。

2.4.1 鼓励道德行为,政府扮演的角色

政府可以通过制定更严格的立法来支持道德行为。例如:2002年《萨班斯法案》消除了新的立法对行为失职公司的保护。在签字仪式上,时任总统乔治·布什说,法令采用新的严格的条款来制止和惩罚企业假账及贪污,保证对违法犯罪者的制裁及对雇员和股东利益的保护。

该法案涉及公司责任、利益冲突及企业职责。然而,规则需要得到实施,不道德的商人经常会打着擦边球。越来越多的立法可以起到约束的效果,但能肯定的是,立法并不能解决所有道德问题。

2.4.2 贸易协会在鼓励道德行为中扮演的角色

贸易协会可以并经常为其会员提供道德指导方针。这些组织,在某些特定行业为运作并在一个绝佳的位置给有不恰当商业行为的企业施加压力。例如,最近一家制药贸易组织采用新的原则制止大吃大喝和给医师的商业礼品。然而,每个组织的强制执行及权利都不尽相同。因为贸易组织是为了其会员的利益存在的,严厉的措施无异于自己打自己。

2.4.3 私人公司在鼓励道德行为中扮演的角色

公司颁布的道德标准有可能是鼓励道德行为的最有效的方法。职业道德规范是企业制定的对可接受道德行为的指导手册;它指出对违反者统一的政策、标准及惩罚。因为职员了解如果他们违反了规定,等待他们的会是什么。道德准则对鼓励道德行为有很大帮

助。然而,标准不可能涵盖所有情况。企业也要创立一种环境让雇员认同遵守规则的重要性。经理一定要提供正确的引导通过促进交流、有效的模范、鼓励道德决定及培养员工做出道德决定。

在 20 世纪 80 年代,有很大一批企业制定并实施道德准则。在近期对世界 1 000 强企业的调查中,93%的企业都有正式的道德准则。一切企业甚至进一步加强了他们的道德规则。例如,为了加强责任,医疗财务管理委员会近期修订其准则,委派处理违反道德事务的负责人,明确董事会应该如何处理违规行为,并保证公正的听证会过程。强生公司、碧丽珠、德拉诺、稳得新等许多日用产品的生产商也认为应当在各个方面的行为都应当是道德的。它的规则包括雇员的期望、对消费者的承诺、社团,及社会。

任命道德官员。当某一雇员不知道它的行为是否正确,他负责协调道德行为。道德官员与雇员及高层见面,提供道德意见,建立并保持机密匿名的服务来回答关于道德的问题,并对违反道德的行为采取行动。

有些时候,即使雇员希望能做道德正确的事情也很难去做。不道德的做法在企业中根深蒂固。有很高个人道德的职员有可能会检举揭发。**检举揭发**是向媒体或政府告知其企业的不道德行为。

2002 年被称为"揭发者年"。乔·斯皮克——40 岁来爱得公司当首席财务官。在 1999 年,他发现来爱得库存被高估,上百万美元的费用没有如实申报。进一步调查账簿后发现,过去 2 年中 5 410 万美元的收入其实为 16 亿美金的亏损。斯皮克先生见证了前来爱得公司主席及 CEO 马丁·格拉被审判。斯皮克先生是众多揭发公司丑闻的经理之一。安然谢伦·沃特金与世界通讯公司辛西娅·库伯是著名的检举人,同样也是 2002 年《时代周刊》的封面人物。证券交易委员会执行事务副局长琳达·查特曼·汤姆森说,检举者给了我们局内人的视角,并在很大程度上帮助我们的调查。

检举揭发可以避免灾难,可以防止不必要的死亡。例如,在挑战者号航天飞机的灾难中,宇航员如何发现威胁生命的问题并去解决。但检举是否会对揭发者有严重的后果?有些时候检举者会丢了工作。然而,2002 年的《萨班斯法案》保护了揭发公司失职行为的检举人。如果有人报复检举人,会追究其法律责任并处以 10 年以下监禁。

的确会有报复行为。例如,2005 年,美国上诉法庭第 8 巡回法院一直同意维护 25 年 FBI 老员工简·特纳的权利。她受到了金钱上的损失及 FBI 对她的指控。法院指出特纳女士提供了足够的证据说明 FBI 转了一笔报复性的资金给她,当时她在北达科他州,迈诺特的明尼阿波里斯市做着有失身份的工作。克里斯·克洛斯尼克——全国检举中心执行官说:"简·特纳是美国英雄。当她的同事在儿童被强奸案中承认失职时,她拒绝保持沉默。她为此付出了代价并丢了工作。第 8 巡回法院做了正确的事情并保证在她会得到公正的审判。"2008 年,美国政府被要求支付 100 万美元的律师费给特纳的律师。1989 年的《检举者保护法案》保护了那些检举联邦内部失职行为的员工。奥巴马政府也试图通过相关法案来进一步保护政府检举者。

当企业设置匿名热线来处理道德问题时，员工会更愿意检举揭发。当一个公司建立一个氛围，教育员工并培养有道德的行为，那么道德问题就会越来越少。最后，检举也会越来越少。

对一个企业来说，培养道德准则、政策和程序来解决所有关系和情况很难。当不存在公司制度或未实施程序，可以采用一个快速测试来判断这个行为是道德的还是不道德的，就是看其他人，例如同事、消费者、供应商是否接受。有道德的决定经得起监督。对于选择的公开和交流也通常可以建立信任并加强相互关系。表 2.1 提供了一些做出道德决定的准则。[8]

德州仪器鼓励通过大量的培训项目，明确的行为准则及分享价值观来培养道德行为

德州仪器行为准则

正直是德州仪器的机制。对于德州仪器人来说，没有其他任何一个特点比这个还重要了。这体现在各个方面。在经理和个人要做出承诺的时候，需要正直。公司期望他们可以做到他们的承诺。

德州仪器最大的优势之一是他的价值和道德标准。我们之前的一些领导制订了这些价值观，并且这也是他们自己的价值观。对德州仪器来说这很重要，有些东西我们不想失去。同时，我们又必须快速向前，我们不希望与我们在伦理与道德上的方向相违背。我们富有责任心，我们说到做到。

汤姆 · 安吉波斯

德州仪器　主席兼 CEO　1997

我们尊重并珍惜这些人

已所不欲勿施于人

- 在工作关系中，贯彻基本的美德——尊重、自爱、友好、谦虚、有礼貌。
- 避免冒犯他人的行为，包括我们所说的以及我们带去工作场所的电子或纸质材料。
- 在处理道德规范问题时，尊重每位德州仪器人的权利，并且不会有任何的惩罚及报复行为。
- 在遇到问题、争端及突发状况时，给予德州仪器人同样的机会，但这并不意味着用同样的方式来对待。
- 在使用德州仪器商业及信息系统时，我们相信每个人。
- 尽管德州仪器有权监控内部系统，但我们尊重每位员工的隐私，我们不会抽查员工之间的聊天记录。
- 我们同样意识到，在一个文化或国家的角度被接受的事件或行为却很有可能在另一个文化或国家中看起来有些不同。

我们很诚实

因为我们坦然地表达自己与我们的目标

- 当公司的决断与个人利益相冲突的时候，我们会完全公开并退出讨论和决定。
- 我们尊重每个人的权利，包括知识产权。只有在我们充分了解保密协议的条款后，我们才会接受机密或商业秘密。
- 公平竞争。我们不会与竞争者共谋或者合作来瓜分市场，也不会采用定价、减少产量、分配客户来减少竞争。
- 保证没有人因为收到好处而做出不对的事情。
- 确保记录准确，包括所有的付款记录及凭证。
- 在参加商业活动或宴会时，要保持良好的判断，避免不当的决定让公司遭受损失。
- 拒绝投机买卖德州仪器的股票或任何形式的投机。

图 2.2　定义可接受的行为：德州仪器的道德守则

资料来源：Courtesy of Texas Instruments, www.ti.com/corp/docs/csr/corpgov/downloads/CCR_Summary.pdf, 2012-02-15.

表 2.1　做出道德决定的准则

1. 聆听并学习	意识到公司、团队或小组面临的问题或需要做决定的机会。不争论，不批评，不自我辩解。保持聆听，思考，直到你完全了解情况
2. 确定伦理矛盾	了解你的同事和消费者如何被这一情况或决定所影响的。了解你自己对这情况的看法，并试图理解在这个决定中的观点或者这个决定产生的结果
3. 做出选择并分析选择	先把情绪放在一边，比如生气或对权力的渴望，然后在分析选择之前提供越多越好的选择。询问每个人的意见，哪个选择对自己或对公司从长远来说是最好的选择。接着决定哪一个选择会增加你的自信心，就算以后事情并没有如你期望的那样发展
4. 从你的角度确认最好的选择	考虑它并从各方面测试是否行得通，如尊重、理解、关爱、公平、诚实和公开
5. 解释你的决定并解决所有的分歧	在达成决定之前，这有可能需要一个正直的经理给出仲裁或暂停来重新考虑、商讨，或更改计划

资料来源：Rusk T., Miller D.P., Doing the Right Thing[J]. *Sky* (Delta Airlines), 1993, (8): 18-22.

2.4.4　社会责任

社会责任是一种认同，包括商业活动对社会的影响，并且考虑到商业决定产生的影响。在卡特里娜飓风袭击新奥尔良的前几天，沃尔玛支出 2 000 万美元现金（包括 400 万美元安置受灾员工）、100 车免费商品及 10 万吨食品。沃尔玛同样承诺给每个受灾员工工作岗位。很显然，社会责任很花钱。可能，它也不那么明显（除了个别的案子），社会责任又是一门好生意。最终，消费者会发现哪家企业是有社会责任感的，哪些没有。那么非常自然地，消费者会去有社会责任感的公司购买商品，而不是去那些没有社会责任感的公司。

以下是一些具有社会责任感的公司的例子。

- 社会责任有很多种形式，包括飞行课程。由强生、飞利浦 · 帕特里姆、洛克希德 · 马丁、捷豹及其他公司提供赞助的 Young Eagle 项目。从 50 万年轻人中挑选出 2.2 万志愿飞行员参加免费飞行课程，教授基础的飞行知识，启发他们对飞行事业的好奇心。Young Eagles 只是越来越多的教育计划中的其中之一，这些是由优质企业公民建立的优秀范例。

社会责任是一种认同，包括商业活动对社会的影响，并且考虑到商业决定产生的影响。

- 通用磨坊基金成立于 1954 年，是全球由企业资助的最大的基金之一。从通用磨坊基金成立之日起，它已向它的团体资助 5.35 亿美元。

  在双子城，通用磨坊基金资助那些为青少年提供营养及健康、教育、艺术和文化的社会服务。此外，通用磨坊基金同样支持那些有志愿者或老师分享经验的企业。例如,通用磨坊基金在支持教育、艺术和文化企业时扮演的是领导者的角色,按照雇员和退休员工的贡献给出奖励。目前,该基金已经捐出 2 820 万美元的食品给 Feeding America——美国最大的饥饿救济组织。这些食物同样也捐赠给其他受灾的地区,如受地震影响的海地和智利,及受洪涝灾害影响的巴基斯坦。

- 作为戴尔对社团的承诺,戴尔基金在提高员工工作及生活的质量上花费巨大。戴尔基金支持创新及有效的项目,并给年轻人提供基本设备,希望他们在这数字经济的世界里可以学习并有所超越。戴尔基金为很多项目提供支持,为美国从本土新生儿至 17 岁的儿童带来帮助,并且鼓励非营利机构的申请,主要是与健康及人类服务、教育及与青少年相关的技术。

  从全球来看,戴尔基金已经提供超过 700 百万美元的支持来提高学生的水平,并增加了许多学习的机会,如此一来,所有的儿童都有机会可以实现他们的梦想。

- 改善全球公立学校一直是 IBM 的头号社会责任。它致力于为下一代领导者及工人做准备。通过改造教育和其他战略努力,IBM 正在通过先进的信息基础和 IBM 最棒的想法来解决最难的教育问题。这个项目正逐步改善全球校园系统。

  IBM 在 2004 年 11 月发布全球校园网络。它把成千上万台计算机过剩的处理能力整合到一起,变成一台虚拟的超级计算机。这个网络使研究人员可以集中并分析巨大的信息,主要面向基因学、疾病和自然灾害。第一个项目——人类蛋白质组折叠研究,帮助确认疾病的治疗,如疟疾、肺结核,全球已有 85 000 台设备注册登记。

  目前,IBM 庆祝成立百年,公司宣布“公司服务团队”第 100 个团队及第 1 000 员工将在非洲成立。经常被称为“公司视野”的和平团队,这个项目直接对 20 多个国家的经济产生了直接影响。参与者是从 IBM 优秀员工中挑选出来的,向当地政府和社会组织提供技术相关的帮助。他们帮助解决当地经济发展、创业、运输、教育、公民服务、医疗及疾病恢复。史丹利 · 立托——IBM 公司公民权及公司事务副总裁及 IBM 基金总裁说道,我们的公司服务团队计划是我们 IBM 员工不断进步的道德意识的典范,无论是在今天还是 100 年以后。

- 通用电气公司支持的社区有着悠久的历史,通过通用电气的运作和独特的力量来组合资源、设备、员工及退休人员。如今,通用的责任已延伸到世界各地的 GE 社区。

  GE 应用其长期的创新精神和独特的能力,在其社区承担艰难的挑战。例如,最近通用公司向密尔沃基公立学校提供了 2 000 万美元的五年拨款,以提高学生的学业成绩,更好地为上大学做准备和提供职业机会,重点是数学和科学课程。该补助金是 GE 基金会开发未来教育计划的一部分,旨在确保美国学生准备好在竞争日益激烈的全球经济中参与竞争。

- 在 Schwab 志愿者的帮助下,Charles Schwab 基金会提供计划和资金帮助个人填补信息的空缺。例如,Schwab Money Wise 帮助成人教育和孩子学习金融的基础知识。互动工具可以在 http://schwabmoneywise.com 获得,当地的工作坊涵盖了让孩子们从预算开始的主题。除了这些努力,基金会主席 Carrie Schwab Pomerantz 发布的出版物和新闻专栏促进了各个方面的金融素养——从保护儿童教育到缩小退休人员的医疗保险差距。自从 1993 年成立以来,Charles Schwab 基金会每年为超过 2 300 个非营利组织提供平均 400 万美元的捐款[9]。

- 提高美国的基本识字能力是 Verizon 基金会的头等要事,因为它对教育、健康和经济发展产生了巨大的影响。在美国,超过 3 000 万美国成年人只有基本或低于平均水平的识字能力。Thinkfinity.org 旨在提高教育和识字成就。这个全面的免费网站提供在线资源,以提高学生的识字能力。Thinkfinity 提供顶级的 K-12课程计划、学习资料、交互式工具以及与教育网站的链接。它为教师和家长提供了提高学生成绩所需的工具[10]。

  最近,Verizon 员工和退休人员捐赠了超过 608 000 小时的服务,与 Verizon 基金会合作,捐赠了超过 2 500 万美元的合作配套礼品基金,使 Verizon 志愿者成为美国最大的企业志愿者激励计划之一。

- 埃克森美孚的教育承诺涵盖所有级别的成就。它的一个企业主要目标是支持发展中世界的基础教育和扫盲计划。在世界上已经达到基础教育水平的地区,埃克森美孚公司支持科学、技术、工程和数学方面的教育计划。

  埃克森美孚认识到数学和科学能力不仅在能源业务中,而且在促进创新和促进人类进步方面的重要作用。该公司鼓励新一代在数学和科学领域从事研究和职业。为了实现这一目标,它支持旨在为长期教育改进奠定基础的计划,如国家数学和科学计划以及埃克森美孚教师学院[11]。

  为了表彰 2011 年国际妇女节,埃克森美孚公司拨款 600 万美元用于支持世界各地妇女寻找经济机会。埃克森美孚基金会总裁 Suzanne McCarron 在宣布资助时说:"研究告诉我们,女企业家的成功是建立社区的关键。当妇女经济繁荣时,整个社会都变得更健康,更稳定和更繁荣。"最近,埃克森美孚公司以及其员工和退休人员在世界各地提供了 2.38 亿美元的捐款[12]。

- AT&T 建立了一个传统,支持教育、健康和人类服务、环境、公共政策和艺术在其服务的社区,亚历山大·格雷厄姆·贝尔在一个多世纪前创立该公司,自 1984 年以来,AT&T 已投资超过 6 亿美元支持教育。目前,公司的捐款、员工志愿时间和社区服务活动的一半以上用于教育。

  自 1911 年以来,AT&T 一直是美国电话先锋的赞助商,美国电话先锋是世界上最大的基于工业的志愿者组织,由近 75 万名员工和电信行业的退休人员组成。每年,先锋志愿者服务数百万小时,并为卫生和人类服务以及环境筹集数百万美元。在学校和社区,先锋志愿者们加强联系和建设社区。

为了应对高中辍学危机,AT&T 推出了 Aspire,一个 1 亿美元的慈善计划,专注于危机。它是公司历史上最大和最重要的教育投资。工作影子计划已经达到超过 20 000 个城市的 23 000 名学生。到 2013 年夏天,该计划将为 10 万名学生提供更多关于职业选择的机会,以及如何在当今的劳动力中取得成功[13]。

- 在默克公司,患者援助计划使得该公司的药品向低收入美国人及其家人免费提供。当患者没有健康保险或处方药计划,并且不能提供他们的医生开出的默克药物,他们可以与他们的医生一起联系默克患者援助计划。50 多年来,通过这个项目,默克公司完全免费为有需要的人提供药品。患者可以通过 www.merck.com 获取信息;通过拨打免费电话号码 1-800-727-5400;或从他们的医生的办公室里获取。对于符合条件的患者,药品直接运送到他们的家里或处方医生的办公室。每个申请人可以收到最多一年的药品,如果他们的需要继续,患者可以重新申请该计划。

  默克公司基金会于 1957 年成立,贡献了超过 5.6 亿美元用于开发和启动有助于改善健康的方案为世界各地人民谋福祉。根据理查德·克拉克这位默克的总裁兼首席执行官的说法,"默克在 50 年前成立了基金会,因为我们知道,随着企业的成功,教育计划经常将社会责任与企业自身利益联系起来。"例如,两家主要的制药公司——拜耳和默克推动科学教育作为扩大未来员工群体的途径。参观拜耳科学论坛的学生在印第安纳州与科学家进行一个品种的实验。默克科学教育研究所创建的研讨会帮助教师通过动手实验将科学原理付诸行动[14]。

这些只是来自众多公司的大型和小型公司的几个例证,试图以对社会负责的方式行事。一般来说,人们更有可能想要在这样的组织工作和购买相关的产品和服务。

2.5 商业中社会责任的演变

商业在许多方面远非完美,但它的社会责任记录比过去几十年好得多。事实上,当前对社会责任的要求源于对 20 世纪早期滥用商业行为的愤怒反应。

在 20 世纪前 25 年,企业可以自由选择经营。政府对工人和消费者的保护很少。结果,消费者必须接受商家给的,要么不接受。工作环境与现在相比也很糟糕。大多数行业的平均工作时间超过 60 小时,没有最低工资法律,员工福利几乎不存在。工作区域拥挤和不安全,工业事故是常见的而不是例外。为了改善工作条件,员工加入了工会。然而,在 20 世纪初期,企业在政府的帮助下能够使用法院命令、暴力,甚至少数现有的反托拉斯法律来打败工会改善工作条件的企图。

在这段时间里,消费者通常受到告诫的教义,一个拉丁语短语意思是"让买家小心"。换句话说,"你看到的是你得到的,"如果不是你期望的那样,那太糟糕了。虽然受害者可以对不道德的商业行为采取法律行动,但去法庭是非常昂贵的,消费者很少胜诉。此外,没有消费者团体或政府机构来宣传消费者的不满，或让卖家对他们的行为负责。

在 20 世纪 30 年代之前，大多数人认为竞争和市场的行动将及时纠正滥用。因此，政府只有在明显滥用自由市场制度的情况下才参与日常业务活动。在表 2.2 中列举出了 6 部在 1887—1914 年通过的与商业相关的重要的联邦法律。正如你所看到的，这些法律的目的更多是鼓励竞争，而不是纠正滥用，尽管其中两个法律确实明确了食品和药品的纯度。

表 2.2　早期的政府法律影响美国经济

立　法	主　要　规　定
《洲际商业法》(1887 年)	第一个联邦法律规范商业惯例，提出了铁路和运费相关的规定
《谢尔曼反垄断法》(1890 年)	防止竞争受到威胁的垄断或合并
《纯食品和药物法》(1906 年)	建立对食品和药品销售的有限监管
《肉类检验法》(1906 年)	提供洲际销售肉类产品的有限监管
《联邦贸易委员会法》(1914 年)	成立联邦贸易委员会，调查非法贸易
《克莱顿反垄断法》(1914 年)	消除许多形式的价格歧视

注：在 1887—1914 年颁布的 6 部重要的商业相关的联邦法律，意在鼓励竞争而不是修改滥用

1929 年 10 月 29 日股市崩溃，引发了大萧条和持续多年美国经济的严重问题。工厂生产减少了近一半，全国劳动力有 25%失业。不久，公众对政府施加压力，经济和社会条件恶化。

不久后，富兰克林 · 罗斯福在 1933 年成为总统，他制定了程序，以恢复经济和改善社会条件。政府通过法律纠正许多人认为是大企业的垄断滥用，为个人提供各种社会服务。这些大规模的联邦计划成为提高政府参与商业和社会之间交往的基础。

随着政府参与的增加，每个人对企业社会责任的意识也在增强。今天的业主关心他们的投资回报，但同时他们大多数也要求员工的道德行为。此外，员工需要更好的工作条件，而消费者希望获得安全、可靠的产品。各种倡导团体反映了这些关切，并呼吁认真考虑地球脆弱的生态平衡。因此，管理者必须在复杂的商业环境中运作，在这种环境中，他们对自己的管理行为和对个人公民的行为负责。有趣的是，当涉及环境问题、工作环境、少数民族和上层管理层中女性领导、动物测试和慈善捐赠等这些方面时，高科技和互联网公司做得相对较好。

2.6　社会责任的两种观点

政府监管和公众意识是增加企业社会责任的两种外部压力。然而，企业决策是在企业内部进行的，社会责任从管理层的态度开始。两种对立的哲学或模型定义了对社会责

任的管理层态度的范围。

2.6.1 经济模型

根据传统的商业概念,一家公司生产优质的商品和服务,赚取合理的利润,并提供就业机会。根据这个概念,社会责任的经济模型认为,当企业独自生产和推销社会需要的产品时,社会将受益最大。社会责任的经济模型起源于18世纪,当时企业主要由企业家或业主管理者拥有。小企业竞争激烈,短期利润和生存是主要关注的问题。

对于采用这种传统态度的经营者认为社会责任是别人的工作。毕竟,股东投资公司以获得他们的投资回报,而不是因为公司对社会负责,而公司有法律义务以其股东的经济利益行事。此外,赚取了利润的公司支付联邦或州政府税和地方税,用于满足社会的需要。因此,关注利润的管理者认为他们通过其公司支付的税收间接履行社会责任。因此,社会责任成为政府、各种环境团体、慈善基金会和类似组织的问题。

2.6.2 社会经济模型

相比之下,一些管理者认为他们不仅对股东有责任,而且对客户、员工、供应商和公众都有责任。这种更宽泛的观点被称为社会责任的社会经济模型,它不仅强调利润,而且重视商业决策对社会的影响。

最近,越来越多的管理者和公司采用了社会经济模型,他们至少有三个原因。第一,企业由企业形式的所有权主导,企业是社会的创造体。如果一个公司不是一个好的公民,社会可以而且将要求改变。第二,许多公司已开始对他们的社会责任记录感到自豪,其中包括星巴克、惠普、高露洁和可口可乐。这些公司中的每一家都是环境关注、对员工的态度、平等机会和社区参与领域的企业良心奖的赢家。当然,许多其他公司今天比十年前对社会更负责。第三,许多商人认为,在这方面采取主动是符合他们最大利益的。另一种可能是某些特殊利益集团对公司提起的法律诉讼;在这种情况下,公司管理层可能失去对其公司的控制。

2.6.3 社会责任的利与弊

企业主、经理、客户和政府官员多年来就社会责任的经济模型和社会经济模型的利弊进行了辩论。每一方都有四个主要论点来加强其观点。

经济模型的观点是,当企业只生产和营销社会需要的利润丰厚的产品时,社会将受益最大。

社会经济模型的观点是,企业应该不仅强调利润,而且其决定对社会会产生影响。

增加社会责任的论点

社会经济模型的支持者认为,企业必须做的不仅仅是寻求利润。为了支持他们的立场,他们提出以下论据:

(1) 因为商业是我们社会的一部分,它不能忽视社会问题。

(2) 企业拥有解决当今复杂社会问题所需的技术、资金和管理资源。

(3) 通过帮助解决社会问题,企业可以创造一个更稳定的长期盈利环境。

(4) 企业的社会责任决策可以防止政府干预的增加,这将迫使企业做他们未能自愿做的事情。

这些论点是基于这样的假设:企业不仅对其股东,而且对其客户、员工、供应商和公众负有责任。

反对增加社会责任的论点

社会经济模型的反对者认为,企业应该做最好的事情:通过制造和推销人们想要的产品获得利润。支持这一立场的人认为[15]:

(1) 业务经理主要对股东负责,因此管理层必须关注为业主投资提供回报。

(2) 企业时间、金钱和人才应该用于最大化利润,而不是解决社会的问题。

(3) 社会问题一般影响社会,因此不应期望个别企业解决这些问题。

(4) 社会问题是为此目的而当选的政府官员的责任,他们需要对选民的决定负责。

这些论点显然是基于这样的假设,即商业的主要目的是赚取利润,政府和社会机构应该处理社会问题。

表 2.3 比较了企业在上述两种模型中的选择。现今,很少有公司纯粹采用经济模型或纯粹的社会经济模型;大多数人选择了两个极端之间的一些中间地带。然而,我们的社会似乎需要(甚至期望)一定程度的社会责任企业。因此,在这个中间地带,企业倾向于社会经济模型观点。在接下来的几节中,我们将分析其在四个具体领域的发展情况:消费主义、就业实践、对环境的关注以及社会责任计划的实施。

表 2.3　在商业实践中,经济模型的社会责任与社会经济模型的社会责任的相互比较

经济模型的着重点		社会经济模型的着重点
1. 产品	中间地带	1. 生活质量
2. 自然资源开发		2. 与自然资源的交流
3. 内部及基于市场的决定		3. 带有社团控制的基于市场的决定
4. 经济回报(利润)		4. 经济回报与社会回报的平衡
5. 公司或经营者的利益		5. 公司及社团的利益
6. 政府的小角色		6. 活跃的政府

资料来源:Davis K, Frederick W.C., and Blomstron R.L., *Business and Society: Concepts and Policy Issues* [M]. New York: McGraw-Hill, 1980.

2.7　消费主义

消费主义指为保护消费者权利而开展的所有活动。消费者运动所追求的根本问题分为三类：环境保护、产品性能和安全、信息披露。虽然自19世纪初以来消费主义在某种程度上与我们共存，消费者运动在20世纪60年代变得更加强烈。当时肯尼迪总统宣布消费者有权获得新的“权利法案”。

2.7.1 消费者五大基本权利

肯尼迪总统的《消费者权利法案》宣称，消费者有权获得安全、知情、选择和表达意见。自1975年以来增加的两项附加权利是消费者教育权和有礼貌的服务权。这六项权利是过去45年通过的许多以消费者为导向的立法的基础。这些权利还提供了对消费者运动的目标和成绩的有效评估。

(1) **安全权**。消费者的安全权意味着消费者购买的产品使用时的安全性，必须包括彻底和明确的指示正确使用，并且必须由制造商测试，以确保产品质量和可靠性。美国商业公司必须关注产品安全的原因有几个。

纠正措施可能是昂贵的。联邦机构，如食品和药物管理局和消费品安全委员会有权强迫制造或销售有缺陷产品的企业采取纠正措施。这些行动包括提供退款、召回有缺陷的产品、发出公共警告和偿还消费者。所有这些都很昂贵。

越来越多的诉讼。商业公司也应该意识到，消费者和政府已经赢得了越来越多的因产品缺陷而胜诉的诉讼。此外，这些胜诉的数额一直在稳步增长。由于担心在全国各地提起的众多诉讼的结果，烟草巨头菲利普·莫里斯和雷诺兹几十年来否认香烟引起疾病，于1997年与国家检察长、原告律师和反吸烟活动家开始谈判。这个烟草巨头提出了对其销售和广告做法的限制，并支付了数亿美元的赔偿。

客户需求。提高产品安全性的另一个主要原因是消费者对安全产品的需求。人们不会购买他们认为不安全或不可靠的产品。

(2) **知情权**。获得知情权意味着消费者在购买之前必须能够获得关于产品的完整信息。关于食物包装上必须提供关于成分和营养的详细信息，关于织物和洗衣方法的信息必须附在衣服上。

此外，制造商必须告知消费者使用其产品的潜在危险。未能提供此类信息的制造商可能对因其产品而遭受的人身伤害负责。例如，Maytag为客户提供了一本很厚的小册子，介绍了消费者应如何使用自动洗衣机。有时，这种警告似乎过多，但如果要避免用户受伤(以及可能导致的诉讼)，则这些警告是必要的。

(3) **选择权**。选择权意味着消费者必须有不同制造商和销售商提供的产品选择，以满足特定需求。政府通过反托拉斯立法鼓励竞争，发挥了作用。竞争越激烈，消费者的选择越多。

竞争和由此产生的自由选择通过降低价格为客户提供额外的好处。例如，当个人计算机刚问世时，它们的成本超过5 000美元。由于激烈的竞争和技术进步，如今可以以500美元购买。

(4) **受尊重的权利**。第四个权利意味着，当客户抱怨时，有人会倾听并采取适当的行动。其实,在第二次世界大战后,企业管理层开始倾听消费者,当企业之间的竞争加剧且销售消费品增加。企业获得竞争优势的一个方法是倾听消费者,并提供给他们所想要和需要的产品。如今,企业更加学会倾听,许多大公司设有消费者关系部门,消费者可以通过免费电话号码轻松联系。其他团体也会倾听。大多数大城市和一些州都有消费者事务办公室来处理公民的投诉。

(5) **附加消费者权利**。1975 年,杰拉尔德·福特总统在《消费者权利法案》中增加了消费者教育权,这使得人们充分了解他们作为消费者的权利。1994 年,克林顿总统增加了第六项权利,即服务权,使消费者有权获得消费品制造商和销售商的服务便利、礼貌对待和回应的权利。

2.7.2　主要消费主义力量

消费主义的主要力量是个人消费者倡导者和组织、消费者教育计划和消费者法。消费者倡导者,例如 Ralph Nader,强调消费者自我保护的权利。他们独立地或在政府赞助下组成消费者组织。一些组织,如全国消费者联盟和美国消费者联合会,在全国运作,而其他组织活跃在州和地方。他们通知和组织其他消费者,提出问题,帮助企业制定面向消费者的计划,并迫使立法者制定消费者保护法。一些消费者倡导者和组织鼓励消费者抵制他们反对的产品和商业组织。今天,消费者运动已经采取了企业风格的营销,并解决了广泛的问题。目前的活动包括:(1) 减少动物用于测试目的;(2) 减少在低收入城市街区的酒和广告牌广告;(3) 鼓励回收。

道德成功或失败

个人数据真的是私人的吗?

几乎所有你在网上做的一切,从你访问的网站、你访问的 Facebook 页面、你"喜欢的"都会被企业跟踪。广告商想知道你的活动,以便他们可以向你展示适当的在线广告;零售商想知道你买什么,所以他们可以向你发送有针对性的电子邮件和目录。但您的个人资料真的很私人吗? 虽然隐私政策应该解释每个网站收集哪些细节以及谁可以访问您的私人数据,但这些政策可能不会讲述整个故事。Facebook 改变了隐私政策,然后自行重新设置用户的隐私控制,联邦贸易委员会(FTC)对该公司进行了"欺骗性隐私声明"的指控。用户认为他们的个人资料是私人的,而广告主和其他人则被允许访问。在与 FTC 的和解中,Facebook 加强了隐私控制,其隐私计划必须在未来 20 年内进行监控,以确保合规。FTC 还认为互联网用户应该可以选择退出在线跟踪。同时,数百万人已经安装了反追踪软件,如 Ghostery 和 Do Not Track Plus,以提高在线隐私。

资料来源：Acohido B., Consumers Turn to Do-Not-Track Software to Maintain Privacy[N/OL]. *USA Today*, www.usatoday.com, 2011-12-29; Stein J., Your Data, Yourself[J]. *Time*, 2011, (3): 40-46; Rashid F.Y., Facebook Settles FTC Charges about Privacy Policy Changes, Misleading Users[J/OL]. *EWeek*, www.eweek.com, 2011-12-29.

教育消费者做出更明智的购买决定可能是消费主义最深远的方面之一。越来越多的消费者教育正在成为高中和大学课程以及成人教育计划的一部分。这些计划涉及许多主题。例如,在购买特定产品(例如保险、房地产、汽车、家电和家具、衣服和食品)时应考虑什么主要因素;某些消费者保护法的规定;以及可以帮助个人成为知识渊博的消费者的信息来源。

消费主义的主要进步是通过联邦立法。在表 2.4 中列出和描述了过去 50 年为保护您作为消费者的权利而颁布的一些法律。

表 2.4 自 1960 年以来保护消费者的重要联邦立法

立 法	主 要 规 定
联邦有害物质标签法(1960 年)	如果家庭化学品毒性很大,则需要提供警告标签
Kefauver-Harris 药物修正案(1962 年)	制定药物测试规范,要求制造商在药物标签上加上通用名称和商品名称
公平包装和标签法(1966 年)	要求所有跨州销售的产品都标有净重、配料和制造商的名称、地址
汽车安全法(1966 年)	建立更安全的汽车标准
借贷法的真相(1968 年)	贷款人和信贷商家以美元和年度百分比披露融资成本的全部费用
信用卡负债法案(1970 年)	限制信用卡持有人的额度为每张卡 50 美元,并停止信用卡公司发出非请求卡
公平信用报告法(1971 年)	要求信贷局向消费者提供有关其信用档案的信用报告,也用于校正不正确的信息
消费品安全委员会法(1972 年)	建立了注册某些仿制药的简化程序
公平信用计费法(1974 年)	修正"贷款行为真相",以使消费者可以申诉计费错误
平等信贷机会法(1974 年)	为男性和女性以及已婚和单身人士提供平等的信贷机会
马格努森—莫斯保证—联邦贸易委员会法案(1975 年)	为成本超过 15 美元的产品提供书面消费品保证的最低披露标准
"平等信贷机会法"修正案(1976 年,1994)	在授予信用时防止基于种族、信仰、肤色、宗教、年龄和收入的歧视
公平催收法(1977)	第三方非法滥用催收行为
营养标签与教育法(1990 年)	要求食品和药物管理局审查当前的食品标签和包装,强调营养标签内容、标签格式、成分标签、食品描述符合标准以及健康信息

（续表）

立　法	主 要 规 定
电话消费者保护法(1991 年)	禁止使用自动拨号和预录制语音呼叫设备拨打电话或传送消息
消费者信用报告改革法(1997 年)	信贷发行人对准确信贷数据承担更多责任;要求债权人核实有争议的数据是否准确,并在恢复数据之前通知消费者
儿童在线隐私保护法(2000 年)	让父母可以在线收集他们 13 岁以下的孩子的信息;要求商业网站运营商保持从儿童处收集的个人信息的保密性、安全性和完整性
不许呼叫执行法(2003 年)	指导 FCC 和 FTC 进行协调,以使其规则与电话营销呼叫实践(包括"不呼叫注册表"和其他列表)以及呼叫放弃
信用卡义务、责任和披露法(2009 年)	自 1968 年"借贷行为真相"以来,这是在信用卡保护方面发生的最彻底的变化
2010 年多德—弗兰克华尔街改革和消费者保护法案	通过加强金融体系的责任和责任,促进美国的金融稳定;成立了一个新的消费者金融保护机构,规范住房抵押、汽车贷款和信用卡业务;于 2010 年 7 月 21 日成为公法

以下是 2009 年保护消费者和投资者的立法建议[16]：

- 2009 年评级机构法案的责任和透明度；
- 2009 年消费者金融保护机构法案；
- 2009 年企业与金融机构补偿公平法；
- 2009 年信用风险保留法；
- 2009 年大型互连金融公司解散管理局法；
- 2009 年联邦保险办公法案；
- 2009 年金融稳定改善法；
- 2009 年投资者保护法；
- 2009 年非处方衍生产品市场法；
- 2009 年私人基金投资顾问注册法。

大多数商人现在意识到,他们只是在自己的危险时忽略消费者的问题。管理者明白不当处理消费者投诉可能导致销售损失、败坏名誉和诉讼。

2.8　就业实践

认同企业社会责任的社会经济模型观点的管理者,以及为保护消费者而制定的重要政府立法,扩大了消费者的权利。过去五十年来,在保证雇员在工作场所获得平等待遇的权利等方面取得了类似的进展。

每个人都应该有机会找到他或她可以胜任的工作,并在能力和表现的基础上得到奖励。对社会来说,这非常重要,同样,它也有很好的商业意义。然而,多年来这个机会拒绝了很多少数群体。少数是指与大部分群体不同的种族、宗教、政治、国家或其他群体。这是不平等的一部分,并且经常被不公正对待。

在 20 世纪 60 年代和 70 年代,联邦政府通过一些禁止工作场所歧视的法律回应了少数群体的抗议。(这些法律在本书第 9 章人力资源管理章节中讨论。)现在,在第一个反歧视法案通过后近 50 年(1964 年的"民权法")的今天滥用仍然存在。一个例子是白人、黑人、西班牙人和亚洲人(如图 2.3 所示)的收入较低和失业率较高,美洲土著人、残疾人和妇女也有同样的情况。

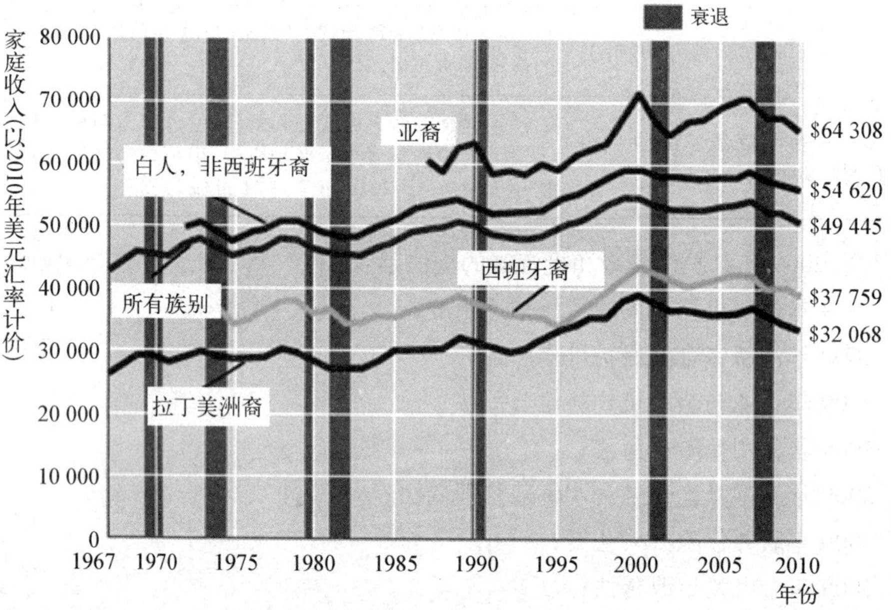

图 2.3 比较收入水平

注:该图显示了 2010 年亚裔、白人、西班牙裔和非裔美国人的家庭收入中位数。
资料来源:U.S. Census Bureau, Current Population Survey[R/OL], 1968 to 2010 Annual Social and Economic Supplements[R/OL], Income, Poverty, and Health Insurance Coverage in the United States: 2010[R/OL], www.census.gov/prod/2011pubs/p60-239pdf, U.S. Census Bureau, U.S. Department of Commerce, 2012-03-04.

负责任的管理者已经制定了一些计划来应对这些歧视带来的结果。

扶持行动方案是旨在增加一个组织内各种少数族裔雇员人数的计划。每年与联邦签约超过 50 000 美元的雇主必须有书面的扶持行动计划。这些方案的目标是确保少数族裔群体在组织内代表的比例与周围社区大致相同。例如,公司所在区域中有 25%的电工是非裔美国人,那么大约该公司 25%的电工也应该是非裔美国人。扶持行动计划涵盖人力资源管理的所有领域:招聘、雇用、培训、晋升和薪酬。

少数族裔是一种其种族、宗教、政治、国家或其他被视为与其所属的大群体不同的群体,并且经常被孤立出来。

不幸的是,扶持行动方案一直受两个问题困扰。第一个问题涉及配额。一开始,许多公司承诺在特定日期招聘和雇用一定数量的少数族裔成员。为了实现这一目标,他们被迫只考虑少数人申请就业机会;如果他们雇用非本地工人,他们将破坏自己的目的。然而,法院裁定,这种配额是违宪的,即使其目的是值得赞扬的。事实上,它们是一种被称为反向歧视的歧视形式。

第二个问题是,虽然大多数这样的方案已经相当成功,但并不是所有的企业主都赞成扶持行动方案。经理不承诺这些计划可以"玩游戏",仍然歧视工人。为了帮助解决这个问题,国会创立了(并且后来加强了)平等就业机会委员会(EEOC),这是一个政府机构,有权调查关于就业歧视的投诉,并起诉实践它的公司。

法律行动的威胁说服了一些公司修改其雇用和促销政策,但男女工资之间的差异仍然存在,如图 2.4 所示。50 多年来,妇女的平均收入只占同期男性收入的 77%。

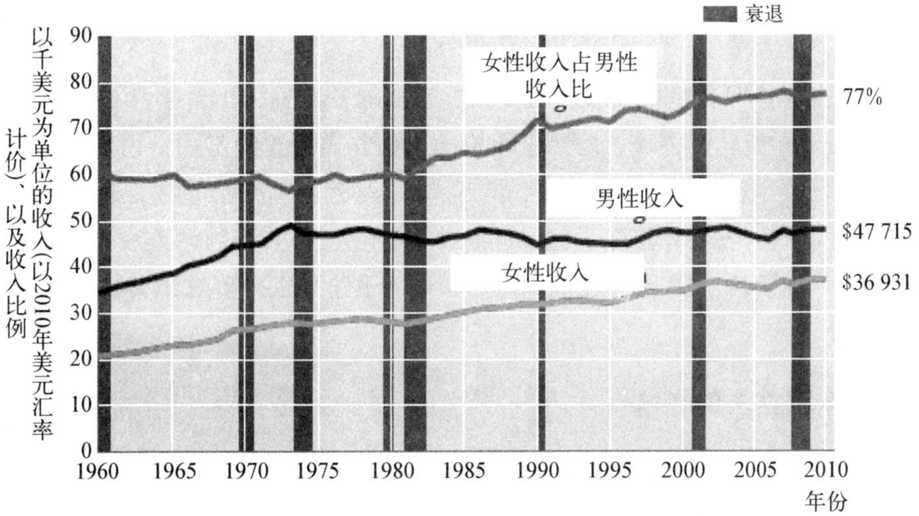

图 2.4　男性和女性员工的相对收入

注:2010 年妇女与男子全职收入的比例为 77∶100,高于 1996 年首次达到 74%。

资料来源:U.S. Census Bureau, Current Population Survey, 1960 to 2010 Annual Social and Economic Supplements[R/OL]. Income, Poverty, and Health Insurance Coverage in the United States: 2010[R/OL], www.census.gov/prod/2011pubs/p60-239.pdf, U.S. Census Bureau, U.S. Department of Commerce, 2012-03-04.

平等就业机会委员会(EEOC)是一个政府机构,有权调查关于就业歧视的投诉,以及起诉实施该机构该公司。

核心失业员工是指缺乏教育或职业培训,并长期失业的工人。

对于一些公司,社会责任远远超出了在当地报纸上投放一个帮助广告。这些公司承担了帮助有困难的主要失业者,即那些没有受过教育或职业培训的工人和长久失业者的任务。例如,几年前,通用磨坊帮助建立了 Siyeza,这是一个在北明尼阿波利斯的生产美国南部黑人传统的冷冻食品加工厂。多年来,Siyeza 为 80 个失业或就业不足的少数族裔城市居民提供了稳定、高质量的全职工作。

此外,在需要时最多可召集 100 名临时雇员。在过去,这些工人常常被人事经理拒绝,即使是最低劣的工作。

显然,这些工人需要训练,这种培训可能是昂贵和耗时的。为了分担成本,该企业和社区领导人在一些合作计划中合作。一个特别成功的伙伴关系是**国家商业联盟(NAB)**,这是一个联合商业政府计划,专门培训核心失业者。该联盟的 5 000 名成员包括来自各种规模和行业的公司的 CEO 和高级管理人员,以及教育工作者和社区领导。NAB 由林登·约翰逊总统和小亨利·福特于 1968 年发起成立,是一个主要的国家商业组织,专注于教育和劳动力问题。

2.9 关注环境

负责任的企业管理者在相关政府的鼓励下越来越多地关注社会意识,在减少环境污染、保护自然资源和扭转过去疏忽的最严重影响方面作出了重大努力。污染是指工业化社会中的人为污染水、空气或土地。几十年来,环保人士一直警告我们工业污染的危险。不幸的是,企业和政府领导者忽视了这个问题,或者不关心它,直到污染成为对美国生命和健康的威胁。今天,美国人希望企业和政府领导人迅速采取行动清理我们的环境,并保持无污染。

2.9.1 环境立法的影响

正如我们社会关注的其他领域一样,立法和规章在污染控制方面发挥着关键作用。表 2.5 中列出的法律反映了当前环境立法的范围:促进清洁空气、清洁水,甚至安静工作和生活环境。最重要的是设立美国环境保护局(EPA),美国联邦机构负责执行旨在保护环境的法律。

表 2.5 主要环境法摘要

立法	主要规定
《国家环境政策法》(1970 年)	成立环境保护局(EPA)以执行涉及环境的联邦法律
《清洁空气修正案》(1970 年)	提供严格的汽车、飞机和工厂排放标准
《水质改良法》(1970 年)	加强现有水污染法规,并对违反者处以大额罚款
《资源回收法》(1970 年)	扩大固体废物处置计划,并由环保署执行

（续表）

立　法	主 要 规 定
《水污染控制法修正案》(1972 年)	在 1985 年前制定清洁通航河道并消除所有有害丢弃物的处理标准
《噪声控制法》(1972 年)	制定主要噪声源的标准，并要求美国环保局向联邦航空管理局提供关于飞机标准的建议
《清洁空气法修正案》(1977 年)	建立污染区清理的新期限；还需要审查现有的空气质量标准
《资源保护和恢复法》(1984 年)	修正 1976 年的原始法案，并要求联邦对潜在危险固体废物处置的立法
《清洁空气法修正案》(1987 年)	制定了国家臭氧空气质量标准
《油污法》(1990 年)	扩大国家防止石油泄漏和应对方案；还成立了漏油责任信托基金
《清洁空气法修正案》(1990 年)	要求机动车辆配备车载系统以控制大约 90% 的加油蒸汽
《食品质量保护法》(1996 年)	修改联邦杀虫剂、杀菌剂和杀鼠剂法案和联邦食品药物和化妆品法案；要求新的安全标准(无害的合理确定性)必须适用于食品上使用的所有农药
《美国复苏与再投资法案》(2009 年)	向环保署提供 72.2 亿美元，以保护和促进“绿色”工作和更健康的环境

当他们意识到污染问题时，许多公司主动行动，而不是等待被 EPA 指责。然而，有些业主和管理人员认为环境标准太严格。(这意味着符合现行标准的代价昂贵。)因此，环境保护局通常必须采取法律行动，迫使企业安装防污染设备和清理废物储存区域。

经验表明，环境立法、自愿遵守和 EPA 行动的结合可以成功地清洁环境和保持清洁。然而，仍有许多工作要做。

水污染　“清洁水法”被认为可大大改善美国水域的状况。这一成功主要来自对工业和废水处理厂污染物排放的控制。虽然美国的河流、湖泊和溪流的质量近年来有显著改善，但这些地表水中的许多地区仍然严重污染。目前，最严重的水质问题之一是在这些水域中发现的高水平的有毒污染物。

水污染物对人类造成的严重威胁包括呼吸道刺激、癌症、肾脏和肝脏损伤、贫血和心力衰竭。有毒污染物也损害鱼类和其他形式的野生动物。在鱼类中，它们引起肿瘤或生殖问题；生活在或生长在有毒水域中的贝类和野生动物也遭受遗传缺陷的威胁。

国家商业联盟(NAB)是政企联合项目，旨在培训主要失业人员。

污染是在工业化社会中人为行为对水域、空气或土地造成的污染。

最近,印度喀拉拉邦的污染控制委员会命令可口可乐关闭其主要的装瓶厂。多年来,附近地区的村民指责可口可乐正在耗尽当地地下水,并产生其他地方污染。村委会主席说:"我们很高兴政府终于为受农作物影响的居民伸张了正义。"

2010年最严重的环境灾害之一是"深水地平线"爆炸,其中11人死亡。英国石油公司(BP)的灾难导致墨西哥湾的石油泄漏,污染了广大的美国海洋环境。它对野生动物、当地捕鱼业和区域旅游业造成严重影响。英国石油公司对石油泄漏和清理工作造成的财产损失负有赔偿责任;损失收入或收入能力;船主、酒店业主和餐馆业主的收入损失;清除和清理财产费用;由溢出造成的身体伤害的索赔。根据2012年年初达成的和解,英国石油公司预计支付78亿美元以偿付索赔。

水净化的任务已证明是极其复杂和昂贵的,因为污染径流和有毒污染。然而,改善水质不仅是必要的,而且也是可以实现的。看看克利夫兰的Cuyahoga河。几年前,这条河被工业废物污染了,一个炎热的夏天,它突然起火!现在,经过持续的社区清理工作,河水已经非常干净,鱼儿可以在里面生存。

另一个严重的问题是酸雨,这对美国东部沿海水域、湖泊和海洋生物的恶化有严重影响。当工业化区域的烟囱排放的硫与大气中的水分结合形成酸并由风散播,形成酸雨。酸最终以雨的形式落下,它进入溪流、河流和湖泊。酸雨问题近年来迅速蔓延,专家担心,如果燃烧更多的煤炭发电,情况将会恶化。为了解决这个问题,研究者首先必须确定硫在哪里被排放。这项重要的调查和清理的费用将会很高。忽视这个问题的人力成本可能更高。

空气污染 航空排放是造成全球变暖的温室气体排放潜在重要并不断增长的因素之一。飞机排放很严重,这有以下的几个原因。首先,喷气式飞机是直接把人体排泄物留在上层大气中,这可能比在地球表面释放更大的变暖效应。第二,二氧化碳(作为主要的飞机排放)是国际关注的主要焦点。例如,根据政府气候变化专门委员会的数据,二氧化碳可以在大气中存活近100年,并造成全球变暖。来自全球航空的二氧化碳排放量大致等于一些工业化国家的二氧化碳排放量。第三,二氧化碳与喷气飞机发射的其他气体和颗粒相结合的排放比单独二氧化碳的排放的影响要高出2—4倍。第四,政府小组最近得出结论认为,由于对航空旅行的需求增加,航空排放量的增加不会完全被通过技术改进所实现的排放量减少所抵消。

通常,两个或三个因素结合在一起可以在任何给定的位置形成空气污染。第一个因素是集中在相对较小地区的汽车排放的大量一氧化碳和碳氢化合物。第二是制造设施排放的烟雾和其他污染物。这两个因素可以通过汽车、卡车和烟囱上的污染控制装置部分消除。

造成空气污染的第三个因素是不能改变的,是天气和地理的结合。例如,洛杉矶盆地结合了恰当的天气和地理条件来形成浓烟雾。洛杉矶有关于空气污染的严格规定。即使如此,因为不可控制因素,洛杉矶仍然在努力解决空气污染问题。

空气污染控制的效果如何？美国环保署估计“清洁空气法案”及其修正案将最终防止 560 亿磅的空气污染，从而可以显著减少肺部疾病，以及由癌症和空气污染造成的其他严重健康问题。美国当局注意到空气质量的改善。一些城市今天比 30 年前有更清洁的空气。即使在南加利福尼亚，空气质量恶劣的日子也已经下降到每年不到 40 天，比 10 年前降低了约 60%。

土地污染　空气和水的质量可能在改善，但土地污染在许多地区仍然是一个严重的问题。基本问题是：(1) 如何以合理的成本恢复受损或污染的土地；(2) 如何保护未受污染的土地免受未来损害。

在过去几年中，土地污染问题一直在恶化，因为现代技术继续产生越来越多的化学和放射性废物。美国制造商每年估计产生 4 000 万—6 000 万吨的污染油、溶剂、酸和污泥。服务企业、公用事业公司、医院和其他行业也将大量的废物排放到环境中。

美国的个人也对废物处理问题做出贡献。由于更严格的法规，垃圾填埋场的缺乏使得垃圾处理在一些地区是一个严重的问题。焚烧炉有助于解决垃圾填埋场缺乏问题，但也带来了自己的问题。它们减少了垃圾的量，但留下了大量的灰尘，这些灰尘通常具有比原始垃圾更高的毒性浓度。土地污染的其他原因包括煤炭开采、非选择性砍伐森林，以及为住房和工业开发农业用地。

为了支付帮助清理受化学品和有毒废物污染的土地所需的巨大成本，美国国会在 1980 年创建了一个价值 16 亿美元的超级基金。最初，其资金是由 800 家生产有毒废物的石油和化学公司提供。EPA 将利用超级基金中的资金资助全国危险废物场地的清理。为了补充超级基金，EPA 有两个选择：它可以起诉公司在特定废物场所倾倒化学品，或者可以与有罪公司谈判，从而完全避免法律制度。在 20 世纪 80 年代，EPA 的官员遭到了批评，因为他们喜欢谈判解决。批评家认为这些定居点与工业界是“甜心交易”。他们认为环保署应该更积极地减少土地污染。当然，大多数企业高管认为，如果公司更多地参与这一过程，清洁效率和质量可能会得到改善。许多公司，包括德尔福汽车系统公司和 3M，已经修改或停止了对环境产生负面影响的产品的生产和销售。例如，测试显示 ScotchGard™ 在环境中不会分解，3M 宣布自愿结束生产这一已有 40 年历史的产品，放弃其每年 3 亿美元的销售额。

噪声污染　由交通、飞机和机械造成的过多噪声可能对人类造成身体伤害。研究表明，长时间暴露于强烈噪声的人可能遭受永久性听力损失。1972 年的《噪声控制法案》为飞机和机场、空军和州际电机运营商制定了噪声排放标准。该法案还为美国各州和地方层面的噪声研究提供了资金。

噪声污染可以通过两种方法减少。噪声污染的来源可以尽可能地隔离。(因此，许多大城市机场位于城市郊外。)工程师还可以修改机械和设备以降低噪声水平。如果不可能将工业噪声降低到可接受的水平，工人应该佩戴耳塞，以防止他们受到永久性听力损伤。

创业成功

明日社会企业家

越来越多的年轻企业家开始创业，目的是利用他们的技能实现社会责任目标：提高世界各地人们的生活质量。许多这些社会企业家正专注于为贫困地区提供保障，为贫困地区提供廉价的电力。例如，Alan Hurt、John Harkness、Jason Schwebke 和 Mike Sutarik 是 Team Light Up Africa 的成员，在北伊利诺伊大学社会创业商业计划竞赛中赢得了 10 000 美元。他们的 Zoom Box 目前正在开发中，这是一种低成本、轻便的发电机，适用于为非洲的电灯和手机充电。“我们不仅仅是一个公司，也不仅仅是一个过时的想法，”Hurt 说，“我们是一个运动。”少年发明家 Eden Full 创造了一个旋转的太阳能电池板——SunSaluter，它每天跟随太阳转向，以对地球友好的方式显著提高产生的太阳能功率。SunSaluter 面板已经照亮了肯尼亚的两个村庄，还有更多的面板在安装中。Full 的独创性赢得了来自她的社会企业之外的资金，以更大规模改进和制造产品。

资料来源：McCarthy J.，NIU Students Generate Winning Idea[J/OL] *Chicago Tribune*，www.chicagotribune.com，2011-12-11；Sniderman Z.，4 Young Social Good Entrepreneurs to Watch[J/OL]. *Mashable*，http://mashable.com，2011-12-06；NIU Today（Northern Illinois University），Class Launches Social Entrepreneurs[EB/OL]. www.niutoday.info，2011-12-20；Kamenetz A.，Peter Thiel Gives Whiz Kids $100K to Quit College，Start Businesses[J/OL]. *Fast Company*，www.fastcompany.com，2011-05-25.

2.9.2 谁该为干净的环境买单？

政府和企业每年花费数百亿美元来减少污染：超过 450 亿美元用于控制空气污染；330 亿美元用于控制水污染；120 亿美元用于处理危险废物。更糟糕的是，净化环境所需的大部分钱应该来自萧条的行业，如化工业。一些公司发现支付罚款比安装昂贵的污染控制设备更便宜。

那么，谁将支付环境清理费用？许多商业领袖认为税款应该用于清理环境和保持清洁。他们的理由是，企业不是唯一的污染源，因此企业不应该被迫承担清理的全部成本。环保主义者不同意。他们认为，适当处理和处置工业废物的成本是做生意的代价。在任何一种情况下，消费者可能会担负很大一部分成本——以税收或以更高的价格提供商品和服务的形式。

2.10　实施社会责任计划

企业对社会责任的决定朝着正确方向是企业迈出的一步,但只是第一步。公司必须制定和实施一个计划来实现这一目标。该计划将受到公司规模、资金实力、在社会责任领域的过去记录和竞争的影响。不过,最重要的是,该计划必须有公司的全部承诺,否则将失败。

2.10.1　制定社会责任方案

一个有效的社会责任计划需要时间、金钱和组织。在大多数情况下,制定和实施这样一个计划需要四个步骤:确保高层管理人员的承诺和计划,任命一名董事,并准备社会审计。

高级管理人员的承诺　如果没有高级管理人员的支持,任何项目很快就会变得缓慢并变得无效。例如,波音公司的道德和商业行为委员会负责道德计划。委员会由波音董事会任命,其成员包括公司董事长兼首席执行官、总裁兼首席运营官、运营集团总裁和高级副总裁。作为对社会责任承诺的证明,高级管理人员应制定一份概述其主要关注领域的政策声明。此声明表明了积极支持的立场,并且随后将作为其他员工参与计划时的指南。

计划　接下来,应该指定一个管理者委员会来规划计划。无论其计划采取何种形式,它都应该处理高层管理人员在政策声明中描述的每个问题。如有必要,可聘请外部顾问帮助制定计划。

任命董事　在建立社会责任计划之后,应任命一位高级行政人员执行本组织的计划。这个人应该负责执行具体的政策,并帮助个别部门了解和履行公司承担的社会责任。根据公司的规模,董事可能需要专职工作人员每天处理该计划。例如,在波音公司,道德和商业行为主管管理道德和商业行为计划。

社会审计　在指定的时间段,项目主任应为公司准备一份社会审计。社会审计是关于一个组织在影响它的社会问题方面做了什么和正在做什么的综合报告。该报告提供关于公司评估和修订其社会责任计划所需的信息,主要包括人力资源、社区参与、产品的质量和安全性、商业惯例,以及减少污染和改善环境做出的努力。社会审计中包含的信息应尽可能准确和定量,审计应陈述计划的积极和消极方面。

如今,许多公司听取公司内外的有关个人的意见。例如,波音道德热线聆听并采取行动,关注员工和其他人对可能违反公司政策、法律或法规(例如不当或不道德的商业惯例,以及健康、安全和环境问题)表示的关注。鼓励员工表达他们的关注,提出关于道德问题的问题。所有波音员工(包括波音公司)均可使用道德热线。它也适用于公司之外的有关个人。

2.10.2 资助计划

我们注意到承担社会责任需要资金。因此，正如任何其他公司事业一样，必须为改善社会责任的计划提供资金。资金可以来自三个方面：

(1) 管理层可以以更高的价格将成本转嫁给消费者；

(2) 如果竞争情况不允许价格上涨，公司可能被迫承担该计划的成本。在这种情况下，成本被视为业务费用，利润减少；

(3) 美国联邦政府可以通过减税或其他激励措施支付全部或部分成本。

商界报道回看

Panera Cares 像每一个 Panera 面包咖啡馆，提供相同的季节性菜单，相同的新鲜出炉的面包，以及相同的舒适的氛围。然而，在 Panera Cares，客户支付他们能负担得起的费用。一个母亲带着一个蹒跚学步的孩子捐出 5 美元，这样可以为一个无家可归的人提供一个点心，但他不需要支付任何费用。这是 Panera 为当地社区做努力的方式，并一直在努力。Panera Cares 必须接受建议资金水平的 80%，才能继续创业。一些咖啡馆一贯达到这个水平，而其他咖啡馆在某些日子里筹备不足。随着口口相传，更多的客户了解 Panera 正在努力实现的目标，咖啡馆正在吸引越来越多的忠实和慷慨的追随者。Panera 的创始人说："我们学到的是，大多数人都是善良的。人们正在加快做他们认为正确的事情。"

讨论题

1. Panera Cares 是如何运用社会责任的社会经济模型的？

2. 如果 Panera 希望顾客可以多捐一些，需要帮助的人少付一些，会产生哪些伦理问题？

本章小结

1. 了解商业道德的意义。伦理学是对错误和选择的道德的研究。商业道德是道德标准在商业环境的应用。

2. 确定在商业世界中出现的伦理问题的类型。在与投资者、客户、员工、债权人或竞争对手的关系中，经常出现伦理问题。商人应该尽一切努力保证公平，考虑客户和公司内部其他人的福利，避免利益冲突，并诚实地沟通。

3. 讨论影响组织伦理行为水平的因素。个人、社会和机会因素都会影响组织中的道德行为水平。

个人因素包括知识水平、道德价值观和态度，以及个人目标。社会因素包括文化规范、同事和重要相关利益人的行动和价值观。机会因素是指一个组织中员工有多少余地可以允许他做不道德行为。

4. 解释如何鼓励做出道德决策。政府、贸易协会和个体公司可以制定道德行为的准则。政府可以通过更严格的法规。贸易协会为其成员提供道德准则。公司提供道德准则——一个组织定义的可接受的道德行为的书面指南，并创造鼓励道德行为的气氛。在不道德的环境中工作的道德员工可能会采取举报来揭发有问题的行为。

5. 描述我们目前对企业社会责任的看法是如何演变的。在一个对社会负责的企业中，管理层意识到其活动对社会产生影响，并认可其在决策过程中的影响力。在 20 世纪 30 年代之前，工人、消费者和政府对商业活动的影响很小；结果，商业领袖几乎没有考虑社会责任。所有这一切都随着大萧条而改变。政府法规、员工需求和消费者意识相结合，创造了企业以对社会负责的方式行事的需求。

6. 解释关于企业社会责任的两个观点，理解增加社会责任的论据。社会责任的经济模型的基本前提是，当企业单独生产有利可图的商品和服务时，社会最大的收益。根据社会经济模型，商业对社会的责任与其所有者一样多。大多数管理者在这两个极端之间采取一种观点。

7. 讨论导致消费者流动的因素并列出其一些结果。消费主义包括为保护消费者权利而开展的所有活动。消费者运动通常在产品安全，产品信息，通过竞争的产品选择以及解决关于产品和商业惯例的投诉的领域中要求并受到商业的注意。尽管自 19 世纪初以来对消费者权益的关注在一定程度上已经存在，但在 20 世纪 60 年代肯尼迪总统发起了“消费者权利法案”时，运动变得更加强大。消费者的六个基本权利包括安全权、知情权、选择权、获得听证的权利，以及消费者教育和礼貌服务的权利。

8. 分析如何使用现有的就业做法来抵消过去的滥用。立法和公共需求促使一些企业纠正过去在就业实践中的滥用——主要是少数群体。扶持行动和培训硬核失业者是成功使用的两类方案。

9. 描述污染的主要类型，它们的原因和解决方案。工业通过倾倒废物，以及通过车辆和烟囱排放造成空气污染、噪声污染，以及土地和水的污染。这种污染可以被清理和控制，但最大的问题是：谁来买单？目前的清理工作部分由政府税收承担，部分由企业承担，从长期看最终由消费者承担。

10. 确定企业为实施社会责任计划必须采取的步骤。在企业中实施社会责任的计划，首先是由高层管理人员的全面承诺。该计划应仔细制定，并应指定一名有能力的董事来执行。应定期准备社会审计，作为评价和修订方案的手段。该计划可以通过提高产品价格、减少利润或获得联邦补贴来实施。

关键词

道德	社会责任	少数群体	社会审计
商业道德	买者自负	肯定行动方案	社会责任的社会经济模型
道德准则	社会责任的经济模型	主要失业	2002 年萨班斯—奥克斯利法案
检举	消费者主义	全国商业联盟(NAB)	平等就业机会委员会(EEOC)

复习题

1. 为什么具有高道德标准的个人在商业行为方面比在他或她的个人生活中表现得会缺少道德？
2. 组织化的道德规范如何帮助确保道德的商业行为？

3. 大萧条后美国的商业环境如何以及为什么发生变化？
4. 社会责任经济模型与社会经济模型之间的主要差异是什么？
5. 增加企业社会责任的论点是什么？
6. 描述并举例说明消费者的六项基本权利。
7. 在美国，女性人口比男性人口多。为什么在就业方面，妇女被认为是少数民族？
8. 肯定行动方案的目标是什么？如何实现这一目标？
9. 平等就业机会委员会的首要职能是什么？
10. 企业如何人为造成这四种污染？如何避免污染环境？
11. 我们的环境可以治理干净也可以保持干净。为什么我们不简单地去做呢？
12. 描述在大型公司内制定社会责任计划所涉及的步骤。

讨论题

1. 当一个公司在伦理道德的方式上有不恰当行为，对其公司和客户会带来什么样的影响？
2. 当员工对于公司的商业决定有自己的道德立场，但他或她的上级却持有相反立场，这名员工应该如何处理？
3. 总的来说，一个企业是遵循社会经济模型更获利还是遵循社会责任经济模型更获利？
4. 为什么企业要承担培训主要失业者的任务？
5. 在多大程度上，汽车造成的空气污染应由工厂、消费者和政府来承担？
6. 为什么有如此多的政府条例涉及社会责任问题？应该减少这类条例吗？

视频案例 2.1

Schofield Honda——与本田一起创造绿色

如今,绿色市场遍布全球各地:可回收的购物袋成了主导而不是那些放在货架上的有机的自然食品,有社会责任感的公司在减少污染,保护水资源和能源,循环使用纸张、塑料和其他可再次使用的材料商越发地努力。

当然,一些企业一直引领潮流。从 20 世纪 70 年代早期开始,本田已经制造了低排放且节能的思域,并一直坚持初衷。目前,本田有四档车型:好、更好、最好和终极。普通燃油汽车每加仑汽油行驶 35 千米;混合动力汽车每加仑汽油行驶 45 千米;最好的那款是由天然气驱动;它的最佳解决方案是天然气动力 Civic GX,一箱油可以行驶 220 千米。本田在汽车设计方面也有终极方案,如新的本田 FCX 清洁一氢燃料电池汽车,使用氢和氧气创造电力。虽然 Civic GX 和 Clarity 可用于消费者,但是由于加油站很稀缺,所以车辆对于普通驾驶员来说目前不实用。

替代能源车正在向中西部方向发展。作为堪萨斯州威奇托的 Scholfield Honda 的替代燃料专家,Lee Lindquist 正在为当地 Sierra 俱乐部会议研究替代燃料车辆,当时他获悉纽约和加利福尼亚的城市使用天然气 Civic GX 来解决空气质量问题。虽然 Lee 认识到他自己的威奇托市场没有绿色消费者,他知道人们需要对抗燃料价格上涨的方法,所以他提出了 Civic GX 供他的经销商使用。

Lee 的老板对这个想法持怀疑态度。虽然管理层用了聪明的方式来促进经销商,所有者 Roger Scholfield 不想冒险涉足这滩浑水或者说开发一个新的有点不切实际的车辆。然而,他同意向他的车队和企业客户提供汽车,并且提供了 Scholfield 本田绿色的另一个机会。

2007 年 5 月,一场毁灭性的龙卷风袭击了附近的堪萨斯州格林斯堡镇,将该地区夷为平地。Lee Lindquist 再次建议他的老板在格林斯堡捐赠一个本田 Civic GX 和一个天然气加油站,作为一种帮助城镇重建的方式。仔细思考后,Roger 意识到,Lee 的想法将有利于他的经销商通过良好的宣传有更高的意愿去使用替代燃料车。Scholfield 使得燃料站免费建立起来向格林斯堡居民提供燃气,经销商就此开启绿色之旅,即便有其他更具成本效益的广告方式。

Roger Scholfield 指出,因为他捐赠了 Civic GX,客户对替代燃料汽车越来越感兴趣。此外,他的经销商在报纸上和当地居民中表达了足够诚意——在本州的 Scholfield 已经获得了良好的声誉,其做到了对环境和格林斯堡的人民的承诺,甚至成立了一个“本田绿色区”会议室。房间可以容纳几百人。它包括数字投影仪,音响系统和小厨房,并可免费供当地公司和组织举行会议。它的椅子、桌子、瓷砖和地板都是可回收利用的。[17]

讨论题

1. 你如何评价本田的社会责任感?经销商是否符合一个对社会负责的公司的所有标准?

2. 什么是 Scholfield 本田的主要道德责任,当所提出的绿色倡议对公司而言成本过高或者有损于利润水平的情况下,甚至在有损于公司底线的情况下?

3. 政府是否应该限制公司声称他们的产品是绿色的?如何定义官方的环境友好分类?

案例 2.2

联合利华对绿色及清洁环境的发展的计划

企业巨头能否在绿色环保和清洁的基础上建立业务？到 2020 年，联合利华计划将其收入翻一番，同时将其环境影响减少一半，并教育 10 亿人如何更健康生活。虽然这些是积极的目标，但该公司有大量资源可用于实施其计划。联合利华通过 Ax、Ben & Jerry's、Dove、Lipton、Lifebuoy、Skippy、Suave 和 Surf 等知名品牌年销售各种各样的食品、家用清洁剂和个人护理产品方面花费了 620 亿美元。它有 17 万名员工，在 100 个国家经营，其中一半以上的收入来自发展中国家。每天，在世界各地，20 亿人使用其一个(或更多)的产品。

联合利华的经理在积极管理其产品的环境和社会影响方面看到巨大的利润潜力，以满足所有市场和所有收入水平的消费者的需求。首席执行官 Paul Polman 解释说："我们正在倡导一种赋予环境和社会的商业模式。这是可持续增长的本质。"

在制定具体的绿色和清洁目标之前，联合利华的管理人员花了几年时间研究其产品的生态效应，并与客户、供应商、政府官员和非营利专家谈论人口增长、自然资源和人类健康。开发和测试高效、环保的制造产品和获得原材料的方式。他们还仔细研究了他们如何应对挑战，如提供清洁的饮用水为数十亿人和预防疾病的传播。

在这项研究中，有一个称为联合利华可持续生活计划的综合计划。它包括一个详细的时间表，用于减少联合利华的能源和水的使用，从可持续来源获取原材料，减少排放和浪费。例如，公司设定了从认证可持续来源获得所有棕榈油的最后期限(并且提前三年实现了这一目标)。与此同时，联合利华的产品开发专家开始设计新产品，以满足消费者对地球友好的需求。例如，对于水稀缺的地区，他们开发了一种无需使用的洗发水和只需单次冲洗清洁的洗衣产品。

联合利华的研究还指出，需要教育消费者了解他们可以采取的保持健康的简单步骤，例如洗手。公司发现，第一步是解释为什么人们应该采取特定的行动(用肥皂洗涤，以防止疾病传播)。接下来，告诉他们采取行动(购买和使用肥皂)是多么容易，概述好处(保护家人免受细菌的污染)，并使他们为感觉良好采取行动(保持家人健康)。最后，鼓励人们一遍又一遍地继续这种行为(例如，提醒孩子在饭前洗手)。在这五个步骤之后，联合利华已经向发展中国家的 3 500 万人教育洗手的好处，同时推广公司的 Lifebuoy 肥皂品牌。

在向可持续发展目标迈进的过程中，联合利华开发了与其他公司和供应商共享的工具和技术。例如，它的免费工具使农民能够计算他们的农业和牲畜活动的温室气体排放水平。使用这一计算作为基线，农民可以尝试不同的减少排放的方法，同时提高农业产量。"可以释放创新，这将帮助我们成长，"这是联合利华在印度的业务负责人的另一种表达。[18]

讨论题

1. 近一年来，联合利华在其网站上发布了一份报告，详细介绍了其在实现 2020 年可持续发展目标方面取得的进展。为什么公众对这样的报告感兴趣？

2. 联合利华是否运用社会责任的经济模型或社会经济模型？你怎么知道的？

3. 你同意联合利华在推广其 Lifebuoy 肥皂品牌的计划中教导消费者洗手吗？详述你的答案。

尾注

1. Sources: Based on information in Peter Korn, "A Gentle Nudge Helps Panera Cares Fulfill Mission, Get Paid," *Portland Tribune (OR)*, December 29, 2011, www.portlandtribune.com; Peter Korn, "Panera Lets People Pay What They Can," *Portland Tribune (OR)*, April 21, 2011, www.portlandtribune.com; Sarah Skidmore, "Panera Opens Pay-What-You-Wish Location in Oregon," *Associated Press*, January 12, 2011, http://abcnews.go.com; "Year Later, Pay-What-You-Want Panera a Success," *Cleveland Plain Dealer*, May 16, 2011, www.cleveland.com.
2. Official John Rigas Web site, johnrigas.com/AdelphiaLitigation.html (accessed April 24, 2012), www.time.com/time/specials/packages/articles/0,288 (accessed April 24, 2012), and the U.S. Department of Justice Web site at www.justice.gov/usao/pam/news/2012/Rigas_01_25 (accessed April 24, 2012).
3. The U.S. Department of Justice Web site at www.justice.gov/opa/pr/2001/October/513civ.htm, and www.justice.gov/opa/pr/2003/June/03_civ_371.htm (accessed April 24, 2012).
4. The U.S. Department of Justice Web site at www.usdoj.gov (accessed April 20, 2012).
5. *Frontlines* (Washington, DC: U.S. Agency for International Development, September 2005), 16.
6. Deere & Company Corporate Governance—Code of Ethics Web site at http://search.deere.com/DDC/en_US/?query=business+conduct (accessed February 6, 2012).
7. U.S. Securities and Exchange Commission Web site at www.sec.gov/litigation/litreleases/2009/lr211129.htm (accessed April 5, 2010).
8. The Politico Web site at www.politico.com/news/stories/0310/3410/34105.html (accessed April 17, 2010).
9. The General Mills Web site at www.generalmills.com/Responsibility/Community_ (accessed February 5, 2012).
10. The Michael and Susan Dell Foundation Web site at www.msdf.org/about-us (accessed March 1, 2012).
11. The IBM Web site at www.ibm.com/ibm/responsibility/corporateservicecorps/progr (accessed March 6, 2012).
12. GE *Press Release*, January 19, 2011, www.genewscenter.com/content/detail.aspx? (accessed March 6, 2012).
13. The Charles Schwab Foundation Web site at www.aboutschwab.com/about/overview/charles_schwab/ (accessed March 4, 2012).
14. The ExxonMobil Web site at www.exxonmobil.com/Corporate/community_women.aspx (accessed February 29, 2012).
15. The AT&T Web site at www.att.com/gen/corporate-citizenship?pid=17884 (accessed March 1, 2012).
16. Wall Street Reform and Consumer Protection Act of 2010, www.govtrack.us/congress/bill.xpd?bill=h111-4173 (accessed March 9, 2011).
17. www.sholfieldhonda.com (accessed May 13, 2010); Adam Knapp, "Scholfield Honda Trying to Turn Green Movement into Good Business," *Wichita Business Journal*, http://wichita.bizjournals.com, March 7, 2008, and information provided through interviews with Scholfield Honda personnel and in the video "Scholfield Honda."

18. Based on information in Namrata Singh, "Unilever Reports on First Year's Progress Against Sustainable Living Plan Targets," *Times of India,* April 24, 2012, http://timesofindia.indiatimes.com; Loulla-Mae Eleftheriou-Smith, "Unilever to Mark Sustainability Efforts Through Corporate Campaign," *Marketing,* April 25, 2012, www.marketing-magazine.co.uk; Ian Quinn, "Unilever Shares Cool Farm Emissions Tool," *Grocer,* March 17, 2012, p. 11; Louise Lucas, "Changing Lives," *Financial Times,* March 20, 2012, www.ft.com; Louise Jack, "Unilever CEO Paul Polman on the Packaged Goods Giant's Creative Shift," *Fast Company,* January 12, 2012, www.fastcocreate.com; www.unilever.com.

第 3 章

探索全球商业

学习目标

1. 解释国际业务的经济基础。
2. 讨论国家对国际贸易的限制，这些限制的目标及其结果。
3. 概述国际商业的程度和世界经济对贸易的前景。
4. 讨论促进贸易的国际贸易协定和国际经济组织。
5. 定义企业组织和进入国际市场的方法。
6. 描述出口援助的各种来源。
7. 确定帮助公司和国家资助国际业务的机构。

商界报道

大众汽车在全球销售增长

大众汽车正在转向高速发展，到 2018 年成为世界上最大和最赚钱的汽车制造商。该公司总部设在德国，在 150 多个国家销售车辆，包括奥迪、宾利、布加迪、兰博基尼、保时捷、斯堪尼亚、西雅特、斯柯达、大众。虽然大众在欧洲大陆是最强大的，它已更关注在亚洲和美洲多年的销售增长。

近 30 年前，大众汽车公司是在中国开展业务的首批大型汽车制造商之一。它与两个合作伙伴上汽和一汽合作，在全中国范围建造和销售汽车。最初，大众汽车与中国合作伙伴一起生产的汽车是不多见的低价车型。现在，除了这些基本的汽车，大众正在引入更大、更时尚(和更多的利润)专为中国设计的汽车，如大众 Lavida。

美国大众汽车公司从德国进口一些汽车，并在美国田纳西州的查塔努加(Chattanooga)新建一个高科技厂。由美国公司提供的大部分零件或德国公司与美国分公司允许大众降低成本，所以它可以在美国汽车市场上拥有更具竞争力的价格。拥有强大的美国市场将帮助大众实现其到2018年成为行业领导者的目标，尽管有美国的对手如通用汽车，还有全球对手如丰田和现代这样的侵略性举动。大众汽车公司的首席执行官说："如果你想成为行业中的头号车队，你必须在美国取得成功。"趋势是在美国设定的，不仅仅针对消费者行为，而且针对通信技术、计算机和软件。

在南美洲销售也在增长，大众汽车经营的八家工厂制造紧凑的Gol汽车（一种流行的小巴）和其他车辆。该公司在墨西哥也有一个发动机工厂和一个装配厂，作为其长期计划的一部分以增加产量，促进在北美和南美的销售。

可能阻碍大众汽车推动全球增长的两个因素是经济的不确定性和激烈的竞争。公司可以继续加速获取更高的销售额吗？[1]

大众汽车只是越来越多的外国公司之一，无论大公司还是小公司都正在与其他国家的公司做生意。一些公司，如可口可乐，销售给其他国家的公司；其他，如 Pier 1 进口公司，从世界各地购买商品进口到美国。无论他们是否跨国界买卖产品，这些公司都为促进全球经济的国际贸易量做出贡献。理论上，国际贸易与加州和华盛顿之间的州际贸易一样具有逻辑性和价值。然而，各国倾向于出于各种原因限制某些货物的进口。例如，在21世纪初，美国限制了从墨西哥进口新鲜番茄，因为它们削弱了美国国内新鲜番茄的价格水平。

尽管有这些限制，国际贸易自第二次世界大战以来几乎稳步增加。许多工业化国家签署了旨在消除国际商业中的问题并帮助欠发达国家参与世界贸易的贸易协定。世界各地的企业通过出口产品和增加国外生产以及其他手段，抓住了在国外市场上竞争的机会。

美国前总统布什在签署2002年贸易法时说："贸易是我们工人的好工作的重要来源，也是我们经济更高增长的来源。自由贸易也是建立全球繁荣和增加政治自由趋势佐证的战略。贸易是经济增长的引擎。在我们一生中，贸易帮助数百万人民和整个国家摆脱贫困，并使他们走上繁荣的道路。"托马斯·弗里德曼在他的全国畅销书《世界是平的》中说："世界的扁平化为我们提供了新的机遇、新的挑战、新的合作伙伴，但也是新的危险，特别是美国人，我们是最好的全球公民，我们可以是最好的全球公民——因为在平坦的世界，如果你不拜访坏的邻居，它可能会拜访你。"

我们在本章中描述了现代专业化的国际贸易，即每个国家针对供应短缺的产品进行最有效的交易货物和服务。我们还解释了各国对来自其他国家的产品和服务的限制，并介绍了这些限制的一些可能的优点和缺点。然后，我们探讨国际贸易的程度，并确定致力于促进这种贸易的组织。我们描述了进入国际市场的几种方法和美国联邦政府提供的各种出口援助来源。最后，我们阐述一些为现代国际贸易提供必要的复杂融资的机构。[2]

3.1　国际商务基础

国际业务包括涉及国界交换的所有业务活动,因此,当一家公司从位于外国的组织购买其某些部分的原材料或将其某些部分的产品出售给一个位于外国的组织时,就是从事国际业务。(一个小型零售商店可能出售在其他国家生产的商品,但由于它从美国分销商处购买这些商品,所以不从事国际贸易。)

3.1.1　绝对优势和比较优势

一些国家比其他国家更有能力生产特定的产品或服务,其原因可能是一个国家的自然资源、劳动力供应,甚至海关或历史事故。如果这样一个国家能够专门生产这种产品,以便能最有效地生产这种产品,那么这个国家将是最好的。该国可以在利用自己所需的产品后,将剩余的产品用于交易换回自己无法有效生产的产品。

沙特阿拉伯专门从事原油和石油产品的生产;南非,钻石;澳大利亚,则主要在羊毛方面拥有绝对优势。这些国家中的每一个被认为对于特定产品具有绝对优势。绝对优势是比任何其他国家更有效地生产特定产品的能力。

一个国家对几种产品可能有绝对优势,而另一个国家可能根本没有绝对优势。然而,这两个国家彼此之间的专业化和贸易仍然是值得的。要想知道为什么会这样,想象你是一个成功的制造公司的总裁,你可以准确地每分钟输入 90 字。您的助理可以每分钟输入 80 个字,但业务能力糟糕。因此,你在打字和管理方面都比你的助手有绝对优势。但是,你不能录入自己的信件,因为你的时间要更好地用于管理业务。也就是说,你在管理方面有比较优势。比较优势是比任何其他生产者更有效地生产特定产品的能力。

另一方面,您的助理在打字方面具有比较优势,因为他或她可以做得比管理业务更好。因此,你花费你的时间管理,你把打字的工作留给你的助理。总的来说,企业是尽可能有效地运行,因为你们都遵循自己的工作比较优势。

国家也是如此。当每个国家专门从事生产具有比较优势的产品时,货物和服务的生产效率更高。此外,根据定义,每个国家在某些特定产品上具有比较优势。例如,美国在研究和开发、高技术产业和开拓新市场方面有许多比较优势。

3.1.2　出口和进口

假设美国专业生产玉米,然后它会产生玉米的剩余,但也许会缺少葡萄酒。另一方面,法国专门生产葡萄酒,但缺少玉米。为了满足玉米和葡萄酒的需求,两国应该相互进行贸易。美国应出口玉米,并进口葡萄酒。法国应出口葡萄酒,并进口玉米。

出口是向其他国家出售和运输原材料或产品。例如,波音公司将其飞机出口到一些国家,供其航空公司使用。图 3.1 显示了这个国家十大商品出口国。

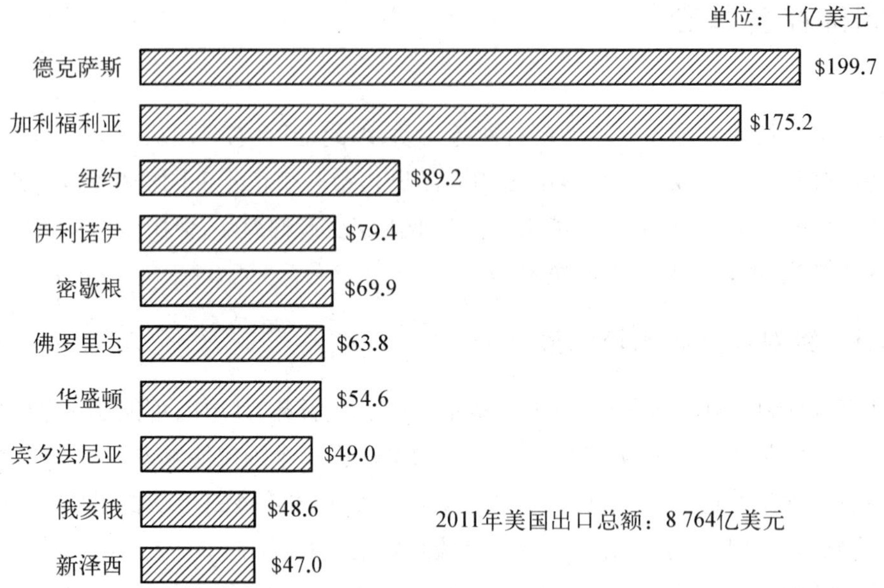

图 3.1 2011 年美国的十大商品出口州

注：德克萨斯州和加利福尼亚州的出口占所有 2011 年美国商品出口额的 1/4 以上。

资料来源：www.census.gov/ foreign trade/ statistics/ state/ zip/ 2011/ 12/ zipstate.pdf,2012-03-07.

进口是在其他国家购买原材料或产品,并将它们带入自己的国家。因此,梅西百货公司的买家可以购买印度的地毯或英国的雨衣,并将它们运回美国进行转售。

进出口是国际贸易的主要活动。由此引出贸易平衡这一重要概念。一个国家的贸易平衡是其出口的总价值减去其在一段时间内的进口总价值。如果一个国家的进口量超过出口量,其贸易余额是负的,是不利的。(贸易的负余额是不利的,因为国家必须出口货币以支付其过量进口。)

2011 年,美国进口价值 26.61 千亿美元的商品和服务,出口 21.03 千亿美元。因此,它的贸易逆差为 5 580 亿美元。贸易赤字是贸易的负余额(见图 3.2)。然而,美国一直享有大量和迅速增长的服务盈余。例如,2011 年,美国出口了价值 2 650 亿美元的服务,进口了 605 亿美元的服务,从而创造了 1 790 亿美元的有利余额。[3]

另一方面,当一个国家的出口量超过其进口量时,据说它具有良好的贸易平衡。在过去 20 年左右,日本一直是这样的情况。

一个国家的国际**收支余额**是指一个国家的货币总流量减去在一段时间内流出该国的货币总流量。因此,国际收支是一个比贸易余额更广泛的概念。当然包括进口和出口。然而,它还包括投资、外国游客花费的钱、外国政府的应付款、对外国政府的援助,以及所有其他收入和支出。

一个国家的国际收支赤字(负平衡)可能导致其他国家失去对该国经济的信心。或者

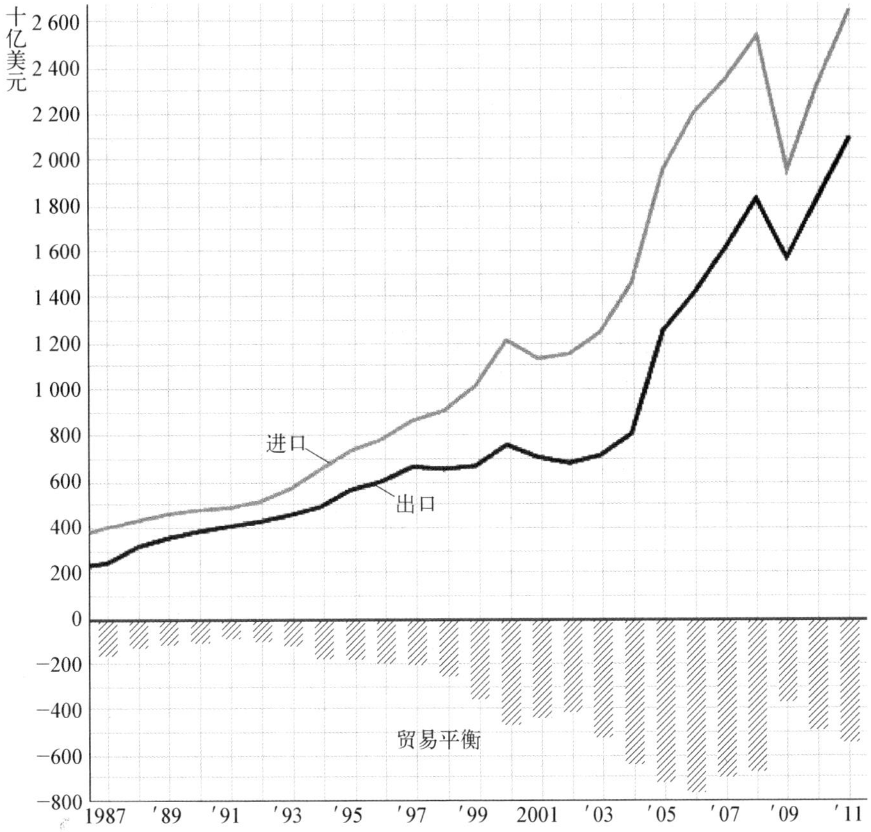

图 3.2 美国国际商品和服务贸易

注：如果一个国家进口的货物比出口货物多，那么贸易余额是负的，就像 1987—2011 年的美国。
资料来源：U.S. Department of Commerce, International Trade Administration, U.S. Bureau of Economic Analysis, www.census.gov/foreign-trade/Press-Release/curent_press_release/ft900.pdf, 2012-03-08.

持续盈余可能表明该国鼓励出口，但通过实施贸易限制限制进口。

3.2 国际贸易的限制

专业化和国际贸易可以在世界范围内高效地生产满足需求的商品和服务。正如我们已经指出的，国际贸易在增长。然而，世界各国继续建立各自针对自由贸易的壁垒。他们这样做的原因包括内部政治、经济压力、对其他国家的不信任。我们首先检查贸易限制的类型，然后审查支持和反对贸易限制的论点。

3.2.1 贸易限制的类型

国家一般都急于出口他们的产品。他们希望为其工业提供市场，并建立良好的贸易平衡。因此,大多数贸易限制适用于来自其他国家的进口。

关税也许最常用的贸易限制是海关(或进口)税。进口税(也称为关税)是对进入一个国家的特定外国产品征收的税。例如,美国对新鲜的智利番茄征收2.2%的进口关税,如果西红柿被烘干和包装,税率为8.7%,如果番茄酱被制成番茄酱或萨尔萨酱,则税率近12%。这两种类型的关税是收入关税和保护关税,都有提高进口国产品价格的效果,但原因不同。收入税只是为了给政府带来收入。例如,美国对苏格兰威士忌征收税款只是为了收入目的。另一方面,通过使进口产品的价格保持在等于或高于类似国内产品的价格,保护国内产业免受竞争。例如,如果政府废除保持进口农产品价格高的保护关税,那么法国和日本的农业部门将大幅度减少。今天,美国的关税是历史上最低的,所有进口产品的平均关税低于3%。

一些国家使其保护主义政策合理化,作为抵消被称为倾销的国际贸易惯例的一种方式。倾销是指大量产品的出口,其价格低于国内市场中相同产品的价格。

因此,倾销降低了国内产品的价格。最近,例如,代表八家美国铅笔制造商的铅笔制造商协会指控,来自泰国和中国的低价铅笔在美国以低于公允价格的价格出售。由于无法与这些廉价进口竞争,几家美国国内制造商不得不关闭。为了保护自己,美国国内制造商可以通过政府获得反倾销税,以抵消国外产品的优势。例如,最近,美国商务部收到美国钢铁公司和其他生产商的投诉,要求对从中国进口的各种钢产品征收高达99%的反倾销税,这些产品被指控以不公平的价格倾销。

非关税壁垒是政府强加给国内供应商而非国外供应商的非税措施。非关税壁垒在一个国家给销售外国商品造成障碍,并增加出口商的成本。以下是政府强制的非关税壁垒的几个例子:

- **进口配额**是对在特定时间段内可能进入某个国家的特定商品的数量的限制。该限制可以根据数量(如此多的牛肉)或价值(这么多美元的鞋子)来设定。配额也可以按从特定国家进口的单个产品设置。一旦达到进口配额,进口将暂停,直到指定的时段结束。
- **禁运**指完全停止与特定国家或特定产品的交易。封锁最常被用作政治武器。目前,美国对伊朗和朝鲜实行进口禁运,这是由于政治关系极其恶劣。
- **限制贸易**:这是俄罗斯常用措施。2012年年初,俄罗斯外长谢尔盖·拉夫罗夫在俄罗斯莫斯科举行的记者招待会上发表讲话,他威胁说,莫斯科不会遵守其在世界贸易组织与美国的贸易承诺,除非废除冷战贸易法。
- **外汇管制**是对可以购买或出售的特定外币金额的限制。通过限制进口商可以获得的外汇金额,政府限制进口商可以用外汇购买的货物量。这具有限制从其控制外汇的国家的进口的效果。
- 一个国家可以相对于其他国家的货币增加或减少其货币的价值。**货币贬值**是一个国家货币相对于其他国家货币的价值的减少。

贬值增加了外国货物的成本，而它减少了国内货物对外国公司的成本。例如，假设1英镑价值2美元。在这种情况下，美国制造的2 000美元的计算机可以以1 000英镑的价格购买。但是，如果英镑贬值，使其价值只有1美元，同一台计算机将花费2 000英镑。增加的成本，以英镑计，将减少美国计算机和所有外国货物进入英国。

另一方面，在贬值前，一套500英镑的英国骨瓷将花费1 000美元。在贬值后，一套骨瓷将只花费500美元。降低成本将使骨瓷和所有英国商品对美国购买者更有吸引力。政府的复杂程序比其他形式的非刚性障碍更加微妙。但它可能是所有人最令人沮丧的贸易壁垒。

文化障碍 另一种非刚性障碍与文化态度有关。文化障碍可能阻碍外国产品的接受程度 。例如，在泰国，脚的插图被认为是卑鄙的。在日本，黑白是哀悼的颜色，所以它们不应该用于包装。在巴西，紫色是死亡的颜色。在埃及，绿色从不用于包装，因为它是国家的颜色。当客户不熟悉来自另一个国家的特定产品时，他们对该国本身的一般看法会影响他们对产品的态度，并有助于确定他们是否会购买它。因为墨西哥汽车没有被世界视为优质产品，例如，大众汽车公司可能不想宣传其在美国销售的某些型号是在墨西哥制造的。互联网上的许多零售商还从未设计出一个对所有全球客户都具有吸引力和功能的在线购物网站。

向政府赠送礼物（有时是相当大的礼物）可能是一些国家的标准商业程序。在其他国家，包括美国，这被称为贿赂或回报，并且是严格的非法行为。

当你在皮卡车上看到“美国制造”时，你的反应是什么？如果卡车是在别处生产的，你的反应是否还是一样的？显然，文化态度可以影响人们对全球市场中商品的感觉。

3.2.2 贸易限制的原因

对特定产品的进口或与特定国家贸易的限制存在各种理由。我们注意到，政治考虑通常涉及贸易禁运。限制贸易的其他常见原因包括：

- 平衡一个国家的国际收支平衡。这可能被认为是必要的，以恢复对该国货币体系和其偿还债务的能力的信心。
- **外汇管制**对可以购买或出售的特定外币金额的限制。
- **货币贬值**一国货币相对于其他国家货币的价值的减少。
- **保护新兴或弱势产业**。新兴产业可能不够强大，不能抵御外国竞争。临时贸易限制可能被用来给它一个成长和自给自足的机会。问题是，一旦一个行业受到保护免受外国竞争，它可能拒绝成长，“临时”贸易限制将被迫成为永久措施。例如，国会调查机构政府问责局（GAO）最近的一份报告指责联邦政府对外国纺织品定期实行配额，而不向美国工业展示“严重损害的威胁”。GAO说，纺织品协议委员会有时候适用配额，即使它不能证明纺织业所声称的美国公司受到伤害或失业威胁。

- 保护国家安全。此类别中的限制通常适用于必须避免潜在敌人手中的技术产品。例如,战略和国防相关产品不能出口到不友好的国家。
- 保护公民的健康。相关产品可能受到禁运,因为它们是危险的或不健康的(例如,被杀虫剂污染的农产品)。
- 报复另一个国家的贸易限制。一个出口产品到另一个国家被征税的国家可以通过对该国进口产品征收关税来回应。
- 保护国内就业。通过限制进口,一个国家可以保护国内就业。然而,保护这些工作可能是昂贵的。例如,在美国碳钢工业中保护 9 000 个工作岗位的成本为 68 亿美元,或每项工作机会 75 万美元。此外,国际经济研究所的经济学家 Gary Hufbauer 和 Ben Goodrich 估计,关税可以暂时在钢铁行业节省 3 500 个工作岗位,但每年为钢铁用户节省 20 亿美元的成本,每个工作机会节省 584 000 美元。然而,最近美国对从中国、韩国和墨西哥进口的钢管征收高达 616%的关税。同样,据估计,美国为服装制造业的每个就业机会花费了超过 10 万美元——这些工作每年的成本则超过 35 000 美元。

3.2.3 反对贸易限制的原因

贸易限制具有直接和长期的经济后果,无论是在限制国家之内还是在世界贸易模式中。这包括以下内容:

- 消费者面对的价格更高。如前所述,价格上涨可能是由征收关税或消除外国竞争造成的。例如,通过直接增加进口服装的成本、实施配额限制和进口保护每年使美国消费的服装成本增加了 250 亿美元。
- 限制消费者的选择。这是将部分外国产品驱出国内的直接结果,以及进口商对仍然进口的产品必须收取的人为高价造成的影响。
- 国际资源分配不当。对薄弱行业的保护导致有限资源的低效利用。限制国家和其他国家的经济最终由于这种浪费而受苦。
- 失业。一个国家对进口的限制必然导致其他国家出口导向型工业的削减和就业的损失。此外,贸易保护对就业的组成有重大影响。美国的贸易限制(无论是纺织品、服装、钢铁,还是汽车行业)只有少数行业受益,同时伤害许多其他行业。受保护行业及其主要供应商的就业收益增加,损失分散在所有其他行业。少数国家获得就业,但许多其他国家的人们失去就业机会。

3.3 国际商务的程度

限制与否,国际业务正在增长。虽然 1991 年和 2001—2002 年的全球经济衰退使经济增长速度放缓,2008—2009 年全球经济危机导致 75 年来最大幅度的下降,但全球化是我们时代的现实。在美国,国际贸易现在占美国国内生产总值的 1/4 以上。随着贸易壁垒的减少,新的竞争对手进入全球市场,为消费者创造更多的选择,为求职者提供新的机会。国际业务将随着互联网的商业使用的扩大而增长。

虽然全球经济持续增长,但直到 2007 年经济表现仍不平等:发达经济体的增长放缓,然后在 2009 年停止,而新兴和发展中经济体继续增长。展望未来,国际货币基金组织(IMF)是一个拥有 188 个成员的国际银行,预计 2012 年和 2013 年,在发达经济体和新兴发展中经济体中,全球经济将持续增长。[4]

虽然美国经济自 2000 年以来一直稳步增长,是该国历史上最长的增长时段,2007 年 12 月开始的世界性衰退减缓了经济的增长速度。IMF 估计,2008 年美国经济增长率不到 1%,而由于次级抵押贷款和其他全球金融问题,2009 年下降了 2.5%。然而,国际专家预计 2012 年全球经济增长率在 3.3%—3.9%,尽管欧元区经济体的石油价格高企和金融危机。

加拿大和西欧 美国主要的出口合作伙伴加拿大预计在 2012 年的增长率为 1.7%,2013 年为 2.0%,预计 2012 年欧元区下降 0.5%,同时 2013 年欧元区将增长 0.8%。英国经济预计在 2012 年和 2013 年分别增长 0.6%和 2.0%。

墨西哥和拉丁美洲 我们的第二大出口客户墨西哥在 1995 年经历了最严重的经济衰退,2009 年经历了另一次重大挫折。然而,2012 年和 2013 年的增长率预计为 3.5%。巴西避免了最近的全球经济危机,只有轻微的挫折:2010 年的增长率超过 7.5%,2011 年下降到 2.9%。预计 2012 年和 2013 年分别增长约 3%和 4%。一般来说,拉丁美洲和加勒比经济体正在迅速恢复。

日本 日本经济在 2011 年遭受地震、海啸和核电站灾难后恢复了一些增长势头。更强劲的消费者需求和商业投资使日本对出口的依赖减少。IMF 估计日本的经济增长率在 2012 年为 1.7%,2013 年为 1.8%。

其他亚洲国家 尽管全球经济衰退,亚洲 2010 年和 2011 年的经济增长仍然强劲。经济增长主要由中国领导,中国的经济在 2011 年增长了 9.2%,预计 2012 年和 2013 年将分别增长 8.2%和 8.8%。2011 年印度的增长率为 7.4%,预计 2012 年和 2013 年分别增长 7%和 7.3%。东盟国家——印度尼西亚、马来西亚、菲律宾、泰国和越南的增长率预计在 2012 年和 2013 年分别为 5.2%和 5.6%。总之,亚洲主要新兴经济体正在带领全球复苏。

无论是否有限制,国际业务仍然蓬勃发展。全球化是我们时代的现实。随着贸易壁垒的减少,越来越多的美国公司,如卡特彼勒,在全球市场上销售。中国作为全球经济强国的崛起一直是近几十年来最为戏剧化的经济发展之一。从 1980 年到 2004 年,中国经济平均实际 GDP 增长率为 9.5%,成为世界第六大经济体。

到 2004 年,中国已经成为第三大贸易国,在美国和德国之后,在日本之前。今天,中国作为世界第二大经济体，占世界 GDP 的 10%—15%，在 2011 年占世界 GDP 增长的 25%左右。美国现在从中国进口的产品比世界上任何其他国家都多。事实上，中国拥有近 1.9 万亿美元的出口额，是世界第一大出口国。2012 年，中国采取措施推动人民币国际化使用。[5]

独立国家联合体 预计该地区的经济增长率在 2012 年将为 3.7%，2013 年将为 3.8%。预计阿塞拜疆和亚美尼亚的强劲增长将继续，而摩尔多瓦、塔吉克斯坦和乌兹别克斯坦的经济增长将保持稳定。

第二次世界大战后，美国与中欧和东欧共产主义国家之间的贸易最少。美国对大多数这些国家的进口品保持高关税壁垒，也限制了它们的出口。但是，由于苏联解体，美国与中欧和东欧之间的贸易大幅度扩大。

从共产主义向市场经济过渡的国家近年来迅速取得经济正增长，特别是那些没有继续走弯路的国家。在多年积极经济增长的国家中，有中欧自由贸易协会的成员国：匈牙利、捷克共和国、波兰、斯洛文尼亚和斯洛伐克。

美国对中东欧和俄罗斯的出口将增加，美国对这些国家的投资也将增加，因为对资本货物和技术的需求为美国产品开辟了新的市场。美国和捷克共和国、斯洛伐克、匈牙利和波兰之间的贸易已经大大扩大。

表 3.1 显示了 2010—2013 年世界大多数地区的增长率。

表 3.1 全球经济增长逐渐上升

发展中国家和新兴市场的增长率	年百分比变化			
	2010	2011	预计 2012	预计 2013
世界	5.2	3.8	3.3	3.9
美国	3	1.8	1.8	2.2
欧洲大陆	1.9	1.6	−0.5	0.8
英国	2.1	0.9	0.6	2
日本	4.4	−0.9	1.7	1.8
加拿大	3.2	2.3	1.7	2
其他发达国家	5.8	3.3	2.6	3.4
新兴工业化亚洲国家	8.4	4.2	3.3	4.1
发展中国家和新兴市场	7.3	6.2	5.4	5.9
发展中亚洲国家	9.5	7.9	7.3	7.8
独联体国家	4.6	4.5	3.7	3.8

（续表）

发展中国家和新兴市场的增长率	年百分比变化			
	2010	2011	预计 2012	预计 2013
中东和北非	4.3	3.1	3.2	3.6
拉丁美洲和加勒比国家	6.1	4.6	3.6	3.9

资料来源：*International Monetary Fund: World Economic Outlook* by International Monetary Fund, www.imf.org/external/ pubs/ ft/ weo/ 2012/ update/ 01/ index.htm, 2012-03-10.

2008 年出口及美国经济 美国出口在历史时期上曾支持了 1 030 万全职和兼职工作，当时出口占 GDP 的百分比达到了自 1916 年以来的最高水平。2011 年的新纪录则达到 GDP 的 13.8%，表明美国企业在全球市场有很大的机会。

尽管全球经济危机导致出口所支持的就业数量在 2009 年急剧下降到 850 万名，但全球化对所有国家无论是富国或穷国都是一个巨大的机遇。事实上，2011 年，美国的出口首次超过 2.1 万亿美元，支持了 970 万个就业岗位，自 2009 年以来增加了 120 万美元。在过去 60 年中，国际贸易额增长了 15 倍，是最重要的世界各地生活水平提高的因素。在此期间，出口对美国经济日益重要。出口占美国国内生产总值的百分比自 1985 年以来稳步上升，除了 2001 年和 2008 年的经济衰退。我们对发展中国家和新兴工业化国家的出口正在增加。表 3.2 显示了美国对全球十个主要贸易伙伴的商品出口和进口的价值。注意，加拿大和墨西哥是我们出口的最佳合作伙伴；中国和加拿大是我们进口的最佳合作伙伴。[6]

表 3.2 2011 年美国商品进出口额

序号 / 贸易伙伴	出口（十亿美元）	序号 / 贸易伙伴	进口（十亿美元）
(1) 加拿大	280.9	(1) 中国	399.3
(2) 墨西哥	197.5	(2) 加拿大	316.5
(3) 中国	103.9	(3) 墨西哥	263.1
(4) 日本	66.2	(4) 日本	128.8
(5) 英国	55.9	(5) 德国	98.4
(6) 德国	49.1	(6) 韩国	56.6
(7) 韩国	43.5	(7) 英国	51.5
(8) 巴西	42.9	(8) 沙特	47.5
(9) 荷兰	42.8	(9) 委内瑞拉	43.3
(10) 中国香港	36.5	(10) 中国台湾	41.3

资料来源：U.S. Department of Commerce, http:/ / trade.gov/ mas/ ian/ build/ group/ public/ @tg_ian/ documents/ webcontent/ tg_ian_003364.pdf, 2012-03-09.

图 3.3 显示了 2011 年美国商品出口份额和进口份额。美国主要出口和进口的是制成品、农产品和矿物燃料。

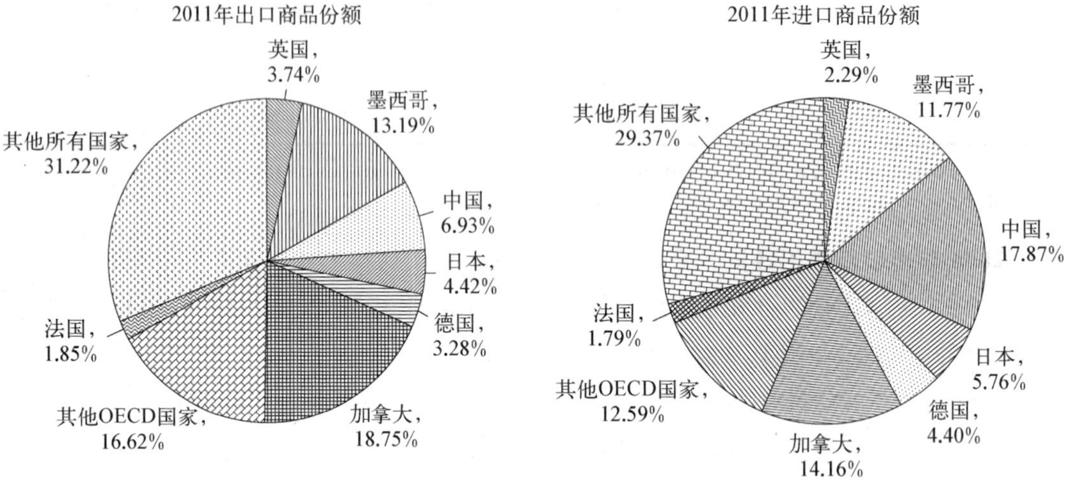

图 3.3 2011 年美国进出口商品份额

资料来源：National Economic Trends[R]. Federal Reserve Bank of St. Louis, 2012-03-18.

3.4 国际贸易协定

3.4.1 关税和贸易总协定和世界贸易组织

在第二次世界大战结束时，美国和其他 22 个国家组织了被称为关税和贸易总协定(GATT)的机构。关税和贸易总协定(关贸总协定)是一个 153 个国家的国际组织，致力于减少或消除关税和世界贸易的其他障碍。这 153 个国家占世界商品贸易的 97%以上(见图 3.4)。总部设在瑞士日内瓦的 GATT 为关税谈判和解决国际贸易争端和问题提供了一个平台。最惠国地位(MFN)是 GATT 的著名原则。这意味着每个关贸总协定成员国都应受到所有缔约国平等对待。因此，最惠国条款确保任何关税削减或其他贸易优惠自动延伸到所有关贸总协定成员国。1947—1994 年，该机构主持了八轮谈判，以减少贸易限制。最成功的三个是肯尼迪回合、东京回合和乌拉圭回合。

肯尼迪回合(1964—1967) 1962 年，美国国会通过了《贸易扩展法》。这项法律赋予肯尼迪总统谈判互惠贸易协定的权力，可以将美国的关税降低多达 50%。在授予这一权力五年之后，肯尼迪总统呼吁通过关贸总协定进行一轮谈判。

这些谈判于 1964 年开始，后来被称为肯尼迪回合。它们旨在降低工业和农产品关税和其他贸易壁垒。

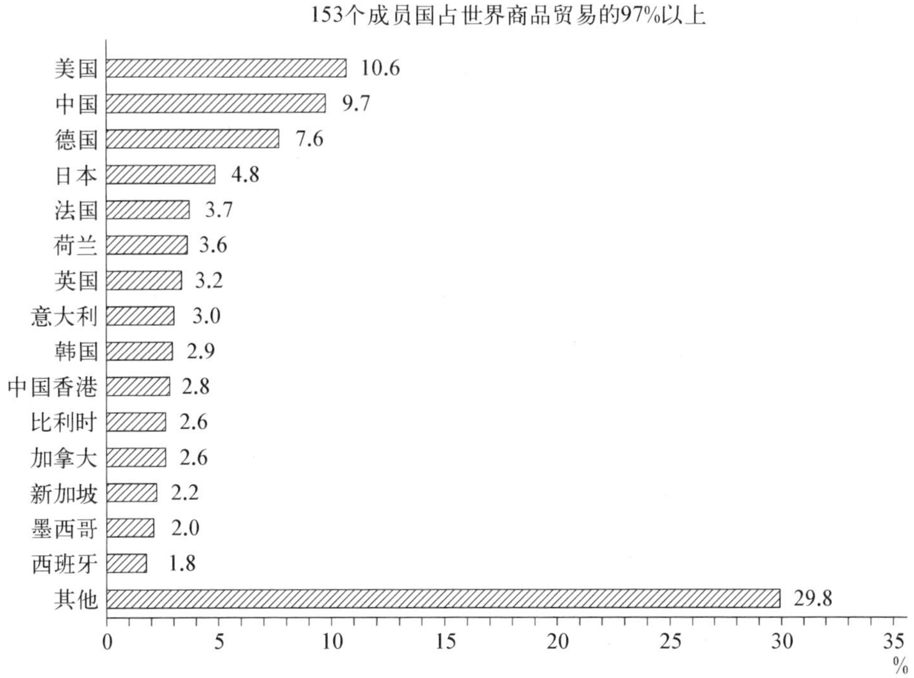

图 3.4 2010 年世贸组织成员在世界商品贸易中的份额

资料来源：www.wto.org/english/res_e/Statis_e/its2011_e/charts_e/chart07.xls，2012-03-07.

参与者成功地将这些产品的关税降低了 35%以上。然而，他们在消除其他类型的贸易壁垒方面较不成功。

东京回合(1973—1979) 1973 年，约 100 个国家的代表聚集在东京进行另一轮关贸总协定谈判。东京回合于 1979 年完成。与会者谈判削减 30%—35%的关税，这将在八年内实施。此外，他们还能够消除或缓解非关税壁垒，如进口配额、进口方面不现实的质量标准和海关程序中不必要的繁文缛节。

乌拉圭回合(1986—1993) 1986 年，发起了乌拉圭回合，以扩大贸易自由化并扩大关贸总协定条约，纳入纺织品、农产品、商业服务和知识产权。这是历史上最雄心勃勃、最全面的全球商业协定于 1993 年 12 月 15 日结束了全面谈判，来自 109 个国家的代表团参加了谈判。该协定包括将关税降低 1/3 以上的条款，改革农产品贸易，为知识产权和服务编写新的贸易规则，以及加强争端解决进程。预计这些改革每年将使世界经济增长约 2 000 亿美元。

乌拉圭回合还于 1995 年 1 月 1 日创建了世界贸易组织(WTO)。世贸组织由关贸总协定设立，监督乌拉圭回合的规定，并解决任何由此产生的贸易争端。WTO 成员方要求 153 个成员方遵守 GATT 规则。世贸组织有司法权力，对争议新规则的成员进行调解。它包括商品、服务和相关方面的贸易，比 GATT 施加更具约束力的权威。其主要职能是确保贸易尽可能顺利，可预测和自由地流动。

多哈回合(2001) 2001年11月14日,在卡塔尔多哈,世贸组织成员同意在未来三年通过多边贸易谈判进一步减少贸易壁垒。这一轮新的谈判侧重于工业关税和非关税壁垒、农业、服务和宽松的贸易规则。美国工业产品和农产品及服务出口应该更容易进入海外市场。多哈回合为世贸组织成员国迈出了重要的一步,朝着重要的新的多边贸易自由化迈进了一步。这是一项艰巨的任务,但是好处是降低的关税使消费者可以有更多选择,以及发展中国家进一步融入世界贸易体系,肯定值得努力。一些专家建议,美国工业和农产品和服务出口国应该改善进入海外市场的机会,而另一些则不同意。发达国家和发展中国家之间的谈判在2012年继续进行。

3.4.2 世界贸易和全球经济危机

根据世贸组织经济学家的数据,在72年以来最大幅度的下降之后,世界贸易将在2010年反弹,增长率为9.5%。在2012年的一次讲话中,世贸组织总干事帕斯卡尔·拉米说:"多边贸易体制在危机期间有助于维持贸易开放,从而避免更糟糕的结果。会员必须保持警惕。这不是单独采取措施的时候。这是加强和维护全球贸易体系的时候,以便它在未来继续履行这一重要职能。"

2010年,发达经济体的出口增长了近13%,而世界其他国家的出口增长了16.5%。中国的出口在2010年增长了大约28%。此外,发展中的亚洲的较高产品价格和贸易的极大增长使发展中经济体和独立国家联合体在世界出口中的份额增加到2010年的45%,为历年来最高。[7]

3.4.3 国际经济组织努力促进贸易

世贸组织的主要目标是在全世界消除贸易壁垒。在较小的规模上,**经济共同体**是一种国家组织,旨在促进其成员之间的资源和产品的自由流动,并创造共同的经济政策。现在存在一些经济共同体。

欧洲联盟(欧盟)也被称为欧洲经济共同体和共同市场,于1957年由6个国家——法国、德国、意大利、比利时、荷兰和卢森堡组成。其目标是在这些国家和其他可能加入的国家之间自由开展商业活动。自那时以来,还有更多的国家加入欧盟。

2007年1月1日,欧盟成为EU27,保加利亚和罗马尼亚成为其新成员。欧盟的人口近5亿,它现在是一个比美国或日本都要强大的经济共同体。

在2007年庆祝欧盟成立50周年之际,欧盟委员会主席Jose Manuel Durao Barraso宣布:"让我们首先认识到50年的成就。和平、自由和繁荣,超越了欧洲最乐观的创始人的梦想。在1957年,我们的27个成员中有15个是独裁或不允许作为独立国家存在的。现在我们都是繁荣的民主国家。今天的欧盟人口是欧盟1957年人口的3倍。"

自2002年1月以来,欧盟的15个成员国一直参与新的共同货币欧元。欧元是欧盟国家的单一货币。然而,三个欧盟成员国,丹麦、英国和瑞典,仍然保持自己的货币。

北美自由贸易协定(NAFTA)与其第一和第二大出口贸易伙伴加拿大和墨西哥一起加入美国。1994 年 1 月 1 日实施北美自由贸易协定,创造了一个有 4.62 亿人的市场。这个市场包括加拿大、美国和墨西哥。根据美国贸易代表办公室,18 年后,北美自由贸易协定已实现其扩大美国、加拿大和墨西哥之间的贸易和投资的核心目标。例如,1993—2011 年,北美自由贸易区国家之间的贸易增加了 3 倍多,从 2 970 亿美元到 10 580 亿美元。

北美自由贸易区基于 1989 年美国和加拿大签署的加拿大自由贸易协定以及墨西哥自 20 世纪 80 年代中期以来进行的重大贸易和投资改革。由墨西哥政府发起,关于北美自由贸易协定的正式谈判于 1991 年 6 月在三个政府之间开始。美国前总统克林顿、罗纳德·里根、吉米·卡特和诺贝尔奖经济学家对 NAFTA 的支持为美国国会于 1993 年 11 月批准北美自由贸易区提供了动力。到 2008 年,北美自由贸易协定已逐步取消所有关税和货物配额在加拿大,墨西哥和美国之间进行生产和贸易,以提供一个完全自由贸易区。智利预计将成为北美自由贸易协定的第四个成员国,但政治力量可能推迟其进入该协定。

然而,对于 NAFTA 不是没有质疑声。批评者认为 NAFTA:

- 尚未实现其目标;
- 导致失业;
- 伤害工人,削弱劳工标准,降低工资;
- 破坏国家主权和独立;
- 没有帮助环境;
- 损害农业部门。

NAFTA 的支持者称这个协议对所有三个合作伙伴都是一个了不起的经济成功故事。他们认为 NAFTA:

- 促进贸易和投资的显著增长;
- 使所有三个国家的公司受益;
- 带来了更多的销售、新的合作伙伴关系和新的机会;
- 创造了高薪出口相关工作;
- 更好的价格和消费品选择。

中美洲自由贸易协定(CAFTA)　于 2003 年由美国和四个中美洲国家——萨尔瓦多、危地马拉、洪都拉斯和尼加拉瓜成立。当多米尼加共和国于 2007 年加入集团时,CAFTA 成为 CAFTA-DR。2009 年 1 月 1 日,哥斯达黎加加入 CAFTA-DR,成为第六名成员。CAFTA-DR 在拉丁美洲创造了第三大美国出口市场,仅次于墨西哥和巴西。

东南亚国家联盟总部设在印度尼西亚雅加达,成立于 1967 年,旨在促进其七个成员国之间的政治、经济和社会合作:印度尼西亚、马来西亚、菲律宾、新加坡、泰国、文莱和越南。随着三个新成员柬埔寨、老挝和缅甸的加入,这个有 6 亿人口的地区已经是美国的第五大贸易伙伴。

独立国家联合体 于 1991 年 12 月由新独立的国家成立，成为苏联 11 个共和国的联合体。

跨太平洋伙伴关系（TPP） 2011 年 11 月 12 日，澳大利亚、文莱达鲁萨兰国、智利、马来西亚、新西兰、秘鲁、新加坡、越南和美国形成了跨太平洋伙伴关系。这种伙伴关系将促进成员国的经济，减少贸易和投资壁垒，增加出口和创造更多的就业机会。这八个经济体将成为美国第五大贸易伙伴。按奥巴马的说法："我们每年已经与他们进行了超过 2 000 亿美元的贸易，而我们有近 5 亿消费者，我们可以一起做更多的事情。"亚太地区是发展最快的，并且 TPP 将为美国企业和出口开辟更多的市场。[8]

南锥体共同市场（MERCOSUR） 成立于 1991 年，根据"亚松森条约"，将阿根廷、巴西、巴拉圭和乌拉圭联合起来成为自由贸易联盟；哥伦比亚、厄瓜多尔、秘鲁、玻利维亚和智利后来加入。该联盟代表超过 2.67 亿消费者，占南美洲人口的 67%，使其成为 NAFTA 和欧盟背后的第三大贸易块。像北美自由贸易协定一样，南锥体共同市场促进"各国之间货物、服务和生产要素的自由流通"，并建立了共同的对外关税和商业政策。

石油输出国组织 成立于 1960 年，以应对原油价格的下降。该组织被认为是一个集体谈判单位，向石油生产国提供对石油价格的一些控制。

3.5 进入国际业务的方法

决定进入国际市场的公司可以通过几种方式实现。我们将讨论几种不同的方法。这些不同的方法需要不同程度的参与国际业务。通常，企业在最简单的层次上开始其国际化运营。然后，根据其目标，它可以进展到更高的参与水平。

3.5.1 许可

许可是一种合同协议，其中一家公司允许另一家公司生产和销售其产品，并使用其品牌名称作为回报或补偿。例如，Yoplait 酸奶是在美国获得许可生产的法国酸奶。Yoplait 品牌保持着吸引人的法国形象，作为回报，美国生产商向法国公司支付其销售产品收入的一部分。

许可证对于想要在国际上推出知名国内品牌的小型制造商尤其有利。例如，所有 Spalding 体育产品都在全球范围内授权。许可人，Questor 公司，拥有 Spalding 名称，但本身不生产。许可证提供了一个简单扩大到外国市场的方法，几乎没有投资。另一方面，如果被许可人不保持许可人的产品标准，则产品的形象会受损。另一个可能的缺点是许可安排可能不能向最初的生产者提供任何国外营销经验。

3.5.2 出口

公司还可以在本国制造产品，并将其出口到国外市场销售。与许可一样，出口可能是进入国外市场的相对低风险的方法。然而，与许可不同，它不是一个简单的方法，它区分出出口企业几个不同层次的参与。

在最基本的层面上，出口公司可以将其产品直接出售给进口商家，这本质上是商业批发商。进口商承担产品所有权、分销和销售的所有风险。它甚至需要向生产国购买货物，并承担出口货物的责任。与国外客户打交道的国内公司的一个重要而实际的问题是获得付款。这是一个双边问题，反映了贸易协议双方都关心的问题：出口商希望在发货前收到款项，而进口商显然更愿意在收货后付款。任何一方都不想承担履行它的一部分交易的风险，并希望对方如实履行。如此会导致法律费用和复杂冗长的交易，浪费每个人的资源。这种相互不信任的水平，事实上，具有良好的商业意义，并从几个世纪以前的贸易开始就是如此。其解决方案与今天仍然是一样的——双方使用相互信任的中间人，他们可以确保按时支付，直到商品事实上根据贸易合同的条款被交付。由进口商和出口商雇用的中间代表，过去也是如此，在当地国内银行参与国际业务。

这里是简化的操作原理。在签署了详细说明销售商品和交货条件的合同后，进口商将要求其当地银行发放信用证以支付商品所需的金额。**信用证**是"有利于出口商"的，这意味着这些资金只与所涉及的贸易合同有关。进口商的银行将信用证转交给出口商的银行，这通常也在国际交易中进行。出口商的银行然后通知出口商以其为抬头的信用证已收到，出口商可以继续操作。运输商品的承运人向出口商提供**提货单**作为装运凭证。出口商通过在提单和信用证的复印件，将商品的所有权(现在正在运输)登记到商家其所在的银行。

出口商从银行发出一份**汇票**，指示进口商的银行支付货款。汇票、提单和信用证从出口商的银行发到进口商的银行。进口商银行接收后将汇票归还并由出口商出售给其银行，这意味着出口商收到钱，银行承担从外国银行收取资金的风险。进口商有义务在交付商品时向其银行付款，完成交易。

在大多数情况下，信用证是进口商与其银行之间的贷款安排的一部分。当然，两家银行都为签发信用证和汇票以及为客户处理进出口服务收取费用。此外，该过程还包括这样一个事实，即进口商和出口商将使用不同的当地货币，甚至可能以第三种货币交易。银行接受所有的交易。例如，绝大多数国际业务是以美元进行谈判的，即使贸易可能在美国以外的国家进行。因此，虽然进口商可能最终以当地货币支付商品，而出口商可能以另一种当地货币收取付款，但所涉银行将汇兑所有必要的外国资金，以便进行交易。

或者，出口公司可将其产品运送至进出口代理，该代理安排将产品销售给外国中介机构以获得佣金或费用。代理是一个独立的公司，承担和可能执行出口商的其他营销功能。然而，出口商在装运期间保留对产品的所有权，直到它们被出售。

出口公司也可以在国外设立自己的销售办事处或分支机构。这些安排是公司分销系统的国际化拓展。他们比我们讨论的其他出口业务更深入地参与国际业务,因此他们承担更大的风险。出口公司保持对销售的控制,并且获得国外市场的经验和知识。最终,公司也可能发展自己的销售队伍,与国外销售机构一起经营。

3.5.3 合资企业

合资企业是为实现特定目标或在特定时间段内运营而形成的合作伙伴关系。在外国成立公司的合资企业可获得即时市场知识和渠道,降低风险和控制产品质量。然而,跨越国界建立的合资协议可能变得极其复杂。因此,合资协议通常需要所有相关各方的高度承诺。

合资企业可用于生产和销售外国的现有产品或开发全新产品。例如,最近世界领先的食品加工商之一的 Archer Daniels Midland 公司(ADM)与墨西哥最大的玉米粉和玉米粉圆饼公司 Gruma SA 建立了合资企业。除了 Gruma 的 22%股权,ADM 还收购了 Gruma 经营的其他合资企业的股权。其中一家将结合两家公司的美国玉米粉经营,占美国市场的 25%。ADM 还拥有墨西哥小麦面粉厂 40%的股份。ADM 的合资企业增加了其对墨西哥经济的参与程度,ADM 已经开始生产玉米糖浆、果糖、淀粉和小麦粉。

3.5.4 全资控股公司

在更深入地参与国际业务时,公司可能设立全资控股公司,即在一个或多个国家有自己的产品和销售部门。这种直接投资提供了对运营的完全控制,但它具有比合资企业更大的风险,即公司真正在外国设立子公司。大多数公司只有在获得了东道国市场的一经验之后才这样做。

直接投资可以采取两种形式之一。第一,公司在国外建造或购买制造和其他设施。它使用这些设施生产自己的成熟产品,并在该国或者在邻国市场销售。通用汽车、联合碳化物和高露洁等公司是拥有全球制造设施的跨国公司。高露洁工厂正在成为欧洲工厂,向邻国以及他们自己的当地市场供应产品。国际商业的第二种直接投资形式是在外国购买现有企业,这种安排允许其独立于母公司经营。当索尼公司(日本公司)决定进军美国的电影业时,它选择购买哥伦比亚娱乐公司,而不是从头创立一个新的电影工作室。

成功之道

服务团队进入印度

越来越多的美国服务公司正通过与当地公司建立合资企业,扩展到印度。两家合作伙伴都为合资企业带来了具体优势,不仅仅是他们的品牌,而且还有印度公司对客户和美国公司服务理念的深入了解。

例如，销售健康保险的Cigna与TTK集团合作在印度出售保险单。TTK集团经营1 500家零售商店，销售各种商品和服务，包括保险。该合资企业将使Cigna能够接触消费者，而无需创建一个单独的保险代理网络，TTK集团又获得了另一个产品线，以实现产品多样化。

CBS及其在印度的合作伙伴Reliance广播网最近推出了英语频道，以开发该国新兴的电视娱乐市场。CBS提供的内容（如很火的电视剧CSI），Reliance提供其在分销和广告销售方面的专业知识，这个合资企业称为Big CBS。Dunkin' Donuts与Jubilant Foodworks有合资企业，开设商店，提供全天的咖啡、甜甜圈和其他适合印度口味的食物。在这种合作伙伴关系中，"Dunkin提供了灵活的食谱定位，我们打算利用它在食品和烹饪方面的优势，"Jubilant的董事长说道。

资料来源：Bajaj V., Cigna in Deal to Sell Health Insurance in India[N/OL]. New York Times, www.nytimes.com, 2011-11-21; Choudhary S., Dunkin' Donuts to Enter India with Jubilant Foodworks[N/OL]. *Reuters*, www.reuters.com, 2011-02-25; Bhushan N, Reliance, RTL Group Plan Joint Venture for English, Local-Language Channels[N/OL]. *Hollywood Reporter*, www.hollywoodreporter.com, 2011-03-11.

3.5.5 战略联盟

战略联盟是国际业务结构的最新形式，是一种在全球范围内形成竞争优势的合作伙伴关系。战略联盟非常类似于合资企业。战略联盟的数量以每年约20%的速度增长。事实上，在汽车和计算机工业中，战略联盟正成为竞争的主要手段。国际竞争是如此激烈，在全球竞争的成本是如此之高，以至于很少有公司具备所有需要资源单独做它。因此，缺乏国际成功所必需的内部资源的个别公司可能寻求与其他公司合作。

这种联盟的一个例子是由丰田和通用汽车公司组成的新联合汽车制造有限公司(NUMMI)制造这两家公司的汽车。这家企业将日本汽车的质量工程与通用汽车的营销专业知识和市场准入联系起来。

印度航空公司主席兼董事总经理V. Thulasidas和汉莎航空公司董事长Wolfgang Mayrhuber在印度孟买签署战略联盟协议。该联盟提高了他们在印度—美国航线中的领导地位。

3.5.6 贸易公司

贸易公司提供在不同国家的买家和卖家之间的连接。贸易公司，顾名思义，不涉及制造或拥有与制造有关的资产。它在一个国家以与质量一致的最低价格购买产品，并卖给另一个国家的买家。贸易公司的一个重要功能是取得产品所有权，并执行将产品从国内转移到外国所需的所有活动。例如,在美国和海外的家庭办公室经营的大型粮食贸易公司控制着世界主要粮食商品的大部分贸易。这些贸易公司销售同种的农产品,可以根据市场条件存储和运输,并快速响应。

3.5.7 反贸易

在20世纪90年代初,许多发展中国家对国内货币转换为外币有很大的限制。因此,出口商不得不采取与进口商的易货协议。反贸易本质上是一种国际易货交易,以货物和服务交换不同的货物和服务。例如,沙特阿拉伯从波音公司购买了10艘747架喷气式飞机,以原油支付,以及菲利普·莫里斯向俄罗斯出售卷烟,以取得用于制造化肥的化学品。

3.5.8 跨国公司

跨国企业是一个在全球范围内运作,与任何特定国家或地区无关的公司。跨国公司代表着参与国际经济的最高水平。它就像在自己国家一样在,无论在世界哪里。事实上,就跨国企业的运作而言,国家边界只存在于地图上。然而,它是根据其注册国的法律组织的。

表3.3显示了十大跨国公司;排名基于综合得分,反映出每个公司在销售、利润、资产和市场价值的四个排名中最好的三个。表3.4描述了进入国际市场的步骤。

表3.3 十大跨国公司

2011年排名	公　司	业务范围	国　家	收入(百万美元)
1	沃尔玛	大型零售商	美国	421 849
2	荷兰皇家壳牌	能源	荷兰/英国	378 152
3	埃克森美孚	能源	美国	354 674
4	英国石油公司	能源	英国	308 928
5	中石化集团	能源	中国	273 422
6	中国天然石油	能源	中国	240 192
7	国家电网	电网	中国	226 294
8	丰田汽车	汽车	日本	221 760
9	日本邮政控股	金融服务	日本	203 958
10	雪佛龙	能源	美国	196 337

表3.4 进入国际市场的步骤

步　骤	内　容	市　场　目　标
1	确定可出口商品	确定主要销售功能; 确定它们可以满足需求; 确定它们面临的销售限制

（续表）

步　骤	内　　容	市　场　目　标
2	确定商品的主要国外市场	确定顾客是谁； 确定他们什么时候买，会买什么； 市场调研； 确定主要或目标国家
3	分析如何在每个优先市场销售（方式将受产品特性和国家/市场的独特功能的影响）	找到可用的政府和私营部门资源； 确定服务和备份销售需求
4	设置出口价格和付款条件、方式和技巧	建立出口定价方法； 建立销售条款、报价、发票和销售条件； 确定国际支付，有担保和无担保的方法
5	预估资源需求和回报	估计资金需求； 估计人力资源需求（全职或兼职出口部或运营部）； 估计工厂生产能力； 确定必要的产品调整
6	建立海外分销网络	确定分销协议和其他关键营销决策（价格、维修政策、退货、地区、性能和终止）； 了解您的客户（使用美国商务部国际营销服务）
7	确定运输、交通和文档程序和要求	确定装运方法（空运或海运、卡车、铁路）； 确认如何装运； 获取验证的导出许可证； 遵循出口管理文档程序
8	促销、销售和支付	使用国际媒体、通讯、广告、贸易展览和展览； 确定出国出差的需求（时间、地点和频率）； 启动客户后续程序
9	持续分析当前的营销、经济和政治情况	确定影响营销策略的变化因素； 不断重新评估

陶氏化学公司这家起源于美国的跨国公司的董事局主席说："世界经济和跨国公司的出现是携手并进的。"他认为，跨国企业将发展成为一个没有国籍但属于所有国家的公司。承认这一变化，已经有专门讨论如何控制这种企业的国际会议。

3.6　出口援助来源

2010 年 8 月，奥巴马总统宣布了国家出口计划（NEI），以振兴美国出口。根据 NEI，许多联邦机构协助美国公司制定出口促进计划。

这些机构的出口服务和计划可以帮助美国公司在国外市场上竞争,并在美国创造新的就业机会。例如,2011 年,国际贸易管理局向 38 个国家协调了 77 个贸易代表团。在这些任务期间,超过 1 120 家公司获得了超过 12.5 亿美元的出口销售额。表 3.5 概述了选定的出口援助方案。

表 3.5 美国政府出口援助计划

1	美国进口援助中心 www.sba.gov/ oit/ export/ useac.html	营销任务
2	国际交易管理 www.ita.doc.gov/	通过其国内和海外商务官员向出口商提供援助和信息
3	美国和外国商业服务 www.export.gov/	帮助美国公司在全球市场上更有效地竞争,并提供有关国外市场的信息
4	宣传中心 www.ita.doc.gov/ advocacy	促进宣传,协助美国公司在世界各地进行重大项目和采购
5	贸易信息中心 www.ita.doc.gov/ td/ tic/	向美国公司提供有关支持美国出口的联邦计划和活动的信息
6	STAT-USA/ 互联网 www.stat-usa.gov/	提供电子商务、经济和贸易信息的全面信息
7	小型企业管理 www.sba.gov/ oit/	发布许多有用的指南,以协助中小型公司
8	国家贸易数据库 www.stat-usa.gov/ tradtest.nsf	提供由 20 多个美国机构汇集的国际经济和促进出口信息

这些和其他出口信息来源增强了寻求进入扩大的国外市场的美国公司的商业机会。另一个重要的因素是融资。

3.7 融资国际业务

国际贸易使财务经理的关注更加复杂。货币汇率、关税和外汇管制以及东道国的税收结构都会影响国际业务和现金流。此外,财务管理人员必须关注其国际业务的融资以及客户为购买融资的手段。

幸运的是,随着一般商业,一些大银行在全球范围开设分行。许多在世界各大城市建立了分支机构。因此,与其他行业的公司一样,他们能够在需要时提供他们的服务。此外,可从美国政府和国际来源获得财政援助。

今天的几个国际金融组织都是多年前成立的,以促进自由贸易和国家之间的货币交换。一些国家,例如美洲开发银行,在国际上得到支持,重点是发展中国家。其他国家,如进出口银行,由一个国家经营,但提供国际融资。

3.7.1 美国进出口银行

美国进出口银行成立于1934年,是美国政府的一个独立机构,其职能是协助美国公司的出口融资。通常所说的进出口银行扩大并保证对美国商品和服务的海外买家的信贷,并保证出口的短期融资。它还与商业银行合作,帮助美国出口商向海外客户提供信贷。

根据美国进出口银行董事长兼总裁 Fred P. Hochberg 的说法:“与私人银行合作,我们正在帮助美国出口商生产外国买家喜欢的高品质商品和服务。作为奥巴马总统的国家出口计划的一部分,进出口银行的出口融资有助于在未来五年内帮助美国出口翻番。”

3.7.2 多边开发银行

多边开发银行(MDB)是一家国际支持银行,向发展中国家提供贷款帮助它们发展。人们最熟悉的是世界银行,由187个成员组成,在全球运作。该银行成立于1944年,总部设在华盛顿特区,为发展中国家提供低息贷款、免息信贷和捐赠。贷款和捐赠帮助这些国家:

- 提供安全的饮用水;
- 建立学校和培训教师;
- 提高农业生产率;
- 扩大公民获得市场、就业和住房的机会;
- 改善保健和获得水和卫生设施;
- 管理森林和其他自然资源;
- 建设和维护道路、铁路和港口;
- 减少空气污染,保护环境。[9]

其他四个MDB主要在中美洲、南美洲、亚洲、非洲和东欧和中欧运营。所有五个都得到包括美国在内的工业化国家的支持。

美洲开发银行美洲开发银行(IDB) 历史最悠久、规模最大的地区银行,1959年由19个拉丁美洲国家和美国创建。该银行总部设在华盛顿特区,向各国提供贷款并提供技术咨询和援助。今天,美洲开发银行由48个成员组成。

亚洲开发银行亚洲开发银行(亚行) 创建于1966年,总部设在菲律宾,有67个成员,促进亚太地区的经济和社会进步。美国政府是亚行资本在日本之后的第二大捐助国。

非洲开发银行(AFDB) 也被称为非洲发展银行,成立于1964年,总部设在阿比让,象牙海岸。其成员包括来自美洲、欧洲和亚洲的53个成员和24个非洲成员。AFDB的目标是促进其非洲成员的经济和社会发展。银行通过贷款、研究、技术援助和贸易计划的发展来实现这一目标。

欧洲复兴开发银行 建立于1991年，旨在鼓励东欧和中欧国家的重建和发展。位于伦敦的欧洲复兴开发银行由来自61个国家的成员和2个政府间机构组成。其贷款针对发展市场经济和促进私营企业。

3.7.3 国际货币基金组织

国际货币基金组织(IMF)是一个国际银行，拥有188个成员，向发展中国家提供短期贷款，出现国际收支赤字。这种融资由成员国提供，必须偿还利息。贷款主要用于资助国际贸易。其创建于1945年，总部设在华盛顿特区，该银行的主要目标是：

- 促进国际货币合作；
- 促进国际贸易的扩大和均衡增长；
- 促进汇率稳定；
- 协助建立多边付款制度；
- 向遇到国际收支困难的成员国提供资源。

3.7.4 面临的挑战

在2012年在牛津大学的演讲中，世界贸易组织总干事帕斯卡尔·拉米说："我们生活在一个日益增长的独立性和相互关联的世界。我们的相互依存已经超越了任何人的想象。"

如今我们的世界与我们上一代人的生活截然不同。全球化最引人注目的例子是苹果公司。苹果的iPod是在美国设计的，用日本、韩国和几个其他亚洲国家的组件制造，并在中国由中国台湾的公司在中国组装。现在，大多数产品不是"英国制造"或"法国制造"；他们实际上是"世界制造"。[10]

2012年，全球经济复苏依然疲软。一些欧元区经济体的金融挑战减缓了经济增长。然而，世贸组织的规则和原则是帮助各国政府保持市场开放，而且它们现在提供了一个平台，使贸易能够随着全球经济的改善而增长。拉米先生说："我们看到隧道尽头的灯光，贸易承诺是复苏的重要组成部分。但我们必须避免因保护主义而使任何经济复苏脱轨。"

商界报道回看

如果大众汽车在2018年实现每年制造和销售1 000万辆车的目标，将成为世界上最大的汽车制造商。考虑到这一点，大众汽车正在重新设计其车辆，以更多的零件适合更多的型号，这是在许多国家设有公司的重要考虑因素。"我们正在创建一个系统，使我们能够在任何工厂生产基于这种架构的车辆，"大众汽车公司高管解释说。

该公司在中国的合资企业也是其扩张计划的一个关键优势。中国有可能在几年内成为大众公司最大的市场，因为不断增长的中产阶级有更多的需求。大众已经是中国最畅销的外国汽车品牌之一，并且在这一成功的基础上，提升公司的全球增长的势头。

讨论题

1. 大众汽车可以被视为跨国公司吗？请解释。

2. 你是否同意大众的首席执行官的声明：如果汽车公司想在美国成为第一大公司，那么它在美国必须成功吗？为什么或者为什么不？

本章小结

1. 解释国际业务的经济基础。国际业务包括涉及国际交换的所有业务活动。国际贸易基于专门化，每个国家生产的货物和服务，比任何其他货物和服务都能更有效地生产。一个国家对这些货物有比较优势。国际贸易发展时，每个国家交易其过剩产品以供应短缺的国家。

一个国家的贸易平衡是其出口价值与其进口价值之间的差额。它的国际收支是货币流入和流出国家之间的差异。一般来说，国际贸易的赤字被认为是不利的。

2. 概述国际商业的程度和世界经济前景。世界贸易普遍增长。美国和其他国家之间的贸易额在增长，但美国在世界市场中所占份额正减少。出口占美国国内生产总值的百分比自1985年以来稳步上升，除了2001年和2008年的经济衰退时期。

3. 讨论促进贸易的国际贸易协定和国际经济组织。关税和贸易总协定（关贸总协定）成立，以消除贸易壁垒，并提供一个国际贸易增长的环境。今天，世界贸易组织（世贸组织）和各经济共同体继续执行这项任务。这些世界经济共同体包括欧洲联盟、北美自由贸易协定、中美洲自由贸易协定、东南亚国家联盟、太平洋沿岸国家、独立国家联合体、加勒比协定、南锥体共同市场、石油输出组织等。

4. 定义企业组织和进入国际市场的方法。企业可以通过几种方式进入国际市场。它可以授权一家外国公司生产和销售其产品。它可以出口其产品并通过外国中介机构或其在国外的销售组织销售，或者可以将其出口直接出口给进出口公司。它可能与外国公司建立合资企业。它可以建立自己的外国子公司，或者可以发展成为一个跨国企业。

一般来说，这些方法中的每一种都代表了越来越深入地参与国际业务，其中许可是最简单的，并且涉及最多的跨国公司的发展。

5. 描述出口援助的各种来源。许多政府和国际机构向美国和外国公司提供出口援助。美国贸易促进协调委员会（TPCC）19个机构的出口服务和计划可以帮助美国公司在国外市场上竞争并在美国创造新的就业机会。出口援助来源包括美国出口援助中心，国际贸易管理局，美国和外国商业服务，出口法律援助网络，宣传中心，国家贸易数据库和其他政府和国际机构。

6. 确定帮助公司和国家资助国际业务的机构。国际贸易的融资比国内贸易的融资更为复杂。设立了进出口银行和国际货币基金组织等机构,以便为美国和国际公司提供融资并最终增加世界贸易。

关键词

国际业务	进口税(关税)	关税总协定和贸易(GA TT)	战略联盟
绝对优势	倾倒	世贸组织(WTO)	贸易公司
比较优势	非关税限制	经济共同体	逆向
出口	进口配额	许可	跨国企业
导入	禁运	信用证	进出口银行
国际贸易	外汇管制	提单	美国多边开发银行(MDB)
贸易逆差	货币贬值	草案	国际货币基金组织(IMF)
国际收支			

复习题

1. 为什么企业从事国际贸易?
2. 国际贸易中的绝对优势和比较优势有什么区别?这两种类型的优势如何与专业化的概念相关?
3. 什么是有利的贸易平衡?以什么方式是"有利的"?
4. 列出并简要说明可能适用于一个国家进口的主要限制。
5. 一般给予什么理由强加贸易限制?
6. 进口限制对贸易的一般影响是什么?
7. 界定和描述世贸组织和国际经济共同体的主要目标。
8. 哪些国家是美国的主要贸易伙伴?美国的主要进出口货物与服务是什么?
9. 从事国际商业的方法可以分为直接或间接。你如何区分本章中描述的每种方法?为什么?
10. 跨国企业与在几个国家开展业务的大型企业有什么不同?
11. 出口援助有哪些主要来源?这些来源如何对小型商业公司有用?
12. 进出口银行、多边开发银行和国际货币基金组织以什么方式加强国际贸易?

讨论题

1. 美国限制进口,但同时支持世贸组织和旨在加强世界贸易的国际银行。作为美国国会议员,你如何证明这种政策与你的选民意愿的矛盾?
2. 一个国家的货币贬值对其商业公司、消费者,以及对其他国家的债务有什么影响?
3. 为了消除美国的贸易赤字,应该减少进口到美国商品或服务的比例为20%吗?如果这样做,可能会发生什么?
4. 公司何时应该考虑从严格的国内贸易扩展到国际贸易?它应该在什么时候考虑进一步参与国际贸易?哪些因素可能会影响到公司在各种情况下的决定?
5. 企业如何获得在例如欧盟生产和销售其产品所需的专业知识?

视频案例 3.1

保持巴西经济热

巴西最近很热。不，我们不是在谈论巴西的温度：我们在谈论它的经济，它的增长速度很快。2010 年，该国 GDP 增长了 7.5%。这是一个发达国家的增长率，但美国已多年没有经历，甚至是几十年。虽然巴西的增长率在 2011 年和 2012 年由于全球经济危机大大减缓，它已经比许多其他国家好很多。最近，它超越了英国成为世界第六大经济体。

为什么巴西在经济上这么好？世界贸易增长是其中一个原因。在世界各地，有大量公司都渴望购买巴西的自然资源，特别是在快速增长的中国的公司。出口扩张也帮助了 4 000 万巴西人摆脱贫困，进入中产阶级。他们巨大的消费力为麦当劳和惠而浦、雀巢、雅芳和大众等跨国公司创造了新的市场。巴西已成为雅芳最大的市场。大众现在在巴西销售的汽车比德国多，而德国是大众公司的总部。雀巢公司巴西分公司总裁 Ivan Zurita 解释说："中国拥有超过 10 亿居民，但巴西有 20 万消费者。"

然而，还是有一些威胁要打压巴西的增长。首先，该国担心它与中国的贸易失衡。虽然中国从巴西购买的自然资源比任何其他国家都多，但它从巴西购买的制成品数量并不多。

更大的问题是巴西货币的升值。大量的资金流入巴西，以利用该国的高利率和增长机会。这增加了对实际货币的需求，导致其价值相对于其他货币上升近 50%。好消息是，更多巴西人可以以更低的价格购买进口产品。坏消息是，巴西制造的产品对世界其他地区来说更加昂贵，从而减缓了该国的出口和增长。

巴西的企业游说政府削弱巴西货币的升值，使他们的产品能够更好地与其他进口竞争。他们的努力似乎得到了回报。最近，巴西财政部长 Guido Mantega 表示，该国将"根据需要"采取措施削弱货币升值带来的影响。政府还对一些进口产品征收关税，包括汽车、鞋、化学品和纺织品，并与墨西哥签署了一项关于从该国进口的汽车数量的贸易协议。

进口和货币升值的价值不是唯一的威胁巴西的。该国的企业面临着大量繁琐的法规，以世界上最高的税率。为了解决这些问题，巴西总统迪尔玛·罗塞夫宣布，其政府将取消对那些遭受进口困难的行业的雇主的工资税。为了进一步缓解国家的增长焦虑，巴西开发银行 BDM 将补贴商业贷款，以促进许多产品的生产，包括平板电脑和离岸石油钻井平台。目标是刺激技术创新，使制造商能够生产更高价值的产品，使巴西不必依靠自然资源促进其增长。"看，一个政府不是才第二天或第三天，"罗塞夫说，其政府会继续努力，以保持巴西的新兴经济体继续前进。"这是随着时间的推移。事情慢慢成熟。"[11]

讨论题

1. 你认为巴西政府保持经济增长的努力是否会成功？为什么或者为什么不？
2. 巴西在实施配额、关税和使货币贬值的措施方面可能遇到什么困难？

案例 3.2

全球利润是麦当劳的菜单主角

很少有美国企业像麦当劳一样国际化，麦当劳是位于伊利诺伊州的快餐巨头，开始是一个全美的汉堡包店。麦当劳年营业额为 220 亿美元，现在拥有 32 400 家餐厅，每天为 6 000 万客户提供服务。虽然美国占麦当劳全球收入的 35%，但欧洲占 41%，亚太地区、中东和非洲地区占 19%。

当然，汉堡包在许多麦当劳餐厅具有主要吸引力：该公司在全球每天销售超过 400 万个汉堡。然而，麦当劳的一个关键优势是其适应当地口味的能力。在日本，麦当劳出售奶酪三明治，特色是炸猪肉和奶酪。在中东，它出售麦当劳皮塔饼三明治夹着烤鸡肉或五香牛肉。在法国，它卖熔化的奶酪和火腿 Croque McDo 三明治。在印度，它出售素食 McAloo Tikki 汉堡。在墨西哥，它出售炸土豆泥和奶酪制成的 McMolletes 三明治。

作为一家全球性企业，麦当劳国际还能帮助麦当劳总公司抵御不同地区的经济起伏。在最近的经济衰退期间，其亚洲收入增长速度几乎是欧洲收入的两倍，这两个因素平衡了其美国销售额的增长放缓。在全球范围内，麦当劳拥有一些餐馆，并向麦当劳品牌名下开设餐厅的公司销售特许经营许可证。在一些市场，该公司与当地公司合资经营餐馆。例如，在印度，它与一家当地公司合资经营一家西部和南部的餐馆，另一家合资公司与另一家公司合作经营东部和北部的餐馆。

该公司还在通过在不同的"时段"期间吸引更多的客户来建立其全球业务，例如在早餐时间和深夜。越来越多的全球公司每天 24 小时为客户提供便利。麦当劳推出了稳定的早餐、饮料、小吃和夹心菜品，以鼓励所有收入水平的客户重复访问。

高端方面，麦当劳在 McCafés 方面做得很好，麦当劳选点餐的独立区域提供 mochas 和其他美食咖啡。随着公司开设新的餐馆和改造现有的餐馆，它在美国和欧洲市场增加了更多的 McCafés。安格斯汉堡是另一个流行的优质菜单项。McCafé 咖啡和安格斯汉堡都吸引客户愿意出更高的价格来获得高品质食物。同时，麦当劳外卖菜单上的价格可吸引那些密切关注钱包的客户。

作为全球商业的主要力量，麦当劳必须仔细考虑其餐馆采用的不同货币的价值。在美国以外，其大部分收入以欧元、英镑、澳大利亚元和加元增长。因此，麦当劳在管理其财务事务时也密切关注外汇汇率波动。

麦当劳正加紧参与全球可持续发展。它增加了对可再生材料包装的使用，并加强了回收工作，以避免垃圾太多。它还在北美和南美洲以及欧洲建造环保餐馆，测试绿色建筑方法，减少能源和水的使用。该公司的社会责任项目包括支持麦当劳慈善机构，提供一系列有机食品和饮料以及健康小吃的选择。

从印度到爱尔兰，从阿根廷到澳大利亚，麦当劳准备继续提高销售和利润，因为它扩大了餐厅帝国，并烹饪新的产品，让客户在世界各地全天候地获得享受。[12]

讨论题

1. 麦当劳在全球这么多外货交易中的优势和劣势是什么？
2. 为什么麦当劳在印度不同地区使用两家合资企业经营餐馆？
3. 讨论如何成为一个在 170 多个国家经营的跨国公司，帮助麦当劳建立其业务，而不考虑短期的全球经济前景。

尾注

1. Sources: Based on information in Jens Meiners, "Volkswagen's Big Game of Risk: The Ambitious Plan for World Domination," *Car and Driver*, December 2011, www.caranddriver.com; Chris Reiter, "VW Plans Biggest Tech Overhaul in Nearly 2 Decades to Drive Profits," *Automotive News*, December 19, 2011, www.autonews.com; Chris Bryant and John Reed, "VW's Path to the Top Lies in East and West," *Financial Times*, December 19, 2011, www.ft.com; Andreas Cremer and Tim Higgins, "Volkswagen Rediscovers America," *Bloomberg BusinessWeek*, May 19, 2011, www.businessweek.com.
2. The White House, Office of the Press Secretary, Press Release, August 6, 2002.
3. The Census Bureau Web site at http://census.gov/foreign-trade/Press-Release/current_press_release/ft900 (accessed March 7, 2012).
4. This section draws heavily from the *World Economic Outlook Update*, January 24, 2012, International Monetary Fund Web site at imf.org/external/pubs/ft/weo/2012/update/01/index.htm (accessed March 13, 2012).
5. The International Monetary Fund Web site at www.imf.org/external/pubs/ft/weo/2012/update/01/index.htm (accessed March 7, 2012).
6. U.S. Department of Commerce, International Trade Administration, "Jobs Supported by Exports: An Update," March 12, 2012, www.trade.gov/mas/ian/index.asp (accessed March 13, 2012).
7. The World Trade Organization Web site at www.wto.org/english/news_e/pres11_e/pres11_e.htm (accessed March 12, 2012).
8. Office of the United States Trade Representative Web site at www.ustr.gov/tpp (accessed March 14, 2012).
9. The World Trade Organization at www.wto.org/english/news_e/sppl_e/spp1220_htm, (accessed March 12, 2012).
10. Ibid.
11. Sources: Andre Soliani, "Surge," *Bloomberg BusinessWeek*, April 3, 2012, www.businessweek.com; "Invigorated Roussef Shifts Focus to 'Brazil Cost,'" *Reuters*, April 2, 2012, www.reuters.com; Komal Sri-Kumar, "Brazil Should Embrace a Freer Market," *Financial Times*, March 6, 2012, www.ft.com; "Multinationals Choose Brazilian Investment," *Obelisk Investment News*, May 4, 2011, www.obeliskinternational.com.
12. Based on information from "Jamie Oliver Praises McDonald's," *The Telegraph (UK)*, April 25, 2010, www.telegraph.co.uk; Bob O'Brien, "McDonald's Is Where the Beef Is," *Barron's*, April 21, 2010, http://online.barrons.com; Melanie Lindner, "McDonald's Hits the Spot," *Forbes*, March 8, 2010, www.forbes.com; www.mcdonalds.com; www.aboutmcdonalds.com.

第二部分

企业所有权和创业

在商务学的第二部分，我们看看商务的一个更加实际的方面：企业如何被拥有。与所有权相关的问题在当今世界尤其有趣，大型全球企业与小企业共存。此外，由于多数企业都很小，我们看看与小企业相关的具体问题。

第 4 章

选择企业所有权形式

学习目标

1. 描述独资企业的优点和缺点。
2. 解释不同类型的合伙人和合伙协议的重要性。
3. 描述合伙企业的优点和缺点。
4. 概述公司是如何形成的。
5. 描述公司的优点和缺点。
6. 检查特殊类型的公司，包括 S 型公司、有限责任公司和非营利性公司。
7. 讨论合作、合资和合营的目的。
8. 解释内部增长和合并增长如何使企业扩张。

商界报道

金普顿酒店餐饮集团精益求精(力争完美)

当投资银行家比尔·金普顿前往欧洲，他喜欢住在有特色和个性化服务的小酒店，而不是大型连锁巨头拥有的大酒店。顺应“精品”酒店的想法，他购买并装修较陈旧的旧金山酒店，该酒店富有建筑魅力并处在市中心位置。它重新开放于 1981 年，更名为克拉里昂贝德福德酒店，以每间客房装饰具有独特的风格为特点，而不是像大多数的连锁酒店那样，全部房间是完全相同的。它还提供免费品酒时间，使客人在大堂每天晚上能在一起进行社交。

金普顿和他的投资伙伴逐步购买并装修西海岸的其他一些酒店，再后来，也包括遍布全国各地的一些酒店。现在，经过 30 年后，金普顿创立的公司已发展到在北美有 100 多家精品酒店和时尚餐厅。它雇用了超过 7 200 名员工，并且达到并超过 7 亿美元的年营业收入。

金普顿酒店餐饮集团是一家有限责任公司(LLC),这种企业所有权形式允许公司财务和管理灵活,与不同的投资合作伙伴在不同的酒店和餐厅上合作。公司还与不同的厨师合伙创办特色餐厅,餐厅是由大厨负责,而不是酒店的经理。这种非常规的方法让金普顿与沃尔夫冈·帕克以及其他知名的厨师合伙在金普顿酒店里或者旁边开设餐厅。

金普顿的精品酒店一直在增加的特殊体验,使客人感到尊宠。例如,在"孔雀鱼情"项目,如果客户提出要求,酒店会在客房放置一个装着金鱼的鱼缸。"我们的想法是提供小鱼给那些希望有宠物伴侣的人",金普顿公司总裁 Niki Leondakis 解释说。通过帮助客人酒店员工更进一步个性化了酒店的体验,"生活得像一个当地人,酒店员工提供从人员挑选到独一无二的体验的定制建议,"Leondakis 补充道。无论他们是在谈论一个独特的历史景点,还是指路去当地的艺术画廊,金普顿的员工都"为成为他们城市的文化大使感到自豪"。[1]

比尔·金普顿创办金普顿酒店餐饮集团是有一个目标在心中的:他希望客户有一个独特和难忘的体验。经过 30 多年,在投资者和合作伙伴的帮助下,金普顿创造了超过 100 家精品酒店和餐馆,年营业额超过 7 亿美元,雇用超过 7 200 名员工。对于金普顿酒店餐饮集团这样一个必须与更大的公司酒店和餐饮连锁店竞争的公司来说,这是一个相当引人注目的成就。

对于比尔·金普顿来说,决定开始业务只是第一步。还需要辛勤的工作,为了建立一个成功的业务,还必须做出许多决定。例如,必须选择正确的企业所有权类型。金普顿选择了有限责任公司(LLC)的所有权形式,因为它允许财务和管理灵活性,与不同的投资合作伙伴在不同的酒店和餐厅上合作。然而,正如你将在本章中看到的,还有其他流行的所有权形式,包括个人独资企业、合伙制企业和公司。

本章我们描述企业所有权的三种常见形式:个人独资企业、合伙制企业和公司。我们讨论这些类型的企业是如何形成的,并说明每种类型企业的优势和劣势。接下来,我们考虑通常为特殊目的选择的几种企业所有权类型,包括 S 型公司、有限责任公司、非营利性公司、合作社、合资企业和企业联合组织。我们最后讨论了企业如何通过内部扩张或通过与其他公司的合并来发展。

4.1 个人独资企业

个人独资企业是由一个人拥有(通常经营)的企业。虽然一些独资经营公司规模庞大,拥有很多员工,但大多数都是小公司。个人独资企业是企业所有权的最简单形式,也是最容易开办的。在大多数情况下，所有者（独资经营者）简单地决定他或她经商并开始经营。一些今天最大的公司，包括沃尔玛、JC Penney、亨氏公司和宝洁公司，都是从微小的个人独资企业起步，在许多情况下，努力经营。

通常拥有一个有前途的想法的企业家选择个人独资企业的所有权形式。例如，Annie Withey 创造了一种切达干酪味的爆米花小吃。安妮的爆米花，名为 Smartfood，成为美国历史上最畅销的零食之一。几年后，百事公司的菲多利事业部以约 1 500 万美元的价格买下了该品牌。Withey 女士作为一个有机农业的农民和两个孩子的母亲，继续开发了一种全天然的白色切达通心粉和奶酪产品。这项创业也取得了成功。今天，即使她的公司——安妮本土公司，已经发展成为一个更大的集团的一部分，安妮仍然是公司创业的心脏，仍然像一个独资经营者一样思考问题。

从图 4.1 可以看出，在美国有大约 2 300 万非农业个人独资企业。它们占该国的商业公司的 72%。尽管与合作制企业和公司相比，它是最受欢迎的所有权形式，但它们的销售总收入排在最后一位。如图 4.2 所示，个人独资企业约为 1.3 万亿美元，约占全部年销售额的 4%。

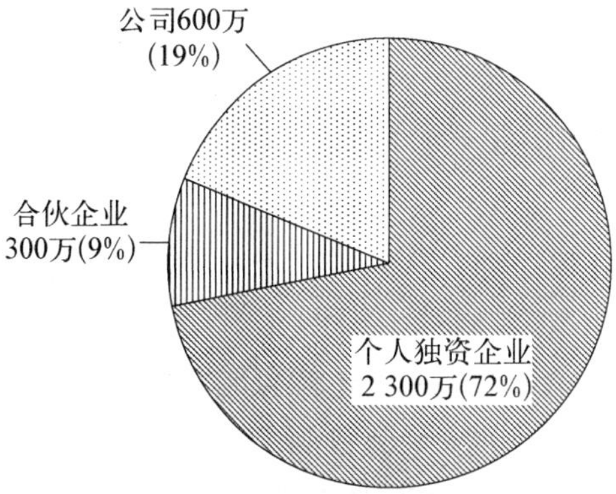

图 4.1　美国非农业独资、合伙企业和公司的相对百分比例

资料来源：U.S. Bureau of the Census, *Statistical Abstract of the United States* [M]. Washington, DC: Bureau of the Census, 2012.

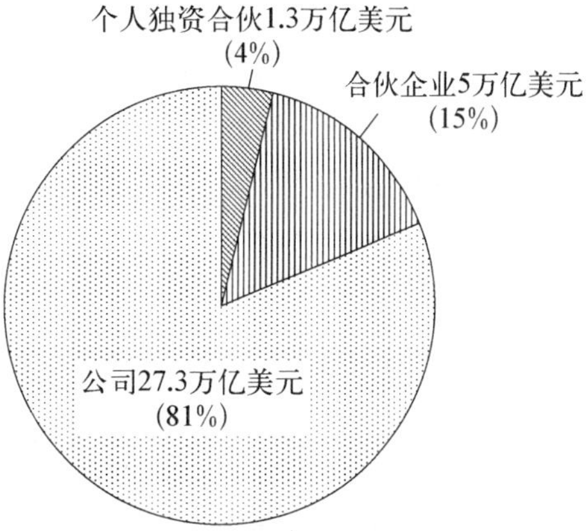

图 4.2　美国企业的销售收入总额

资料来源：U.S. Bureau of the Census, *Statistical Abstract of the United States* [M]. Washington, DC: Bureau of the Census, 2012.

个人独资企业在零售、服务和农业中最常见。因此，服装精品店、拐角杂货店、街道上的电视维修店和小的独立农民很可能是个人独资经营。

4.1.1　个人独资企业的优势

个人独资企业的大多数优势来自这种所有权形式的两个主要特征：简单性和个人控制。

易于启动和关闭　个人独资企业是开办企业的最简单和最便宜的方式。通常，启动不需要合同、协议或其他法律文件。因此，个人独资企业可以并且最常见的是没有律师的服务。法律要求通常仅限于注册企业名称和获得任何必要的执照或许可证。

如果企业不成功,企业可以像开业一样容易地关闭。债权人当然必须被偿付,但一般来说,业主在挂起“不营业”标志之前不必经过任何法律程序。

所有权的自豪 一个成功的独资经营者通常对她或他的成就感到非常自豪,这是理所当然的。在几乎每一个例子中,业主都值得大量的赞许,因为他们解决了与经营独资企业相关的日常问题。不幸的是,相反的情况也是如此。当企业失败时,受责备的人往往是独资经营者。

保留所有利润 由于所有利润都成为所有者的个人收入,所有者有强烈的成功动机。这种直接的财务奖励吸引许多企业家成立个人独资企业,如果企业成功,是非常满意的一个收入来源。

没有特别税 个人独资企业赚取的利润作为所有者的个人收入被征税。因此,独资经营者必须报告某些财务信息为其个人所得税申报表,并向联邦政府预估季度纳税。因此,个人独资企业不支付只有公司才支付的特殊州和联邦所得税。

作为你自己的老板的灵活性 独资经营者完全可以自由决定公司的运营。不需要请求或等待任何人的批准,独资经营者可以从零售转变为批发,改变商店的位置,开设新商店或关闭旧商店。假设电器商店的独资经营者发现很多客户现在更喜欢在星期天下午购物。他或她可以立即更改营业时间,以利用此信息(前提是州法律允许此类商店在星期日开放)。在诸如百思买公司这样的大型公司连锁店中的一个商店的经理可能在进行这样的改变之前必须寻求许多其他店的经理和公司的批准。

4.1.2 个人独资企业的劣势

个人独资企业的缺点源于这些企业由一个人拥有的事实。一些有能力的独资经营者没有遇到问题。开始时只有很少管理技能和少量资金的人最有可能失败。

无限责任 无限责任是一种法律概念,使企业主个人对企业的所有债务负责。商业债务与所有人的债务在法律上没有差别。如果业务失败,或者业务涉及诉讼和失败,业主的个人财产(包括储蓄和其他资产)可以被扣押(并在必要时出售)以便支付债权人。

无限责任可能是倾向于阻止具有大量个人财富的企业家采取个人独资企业形式的主要因素。

缺乏连续性 在法律上,独资经营者是企业。如果所有者退休、死亡或被宣布为法律上无能力,则企业基本上不复存在。然而,在许多情况下,尤其是当企业是一个有利可图的企业时,所有者的继承人接管它,并出售或继续经营。如果个体经营者生病并且不能长时间工作,企业也可能遭受损失。如果所有者,例如,有心脏病发作,通常没有人能够介入和管理业务。如果独资经营者的个人技能决定企业是成功还是失败,那么,疾病可能是毁灭性的。

缺乏资金 银行、供应商和其他贷款人通常不愿意向个人独资企业大量借款。只有一个人(独资经营者)可以负责偿还这些贷款,而大多数独资经营者的资产通常是有限的。此外,这些资产可能已被用作个人借款(住房抵押贷款或汽车贷款)或供应商的短期信贷的担保或抵押。贷款人也担心独资经营者缺乏连续性:如果独资经营者死亡,谁来偿还贷款?最后,许多贷款人担心大量独资企业的失败,这是第 5 章讨论的主题之一。

创业成功

为什么要将小企业卖给大企业?

Corey Capasso 和 Andrew Ferenci 于 2010 年启动 Spinback,帮助公司确定采用社交媒体互动来推动销售。一年后,他们有几个大型电子商务客户,并准备好进行大规模扩张,这意味着增加投入。在与 Buddy Media 讨论联盟后,联合创始人意识到,Ferenci 说,被 Buddy Media 收购是"完美契合"。"我们将能够更多地关注业务的关键节点,而不必花费时间寻找额外的融资。[11]但是,他警告说,企业家"需要确保收购公司有一个坚实的企业文化,将是一个好的工作场所。"

Aaron Patzer 是另一个企业家,他让一个大企业收购他的小企业 Mint.com,以便他可以不断改进运营和服务客户。Mint.com 帮助消费者在线管理他们的钱,Patzer 已经有了 100 万客户,当竞争对手 Intuit 考虑他的收购要约时,企业家决定出售,于是不仅成为一个百万富翁,而且在 Intuit 担任副总裁,使他的员工到 Intuit 继续经营他最初的业务。"他们让我们孤身一人继续我们正在做的事情,"Patzer 谈及收购情况。

资料来源:Shapiro A., The User-First Initiative[J /OL]. *Forbes*, www.forbes.com, 2012-01-04; Ferenci A., Spinback Founder: Why We Sold to Buddy Media Instead of Taking VC[J /OL]. *Business Insider*, www.businessinsider.com, 2011-06-03; Messina J., Why Google Is the New Exit Strategy [N /OL]. *Crain's New York Business*, www. crainsnewyork. com, 2011-06-20; Mangalindan J.P., Aaron Patzer's Startups[J /OL]. *Fortune*, http: / /tech. fortune. cnn. com, 2011-04-01.

有限的借款能力可能阻止个人独资企业的增长。当需要相对大量的资本时这是许多企业主选择从个人独资经营企业变为合伙制企业或公司的所有权形式的主要原因。

有限管理技能 独资经营者通常是唯一的经理,还是唯一的销售人员、采购员、会计,有时候还是门卫。即使是最有经验的企业主也不太可能拥有所有这些领域的专业知识。除非他或她通过雇用员工、助理或顾问获得必要的专业知识,否则企业可能在企业主不太了解的领域遭受损失。对于许多不能雇用他们所需帮助的独资经营者,一天中没有足够的时间来做一切需要做的事情。

招聘员工困难 独资经营者可能会发现很难吸引和保持有力的帮助。潜在员工可能认为,在企业主承担所有管理责任的公司中,没有发展空间。当那些被雇用的人准备承担额外的责任时,他们可能会发现,这样做的唯一方法是退出独资企业,去大公司工作或创办自己的企业。高薪和更多福利(尤其是医疗保险)的诱惑也可能导致现有员工更换工作。

超越个人独资企业 像许多其他人一样,你可能认为个人独资企业的主要劣势是一个人在一个工作日可以做事情是有限的。减少这种缺点(并保留大部分优点)的影响的一种方法是拥有多个所有者。

4.2 合伙制企业

不想单独开办和经营独资企业的人可能热衷地抓住形成商业伙伴关系的机会。"美国统一伙伴法"将合伙企业定义为由两个或多个人组成的作为企业的共同所有人追求利润的自愿协会。例如,在1990年,两名年轻非裔美国企业家 Janet Smith 和 Gary Smith 开始了 IVY 规划集团——一家为客户提供战略规划和绩效评估的公司。今天,20多年后,公司已发展成为一个资产数百万美元的公司,雇用了多样化的员工,为财富1 000强公司、大型非营利组织和政府机构提供文化多元化培训。为了表彰其努力,IVY 规划集团被 Diversity Business.com 认定为50强少数族裔企业之一。珍妮·史密斯和加里·史密斯被少数族裔商业和专业人士网络评为"50个企业界有影响力的少数族裔人士之一"。[2]

如图4.1和图4.2所示,在美国有大约300万个合伙制企业,这种类型的企业每年的销售收入约为5万亿美元。但是,请注意,这种形式的所有权要远比独资企业或公司少。事实上,如图4.1所示,合伙制企业只占美国所有企业的9%。虽然合伙制企业可能拥有的合作伙伴数量没有法定上限,但大多数合作伙伴只有两个。不管涉及的人数多少,合作伙伴往往代表着特殊管理技能和才能的集合;在其他时候,它是一个独资经营者为了获得更多资本而合伙的结果。

4.2.1 合作伙伴的类型

所有合作伙伴不必是一样的。一些可能活跃于运营业务,而其他人可能作用有限。

普通合伙人 普通合伙人是指对经营业务承担全部或共同责任的人。普通合伙人积极参与日常业务运营,每个合作伙伴都可以代表其他合作伙伴签订合同。他或她还对所有债务承担无限责任,包括任何其他普通合伙人未经其知情或同意而发生的债务。普通合伙企业是由两个或多个普通合伙人共同拥有的企业,对一切业务都负有责任。为了避免将来的责任,退出合伙企业的普通合伙人必须向债权人、客户和供应商发出通知。

有限合伙人 有限合伙人是一个投资于企业的人,但对超过他或她在合伙中投资的金额的损失没有管理责任或义务。有限合伙企业是由一个或多个普通合伙人和有限合伙人共同拥有的企业。例如,可能形成有限合伙,在房地产、石油和天然气、电影和其他商业行业。通常,普通合伙人收取管理费,并获得一定比例的利润。有限合伙人获得部分利润和税收优惠。

由于潜在的责任问题,特殊规则适用于有限合伙企业。这些规则旨在保护涉及有限合伙企业的客户和债权人。例如,有限合伙企业中的潜在合作伙伴必须提交正式声明,描述合伙的基本细节和参与业务的每个合作伙伴的债务状态。至少一名普通合伙人必须对有限合伙企业的债务负责。此外,一些州禁止在合伙企业名称中使用有限合伙人的名称。

有一种特殊的合伙企业被称为**主有限合伙企业**。主有限合伙企业(MLP)(有时称为上市合伙企业或 PTP)是一种有限合伙企业,其股权可以在证券交易所交易,就像公司所有权股份一样。一般来说,MLP 都会包含普通合伙人和有限合伙人。普通合伙人管理业务;有限合伙人提供投资资金。这种特殊所有权安排有两个主要优点。首先,MLP 中的股权可以出售给投资者以筹集资本。由于 MLP 单位可以在交易所交易,投资者可以随时出售其股权,希望获利。虽然有例外,但大多数 MLP 通常在自然资源、能源或房地产相关行业。[3]例如,金德摩根能源合伙企业是美国最大的上市管道的业主有限合伙公司之一。金德摩根能源合伙企业的股权在纽约证券交易所交易。其次,MLP 的收入通常被报告为所有者的个人收入。因此,MLP 避免了对企业收入的双重征税。有关 MLP 所有权形式的优点和缺点的更多信息,请访问美国公共交易合伙企业协会网站(www.naptp.org)。

4.2.2 合伙协议

合伙条例是指列出和解释合伙条款的协议。虽然口头和书面合伙协议都是合法的,都可以在法院执行,但书面协议具有明显的优势。它不受记忆的损失。

图 4.3 显示了一个典型的合作协议。合伙协议应该说明:

- 谁将作出最终决定;
- 每个合伙人的职责是什么;
- 每个合伙人的投资;
- 每个合伙人可以获得的利润或应负责损失是多少;
- 如果一个合伙人想解散合伙企业或死亡,应该怎么处理。

虽然参与合伙的人可以起草自己的协议,但大多数专家建议咨询律师。

当订立合伙协议时,合伙人应该明智地让一个中立第三方——顾问、会计师、律师或共同的朋友——协助可能出现的任何争议。

合作协议

合作者姓名

该协议的签订日期为 2012 年 6 月 20 日，签订双方为来自 Penelope Wolfburg of 783A South Street, Hazelton, Idaho 的 Penelope Wolfburg，以及来自 RR 5, Box 96, Hazelton, Idaho 的 Ingrid Swenson。

企业性质、名称。地址

1. 上述人士于今日成立合伙企业，以 W-S Jewelers 的名义经营，地点位于 85 Broad Street, Hazelton, Idaho，邮编为 83335，从事珠宝销售及维修工作。

合伙期限

2. 本协议的有效期从 2012 年 6 月 20 日开始，为期十五 (15) 年，如果双方同意书面同意，可以缩短期限。

资本贡献

3. 每个合作伙伴的初始投资如下：Penelope Wolfburg，沃尔夫堡珠宝店的资产和负债，价值为 40 000 美元的投资; Ingrid Swenson，现金 20 000 美元。这些投资是合伙企业的财产。

每位合作者的责任

4. 为了运营合伙企业，每个合作者将会投入时间，技能和关注，除非得到其他合作伙伴的书面许可，否则任何一位合作者都不会参与任何其他商业企业。

薪资、款项以及收益分配

5. 每位合作伙伴的薪水如下：Penelope Wolfburg，每年 40 000 美元; Ingrid Swenson，每年 30 000 美元。未经其他合作伙伴书面明确许可，合作伙伴均不得从企业中提取现金或其他资产。该企业的所有利润和亏损以如下方式分享：Penelope Wolfburg，60%；Ingrid Swenson，40%。

合同终止

6. 由于本协议终止，或每位合作伙伴的书面许可，或一方或双方合伙人死亡或丧失能力而导致的合作关系解除后，合作伙伴可以签订新合同，或者唯一留存的合作伙伴可以选择以不超过终止合作伙伴资本账户余额的价格购买其他合作伙伴的企业权益。付款方式应自终止之日起按季度分期付款。
7. 在本合同订立时，除非双方同意根据新合同开展业务，否则合伙企业中的资产在支付负债后将按当时每个合伙人账户中的资本余额比例进行分配。

签名

Penelope Wolfburg	*Ingrid Swenson*
Penelope Wolfburg	Ingrid Swenson

日期

June 20, 2012	*June 20, 2012*
日期	日期

图 4.3　合伙协议的条款

注：合作协议是一项书面或者口头协议，协议中列示并解释了合作的内容。

资料来源：Adapted from Goldman and Sigismond, *Cengage Advantage Books: Business Law* (8E)[M]. Cengage Learning, 2011.

4.3　合伙企业的优点和缺点

与独资企业和公司相比，合伙企业是最不受欢迎的企业所有制形式。但仍然在一些情况下，形成合伙企业是最合理的。在做出决定形成合伙企业之前，所有相关人员都应该考虑合伙企业的利弊。

4.3.1　合伙企业的优势

合伙企业有很多优点。

易于创建　合伙企业相对容易形成。与独资企业一样,法定要求通常仅限于注册企业名称并获得任何必要的许可证或许可证。甚至准备书面的合伙协议可能也不是必要的,虽然准备书面的合伙协议一般是一个好主意。

资本和信用的可获得性　因为合伙人可以汇集他们的资金,合伙企业通常比独资企业拥有更多的资金。这些更多的额外资本加上普通合伙人的无限责任,可以鼓励银行和供应商向合伙企业提供比向独资经营者更多的信贷或批准较大的贷款。这并不意味着合伙企业可以借到所有他们需要的钱。许多合伙企业发现很难获得长期融资,只因为贷款人担心管理分歧的可能性以及企业缺乏连续性。

个人爱好　普通合伙人非常关注公司的运作——甚至比独资企业主更为关注。毕竟,他们不仅要对自己的行动负责,而且要对所有其他普通合伙人的行动负责。在另一个人的帮助下解决企业运营中的日常事务的企业主的自豪感是一个强大的动力,并且通常使参与合伙企业的所有人更加努力工作以获得更多成功。

结合商业技能和知识　合伙人往往具有互补的技能。例如,一个合伙人(制造业)的弱点可能被另一个合伙人在该地区的实力所抵消。此外,与另一个有关个人讨论重要决定的能力常常会减轻一些压力,并导致更有效的决策。

保留利润　与独资企业一样,所有利润属于合伙企业的所有者。合伙人直接分享财务报酬,因此有充分的动机尽力使公司取得成功。如上所述,合伙协议应说明每个合伙人获得利润或负责损失的大小。

没有特别税　虽然合伙企业不支付所得税,但美国的国税局要求合伙企业提交年度信息报告,说明参与业务的所有合伙人的姓名和地址。报告还必须提供有关收入和费用以及向每个合伙人分配的信息。然后,每个合伙人需要在其个人纳税申报单上报告其在合伙企业中的利润份额(或损失)。最终,每个合伙人在合伙企业利润中所占份额的征税方式与对独资经营者征税的方式相同。

4.3.2　合伙企业的缺点

虽然与独资企业和公司相比,合伙企业有许多优势,但它们也有一些缺点,任何想要建立合作伙伴关系的人都应该考虑。

无限责任　正如我们所注意到的,每个普通合伙人对企业的所有债务都有无限责任。每个合伙人对任何其他伙伴进行合伙业务的债务、税款和行为负有法律和个人责任,即使该合伙人没有发生这些债务或做错什么。因此,普通合伙人面临不得不使用其个人资产支付债权人的风险。然而,有限合伙人只承担其原始投资的风险。

今天,许多州允许合伙人形成**有限责任合伙(LLP)**,其中合伙人可能有有限责任保护免受由于其他合伙人的不当或疏忽而导致的法律诉讼。许多允许有限责任合伙的州将这种类型的所有权限制为某些类型的专业人士，如会计师、建筑师、律师和类似的专业人士。(注意有限合伙和有限责任合伙的区别，有限合伙必须有至少一个有无限责任的普通合伙人，另一方面，有限责任合伙中的所有合伙人可能对这种不当行为承担有限责任的其他合伙人。)

管理分歧 如果其中一个合伙人将配偶或亲属带入公司，合伙会发生什么情况？合伙人想从业务中提取更多的钱，会发生什么？请注意，这些情况中的每一种情况(以及在这方面，大多数可能在合伙企业中存在的其他问题)涉及一个合伙人干扰其他合伙人的事情。这个人为因素尤其重要，因为商业伙伴(由于自我、野心和金钱等因素的作用)特别容易产生摩擦。当合伙人开始对决策、政策或道德观念出现分歧时，不信任可能出现，且随着时间的推移变得更糟——通常会达到某种巅峰，在这种情况下不可能成功地经营业务。

缺乏连续性 如果任何一位普通合伙人死亡、退出或被宣布为法律上不合格，合伙企业将被终止。但是，其余合伙人可以购买该合伙人的所有权份额。例如，合伙协议可允许幸存的合伙人通过购买已故合伙人的利益之后继续业务。然而，如果合伙企业失去了拥有不能被替换的特定管理或技术技能的所有者，则它不可能生存下去。

冻结投资 把资金投资在一个合伙企业是很容易的，但有时很难从中退出。例如，当剩余的合伙人不愿意购买一个退休或想要搬迁到另一个城市的合伙人的股份时，就是这种情况。为了避免这种困难，合伙协议应该包括购买合伙人股权的程序。

在某些情况下，合作伙伴必须找到公司以外的人来购买他或她的股份。寻找外部人员有多容易或困难取决于业务的成功程度以及现有合作伙伴愿意接受新合作伙伴的愿望。

4.3.3 超越合伙企业

合伙关系对独资企业的主要优势是资本和信贷的可用性增加，合伙的业务技能和知识结合起来。然而，独资企业的一些基本缺点也困扰着普通伙伴人。特别是无限责任的这个缺点可能对具有大量个人财富的合伙人造成困扰。第三种形式的企业所有权——公司，克服了这个缺点。

4.4 公司

早在1837年，William Procter和James Gamble两位独资经营者组成了一家名为宝洁(Procter & Gamble)的合伙公司，并开始与俄亥俄州辛辛那提的其他14家肥皂和蜡烛制造商竞争。然后，在1890年，宝洁为筹集额外资本而并购扩张，最终使公司成为一个全球巨人。今天，宝洁品牌为当今世界70亿人口中超过40亿人口提供服务，因为公司在全球 180 个国家运营。[4] 与许多大型企业一样,宝洁的市值高于许多国家的国内生产总值。虽然这家公司是企业巨头,但该公司的高管和员工认为,它也有责任成为一个有道德的企业公民。例如,宝洁的宗旨(或使命)是:

> "我们将提供富有品质和价值的品牌产品和服务,提高全世界现在和未来的消费者的生活。因此,消费者将回报我们的领先的销售、利润和价值创造,让我们的员工、我们的股东和我们生活和工作的社区繁荣。"[5]

在当今的竞争环境中,听到大公司盈利是很常见的。很少听说那些盈利公司受到高度关注是因为他们是好的企业公民。

虽然不是所有的独资企业和合伙企业都成长为公司,但有很多原因让企业主选择公司所有权形式。让我们从公司的定义开始。也许公司的最佳定义是由首席大法官约翰·马歇尔在 1819 年最高法院一个著名的裁决中给出的。

他说:"一个公司是一个法人,看不见,无形,只存在于法律的范畴。"换句话说,一个公司是一个根据法律人为创造的人,拥有大多数真正的人的合法权利。这包括:

- 开始和经营业务的权利;
- 购买或出售房产的权利;
- 借款的权利;
- 起诉或被起诉的权利;
- 签订有约束力的合同的权利。

然而,不像真正的人,公司只存在于纸上。在美国有大约 600 万家公司,占所有企业数量的约 19%,但其占销售收入的 81%(见图 4.1 和图 4.2)。

4.4.1　公司所有制形式

公司所有制的股份称为股票。拥有公司股票(因而拥有公司的一部分)的人称为股东。一旦公司成立,它可能将股票出售给想要在公司投资的个人或其他公司。它也可以发行股票作为奖励给关键员工以换取某些服务,或作为投资者的回报代替现金支付。

封闭式公司是一种公司,其股票由相对较少的人拥有,而不是向公众出售。例如,以 M&Ms、Snickers、Dove、Milky Way、Twix 和其他巧克力糖果而闻名的 Mars 公司是一家私人持有的家族所有的封闭公司。虽然很多人认为封闭的公司是一个小公司,但也有例外。例如,Mars 公司的年销售额超过 300 亿美元,在全球拥有 65 000 多名员工,在 70 个不同的国家运营。[6]

开放式公司是一种公司,任何个人可以买卖其股票。开放式公司的例子包括通用电气、微软、苹果和索尼。

4.4.2　成立公司

虽然你可能认为组成公司经营业务能保证成功,但它不会。在商家名称后放置

“Incorporated”或“Inc.”这个词没有什么特别的意义。不幸的是，像个体经营或合伙一样，公司可以破产。因此，只有在仔细考虑公司所有权形式是否比独资企业或合伙企业更适合您的需要之后，才能决定组成公司。

如果您决定公司形式是您的最佳组织形式，大多数专家建议您通过咨询律师来确保所有法律要求都得到满足，从而开始公司注册程序。虽然有可能在没有法律帮助的情况下组成一个公司，但请记住一句古老的谚语：“一个作为自己的律师的人对客户来说就是多了一个傻瓜。”表 4.1 列出了启动和运行的企业可能需要法律帮助的十个方面。

表 4.1 企业可能需要法律帮助的十个方面

1. 要求独资企业、合伙企业、公司或某种特殊的所有权形式
2. 建立合伙协议
3. 发起成立企业
4. 注册公司的股票
5. 获得商标、专利或版权
6. 在地方、州和联邦级别提交许可证或许可证
7. 购买现有企业或房地产
8. 创建有效的合同
9. 雇用员工和独立承包商
10. 扩大信贷和收取债务

在何处成立 一个企业被允许在其选择的任何州成立。大多数中小型企业都是在他们业务最多的州。更大型的企业或者在全国开展业务的企业的创始人通常比较各州向企业提供的利益。关于在何处成立公司的决定通常基于两个因素：(1) 在一个州中成立的成本与在另一个州的成本相比较；(2) 每个州的公司法和税收结构的优点和缺点。一些州比其他州更加热情，一些州提供较少的限制、低税收和其他好处吸引新公司。特拉华州、内华达州和怀俄明州经常被在一个以上的州经营业务的公司选择，因为它们的公司友好型的法律和亲商环境。[7]

公司化的企业在其被成立的州中被称为**本州公司**。在所有其他开展业务的州，它被称为**外州公司**。Sears 控股公司是 Sears 和 Kmart 的母公司，在德拉瓦州注册成立，是一家美国州内公司。在美国其余 49 个州，Sears 是一家外州公司。Sears 必须在其开展业务的所有州注册，并向每个州缴纳税款和年费。由外国政府授权并在美国经营业务的公司是**外国公司**。大众公司、索尼公司和皇家荷兰/壳牌集团是外国公司的例子。

公司章程 一旦选择了注册地，公司的发起人向州政府相关部门提交公司章程。当公司章程获得批准时，它们成为公司与州(承认公司作为法人)之间的合同。

通常情况下,公司章程包括以下信息:

- 公司的名称和地址;
- 发起人的名称和地址;
- 公司的宗旨;
- 发行股票的最大数量和类型;
- 股东的权利和特权;
- 公司存在的时间长度。

为了帮助您决定公司形式的组织是否是正确的选择,您可能想访问图书馆以了解有关公司注册流程的更多信息。您也可以使用互联网搜索引擎,输入术语"成立新公司"寻找有用的网站。此外,在决定将您的业务组织为公司之前,您可能需要考虑两个额外的领域:股东权利和股东会议的重要性。

股东权利　股票有两种基本类型。**普通股股东**可以就公司事务进行表决。一般来说,普通股的所有者对每个股份拥有一票。然而,股份拥有者对公司的利润、股息和资产的任何索赔在其他人的索赔后支付。**优先股**的所有者通常没有表决权,但他们对股利的索赔要在股份所有者的股份之前支付。虽然大公司可能发行普通股和优先股,但通常小公司只发行普通股。

也许普通股和优先股的所有者最重要的权利是通过支付股息分享公司赚取的利润。**股息**是分配给公司股东的收益。其他权利包括获取关于公司的信息,对公司章程变更进行投票,以及出席公司的年度股东大会,以便他们行使投票权。

由于普通股股东通常生活在全国各地,实际上很少有人能够参加公司的年度会议。相反,他们通过代理投票。**代理**是一种法律表格,列出了在股东大会上决定的问题,并使股东能够将其投票权转让给其他一些个人。股东可以通过签署和返还表格来登记投票和转让投票权。今天,大多数公司还允许股东通过访问互联网或使用免费电话号码行使代理投票权。

股东会议　作为成立公司的最后一步,发起人和原始股东必须举行会议,通过公司章程,并选举他们的第一个董事会。(以后,董事在公司的年度会议上由公司股东选举或重新选举产生。)董事会成员负责公司经营业务,直接对股东负责。

4.4.3　公司结构

大多数公司的组织结构比独资企业或合伙企业的组织结构更为复杂。在公司中,董事会和公司管理人员都参与管理。

董事会　作为一个法人,公司只能通过代表公司股东的董事行事。董事会是公司的最高管理机构,由股东选举产生。因此,理论上,股东能够通过其董事控制整个公司的活动,因为董事会是由他们选举出来的。(见图 4.4)

董事会成员可以从公司内部或从公司外部选择。

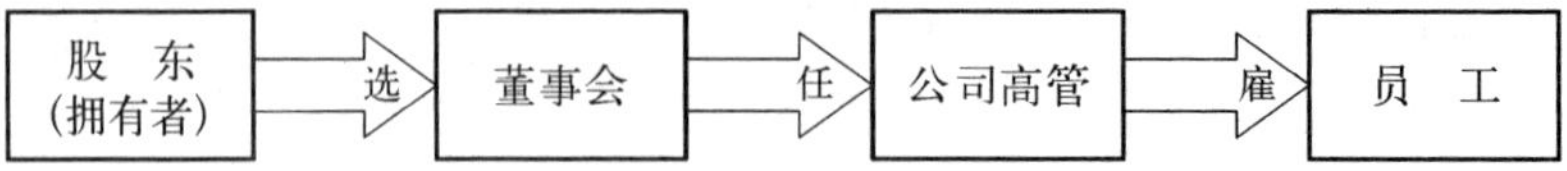

图 4.4 公司结构层次

注意：对于一个小公司，在许多州只需要一个董事，虽然你可以选择有更多董事。从公司内选出的董事通常是公司高层管理者——例如总裁和执行副总裁。从公司外部选举的人通常是经验丰富的管理者或企业家，他们具有经受过检验的领导能力和/或组织需要的特定才能。在小公司，大多数股东通常担任董事会成员。

道德成功或失败

我们在董事会会议室需要更多的女性吗？

世界的一半是女性，但在财富500强的美国公司董事会中，只有16%的董事是女性，超过20%的公司没有女董事。相比之下，挪威公司的女性董事的比例最高（超过30%），其次是瑞典（超过25%）。再次，挪威的法律规定，公司董事会席位的40%将留给妇女。西班牙和法国也为公司董事会的女董事设定了配额。

更多的妇女应该在美国公司董事会任职吗？从商业角度来看，女主管倾向于与女性客户、员工和经理的观点相一致。在许多情况下，妇女处理谈判与男子不同，他们的职业生涯略有不同，他们的领导风格也有所不同。所有这些差异都可以作为董事会处理内部和外部问题的优势。

另一方面，很少有妇女升至美国公司的高层管理人员，这意味着董事会必须扩大寻求女性董事。此外，董事会发掘的董事通常会寻找具有一流技能、教育和成就的最佳候选人，减少对性别的重视。美国公司应该采取有意义的步骤，让更多的女性进入董事会会议室吗？

资料来源：Too Many Suits[J]. *Economist*, 2011, (12): 11-14; Still Lonely at the Top[J]. *Economist*, 2011, (7): 61-62; Rosener J.B., The "TerribleTruth" About Women On Corporate Boards[J/OL]. *Forbes*, www.forbes.com, 2011-06-07.

董事会的主要职责是制定公司目标，并制定实现这些目标的总体计划（或战略）。董事会还负责公司的整体运作和任命公司官员。

公司高管 公司高管由董事会任命。虽然小型公司可能没有以下职位，但董事会主席、总裁、执行副总裁、董事会秘书和财务主管都是公司高管。他们帮助董事会制定计划，执行董事会制定的战略，雇用员工，管理日常业务活动，定期（通常每月）向董事会报告。在年度会议上，董事向股东报告。

4.5 公司的优点和缺点

2000 年 10 月,Manny Ruiz 决定,是时候创建自己的公司了。在媒体专家团队的帮助下,他成立了 Hispanic PR Wire。在一个炒作宣传的商业社会里,Hispanic PR Wire 是真正有实力,并且已经确立了自己作为全国的首要新闻传播商业务,成为美国西班牙语的媒体和舆论领袖。今天,该业务继续巩固其早期成功。[8] Ruiz 先生选择成立公司,因为它提供了许多企业所有权其他形式没有提供的优势。典型的优势包括有限责任,易于筹集资本,易于转让所有权,永久存续和专业化管理。

4.5.1 公司的优势

有限责任　公司所有制形式最具吸引力的特征之一是有限责任。除了少数例外,每个股东的金融负债仅限于他或她为公司的股票支付的金额。这个特征是由于公司本身是一个与其所有者分开的法人。如果公司失败或涉及诉讼和失败,债权人只对公司的资产而不是股东(所有者)的个人资产提出索赔。因为它克服了与独资企业和普通合伙企业有关的无限责任问题,有限责任是企业家经常选择企业组织形式的主要原因之一。

易于筹集资本　公司是筹集资本的最有效的企业所有制形式之一。像独资企业和合伙企业一样,公司可以从贷款机构借款。然而,他们也可以通过出售股票筹集额外的钱。个人比其他形式的企业更愿意投资公司,因为有限责任,他们通常可以轻松地出售他们的股票——希望有利可图。

易于转移所有权　将大部分股票出售所需要做的就是访问经纪公司网站或打电话给股票经纪人。大多数股票在市场价格能找到有愿意的购买者。所有权在出售时转让,对于公开发行的股票的买卖,实际上没有任何限制。

永久存续　由于公司本质上是一个法律"人",它独立于其所有者而存在,并生存下去。关键管理人员或所有人的撤回、死亡或无能力不会导致公司被终止。西尔斯—罗巴克公司成立于 1893 年,是全国最大的零售公司之一,尽管其原先的联合创始人理查德·西尔斯和阿尔瓦·罗巴克已经死了几十年。

专业化管理　通常,公司能够比独资企业和合伙企业招聘更多技能、知识和天赋的管理者。这是因为他们支付更高的薪水,提供优秀的员工福利,并且足够大,提供相当大的提升空间。在公司结构中,管理、人力资源、财务、营销和运营都由这些领域的专家负责。

4.5.2 公司的缺点

像公司的优势一样,公司的劣势源于它作为法人或法律实体的法律定义。其主要缺点如下:(见表 4.2,比较了独资企业,普通合伙企业和公司的一些优势和劣势。)

表 4.2 独资、合伙和公司的一些优点和缺点

	个人独资企业	普通合伙	常规公司
保护债务责任	困难	困难	容易
筹集资金	困难	困难	容易
所有权转让	困难	困难	容易
保持连续性	困难	困难	容易
政府管制	少	少	多
成立	容易	容易	困难
所得税	一次	一次	两次

成立的困难和费用 设立公司可能是一个相对复杂和成本更高的过程。完成提交给政府部门的法律表格通常需要使用律师。即使对于中型公司,申请费、律师费、与发行股票相关的注册费用和其他组织成本可能达到数千美元。发起的成本,包括时间和金钱,阻碍了许多小型企业的所有者成立公司。

政府法规和增加的文书工作 公司必须符合各种政府标准,才能将其股票出售给公众。然后,它必须提交许多关于其业务运营和与地方、州和联邦政府的财务的报告。此外,公司必须向其股东定期报告业务的各个方面。为了准备所有必要的报告,即使是小型公司也经常需要律师、注册会计师和其他专业人士的帮助。此外,公司的活动受法律限制,这在其章程中有明确规定的范围。

公司内部的冲突 因为一个大公司可能雇用成千上万的员工,一些冲突是不可避免的。例如,增加销售收入、降低费用和增加利润的压力常常导致管理者和员工的压力和紧张程度增加。当企业在竞争激烈的行业经营,试图开发和销售新产品,或者必须减少员工队伍,以减少在经济危机期间的员工工资费用时,情况尤其如此。

双重征税 公司必须对他们的利润缴税。此外,股东必须对作为股息的利润支付个人所得税。公司利润被征税两次,第一次是作为公司收入被征税,第二次是作为股东的个人收入被征税。在下一节中讨论的 S 公司和有限责任公司都消除了双重征税的缺点,因为它们像合伙企业那样征税。

缺乏保密 因为开放型公司需要向政府机构和股东提交详细的报告,所以他们不能保密。竞争对手可以研究这些公司报告,然后使用信息来更有效地竞争。实际上,每个开放型公司都必须与其竞争对手分享其一些秘密。

4.6 特殊类型的企业所有制

除了独资企业,合伙企业和常规的公司形式外,一些企业家选择满足他们特殊需要的

其他的组织形式。其他组织形式选项包括 S 型公司、有限责任公司和非营利性公司。

4.6.1　S 型公司

如果公司符合某些要求，其董事可以向美国国税局申请作为 S 型公司。**S 型公司**是一个征税像合伙企业的公司。换句话说，公司的收入只是作为股东的个人收入征税。公司利润或亏损被报告在所有者的个人所得税申报表中。

为了符合 S 型公司的特殊地位，企业必须符合以下标准：[9]

(1) 不超过 100 名股东；

(2) 股东必须是个人、遗产或某些信托；

(3) 发行在外的股票只能有一种类型；

(4) 公司必须是有资格申请 S 型公司的本州公司；

(5) 不能有合伙企业，公司或非居民外国股东；

(6) 所有股东必须同意组成 S 型公司的决定。

成为 S 型公司是一个有效方式，在获得避免双重征税的同时保留公司的有限责任。

4.6.2　有限责任公司

尽管美国每个州的法律可能不同，在美国所有 50 个州都批准了一种新形式的所有制结构，称为有限责任公司。有限责任公司(LLC)是一种企业所有权形式，它结合了公司和合伙企业的优点，同时避免了这些形式所有制结构的一些限制和缺点。有限责任公司的主要优点如下：

(1) 像独资企业或合伙企业一样，有限责任公司享有转嫁税。这意味着所有者在其个人报税表上报告其在公司中的利润或损失份额，并避免对大多数公司实行双重征税。至少有两个成员的有限责任公司应像合伙企业那样征税。只有一个成员的有限责任公司像一个独资企业被征税。有限责任公司甚至可以选择作为公司征税，如果好处能够抵消企业双重征税。

(2) 像公司一样，它为有限责任公司的行为和债务提供有限责任保护。因此，LLC 将个人资产保护的概念扩展到小企业主。

(3) 与公司相比，有限责任公司提供了更多的管理灵活性。例如，公司必须举行年会和记录会议记录，这对于有限责任公司不是必须的。

虽然许多专家认为，LLC 只是 S 型公司的变体，但还是有区别的。有限责任公司不限于 100 个股东——这是 S 型公司的共同缺点。在谁可以成为所有者的问题上，有限责任公司也比 S 公司受到更少的限制和具备更多的灵活性。虽然有限责任公司的所有者可以在任何州提交所需的组织章程，但大多数人选择在自己的州——即他们的大部分业务所在的州。

尽管大多数有限责任公司是小型和中型企业，但也不是必须规模小。“美国女孩”品牌是一家销售娃娃、服装、家具、书籍和杂志的企业，它选择有限责任公司类型的企业所有制,因为它为投资者提供有限责任,避免了其他形式的企业所有制的一些限制和缺点。

由于有限责任公司形式的组织越来越受欢迎,专家们预测有限责任公司可能成为最受欢迎的企业所有制形式之一。关于有限责任的好处的更多信息,请访问 www.llc.com/ LLC_Benefits.html。为了帮助理解常规公司、S 型公司和有限责任公司之间的差异,见表 4.3。

表 4.3 常规公司,S 公司和有限责任公司的一些优点和缺点

	常规公司	S 型公司	有限责任公司
双重征税	是	否	否
有限责任和个人资产保护	是	是	是
管理灵活性	否	否	是
对所有者/股东数量的限制	否	是	否
国税局税收法规	很多	很多	很少

4.6.3 非营利性公司

非营利性公司是一个组织提供社会、教育、宗教或其他服务而非赚取利润的公司。各种慈善机构、博物馆、私立中小学校、私立大学是通过这种方式组织的,主要是为了确保有限责任。

组成非营利性公司的过程与创建常规公司的过程类似,但美国每个州都有不同的法律。事实上,许多要求不同于建立常规公司。一旦获得州政府当局批准,非营利性公司必须达到特定的美国国税局准则,才能获得免税地位。

今天,人们对非营利组织有了新的兴趣,因为这些组织的形成是为了改善社区和改变生活。例如,Habitat for Humanity 是一个非营利性公司,成立的目的是为无力负担住房的合格低收入人群提供住房。即使这家公司可能收到的钱比它花的钱多,任何盈余资金都被“再投资”在建筑活动中,为合格的个人提供低成本住房。非营利性公司的其他例子包括海洋世界和布施花园保护基金,女童军,比尔和梅林达盖茨基金会,以及许多旨在满足社区内特定需求的地方非营利组织。

许多非营利性公司的运作方式与营利性企业大致相同。非营利性企业的员工负责确保组织实现组织的目标和宗旨,确保财务和捐款的问责制,并监督活动以提高员工和志愿者的绩效。如果你对商务职业感兴趣,不要排除非营利部门。你可以考虑在一个当地非营利组织中自愿提供你的时间和精力,看看你是否喜欢这种类型的挑战。

4.7 合作社、合资企业和集团

今天,另外三种类型的商业组织——合作社、合资企业和集团,被用于特殊目的。与更传统的企业所有制形式相比,这些形式的组织都是独一无二的。

4.7.1 合作社

合作社是一个由个人或公司组成的协会,其目的是为其成员执行一些业务职能。合作社履行其职能比任何成员单独行动更加有效。例如,合作社大量购买货物并将其分发给成员;因此,单位成本低于每个成员以更小的数量购买货物的成本。

虽然我们经济的所有部门都有合作社,但它们在农业中最普遍。农民使用合作社购买用具,购买运输和储存等服务,并加工和销售其产品。例如,Ocean Spray Cranberries, Inc.是一个由分布在全国各地约 700 个蔓越莓种植者和约 50 个柑橘种植者组成的合作社,是北美领先的罐装和瓶装果汁和果汁饮料生产商。[10]

4.7.2 合资企业

合资企业是两个或多个集团之间的协议,以形成一个企业实体,为实现特定目标或在特定时间段内运营。合资企业的范围和涉及的人员或企业的责任通常仅限于一个项目。一旦达到目标,经过一段时间或项目完成,合资企业即被解散。

公司以及个人可以进入合资企业。主要石油生产商通常形成了一些合资企业,以分担海上石油矿床极高的勘探成本。许多美国公司正在与外国公司建立合资企业,以便进入全球的新市场。例如,沃尔玛与印度的 Bharti 企业合作建立现款自运批发商店,直接向印度不同城市和城镇的本地零售商销售。计划以有竞争力的批发价格为每个商店提供大约 6 000 项物品,包括食品和非食品,允许零售商和小企业主降低运营成本。到 2012 年年初,Bharti Walmart 合资企业开设了 14 家现款自运批发商店,雇用了 3 000 多名员工。[11]

4.7.3 辛迪加

辛迪加是由个人或公司组成的临时协会,执行需要大量资本的特定任务。辛迪加形成是因为没有任何人或公司愿意支付承诺所需的全部金额。就像合资企业一样,一个辛迪加一旦完成其目的就解散。

辛迪加最常用于承保大型保险单、贷款和投资。为了分担违约风险,银行成立了辛迪加,向发展中国家提供贷款。股票经纪公司通常以相同的方式一起承担新股票的发行。在投资界期待多年后,2012 年 5 月,Facebook 将股票销售给投资者。Facebook(世界领先的社交媒体网站)在华尔街的企业包括美国银行美林银行、摩根大通银行、摩根士丹利和高盛组成的辛迪加集团帮助下筹集了 160 亿美元。[12]这一首次公开发行,被称为 IPO,是最近历史上金额最大的交易之一。(首次公开发行是用来描述公司首次向公众出售股票的术语。)

4.8 公司增长

增长似乎是企业的基本特征。追求增长的一个原因与利润有关:更大的公司通常有更大的销售收入,从而获得更多的利润。另一个原因是,在不断增长的经济中,一个不增长的企业与经济实际上的萎缩有关。第三个原因是,业务增长是一些管理人员提高其权力、声望和声誉的手段。

增长带来新的问题,需要额外的资源,这些资源首先必须是可用的,然后必须有效地得到利用。增长的主要因素是资本,正如我们所指出的,资本很容易提供给公司。

4.8.1 内部的增长

大多数公司通过扩大现有业务而增长。一些公司引入和销售与现有产品相关的新产品。另外一些公司将现有产品的销售扩大到新的地域市场或者新消费群体。虽然沃尔玛是在 1962 年由 Sam Walton 从一个折扣店开始,今天沃尔玛在美国和其他 27 个国家有超过 10 000 家商店,并有扩展到更广泛的国际市场的长期计划。[13]

从内部的增长,特别是在精心计划和控制的时候,对企业的负面影响相对较小。在大多数情况下,公司继续在更大规模上持续经营。例如,加利福尼亚 Redwood Shores 的 Oracle 公司的联合创始人兼首席执行官拉里・埃里森(Larry Ellison)将公司的年收入从 1988 年的 2.82 亿美元增加到今天的约 360 亿美元。[14] 其中大部分增长发生在最后一年。15 年来,Oracle 利用了其在信息管理软件方面的全球领导地位。

4.8.2 通过合并和收购增长

企业增长的另一种方式是购买另一家公司。一家公司被另一家公司购买称为**购并**。**购并**本质上与合并相同,但该术语通常用于指大型公司购买其他公司。虽然大多数合并和收购是友好的,但也会发生敌对收购。敌对收购是指合并目标企业的管理层和董事会不赞成合并的情况。

当合并或收购变得敌对时,公司入侵者(另一家公司或富有的投资者)可以提出要约收购或发起代理争夺获取目标公司的控制。**要约收购**是一种要约,即以一个足够高的价格购买被收购公司的股票,以诱使股东卖出股票。公司入侵者也可能发起**代理争夺**。代理争夺战是一种用于收集足够的股东投票权以控制目标公司的技术。

如果公司入侵者成功并接管目标公司,现有管理层通常被替换。面对这种可能性,现有管理层可能采取具体行动,有时称为"毒丸""鲨鱼驱逐剂"或"豪猪规定",以维持对企业的控制,避免敌对的接管。不管购并是友好还是敌对,他们通常被分为水平式购并、垂直式购并或集团式购并(见图 4.5)。

水平购并　这是在相似市场上制造和销售类似产品或服务的公司之间的购并。AT&T 和 T-Mobile 之间的购并是水平合并的一个例子,因为两家公司都为其客户提供手机服务。这种类型的购并倾向于减少行业中的公司数量,从而可能减少竞争。因此,在批准之前,大多数水平购并会被美国联邦机构仔细审查,以便保护市场中的竞争。事实上,当美国司法部提起诉讼以阻止购并时,AT&T 与T-Mobile的购并实际上被阻止了。根据司法部的统计,政府法律行动背后的主要原因是保护竞争环境和消费者的选择权。AT&T 不再继续对抗政府阻止购并的企图,而是撤回了收购 T-Mobile 的要约。

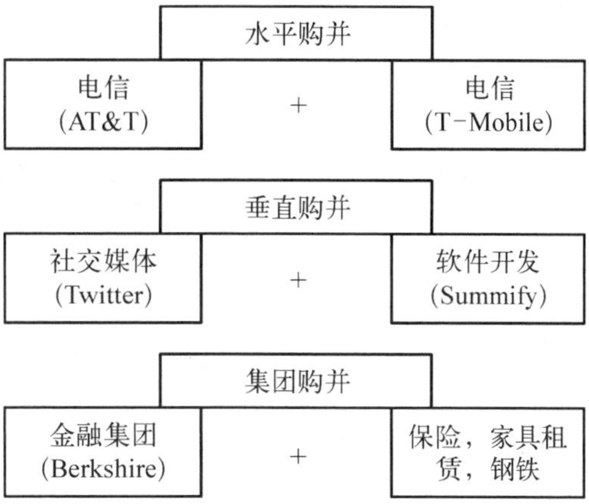

图 4.5　合并增长的三种方式

垂直购并　这是指在产品的生产和营销中相关产品链层级运营的公司之间的购并。通常,购并公司之一是另一个的供应商或客户。当社交媒体巨头 Twitter 收购 Summify 时,发生了纵向购并。在 2012 年购并时,总部设在温哥华的 Summify 是一家创业技术公司,正在构建下一代新闻阅读器软件,该软件具有独特的方法,从来自 Google 的社交媒体 Feed 中总结出最重要的信息,例如 Facebook 和 Twitter。Twitter 不是开发自己的软件来总结最重要的信息,而是直接购买了 Summify 公司。[15]

集团购并　这是指在完全不同的行业的企业之间进行购并。当金融集团伯克希尔—哈撒韦公司(Berkshire Hathaway)收购了威斯科金融公司(Wesco)时,发生了集团购并。虽然两家公司都被认为是成功的公司,有着不断增长的销售收入和利润的业绩,它们在不同的行业经营。伯克希尔—哈撒韦公司由其首席执行官沃伦·巴菲特(Warren Buffett)领导,拥有收购具有巨大财务潜力的公司的悠久历史。另一方面,威斯科(Wesco)是一家规模较小的公司,其主要业务涉及保险、家具租赁和钢铁。[16]伯克希尔—哈撒韦与威斯科的购并是友好的,因为它对两家公司都有利。

4.8.3　未来的并购趋势

虽然总是有合并和收购,但最近的经济危机改变了企业购并的方式和原因的动态。最近,合并和收购被财务安全的公司接管财务困难公司的愿望所推动。对于经历财务困难的公司,合并或收购通常是比破产更好的选择。在最近的经济危机期间,这种趋势在金融服务和银行业尤其明显。例如,Wachovia 银行由富国银行购买,以避免 Wachovia 银行倒闭或被政府收购 Wachovia 的资产和贷款组合。在其他情况下,一个财务安全的公司将购买一个经历财务问题的公司,因为这是一个好的投资。

经济学家、金融分析师、公司经理和股东们仍然热烈地争论从长远来看合并和收购是否有利于经济(或者个体公司)。收购倡导者认为,对于已被接管的公司,购买者已能够通过任命一个新的高层管理团队,降低费用,以及迫使公司专注于一个主要业务,使公司更具营利性和生产力。

收购反对者认为收购对提高企业盈利能力或生产力毫无帮助。这些批评者认为,唯一受益于收购的人是投资银行家、经纪公司和收购"艺术家",他们通过操纵公司而不是通过生产有形的产品或服务获得财务回报。

大多数专家目前认为在经济危机之后的合并和收购可能是现金丰富的公司寻求收购企业,提高其在市场上的地位。分析师也预期更多的合并会涉及来自其他国家的公司或投资者。不管涉及什么公司或公司来自何处,未来的合并和收购将受到增强业务的逻辑和在国际市场竞争的愿望的驱动。

无论是独资企业、合伙企业、公司还是其他形式的企业所有制,大多数美国企业都很小。在下一章中,我们关注这些小型企业。我们还将研究小企业的意义,以及它适用于商业和小企业在美国经济中的地位。

商界报道回看

虽然 Kimpton 的厨师合作伙伴使用他们的烹饪天赋来建立餐厅,但是酒店专家专注于提供个性化的客户服务,这需要一个知识渊博的、专业的员工队伍。Kimpton 通过正式的培训计划培养未来的管理者,并将有希望的员工与有经验的导师进行匹配,以进一步发展他们的技能。基于其众多员工发展和激励计划,它两次登上为《财富》杂志"最佳工作公司"名单。

该公司还将环境保护作为其首要任务之一。根据其 Kimpton EarthCare 计划,它在其酒店安装了节水系统,扩大了其回收计划,并投资节能设备以节省电力。更进一步,Kimpton 与大自然保护协会和公共土地信托合作筹集资金用于环境项目。公司没有停止增长,关注在未来几年开设更多的精品酒店和餐馆。

讨论题

1. 你认为 Kimpton 应该从有限责任公司所有制形式转变为开放公司,以便能够通过出售股票来筹集资金吗?解释你的答案。

2. Kimpton 有时从其他公司购买单个酒店,翻新它们,并以一个新名字重新开业。为什么 Kimpton 会这样做,而不是通过与更大的且更受认可的酒店合并成长?

本章小结

1. 描述独资企业的优势和劣势。 在独资企业中，所有商业利润成为所有者的财产，但所有者也对所有商业债务负个人责任。成功的独资经营可以是业主的成就感的来源。当比较不同类型的企业所有制时，独资企业是进入、控制和离开的最简单的企业形式。它也不支付特别税。也许由于这些原因，72%的美国商业公司是独资企业。然而，独资企业具有不利条件，例如无限责任和限制一个人借款能力，或成为所有领域的专家的缺点。因此，与合伙企业和公司相比，这种所有制形式仅占各种所有制形式总收入的 4%。

2. 解释不同类型的合伙人和合伙协议的重要性。 与个体经营者一样，一般合伙人负责经营业务和所有商业债务。有限合伙人收到一份利润的回报，用于投资该业务。然而，他们不负责超过他们投资的商业债务。也可以形成主有限合伙(MLP)并出售股份以筹集资本。无论合伙类型如何，必须始终有一个好的主意，且准备一份书面协议(或合作条款)，规定合伙的条款。

3. 描述合伙企业的优势和劣势。 虽然合伙企业消除了独资企业的一些缺点，但它是企业所有制的主要形式中最不受欢迎的。合伙企业的主要优势包括易于启动；资本和信贷的可用性；个人利益、技能和知识的综合；利润的保留以及可能的税收优势。管理层分歧的影响是合伙企业的主要缺点之一。其他缺点包括无限责任(在一般合伙关系中)、缺乏连续性和冻结的投资。通过形成有限合伙，对有限合伙人来说没有无限责任的缺点。对于形成有限责任合伙企业的合作伙伴，也没有这一缺点。当然，如果合伙人形成有限合伙或有限责任合伙，必须满足特殊要求。

4. 总结一个公司是如何形成的。 公司是一个根据法律人为创造的人，拥有大多数真正的人的合法权利，包括开办和经营企业的权利，购买或出售财产，借款，被起诉或起诉，以及签订有约束力的合同的权利。以公司形式的所有制，股票可以卖给个人以筹集资金。拥有公司普通股或优先股的人称为股东。股东享有收取公司支付的任何股息的权利，普通股股东可以亲自或通过代理人投票。一般来说，公司被分类为封闭式公司(少数股东)或开放式公司(许多股东)。形成公司的过程称为发起。大多数专家认为，在作出关于在何处成立公司和公布公司章程，发行股票，举行组织会议以及发起公司时所有其他法律细节的决定时，律师的服务是必要的。在理论上，股东能够控制公司的活动，因为他们选举任命公司高管的董事会。

5. 描述公司的优点和缺点。 也许公司形式的主要优点是有限责任——股东不对超过他们为股票支付的金额的公司债务负责。其他主要优势包括易于筹集资本、容易转让所有权、永久存续和专业化管理。大型公司的一个主要缺点是双重征税：所有利润都作为企业收入征税，并再次作为个人收入征税，因为股东必须对所获得的利润作为股息支付个人所得税。其他缺点包括设立的困难和费用、政府监管、公司内的冲突和缺乏保密性。

6. 检查特殊类型的公司，包括 S 公司、有限责任公司和非营利性公司。 S 公司是征税像合伙企业一样的公司，但享受有限责任的好处。要成为 S 公司，必须满足一些标准。有限责任公司(LLC)是一种企业所有制形式，提供有限责任，与常规公司或 S 公司相比，限制较少。有至少两个成员的有限责任公司像合伙企业一样征税，从而避免对大多数公司实行双重征税。只有一个成员的有限责任公司像独资企业一样被征税。当与常规公司或 S 公司相比时，LLC 更灵活。非营利性公司的形成是为了提供社会服务，改善社区和改变生活，而不是赚取利润。

7. 讨论合作、合资和联合的目的。 另外三种所有制形式(合作社，合资企业和辛迪加)被用于满足特殊需求。合作社是一个由个人或公司组成的协会，其目的是为其成员执行一些业务职能。当两个或多个集团组成一个业务实体以达到特定目标或在特定时间段内运营时，形成合资企业。一旦目标达到，时间周期结束时，或者该项目建成后，合资企业即解散。辛迪加是组织起来执行需要大量资本的特定任务的个人或公司的临时协会。就像合资企业一样，一个辛迪加一旦完成其目的就立即解散。

8. 解释内部增长和通过购并的增长如何使业务扩展。公司可以通过扩大其现有业务或通过合并或收购来实现增长。虽然大多数购并是友好的，敌对收购也时有发生。敌对收购是指一家企业的管理层和董事会不赞同合并的情况。合并一般被分类为水平购并、垂直购并或集团购并。

在最近的经济危机期间，合并和收购一直受到财务安全企业接管财务困难的企业的推动。对于遇到财务困难的公司来说，合并或收购往往比破产更好。在其他情况下，一家财务安全的公司将会购买一家遇到财务问题的公司，因为它是一个很好的投资。

虽然经济学家、金融分析师、企业管理人员和股东在争论购并的优点，一些趋势应该被注意到。第一，专家预测，未来的购并将是现金富裕的公司寻求收购企业以增加其市场地位的结果。第二，更多的购并可能涉及外国公司或投资者。第三，购并将由商业逻辑和在国际市场上竞争的愿望推动。

关键词

个人独资	股东	股息	合作社
无限责任	封闭公司	代理	合资
合作伙伴	开放公司	董事会	集团
普通合伙人	本州公司	公司高管	购并
有限合伙人	外州公司	有限责任	敌意收购
主有限合伙(MLP)	外国公司	S 型公司	要约收购
公司	普通股	有限责任公司(LLC)	代理争夺
股票	优先股	非营利性公司	

复习题

1. 什么是个人独资企业？这种形式的企业所有制的主要优点和缺点是什么？
2. 合伙企业与个人独资企业有何不同？合伙企业可以消除个人独资企业的哪些缺点？
3. 普通合伙人和有限合伙人之间有什么区别？
4. 合伙协议中应该包括哪些条款？为什么？
5. 区分下列差异：
   A. 开放公司和封闭公司。
   B. 美国本州公司、外州公司和外国人公司。
6. 概述发起公司程序，并描述公司的基本结构。
7. 股东有什么权利？
8. 公司董事会的主要职责是什么？董事如何选定？
9. 公司的主要优点和缺点是什么？

10. S 型公司和有限责任公司有何不同?
11. 什么是非营利性公司和合作社? 说明它们的运作方式。
12. 合资企业和集团有哪些相似之处? 又有哪些不同?
13. 什么是敌意收购? 其如何与要约收购和代理争夺有关?
14. 描述三种购并类型。

讨论题

1. 如果你要开始创业,你会选择哪种所有制? 什么因素可能会影响您的选择?
2. 为什么投资者可能选择在有限合伙中成为合伙人,而不是购买开放公司的股份?
3. 讨论以下说法:"公司并不是由业主真正经营。"
4. 非营利性公司提供什么类型的服务? 一个非营利性公司的事业会吸引你吗?
5. 所有企业的增长都是好事吗? 管理层如何知道企业何时准备成长?

视频案例 4.1

AT&T 和 T-Mobile：他们的购并出了什么错？

AT&T 在 2011 年试图以 390 亿美元购买 T-Mobile 时，甚至向对方提供 40 亿美元的“分手”费用(如果交易失败)。为什么 AT&T 如此决心购买 T-Mobile？AT&T 在无线电话服务市场排名第二，T-Mobile排名第四。通过合并，他们将超越 Verizon 成为美国最大的无线供应商。这笔交易也可以让 AT&T 进入 T-Mobile 所拥有但没能升级到 4G(最先进的第四代技术)的频段(无线电波段)。

该公司的高管表示，除了创造就业机会之外，购并将使客户掉线更少和连接时间更快。购并后的公司也可以立即将无线服务扩展到缺乏无线服务的农村地区。两家公司在购并公告中表示：“AT&T 将立即获得相当于需要 5 年才能建成的发射站。”该公告还提到政府报告显示，尽管过去 10 年这个行业有多次购并，但无线服务的价格是下降的。

当听说 AT&T 和 T-Mobile 合并时，投资者欢呼雀跃。然而，许多消费者、司法部和联邦通信委员会(FCC)都对此表示警惕。购并后的公司将控制近一半的市场。行业内仅剩下的大厂商是 Verizon 和 Sprint。一些行业专家认为，Sprint 可能被迫退出市场，因为它占有最小的市场份额。他们也相信很少有新公司能进入市场。与合并的 AT&T 和 T-Mobile 竞争将使新公司进入变得太困难。

合并对消费者意味着什么？亚利桑那州立大学数字媒体创业骑士中心主任 Dan Gillmor 表示，他认为这笔交易对消费者来说是不利的。他们会有更少的无线供应商可供选择。他也预测消费者可能会最终付出更高的代价。“T-Mobile 是目前唯一一家正在竞争价格的公司，”他解释说。

《消费者报告》杂志的研究人员还得出结论，T-Mobile 对不同类型的方案比竞争对手要价少。是否会保持 AT&T 及其价格检查，是否会吞噬 T-Mobile？另一个问题是，一些调查发现，AT&T 的服务质量不均衡。购并后会变得更糟吗？还是更好？

正如你在本章前面所了解的那样，司法部最终提起诉讼来阻止购并。“AT&T 和 T-Mobile 的结合将导致美国数千万的消费者面临更高的价格、更少的选择和更低质量的移动无线服务，”司法部副总检察长詹姆斯 · 科尔说。即使 AT&T 和 T-Mobile 声称购并将产生更多的就业机会，FCC 的调查得出了不同的结论。两家公司的内部记录显示，公司计划通过合并像销售、管理和客户服务部门等组织中的重复职能来裁员。FCC 还驳斥了这些公司声称购并将立即将无线服务扩展到农村地区。为什么？因为 T-Mobile主要服务于城市地区，而不是农村地区。

收购 T-Mobile 成为这样一个与高层的战斗，AT&T 最终放弃了这项工作，并向 T-Mobile 支付了 40 亿美元的费用。几个月后，T-Mobile 宣布将 40 亿美元用于扩大和升级到 4G。[17]

讨论题

1. 美国司法部在阻止 T-Mobile 和 AT&T 的合并时是否作出正确的决定？为什么或者为什么不？
2. 你认为收购竞争公司的利弊是什么？
3. 举出其他一些您所了解的横向、纵向和集团购并的例子。考虑到购并对竞争的影响，每种购并的优点和缺点是什么？

案例 4.2

伯克希尔—哈撒韦的集团成功

当沃伦·巴菲特(Walren Buffett)在 50 多年前开创第一次合伙企业的时候,他从来没有想到他会在一个企业内组织一个广泛多样的企业集合。最初,巴菲特与家人和朋友建立了一系列合作伙伴关系,以汇集现金购买大量他研究的公司的股票。并不是所有的巴菲特股票都获得了回报,但是很多人都很成功,巴菲特很快赢得了全球知名的精明投资者的声誉。

一直在寻找好的投资的巴菲特把注意力转移到了一家位于马萨诸塞州新贝德福德的纺织品制造商伯克希尔—哈撒韦。巴菲特从公司的传承和合成纤维的计划看到价值,开始购买它的股票。一旦他控制了工厂,巴菲特就把伯克希尔—哈撒韦交给一位高管负责。这是巴菲特的模式,他通过增加公司的业务组合来建立一个企业集团。他提供了财务支持,但他没有参与他购买的公司的日常管理决策。

伯克希尔—哈撒韦成为巴菲特收购的各种公司之一。早期,他追求保险公司、银行和出版公司。他每年都在继续购买,将 See 的糖果购入他的企业集团,后来又购入了 GEICO 的保险,坚持以实事求是的方式投资于具有长期利润潜力和强大竞争地位的公司。

生活在奥马哈,巴菲特不禁注意到内布拉斯加家具店的成功,这是一家超市,每年出售价值 1 亿美元的家具。家族企业是一个激烈的竞争对手,也是家具零售业的主要地区力量。虽然巴菲特尝试购买该企业并不成功,但他并没有放弃。20 世纪 80 年代,他再次与该企业接触。这一次他指出了作为伯克希尔—哈撒韦一部分的所有经济利益,并强调了他的所有权手段。伯克希尔—哈撒韦赢得了这笔交易。

今天,伯克希尔—哈撒韦公司在不同的组合中有六十多家公司。虽然它仍然拥有几十年前获得的一些公司,但投资组合已经有所改变。GEICO 是美国第三大汽车保险公司,自 1996 年以来一直是该集团的成员。伯克希尔—哈撒韦还拥有 General Re 保险公司。其拥有的零售业务包括: Jordan 家具、Star Furniture、Helzberg Diamonds 以及厨房工具直销员。此外,它拥有冰淇淋特许经营公司 Dairy Queen、本杰明·摩尔油漆、约翰·曼维尔建筑产品和 Shaw Industries,其制造簇绒地毯并配送其他地板产品。

伯克希尔—哈撒韦也扩大到交通运输行业。其 NetJets 是为公司和个人提供一小部分私人飞机的机会的先驱,因此他们可以随时随地享受飞行的便利。2010 年,该集团向 Burlington Northern Santa Fe Corp.提供了 260 亿美元,该公司经营美国西部和西南部各州的铁路。这次收购被其铁路竞争对手标榜为"辉煌",因为随着行业从经济衰退中反弹而完成,使得巴菲特获得了关于火车出货量的大小、数量和目的地的大量细节。通过分析这些信息,巴菲特发现并调整了投资策略。

伯克希尔—哈撒韦举行的年会不像任何在地球上的股东聚会。超过 35 000 人出席会议,花费数小时浏览和购买由集团公司设立的展品。鼓励股东携带汽车保险的细节,并让 GEICO 现场给予报价,包括小额所有权折扣。内布拉斯加家具商店与其他伯克希尔—哈撒韦拥有的该零售商一样,促进了特别股东周末的销售。年会是这样一个高调的事件,获得《纽约时报》《财富》杂志等多个主要媒体报道。伯克希尔—哈撒韦的下一个收购目标是什么?[18]

讨论题

1. 伯克希尔—哈撒韦拥有多家家具零售商吗？概述可能的优点和缺点。

2. 你认为伯克希尔—哈撒韦应该允许股东通过代理，或在年会上提出，或投票选择潜在的收购？为什么或者为什么不？

3. 伯克希尔—哈撒韦的股东有可能拥有（或想要）超过集团公司或集团公司的管理层的影响力吗？请说明。

尾注

1. Sources: Based on information from the Kimpton Hotel and Restaurant Group, LLC Web site at www.kimptonhotels.com (accessed February 9, 2012); Tim McKeough, "Putting Nemo to Work," *New York Times*, November 17, 2011, p. D4; Robert Klara, "Boutique Chic," *Adweek*, September 26, 2011, p. 32; "5 Questions for Niki Leondakis," *Hospitality Design*, July 2011, p. 76; Len Vermillion, "Kimpton's 30-Year Journey," *Lodging*, April 13, 2011, www.lodgingmagazine.com; Paris Wolfe, "Kimpton Reaches 51 Hotels in 30 Years," *Lodging Hospitality Online*, June 15, 2011, http://lhonline.com; Lisa Fickenscher, "Crain's 2011 Best Places to Work in NYC," *Crain's New York Business*, December 5, 2011, p. 22.
2. The IVY Planning Group Web site at www.ivygroupllc.com (accessed February 2, 2012).
3. The National Association of Publicly Traded Partnerships Web site at www.naptp.com (accessed February 5, 2012).
4. The Procter & Gamble Web site at www.pg.com (accessed February 5, 2012).
5. Ibid.
6. The Mars Corporate Web site at www.mars.com (accessed February 5, 2012).
7. The My New Company Web site at www.mynewcompany.com (accessed February 2, 2012).
8. The Hispanic PR Wire Web site at www.hispanicprwire.com (accessed February 3, 2012).
9. The Internal Revenue Service Web site at www.irs.gov (accessed February 2, 2012).
10. The Ocean Spray Cranberries, Inc. Web site at www.oceanspray.com (accessed January 30, 2012).
11. The Walmart Corporate Web site at www.walmartstores.com (accessed December 31, 2011).
12. "Facebook, Banks Sued Over Pre-IPO Analyst Calls," The Reuters Web site at www.reuters.com (accessed May 23, 2012).
13. The Walmart Corporate Web site at www.walmartstores.com (accessed February 4, 2012).
14. The Oracle Web site at www.oracle.com (accessed June 23, 2011).
15. "Twitter Acquires Social Media Feed Condenser Summify," The Tech World Web site at www.techworld.com (accessed February 4, 2012).
16. Maria Aspen, "Berkshire Hathaway to Buy Rest of Wesco," The Thomson Reuters Web site at www.reuters.com (accessed February 4, 2012).
17. Based on information from Amy Schatz and Greg Bensinger, "FCC Blasts AT&T Deal," *Wall Street Journal*, November 30, 2011; http://online.wsj.com; David Goldman, "DOJ Files Antitrust Suit to Block AT&T Merger with T-Mobile, *CNNMoney*, August 31, 2011, http://money.cnn.com; Russ Wiles, "AT&T Merger with T-Mobile

May Cut Competition," *Arizona Republic*, March 11, 2011, www.azcentral.com/arizonarepublic.

18. Based on information from the Berkshire Hathaway Corporate Web site at www.berkshirehathaway.com (accessed February 6, 2012); Becky Quick, "Who Says the Economy Is Rebounding?" *Fortune*, May 3, 2010, www.fortune.com; Angela Greiling Keane and Ed Dufner, "CSX's Ward Calls Buffett's Rail Purchase 'Brilliant,'" *BusinessWeek*, April 14, 2010, www.businessweek.com; Alice Schroeder, *The Snowball: Warren Buffett and the Business of Life* (New York: Bantam Dell, 2008), Chapters 22 and 44, www.BerkshireHathaway.com.

第 5 章

小企业、创业和特许经营

学习目标

1. 定义一个小企业是什么，并认识到小企业集中的领域。
2. 识别开创小企业的人，以及为什么一些小企业成功而更多小企业失败的原因。
3. 评估小企业对美国经济的贡献。
4. 描述经营小企业的优缺点。
5. 解释小型企业管理局如何帮助小型企业。
6. 解释特许经营的概念和类型。
7. 分析特许经营的增长及其优缺点。

商界报道

Locker Lookz 寻求更高的销售额

德克萨斯企业家克里斯蒂·斯特林和乔安·布鲁尔于 2008 年利用 50 000 美元的个人储蓄，怀着基于女儿对个性化学校储物柜的想法，开始推出 Locker Lookz。在学校开学之前购买有趣的配件时，母亲和她们的女儿发现在商店或网上很少有现成装饰的储物柜。最终，她们在当地的手工艺店买了材料，为女孩的储物柜制作壁纸并进行了铺盖。当朋友开始询问她们在哪里可以购买这些装饰品的时候，“我们灵光一闪，”布鲁尔说，“确实存在一种对可爱、简单的装饰品及一站式购物的真实需求。”

联合创始人设计了一系列有限的储物柜装饰，所有这些都符合中学生的口味，价格为 10 美元及以上。接下来，她们与专门从事分销产品的销售专家联系。在其帮助下，斯特林和布鲁尔安排海外制造商生产产品，找包装商准备零售展示产品，并在数十家商店完成了成功的销售测试。很快，JCPenney 和 Hallmark 下了订单，其次是 Learning Express 等零售连锁店。

到 2011 年年中，1 200 多家门店已经签约采购了 Locker Lookz 配件，用于返校销售季节。现在，斯特林和布鲁尔已经花了几个星期，筹集了 100 万美元来支付制造和运输中国工厂的货物到美国各地的商店。他们从亲戚和教会投资集团筹集现金。装满 Locker Lookz 商品的集装箱如期抵达，很快联合创始人开始在全国交流和宣传其不断扩大的产品线。

今天，Locker Lookz 是一家创业型价值数百万美元的企业，面临来自其他公司的激烈竞争，这些公司将储物箱装饰视为盈利的商机。尽管青春期女孩的喜好可以迅速变化而没有预兆，但布鲁尔和斯特林正在密切关注时尚趋势，并关注女儿们提出的有关新产品创意的建议。Locker Lookz 有多大空间去增长呢？[1]

就像克里斯蒂·斯特林和乔安·布鲁尔创立的 Locker Lookz 情况一样，大多数企业开始很小，那些生存下来的企业通常保持较小规模。它们为我们的经济提供了坚实的基础——作为雇主，作为货物和服务的供应商和购买者，以及作为纳税人。

在本章中，我们不认为小企业是理所当然的。相反，我们仔细研究这个重要的商业部门——从小企业的定义开始，描述经常吸引小企业的行业，以及一些开始小企业的人的简介。接下来，我们考虑小型企业对我们经济的重要性。我们还介绍了小企业的优势和劣势。然后，我们描述由小企业管理局提供的服务，小企业管理局是一个政府机构，旨在帮助小企业的业主和经理。我们在最后一章讨论了特许经营的利弊，这是一种在过去 50 年中变得非常受欢迎的小企业所有制。

5.1 小企业简介

小型企业管理局(Small Business Administration，SBA)将小企业定义为“一个独立拥有和以营利为目的，并且在其领域不占主导地位”。企业有多小才不能主宰其领域呢？这取决于其所处的特定行业。SBA 为各个行业制定了以下具体的“小规模”指南，如表 5.1 所示。SBA 定期修订和简化其小企业规模法规。[2]

表 5.1 行业规模标准

行　业	规 模 标 准
制造业、采矿业	500 名员工
批发贸易	100 名员工
农业	75 万美元
零售业	700 万美元
一般重型施工(疏浚除外)	3 350 万美元

（续表）

行　业	规 模 标 准
疏浚业	2 000 万美元
特殊贸易承包商	1 400 万美元
旅行社	350 万美元(佣金和其他收入)
商业和个人服务(除了下面两项)	700 万美元
• 建筑、工程、测绘和测绘服务	450 万美元
• 干洗和地毯清洁服务	450 万美元

注：小企业规模标准通常以雇员人数或年平均销售额表示。在美国，99.7%的企业被认为是小企业。
资料来源：www.sba.gov/content/summary-size-standards-industry，2012-03-19.

年销售额百万美元似乎可能不是很小。然而，对许多公司来说，利润只占总销售额的一小部分。因此，一家公司每年销售 100 万美元可能只能赚取 40 000 美元或 50 000 美元，与大多数中型和大型公司赚取的利润相比，这个数字很小。此外，大多数小型企业的年销售额远远低于 SBA 指南的最高限额。

小企业对美国经济非常重要，因为小企业有以下特点：

- 占所有雇主公司的 99.7%；
- 雇用约一半的私营部门雇员；
- 支付美国私营工资总额的 43%；
- 在过去 17 年中创造了 65%的新增工作岗位；
- 创造超过一半的非农业私人 GDP；
- 雇用 43%的高科技工作者(科学家、工程师、计算机程序员和其他人)；
- 涉及 52%的家庭和 2%的特许经营权；
- 占 2008 年所有确定的出口商的 97.5%，占总出口值的 31%；
- 平均每个员工的专利产量是大型专利公司的 16.5 倍。[3]

5.1.1　小型企业部门

在美国，通常需要不到一周的时间和 500 美元来建立一个法人实体。步骤包括注册企业名称、申请税号，以及设立失业和工伤赔偿保险。然而，在日本，一个典型的企业家必须花费超过 3 500 美元和 31 天来遵循 11 个不同的程序以便建立一个法人实体。

美国人利用其自由去创业的人数是惊人的。事实上，在这个国家有大约 2 750 万家企业。只有 18 469 家雇用超过 500 名工人，这足够被认为是大。

拥有或创办小企业的兴趣从来没有超过今天。在过去十年中，美国小企业的数量增加了 49%。在过去几年中，美国的新企业成立数已经连续打破纪录，除了 2001—2002 年和 2008 年的经济衰退期。最近，新成立了近 552 600 家新企业。此外，兼职企业家近年增加了 5 倍;他们现在占所有小型企业的 1/3。[4]

根据最近的一项研究,69%的新企业至少存活了 2 年,约 50%的企业至少存活了 5 年,31%的企业至少存活了 10 年。[5]这些小企业失败的主要原因是由于缺乏商务知识而导致的管理不善。因此,小企业部门的组成正在不断变化。尽管失败率很高,但许多小型企业成功了。一些企业,像苹果计算机公司,是非常成功的,他们不能再被认为是小企业。总的来说,在美国小企业也负责提供很多的工作岗位。根据一些估计,这个比例远远超过 50%。

5.1.2 吸引小企业的行业

一些行业,如汽车制造业,需要在机械和设备方面的巨额投资。这样的行业的企业从他们开始的那一天就是很大的,如果一个企业家或一群企业家可以募集到发起企业所需的资本的话。

相比之下,许多其他行业只需要较低的初始投资和一些特殊的技能或知识。正是这些行业倾向于吸引新业务。越来越多的行业,如门诊护理机构,由于他们的利润潜力,具有吸引力。然而,知识渊博的企业家选择他们熟悉的领域,而这些企业通常是更成熟的行业。

小型企业范围很广,涉及街角报纸自动售货机到光纤发展。小企业的所有者出售汽油、鲜花和咖啡。他们出版杂志、帮运业务、教语言和编程。他们制作葡萄酒、电影和高级时装。他们建造新的家园和翻新旧的房屋。他们修理电器,回收金属和卖二手车。他们驾驶出租车和飞机。他们使我们在我们生病时能更舒适,他们向我们销售企业巨头的产品。事实上,74%的房地产、租赁和租赁行业、61%的休闲和酒店服务业、86%的建筑行业由小企业主导。各种类型的企业通常分为三大类行业:分销、服务和生产。

分销行业包括与从生产者到消费者的与货物流动有关的零售、批发、运输和通信行业。分销行业占所有小企业的约 33%。其中,近 3/4 涉及零售,即直接向消费者出售货物,如服装和珠宝店、宠物店、书店和杂货店都是零售公司。略小于 1/4 的小分销公司是批发商。批发商从制造商处购买产品,然后将其转售给零售商。

服务行业占所有小型企业的 48%以上。其中,约 3/4 提供医疗和牙科护理等非金融服务:手表、鞋和电视维修;理发和造型;餐厅用餐和干洗。约 8%的小型服务公司提供金融服务,如会计、保险、房地产和投资咨询。越来越多的个体经营的美国人在家里从事服务业务。

生产行业包括建筑、采矿和制造行业。只有约 19%的小企业属于这一类,主要是因为这些行业需要相对较大的初始投资。创业进入生产领域的小公司通常为大型制造公司制造零件和子组件,或为大型建筑公司提供特殊技能。

5.2 小企业中的人:企业家

企业家精神在美国还活着。一项研究显示,与其他国家相比,美国人口相当创业。超过70%的美国人比起为别人工作更喜欢成为一个企业家。相比之下，西欧只有46%的成年人和加拿大58%的成年人有创业意向。另一项关于2002年创业活动的研究发现，在所研究的36个国家中，美国在企业活动中排名前三，与日本、加拿大和西欧相比是领导者。[6]

小型企业通常由其发起和拥有者管理。这些人中的大多数已经在其他公司工作，并且如果他们想要就业，仍然可以在原岗位工作。然而，小企业的业主宁愿冒开始和经营自己公司的风险，即使他们赚的钱少于他们可能会赚到的薪水。

研究人员提出了各种各样的个人因素，说明人们为自己做生意的原因。

5.2.1 企业家的特点

创业精神是创造新业务的愿望。例如，Nikki Olyai 总是知道她想创造和发展自己的事业。她的父亲，一个成功的伊朗商人，是她的榜样。她在17岁时来到美国，住在俄勒冈州塞勒姆的一个寄宿家庭，在那里上高中。计算机科学的本科和研究生学位使她开始创新技术，而她还有另外两个工作，以保持业务，并照顾她的四岁的儿子。最近，Nikki Olyai 的业务被女性商业企业国家委员会的"向女性企业致敬"项目评为11家顶级成功公司之一。连续三年，她的公司被选为"未来50大底特律公司"。

5.2.2 其他个人因素

小企业成功的其他个人因素包括：

- 独立；
- 渴望确定自己的命运；
- 愿意找到和接受挑战；
- 家庭背景(研究人员认为，经商家庭的成员，无论其家庭经营成功或不成功，最容易开办和经营自己的企业)；
- 年龄(开始自己企业的人也倾向于集中在某些年龄段——超过70%的人在24—44岁开始创业，参见图5.1)。

5.2.3 动机

创业必须有一些动机。某个人可能决定他或她只是"有足够的"工作，并为他人赚取利润。另一个人可能会因为某种原因失去工作，并决定开始他或她一直想要的业务，而不是寻找另一个工作。还有另一个人可能具有关于新产品的想法或者销售现有产品的新方式。或者，进入商业的机会可能突然出现，也许是由于爱好的结果。例如，Cheryl Strand 从她的家开始烘焙和装饰蛋糕，同时在克莱姆森大学从事一份文字处理的全职工作。她的蛋糕变得如此受欢迎，她很快发现自己只能在她的午餐休息时间和深夜工作，以满足客户的需求。

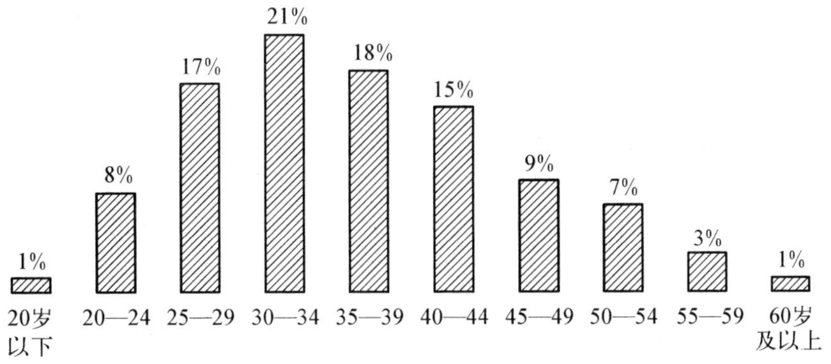

图 5.1 企业家总体年龄

注：企业家分布在各个年龄组，但超过 70%的人在 24—44 岁。
资料来源：National Federation of Independent Business Foundation and American Express Travel Related Services Company, Inc.

5.2.4 妇女作为小企业主

根据小型企业管理局 2012 年最新数据：

- 妇女占美国人口的 51%，根据 SBA，她们在 2008 年拥有至少 50%的小型企业。
- 女性已经在这个国家拥有 66%的家庭企业，而在家庭企业中的男性人数正在迅速增长。
- 美国约有 780 万女企业家提供近 760 万个就业岗位，产生 1.2 万亿美元的销售额。
- 美国妇女拥有的企业证明她们更成功；超过 40%的这类企业已经经营 12 年以上。
- 女性所有企业的财务状况良好，信誉良好，失败的风险低于平均水平。
- 与其他职业妇女相比，自营职业妇女的年纪较大，受教育程度更高，并有更多的管理经验。
- 只有一半以上的小企业是以家庭为基础的，91%的企业没有员工。约 60%的家庭企业在服务行业，16%在建筑业，14%在零售贸易，其余在制造业、金融、交通、通信、批发和其他行业。[7]

职业成功

创业在未来吗？

一些企业家很早就意识到他们想要创业。另一些企业家在为别人工作后成为企业家。您可以进行一些测试来评估您是否有动力、气质和态度成为您自己的老板。没有任何测试可以判断您的企业是否会取得成功，但您可以了解自己作为未来的企业家的技能和能力。

顺路去一下校园的职业中心，这里也许可以提供企业家自我测试。对于您的创业潜力的另一个观点是，至少要再进行一次测试。例如，由巴布森学院的 Daniel Isenberg 教授创建的 Isenberg 企业家测试的非正式问题旨在让您思考您喜欢什么以及为什么。你喜欢挑战自己吗？相比其他人做决策的成功，你是否更愿意自己做决定，即使失败？

美国小企业管理局(www.sba.gov)提供在线自我评估，以确定您是否准备开始自己的业务。此外，把你对自己的了解与 SBA 的企业家特征列表进行比较，可以知道你的匹配情况。同样，加拿大商业发展银行的在线测试可以显示您的态度、能力和动机是否与企业家生活相适应。

资料来源：Isenberg D., Should You Be an Entrepreneur? Take This Test[J/OL]. *Harvard Business Review*, www.hbr.org, 2010-02-12; U.S. Small Business Administration, www.sba.gov; Business Development Bank of Canada, www.bdc.ca.

5.2.5 青少年作为小企业主

青少年高科技创业正在爆发式进行。哈佛商学院工商管理副教授 Nancy F. Koehn 评论道："历史上没有哪一段时期我们看到过这么多年轻的企业家。"不过，青少年企业家也面临着独特的压力，需要平衡自己的学业、社交生活和高科技工作负担。一些人最终退学，而其他人退出或削减他们的商业活动。看一下布赖恩·亨德里克斯在马里兰州波托马克的温斯顿丘吉尔高中，他是 StartUpPc 和 VB Solutions, Inc.的创始人。StartUpPc 成立于 2001 年，为家庭用户、家庭办公室、小型企业和学生销售定制的计算机和计算机服务。布赖恩的服务包括设计、系统安装、培训、网络和现场技术支持。2002 年 10 月，布赖恩成立了 VB Solutions, Inc.，开发和定制网站和留言板。该公司设置广告合同和建议网站所有者现场改进。该公司为来自世界各地的客户设计企业 ID 套件、徽标和网站。布赖恩在一个很年轻的时候就明白为自己工作是最好的工作之一。布赖恩认为一个年轻的企业家必须拥有"5P 的创业精神"——规划(planning)、坚持(persistence)、耐心(patience)、人(people)和利润(profit)。布赖恩知道成为一个成功的企业家需要什么。他的荣誉包括"年度国家青年企业家"和 SBA 2005 年"年度年轻企业家"奖。[8]

在一些人中，开始商业创业的动机发展缓慢，因为他们需要获得作为企业主成功所需的知识和能力。知识和能力(特别是管理能力)可能是最重要的因素。一家新公司是围绕企业家而建立的。业主必须能够管理公司的财务、人事(如果有任何员工)及其日常业务。他或她必须处理销售、广告、采购、定价和各种其他业务功能。这样做的知识和能力最经常通过为同一业务领域的其他公司工作的经验获得。

5.2.6 为什么一些企业家和小企业会失败

小企业很容易失败。资本、管理和规划是小企业生存的关键因素，也是最常见的失败原因。企业可能遭遇很多与资金有关的问题。企业可能需要几年的时间才能开始有盈利。企业家不仅需要有资本成立企业,还需要有资金在可能漫长的启动阶段运营它。现金流障碍常常引发其他问题。此外,一系列的现金流困境通常会致使企业失败。这种情况经常发生在小的和不太小的初创互联网公司,由于不能满足它们的财务支持者的期望,所以第二波投资被拒绝去继续推动建立一个盈利的在线公司。根据商业展览产品公司 Creative Display Solutions 的共同所有者 Maureen Borzacchiello 说:"当时局艰难和信用收紧时,像贝尔斯登、房利美和房地美等大型企业和 AIG 可以得到政府救援,但小企业主要靠自己。"

许多企业家缺乏经营企业所需的管理技能。如果一个小企业要成功,资金、时间、人员和库存都需要得到有效管理。开创一个小企业不仅需要乐观,而且需要一个好主意。

成功和扩张有时会导致问题。经常,成功的小企业的企业家犯了过度扩张的错误。快速增长通常导致企业的巨大变化。因此,企业家必须仔细计划,并适应新的和潜在的破坏性情况。

每天,在国家的每一个地方,人们开拓新的业务。例如,552 600 家新企业最近开业。然而,660 900 个企业同时关闭了它们的业务,60 837 个企业(在 2009 年)宣布破产(见表 5.2)。[9]虽然许多企业失败了,但还有一些企业家却具有专业知识、资源和决心使他们的企业成功。由于这些准备充分的企业家追求他们的个人目标,我们的社会在很多方面受益于他们的工作和创造力。诸如苹果计算机公司、麦当劳公司和宝洁公司等十亿美元公司都是从小型企业发展来的,这些企业现已扩展成为行业巨头。

表 5.2　美国企业创业、关闭和破产数量

	新　开	关　闭	破　产
2010	NA	NA	56 282
2009	552 600e	660 990e	60 837
2008	597 074	641 400	43 546
2007	668 395	592 410	28 322
2006	670 058	599 333	19 695
2005	644 122	565 745	39 201

注: e = 倡导估计。关于方法的讨论,请查阅 Headd B, 2005 (www.sba.gov/advo/research/rs258tot.pdf).
NA = 无法获得。
资料来源: U.S. Small Business Administration, Office of Advocacy, Small Business Economy, www.sba.gov/advocacy,2012-03-21.

5.3 小企业在我们经济中的重要性

美国这个国家的经济历史充满了雄心勃勃的男人和女人的故事,他们的想法变成商业王朝。福特汽车公司开始是作为一个工业生产的创新方法而创立。L. L. Bean 公司可以追溯到缅因州弗里波特的一家地下室商店。施乐和宝丽来都是小公司,却有更好的方法完成工作。事实上,自 1963 年以来,美国总统每年都宣布"国家小商业周",承认小企业对美国经济福祉的贡献。

5.3.1 提供技术创新

发明和创新是我们经济基础的一部分。在过去 200 年的历史中,生产力的提高都源于一个主要来源:以更少的努力,以更少的钱做一份工作的新方式。研究表明,小企业工人的创新率明显高于大企业的工人。相对于就业人数,小公司的创新数量是大公司的 2.5 倍。事实上,小公司雇用了 40%的高科技工作者,如科学家、工程师和计算机专家。难怪小公司每个员工的专利产量比大型专利公司高出 13—14 倍。

例如,使用计算机模拟来帮助政府和其他客户准备和应对自然灾害、医疗紧急情况和战斗的小型企业的所有者 Waymon Armstrong。在介绍 2010 年美国小企业年度人物奖时,美国小企业管理局局长卡伦·米尔斯表示:"Armstrong 是创新、灵感和决心的典范,代表着美国最成功的企业家。他相信他的心血结晶,愿意把自己的工资推迟三年,以保持它的浮动。当"9·11"后,他们的员工被裁员,他们对公司的忠诚和信念是如此之大,他们愿意在 4 个月内无薪工作。"

"Waymon 对员工和他的业务——工程与计算机模拟公司的承诺,表明了小企业在美国经济和当地社区创造就业机会的强大力量,"米尔斯说,"正是有赖于这样的品质,将导致我们经济复苏。我们特别自豪的是,他的公司从 SBA 的小型企业创新和研究计划的两笔拨款中受益。"[10]

根据美国管理和预算办公室,20 世纪的主要技术进步的一半以上来自个体发明家和小公司。例如以下一些著名案例样本:

- 空调;
- 飞机;
- 自动传输;
- FM 收音机;
- 心脏瓣膜;
- 直升机;
- 即时相机;
- 胰岛素;
- 喷气发动机;
- 青霉素;
- 个人计算机;
- 动力转向。

也许更显著和重要的是，这些发明激发了美国的新的行业出现或通过增加一些有价值的服务贡献了一个又一个成熟的行业。

5.3.2 提供就业

小企业通常会为经济发展提供更多份额的新工作岗位。增加最多新工作岗位的 10 个行业中有 7 个是由小企业主导的行业。最近创造最多新工作岗位的小企业包括商业服务、休闲、酒店服务以及特殊贸易承包商。小企业雇用更大比例的年轻工人、年长工人、妇女或更喜欢兼职工作的雇员。

此外，小企业为 67%的工人提供他们的第一份工作，并提供基本技能的初级在职培训。根据 SBA，小企业占所有雇主的 99.7%，雇用超过 50%的私人劳动力，并为我们的经济提供约 2/3 的净新工作岗位。[11] 因此，小型企业对解决失业问题做出了重大贡献。

如第 1 章所述，商业周期是创造或失去工作岗位的重要因素。在 2008—2009 年的经济衰退期，仅不到 20 名员工的企业早在 2007 年年中就开始失业。2008—2009 年，这些最小的企业的失业数占净失业的 24%，而拥有 20—499 名员工的企业占 36%，剩下的 40%的失业是在有 500 名以上员工的大公司。[12]

5.3.3 提供竞争

小企业以许多方式挑战规模较大的成熟企业，使其变得更有效率，更能满足消费者的需求。一个小企业当然不能在所有方面与一家大公司竞争。然而，一些小公司在自己的特定领域以自己的特定方式竞争，以期获得期望的竞争效果。

5.3.4 填补社会和其他企业的需求

小公司还向彼此以及更大的公司提供各种商品和服务。Sears, Roebuck & Co.从大约 12 000 家供应商处购买商品，其中大部分是小企业。通用汽车依靠超过 32 000 家公司提供零部件和用品，并依靠 11 000 多家独立经销商销售其汽车和卡车。大公司通常从小公司购买零件和装配体是有一个很好的理由：它比在自己的工厂制造零件更便宜。这种较低的成本最终反映在消费者为其产品支付的价格上。

很明显，小型企业是我们经济的重要组成部分，作为消费者和劳动力成员，我们都从它们的存在中受益匪浅。现在让我们从小企业主的角度来看这种情况。

5.4 小企业的优点和缺点

是否小企业的大多数业主都梦想他们的公司将成长为由专业人士管理的巨型公司，而他们只在董事会任职？或者他们宁愿留在小公司？他们有机会(和责任)做一切需要做的事情吗？答案取决于个人的个人特点和动机。对许多人来说，剩余的小优点远远超过了其缺点。

5.4.1 小企业的优势

资源有限的小企业主通常必须努力进入竞争性新市场。他们也必须应对日益增长的国际竞争。但是，他们享有几个独特的优势。

与客户和员工的个人关系 对于那些喜欢与人交往的人来说，这个地方就是小企业。零售商店的业主通过名字了解他们的许多客户，并以个人身份处理他们。通过这种关系，小企业主经常参与社区的活动，以及文化和政治生活。所有者经理和员工之间的关系在较小的企业中往往更为接近。在许多情况下，小企业主既是朋友、顾问，也是老板。

这些个人关系提供了重要的商业优势。小企业向客户提供的个性化服务是主要的竞争武器——大型企业尝试提供这种个性化服务，但往往不能。此外，与员工的密切关系往往帮助小企业主保持更有效率的工作人员，他们可以为企业赚取更多收益。

适应变化的能力 自己作为老板，小企业的所有者经理不需要任何人的适应变化的许可。所有者可以根据市场情况的变化，增加或停止商品或服务，更改店铺时间，并尝试各种价格策略。通过与客户的个人关系，小企业的业主迅速意识到人们的需求和利益以及竞争企业的活动的变化。

简化记录保存 许多小公司只需要一套简单的财务记录。财务记录保存可能包括支票簿、用于记录所有销售的现金收据日记账，以及支付所有金额的现金支付记录。显然，必须保留足够的记录，以便生成和提交准确的报税表。

独立 小企业主不必打卡上下班，申请休假，接受上级的命令，或担心被解雇或被解雇。他们是自己命运的主人——至少在就业方面。对许多人来说，这是拥有小企业的主要优势。

其他优点 据 SBA 统计，美国盈利能力最强的公司是小型企业，这类企业经营十余年，雇用不到 20 人。小企业主也享有第 4 章讨论的独资企业的所有优势，其中包括能够保留所有利润，轻松，低成本的业务和(如有必要)停业，并且能够保护商业秘密。

5.4.2 小企业的缺点

与客户的个人联系，与员工的密切关系，成为自己的老板，较少繁琐的记录工作和独立性是小企业的亮点。对比之下，不利一面反映了这些公司独特的问题。

失败的风险 正如我们所指出的那样，小企业(特别是新业务)的经营风险很大——只约有 50%的企业生存超过 5 年。老的、成熟的小公司可能会受到商业衰退的打击，主要是因为他们没有财务资源来应对更长的困难时期。

有限潜力 存活的小企业实现了不同程度的成功。许多人只是为业主及其家人谋生的手段。所有者可能有一些技术技能，例如发型师或电工，并且可能已经开始了一项业务来使这项技能发挥作用。这样的业务不太可能成长为大企业。此外，员工的进步潜力有限。

资本有限的能力　小企业通常获得资本的能力有限。图 5.2 显示，大多数小企业的融资来自业主自己。贷款机构的个人贷款只提供小企业所需资本的 1/4。根据美国人口普查局和联邦储备委员会的调查，大约有 50% 的新企业开始时总资本少于 3 万美元。事实上，近 36% 的新企业开始时不到 2 万美元，通常由业主或家人和朋友提供。[13]

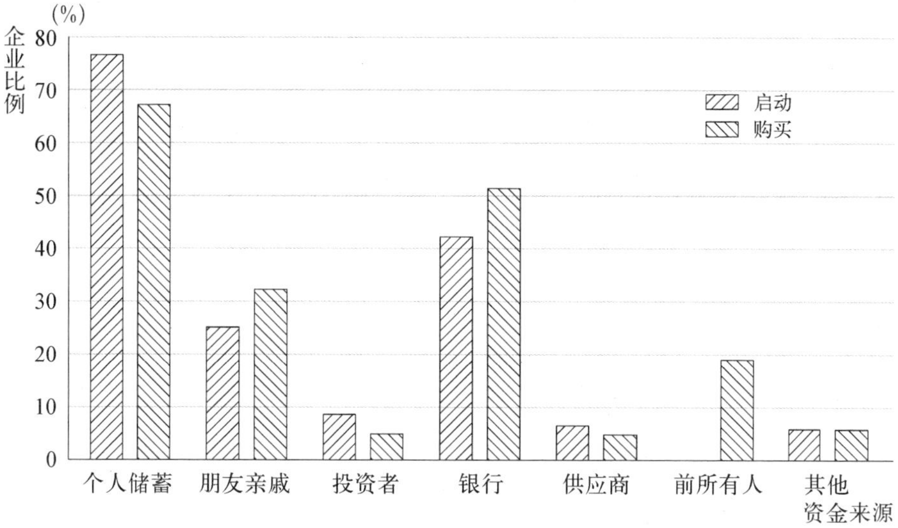

图 5.2　企业家的资本来源

注：小企业从各种渠道获得融资；最重要的是个人储蓄。
资料来源：National Federation of Independent Business Foundation and American Express Travel Related Services Company, Inc.

虽然每个考虑开办小企业的人都应该意识到我们提到的危害和陷阱，但是设计良好的商业计划可能有助于避免失败的风险。美国政府也致力于帮助小企业。它通过 SBA 最积极地表达了这一目标。

5.4.3　商业计划的重要性

缺乏规划可能与新的小企业缺乏资金一样致命。商业规划对任何企业，无论是大企业或者小企业都至关重要，永远不应该被忽视或轻视。商业计划是为开办企业的人员制定的精心制作的指南。可将其视为具有三个基本目的的工具：沟通、管理和规划。作为沟通工具，商业计划作为一个简明扼要的文件，帮助潜在的投资者审查他们是否愿意投资或协助融资一个新的企业。它显示企业是否有潜力获利。作为管理工具，商业计划有助于跟踪、监控和评估进度。商业计划是一份活的文件；随着企业家获得知识和经验，它会被修改。它也用于确定时间表和里程碑，并将增长预测与实际成就进行比较。最后，作为规划工具，商业计划在业务的各个阶段指导商人。例如，该计划有助于确定避免障碍并建立替代方案。洛杉矶第一商业银行董事长罗伯特·克鲁默尔(Robert Krummer)说:“商业计划是必要的。如果想开办小企业的人没有商业计划,他或她就会遇到麻烦。”

创业成功

白天学生,晚上企业家

越来越多的学生正在成为企业家,甚至在他们毕业前。这样可以获得宝贵的商业经验,并利用校园的众多资源。Brandt Page 在 Brigham Young University 时创立过一家公司,此后还曾创立或联合创立了两家公司,他解释说:“作为一名学生创业者,您可以免费使用图书馆,免费接触导师、教授、商业竞赛,真正得到认可和指导。”

在进入大学之前,Corinne Prevot 已经从她的滑雪服装业务 Skida 赢利了 8 000 美元。作为一名新生在迈克尔伯勒学院(University of Middlebury College)参加创业课程后,她重新考虑了她的生意方式。她研究了竞争对手,检查了布局,重新定价了产品,并对品牌进行了正式化。现在,Skida 的年销售额超过 10 万美元,而 Prevot 已经准备好扩张。

合作伙伴 Noah Chilton、Harry Kelley、Jackson Kroopf 和 Misha Epstein 喜欢美味咖啡,所以他们创造了一个手推车,将他们最喜爱的口味带给在 Vassar 同学,他们称这个业务为 Tree City。这群创业者从使用环保农业方法的种植者那里购买原材料,他们在为每个客户冲泡一杯新鲜咖啡的时候一起讨论好咖啡。Kroopf 说:“我们喜欢咖啡的部分原因是它将人们聚集在一起。”

资料来源:Palmer R., The College of Hard Knocks[J/OL]. *Utah Business*, www.utahbusiness.com, 2012-01-11; Hamer J., Tree City Serves Up Ethical Coffee, Enticing Conversation[N/OL]. *Miscellany News*, www.miscellanynews.com, 2011-10-25; Coster H., All Star Student Entrepreneurs[J/OL]. *Forbes*, www.forbes.com, 2011-08-03; Nichols B., Know-How for Hire[J]. *New York Times Education Life*, 2011, (11): 34.

5.4.4 商业计划的组成部分

表 5.3 显示了商业计划应包括的 12 个部分。商务人士在制定商业计划时,应努力保持易于阅读、整洁、完整。像其他忙碌的执行官一样,金融机构的官员没有时间触及无关紧要数据的页面。商业计划应该回答银行官员和投资者最感兴趣的四个问题:(1) 新业务的性质和使命究竟是什么?(2) 为什么这个新企业是个好主意?(3) 商业计划的目标是什么?(4) 新的创业成本是多少?

表 5.3 商业计划的组成部分

1. 介绍。基本信息,如名称、地址和电话号码;计划发布日期;保密声明,使重要信息远离潜在的竞争对手。
2. 执行摘要。这是对整个商业计划的 1—2 页的概述,包括为什么该商业计划会成功的合适理由。
3. 对社区的好处。关于企业如何对经济发展、社区发展和人类发展产生影响的信息。
4. 公司与行业。公司的背景,法律业务形式的选择,提供的产品或服务的信息,潜在客户的考察,当前的竞争对手以及企业的未来。
5. 管理团队。讨论管理团队的技能、人才和岗位描述、管理薪酬、管理培训需求和专业协助要求。
6. 制造和运营计划。讨论所需设施、空间要求、资本设备、劳动力、库存控制和采购要求。
7. 劳动力。讨论可获得的技术工人的质量和工作人员的培训,以及薪酬和动力。
8. 营销计划。讨论市场、市场趋势、竞争、市场份额、定价、推广、分销和服务政策。
9. 财务计划。汇总投资额、销售额和现金流量预测、盈亏平衡分析和资金来源。
10. 退出策略。讨论传承计划或上市。谁来接管业务?
11. 关键风险和假设。评估业务的弱点以及公司如何计划处理这些和其他问题。
12. 附录。对计划至关重要的补充信息,如所有者和主管经理简历、广告样本、组织结构图和其他重要信息。

资料来源:HATTEN, *Small Business Management* (5E), Cengage Learning, 2012.

制作商业计划的时间并花费大量的时间可能会最终节省时间。例如,在获得商业管理学位的同时运营计算机软件业务的沙龙·伯奇(Sharon Burch)不得不写一个商业计划作为其中一个课程的一部分。Burch 说:"我真希望在开始我的事业之前就上课了。我发现有很多事情我原本可以做得不一样。但是,由于我已经正在使用商业计划作为我的业务指南,所以帮助了我。"表 5.4 提供了商业计划清单。准确性和现实期望对于有效的商业计划至关重要。欺骗信贷官员是不道德的,欺骗自己更是不明智的。

表 5.4 商业计划清单

1. 执行摘要是否吸引阅读者的注意力,并强调了商业计划的要点?
2. 商业概念部分是否清楚地描述了商业目标、客户、价值主张和分销渠道,并传达了一个引人注目的故事?
3. 行业和市场分析是否支持对市场中的商业概念的接受和需求,并深入定义第一位客户?
4. 管理团队计划是否可以说服阅读者相信团队可以成功实施商业理念?是否向读者保证有效的基础设施到位以促进公司的目标和运作?
5. 产品/服务计划是否明确提供有关产品状态、完成时间表以及将取得的知识产权的详细信息?
6. 运营计划是否证明产品或服务可以高效地生产和分配?

（续表）

7. 营销计划是否成功展示了公司如何在目标市场中创造客户意识，并为客户带来好处？
8. 财务计划是否说服读者该商业模式是可持续的——它将为投资者提供优异的投资回报率和足够的现金流量来偿还潜在投资方的贷款？
9. 增长计划是否说服阅读者认为公司具有长期的增长潜力和分拆产品与服务？
10. 应急和退出策略计划是否可以说服阅读者认为与此投资有关的风险可以调解？投资者是否有退出策略？

资料来源：Allen，*Launching New Ventures*[M]. Cengage Learning，2012.

5.5 小企业管理局

美国国会在1953年创立的小企业管理局(SBA)是一个协助、咨询和保护美国小企业的利益的政府机构。它可以帮助人们开始生意，并留住生意。该机构向前瞻性、新兴和已建立的小型企业的业主和管理人员提供协助。SBA通过全国1 000多个办事处和资源中心，提供财务援助和管理咨询。最近，SBA向300多万小企业提供培训、技术援助和教育。它帮助小公司投标，获得政府合同，并帮助它们准备进入国外市场。

5.5.1 SBA管理援助

统计显示，大多数小企业的失败都与管理不善有关。为此，SBA特别着重提高小企业主和管理人员的管理能力。SBA的管理援助项目广泛而多元化。它提供包括免费的个人咨询、课程、会议、研讨会和出版广泛的出版物。最近，SBA通过1 100家小企业发展中心和13 000名退休人员志愿者向近100万小企业提供管理和技术援助。[14]

管理课程和研讨会 SBA提供的管理课程涵盖管理人员的所有职能、职责和角色。指导员可能是地方高校的教师或其他专业人士，如管理顾问、银行家、律师和会计师。这些课程的费用相当低。最受欢迎的课程是对8—10个不同领域的业务管理的一般性调查。在后续研究中，商人可能会根据其特定的优点和缺点深入集中于这些领域的一个或多个领域。SBA偶尔提供为期一天的会议。这些会议的目的是使企业经理跟上最新的管理发展以及税法规定等。小型企业培训网络(SBTN)是由83个SBA课程、研讨会和资源组成的在线培训网络。一些最热门的课程包括创业、启动和管理自己的生意，制定商业计划，管理数字企业，确定目标市场和分析盈利能力。请访问www.sba.gov/training了解更多信息。最近，超过24万小企业主受益于SBA的免费在线商业课程。

退休主管服务团(SCORE) 成立于1964年，是一个由13 000多名退休商人和积极活跃的商人组成的团队，其中包括2 000多名通过SBA向小企业提供服务的女性。

SCORE 志愿者的集体经验跨越了全系列的美国企业。这些志愿者曾为伊士曼柯达、通用电气、IBM 和宝洁公司等知名公司工作。志愿者中有会计、金融、营销、工程和零售领域的专家为企业家提供咨询和指导。

遇有特殊问题的小企业主可以向 SCORE 请求免费咨询。指定的顾问在其机构中访问业主,并通过仔细观察,分析商业情况和问题。如果问题复杂,辅导员可以呼吁其他志愿专家参与协助。最后,顾问提供解决问题的方案,并帮助业主度过关键时期。

例如,来自明尼阿波利斯的神秘作家伊丽莎白·哈尔沃森遇到困境。当她的丈夫在 1991 年被要求去波斯湾服役时,他已经建立并经营家庭广告和平面艺术公司 17 年。唯一留下来经营业务的人是哈尔沃森夫人,她承认没有经验。于是进入 SCORE,在 SCORE 管理专家的指导下,她得以维持经营。最近,SCORE 志愿者通过其 389 个办事处服务了 52 800 名小企业家,如哈尔沃森夫人。13 000 名顾问提供了 203 000 个面对面的咨询会议、119 000 个在线咨询会议和超过 49 500 个在线讲习班,组织了 201 000 个讲习班。SCORE 自成立以来,已协助 900 多万个小企业家进行在线和面对面的小企业咨询。[15]

5.5.2　帮助少数族裔小企业

作为少数族裔成员的美国人难以进入国家的经济主流。募集资金是少数族裔小企业主的难题,也可能缺乏适当的培训。当然,少数族裔的成员有资格参加所有的 SBA 项目,但是 SBA 特别努力协助那些想开展小企业或扩大现有企业的少数族裔。例如,少数族裔商业发展局给予奖励,发展和增加各种族和少数族裔成员的商业机会。

帮助妇女成为企业家也是 SBA 的特别目标。艾米丽·哈灵顿是家中九个孩子之一,出生在菲律宾的马尼拉。她于 1972 年作为外国交换学生抵达美国。她确信存在一个努力工作、专门的少数族裔和妇女的市场,她推出了专业人才服务公司 Qualified Resources, Inc.。六年后,Inc.杂志将她的公司选为"美国增长最快的私人公司"之一。哈灵顿在 SBA 获得了她的第一笔贷款的技术支持。寻找一个 SCORE 顾问直接与她一起工作,她完成了商业计划,直到获得银行贷款。在联系 SBA 之前,哈灵顿被所有接触的银行拒绝授予商业贷款,尽管她曾担任银行贷款和收款经理。后来,艾米莉·哈灵顿获得 SBA 在罗得岛州、新英格兰地区和全国的小企业创业成功奖! Qualified Resources, Inc.连续数年被评为罗德岛发展最快的私人公司之一。现在拥有 100 多个妇女商业中心,像哈灵顿这样的企业家可以接受培训和技术援助,获得信贷和资本,争取美国联邦政府合同和国际市场。SBA 的在线妇女商业中心(www.sba.gov/ aboutsba/ sbaprograms/ onlinewbc/ index.html)是一个先进的互联网网站,可帮助妇女拓展她们的业务。这个免费的互动网站为妇女提供有关商业原理和惯例、管理技术、网络、行业消息、市场研究和技术培训、在线咨询以及数百个与其他网站的链接的信息,以及许多有关 SBA 服务和可以使用的资源。

小型企业研究所(SBIs)　创建于 1972 年,是向小型企业提供管理咨询的工商管理高级和研究生小组。在520多所大学校园设立了履职机构,作为帮助企业主的另一种途径。学生在小组工作,由教师顾问和SBA管理协助专家指导。像SCORE志愿者一样,他们分析和帮助解决小企业主在其商业运行中遇到的问题。

小型企业发展中心(SBDC) SBDC是个以大学为本的团体,为小企业主提供个人咨询和实践培训。SBDC从地方、州和联邦政府以及私营企业和大学的资源中抽调力量出来。这些团体可以提供管理和技术帮助,研究数据和其他类型的对小企业有价值的专业协助。2011年,共有1 000多个SBDC站点,主要在高校,协助类似Kathleen DuBois等人。在当地一家餐馆的餐巾纸上写下她的能力和潜在客户名单后,Kathleen DuBois决定成立自己的营销公司。Beth Thornton在与住在万豪女士房间的同事讨论后,启动了她的工程公司。当Richard Shell在Nisource(哥伦比亚汽油公司)工作20年后被解雇时,他在寻找合适的特许经营权之前,不时搜寻互联网。由彼此的朋友介绍,Jim Bostic和Denver McMillion迅速联系起来,建立了高度的信任度,结合了多元化的专业背景,形成了一个制造公司。虽然这些企业家在西弗吉尼亚州开展新业务时采取了不同的路线,但他们都转向西弗吉尼亚州小企业发展中心寻求技术援助,以使其梦想成为现实。

SBA出版物 SBA发布管理、营销和技术方面的出版物,涉及数百个当期和潜在的小型企业管理人员感兴趣的话题。这些出版物中的大多数都是SBA免费提供的。其他的出版物只需支付少许费用即可以从美国政府印务局获得。

5.5.3 SBA财务援助

小企业似乎不断需要钱。业主可能有足够的资金来开办和经营业务,但是他或她可能需要更多的钱才能在旺季增加经营费用,支付所需的污染控制设备,资助扩张,或者在遭受洪水或恐怖袭击等自然灾害之后进行清理。例如,“补充恐怖主义活动救济”方案已经为“9·11”恐怖袭击造成损害或中断的8 202个小企业提供了37亿美元的贷款。2005年10月,SBA向卡特里娜飓风和丽塔影响的小型企业保证最高达15万美元的贷款。自2005年飓风以来,SBA已向海湾地区的102 903名房主和租客提供了超过49亿美元的灾难贷款。该地区的企业共收到16 828笔商业灾难贷款,支付价值15亿美元。[16]2010年,由于BP泄漏事故造成商业和休闲捕鱼水域关闭,SBA向捕鱼和捕鱼依赖型小企业提供经济损失贷款。SBA局长卡伦·米尔斯说:“SBA仍然致力于采取一切措施,帮助小企业应对石油泄漏造成的财务挑战。”[17]SBA提供专门的财务援助项目覆盖了所有这些情况。但是,其基本的财务职能是保证向合格企业贷款。

定期商业贷款 SBA的大部分商业贷款实际上是由银行等私人贷款机构提供的,但偿还由SBA提供部分担保。也就是说,SBA承诺,如果借款公司不能偿还贷款,SBA偿还贷款人贷款的90%。2002年10月1日或以后批出的保证贷款可能高达150万美元(此贷款限额可能会在未来增加)。SBA担保商业贷款的平均规模约为30万美元,平均期限约为8年。

风险资本 投资于有潜力成功的小型(有时是濒危)的公司的资金。在许多情况下,只有缺乏资本才能使这些企业快速而稳健地增长。投资这些公司的人们期望他们的投资将随着公司的增长而变得相当有利可图。

这些投资的流行度在过去 30 年中有所增加,但大多数小公司仍然难以获得风险投资。为了帮助这些企业,SBA 向**小企业投资公司(SBIC)**提供许可,管理和提供财务援助。

SBIC 是一家私营公司,为符合其投资标准的小型企业提供风险投资。美国在线公司、苹果电脑公司、联邦快递公司、康柏电脑公司、英特尔公司、内陆牛排餐厅和斯台普斯公司等公司都在初创成长期通过 SBIC 融资。SBIC 旨在成为盈利组织。SBA 提供的援助允许他们投资于那些难以吸引风险投资的小企业。自从国会在 1958 年创建该计划以来,SBIC 已经资助了超过 107 000 个小型企业,总共提供约 600 亿美元。最近,SBIC 帮助 1 477 家企业,其中 24%的企业成立不到两年。[18]

5.5.4 经济衰退期间小企业状况

奥巴马总统在 2010 年 5 月庆祝第 47 届美国小企业周年庆祝活动中表示:

> “我们的国家仍然是我们历史上最严重的衰退之一,小企业受到最大的打击。从妈妈时代流行的商店到高科技初创企业,无数的小企业被迫裁员或者关门。在困难的时期,我们必须尽全力帮助这些企业从经济衰退中复苏,让美国人恢复正常工作。我们的政府不能保证一个公司成功,但它可以帮助创造允许小企业蓬勃发展的市场条件。
>
> 我的行政部门致力于帮助小企业推动经济复苏和长期增长。美国《复苏和再投资法案》支持了全国数十亿美元的贷款和联邦合同给全国各地的小型企业。《经济适用法案》使小企业主更容易为员工提供健康保险,并提供了企业家创新和冒险所需的安全保障。我们已经为小公司颁布了新的减税和税收抵免。不过,我们必须做更多的工作来帮助这些公司。小企业是我们繁荣的引擎,也是我们品格自豪的反映。一个健康的小型企业将为我们提供充满活力的社区,尖端的技术和在 21 世纪能够竞争和获胜的美国经济。”[19]

似乎经济衰退还不够,在墨西哥湾附近的许多州,许多小企业在 2010 年 4 月 20 日之后遭受经济损失,因深水地平线石油泄漏事件关闭沿海的商业和休闲捕鱼。据 SBA 局长卡伦·米尔斯(Karen Mills)说:“由于以前的破坏和过去几年的全球经济衰退,该地区仍然处于复苏中,因此,我们必须采取一切措施,为小企业提供资源,以便度过最新的危机,使它们能够继续推动当地经济发展,提供良好的就业机会。”SBA 提供高达 200 万美元的流动资金贷款,利率为 4%,期限可达 30 年。[20]

我们已经讨论了我们经济中小企业部门的重要性。与大型企业进行比较,我们权衡了经营小企业的优缺点。但是,有没有办法实现两种企业的优点呢?可以保持自己作为企业主的独立性，同时仍然享有“大公司”的一些好处吗？我们来仔细看看特许经营。

5.6 特许经营

特许经营权是一个经营私人拥有业务的许可证，就像是连锁店或商店的一部分一样。通常，企业本身也被称为特许经营权。最熟悉的特许经营案例是麦当劳、H&R Block、AAMCO 传输、GNC（营养中心）和 Dairy Queen。许多特许经营人带有熟悉的名字，这种做生意的方式在过去 30 多年里变得非常受欢迎。这是开创和经营小企业的一个诱人的方法。

5.6.1 什么是特许经营?

特许经营是实际授予特许经营权。特许经营商是授予特许经营权的个人或组织。加盟商是购买特许经营权的个人或组织。特许经营商提供著名的和广而告之的商业名称、管理技能、所需的培训和材料以及开展业务的方法。加盟商提供劳动和资本，经营专营业务，并同意遵守专营权协议的规定。表 5.5 列出了典型特许经营协议中将涉及的基本特许经营权和义务。

表 5.5 特许经营协议中界定的基本权利和义务

加盟商的权利：
1. 使用商标，商品名称和特许经营商的专利；
2. 使用品牌形象和特许经营商开发的房地产设计和装饰；
3. 使用特许经营商的秘方；
4. 使用特许经营商的版权材料；
5. 使用特许经营商开发的配方、程式、规格、工艺和制造方法；
6. 严格按照特许经营商的方式，根据特许经营商的指示，从商定的场所进行专营业务；
7. 特许经营商就专属区域权利制定的指导方针；
8. 以特价从指定供应商那里获得供应的权利。
加盟商的义务：
1. 在经批准和提名的场所进行商业专营权，无其他业务；
2. 观察某些最短营业时间；
3. 支付特许经营费；
4. 遵循特许经营商制定的会计制度；

（续表）

5. 未经特许经营商同意不得擅自广告宣传；
6. 使用和展示特许经营商规定的销售点广告材料；
7. 维持房屋的良好、清洁和卫生条件，并在特许经营商要求时进行重新装修；
8. 保持最广泛的保险范围；
9. 允许特许经营商的工作人员进入经营场地，查看特许经营商的标准是否得到维护；
10. 从特许经营商或其指定供应商处购买商品或产品；
11. 以特许经营方式对员工进行培训，确保他们整齐着装；
12. 未经特许经营商同意不得转让专营权合同。

资料来源：Excepted from the SBA's "Is Franchising for Me?" www.sba.gov,2012-03-12.

5.6.2　特许经营类型

特许经营安排分为三大类。在第一种方法中，制造商授权一些零售商店出售某个品牌商品。这种特许经营安排是其中最古老的一种，在乘用车和卡车、农用设备、鞋子、油漆、移动设备和石油的销售中普遍存在。大约 90%的汽油通过特许经营的独立零售服务站销售，特许经销商销售几乎全部的新车和卡车。在第二类特许经营安排中，生产者许可经销商向某些零售商出售给定的产品。这种安排在软饮料行业很常见。大多数软饮料糖浆生产商，例如可口可乐公司、佩珀博士/七公司、百事可乐、皇家皇冠公司，授权独立瓶装商为零售商服务。在第三种特许经营方式下，特许经营商提供品牌名称、技术或其他服务，而不是完整的产品。虽然特许经营商可以提供一定的生产和分销服务，但其主要作用是认真开发和控制市场营销策略。这种特许经营方法在今天最为典型，例如假日酒店、豪生公司、AAMCO 变速器、麦当劳、乳品皇后、安飞士、赫兹公司、肯德基（肯德基）、SUBWAY 都使用了这种特许经营方式。

5.7　特许经营的成长

特许经营始于美国内战期间，最初由大公司（如歌手缝纫公司）使用来分发他们的产品。自从 20 世纪 90 年代早期以来，特许经营的流行性一直在不断增长，主要用于加油站和汽车经销商；然而，这个零售战略自 20 世纪 70 年代中期以来，经历了巨大的增长。特许经营的扩散基本上与快餐业的扩张持平。

当然，特许经营不限于快餐。预计美发沙龙、牙医和律师将参与不断增长的特许经营。特许经营的健康俱乐部、杀虫剂和露营地已得到广泛传播，特许经营的税务事务所和旅行社亦是如此。房地产行业的特许经营也经历了快速增长。

此外,特许经营吸引了比以往任何时候都更多的女性和美国少数族裔企业主。一个原因是设计的特别外展计划鼓励加盟商多样化发展。例如安吉拉·特拉梅尔,她是一位有两个孩子的年轻母亲。“9·11”之后,她在万豪的工作被解雇。自从她是曲线健身中心的会员以来,为了身体健康并喜欢赋予权力妇女的概念,她开始研究购买曲线健身专营权的成本以及为业务融资的方式。“我在线寻找融资,我链接到在华盛顿特区的企业发展集团。我知道他们有不同的客户。”专营权的费用是 19 500 美元,但花费了 6 万美元来成立健身中心。“为运营业务申请贷款要比购买房子困难得多,”特拉梅尔说。三年后,特拉梅尔和她的丈夫欧内斯特拥有三个曲线健身中心和 12 名员工。最近,由于生下了她的第三个孩子,她实现了财务自由,同时为了照顾她,忙碌且需要灵活性。事实上,在三年的时间里,特拉梅尔的家庭年收入从 80 000 美元增加到 25 万美元。[21] 特许经营商如温迪、麦当劳、汉堡王以及教会的鸡都有特殊的企业计划来吸引少数族裔和妇女加盟商。同样重要的是,成功的妇女和少数加盟商愿意为新加入者提供咨询和指导。

Herman Petty,第一位非裔美国人的麦当劳加盟商,记得他努力工作建立他的第一个店的时候,该公司提供了大量的帮助。反过来,Petty 也帮助其他的黑人加盟商,在开始自己的机构之前他访问了新的特许经营加盟商来获得在芝加哥餐厅的实践经验。在 1972 年,Petty 也组织了一个支持组织,即全国黑人麦当劳运营商协会,帮助其他地区的黑人加盟商。今天,该协会的会员拥有遍及美国、南非和加勒比地区的近 1 400 家麦当劳餐厅,年销售额超过 32 亿美元。“我们真的很专注于帮助我们的运营商在运营上和财务上取得成功,”领导团队的麦当劳加盟商 Craig Welburn 说。

双品牌特许经营是两家特许经销商一起提供产品,这是一个新的小企业趋势。例如,1993 年,得益于与 Texaco 的第一个联合品牌餐厅在阿肯色州毕比市的成功,麦当劳目前在美国已经有超过了 400 家联合品牌餐厅。另外,特许经营商 Doctor's Associates, Inc.和 TCBY Enterprises, Inc.的协议现在允许加盟商在同一个机构出售 Subway 三明治和 TCBY 酸奶。

5.7.1 特许经营成功吗?

特许经营旨在提供被测试过的成功方法以及持续的咨询和培训。特许经营商拥有和经营的企业的成功率明显高于其他独立拥有的小企业的成功率。最近基于 944 家专营权所有者而展开的全国 Gallup 民意调查显示,94%的加盟商表示非常或有些成功了,只有 5%的人认为他们是非常失败的或有些不成功,1%的表示不知道。尽管这是些令人印象深刻的统计,但是特许经营无论是对于加盟商还是特许经营商来说都不能保证成功。快速扩张、资金不足或管理技能不足,还有一些其他问题可能导致加盟商和特许经营商的失败。例如,Dizzy Dean 的牛肉和汉堡特许经营不再运作。韦恩州立大学经济学家蒂莫西·贝茨(Timothy Bates)警告:“尽管大肆宣传说,开创新业务时特许经营是最安全的方式，但是研究并不能予以证实。”例如“波士顿鸡”这一品牌在 1998 年宣布破产前曾有 1 200多间餐厅。

5.7.2　特许经营的优点

特许经营在我们的经济中起着至关重要的作用，很快就可能成为零售的主导形式。为什么？因为特许经营权给特许经营商和加盟商提供了优势。

对于特许经营商　特许经营商不需要发生建设和经营自己网点的高成本就可以实现快速、良好控制的产品分销。因此，特许经营商有更多的资本来扩大生产和使用广告。同时，它可以通过特许权协议确保网点按照自己的标准进行维护和运行。

特许经营商也受益于加盟商（大多数情况下独资经营者）很有可能成功的事实。特许经营权的成功意味着更多的销售，将给特许经营商带来了更高的许可费。

对于加盟商　加盟商有机会开展有限资本的业务和利用他人的商业经验。而且，一个全国广告名称（如 Radio Shack、麦当劳或 21 世纪）的出现，就意味着只要营业就对客户负责。

如果发生业务问题，特许经营商将给予加盟商提供指导和建议。这个咨询使得特许经营享有非常高的成功率。在多数情况下，加盟商不需要为这种帮助付费。加盟商也收到本地广告使用的资料，并可以参加由特许经营商发起的全国性推广活动。例如，麦当劳及其加盟商是美国前 20 名广告采购商之一。最后，加盟商通过与其他特许经营商的合作可能将广告、供应品和各种商业用品的成本最小化。

5.7.3　特许经营的缺点

特许经营的主要缺点也会影响加盟商，这是因为特许经营商保留了很大的控制权。特许经营商的特许经营合同可以规定业务的各个方面：装饰、员工制服的设计、标志的类型以及商业运作中的所有细节。所有汉堡王的炸薯条的味道必须一样，因为所有的汉堡王加盟商必须使用相同的方法制作。

合同纠纷是许多诉讼的原因。例如，Rekha Gabhawala 是一个密尔沃基的 Dunkin' Donuts 加盟商，她指责特许经营商强迫她关门以至于该公司仅通过转售市中心特许经营给别人来获利；另一方面，该公司则指称 Gabhawala 因不履行业务而违反了该公司的合同标准。在另一种情况下，Dunkin' Donuts 起诉克里斯·罗马尼亚，一个在宾夕法尼亚州的加盟商，声称罗马尼亚故意将低估的销售额报告给公司；另一方面，罗马尼亚则指责 Dunkin' Donuts 公司破坏合同，因为没有提供特许专营权的协助。其他加盟商声称合约不公平地倾斜于特许经营商。还有其他加盟商指责他们失去专营权和投资，因为当他们找到买家时，特许经营商不会批准出售该业务。

为了仲裁特许经营商与加盟商之间的争议，由 30 家成员公司（包括汉堡王公司、麦当劳公司和温迪国际公司）于 1993 年成立了全国性特许经营权调解计划。通过调解的谈判解决了大量案件。最近，卡尔带来了最大的特许经营商之一来帮助制定系统，使大多数加盟商多年来第一次如此开心。该计划还帮助百事可乐公司解决长期合同纠纷,重新谈判其专营权协议。

因为特许经营商和加盟商之间的分歧近来有所增加,许多加盟商一直要求政府对特许经营进行监管。在 1997 年,为避免政府监管,一些最大的特许经营商向联邦贸易委员会提出了新的自卫计划。

特许经营权持有人为其安全支付费用,通常是一次性特许经营费用和持续的许可费和广告费用,这占销售额的一定百分比。Subway 加盟商的初始特许经营费为 15 000 美元,以及总销售额 8%的年费。在某些领域,特许经营协议并不统一。提供同样的服务,一家加盟商可能比另一家支付更多的费用。

甚至成功也可能导致问题。有时特许经营权如此成功,使得特许经营商打开方便之门,参与直接竞争,尽管加盟商可能会予以反击。例如,法院最近裁定汉堡王不能与加盟商直接竞争是因为合同中没有关于这个问题的具体规定。一位特许经营商的发言人认为,该公司对其特许经营权持有人"不给予地域保护",因此可以自由地加入。加盟商努力工作。他们经常工作每周 6 天,每天 10—12 个小时。国际特许经营协会建议潜在的加盟商在投资前进行调查,并谨慎地购买特许经营。专利权在方法和产品上差别很大。有些品牌,如 Dunkin' Donuts 和 Baskin-Robbins,需要很长时间。其他的,如 Great Clips 美发沙龙和 Albert 的家庭餐馆,更是如此适合那些不想在他们的商店花很多时间的人。

5.8 小企业的全球视角

对于美国小企业来说,世界正在变小。全国性和国际性的经济越来越相互依存,原因在于政治因素和国家经济方向的变化以及贸易壁垒的减弱或消失。全球化和即时的全球通信正在迅速缩短距离,同时正在扩大商机。根据最近的一项研究,互联网对小企业的战略意义越来越重要,超过 50%的受访者表示互联网代表了他们最受欢迎的增长战略。这是下一个受青睐的选择。互联网和在线支付系统甚至能够实现小企业为国际客户服务。事实上,技术现在为小企业提供了曾经仅局限于大公司的杠杆和力量。难怪出口商品和服务的企业数量从 1990 年开始翻了 3 倍,其中 2/3 来自少于 20 名员工的公司。[22]

SBA 向希望进入世界市场的全国性小企业主提供帮助。该公司的努力包括向小企业提供咨询,如何和在哪里寻找海外市场,力争使美国小企业高管与潜在的海外客户相衔接,并帮助出口商获得融资。该机构带来了美国的小公司与潜在的海外买家和合作伙伴直接接触的机会。SBA 国际贸易贷款计划为小企业拥有者提供高达 500 万美元的贷款担保。这些贷款帮助小公司扩大或发展新的出口市场。美国商务部帮助中小型企业在海外销售。该部门的全球网络包括在美国的 100 个办事处,以及在全球 75 个国家设有 151 个办事处。[23]

例如，Nanigac 公司总裁 Daniel J. Nanigian 谈到，该公司生产的温度传感器广泛用于工业应用，其出口战略旨在增加包括中国在内的多样化海外市场的收入，Nanigac 公司在 2009 年经历了爆炸式增长。该公司的销售额从 2008 年的 270 万美元翻了一番为 2009 年的 510 万美元。该公司 2004 年的国际销售额为 30 万美元，2009 年为 70 万美元，2010 年为 170 万美元。其行政、销售和制造业员工数则增长了 80%。

该公司在中国有强大的市场，正在向包括拉丁美洲、新加坡和俄罗斯在内的其他市场扩张。据 Nanigian 公司的说法，该公司已经开发出创新性的解决方案和合作伙伴关系，以促使其国际市场的最大化。作为中国战略的一部分，该公司与分销商招聘欧洲和各国内销售代表，使用本地化的中文网站并依靠马萨诸塞州小企业发展中心的出口援助计划获取建议。伴随着前往中国进行技术培训研讨会，参加贸易活动展示和技术会议，这一战略帮助其中国客户名单从 2003 年 1 个账户增长到如今的超过 30 个账户。Nanigian 先生收到了 SBA 的“2010 年小公司年度商业出口商奖”。[24]

对于小企业主来说，国际贸易将变得更加重要，因为在新世纪他们面临着独特挑战。小企业，预计仍然会是这个国家的主导组织形式，必须做好准备来应对世界市场的重大人口和经济变化。本章结束了我们关于美国商业的讨论。我们从这里开始密切关注业务运作的各个方面。我们从下一章开始，讨论管理——管理是什么，管理者做什么，以及他们如何努力协调商业组织内的基本经济资源。

商界报道回看

JoAnn Brewer 和 Christi Sterling 在他们联手找到了 Locker Lookz 之前从未经营过公司。在帮助他们的十几岁女儿创造配饰来装饰学校储物柜，借此来炫耀他们的个人风格的过程中，他们认识到一个可行的商机。“自我表达在这个时代是一个巨大的、巨大的事情，”Sterling 解释说，“不是每个人都看到你的家中卧室，但每个人都可以看到你的储物柜。”

客户的一部分乐趣是混合和匹配外观独特的产品。基于此，Locker Lookz 的网站有一个交互式设计功能，以帮助女孩可以看到如何将不同的产品混合在一起。该网站还提供教学视频，让客户知道在不会损坏储物柜的情况下如何安装和拆下配件。不久的将来也将有个性化男孩储物柜的配件。

讨论题

1. 当 Locker Lookz 需要快速筹集资金时，你认为为什么创始人寻求从家庭、朋友和教会投资集团融资而不是与银行商谈？

2. 如果您正在为 Locker Lookz 撰写商业计划，你会推荐什么退出策略？请解释。

本章小结

1. 确定一个小企业是什么，并认识小企业集中的领域。 小企业是为了获取利润而独立拥有与经营的企业，并不在其领域占主导地位。在这个国家约有 2 750 万个企业，其中 99.7% 以上是小企业。小企业雇用了美国一半以上的劳动力。约 69% 的小企业至少存活 2 年，约 50% 至少存活 5 年。半数以上的小企业都处于零售和服务业。

2. 如何区别那些开始小企业的人，以及一些人成功而许多人失败的原因。 这些个人特征如独立、渴望创造新企业、愿意接受挑战，可能鼓励个人开始小企业。各种外部环境，如特殊专长甚至是失去一份工作，也可以提供自己创业的动机。规划不善、缺乏资金和管理经验是小企业失败的主要原因。

3. 评估小企业对经济的贡献。 小企业经营各种各样的业务及发明创新，其中有些已经发展成为新兴产业。历史上，小企业创造了全国大部分的新岗位。此外，它们已与大公司开展有效竞争。它们提供社会需要的东西，作为大公司的供应商，作为其他无论大小企业的客户。

4. 描述经营小企业的优点和缺点。 小企业的优势包括与客户和员工建立个人关系的机会、快速适应变化的能力、独立性和简化的记账。主要缺点是失败的高风险、有限的增长潜力、募集资金能力有限。

5. 解释美国小企业管理局如何帮助小企业。 小企业管理局(SBA)成立于 1953 年，旨在帮助和辅导美国数以百万计的小企业主。SBA 提供管理课程和工作室；管理援助计划，包括通过 SCORE 一对一进行辅导、提供各种出版物、通过担保贷款和 SBIC 提供财务援助。它特别强调对少数族裔企业的援助，包括妇女所拥有的小企业。

6. 解释特许经营的概念和类型。 特许经营权是经营个人所有权的许可业务，就像是链条的一部分。特许经营商提供一个已知的企业名称、管理技能、做生意的方式、培训和要求材料。加盟商提供劳动力和资本，经营特许经营的业务，并同意遵守特许经营权的协议。有三个专业特许经营协议的类别。

7. 分析特许经营的增长及其优点和缺点。 自 20 世纪 70 年代中期以来，特许经营业务大增。特许经营商在特许经营中的主要优势是快速地以最小资本来良好控制产品的分配。作为回报，加盟商有机会开展有限资本的业务，利用别人的业务经验，卖给现有的客户。为此，加盟商通常必须支付初始特许经营权费用和基于销售的持续的特许使用费。他或她也必须遵循专营权关于经营业务的规定。全球商机正在向小企业扩大。SBA 协助小企业渗透到国外市场。下个世纪将呈现出小企业主所面临的独特的挑战和机遇。

关键词

小企业	退休主管服务团	风险投资	特许经营
商业计划	小企业机构	小企业投资公司	特许经营商
小企业管理当局	小企业发展中心	特许经营权	加盟商

复习题

1. 根据 SBA 指南你需要什么信息来确定一个特定企业是否小企业？
2. 哪两个领域的业务普遍吸引最小的企业？为什么这些行业对小企业有吸引力？

3. 区分服务业、分销行业和生产行业。
4. 什么样的因素鼓励某些人开始新的企业?
5. 小企业失败的主要原因是什么? 这些原因也适用于大型企业吗?
6. 简要描述小企业对美国经济的四大贡献。
7. 小企业的主要优点和缺点是什么?
8. 商业计划的主要组成部分是什么? 为什么个人创业应该制定商业计划?
9. 弄清 SBA 提供的给小企业的管理协助的五种方式。
10. 识别 SBA 提供的给小企业的财务援助的两种方式。
11. 为什么 SBA 专注于向小企业提供管理和财务援助?
12. 什么是风险投资? SBA 如何帮助小企业得到它?
13. 解释说明特许经营权、特许经营商和加盟商之间的关系。
14. 特许经营商在特许经营协议中收到什么? 加盟商收到什么? 相互提供了什么?
15. 举例说明对于特许经营商而言特许经营的主要好处之一。举例说明对于加盟商来说特许经营的主要优势之一。

讨论题

1. 大多数开始经营小企业的人都知道有着较高的失败率及其原因。那么,为什么一些小企业主不采取措施保护企业免受失败? 他们应该采取哪些措施?
2. 所谓的小企业优势真的是优势吗? 每个小企业主都不喜欢他或她的企业成长为一家大公司吗?
3. 普通民众从 SBA 的活动中受益吗? 或者说,SBA 是仅仅花我们纳税人钱的另一种方式吗?
4. 你喜欢独立拥有自己的业务还是成为加盟商? 为什么?

视频案例 5.1

默里的奶酪：更多的奶酪

默里的奶酪始于 1940 年纽约的格林尼治村，当初作为由西班牙内战的老将，一位名叫墨累格林伯格的犹太人拥有一家黄油和蛋糕批发店。当时任总裁罗伯·考费尔特(Rob Kaufelt)1991 年购买了这家商店时，它只不过是当地一家很小的店。考费尔特及他的工作人员决定专注于来自世界各地的高品质的美食奶酪。今天人们来全面学习默里的奶酪，上课或参加其奶酪 U 新兵训练营来了解奶酪。虽然默里的产品线已经扩展到包括美食肉类、饼干、橄榄和干果，但奶酪仍然是其核心产品。事实上，默里的奶酪已经被“福布斯”投票选为“最好的奶酪店”，它正在扩张到另外三个商店。它的成功促使克罗格寻求在其连锁超市中的合作伙伴，就这样迈出了一大步，包括培养克罗格的员工销售默里产品和为他们创建一个 300 页的奶酪服务指南。

“我们太小，他们都很大，”在谈到克罗格时，默里的总经理 Liz Thorpe 说，“所以对我们而言，这是个很有趣的模型。我们已经开始在克罗格州经营奶酪店熟食店，这与我们的纽约店相似。这让我们更熟悉采购、生产选择、培训和客户服务的不同格式。我们实际上会在未来 36 个月开业 50 个商店”。

默里还是很小，有约 70 名员工，广告预算为零美元。默里依靠提供卓越的客户服务和创造积极的口碑而不是用广告来宣传其产品并确保其声誉的。个人销售是关键。公司招聘热衷于奶酪的销售人员，并认真地培训他们。关键是告知客户店里有许多独特的产品，并说服他们品尝后购买。员工喜欢倾听客户，了解他们的兴趣，并试图找到合适的产品以满足他们的需要。他们的努力往往成功地使客户购买更多，并重复购买。

所有客户都可以在他们购买之前品尝免费的奶酪样本。“我们喜欢了解走进我们店门的人，并且让每个人都品尝奶酪，”总经理说。“它的部分销售体验，也就是说，我们越来越多侧重于如何与人沟通。电子邮件营销仍然非常关键，我们已开始利用 Twitter 等社交网络。对于进入奶酪和进入默里的人，这是一个很好的直接了解正在发生的事情的方式。”

吸引默里的高级购物者就意味着奶酪是一种负担得起的奢侈品。例如，十几个人的聚会中葡萄酒和奶酪几乎可以适应任何预算，而在协助选择时，默里的销售人员很乐意提供建议和样品。默里的经理也使用流行媒体比如食品网络，有助于使食物更受欢迎，特别是奶酪。毕竟他说，奶酪“不必改善或加强。它们是自然对你好”。[25]

讨论题

1. 默里怎样克服了小公司最常见的限制之一：其不存在的广告预算？
2. 默里能(可以)利用了小企业的哪些优势？作为小企业，其面临哪些劣势？
3. 你认为与克罗格的合作将对客户期望来自默里的独特体验产生消极还是积极影响？为什么？

案例 5.2

Warby Parker 的业务愿景

将时尚且经济实惠的处方眼镜直接出售给客户——这就是 Warby Parker 的商业愿景。Warby Parker 是一个位于纽约城的快速成长的小公司,由四个来自沃顿商学院的朋友组建。Warby Parker 基于易于使用的眼睛造型和方便预算的价格,与全国性连锁如 Lens Crafters 以及与邻近的眼镜店展开竞争,其独特的复古式处方眼镜价格低于 100 美元,处方太阳镜定价为 150 美元。Warby Parker 的实惠价格还涵盖了额外费用,比如免费送货、免费的家庭框架试用和退款保证。重要的是,对于顾客所购买的每一副眼镜,该公司再捐赠一副给需要者。

没有支付许可费,也没使用著名品牌命名其框架,Warby Parker 自己设计,灵感源自 20 世纪五六十年代的风格,并在中国制造。基于每个客户的个别处方,公司拥有由美国实验室订购的光学镜片。镜片安装就位后,在眼镜邮寄给顾客之前检查两次。

因为 Warby Parker 的价格明显低于那些传统的眼镜供应商,客户可以购买作为时尚配饰的框架,不仅仅是为了视力矫正。联合创始人 David Gilboa 指出,美国消费者通常每年都会买新眼镜,很多 Warby Parker 客户"一次购买六副、七副、八副",为不同场合选择不同的框架,如一副要去上班,另一副要和朋友出去,他们购买不同框架以适应特定的服装。Warby Parker 曾经收到过最大的单一订单来自一次性订购了 14 副的客户。Warby Parker 在其纽约的很有吸引力的 Soho 部分的总部设有展厅,还有全国各地时装精品店内的另外七间展厅。它也邀请客户拨打免费电话号码以获取信息和订购。然而,主要的重点在于互动网站,客户在那里可以浏览 20 多个框架,从颜色、形状和大小角度细化选择,并上传数字头像,旨在订购之前进行虚拟的"试用"。客户可以订购 5 个框架,并在家里尝试 5 天,如果他们选择,这对于在 Warby Parker 的 Facebook 页面上张贴照片而言是足够的时间,并询问哪些框架是最惹人喜爱的反馈。运输和退货由公司支付,即它承担了尝试和购买风险。

客户对 Warby Parker 的购买感觉很好,因为省钱,他们知道每个购买行为都包括对眼镜的捐赠。公司的"买一送一"政策允许每年在全球范围内通过与非营利组织 Vision Spring 的联系向人们捐赠 10 万多副眼镜。现在,在风险投资的帮助下,Warby Parker 正在扩张,拥有员工 50 余人,并使用 Twitter、Tumblr 和 Pinterest 等社交媒体宣传其业务愿景。因为满意的客户告诉朋友亲戚自己的经验,"我们销售的 50%以上是由口碑驱动的,"联合创始人 Neil Blumenthal 说。[26]

讨论题

1. 如果你正在为 Warby Parker 写一个商业计划,你应该提到哪些至关重要的风险和挑战?每个风险或挑战的业务含义是什么?

2. 为什么 Warby Parker 在中国制造眼镜架,但在美国制造光学镜片?

3. 你是否同意 Warby Parker 除了互联网上经营外,还在内部时尚精品店设立展厅的决定?请解释。

尾注

1. Sources: Based on information in Elissa Gootman, "Middle School Girls Unlock a Room of Their Own, in Miniature," *New York Times,* October 10, 2011, pp. A1, A3; Alaina Raftis, "Students Prepping to Deck Out Lockers," *Pittsburgh Tribune-Review,* August 19, 2011, www.pittsburghlive.com; Barry Shlachter, "Texas Moms Create Hallway Hit," *Fort Worth Star Telegram,* May 9, 2011, pp. 1D, 10D; Colleen Diskin, "Dress Your Locker with the Perfect Combination of Accessories," *NorthJersey.com,* August 29, 2011, www.northjersey.com.
2. U.S. Small Business Administration Web site at www.sba.gov/content/summary-size-standards-industry (accessed March 18, 2012).
3. U.S. Small Business Administration, Office of Advocacy, *Frequently Asked Questions,* updated January 2011, www.sba.gov/advo (accessed March 19, 2012).
4. Ibid.
5. Ibid.
6. Thomas A. Garrett, "Entrepreneurs Thrive in America," *Bridges,* Federal Reserve Bank of St. Louis, Spring 2005, 2.
7. U.S. Small Business Administration, Office of Advocacy, *Frequently Asked Questions,* updated January 2011, www.sba.gov/advo (accessed March 15, 2012).
8. U.S. Small Business Administration, *News Release,* Number 05-53, September 13, 2005, www.sba.gov/teens/brian_hendricks.html (accessed March 19, 2012).
9. U.S. Small Business Administration, Office of Advocacy, *Frequently Asked Questions,* updated January 2011, www.sba.gov/advo (accessed March 19, 2012).
10. SBA Press Release, "Computer Simulation Company from Florida Is National Small Business of the Year," May 25, 2010, www.sba.gov/news (accessed March 15, 2012).
11. U.S. Small Business Administration, Office of Advocacy, *Frequently Asked Questions,* September 2009, www.sba.gov/advo (accessed March 15, 2011).
12. U.S. Small Business Administration, Office of Advocacy, *News Release,* Number 10-03 ADVO, March 3, 2010, www.sba.gov/advo/press/10-03.html (accessed March 15, 2011).
13. Timothy S. Hatten, *Small Business Management: Entrepreneurship and Beyond,* 4th ed., Copyright © 2009 by Houghton Mifflin Company, 238. Reprinted with permission.
14. SCORE Web site at www.score.org/about-score (accessed March 19, 2012).
15. Ibid.
16. SBA Press Release, *Fact Sheet,* September 11, 2008, 2.
17. U.S. Small Business Administration, *News Release,* Release Number 10-33, May 26, 2010, www.sba.gov/news (accessed March 18, 2012).
18. SBIC Program Overview, Web site at http://archive.sba.gov/idc/groups/public/documents/sba_program_office/inv_sbic; and Small Business Investor Alliance Web site at www.nabic.org (accessed March 23, 2012).
19. SBA Press Release, "President Obama Proclaims National Small Business Week," May 21, 2010, www.sba.gov/news (accessed March 7, 2012).
20. SBA Press Release Number 10-414, *News Release,* May 14, 2010, www.sba.gov/news (accessed March 12, 2012).
21. Cindy Elmore, "Putting the Power into the Hands of Small Business Owners," *Marketwise,* Federal Reserve Bank of Richmond, Issue II, 2005, 13.
22. U.S. Small Business Administration, www.sba.gov/managing/marketing/intlsales.html (accessed October 4, 2008).
23. SBA Press Release 12-12, "SBA Announces a New Partnership to Connect Small Businesses With Corporate Supply Chains," March 22, 2012, www.sba.gov/news

(accessed March 23, 2012); and International Trade Web site at www.trade.gov/CS/ (accessed March 23, 2012).

24. SBA Press Release, "SBA 2010 Small Business Exporter of the Year," www.sba.gov/news (accessed March 20, 2012); and NANMAC Corporation Web site at http://nanmac.com/press-sba.html (accessed March 23, 2012).
25. Based on information from company Web site www.murrayscheese.com (accessed April 23, 2010); www.murrayscheese.com/images_global/murrays_kroger_press_release.pdf (accessed April 23, 2010); Kelsey Blackwell, "Liz Thorpe," *Natural Foods Merchandiser*, March 2010; Kim Severson, "Murray's Cheese Will Open 50 Locations in Kroger Markets," *The New York Times*, November 24, 2009, http://dinersjournal.blogs.nytimes.com/tag/murrays-cheese/; Rosalind Resnick, "Market with Meaning," *Entrepreneur*, November 6, 2009, www.entrepreneur.com/marketing/marketingideas/article203938.html#.
26. Based on information in Shira Lazar, "Warby Parker's Grand Vision," *Entrepreneur*, April 10, 2012, www.entrepreneur.com; Alex Williams, "On Spec: Vintage-Style Glasses Online," *New York Times*, January 18, 2012, www.nytimes.com; "Warby Parker Revolutionizes Eyewear Market by Borrowing from Apple, Zappos," *Advertising Age*, November 27, 2011, www.adage.com; Andrew Maclean, "Warby Parker," *Inc.*, November 24, 2011, www.inc.com; www.warbyparker.com.

第三部分

管理和组织

本书的第三部分论述组织，即构成企业的“事物”。首先，讨论创建和运营一家企业所涉及的管理职能。接下来，分析组织的要素与结构。然后，讨论公司的运营，它与商品和服务的生产有关。

第 6 章

理解管理过程

学习目标

1. 定义何为管理？
2. 描述管理的四大基本职能：计划、组织、领导激励和控制。
3. 区分各层次和各领域的各种管理者。
4. 明确成功管理者的关键管理技能。
5. 解释不同类型的领导力。
6. 讨论管理决策过程的具体步骤。
7. 描述组织如何从全面质量管理中受益。

商界报道

IBM 公司的新 CEO 感到保持技术领先是重要的

当 IBM 任命 Virginia Rometty 成为其首位女性首席执行官时，IBM 刚刚开始其在第二个百年的业务。IBM 在其第一个百年内创造了技术创新的历史，其中包括自动制表机、FORTRAN 编程语言、个人计算机以及在电视节目 Jeopardy 上取得决定性成功的快速 Watson 超级计算机。在 Rometty 成为首席执行官之前的十年里，IBM 收购了普华永道咨询公司，并将面向消费者的个人电脑业务出售给中国的联想公司，上述两项工作加强了 IBM 对商业客户服务的关注。

当 Rometty 在 2012 年接任时，IBM 已经打算实现雄心勃勃的目标——到 2015 年再创造 200 亿美元新收入。Rometty 在 30 年前就加入了 IBM，她管理的团队将普华永道咨询公司纳入到 IBM 的组织结构之中。后来，她成为 IBM 服务部门的一员，获得了市场营销和战略方面的高层次经验。所有这些经历都帮助 Rometty 成为一家价值 1 000 亿美元的公司的首席执行官，该公司在全球拥有近 40 万名员工。

随着全球经济陷入困境，技术不断变化以及竞争日趋激烈，Rometty 的首要任务就是不断地重塑公司。“我们今天与十年前不同，”她说，“迅速适应不断变化的商业环境将使得 IBM 的成功记录得以延续。”该公司现在通过销售技术服务和商业软件赚取的钱，比销售计算机更多，这是与商业和政府客户签订有利可图的长期合同所得到的结果。由于 IBM 未来的大部分收入将来自海外客户，因此 Rometty 任命了一位高级副总裁来领导市场拓展部的工作，并将该部门的总部迁至中国上海。Rometty 继续大力投资研发活动以促进未来增长，并且正在寻找潜在的收购对象，它们都将使 IBM 在提供服务和软件方面具有更大的优势，这些服务和软件正是商业客户解决最紧迫问题时所需要的。[1]

从 IBM 的领袖风采反映出“管理”是当今最激动人心和最有价值的技能之一。公司根据其大小，一般会雇用一批分工不同的管理者，专门负责特定范围的管理工作，如市场营销、财务和运营。组织内部还包括不同层次的管理者。在本章中，我们定义管理的概念，描述管理的四个基本职能——计划、组织、领导激励以及控制。然后，着重介绍不同责任层次和分工领域管理者的类型。接下来，我们强调有效管理者的技能和管理者必须扮演的不同角色。我们研究几种类型的领导风格，探索管理者决策的过程。我们还描述全局质量管理将如何提高客户满意度。

6.1 何为管理

管理是协调人和其他资源以实现组织目标的过程。正如我们在第 1 章中所看到的一样，大多数的组织使用的资源有四种：物质资源、人力资源、财务资源和信息资源(如图 6.1)。

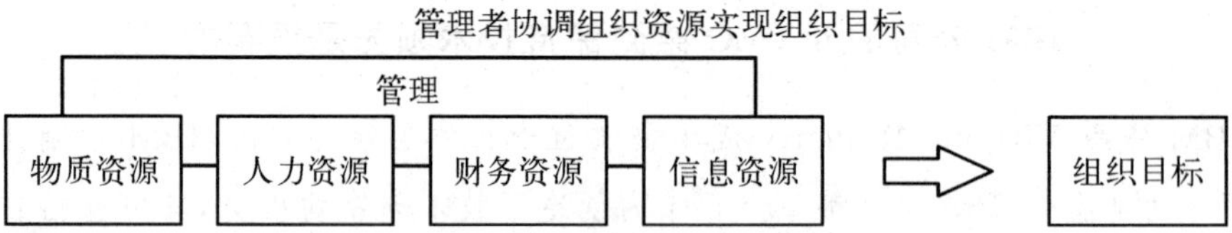

图 6.1 管理的四种资源

物质资源是指组织所使用的可见的、有形的资源。例如，General Motors 公司使用钢、玻璃和玻璃纤维在复杂的机械化装配线上生产汽车和卡车。学院或大学使用书籍、教学楼、课桌和电脑来教育学生。梅奥诊所(Mayo Clinic)使用手术室设备、诊断机器和实验室测试仪提供保健。

一个组织里最重要的资源或许是其人力资源——人。事实上，有些公司信奉的理念就是“雇员是公司最重要的资产”。一些管理者认为员工的发展和管理方式对组织的影响可能比其他重要组成部分更大，如市场营销、有关较大支出的合理的财务决定、生产或者所使用的技术。例如，有这样一个为其员工自豪的公司——西南航空(Southwest Airlines)。西南航空对自己的员工像乘客一样给予相同的尊重和重视。西南航空在有选择地寻求具有乐观态度的员工，并且在 80%的工作时间内提高他们。在决策制定过程中，每个参与过程的人都会受到鼓励。在这个放松管制的行业里，极端价格竞争和燃料成本的波动淘汰了几个主要竞争对手，西南航空由于员工作用保持增长并获利。许多专家会认可西南航空对员工的重视。

财务资源是组织为履行对投资者和债权人的义务所使用的资金。7-11 便利商店从结账柜台获得顾客的钱，并使用其中一部分钱支付给其供应商。你的大学以学费的形式获取资金，以捐赠或者州和联邦补助金的形式取得收入，它用这些钱支付公用事业费、保险费和教授的薪水。

最后，许多组织越来越多地发现，他们不能忽视——信息。外部环境条件，包括经济、消费者市场、技术、政治和文化力量都在快速变化，以至于不适应的企业可能无法生存。为了适应变化，企业必须知道什么正在改变，以及它是如何变化的。大多数公司收集他们的竞争对手的信息，以增加他们对行业变化的认知，或者从其他公司的失败和成功中吸取经验教训。

重要的是要认识到，前面描述的四种资源只是一般的资源类别。每个类别内有成百上千个特定的资源。这是具体资源的复杂组合，而不是简单的四个一般资源类别中"每一个"，管理者必须协调用以生产产品和服务。

另一个看待管理的有趣方式是从管理者所执行的不同职能的角度。这些功能被定义为计划、组织、领导、激励和控制。我们在下一部分分别介绍各个职能。

6.2　基本管理职能

当制药公司 Eli Lily 决定将重点放在中国新兴市场时，公司重组其结构，以至于其六个部门中的一个部门可以应对新兴市场，其雇员人数从 1 100 人增加到了 2 200 人，并开始了在苏州的第二个生产厂的建设。该公司为处理研究和发展问题还实施了合作战略。Eli Lilly 公司的关键战略包括最大化核心资产，加速新产品上市，利用更长生命周期的产品在一定区域内(如在中国)建立区域联盟，进入快速增长的细分市场。[2]

如刚才所描述的管理职能不是根据一些死板的、预设的时间表进行的。管理者不是在 1 月计划，在 2 月组织，在 3 月领导和激励，在 4 月进行控制。在任何给定的时间，管理人员可能同时忙于几个管理职能。每个职能自然地交汇于其他职能。图 6.2 提供了一个可视化框架以便更详细地讨论四个基本管理功能。

管理者执行这些关键职能的好坏决定了企业是否成功。

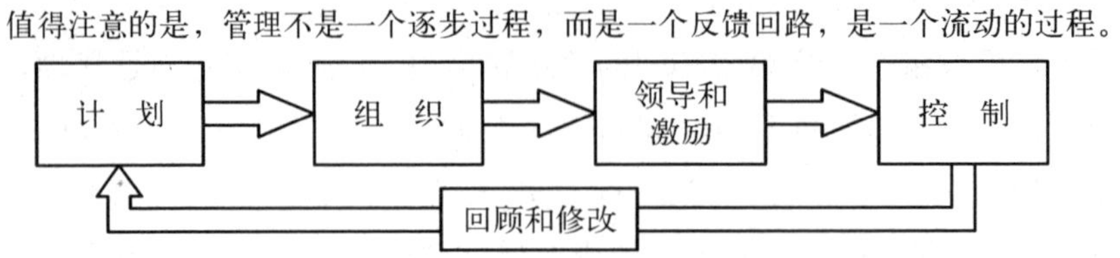

图 6.2 管理的过程

6.2.1 计划

计划,其最简单的形式是建立组织目标并决定如何完成它们。

计划居于所有管理职能的“首要地位”,因为所有其他管理职能依赖于计划。如星巴克、休斯敦社区学院和 Facebook 的计划过程一般是从制定使命宣言开始的。

组织的**使命**是使其不同于其他组织的基本目标宣言。例如,星巴克的使命宣言是“激励和培育人类精神——一人、一杯、一邻里”。休斯敦社区学院的使命是为当地公民提供教育。Facebook 的使命宣言是“给人们分享的力量,令世界更开放和连接”[3]。一旦组织的任务以使命宣言的形式描述出来,下一步是将进行战略规划。

战略计划过程

战略计划过程包括建立组织的主要目标、目的及进行资源分配以实现目标的过程。虽然客户、产品、竞争对手和公司资源等因素是战略规划过程中会分析到的一部分因素,最高管理者为战略规划负责。

在当今瞬息万变的商业环境中,不断变化的内部或外部环境可能需要改变公司的目标、使命或战略。战略计划的时间线通常是 1—2 年,也可以长达 10 年。战略计划应灵活,包括行动项目,如概述计划将如何实施。

建立目标和目的

目标是一个组织预计在 1—10 年里期望实现的一个最终结果。**目的**是指一个组织打算在较短的时间内完成任务的具体说明。

目标和目的可以处理各种要素,如销售额、公司增长、成本、客户满意度和员工士气。小型制造商可能主要侧重于未来 6 个月的销售目的,大公司可能对影响未来数年的目标更感兴趣。比如星巴克在它的“共享行星”项目下建立了几个计划将在未来几年内完成的目标,特别是在道德采购、环境管理和社区参与方面。星巴克希望截至 2015 年,其所购买的咖啡百分之百来源于道德采购源头,或者来自那些负责任种植咖啡而永不损害环境的农民。该公司还希望通过激励方案的运用,鼓励农民阻止森林砍伐来应对气候变化。星巴克希望至 2015 年其 100%的杯子可以重复使用或回收。此外,该公司希望利用自己的商店领导社区的志愿者计划。[4]最后,目标被设置在组织的每个层次上。组织的每个成员,公司的领导、一个部门的负责人或者一个最低级别的操作人员,都有一套他或她期望实现的目标。

为这些不同层次人员制定的目标必须是一致的。然而,它有可能会出现一些冲突。例如,一个生产部门可能有成本最小化的目标。这样做的一个方法是只生产一种产品并提供“无装饰”产品。营销部门可能有销售最大化的目标。有一种方法可以实施这一目标——为客户提供广泛的产品和选择。作为目标设定的一部分,负责这两个部门的经理必须在冲突的目标中取得某种平衡。这个平衡过程称为优化。

冲突目标之间的优化需要洞察力和能力。面对之前描述的营销—生产冲突,大多数经理可能会不完全采纳任何一方的观点。相反,他们可能会决定合理多样化的产品线,只提供那些最广泛受追捧的产品。这样的妥协对整个组织来说似乎是最好的结果。

SWOT 分析

SWOT 分析是对公司优势、弱势、机会和威胁进行识别和评估。优势和弱势是影响公司能力的内部因素。优势指的是一个公司的有利特征与核心能力。**核心能力**是一个公司运行良好,使其比竞争对手更有优势的方法和过程。这些核心能力可能有助于公司吸引财务和人力资源,更可能生产出令客户更满意的产品。弱势是指公司在制定或实施计划时所面临的内部限制。有时,管理人员很难识别和理解组织弱势的负面影响。

外部机会和威胁独立于公司存在。机会指在环境中存在的可以为组织带来额外回报的有利条件。也就是说,机会是客观存在的,必须被组织利用才能从中受益。另一方面,威胁可能会阻止公司实现其目的的条件或障碍。机会与威胁来自商业环境中的各个方面。例如,竞争对手的行动、新的法律、经济变化,或新技术都可能构成威胁。对有些公司来说是威胁,但对其他公司来说可能是机会。优势、劣势、机会和威胁的示例如图 6.3 所示。

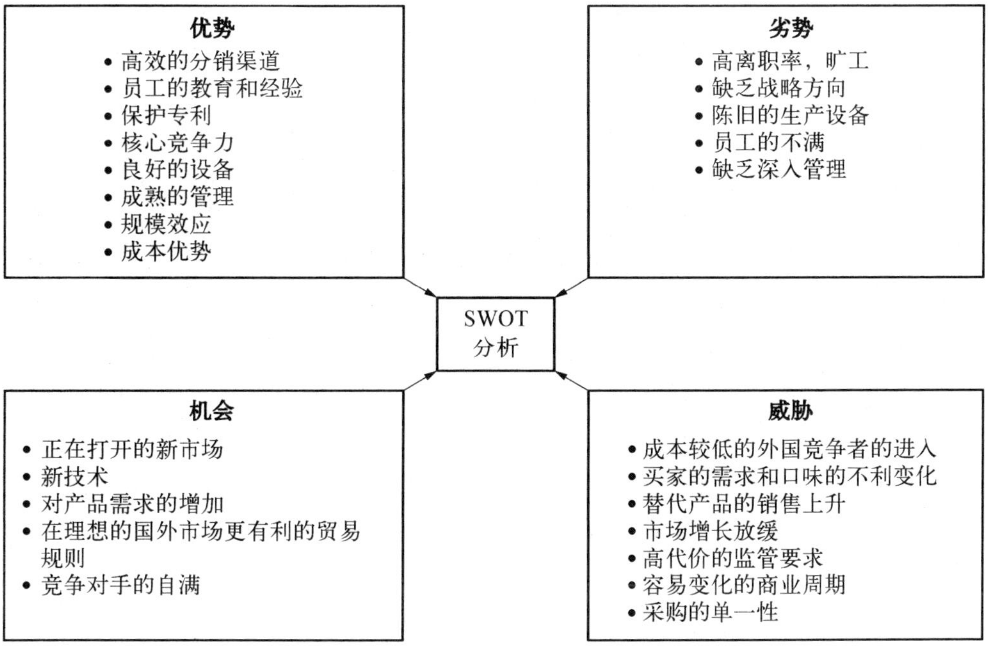

图 6.3 SWOT 分析的要素和例子

道德成功或失败

深入研究竞争对手

在准备 SWOT 分析时，公司可以在多大程度上研究竞争？许多公司仔细监控社交媒体评论以寻找蛛丝马迹，例如有关他们竞争对手的相关信息。竞争性研究的道德限制又是什么？

一般而言，当一家公司搜索竞争对手的垃圾桶，窃听电话线，入侵计算机系统或尝试获取客户名单和产品蓝图等专有信息时，那么这家公司就做得有点离谱了。与此不同，访问竞争对手的公共网站和 Facebook 页面，在他们的商店或陈列室进行购物，或者观看他们新产品的公告和价格变化，这些才是描述竞争格局的好方法。一家生物技术公司密切关注竞争对手的药品通过监管渠道的速度，这个线索将有助于其规划自身开展宣传和营销活动的时间。

无论公司多么了解其竞争对手的优势和劣势，除非让合适的人看到，否则这些信息都是无用的。这就是为什么给商业客户提供服务的旅行社 Egencia 要维护一个名为"了解你的敌人"的内部网站。员工可以在该网站中发布和评论竞争对手的相关细节信息。然后，当销售人员与客户见面时，他们就可以强调 Egencia 的竞争优势。

资料来源：Scheier R.L., Why Social Tech's Real Value Is Inside the Business[N/OL]. *InfoWorld*, 2011-12-19, http://infoworld.com/d/applications/why-socialtechs-real-value-inside-the-business-178336; Crash Course in Competitive Intelligence (CI)[J]. *Management Today*, 2011, (5): 18; Lamont J., Gaining Insight to Enhance Decision-Making[N]. KMWorld, 2011-11 and 12, 12.

计划的类型

一旦组织的目标和目的设定好，管理者必须制定计划来实现它们。**计划**是组织打算完成其目标和目的的行动概要。正如它有不同的目标和目的一样，组织有几种类型的计划，如图 6.4 所示。

从战略计划过程可以知道，一个组织的**战略计划**是其最广泛的计划，是主要政策和决策制定的指南。战略计划由董事会和最高管理层制定，一般旨在实现组织的长期目标。因此，一个公司的战略计划定义了公司从事或者想从事的业务，成为或想成为什么样的公司。Gannett 是 82 种不同报纸的主要出版商，面对长期广告低迷，修改了其战略计划。该公司的计划涉及增加体育报道和改造其订阅模式，以提高收入。新的战略计划认识到，用户越来越多地通过在线系统以数字化格式获得信息。其客户每月阅读 5—15 篇免费文章，之后，他们必须付费阅读。[5]

除了战略计划外，大多数组织还采用了几种更详细的计划。**战术计划**是制定的用以管理者制定并依靠几种类型的计划。

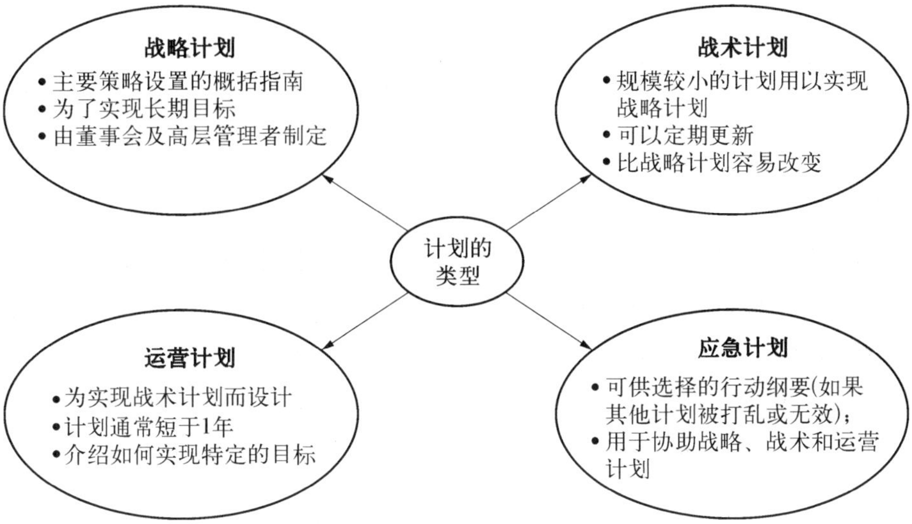

图 6.4　计划的类型

实现战略的小规模计划。大多数战术计划覆盖 1—3 年。如果一个战略计划将花费 5 年时间完成，该公司可能会制定 5 个战术计划，每年覆盖 1 个。战术计划可以根据情况和经验定期更新，其更有限的范围允许战术计划比战略计划更容易改变。宜家在中国有一个战术计划，包括至 2016 年每年新开三家商店。这些商店必须位于市区轨道交通附近，如火车或轻轨。因为中国的基础设施、收入水平、生活方式和生活空间都与其在西方国家的客户有所不同，宜家必须利用不同的战术计划实现其在中国的发展。[6]

操作计划是指为实现战术计划而采取的计划。操作计划一般是为解决如何实现组织特定目的的 1 年或 1 年以下的计划。

不管管理者如何努力，有时商业活动并不按照计划发展。今天，大多数公司在制定战略计划、战术计划和操作计划的同时也制定了应急计划。应急计划是一个概括描述当组织的其他计划被打乱或变得无效时可以采取的备选方案计划。例如，加拿大航空为飞机维修服务在正常飞行后被迫采取其应急计划。AVEOS 机队暂停运营。没有事先警告，AVEOS 损失了 2 300 名工人，申请信用保护，并宣布它永久关闭其机身的维护操作。幸运的是，加拿大航空有一个应急计划适时地让飞机改变航程飞去魁北克的供应商进行修理。[7]

6.2.2　组织企业

目标设定和计划后，管理者的第二大职能就是组织。**组织**是将资源和活动分组以有效和高效的方式去实现最终结果。假设一种情况，一个发明者发明了一种新产品并投入商业运营去销售产品。首先，发明者将尽一切可能去购买原材料，生产产品，宣传它，销售它，并保持业务记录。最终，随着业务增长，发明者需要帮助。首先，他可能需要聘请专业销售代表和兼职会计。后来,它也可能需要雇用销售人员,协助生产的员工和会计。由于发明人雇用新人员,他或她必须决定每个人做什么,每个人将向谁报告,以及每个人在组织中如何最好地发挥作用。我们将在第 7 章更详细地讨论这些以及组织其他方面的功能。

6.2.3 领导与激励

领导和激励功能关注的是组织的人力资源。具体来说,**领导**是影响人们向共同目标努力工作的过程。**激励**是为人们提供为组织最大利益工作动力的过程。领导和激励往往合在一起简称**指导**。

我们已经注意到组织人力资源的重要性。因为这种重要性,领导和激励是至关重要的活动。很明显,不同的人做事有不同的原因,也就是说,他们有不同的动机。有些主要是赚取尽可能多的钱,其他人可能会因为有晋升机会而受到激励。管理者工作的一部分便是确定什么因素激励员工,并试图提供这些措施以实现有效激励。通用电气公司董事长兼首席执行官杰夫·伊梅尔特一直致力于改造通用电气,使之成为与世界发展相关的重要主题的领导者,例如新兴市场、环境解决方案、人口统计和数字互联。他坚信要给予团队自由,并希望他们拿出解决方案。如果情况需要,他会毫不犹豫介入。他认为,一个领导者的主要角色是教导,他让人们感受到他愿意分享他所学到的东西。伊梅尔特也奠定了 GE 的雄心勃勃的"绿色创想计划",并三次被巴伦评为"全球最佳首席执行官"。[8]关于动机和领导力有很多研究,正如你将在第 10 章看到的那样,有关动机方面的研究产生了非常有用的信息。然而,领导力的研究不那么成功。尽管有几十年的研究,但没有人发明一套造就好的领导者的通用个人优秀特征。在本章后面,我们将更详细地讨论领导力。

6.2.4 控制正在进行的活动

控制是评估和调整正在进行的活动,以确保实现目标的过程。要了解控制工作,可以参照 NASA 为在轨道上放置卫星而发射火箭的过程。NASA 的人员是否只是点燃火箭然后几天后再检查一下看看卫星是否到位?当然不是,火箭要被不断监测,其过程是根据需要调节和调整以使卫星到达目的地。

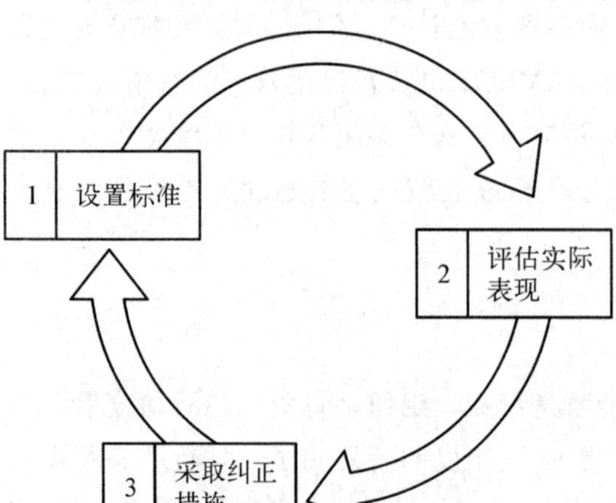

图 6.5 控制职能

控制职能包括三个步骤(见图 6.5)。一是制定参照标准。二是评估实际运行情况并与标准进行比较。三是采取必要的纠正措施。注意图中控件的形状是圆形的。控制职能的步骤必须定期重复,直至达到目标。例如,假设西南航空公司的目标是利润增加 12%。为确保这一目标的达成,西南航空的管理层可能会按月监测其利润。3 个月后,如果利润增加了 3%,管理工作可以被认定为按计划进行。在这种情况下,可能不会采取任何行动。然而,如果 3 个月后利润增加只有 1%,则需要采取一些纠正措施使公司走上正轨。采取什么样的特定行动需要根据利润增幅过小的原因而定。

6.3　管理者的类型

管理者可以按照两种标准来划分:根据其在组织内的层次划分,根据其在组织内的管理范围划分。在本节中,我们使用这两种划分来研究各类管理者。

6.3.1　管理的层次

此刻,想象一个具有三层结构的组织(如图 6.6 所示)。每个层次对应的三层管理者中的一个:高层管理者、中层管理者和一线经理。

高层管理者是负责指导和控制组织整体财富的高层管理人员。高层管理人员构成一个小组。在计划方面,他们一般负责制定组织的使命。他们还确定公司的战略。需要多年的辛勤工作、长时间和毅力,以及才气和不少运气,才能在大公司中到达高层管理人员的行列。高层管理人员的一般职位头衔是总裁、副总裁、首席执行官(CEO)、首席营运官(COO)。

中层管理者在大多数组织中构成最大的管理者群体。中层管理者是执行高层管理者制定的战略和主要政策的管理者。中层管理人员制定战术计划和操作计划,并协调和监督一线经理的活动。中级管理层的职位头衔包括部门经理、部门主管、工厂经理、运营经理。

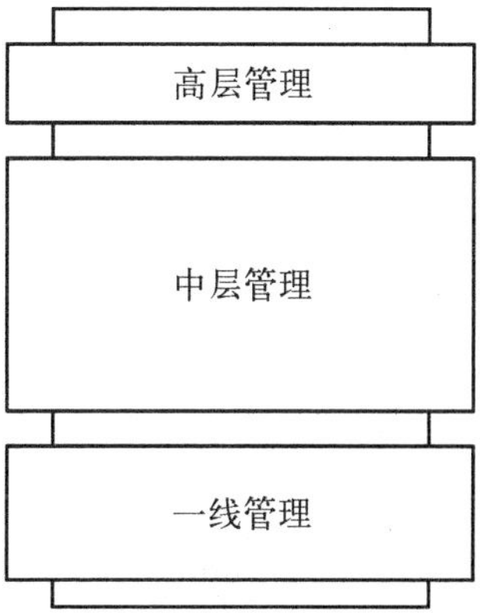

图 6.6　大多公司中的管理层次

注:所有三个层次的管理者需要协调配合,努力实现公司目标。

一线经理是协调和监督员工活动的管理者。一线经理大部分的时间都用在激励员工、回答问题和解决日常问题上。大多数一线管理者之前是一线操作员工,由于他们的努力和潜力被提升为管理层。今天的许多中高层管理人员就是从一线经理的位置开启他们职业生涯的。一线经理的头衔通常包括办公室经理、主管和领班。

6.3.2　管理的专业化领域

组织结构也可按照管理的专业化领域进行划分(见图 6.7)。最常见的领域包括金融、运营、市场营销、人力资源,以及行政。根据其使命、目标和目的,组织也可能包括其他领

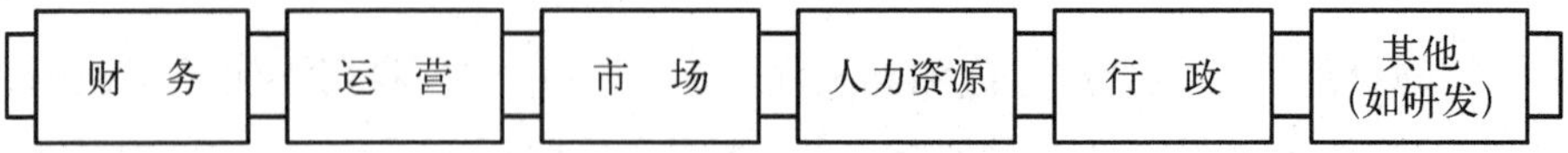

图 6.7 管理的专业化领域

注：可能会增加其他领域，这取决于企业和行业的性质。

域，比如研发。

财务经理主要负责对组织的财务资源负责。会计和投资是财务管理内部的专门化领域。因为财务活动影响整个公司的运作，许多首席执行官和国家大公司的总裁都是那些曾做过财务经理的人。

运营经理管理将资源转化为商品和服务的系统。在传统意义上，运营管理一直等同于制造商品的生产。然而，近年来，许多运营管理的技术和流程已被应用于生产服务和各种非商业活动。与财务管理一样，公司的首席执行官和总裁也有很大比例来自运营管理部门。

市场经理负责促进组织与组织或客户之间的产品交换。具体来说，市场营销的专业化领域包括市场研究、产品管理、广告、促销、销售及分销。现今，相当数量公司总裁从营销经理队伍中产生。

人力资源经理负责管理一个组织的人力资源计划。他进行人力资源规划，设计招聘系统、培训系统和员工表现的评估系统，确保组织遵循政府雇用条例。一些人力资源管理者会有效利用科技。例如，Monster.com 发布超过 100 万个空缺职位，每月吸引约 2 300 万访客。[9]

行政经理（也被称为总经理）不和任何具体功能领域相联系，但提供全面的行政指导和领导。医院管理人员是行政经理的一个例子。他或许不专长经营、金融、市场营销或人力资源管理，但是却协调所有这些专门领域经理的活动。在许多层面，大多数高管都是实际的行政经理。

无论他们在组织的哪个层次和或分工领域，成功管理者通常展现出一定的关键技能，并能扮演特定的管理角色。我们应看到，一些技能在某个管理层面可能比在其他层面更为关键。

成功之道

史蒂夫·乔布斯：非凡的未来主义者

已故的史蒂夫·乔布斯不仅对于共同创办的苹果公司而言，是一位鼓舞人心的领导者，他也会给许多其他商业领袖带来灵感，其中就包括维珍集团的企业家——理查德·布兰森。正所谓“所有真正的领导者以自己的方式处理事情”，布兰森就认为乔布斯作为首席执行官的成功应该归功于他能够想到别人无法想到的事情。

苹果公司在乔布斯这位富有远见的首席执行官带来下，推出了现象级的产品，如 iPhone、iPad 和 iTunes。乔布斯富有创造力、魅力十足且具有独断力。他做出快速而自信的决定，推动 Apple 臻于完美。在他的坚持下，任何带有苹果公司标志的产品都必须具有美学独特性、直观易用性和顶级品质。

对于外界来说，乔布斯是苹果公司的代言人，以个人的魅力推出每一款新产品。在公司内部，他是一个不懈的创新者，一直在思考下一个新事物，并推动下一个突破。多年来，乔布斯改变了人们使用电脑、打电话和听音乐的方式。他所留下的领导力遗产是一个强大、成功且具有无所不能的精神的公司。

资料来源：Based on information in Lohr S., The Yin and Yang of Corporate Innovation[N/OL]. *New York Times*, 2012-01-26, BU-3; Allen F.E, Steve Jobs Broke Every Leadership Rule. Don't Try It Yourself[J/OL]. *Forbes*, 2011-08-27, http://forbes.com/sites/frederickallen/2011/08/27/steve-jobs-broke-every-leadership-rule-dont-try-that-yourself/; Nocera J., What Makes Steve Jobs Great[N/OL]. *New York Times*, 2011-08-26, http://nytimes.com/2011/08/27/opinion/nocera-what-makes-steve-jobs-great.html; Branson R., Apple Boss Steve Jobs Was the Entrepreneur I Most Admired[N/OL]. *Telegraph* (U.K.), 2011-10-06, http://telegraph.co.uk/technology/steve-jobs/8811232/Virgins-Richard-Branson-Apple-boss-Steve-Jobs-was-the-entrepreneur-I-most-admired.html.

6.4 成功管理者的主要技能

如图 6.8 所示，管理人员需要多种技能，包括概念化、分析、交际、技术和沟通能力。

6.4.1 概念化技能

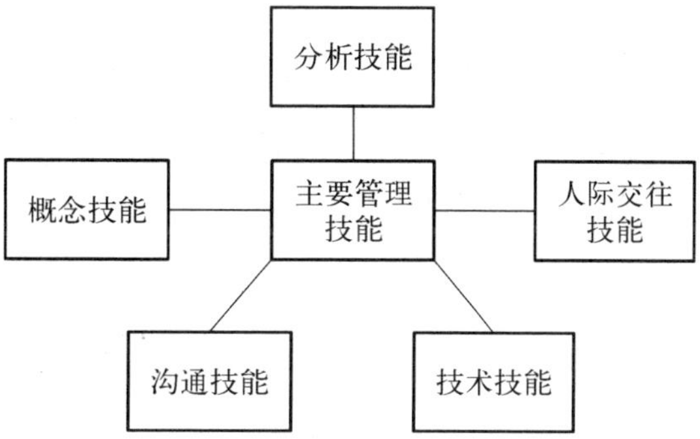

图 6.8 成功管理者的主要技能

概念化技能包括从抽象层面思考的能力。概念化技能让管理者看到“大局”，同时去理解组织的不同部分或理念怎样结合在一起。例如，Red Hat 这个开源的技术公司里的 Jim Whitehurst，坚信概念化思想者能为公司带来好处。他认为，管理者应该从组织的各个层面征求创意，以帮助他们更好地了解大局，获得多样化的创意。[10] 这些技能在多样性在各种情况下都是有用的，包括前面所描述的组织目标的优化。

6.4.2 分析技能

雇主希望管理人员运用**分析技能**正确地识别问题，形成合理的方案并选择“最佳”方案来解决问题。高层管理者特别需要这些技能，因为他们需要将重要问题与不太重要的问题区分开来，同时，在不同情况下找出它们不同的根本原因。运用这些技能的管理人员不仅发现问题，而且纠正导致问题发生的初始事件或初始问题。因此，这些技能对于高效而有逻辑地运营公司非常关键。

6.4.3 人际交往技能

人际交往技能包括与组织内外人员有效相处的能力。举例来说，包括与人交往的能力、了解他们的需求和动机的能力，以及表现出真正同情心的能力。星巴克的创始人兼首席执行官霍华德·舒尔茨最近正在利用他的人际交往知识来挽救公司。舒尔茨迅速关闭了 800 家业绩差的店，解雇了 4 000 名员工，重新培训员工，利用现代化技术，提高运营。尽管发生了这些巨大的变化，员工们仍然对公司忠心耿耿，且有改善的动机，因为舒尔茨对社区和员工成长作出承诺。例如，他拒绝减少员工的健康保险，因为这将“削弱雇员信任的基础”。在组织里，像舒尔茨这样的首席执行官可能必须能够与员工一起工作。但对中层和一线的管理者来说可能就不一定要拥有这些人际交往技能。[11]

6.4.4 技术技能

技术技能包括完成专门活动所需的特定技能。例如，工程师和机械师所需要的技能就是技术技能。一线经理(以及小规模的中层管理者)需要与他们管理工作有关的技术技能。虽然这些管理人员可能不执行技术任务本身，但是他们必须能够培训下属、回答问题或者提供指导与指引。例如，凯悦公司会计部门的一线经理必须能够执行会计电算化交易，并帮助员工完成同样的会计任务。总的来说，高层管理人员不会像其他级别的管理者一样依赖技术技能。不过，理解业务技术有助于各级管理者的有效管理。

6.4.5 沟通技能

沟通技能，在口头和书面两方面都包括有效地听、说、写的能力。管理者需要口头和书面沟通技巧。因为管理者一天的大部分都是用来与人交谈的，说话和倾听的能力是关键。管理者的口头沟通技巧在销售陈述、进行采访和举行记者招待会时会用到。书面沟通技巧很重要，因为管理者撰写信件、电子邮件、备忘录、销售报告等其他书面文件，拼写的不同可能是成功与失败的分水岭。计算机、智能手机和其他高科技设备令当今商业世界的交流更容易，也更复杂。为了有效地管理一个组织，并获取足够的信息，管理者必须懂得如何使用数字通信设备，并将其潜能最大化，这非常重要。

6.5　领导力

领导力被广泛定义为影响他人的能力。一个领导者能利用他的权力影响他人的行为。领导不同于管理,一个领导者争取让员工自愿合作,而一个管理者可能必须依靠强制手段改变员工行为。

6.5.1　正式领导和非正式领导

一些专家将领导区分为正式领导和非正式领导。正式领导人拥有合法的职位权力。他们在组织内有某方面的权力来影响他人为组织目标工作。非正式的领导通常没有这种权力,或能或不能实施影响来支持组织。正式的和非正式的领导都有几种能量,包括给予奖励或惩罚的能力、拥有专家知识或者个人魅力。与组织目标一致的非正式领导人对任何组织来说都是宝贵的财富。然而,一个公司也可能屈服于反对组织管理的非正式领导人。

6.5.2　领导的类型

多年来,领导力被视为个性特征的结合,如自信、关心他人、有才能和可靠。关于哪个特质最重要,很难达成共识。所以更多的研究转向领导风格。近年来,已提出几种领导风格,包括专制型、参与型与企业家型。

专制型领导是以任务为导向的。决策是独立进行的,对员工的意见根本不关心。员工会被准确告知到底期望从他们那里得到什么,被给予具体指导方针、规则和关于如何完成任务的规定。Hyundai USA 的管理者成功地利用专制型领导风格。[12]

参与型领导在当今的商业组织中很常见。参与型领导在制定决策前事先咨询工人。这有助于员工了解哪些目标更重要,同时培养他们的主人翁意识和认同感来达到这些目标。参与型领导可以分为三类:协商型、舆论型和民主型。协商型领导与员工讨论问题,但保留最终决策的权力。舆论型的领导寻求来自所有工人的意见并在他们的支持基础上作出决策。民主型领导人将决定权给予整个团队,收集他们意见并根据投票得出决策。谷歌联合创始人拉里·佩奇和谢尔盖·布林是众所周知的民主决策型领导。[13]在参与型组织中沟通是积极向上和向下的。指导、合作和谈判是参与型领导应具备的重要技能。

企业家型领导依个性决定。虽然每一个企业家是不同的,但这种领导风格的一般是任务导向的、有驱动性的、有魅力和有热情的。[14]企业家个性倾向于主动、冒险地进入新领域,高瞻远瞩,重点关注于下一笔交易。他们的热情激励他们的员工。企业家型领导往往非常投入工作,工作时间非常长以确保公司成功。他们可能不明白为什么员工对工作没有同样的热情。苹果前首席执行官史蒂夫·乔布斯可能是出类拔萃的企业家领袖的例子。他很有魅力,为组织不知疲倦而富有热情地工作。[15]

6.5.3 哪种领导风格最好?

如今,大多数管理专家都同意没有哪种领导风格是"最好"的。以上描述的每种风格——专制型、参与型和企业家型领导都有其优点和缺点。参与型领导能有效激励员工工作,因为他们正在执行自己的决定。然而,参与型领导的决策过程需要花费很多时间,下属也需要致力于决策工作本身。表 6.1 给出了有效领导的建议。这些建议大部分与参与型领导风格相一致。

表 6.1 成功领导者的建议

1. 言行一致。让你的行为与你的言语一致。
2. 诚实、公平、尊重、荣耀和自信。
3. 展示一个愿景和值得追随的价值观。
4. 同事犯错误,你也会,接受它们并从中学习。
5. 接受他人的关怀。提问并花时间倾听同事。
6. 了解你的弱点,这样你就可以建立一个团队来弥补它们。
7. 只工作不娱乐会降低效率。
8. 通过鼓励员工成长和学习来帮助工人发挥最大作用。
9. 不要公开指责任何人,除了你自己。
10. 保持积极的态度,并期待其他人如此。消极会导致业绩下滑。
11. 让人们参与决策,尤其是那些关心变化的人。
12. 欢迎新的做事方式。拥抱变化,因为那是不可避免的。
13. 承认和庆祝个人和团队的或大或小的成就。
14. 接受差异并从中获益。
15. 授权你的员工。他们将获得更大的自尊、责任和问责。
16. 关注你的工作,而不是你自己。

尽管已经进行了很多研究来证明哪种领导风格最好,但并没有明确的结论。当领导者的风格与形势相匹配时可能就是"最佳"领导。每种领导风格都可以在适当的情况下有效。最有效的领导风格取决于员工、工作状况特点与管理者人格的相互作用。

6.6 管理决策

决策是从一组备选方案中选出一个方案的行为。[16]在一般情况下,决策的制定是随意的和非正式的。我们遇到问题,考虑一下,提出一个解决方案,然后继续。然而,管理者需要更系统的方法来解决复杂问题。如图 6.9 所示,管理决策过程包括四个步骤:(1) 识别问题或机会;(2) 产生备选方案;(3) 选择方案;(4) 实施和评价解决方案。

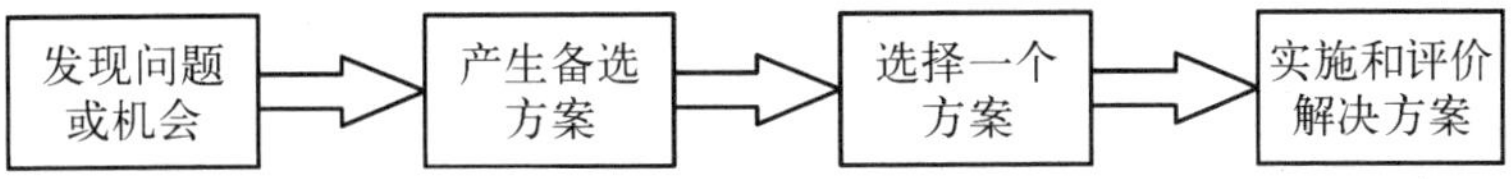

图 6.9 管理决策制定过程的主要步骤

注:管理者需要掌握一些系统方法来解决各种情况下出现的问题。

6.6.1 识别的问题或机会

问题是实际情况和理想条件之间的差异,即发生的与所希望发生的之间的区别。例如,如果坎贝尔汤公司的坎贝尔饥饿冷冻晚餐销售收入下降(实际情况),则营销经理经理就遇到问题。为解决这个问题,营销经理必须采取措施来增加销售收入(理想状况)。大多数人认为问题一定是"负面的";然而,问题也可以是"正面的"。正面的问题应该被视为"机会"。

尽管问题的准确识别在问题被解决或变成一个机会之前,这一决策制定阶段对管理者来说往往会产生很多问题。有时候管理者对问题先入为主的看法会妨碍他们看清实际情况。在适当的问题出现之前,他们会先给出答案。在其他情况下,管理者可能会在不重要的事情上关注过多而忽略了真正重要的问题。此外,管理人员可能会错误地分析问题的症状而不是其原因。

高效的管理者会向前看,以便在决策时做好准备。他们分清形势,并检查问题的原因,询问某些变化因素的存在与否是否会导致情况变化。最后,他们考虑个人行为和价值观如何影响对问题或机会的定义。

6.6.2 产生备选方案

在确定了一个问题之后,下一个任务是形成备选方案。决策越重要,在这一阶段就要越要给予越多重视。管理者对新鲜、创新的想法与显而易见的答案应表示出同等欢迎。

有些技巧可以帮助创造性方案的产生。在小组讨论中经常使用头脑风暴,鼓励参与者产生许多新想法。在头脑风暴中,小组其他成员不允许批评或嘲笑。美国海军开发的另一种方法称为"爆破,然后再精炼"。小组成员在处理重复出现的问题时,删除所有以前的解决方案和程序,然后,小组重新评估其原始目标,必要时加以修改,并设计新的解决方案。其他技巧,包括"试错"在这一决策制定阶段也是有用的。

6.6.3 选择一个方案

最后的决定受到许多因素的影响,包括财务制约因素、人力和信息资源、时间限制、法律障碍和政治因素。管理者必须选择最有效和最切实可行的方案。麦当劳以其简单的快餐菜单而闻名，最近却被迫作出不同的选择，以适应不断变化的消费者的口味。几年前，麦当劳面临销售下滑的问题。必须作出有关业务结构和食物供应类型的决策来吸引客户。管理部门从“计划去赢”方案中作出选择，这涉及改变快餐连锁店的菜单，包含更多的沙拉、冰沙和其他更健康的产品；也包括收购其他公司，如提供健康的墨西哥快餐的 Chipotle 公司。管理层还实施了细致的领导继任计划，使领导层的转换尽可能平稳。[17]

有时，两个或更多方案或者一些方案的组合也同样合适。管理者或许在几个层次的问题上选择解决方案。新创词“satisfice”描述了一个解决方案是恰当的但是不够理想的。当缺乏时间或信息时，管理者经常做出“satistice”的决策。在任何可能的时候，管理者们应该仔细研究备选方案并选择理想的解决方案。

社交媒体

通过社交媒体，工人是否给雇主制造问题？

管理者应如何把控员工对于社交媒体的使用？尽管 Facebook、LinkedIn、Twitter 和其他网站越来越受欢迎，但一些公司担心员工会披露专有信息或者参与一些可能损害公司形象的有争议对话。他们还担心员工在工作中会分心。

在某些行业中的企业管理者，例如金融服务，是需要监控员工发布的与业务相关的消息，以确保符合政府法规。但是，在大多数情况下，公司可以自由设定自己的政策。例如，IBM 的政策就要求员工使用尊重的语言，遵守版权法，并表明他们的观点是个人的。

越来越多的公司鼓励员工使用社交媒体互相交流，与客户和供应商互动，只要他们遵循特定的指导方针。Kodak 公司的员工在讨论与公司业务相关的任何事情时必须披露其所属关系，并且不得泄露任何机密信息。在线零售商 Zappos 的社交媒体政策很简短：“要真实，并运用你最好的判断。”

资料来源：Schweitzer T., Do You Need a Social Media Policy? [N/OL]. Inc., 2010-01-25, www.inc.com/articles/2010/01/need-a-social-mediapolicy.html; Scheer D., Brokers' Facebook, Twitter Posts Must Be Tracked by Employers[N/OL]. *Business Week*, 2010-01-25, www.businessweek.com; Li C., *Open Leadership*[M]. San Francisco, CA: Jossey-Bass, 2010, chap. 5; Baker S., Beware Social Media Snake Oil[N]. *Business Week*, 2009-12-14, 48-51.

6.6.4 实施和评估解决方案

执行决策需要时间、计划、人员准备和结果评价。即使他们仔细考虑过备选方案，管理者通常会遇到不可预见的后果。

管理决策的最后一步是评估决策的有效性。如果选择的方案消除了实际情况与理想情况之间的偏差，那么决策就是有效的。如果问题依然存在，管理者可以在以下内容中作出选择：

- 给所选择的方案更多的时间来发挥作用；
- 采用不同的替代方案；
- 启动问题识别过程，重来一遍。

未能充分评估决策可能产生负面后果。在华尔街的金融危机发生后，利益相关者和监管机构关于发生了什么事，以及如何防止在未来发生类似的金融系统崩溃讨论了好几年。衍生品受到广泛指责，当时，组织管理者、监督者和监管机构都未能充分评估使用衍生工具的风险。近日，监管机构推出新规则，他们希望在未来能够减少广泛的衍生问题的可能性。[18]

6.7　全面质量管理

现今，在一些组织中质量管理是其最优先考虑的事项。更注重质量管理的原因包括国外竞争、有更高的要求消费者、由于市场份额减少带来的财务业绩不佳或者更高的成本。在过去几年中，几家美国公司失去了他们几十年来在竞争中一直保持的主导地位。

全面质量管理是一个比控制产品本身质量（在第 8 章中讨论）更广泛的概念。**全面质量管理（TQM）**旨在努力提高顾客满意度，增加雇员参与，加强供应商伙伴关系，并促进形成持续提高质量的组织氛围。为了使全面质量管理项目有效，管理人员必须注意以下每一个部分：

- 客户满意度。改进的途径包括生产更高质量的产品，提供更好的客户服务，向客户展示公司的关心。
- 员工参与。这可以通过允许员工作出参与决策制定，发展自我管理的工作团队，并承担改善他们的工作质量的责任。
- 加强供应商的伙伴关系。培养与供应商的良好工作关系可以确保正确的供应以及原材料的低成本与准时交付。
- 持续质量改进。基于持续改进的项目被证明是最有效的长期途径。

用于全面质量管理的一种工具称为**标杆管理**。标杆管理是评估产品、过程，或另一组织的管理惯例，其目的就是为了提高质量，帮助组织在安全性、客户服务、生产力、创新或其他方面更优越。

例如，竞争对手的产品可能会被拆卸和评估，或其工资和福利计划可能被调查，来测试应对劳动力市场的补偿方案。标杆管理的五个基本步骤是确定目标、形成标杆管理团队、收集数据、分析数据，并针对结果采取行动。最好的实践在任何企业或组织中都可以被发现。

尽管许多因素影响全面质量管理计划的有效性。但有两个问题是至关重要的。首先，高层管理人员必须对全面质量管理有强烈的认同，把全面质量管理当做一项头等大事，并给予频繁关注。建立全面质量管理计划的公司，而后如果专注于其他优先事项，将会发现他们的质量改进计划将失败。其次，管理人员必须协调全面质量管理计划的具体内容，以便他们彼此协调运行。

虽然不是所有的美国公司都有全面质量管理计划，但这些计划能够带来许多好处。总体财务效益包括更低的运营成本、关于销售和投资的更高回报，以及提高使用溢价定价而非竞争性定价的能力。未实行全面质量管理的公司有时担心这样做的成本太高而未去做。实施全面质量管理的最初成本较高，但是预防未来发生问题和集成系统所节省的成本通常能够弥补费用。不实施全面质量管理的长期成本可能包括公司声誉的损害、生产率的损失和错误发生后浪费的纠正错误的时间。[19]

商界报道回看

IBM

随着 Virginia Rometty 在 IBM 公司中的职位不断提升，她获得了领导这家开创性技术公司所需的经验和技能。她与前任首席执行官密切合作，实施了当前的战略计划，旨在加速 IBM 全球销售和利润的增长。在担任首席执行官的第一天，她宣布了最高管理层的变革，以支持 IBM 的国际业务和服务部门，这两个关键部门对公司的未来至关重要。

虽然 IBM 已有 100 多年的历史，但它的首席执行官希望它像年轻的初创公司一样具有创新性。在超过 15 年的时间里，IBM 获得了比其他任何公司更多的美国专利，而 Rometty 计划保持这种技术领先地位，因为她将公司的目标定位为未来几年要高速增长。

讨论题

1. Virginia Rometty 在被任命为首席执行官之前在 IBM 工作了 30 多年。您认为这种经历会如何影响她作为首席执行官的计划、组织、领导和控制能力？解释你的答案。

2. 您是否会建议 IBM 使用其最接近的竞争对手作为其技术创新标准的模式？为什么是或者为什么不？

本章小结

1. **定义何为管理。**管理就是协调人和其他资源来实现组织目标的过程。管理者要关心四种类型的资源——物质资源、人力资源、财务资源和信息资源。

2. 描述四个基本管理职能：计划、组织、领导、激励和控制。 管理人员执行四项基本职能。管理职能不一定按照硬性的、预设的时间表进行。在任何时间，管理人员都可能同时发挥多项职能。然而，每个职能都倾向优先于其他职能。首先，管理者进行计划。决定公司应该走向哪里，以及如何最好地到达那里。在计划中可以运用的一种分析方法称为 SWOT 分析——识别和评价公司的优势、劣势、机会和威胁。有三种类型的计划，从最广泛到最具体的，包括战略计划、战术计划、操作计划。管理者还组织资源和活动以有效和高效地完成结果，他们引导和激励他人为组织的最大利益工作。此外，管理者控制正在进行的组织活动。控制职能主要有三个步骤：设定标准，评估实际运行情况，并采取纠正措施。

3. 从管理层次和管理范围两方面来区分不同类型的管理者。 管理者或管理岗位可从两个不同的角度来分类。从在组织中所处的层次划分，包括控制组织的财富的高层管理者；实施主要战略和主要政策的中层管理人员；管理操作工人活动的一线管理者。从管理领域的角度而言，管理者最常对应于以下领域：金融、运营、营销、人力资源和行政。

4. 识别成功管理者的主要技能。 管理者需要多种技能才能成功与高效的运营企业。概念化技能是用来抽象思考或识别"大局"。分析技能用来正确识别问题，形成合理备选方案，并选择"最佳"方案来解决问题。人际交往技能用来有效应对组织内部与外部的人。在完成专业化活动时需要技术技能，不管它们是用来实际执行任务，还是用来培训和协助员工。沟通技能用于有效地听、说、写。

5. 解释不同类型的领导风格。 管理者的效率往往取决于他们领导风格，也就是他们影响他人的能力，或正式或非正式。专制型领导人是任务导向型的，他们准确告诉员工期望从他们那里得到什么，给予他们如何完成所分配任务的具体说明。参与型领导人在做决定前咨询员工的意见，可以分为三类：协商型、舆论型和民主型。企业家型领导人依不同人的个性而不同，但他们通常精力充沛，对工作充满热情，且掌握主动权。

6. 讨论管理决策过程的步骤。 决策制定是管理者工作的一个组成部分，是形成一组备选方案，并从中选择解决方案的过程。管理决策的制定包括四个步骤：管理者必须准确识别问题，形成几种可能的解决方案，选择在特定情况下最有效的解决方案，实施和评估所选方案。

7. 描述组织是怎样从全面质量管理中获益的。 全面质量管理(TQM)是众多努力的组合，旨在提高客户满意度，提高员工的参与，加强与供应商的合作伙伴关系，并促进形成一种持续改进质量的组织氛围。另一个用于全面质量管理的工具是标杆管理，它是用来评估产品、过程或其他卓越组织的管理实践来提高质量的过程。在标杆管理中包括五个基本步骤：确定目标，形成一个标杆管理团队，收集数据，分析数据，并针对结果采取行动。为了有一个有效的 TQM 计划，高层管理人员必须对全面质量管理有强烈的、持续的认同，并能够协调计划的不同部分以确保能和谐运行。总体来说，从全面质量管理中获得的财务效益包括更低的运行成本、来自销售或投资的更高回报、更好地运用溢价定价而非竞争定价的能力。

关键词

管理	战略计划过程	SWOT 分析	战略计划
计划	目标	核心竞争力	战术计划
使命	目的	计划	操作计划

应急计划	一线经理	概念化技能	参与型领导
组织	财务经理	分析技能	企业家型领导
领先	运营经理	技术技能	决策制定
控制	市场经理	沟通技能	问题
高层管理者	人力资源经理	领导力	全面质量管理(TQM)
中层管理者	行政经理	专制型领导	标杆管理

复习题

1. 定义团队的管理者(manager),不能用到“管理(management)”二字。
2. 明确并描述管理的基本职能。
3. SWOT 分析的主要因素是什么?
4. 怎样区分战略计划、战术计划和操作计划?它们的共同点是什么?
5. 管理者组织究竟什么?为什么?
6. 为什么领导力和激励对人们的商业活动非常重要?
7. 阐述控制职能的步骤。
8. 管理者类型的两个方面(指层次和领域),有什么不同?
9. 一个成功的管理者应具备什么技能?
10. 对比主要的领导风格。
11. 讨论管理决策制定过程的四个步骤中每一步都会发生什么。
12. 全面质量管理的主要好处是什么?

讨论题

1. 一个健康的公司(运行良好)有必要担心有效的管理吗?为什么?
2. 附近饭店的使命是什么?什么可能是这些组织的合理目的?
3. 哪些管理职能和技能不适用于独资企业的经营者?
4. 哪种领导风格可能同时最适合组织内部的三层管理?
5. 通过本章可知,哪种领导风格最高效取决于雇员、工作状况的特点和管理者个性的相互作用。你是否同意?为什么?
6. 你认为人员对一个组织来说果真如本章所描述的这样重要吗?
7. 正如你在本章学到的,管理者经常要长时间地忙碌工作。这种职业对你有吸引力吗?为什么?

视频案例 6.1

L. L. Bean 凭借其核心价值和有效的领导

L. L. Bean 的第一个产品是防水靴，由缅因州户外活动者 Leon Leonwood Bean 设计，他保证客户会满意。但由于缺陷，100 双售出的防水靴中有 90 双被退回。Bean 退还了客户的钱，并着手改进产品，该产品成品成为该公司漫长而成功的历史上最受欢迎的产品之一。

L. L. Bean 在 1912 年从一个小小的邮购公司开始，已发展为在美国 10 个州拥有 14 家零售商店和在线商店，其受欢迎的玻璃柜台里陈列有公司 20 000 多种产品，包括高品质的服装、饰品、户外用品、箱包、床上用品、家具。它仍然是私人所有，由家族运营，在它的历史上仅有三位领导者——L. L. Bean 本人、他的孙子 Leon Gorman、现在是 Chris McCormick——第一个领导企业的非家族成员。新英格兰是 L. L. Bean 的核心市场，它的销售周期在每年冬季假期急速增长。总部设在弗里波特的缅因州，在最早的店附近，该公司的年度销售收入超过 15 亿美元。

L. L. Bean 的管理者有很多运用他们的计划、组织、领导、控制技能的机会。例如，在销售旺季前期，临时雇用额外的员工，大约 4 600 个员工，这一人数是长期员工的 2 倍，所以管理者要重组队伍，由每组 25 名变成 30 名一线员工在呼叫中心工作。原先不在领导岗位的正式员工被要求去领导临时工队伍，确保帮助他们发展技能，并确保他们的表现能够达到预期。这个组织的策略运作得很好，许多临时工年复一年地回来工作。

计划技能也会发挥作用，当最高管理者决定何时何地开设新的零售商店，是否扩充一些直销店提供停产的项目和库存，以及投资多少以确保 L. L. Bean 车间满足环境管理工作的最高标准。最近的一个战略计划项目带来新的服装和配件，其称为 L. L. Bean 签名制作，采用了公司 100 年的历史中最新的经典产品特征。

在控制职能方面，管理人员不断考核与评价员工绩效。公司的目标分解到具体商店和员工身上。如果事情不在正常轨道上，主管应该让员工知道，并帮助解决问题。然而，L. L. Bean 的控制职能并不完全是一个自上而下的过程。其鼓励员工开发自己的个人目标，比如学习新的技能，或获得一个更好的经营决策方法。管理人员通过在公司内部临时调动，或参加一个特殊的公司项目，帮助他们找到实现个人目标的途径。

L. L. Bean 具有很强的协同工作的文化，体现在与主管、同事和下属一起工作中。这意味着在某种程度上，每个人都是一个领导者。正式管理候选人要具有分析能力和人际交往能力，并塑造公司的六个核心价值观：户外传统、诚信、服务、尊重、毅力和安全健康的生活方式。在公司成立早期，L. L. Bean 居住在商店上面，当客户在深夜按下门铃时，他也能够立刻下楼会见。“顾客在这个办公室里是最重要的，无论是其本人还是其邮件，”他常说。所以，忠于自己的信仰，他的领导风格继续围绕服务客户的需求。就像 L. L. Bean 的经理说，要帮助公司所有的销售人员和客户服务代表，使他们能够更好地服务于客户。[20]

讨论题

1. 你认为 L. L. Bean 的管理者最可能的领导风格是什么？

2. 为了在 L. L. Bean 的旗舰店提供热水，该公司近期安装了太阳能热水系统，每年将抵消 1 100 磅二氧化碳的排放。请提出该公司经理在每个级别的项目计划(战略、战术、业务和应急)中可能会问到的问题。

3. 你认为 L. L. Bean 的临时团队领导充当什么样的领导角色?

案例 6.2

"地球最大书店"的下一步是什么?

当首席执行官杰夫·贝佐斯在 1995 年创立在线零售商 Amazon.com 时,他的目标是建立"地球最大的书店"。亚马逊现在的年销售额高达 48 万亿美元,提供"地球上最多的商品选择",包括所有产品,从摄像头、服装、灯到行李箱。从一个虚拟书店开始,它已经成为一个多元化的跨国公司,服务于 1.64 亿位消费者和商业客户,这要归功于其创始人高瞻远瞩的领导和对顾客满意的不懈关注。

在会议桌旁和他的高级经理们坐在一起时,贝佐斯经常空出一把椅子来代表"房间里最重要的人"——顾客。尽管许多首席执行官密切关注他们每 3 个月向股东报告的收益,但贝佐斯总是更关注长期客户需求,而不是短期财务业绩。

亚马逊的战略计划是展望未来 10 年或更长时间,并涵盖利用该公司技术优势的创新。他说:"我们是舒适的播种,并等待他们长成大树。"贝佐斯和他的高管们对未来的投资和行动作出深远的决定有耐心和信念,观察在实施过程中事情的进展,并根据需要调整计划。

Kindle 是亚马逊的战略规划获得良好回报的一个很好的例子。当电子图书读者尚在襁褓之中,贝佐斯坚信通过一个可以在一分钟或更少时间内下载任何书的易于使用的设备,亚马逊可以颠覆市场。该公司的工程师花了几年的时间(耗费数百万美元)发明了最初的 Kindle,在 2007 年一经推出便脱销。从那时起,新的具有附加功能的型号,包括 Kindle Fire,吸引了大量的新客户以及新的"内容创造者"——使用 Kindle 平台发布自己的书籍的作者。电子书的销量超过了纸质书,这种发展导致了 Borders 和其他书店破产,而亚马逊在 Kindle 的帮助下带来数字下载量的迅速增长和利润增加。

为了确保亚马逊为满足客户所做的一切,管理层为数百项日常活动制定标准,并不断地评估实际业绩。例如,它计算网页加载时间,并发现加快速度的方法,因为迟缓了甚至是一瞬间延迟将会导致客户离开页面。公司维持最低的库存水平以避免损耗商品,按邮政编码预先分拣包装以增加其运输合作伙伴的效率,追踪任何导致交货延迟的原因使客户明白他们可以信赖亚马逊的承诺。亚马逊经常在客户满意度调查中名列前茅就不足为奇了。

今天,该公司的网站是一个在线市场,个人和企业可以出售他们的产品,他们每次出售时支付给亚马逊一些费用。像 Netflix 这样的大公司也会向亚马逊支付复杂的互联网软件和数据存储系统的费用。不过,由于亚马逊的根是在零售业,贝佐斯继续保持阅读客户信件的习惯,去了解他们喜欢什么,不喜欢什么,寻找带领他找到下一个大机会的线索。[21]

讨论题

1. 亚马逊的力量是技术,技术可以迅速变化且不可预知,你是否同意杰夫·贝佐斯寻找未来战略规划目标的方法?为什么?

2. 杰夫·贝佐斯是一个专制型、参与型,还是一个企业家型的领袖?亚马逊的含义是什么?

3. 亚马逊如何应用全面质量管理?为什么?

尾注

1. Based on information in "IBM Keeps Top Patent Spot for 19th Year as Asian Rivals Gain," *Bloomberg BusinessWeek*, January 11, 2012, http://news.businessweek.com/article.asp?documentKey=1376-LXMW751A74E901-39IF2F50723L13O-T62AKFA8GSQ; Nicola Leske, "IBM's Plain Vanilla Flavor Leaves Investors Satisfied," *Reuters*, January 20, 2012, http://reuters.com/article/2012/01/21/us-ibm-idUSTRE80K01G20120121; Spencer E. Ante and Joann S. Lublin, "IBM Names Rometty as Next CEO," *Wall Street Journal*, October 26, 2011, http://online.wsj.com/article/SB10001424052970204777904576653512671012304.html; Darryl K. Taft, "New IBM CEO Rometty Makes Key Management Changes," *eWeek*, January 3, 2012, http://eweek.com/c/a/IT-Management/New-IBM-CEO-Rometty-Makes-Key-Management-Changes-296800/.
2. "Eli Lilly Made China Pharma Market a Top Priority," *Transmedia.com*, January 1, 2010, http://transmedia-china.com/default.aspx?portalid5442&tabid50&mid55606&ctl5news&iid53561.
3. Starbucks, http://starbucks.com/about-us/company-information/mission-statement (accessed February 15, 2012); Facebook, http://facebook.com/facebook#!/facebook?v=info (accessed February 15, 2012).
4. Starbucks, http://starbucks.com/responsibility (accessed February 15, 2012).
5. Amy Chozick, "Gannet Pushes its Pay Wall Plan to Investors," *New York Times*, February 22, 2012, http://mediadecoder.blogs.nytimes.com/2012/02/22/gannett-pushes-its-pay-wall-plan-to-investors.
6. Jens Hansegard, "IKEA Taking China by Storm," *The Wall Street Journal*, March 20, 2012, http://online.wsj.com/article/SB10001424052702304636404577293083481821536.html.
7. Staff reporter, "Air Canada Uses Contingency Plan to Service Planes," Reuters, March 21, 2012, www.reuters.com/article/2012/03/21/aircanada-idUSL1E8ELL3F20120321.
8. http://fastcompany.com/tag/Ecomagination (accessed February 15, 2012); http://ge.com/company/leadership/ceo.html (accessed February 15, 2012).
9. http://quantcast.com/monster.com (accessed February 14, 2012).
10. Adam Bryant, "The Memo List: Where Everyone Has an Opinion," New York Times, March 10, 2012, www.nytimes.com/2012/03/11/business/jim-whitehurst-of-red-hat-on-merits-of-an-open-culture.html.
11. David A. Kaplan, "The 2011 Business Person of the Year: Howard Schultz, Strong Coffee," *Fortune*, December 12, 2011, pp. 101–116.
12. http://kwikiblog.blogspot.com/2008/03/korean-management-practices-at-hyundai.html (accessed February 5, 2012).
13. www.flatworldknowledge.com/pub/1.0/principles-management/32395; www.google.com/intl/en/corporate/culture.html (accessed January 5, 2012).
14. Andrew J. Dubrin, *Leadership: Research Findings, Practice and Skills*, 7th ed. (Mason, OH: South-Western/Cengage Learning, 2013).
15. Walter Isaacson, "The Real Leadership Lessons of Steve Jobs," *Harvard Business Review*, April 2012, http://hbr.org/2012/04/the-real-leadership-lessons-of-steve-jobs/ar/1.
16. Ricky Griffin, *Management*, 11th ed. (Mason, OH: South-Western Cengage, 2012), 7.
17. Deborah L. Jacobs, "McDonald's Recipe for Success Brought New CEO to the

Table," *Forbes,* March 22, 2012, www.forbes.com/sites/deborahljacobs/2012/03/22/mcdonalds-recipe-for-success-brought-new-ceo-to-the-table/.

18. Ben Protess, "Regulators Approve New Derivatives Rules," *New York Times Dealbook*, March 20, 2012, http://dealbook.nytimes.com/2012/03/20/regulators-approve-new-derivatives-rule.
19. Martin Murray, "Total Quality Management (TQM)," http://logistics.about.com/od/qualityinthesupplychain/a/TQM.htm (accessed March 23, 2012).
20. Based on information on the company Web site www.llbean.com (accessed January 20, 2011); company news release, "L.L.Bean Installs a Solar Hot Water System to Its Flagship Store in Freeport," www.llbean.com, June 15, 2010; interviews with L.L.Bean employees, and the video, "L.L.Bean Relies on Its Core Values and Effective Leadership."
21. Based on information in George Anders, "Inside Amazon's Idea Machine," *Forbes,* April 4, 2012, www.forbes.com; James B. Stewart, "Amazon Says Long Term and Means It," *New York Times,* December 17, 2011, p. B1; Steven Levy, "CEO of the Internet," *Wired,* December 2011, p. 208.

第 7 章

创造一个柔性组织

学习目标

1. 理解组织是什么，同时明确组织的特点。
2. 理解为什么专业化分工很重要。
3. 确定分部门经营的基础。
4. 解释如何进行分权。
5. 理解如何用管理幅度来描述一个组织。
6. 描述组织结构的四种基本形式。
7. 描述企业文化的影响。
8. 描述如何使用委员会和工作组。
9. 解释非正式组织和小道消息在商务活动中的作用。

商界报道

在 Kraft 制作一份零食和杂货

在过去的 25 年中，Kraft 食品公司一直在改变其组织结构，这是因为它改变了所有权，收购了新品牌和公司，并继续在国际上进行扩张。随着发展，该公司的高级管理人员决定在 2012 年年底之前将 Kraft 分拆为两家独立的公司。其中一家将会拥有 Maxwell House、Velveeta 和 Oscar Meyer 等北美杂货品牌，其年销售额为 160 亿美元。另一家则会拥有吉百利(Cadbury)、奥利奥(Oreo)和三叉戟(Trident)等全球零食品牌，其年销售额将达到 320 亿美元，并且还会伴随中国等新兴市场的需求增长而继续快速增长。

宣布分拆后，Kraft 食品公司首席执行官 Irene Rosenfeld 被任命为全球零食公司的首席执行官，卡夫食品公司执行副总裁 Tony Vernon 则被任命为北美杂货公司的首席执行官。在这两家公司中，工作先按地理区域分组，然后再按客户类型（例如连锁超市和便利店）分组。这样的组织结构沿袭于原来的母公司，并且能够使得管理人员了解并解决每个领域的具体需求。

例如，当 Kraft 首次在中国推出美式奥利奥饼干时，销量并不高。然后，当地管理层为中国人的口味增添了甜味，为原本光滑的饼干表面添加了稻草形状，并创造了绿茶馅等当地风味。不久，奥利奥成为中国最畅销的饼干。同样是高度关注于当地的需求，帮助 Kraft 拉丁美洲集团在当地强势品牌 Lacta 旗下推出了一款新巧克力产品 Delice。得益于这一新产品，该品牌的年销售额飙升了 29%。

每个衍生产品都需要自己的员工来完成人力资源管理和财务管理等职能。他们还必须确定如何处理诸如向零售客户分发产品等任务。全球零食公司决定直接向每个零售店提供产品，而北美杂货公司则选择在仓库中存储产品并雇用外包公司向零售客户交货。像这样的决定最终影响了分拆后两家公司的工作任务量和类型。这两家公司的下一步会怎么发展？[1]

为了生存和成长，像卡夫食品这样的公司必须不断寻找改进企业经营方式的途径。卡夫公司的管理者和其他组织的管理者一样，主动重组公司来实现它们的目标，创造令人满意的产品，促进形成长期的客户关系。

当企业被组织起来或者被重组时，重点往往是实现低经营成本。其他公司，如耐克，强调提供高质量的产品来确保顾客满意。公司的组织影响其业绩。因此，组织问题很重要。

本章内容审视企业组织是什么，以及在当今商业环境下如何发挥其职能。接下来，我们逐一介绍塑造一个组织结构的五个特征。我们讨论公司内部工作的专业化，将工作分为可管理的单位或部门，从管理者到员工的代表团，管理的幅度，以及建立指挥链。然后我们全面了解组织结构，描述企业文化的影响，重点讨论如何运用委员会和工作组。最后，我们考察非正式的社会互动网络在正式商务组织内如何运行。

7.1 什么是组织

我们在整个第 6 章中使用了术语“组织”，但没有真正定义它，主要是由于它的日常意义接近于它的商业意义。然而，这里我们关于组织的定义达成一致，**组织**是两个或两个以上的人为达成共同的目标而一起工作的一个团体。由夫妻二人所有并经营的干洗店是一个组织。同样，在全世界雇用众多员工的 IBM 和家得宝也是组织。尽管公司的组织结构比干洗店要复杂得多。为了实现目标，必须组织起来。

一个为生产和销售新发明而从事商业活动的发明家雇用工人，决定每个人将做什么，决定谁向谁负责等。这些活动是组织或创建组织的本质。实现这一“画面”的一种方法就是创建组织图。

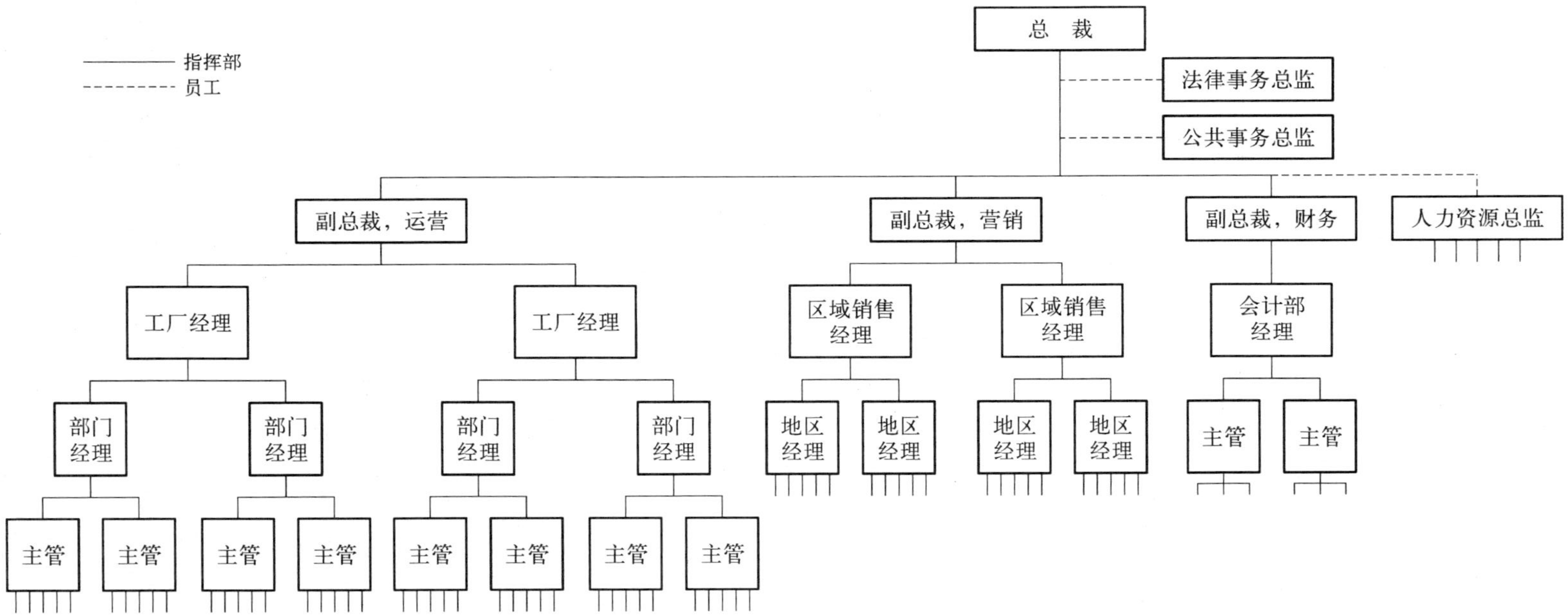

图 7.1　一个典型的企业组织图

注：公司的组织结构图表示组织内的职位和关系，显示指挥链。

7.1.1 创建组织图

组织图是表示一个组织内位置和关系的图表。组织结构图的一个例子如图 7.1 所示。每个矩形代表组织中的特定位置或个人。最上层是总裁,下一层是副总裁。垂直实线连接总裁和副总裁,表明副总裁处于命令链。**指挥链**是一条从组织最高层向组织最低层延伸的权威线。此外,每个副总裁直接向总裁负责。类似地,工厂经理、区域销售经理和会计部门经理对副总裁负责。指挥链可能很短也可能很长。当地的一家小餐馆可能有很短的指挥链,即顶层的所有者和下层的雇员。另一方面,大型跨国公司可能有很长的指挥链。不管指挥链有多长,必须确保链条之间能够清晰地沟通。在组织图中,法律部主管、公众事务部主管和人力资源部主管之间的连线用虚线表示,这些人不属于直接指挥链。相反,他们拥有顾问或职员的职位。这种差异我们将在本章后面讲述直线参谋制时讨论。

大多数较小的组织会认为组织图有用。它帮组织中的每个人分清不同职位和彼此关系,并帮助管理人员跟踪组织结构的增加和变化。然而许多大型组织,例如埃克森美孚、凯洛格公司和宝洁公司,都没有保持完整详细的组织图。这有两个原因：首先,图标很难精确定位十几个位置,更不用说有成千上万个职位的大公司;其次,较大的组织几乎总是在改变结构的组成部分,一个组织图在完成之前就已经过时了。然而,组织为了企业的成功,不可以没有组织图。技术正在帮助大公司制定最新的组织结构图。

7.1.2 组织一家企业所考虑的主要因素

当一家公司成立时,管理层必须决定如何组织公司。这些决定重点在工作设计、部门化、授权、管理幅度和指挥链。在接下来的几节中,我们将从这些方面来讨论。

7.2 工作设计

在第 1 章中,我们将专业化定义为制造过程的分离,分为不同的任务,同时将不同的任务分配给不同的人。现在我将该概念扩展到组织内执行的所有活动。

7.2.1 工作专业化

工作专业化就是将所有组织活动分离成不同的任务,并把不同的任务分配给不同的人。亚当 · 斯密,18 世纪的纪经济学家,依据他的理论生发了资本主义,他是第一个在书中强调专业化作用的人。他的著作《国富论》中谈到专业化力量。按照亚当 · 斯密的观点,在一个特定的别针厂,应合理安排复杂的任务,以便一个工人为大头针拉线,另一个拉直铁丝,第三个人切割,第四人接地,第五个人接头。斯密认为,10 个男人每天能生产

48 000 个大头针。在专业化之前,他们每个工人每天只能生产 200 个大头针,因为每个人都需要完成所有的五项任务。

7.2.2 专业化的理由

由于种种原因,一些工作专业化在组织中是必要的,因为在大多数组织,“工作”对一个人来说过于庞大以至于无法应付。在福特汽车公司这样的公司里,成千上万的人们需要制造汽车,其他的则需要去销售汽车或者从事公司的财务等。

其次,当一个工人必须要去学习一项特殊的、高度专业化的任务时,那个人应该能够非常高效地学习。再次,一个工人重复相同的工作,就不会在操作转换中耗费时间,就像别针工人在生产完整的大头针时所做的那样。最后,工作越专业化,设计专用设备就越容易。而且,工作越专业化,就越容易进行工作培训。

7.2.3 工作专业化的备选项

不幸的是,专业化也可能产生负面后果。最显著的缺点是员工在重复做同一件工作时可能感到厌倦和不满。觉得无聊的雇员会经常旷工,可能不会投入太多精力在工作中,甚至可能破坏公司生产高质量的产品的努力。

为了解决这些问题,管理者经常选择使用工作轮换制度。**工作轮换**是员工从一个工作到另一个工作的系统化转移。例如,一个工人可以在四周里的每周被分配一个不同的工作,然后在第五周回到第一份工作。工作轮换为工人提供各种各样的任务,这样就不太可能感到无聊和不满。例如,英特尔提供了一个关于短期任务分配的内部数据库。工作轮换有助于员工对他们的工作保持兴趣,开发新技能,找出他们可能愿意投入精力的新角色。据人力资源管理协会的调查显示,43%的公司为工人提供了交叉培训。[2]

另外两种方法:扩大工作和增加工作也可以解决工作专业化带来的问题。这些话题,以及其他用来激励员工的方法,在本书第 10 章进行讨论。

7.3 部门化

在设计了工作之后,它们必须被组合成“工作单元”或部门,这个过程称为部门化。更具体地说,**部门化**是将工作分成可管理的单元的过程。事实上,大多数公司不止适用一个基准。当今,对于企业组织内各个有效部门最常见的划分基础是按功能、按产品、按区域或按客户来划分。

7.3.1 按功能划分

按功能部门化就是把涉及相同组织职能的工作进行分组。在这个计划下,所有的营销人员都被聚集在市场部门,所有的生产人员都被聚集到生产部门,等等。

大多数较小的和较新的组织都是按照功能来划分部门的。因为每个人都参与相同的活动,监管就变得简单了,也容易协调。这种工作分组的缺点是会导致决策制定缓慢,倾向于过于突出本部门而不是整个组织。

7.3.2 按产品划分

按产品部门化就是将涉及特定产品或服务的活动进行分组。这种方法经常被销售众多产品和服务的较成熟、较大的公司采用。每个部门负责各自的营销、生产、财务管理和人力资源活动。

按产品部门化使决策制定更容易,能够整合与每个产品相关联的所有活动。然而,它造成了一些专门活动的重复,例如从一个部门到另一个部门的财务。此外,关注的重点放在了产品上,而不是整个组织。

7.3.3 按区域划分

按区域部门化是指按照运营活动的地理区域划分部门。部门范围可从不同国家(国际公司)到国家内的不同区域(比如国内公司)或到一个城市的不同街区(比如公安部门按不同区域来组织)。按位置部门化的使得组织对不同区域的独有需求或要求迅速做出反应。然而,可能需要大量的行政人员和复杂的控制系统来协调不同区域的运营。

7.3.4 按客户划分

按客户部门化就是按照满足不同客户群体需要的活动进行部门划分。一个本地的雪佛兰经销商可能有一个销售部门来面向个人消费者,同时由另一个不同的销售部门来面对企业买家。这种方法的明显优点是能够高效地应对个人客户或群体客户。最大的缺点是需要一个比通常情况下更大规模的行政部门。

7.3.5 各划分基础的组合

许多组织使用一个以上的部门划分标准。以百事可乐为例,其按产品和区域划分。它有按产品划分的组织,如 Beverages、Frito-Lay、Quaker 和拉美食品。同样也按区域划分,如亚洲、欧洲、中东和非洲。[3]

仔细看一下图 7.2。注意,新浪潮时装公司是按照客户划分部门来组织的,分为三个主要部门:男装部、女装部和童装部。然后,以不同功能区分公司的生产和销售活动。最后采取不同区域的部门来组织公司的营销工作。

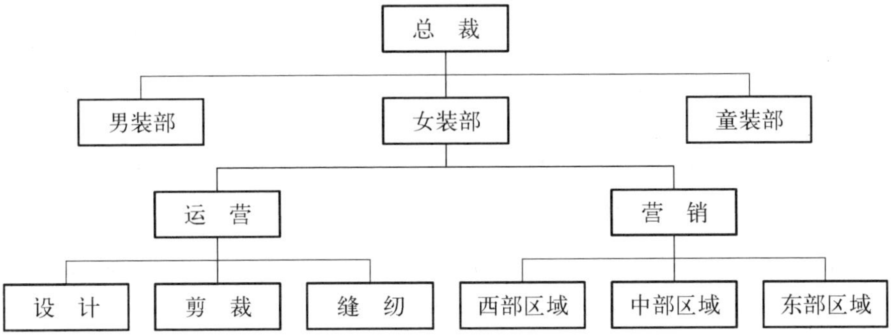

图 7.2　新浪潮时装公司的多重部门划分

注：大多数公司使用不止一种部门划分方法来提高效率，避免职位重叠。

7.4　授权、分权、集权

组织过程中的第三个主要步骤是在组织中分配权力。**授权**是把一部分管理者的工作和权力分配给其他员工。集权或分权的程度由组织内的授权模式决定。

7.4.1　授权

由于没有管理者可以完成所有事情，授权对于完成经理的工作至关重要。授权在发展下属的技能和能力方面也很重要。它使那些将被提升为更高层职位的人在决策中扮演越来越重要的角色。

成功之道

戴尔重组为启动创新

全球收入超过 600 亿美元，从计算机、云计算以及其他高科技产品，戴尔是斗志旺盛的。为了夺回市场份额，创造明日的热销新产品，总部设在德克萨斯的戴尔公司积极授权以鼓励更快的创新。例如，它在硅谷保持单独的研究和开发集团，用网络和其他技术来确定、开发和营销新产品。

另一个例子是戴尔的一个数据存储中心业务单元。它离总部只有八英里，拥有自己的标志。这个公司像一个建立在某人车库里，而不像是一个跨国公司的投资组合中的一个。事实上，当这个单位刚成立时，它的一个工程师确在他的车库里建造了一件设备。这个单位的负责人说："你需要一支蜡笔在餐巾纸上作画"，没有层层官僚和严格指导方针，促进企业创新。在短短的五年来，这个单位已发展成为业务额达 10 亿美元，拥有 500 名员工的公司，同时，将带来更多的增长。

重组结构来促进创新不能保证产品一击即中，正如戴尔从它第一次设立独立智能手机部门的失败经验一样。但是，权力下放给戴尔一个重新获取早期敏捷、创新精神的机会。

资料来源：Calnan C., Dell to Up Staff in Santa Clara, Calif[J /OL]. *Austin Business Journal*, January 31, 2012, http: / /bizjournals.com /austin /news /2012 /01 /31 /dell-to-up-staff-in-santa-clara-calif.html, 2012-01-31.

要取得成功，管理者必须学会授权。没有人能独自做完所有事。

授权的过程

图 7.3 授权的步骤

授权的步骤

授权过程一般包括三个步骤(见图 7.3)。首先，管理者需要分配责任。**责任**是做一项工作义务或执行任务。在大多数工作情况，管理者只给员工一份工作去做。典型的工作分配可能是给工人一个工作，让其准备一份关于一个新的质量控制计划的报告。第二，管理者须授予权力。**权力**是组织内的完成已分配工作或任务的力量。这可能包括获取具体信息、订购供应品、授权相关支出或制定某些决策。最后，管理者需要制定问责制。**问责制**是指员工完成指定工作或任务的义务。

注意，问责是被指定的，但它不能被委派。假设你是一个项目的运营经理，负责执行特定的任务。反过来，你把这个任务授权给别人。尽管如此，你仍然对你的直接上司负有正确完成任务的责任。如果别人没完成作业，你，而不是你授权任务的人，将被追究责任。

授权的障碍

有几个原因，经理可能不愿意授权工作。许多经理不愿授权，因为他们要确保工作完成。另一个不情愿的原因来自相反的情况。经理担心员工会把工作做好，而获得更高层管理者的支持。最后，一些管理者不授权，是因为他们是如此混乱，以至于他们不能有效地计划和分配工作。

7.4.2 分权

整个组织的授权模式决定了该组织分权或集权的程度。在**分权化组织**中，管理有意识地在各种组织层次中广泛授权。相反，**集权化组织**则系统地努力将权力集中在高层。例如，许多大学教科书的出版商都是集权化组织，权力集中在高层。大型组织可能兼具集权化和分权化组织的特点。

有很多因素决定组织的分权程度。一个是公司所处的外部环境。环境越复杂或者越不可预测,高层管理者越可能让更下级管理者做重要决定。毕竟,下层管理者离问题更近。另一个因素是决策本身的性质。高风险或更重要的决策,更倾向于集中决策。第三个因素是下级管理者的能力。如果这些下级管理者没有很强的决策能力,高层管理者将不愿意分权。相反,下级的决策能力越强则越鼓励分权。最后,之前实行集权或分权的公司很可能在以后也保持这种模式。

原则上,分权和集权没有对错之分。对一个组织有效的对另一个组织可能并不适用。凯玛特、麦当劳非常成功,两者都实行集权化管理。但分权在通用电气和西尔斯公司效果很好。每个组织都必须评估自己的情况,然后选择最佳的集权或分权程度。

7.5　管理跨度

组织一家公司的第四个主要步骤是建立**管理跨度**(或**控制跨度**),即直接对一个管理者负责的员工的数量。几百年来,理论家们一直在寻找一个理想管理跨度。当显然无法找到一个完美的管理跨度时,他们把注意力转向了一个一般问题,那就是管理跨度应该宽还是窄的问题。这个问题很复杂,因为管理的跨度可能因组织里的不同部门而改变。一个高度机械化的工厂可以有一个相当大的管理跨度,因为所有的操作都是标准化的。对于一个广告代理公司来说,新的问题和机会每天都会出现,它不断地需要团队合作,那么其管理跨度就会窄得多。

7.5.1　宽泛和狭窄的管理跨度

当一个管理者有很多下属时就说明存在较宽的管理跨度。一个管理者只有个别下属时就说明存在一个狭窄的管理跨度。有几个因素决定了对特定管理者来说更有利的管理跨度的大小(参见图 7.4)。一般下列情况下管理跨度可以比较宽:(1) 管理者和下属很能干;(2) 组织的操作程序标准健全;(3) 不可预期的问题很少出现。当存在以下情况时管理跨度应窄:(1) 员工所处位置的物理距离很远;(2) 除了监管员工外,管理者还有许多其他工作要做;(3) 主管和员工之间需要进行大量的互动;(4) 新问题发生的频率较高。

7.5.2　组织的高度

管理的跨度对管理者和工人之间的关系有着明显的影响。它对组织的高度有着更微妙但同样重要的影响。**组织的高度**也就是企业管理层的数量。管理跨度的大小直接影响组织高度的决定(参见图 7.4)。如果管理跨度越广,所需要的层级就越少,组织是扁平的。如果管理跨度狭窄,就需要更多层级,组织就比较“高”。

在一个较高的组织中,行政成本较高,因为需要更多的经理。由于信息要在众多的人之间进行传递,层级间的交流而能会被扭曲。当公司削减成本时,降低组织高度是一个选择,它能够减少相关行政费用。例如,当化妆品供应商雅芳的销售额下降时,公司开始了

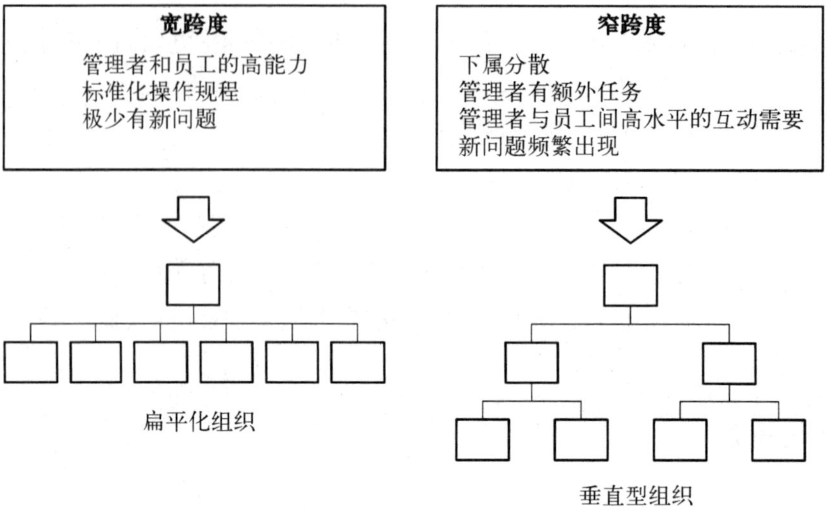

图 7.4　管理的跨度

注：有几个标准决定一个公司使用宽管理跨度(许多工人向一个经理汇报)，还是窄管理跨度(一个经理只监督少数工人)。

一系列长期而广泛的重组计划，注重提高效率和组织的有效性。重组计划预计每年可为公司节省约 2 亿美元。[4]虽然扁平的组织能够避免这些问题，但由于只有更少的管理者，管理者要履行更多的行政职责。宽的管理跨度也有可能要求管理者花更多的时间来监督下属，以及和下属一起工作。

7.6　组织结构形式

在这之前，我们已经注意到了组织结构的主要特征。这就像是在逐一讨论拼图的各个部分。现在是时候把图拼起来了。具体来看，我们讨论组织结构的四种基本类型：直线制、直线参谋制、矩阵制和网络制。

7.6.1　直线制结构

最简单、最古老的形式是**直线制结构**，其指挥链在整个组织中直接从人到人。因此，一条直线可以通过管理层，从总裁直到组织的最底层。例如，在一家小型零售店，小时工可能向助理经理汇报，后者向总经理报告，然后总经理向店主汇报。

直线制结构中的管理人员称为**直线管理者**，负责决策和向下属下达命令以达到组织目标。直线制结构简单明了的命令链允许直线管理者很快做出决定并直接负责，因为决策者只要向一个主管负责。

然而，直线制结构的缺点是直线管理者负责许多活动，因此必须有广泛的所有相关的知识。虽然这对于规模较小的组织来说可能不是问题。在一个较大的组织中,活动变得越来越复杂,直线经理很难充分理解他们负责什么。因此,大型组织中的直线经理在外界专家建议的情况下很难做出良好的决定。因此,直线制结构在大中型组织中不是很有效,但在小型组织中很受欢迎。

7.6.2 直线参谋制结构

直线参谋制结构不仅运用直线制结构的链条,同时为直线管理者配备专门化人员,也称为部门管理者。因此,这种结构比单一的直线管理更适合于大中型企业。

部门管理者为直线管理者提供支持、建议和专门知识,从而消除了之前直线制结构里的缺点。部门管理者不像直线管理者一样,他不是指挥链的一部分,但他们有权限管理他们的助手(见图 7.5)。

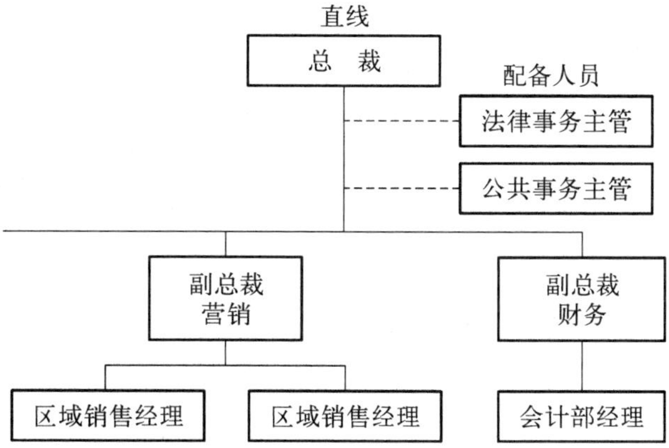

图 7.5 直线和部门管理者

注:直线经理有实现公司目标的直接责任,在直接指挥链上。部门管理者为直线管理者提供支持和建议。

直线管理者和部门管理者对有效管理来说都很重要,这两种职务在很多重要方面有所不同。基本区别在于权威性。直线管理者有直线权,这意味着他们可以做出决定和发布与本组织目标有关的指示。部门管理者没有这种权力。但是他们通常有咨询权力或者部门权力。咨询权力是直线管理者在做决定时往往会询问部门员工的意见。部门权力更强大,部门管理者在其专业领域有做出决定和发出指示的权力。例如,耐克公司的法律顾问可以决定在合同中是否保留特定条款,但并不决定产品定价。

部门管理者在直线参谋制组织中往往比直线管理者有更多的机会来获取信息。这意味着直线管理者须依赖部门经理来获取信息。这通常没有问题,除非部门管理者做了一个错误的决定却又没有发现他的错误。[5] 由于各种原因,直线管理者与部门管理者的冲突在商业活动中相当普遍。部门管理者常常接受更多正规教育,有时比直线管理者更年轻(同时也许更雄心勃勃),直线管理者或许会认为部门经理会威胁自己的权威,因此可能怨恨他们。对部门管理者而言,他们可能会气恼,如果他们的专业建议不被直线管理者采纳,例如,公共关系或人力资源管理方面的建议。

幸运的是,有几种方法可以将冲突发生的可能最小化。一种方法是将直线管理者和部门管理者整合成一个团队。另一个是确保两者的责任领域清晰界定。最后,两者都能对他们活动的结果负责。

7.6.3 矩阵制结构

当使用矩阵结构时,个人要同时向多位上司报告。之所以成为矩阵结构是因为矩阵制结构将垂直条线和水平条线的权威结合起来。矩阵结构发生在按产品划分部门,同时叠加按职能划分部门的组织里。在矩阵组织中,权力在纵向和横向流动。

由于信息的流动在矩阵结构中更为复杂,许多组织选择利用软件和技术来帮助他们管理信息。例如,Aqayo 这个招聘和人才管理软件和程序的领先制造商,专门为使用矩阵结构组织提供产品。

矩阵组织的另一个例子是汽车制造商,其公司分为生产、销售、市场、分销和会计等职能部门,这些部门共同协助管理特定产品部门(车辆型号)。

要理解矩阵组织的结构,请考虑通常的职能安排,一般工程部、财务部、市场部等。现在假设我们为了新项目把这些部门的人员分配到一个特别的团队工作——跨职能小组。一个**跨职能团队**由具有不同专业、专长和技能的个人组成。为了实现共同的任务,他们被集合在一起。通常跨职能团队负有开发新产品的责任。团队的负责人通常称为项目经理。在这个人团队里的人要同时向项目经理和所在职能部门的上级负责(见图 7.6)。

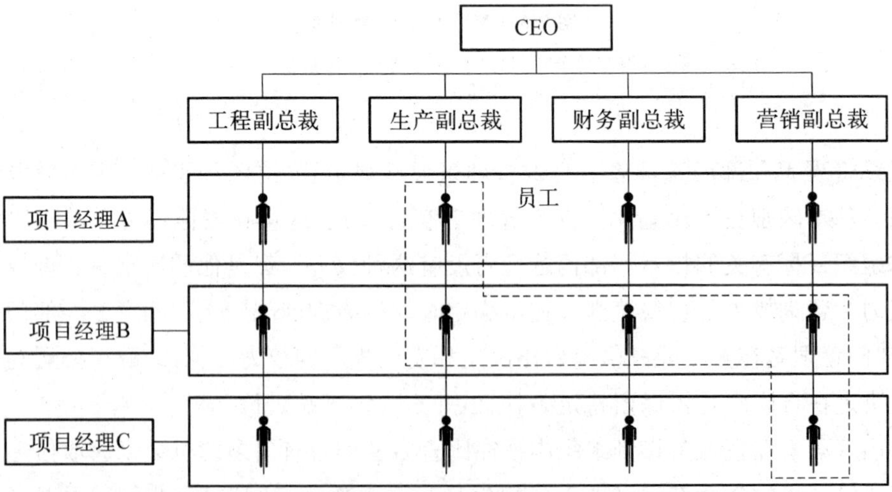

图 7.6 矩阵制结构

跨职能团队项目可能是临时的,一旦任务完成,团队即解散。或者可以是永久的。GE 在家电部门保有一个永久的跨职能团队称为 Lean Big Room,这个团队要能够识别和消除生产过程中的浪费，同时为市场开发有前景的新产品。[6]这些团队通常有权作出重大决策。当使用跨职能团队时，团队成员可能要接受特殊的培训，因为有效的团队合作需要不同的技能。跨职能团队要想取得成功，必须给团队成员提供每项工作的具体信息。团队还必须培养凝聚力，保持良好的沟通。

矩阵结构比其他组织形式具有优势。灵活性增加可能是其最明显的优势。矩阵结构也可以提高生产力、提高士气、培养创造力和创新精神。此外，雇员通过做各种工作来体验个人发展。

矩阵结构也有缺点。让员工向多个领导报告容易导致责任混乱。如采用委员会决策形式，团队可能比单独的个人要花费更长的时间来解决问题。其他的困难包括个性冲突、沟通不良、未明确的个人角色、职责不清、寻找同时奖励个人和团队的方法。由于需要更多的管理者和部门领导，矩阵结构的维持成本可能更高。

7.6.4　网络制结构

在**网络制结构**(有时称为虚拟组织)中，管理是执行的主要职能，其他职能，如工程、生产、营销和财务外包给其他组织。通常，一个网络制组织并不生产其销售的产品。这种组织有一些包括高级管理人员的长期雇员和临时工作人员，租用设施和设备，以及临时工人会随着组织需求的变化增加或减少。因此，在网络制结构中的正式结构相当有限。

网络结构的一个明显优点是灵活性，能够保证组织迅速适应变化。网络制结构由许多团队组成，共同工作，不依赖集中领导。这也意味着如果一个重要的领导者或员工离开，网络结构制的组织更可能幸存下来，因为在顶层没有权力空缺。[7]网络制结构中组织管理者面临的挑战包括：控制来自其他组织人员的工作质量，临时工作者的低士气和高离职率，以及依赖外部承包商的劣势。

7.7　企业文化

大多数管理者在企业文化中起作用。**企业文化**一般是被定义为公司内在的仪式、信仰和价值观。组织的文化对员工的想法和行为有很大的影响。它也可以决定公众对组织的感知。

一般认为企业文化对公司业绩有很强的影响力。因此，能够对公司的企业文化进行评估是有好处的。常见的指标包括物理设置(办公楼或办公室布局)、公司关于企业文化的描述(在广告或新闻发布中)、公司如何接待客人(正式或非正式接待区域)、员工如何消磨时间(独自或与他人一起在办公室)。Goffee 和 Jones 定义了企业文化的四种不同类型。其中一种被称为网络文化，在员工之间以信任和友谊为基础，对组织或非正式环境有强烈的认同。一个小的非营利组织可能会寻求建立一种员工互相照顾，并坚信组织使命的网络文化。在这样一个组织中建立网络文化是很重要的,因为员工可能要长时间工作但薪水却很少,强烈的组织意识和认同感将有助于保持高生产力和低离职率。

图利型文化体现在员工对工作有激情、活力、使命感和兴奋感。大型银行和投资公司通常具有图利型文化,是因为环境变化很快,赌注很高,获胜很重要。自 2008 年华尔街溃败开始,许多公司的内部和外部的利益相关者一直在呼吁金融业的主要参与者改变图利型的企业文化。这种文化对具有不相容个性的雇员来说是非常有压力的。[8]图利这一术语并不完全意味着员工只是为钱而工作,但这是它的一部分。在这种文化中,员工敏感、专注、好胜心强。在图利化的文化中,员工不会成为朋友,他们"在"组织工作,不是"为"组织工作。员工具有较高的自主性、灵活性、平等性。社区文化结合了网络文化与图利文化的积极特征——友谊、认同、高度关注、充满能量。在这种文化下,人们围绕着产品生活,所有人都会为组织中任何一个人的成功高兴。[9]

一些专家认为,当一个公司的所处环境变了,企业文化也要随着改变:当行业的竞争更大时;当公司表现平平的时候;当公司正在成长或即将成为一个真正的大公司的时候。这里有一个信念随着文化改变的例子,比如,投资巨头——高盛,该组织受到审查,因为一个高盛的管理者在他的伦敦办公室里为《纽约时报》写了一篇尖刻的专栏文章,指出了该公司高度负面的企业文化。[10]

未来的组织看起来会大不相同。专家预测,今后的公司将以小型、任务导向型的工作组形式运作,这些工作组有权控制自己的活动。这些小团体对通过一个精心制作的计算机网络连接,拥有强有力的企业文化。在瞬息万变的行业中经营需要能够给予信任和承担风险的领导。创造一种彼此信任的企业文化,可以带来增长、利润、生产率和工作满意度的增加。一种信任的文化能留住最好的人,激发顾客的忠诚,开拓新市场,提高创造力。

企业文化在两个或两个以上公司的整合中也发挥重要作用。企业领导经常强调企业文化在整合过程中的重要作用,它是影响合并或收购成功的主要影响因素之一。专家注意到企业文化是经营业务的一种方式,无论是在内部还是在外部。如果两家合并公司,不解决企业文化的差异,其发展可能无法满足预期或者可能失败。

7.8 委员会和工作队

今天,企业使用几种类型的委员会来影响组织结构。**特设委员会**是为完成特定的短期目的设立的,例如审查公司员工福利计划。一旦工作完成了,特设委员会随即解散。**常设委员会**是一个相对永久的委员会。负责执行重复的任务。公司可能会制定预算审查委员会。例如,委员会要不断审查部门的预算。最后,**工作队**是为调查重大问题或悬而未决的决策设立的委员会。一家打算与另一家公司合并的公司可能成立一个工作队来评估合并的利弊。

委员会相对个人行动具有一些优势。他们的几个成员能够为手头的工作带来信息和知识。此外,委员会能够做出更准确的决定,并更高效地将结果传递出去。然而,委员会审议的时间比个人行为要长。此外,委员会内部可能发生不必要的妥协,或者当委员会里有一个人占主导地位时(因此否定),就会产生相反的情况。

道德成功或失败

实习——谁会受益?

企业和非营利组织是否以低薪或无薪的方式招募大学生和快要毕业的学生进行实习,而不是雇用正式员工并支付给他们工资?实习生如何从这些实习中受益?

据估计,在 21 世纪后开始大学生涯的大学毕业生中,有多达 3/4 的毕业生成为过实习生。通过实习,学生可以获得实际经验并提高他们的技能,从而在当今竞争激烈的就业市场中大放异彩。在某些情况下,实习还会额外带来大学学分。然而,许多实习生要么没有获得报酬,要么只获得少量报酬,少得几乎无法支付通勤成本。

“他们给了我很多经验和很多责任,所以我很高兴有这个,”最近一位在非营利组织实习的毕业生说,“但与此同时,没有为你的工作获得报酬真的很令人沮丧。”

美国劳工部表示,如果他们符合特定的要求,那么无偿实习是合法的。例如,实习生必须从实习中受益,并且必须接受类似于他们在教育环境中所获得的培训;实习生不应该直接取代员工,另外实习生在实习结束后有权获得正式工作;最后,雇主不应该从实习生的工作中获得“直接利益”——这意味着实习生应该是受益者,而不是雇主。

资料来源:Based on information in Ahmed B., Unpaid Interns: Real World Work or Just Free Labor? [N/OL]. *NPR*, 2011-11-16, http://npr.org/2011/11/16/142224360/unpaid-internsreal-world-work-or-just-free-labor; Grant A., The Ethics of Unpaid Internships [J/OL]. *U.S. News & World Report*, 2011-07-19, http://money.usnews.com/money/careers/articles/2011/07/19/theethics-of-unpaid-internships; Sachs A., Intern Nation [J/OL]. *Time*, 2011-09-12, http://time.com/time/magazine/article/0,9171,2091366,00.html.

7.9　非正式组织和小道消息

到目前为止,我们已经将组织作为包含相互关联职务的正式结构讨论过。这是在组织结构图上展示的组织。然而,还有一种不会在任何图表中出现的组织。我们将这种非正式组织定义为产生于人与人之间行为和互动模式,而非官方的组织关系。牢牢存在于每一个非正式组织中的是非正式组织和臭名昭著的**小道消息**。

非正式组织是由组织成员自己建立的,为了完成一个与组织可能相关或可能不相关的目标。员工可以创造一个非正式团体去打保龄球，为了让一个特定的经理被解雇或转移而组成一个联盟，或是共进午餐。这个小组可能会持续几次、几年或几个小时。非正式团体可以成为组织中的强大力量，他们可以限制产出，或者他们可以帮助管理者走出困境。他们会引起分歧和冲突，或者有助于提高士气和工作满意度。他们可以为新人展示如何为组织做出贡献，或者他们可以帮助人们摆脱不合格的表现。显然，经理们应该意识到这些。那些对非正式群体有误解而反对他们的人面对的主要问题就是要克服误解。

小道消息是组织里的非正式通信网络。它是完全独立于正式沟通渠道，且传播得很快。组织的沟通渠道往往与指挥链相平行。信息可以通过小道消息按多个方向（向上、向下、对角或水平）在组织间传递。下属可以向对他们的老板传递信息，行政人员可以向维修工人传递信息，或者在完全无工作关联的部门人员之间进行信息交换。小道消息可能涉及很广泛的话题，从最新的管理决策到八卦。

管理者应该如何看待小道消息？当然，试图消除它肯定是错误的。日复一日在一起工作，需要交流。更合理的方法就是承认它的存在。例如，管理人员应该迅速而积极地做出反应，来处理不准确的消息，尽量减少这种误传可能造成的损害。此外，当管理者处在正式的组织信息传递渠道的最末端时，小道消息可能派上用场。

在下一章中，我们考察如何运用这些以及其他管理概念去实现企业重要的商业功能——货物和服务的生产。

商界报道回看

卡夫食品公司

当卡夫食品宣布它分成两个公司时，关于在新的组织中谁担任什么职务的小道消息传了几个月。公司逐步宣布了组织图表中的空白处由谁担任。来自前母公司的高级经理担任两个公司的最高领导。因为合并办事处和精简机构，大约 1 600 个工作岗位被削减。

由于分离两家企业的复杂性操作以及保证每个公司能够自己运营，卡夫公司需要一年多的时间来策划拆分。为了平稳转型，公司成立了高层管理小组，用以解决组织结构变化的相关问题。甚至在卡夫重组期间，销售额也有所上升，特别是在美国以外的国家（这给两家公司各自销售从卡夫食品拆分出来的产品留下好的势头）。

讨论题

1. 你预期拆分后的两家公司的组织结构比拆分之前的卡夫公司更扁平，还是更陡峭？为什么？

2. 这两家拆分后的公司的组织结构是面向区域的，以满足当地需要。作为全球化公司而不是区域性公司，如何利用这种结构？

本章小结

1. 理解组织是什么并识别其特点。 一个组织是为实现共同的目标由两个或两个以上的人组成团体。组织中各个职位之间的关系可以用组织图的形式展示。组织的五个特点(岗位设计、部门化、授权、管理跨度和指挥链)有助于决定组织结构图和组织本身看起来像什么。

2. 解释为什么工作专业化是重要的。 工作专业化是将组织的所有活动分离成更小组成部分并分派给不同的人。

几个因素共同作用使得专业化能够帮助工作效率提高,但高水平的专业化可能导致员工的不满和厌倦。一种克服这些问题的技巧就是工作轮换。

3. 明确部门划分的不同基础。 部门划分是将工作分成可以管理的单元组的过程。典型的部门划分的基础包括:按职能、按产品、按区域或按客户。由于每种划分基础都有其各自的特点,很多公司,尤其是大型公司,当组织处于不同情况时,就运用不同的划分标准进行组合。

4. 解释权力下放是如何进行的。 授权是管理者将工作的一部分分配给其他人的过程。它主要包含以下三个步骤:(1) 分配责任;(2) 授予权力;(3) 建立问责。在分权化的公司里,管理者将权力尽可能地分派给下层管理者。另一方面,在一个集权化的公司里,权力被系统地保留在上层管理者手中。

5. 理解管理跨度是如何描述一个组织的。 管理的跨度是直接向一个管理者负责的员工的数量。跨度一般被描述为广泛的(每个经理管理许多工人)或狭窄的(每个经理管理少数工人)。广泛的跨度通常会导致扁平化组织(有很少的管理层);狭窄的跨度通常会导致多层组织(管理层较多)。

6. 描述组织的四种基本结构形式。 组织结构有四种基本形式。直线制结构是最古老、最简单的结构,其中指挥链穿过管理层,从一个人直接到另一个人。直线参谋制和直线制类似,但增加了专业化人员即部门管理者来协助直线管理者制定决策。直线制结构对小规模组织来说最高效,而直线参谋制结构被大中型组织采用。矩阵制结构可以看成是产品部门化和职能部门化的叠加。在矩阵制结构中,跨职能团队的员工同时向项目经理和个人所在的职能部门的上级汇报工作。在网络制结构中,组织运行的主要职能部门是行政部门,其他职能外包给其他公司。

7. 描述企业文化的影响。 企业文化对组织来说既有内部效应,也有外部效应。一个组织的文化可以影响员工思考和行动的方式,也可以决定公众对组织的看法。企业文化可以随着时间的推移影响公司的业绩,无论是负面的还是正面的。例如,创建信任文化可以导致增长、利润、生产力和工作满意度的增加,能够留住优秀员工,激发顾客忠诚,开拓新市场,提高创造力。此外,当两个或两个以上的公司经历整合过程,他们不同或相似的企业文化会影响合并或收购的成功与否。

8. 了解委员会和工作队是如何运作的。 委员会和工作队被用来开发组织结构。特设委员会是为特定的短期目的而创立的,而常设委员会是相对长久存在的。工作组主要用于调查重大问题或在悬而未决的决定时设立。

9. 解释非正式组织和小道消息在组织中的作用。 非正式团体由一群人创立,为了完成共同目标,目标可能相关,也可能不相关。他们可能有很强大的力量。小道消息是组织内的非正式通信网络,可以用来传送信息(重要或八卦),通常比组织的正式沟通网络传递得更快。信息通过小道消息可以向组织结构的任何方向传播:向上、向下、水平,甚至跨部门。

关键词

组织	按产品划分部门	直线制结构	网络制结构
组织图	按区域划分部门	直线管理者	企业文化
指挥链	按客户划分部门	直线参谋制结构	特设委员会
工作专业化	授权	部门管理者	常设委员会
工作轮换	责任	矩阵制结构	工作队
部门化	问责	跨部门团队	非正式组织
按职能划分部门			

复习题

1. 如何按组织图创建一个组织？
2. 组织中的指挥链是什么？
3. 是什么决定了一个组织的专业化程度？
4. 描述如何使用工作轮换来解决由工作专业化引起的问题。
5. 四种部门划分标准的主要区别是什么？
6. 为什么大多数公司运用多种部门划分标准？
7. 授权的三个步骤是什么？请分别解释。
8. 一家公司的高层管理是如何影响公司的集权程度的？
9. 组织高度与管理跨度是如何关联的？
10. 直线管理者和部门管理者之间的主要区别是什么？
11. 比较直线参谋制机构和矩阵制组织结构。
12. 什么是企业文化？描述其主要类型。
13. 哪种组织结构中可能会产生最强的非正式组织？为什么？
14. 非正式组织的作用是什么？

讨论题

1. 一家百思买商店和麦当劳的企业文化有什么不同？
2. 哪种公司可能最有效地运作，分权化公司还是集权化公司？
3. 管理跨度的决定和委员会是如何影响组织结构的？
4. 管理者怎样将非正式组织正式化？

视频案例 7.1

NUMI 有机茶公司里团队和组织文化是关键

你可能期望一个专门从事营销有机茶的公司有独特的企业文化。在 NUMI 有机茶公司,这个不断进步的销售优质有机茶和贸易茶的销售商,正在奥克兰、加利福尼亚建立基地,你是正确的。

这个规模较小的约 50 人员工的公司,近年年增长率达 180%,NUMI 需要保持灵活和敏感。它的创始人是艾哈迈德和里姆的团队。艾哈迈德花了几年在欧洲经营茶馆,同时里姆留学美国学习艺术,之后他们被激发希望做一个茶叶公司。这个独特的公司可以结合他们的兴趣,致力于高质量、可持续性和社区融合。在 Numi 的办公室或茶园里,员工经常聚在一起休闲,他们获得了许多奖,因为其独特的茶、创新的包装、其对环境的承诺。Numi 的 25 种不同的茶和花茶产品和礼品包在 Whole Foods 和 Safeways 市场销售,同时其个人天然食品在美国和其他 20 多个国家的杂货店销售。

公司主要的精神通过博客、脸书网和聚友网展现出来:能干且有团队精神。因为它是一个小公司,公司里的每个人都很努力工作,Numi 无法承担高离职率,因为这将在招聘、面试、培训方面浪费时间。因此,会慎重选择员工,例如他们愿意做任何事情来完成工作,并保持乐观和积极的态度,尽管偶尔会为在世界各地的小公司为客户工作。其工人在必要的时候还必须投入大量的时间,并且分享和分担公司的目标。

例如,Numi 配送中心的员工最近压力不小,因为近两周要完成国际订单。然而,一个新的经理抓住重点,让大家了解每项工作如何融入大局,提高团队合作意识。很快每一个员工都被训练去完成所有的关键任务以完成总任务,而不是孤立地在工作,因此他们能够在危急时刻协力工作。他们新的灵活性使海外订单的交货期缩短到 5 天左右,国内订单缩短一半时间。

在 NUMI,谁是沟通良好的管理人员,谁是脱离员工的管理人员,存在一个标准。他们还必须很好地与客户沟通,并展示高水平情商。有的定期与他们的团队会面,在截止日期前审查项目状态,并在必要时对工作量和程序进行更改。公司为帮助员工保持工作和个人生活之间的平衡提供了弹性工作时间,当压力巨大时办公室里总是有茶艺和鲜煮的有机茶。[11]

讨论题

1. Numi 的客户服务经理 Cindy Graffort 说公司就像一个"活的有机体",这是什么意思?公司文化是如何反映了这一信念的?

2. Numi 的分销经理 Dannielle Oviedo 说她的管理哲学是参与自己团队的工作:"我让员工做什么,我就做什么。"你认为她是一个好的代表吗?为什么?

3. 你能推测 Numi 的划分部门的标准是什么吗?它的指挥链是怎样的?

案例 7.2

惠普公司的挑战:在瞬息万变的环境中保持敏锐

Hewlett-Packard(HP)是在 1939 年初由 Bill Hewlett 和 Dave Packard 创立的最初的"车库技术公

司”。多年来，惠普已经成长为市场领导者，年收入 1 140 亿美元，全球员工 300 000 人，在全球六大洲有数以千万计的客户。它的竞争对手大多都是跨国企业，如苹果、戴尔、宏碁、联想，它从未停止寻找下一个大的技术突破。难怪惠普在即将迎来其第七十五岁生日时利用其组织结构获取竞争优势，在 21 世纪的竞争中提高销售额和利润。

该公司有七个部门，根据产品或职能分成服务、企业存储和服务器、惠普软件、个人系统集团、影像和印刷集团、惠普金融服务和公司投资。每一个部门按产品划分组织的业务单位。例如，服务部门包括四个主要单元(基础设施技术外包、应用服务、业务流程外包和技术服务)。每个单元雇用经理和雇员，以为他们提供进行服务所需的特殊技能、经验和培训。

一些业务单位按客户和产品进行分工。例如，个人系统部门包括一个关注商用 PC 机的团队，另一个关注个人 PC 机用户。将这些业务划分为独立的业务单元，使惠普能够在部门内分享专业知识的同时，解决产品和客户需求方面的差异。为了效率，一些职能跨部门划分，服务于多个业务单元。公司近期整合其数据中心运营，现在已经拥有 6 个大中心而不是 85 个较小的数据中心。

通过其组织结构，惠普试图实现两个主要目标。首先，了解到随时可能发生技术变革，并朝着不可预期的方向变化，公司决心保持敏捷和适应性。公司将日常计划、决策和实施交由各部门的管理人员掌握，使他们能够满足客户、启动项目，并毫不拖延地对环境变化做出反应。影响整体组织的重大决策，如是否要收购另一家公司，则由高层决定。

其次，该公司利用其组织结构支持增长，在全球 1.7 万亿美元的信息技术市场中占有较大份额，惠普一直在稳步增加其产品和服务组合。一些扩张是通过收购进行的。在过去的几年里，惠普收购了 EDS、3Com 和 Plamd 等，将他们的业务合并到相应的企业部门。Palm 是掌上电脑设备和智能手机制造商的先驱，被集成到惠普的个人系统组，以提高该公司的技术能力，为未来的增长做准备。

创新从早期开始就已经成了惠普的企业文化的组成部分。该公司每年投资数十亿美元用于研发新技术、开发新产品。虽然高级管理人员不想对创新限制太多，但他们对研究项目有很明确的期望。惠普实验室的领导者说：“我们最主要的变化是把我们的杰出科学家聚焦在更紧密的团队里。”研究人员知道，“每一个项目必须要有可能为惠普带来 10 亿美元的收益的潜能”。因此，研究者们不再追求那些多达 150 个的项目，而是把精力集中在最有前途的 20 个项目上。

高层管理人员还要协调为其最大客户服务的员工的整体工作。例如，惠普有一个与宝洁公司签定的价值 30 亿美元的合同，负责处理宝洁的信息技术业务(以外包形式)。惠普各部门的高级领导与宝洁公司的高级管理人员一年共同进行六次评估。惠普首席执行官也加入每年至少一次的谈话。一位宝洁高级执行官说：“当一个公司的首席执行官坐在桌子对面说，‘我们将交付这个，’你知道他们会提供的。”[12]

讨论题

1. 企业文化是如何影响 HP 将收购的公司整合入其组织结构的能力的？
2. 分析 HP 划分部门组织的经营方法。它为什么适合技术公司？
3. 分析 HP 的授权与分权方法，这种选择合适技术公司吗？为什么？

尾注

1. Based on information in "Kraft to Cut 1,600 Jobs in Split," *Reuters,* January 17, 2012, http://reuters.com/article/2012/01/17/us-kraft-idUSTRE80G1FX20120117; "Kraft, from Roll-up to Spinoff," *New York Times,* August 4, 2011, http://dealbook.nytimes.com/2011/08/04/kraft-from-roll-up-to-spin-off/; E.J. Schultz, "Mary Beth West to Lead Marketing at Kraft's Snacks Spin-off," *Advertising Age,* January 9, 2012, http://adage.com/article/news/mary-beth-west-lead-marketing-kraft-s-snacks-spin/231983/; David Welch, "Kraft's Brazil Chocolate Seen as Template After Spinoff," *Bloomberg BusinessWeek,* January 30, 2012, http://businessweek.com/news/2012-01-31/kraft-s-brazil-chocolate-seen-as-template-after-spinoff-retail.html; Robert Smith, "Rethinking the Oreo for Chinese Consumers," *NPR,* January 27, 2012, http://npr.org/blogs/money/2012/01/27/145918343/rethinking-the-oreo-for-chinese-consumers.
2. Lauren Weber and Leslie Kwoh, "Co-Workers Change Places," *Wall Street Journal,* February 21, 2012, http://online.wsj.com/article/SB10001424052970204059804577229123891255472.html.
3. PepsiCo Corporate Profile, www.pepsico.com/Investors/Corporate-Profile.html (accessed March 21, 2012).
4. "Avon Expects Savings and Benefits Approaching $900 Million From Original Restructuring, Product Line Simplification and Strategic Sourcing Programs—Higher Than Anticipated," Avon, news release, February 19, 2009, http://media.avoncompany.com/index.php?s=10922&item=22955.
5. Dana Griffin, "Disadvantages of a Line & Staff Organization Structure," *Small Business,* http://smallbusiness.chron.com/disadvantages-line-staff-organization-structure-2762.html (accessed March 21, 2012).
6. "Working Together as One," *GE Works*, www.ge-works.com/profile/working-together-as-one/ (accessed March 21, 2012).
7. John Kotter, "Can Your Organization Handle Losing a Leader?" *Forbes*, March 21, 2012, www.forbes.com/sites/johnkotter/2012/03/21/can-your-organization-handle-losing-a-leader/.
8. Susan Craig and Landon Thomas Jr., "Public Rebuke of Goldman Culture Opens Debate," *New York Times,* March 14, 2012, http://dealbook.nytimes.com/2012/03/14/public-rebuke-of-culture-at-goldman-opens-debate.
9. Rob Goffee and Gareth Jones, "The Character of a Corporation: How Your Company's Culture Can Make or Break Your Business," *Jones Harper Business,* December 2003, 182.
10. Nelson D. Schwartz, "Public Exit from Goldman Raises Doubt Over a New Ethic," *New York Times,* March 15, 2012, www.nytimes.com/2012/03/15/business/a-public-exit-from-goldman-sachs-hits-a-wounded-wall-street.html.
11. Based on information from www.numitea.com (accessed May 26, 2010), and information provided through interviews with Numi personnel and in the video "Turbulent Times: Numi's New Manager."
12. Based on information from Kathleen Kingsbury, "HP vs. Everybody," *Time*, April 26, 2010, GB4; "HP Agrees to Buy Palm for $1.2 Billion," *PC Magazine Online,* April 28, 2010, www.pcmag.com; "HP Closes 3Com Deal Takes Aim at Cisco," *EWeek,* April 12, 2010, www.eweek.com; Patrick Thibodeau, "Outsourcing Deal Gives P&G Clout with HP Execs," *Computerworld,* March 22, 2010, 12; "HP to Acquire 3Com in $2.7 Billion Deal," *InformationWeek,* November 11, 2009, www.informationweek.com; www.hp.com.

第8章

生产优质产品和服务

学习目标

1. 解释生产的性质。
2. 概述转换过程如何将原材料、劳动力和其他资源转化为产品或服务。
3. 理解服务行业企业对消费者、其他商业公司以及国民经济的重要性。
4. 描述研究和开发是如何产生新产品和新服务的。
5. 讨论生产计划过程中的主要部分。
6. 解释采购、库存控制、调度和质量控制如何影响生产。
7. 总结技术是如何使美国公司在全球市场更具生产力和竞争力的。

商界报道

联合利华：以绿色的方式生产优质产品

总部设在伦敦和鹿特丹的联合利华计划在2020年实现全球销售翻番，同时削减一半的环境耗费。这些目标都是有挑战性的，即使对一个价值620亿美元，拥有170 000名员工，并有着超过120年生产优质护肤品、食品及其他消费品经验的公司来说。联合利华的一些最著名的品牌有Axe、Bertolli、Ben & Jerry's、Dove、Knorr、Lipton、Vaseline和Sunlight。仅Dove品牌在全球年销售额中就达到了37亿美元。

为了跟本土企业竞争，同时也与跨国巨头，如雀巢和Procter & Gamble竞争，联合利华每年在研发上花费13亿美元。全世界有超过6 000名联合利华研究人员在与该公司安全和环境保证中心的专家密切合作开发新产品以及安全、有效和创新的产品生产线。该公司特别专注于改善其食品的营养价值，并投入巨资开发低脂肪、低盐、低热量、低糖的健康食品。

联合利华还正在建设更环保、更节能的生产设施来支持国际市场的可持续增长，这占其销售额的56%。例如，它最近在南非开设了一个新的制造工厂，生产家乐汤粉和其他包装食品。这是联合利华最环保的工厂：它收集雨水用于生产，在花园里堆肥而不需要原材料，重复利用材料因此没有产生新的须填埋的垃圾。一旦完全扩大，这家有三个足球场大的工厂将是联合利华干货食品设施中生产能力最大的。

虽然大公司经常通过挤压供应商并节省开支来提高利润率。联合利华更愿意采用合伙制方式，而不是追求购买成本最低。它将自己的长期目标与主要原材料、包装和服务方面的主要供应商分享，邀请他们为了共同利益一起开发产品和创新工艺。结果是供应商为数以百计的产品，即那些正在联合利华新产品生成过程中的产品提供了灵感。[1]

当你看到在本章案例出现联合利华名字的时候，很有可能你没有意识到它是一家在全球 190 个国家运营，雇员达 170 000 人的公司。而且，这家公司每年通过生产消费者使用的日用品获得超过 620 亿美元的销售额。这些产品包括 Axe、Bertolli、Ben & Jerry's、Dove、Knorr、Lipton、Vaseline 和 Sunlight。事实上，每一天都有超过 10 亿人在使用联合利华产品，为的是让自己看起来不错，感觉良好，从生活中获得更多。虽然该公司成立于 120 多年前，并已极为盈利，但联合利华必须不断创新和推出新产品来与本地公司以及包括宝洁和雀巢在内的全球巨头来竞争。同时，它是一家以保护地球而闻名的公司。今天，联合利华就是体现本章内容——生产优质产品和服务的一个很好的例子。

我们先概述运营管理——生产客户满意的产品和服务所需要活动。在这部分，我们还讨论制造业在美国经济和全球竞争中的作用，以及运营管理事业。接下来，我们描述使生产成为可能的转换过程，并注意到服务在经济中发挥越来越重要的作用。然后，我们仔细研究运营管理的三个重要方面：新产品开发思路、生产计划、生产开始后的有效控制。最后，我们研究生产力的发展趋势和使用科技来提高生产力的方法。

8.1 什么是生产

你有没有想过一条新的李维斯牛仔裤，或一个苹果手机，或一个车用米其林轮胎是从哪里来的？甚至是一台惠普电脑或美泰干衣机的工厂服务都是不可能存在的，如果没有本章描述的生产活动的话。事实上，如果没有生产活动，这些产品和服务以及众多其他产品和服务将不会存在。

让我们从回顾运营经理做什么来开始这一章。在第 6 章，我们描述了一个运营经理作为管理转化系统（将资源转化为商品和服务）的人。这个领域的管理通常称为**运营管理**，包括所有生产货物和服务所需的一切活动。

要成功地生产产品或服务，企业必须执行一些特定活动。例如，假设丰田（雷克萨斯的母公司)有一个关于新产品设想——雷克萨斯 GS350 运动版,价格大约为 50 000 美元。营销部门不仅要研究顾客是否愿意为这个产品付这个价格,同时还要研究他们对这个产品有什么特别的特性要求。然后,丰田的运营经理必须把这个想法变为现实。

丰田的管理人员不能仅仅按“开始按钮”,然后立即开始生产新汽车。生产必须按计划。正如你所看到的,计划活动发生在任何生产前和生产过程之中。

管理人员还必须关注运营控制,以确保实现本组织的目标。关于一个产品如雷克萨斯 GS350 的运营控制涉及许多重要的问题,包括产品质量、性能标准、原材料和产成品的库存数量,以及生产成本。

我们稍后将一一讨论运营管理的每一个主要活动。首先,让我们仔细看看美国的制造商,以及他们是如何在全球市场上竞争的。

8.1.1 美国制造商是如何在全球市场竞争的

第二次世界大战后,美国成为世界上生产力最高的国家。将近 30 年,直到 20 世纪 70 年代末以前,它的领导从未受到威胁。然而,在那时,众多制造商来自日本、德国、中国台湾、韩国、新加坡、瑞典和其工业化国家提升了对美国企业的竞争。现在中国人正在制造各种产品,从复杂的电子设备和汽车,到价格低廉的日常用品,而且通常比同一产品在其他国家制造的成本要低。日益激烈的竞争对美国制造商来说既有有利因素,也有不利因素。首先是不利因素。

制造商的不利因素

美国制造业就业人数减少。目前,大约有 1 200 万名美国工人受雇于制造业。这一数字在 1979 年为 1 900 万人[2],自那开始就一直下降。同时,还有很多其他不利因素。有三个主要因素可以解释为什么这个经济部门的就业率下降了。

(1) 许多制造方面的工作被外包给其他国家的低工资工人,由于那些国家缺少对劳工和环境约束管制。

(2) 在美国制造商品比在世界任何其他国家制造的成本高出约 20%。[3]

(3) 由于近期经济危机,消费者对制造业产品需求的下降,导致相关生产部门的员工数量相对过剩。

结果,制造业仅占目前劳动力的 9%左右。[4]自 1979 年开始,有 700 万个工作岗位消失了,而且大多数都不会再恢复。

制造商的有利因素

美国仍然是世界上最大的制造业国家之一。有些人会争辩说“美国制造”不代表着过去式,这是因为以下原因:

(1) 美国厂商生产的产品约占全球制造业总产量的 20%。[5]

(2) 每年,制造业对美国经济的贡献约为 2 万亿美元。[6]

(3) 制造业出口占美国出口总额的近 60%。[7]

(4) 现在至 2018 年,预计在制造业中将产生 200 万个职位空缺。[8]

对于每一个新出现的制造业的岗位,会另外有三个新的就业岗位产生,在供应链、货运业,以及其他相关经济领域。[9]

因此,制造部门仍然是美国经济的一个非常重要的部分。虽然制造业岗位的数量有所下降,但生产率却有所上升。至少有两个非常重要的因素可以解释生产率的提高:首先,创新(找到一种更好的生产产品的方法)是使美国制造商能够在全球市场上竞争关键因素。通常,创新是制造商投资用于购买新的、帮助员工提高生产力的最先进设备的结果。其次,今天的工人在制造业是高度熟练的,可以操作先进设备。简单地说,美国人用更少的雇员生产更多的商品。

更多的好消息是许多将工作外包给其他国家的美国制造商又开始在美国制造产品。对于美国人而言,**回流**(有时称为海归或内包)描述的是美国厂商把制造岗位带回到美国。例如,通用电气(GE)2012 年在肯塔基州开了一家工厂用来制造混合动力热水器。[10] 在肯塔基州工厂建立之前,热水器是在中国生产的。[11] Ford、Procter & Gamble、NCR、Caterpillar、Honda、Intel、Master Lock,以及很多其他企业都正在"回流"。美国企业"回流"的主要因素包括国外劳动力成本、运输成本、重大的质量和安全问题的增加,在美国生产会有更快的产品研发,联邦和州的补贴也可用于鼓励厂商在美国生产产品。

尽管美国制造商面临许多挑战,但专家预测,那些能够满足当前和未来挑战的制造商可能会有显著复苏。总而言之:全球市场从未如此大的竞争,成功的美国公司将专注于以下六个方面:

- 满足客户需求提高产品质量。
- 激励员工与管理层合作,提高生产力。
- 通过选择能够提供优质原材料以及组件的供应商来适当降低成本。
- 使用计算机辅助和灵活的制造系统来满足更高的定制需求。
- 改进控制程序以确保降低制造成本。
- 利用绿色制造来保护自然资源和地球。

对大多数公司来说,在全球市场上竞争不仅有利可图,而且是一项需要组织内每个人合作完成的必要活动。

8.1.2 运营管理职业

虽然很难提供运营管理中特定职业岗位方面的信息。一些普遍规律适用于这个管理区域。第一,你必须理解生产过程和生产产品或服务的步骤。对于大规模生产的分解过程和合成过程差异的基本认识必不可少。**大规模生产**是降低长时间生产相同或相似产品的生产成本的过程。**分解过程**是将原材料分解成不同部分的过程。例如,一桶被 Marathon Oil 公司(德克萨斯炼油化工厂)精炼的原油可以分解成汽油、机油、润滑油和许多其他石油副产品。**合成过程**与分解过程相反,它组合原材料或其他组件来创造产成品。Black & Decker 使用了合成工艺将塑料、钢铁、可充电电池和其他组件结合生产无绳电钻。

一旦你明白了运营经理要负责生产顾客需要的有形产品或服务，你就必须决定如何才能融入生产过程。今天成功的运营经理必须：

(1) 能够激励和领导员工；

(2) 了解技术如何使制造商更具生产力和效率；

(3) 理解有助于降低生产成本和改进产品质量的控制过程；

(4) 理解消费者、产品的营销以及产品的生产之间的关系。

如果运营管理似乎是您可能感兴趣的领域，为什么不去做更多的职业探索？

8.2 转换过程

制造业或服务业的目的是为顾客提供效用。

效用是一产品或服务满足人们需要的能力。虽然效用的形式主要有四种：形态效用、地点效用、时间效用和占有效用。操作管理主要关注形态效用。形态效用是人们通过转换原材料、财务和信息为产成品而创造的。其他类型的效用，如地点、时间、占有效用在第 12 章讨论。

但是转换是如何发生的呢？Kellogg's 公司是怎样将谷物、糖、盐和其他成分，以前的销售和股东投资的资金，生产工人和管理人员，经济和市场预测转换成雪花麦片的？H&R BLOCK 是怎样雇用超过 10 000 个报税人员，怎样将代理地点、计算机和软件以及广告和促销转换成为客户所需服务的。他们通过使用转换过程(如图 8.1 所示)来实现这些。正如 H&R Block 的例子一样，转换过程也可以用于生产服务。

从资源到产品和服务的转换过程可用几种方式来描述。我们在这里讨论以下三方面：转换过程所使用的焦点或主要资源，其变化幅度，使用的生产过程的数量。

焦点

说到转换过程的焦点，我们指的产品或服务主要由什么资源构成或者主要投入的资源。这里的资源与第 1 章和第 6 章讨论的相同，即财力资源、物力资源、信息资源和人力资源。对于一个像花旗银行这样的银行来说，财力资源是主要的资源。像雪佛龙这样的化学能源公司专注于物质资源。你的学院或大学主要专注于信息资源。临时就业服务公司，比如 Manpower，注重人力资源的利用。

变化幅度

转换过程的幅度是指资源物理变化的程度。在一个极端例子中，存这样一个过程，比如 Glad Prouducts 公司生产 Glad® Cling Wrap。将各种各样液体的或粉末状的化学品结合起来，用于生产长薄片形状的 Glad® Cling Wrap。在这里，原有的资源在成品里完

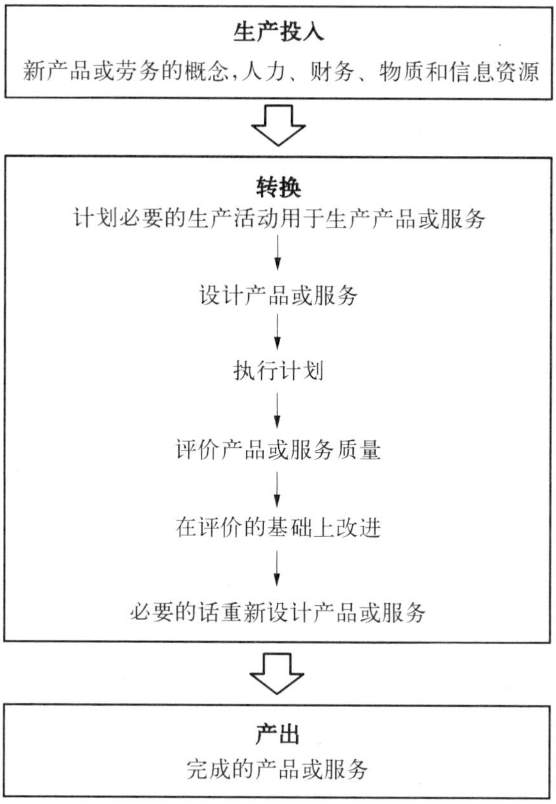

图 8.1　转换过程

注:转换过程是将创意与资源转换为有用的商品与服务。提出创意和生产商品及服务的能力是任何一个国家经济发展的关键一步。

全无法辨认。其他极端例子是,西南航空公司的原始资源不会发生物理变化。这个航空公司只提供一种服务,即将人们从一个地方运送到另一个地方。

生产过程的数量

一个企业可以使用一个或多个生产过程。一般来说,生产多种产品的大公司使用多个生产过程。例如,通用电气自己生产一些产品,购买供应商提供的其他商品,运作多部门包括财务、照明、器械部、维修科和其他为 GE 品牌相联系的产品和服务部门。相反,规模较小的公司可能使用一个生产过程。例如,Texas-based Advanced Cast Ston, Inc.仅生产一种基本产品——混凝土建筑材料。

8.3　日益重要的服务业

运营管理的基本原理在服务生产中的应用,与服务业急剧增长的数量和多样化相吻合。在 1900 年,只有 28%的美国工人受雇于服务业。到 1950 年,这个数字已经增长到 40%,到 2011 年已经上升到 87%。[12]事实上,美国经济的特征可以称为服务经济(参见图 8.2)。**服务经济**就是把更多的精力投入到生产服务,而不是生产货物中去。

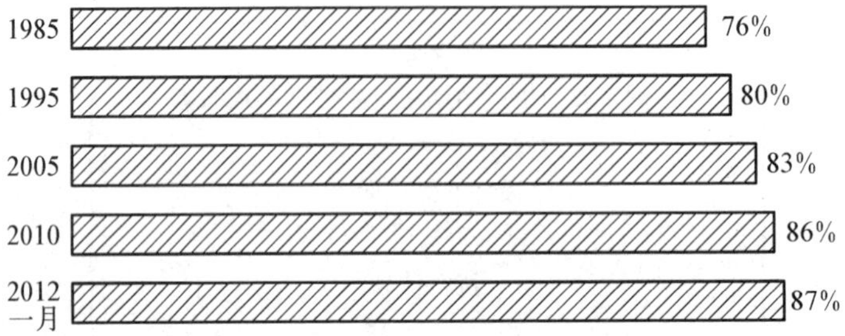

图 8.2 美国工人受雇于服务行业的比重

注:服务型企业的增长速度如此之快,以至于我们已生活在所谓的服务经济之中。
资料来源:U.S. Bureau of Labor Statistics Web site.

8.3.1 计划优质服务

今天很多餐馆、洗衣店、房地产中介、银行、电影院、航空公司、旅行社和其他服务企业的管理者已经意识到他们可以从制造厂商的经验中获益。虽然服务公司不同于制造业。这两种类型的企业要想成功必须完成许多相同的活动。例如,如图 8.1 的中间部分所示,服务业必须计划、设计、执行、评估、改进和重新设计其服务来提供客户所需的服务。

对于一家服务公司,计划通常是从确定顾客是谁,以及顾客需要什么开始的。在确定了客户需求之后,一个成功服务企业的下一步是制定一个使公司能够提供客户需要的服务的计划。例如,游泳池维修公司必须制定一个商业计划,包括招聘和培训熟练雇员的流程、获得必要的零件和用品、营销公司的服务,以及创建管理和会计系统来控制公司的活动。一旦公司为客户提供服务,成功的公司会评估他们的运营系统,并以考量顾客满意度,而且如果有必要,重新设计他们的运营系统和服务以改善客户体验。

8.3.2 评价公司的服务质量

生产服务与生产产品有很大的不同,主要体现在以下五个方面:

(1) 与工业品相比,顾客更多地参与到他们想要或需要的服务上去。

(2) 服务立即被消费,与制成品不同,服务通常不能存储。例如,一个发型师不能存储所有的理发服务。

(3) 服务可以在目标客户需要的时间和地点提供。在许多案例中,顾客不会到很远的地方去获取服务。

(4) 服务通常是劳动密集型的,因为人力资源往往是生产服务中使用的最重要资源。

(5) 服务是无形的,因此更难评估客户的满意度。[13]

虽然通常很难衡量客户的满意度，今天成功的服务企业努力超越客户的期望。为了给客人宾至如归的感觉，Affinia 酒店已经开发出一种革命性的客户服务计划，允许客人定制他们居住的每一个方面。使用新的在线服务，这个高档连锁酒店的客人不仅可以预先选择他们想要的枕头类型，也可以修改其他设施，包括吉他、高尔夫球和球杆、一个健身包，甚至一个橡胶鸭子来帮助他们能完美入住，同时建立回访业务。[14]

与制造商相比，服务公司往往更认真地倾听顾客的意见，对市场变化的需求作出更迅速的反应。例如，Maggiano's Little Italy 餐厅是 Brinker International 拥有的饮食店中的一个，为了不断改进顾客服务，餐厅鼓励食客们完成在线调查，评估来自食客对食物、气氛和服务以及其他因素的评价。然后，根据调查中获得的信息进行微调以满足客户的需求。

此外，许多服务公司现在使用社交媒体来建立与客户的关系。Coldwell Banker 是美国最大的房地产公司之一，它赞助了一个互联网博客，不仅可以用来提供关于目前住房市场的信息，也作为一种鼓励客户评论和客户方法。由 Darden 餐馆所有的连锁餐厅 Olive Garden 使用互联网提供许多他们菜单产品的食谱，顾客可以尝试在自己的厨房里制作"完美"意大利餐。

现在我们来了解把资源转化为商品和服务的生产过程，我们可以考虑运营管理的三个主要活动：研究开发、生产计划，运营控制。

8.4　新产品和新服务来自哪里？

只有有了一个新主意，一家公司就能够生产出产品或服务。苹果的 iPad 和福特的电动汽车都是从一个想法开始。虽然没有人能 100% 预测出在接下来的 5 年中可以提供什么样的产品和服务。但可以肯定地说，公司会持续推出能够改变我们生产和服务的新产品和新服务。

8.4.1　研究与发展

我们是怎么得到苹果 iPad 或电动福特汽车的？我们得到它们是因为有人努力利用新思想开发有用产品。这些活动一般称为研究与开发。**研究与发展（R&D）**涉及一系列活动，致力于产生有潜力带来新产品或服务的新想法。

今天，商业公司运用三种类型的研发活动。基础研究包括旨在获取新知识的一系列活动。基础研究的目标是科学进步，不考虑其在货物或服务开发中的潜在用途。相反，应用研究是由下列活动组成的，着眼于发现有应用潜力的新知识。开发和实施是为将新知识或现有知识用于生产商品和服务而开展的研究活动。对许多公司来说，研发是他们业务运作中非常重要的一部分。以 3M 公司为例，一直以其开发与研究活动著称。目前，3M 在全球雇用了 7 350 名研究人员，并在过去的 5 年里投入了超过 70 亿美元用来开发令人们的生活更轻松、更安全的新产品。[15]

8.4.2 产品扩展与改进

当一个新产品首次上市时，它的销售从零开始慢慢增加。如果产品成功，年销售额就会增长得越来越快，直到到达某个高峰，然后，随着时间的推移，年销售额开始下降，一直下降到它不再有利可图。(这种上升—下降的形式称为产品生命周期，在第 13 章中将对此详细讨论。)

如果一家公司只销售一种产品，当该产品达到生命周期尽头时，公司也将死亡。为了保持业务，公司必须至少改进或扩展产品满足需求的能力。以电视机为例。它们是在 20 世纪 30 年代末引进的，电视机不断被改进，因此现在它们能够提供更清晰的画面。同时，电视机也在不断扩展。除了基本的没有附加功能的纯平电视，还有其他包含 DVD 或蓝牙播放器或者网络功能的电视。最新的发展是高清晰电视已经成为标准。

对大多数公司来说，扩展和改进是它们研究、开发和实现活动的预期结果。每个改进或扩展带来"新"的产品，它的销售额弥补了早期产品销售额的下降。当向消费者介绍 Campbell's Soup 最初的五个品种时，他们发现这些汤质量很高，而且价格昂贵，但都很成功。尽管是 20 世纪初最成功的公司之一，坎贝尔不得不继续创新、改进和扩展产品线。例如，许多美国的消费者生活在一个"忙碌"的社会里。为了满足这些需要，Campbell's Soup 已经研制出能够随时通过微波炉使用的现成产品，无论是在单位或在学校。

职业成功

如果一开始你没有成功……

没有人喜欢失败，但犯错可以教会你很多——并为未来的成功做好准备。例如，新产品或生产过程并不总是像您一开始所期待的那样。Eileen Fisher 是纽约市 Eileen Fisher 服装公司的创始人，她从第一手经验中了解到这一点。她和她的员工不断设计新的服装，在全国各地的百货商店和专卖店销售。"通常当你第一次生产服装或使用新面料进行工作时，你必须进行不断调整，"她解释说："错误就是下一次成功。"

Brilliant Mistakes 的作者 Paul Schoemaker 博士认为，雇主实际上应该鼓励犯错，因为"它们往往是深度个人学习、商业突破性创意以及颠覆性进展的源泉。"如果单纯为了在做出更大规模的变革之前了解哪些是值得期待的(哪些不是)，那么企业需要经历一些小的，可以计算控制的风险。最后，如果你在职业生涯早期犯了一些小错误，并花时间去分析出了什么问题，那么你将为你职业生涯后期可能面临的更大决策做好准备。

资料来源：Based on information in Schoemaker P., Make the Most of Your Mistakes[N/OL]. *Portfolio*, 2012-01-12, www.portfolio.com; Cohan P., Why Mistakes Don't Always Kill Your Company or Career[J/OL]. *Forbes*, 2012-01-03, www.forbes.com; Shambora J., Eileen Fisher's T imeless Vision[J]. *Fortune*, 2011, (11): 49-50.

8.5　管理者怎样计划生产

关于新产品、改进和扩展的众多想法中只有很少一部分是可以在生产阶段实现的。然而,对于那些能够实现的想法,下一步是进行生产计划。一旦确定了产品或服务的新想法,生产计划通过三个步骤将这个新想法转换成实际的产品或服务：设计计划、设施计划和操作计划(见图 8.3)。

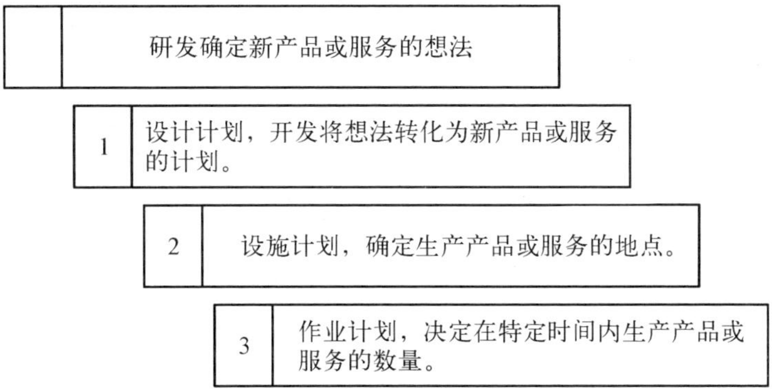

图 8.3　生产计划

8.5.1　计划设计

当三星的研发人员向最高管理层推荐生产和销售带有液晶显示屏、允许 WiFi 连接,以及包含众多 App 允许用户更新日历、给家人留言,或者听音乐的智能冰箱时,公司不能只是简单地在第二天投入生产。相反,需要大量的时间和精力来研究新冰箱看起来像什么,它将如何以及在哪里生产,将包括哪些特征。这些决定都是计划设计的一部分。计划设计是将想法转化为实际产品或服务的计划的开发过程。计划设计过程涉及的主要决策包括产品线的计划设计、需要的生产能力,以及使用技术的计划设计。

生产线

生产线是一些相差不大的相似产品的组合。在计划设计阶段,像三星这样的制造商必须决定生产多少模板,以及能提供多少选项。同样,像必胜客这样的连锁餐厅必须决定提供多少菜单项。

决定生产线的一个重要问题是平衡顾客偏好和生产要求。基于这个原因,营销经理在生产线决策中起着很重要的作用。通常,营销人员想要一个能为顾客提供多种选择的"长"生产线。因为长生产线有更多选项,能够为客户提供更多选择,更容易销售出满足个人需要的产品。另一方面,生产人员希望有"短"生产线,选项较少,产品就越容易生产。

一旦生产线被确定,在产品线中的每一个不同产品都要被设计好。**产品设计**是创建一套可以生产产品规范的过程。当设计一个新产品的时候、规范极其重要。例如,三星的产品工程师必须确保他们的新"智能冰箱"能够将放在冷冻室的食物冷冻,同时他们必须确保放在保鲜室里的生菜和西红柿不被冷冻。完整的产品设计相当重要,没有它就不能生产出产品。出于同样的原因,也应该仔细设计服务。

所需产能

产能是一个组织在一定时间内可以生产产品或服务的数量。(例如,松下组装厂的生产力是一年内组装 130 万台高清电视机。)运营经理(再次与公司的市场经理合作)必须确定所需产能。这反过来决定了生产设施的规模。如果设施建设过多,有价值的资源(工厂、设备和金钱)将闲置。如果设备的产能不足,可能需要在以后增加额外的生产力,那时它可能比最初的建设阶段要昂贵很多。

产能对服务企业的意义相同。举例来说,在一家餐厅 Hard Rock Cafe,它的产能就是在同一时间能够服务的客户的数量。和前面描述的松下工厂一样,如果餐厅产能过大,桌子太多,椅子太多,将会浪费宝贵资源;如果顾客等待时间过长,他们可能会离开,并选择另一家餐厅。

技术的运用

在计划的设计阶段,管理必须决定自动化和技术在生产产品或服务中的应用程度。这里需有一个折中,在高初始成本、低运行成本(用于自动化)和低初始成本、高运营成本(用于人工)之间。最终,管理者必须在劳动密集型技术和资本密集型技术之间作出选择。劳动密集型技术这是指由人来做大部分工作的过程。比如,清洁服务和纽约洋基队棒球队是劳动密集型的。资本密集型技术是由机器和设备做大部分工作的过程。索尼自动化装配厂是资本密集型的。

维护地球

节约能源和环境

工业部门使用了世界总能量的约 40%,因此它是能源优化工作所针对的主要目标。通过与客户合作进行能源管理,减少排放和浪费,一家名为 Rockwell Automation

的工业自动化控制和信息解决方案制造商致力于帮助客户进行更清洁、更节能以及更具竞争力的运营活动。简而言之,他们向客户展示了在节约环境的同时节省资金和能源的方法。在 www.rockwellautomation.com 网站上可以更加细致地观察到 Rockwell 是如何帮助他们的客户,既实现他们的生产目标,同时又实现他们的绿色目标。

资料来源: www. rockwellautomation. com /solutions /sustainability; Presher, A., Energy Optimization as Productivity Enhancer[N /OL]. *Design News*. Retrieved 2011 - 08 - 08 from www.designnews.com/document.asp? doc_id = 231868; Rockwell Automation named to Dow Jones Sustainability North America Index[N /OL]. *Reliable Plant*, retrieved 2012-02-22 from www.reliableplant.com/Read/26680/Rockwell-Automation-sustainability-index.

8.5.2 选址与设施计划

一般来说,企业会在现有工厂中选择一个来生产新产品,只要满足:(1) 现有工厂由足够的生产力来处理客户需求的新产品和现有产品;(2) 翻新现有工厂的成本比建筑新工厂的成本小。

在探索现有工厂的生产能力之后,管理层需要决定是否建造一个新的生产设施。在决定新生产设施的位置时,管理者必须考虑一些变量,包括以下七个方面:

(1) 主要客户及供应商的位置;

(2) 熟练工人与非熟练工人的可用性和成本;

(3) 拟定地点的员工与管理人员的生活质量;

(4) 土地成本和建立一个新设施的成本;

(5) 地方和国家税收,环保法规和区域法;

(6) 由地方政府和州政府提供的财政支持和补贴数额;

(7) 特殊要求,如生产过程中可能用到的大量的能源或水。

关于拟建工厂的选址和如何组建,在做出最终决定之前,还要仔细研究另外两个因素——人力资源和工厂布局。

人力资源

选址和设施计划中涉及的一些问题属于人力资源部门管理。当雀巢建造新的 900 000 平方英尺的生产设施以便在安德森和印第安纳生产液体 Nesquik 和咖啡伴侣时,人力资源经理要确保能够提供必要的管理人员和工厂需要的员工。当一家公司决定在国外建一个新工厂时,人力资源经理也要参与进来。例如,假设一家像 AT&T 这样的美国公司,想从中国进口产品来降低劳动成本。它有两种选择,它可以在国外建立自己的生产设备,也可以将生产外包给当地公司。在这两种情况下,人力资源都参与了决策。如果决定建造自己的工厂，人力资源经理将不得不招聘具有适当技能的经理和雇员，而且让他们愿意移居国外，或者为当地的中国工人制定培训计划，或者两者都有。另一方面，如果作出决定将生产外包给当地供应商，人力资源经理必须确保当地供应商遵守美国公司有关人权政策的规定，同时遵守所在国家适用的地方工资和工时法律。

工厂布局

工厂布局是工厂内的机械、设备和生产设施和人员安排。通常有三种类型的工厂布局(参见图 8.4)。

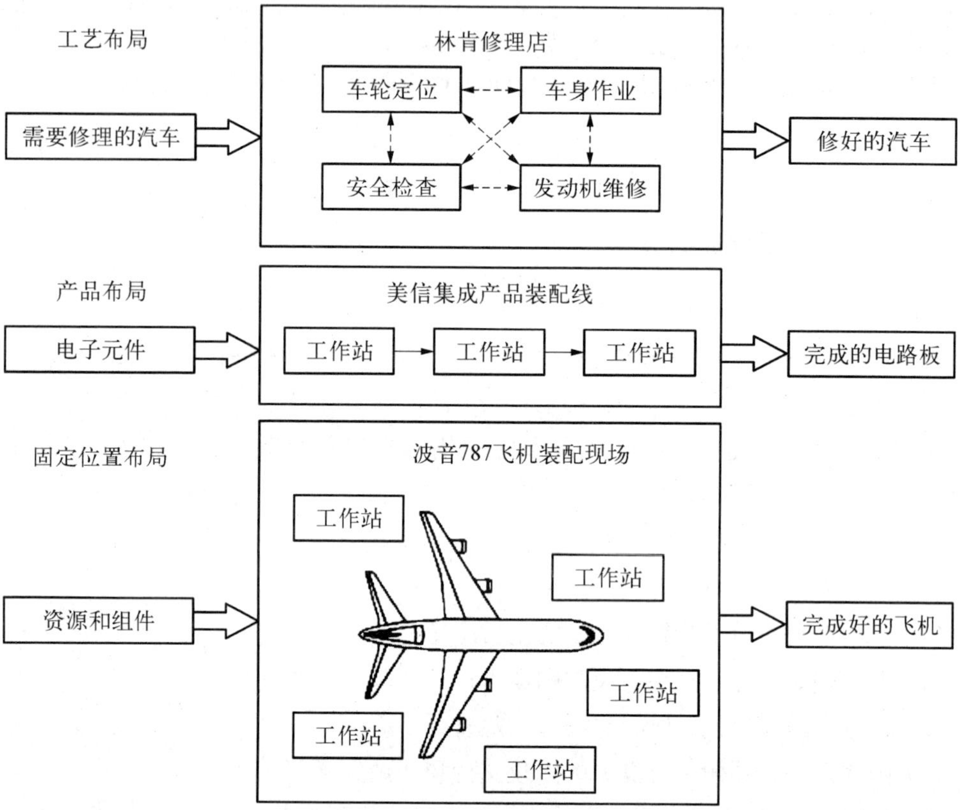

图 8.4 设施计划

注：工艺布局在生产小批量不同产品或生产产品的不同部分需要不同操作的时候会被用到。产品布局(装配线)是当所有产品经过相同的操作序列时会被用到。固定位置布局是用于生产那些太大而不好移动的产品时用到的。

工艺布局在生产小批量不同产品或生产产品的不同部分需要不同操作的时候会被用到。合理的工厂布局可使每个操作都能在各自特定的区域里运行。当地一家汽车经销商的汽车维修厂提供了一个过程布局的实例。各种各样的操作可能是发动机修理、车身、车轮定位和安全检查。如果你用你的林肯导航仪进行车轮定位，你的车只“经过”执行路线的区域。

产品布局(有时称为装配线)是当所有产品都以相同的顺序进行相同的操作时才会被使用。为匹配操作序列安排工作站，并且工作从站到站流动。装配线是产品布局的最好例子。例如,总部设在加利福尼亚的马克西姆集成产品公司,使用产品布局为消费者和商业电子产品制造零部件。当生产一个非常大的产品时,就会用到固定位置布局。飞机制造商和造船行业应用此方法是因为移动大产品如飞机或船很困难。产品仍然是静止的,人们和机器在需要时自主移动来组装产品。例如,波音公司使用固定位置布局来建造 787 梦想飞机。

8.5.3　操作计划

操作计划的目的是决定每个设备在特定期间内生产的产品或服务的数量,有四个步骤。

第一步:选择计划周期。

计划周期就是操作计划生效的时间段。通常来说,生产计划的计划周期是一年。然后,在每一年结束前,管理者必须做好下一期的计划。一年的计划周期足够长,能够平均销售额季节性的增加或减少。同时,它对于规划者来说也足够短,能够及时调整生产以适应长期销售趋势。

第二步:估计市场需求。

市场需求是指在现行产品价格下顾客愿意购买的产品数量。这个数量必须在计划周期所涵盖的时间段内估计。市场经理制定的销售预测是市场需求预测的基础。

第三步:比较市场需求与生产力。

操作计划的第三步是比较所预测的市场需求与设施的生产能力以满足这种需求。(记住,生产力是一个组织在给定时间段所能生产的产品或服务的数量。)可能会出现以下三个结果中的一个:需求超过生产力,生产力超过需求,或者生产力等于需求。如果两者相等,该设施应满负荷运转。但是,如果两者不相等,可能需要进行调整。

第四步:调整产品或服务以满足需求。

一个公司进行生产计划调整的最大原因是公司向客户销售的产品或服务数量发生了变化。例如,印第安纳的 Berry Plastics 生产各种塑料制品。该公司一个特别成功的产品线是饮料杯,可以通过丝网印刷来宣传公司或其产品或服务的杯子。[16] 如果 Berry Plastics 获得一个大合同,给大型快餐连锁店如 Whataburger 或 McDonald's 提供促销杯,公司可能需要一天工作 3 班,每周工作 7 天,直到完成合同。不幸的是,反过来也是正确的。如果公司的销售队伍没有带来新的销售合同,可能一个班次的员工就能足够完成工作。

当市场需求超过生产力时,公司有几种选择。通过现有员工的加班,可以增加产品或服务的生产或开始第二、第三个工作班次。对于制造商,另一种方法是将工作的一部分转包或外包给其他制造商。如果过度需求可能是永久性的,公司可能会拓展目前的设施或建立另一个设施。

当产能超过市场需求时会发生什么? 同样,也有几个选择。为了临时减少产量,工人可能会被解雇,部分设施将被关闭,或设备可以短于正常时间运行,只要产能过剩依然存在。为适应长期减少的需求，管理层可能将生产设施的过剩产能转移到生产其他产品或服务中去。最根本的调整是通过出售未使用的生产设施来消除产能过剩。

8.6 运营控制

我们讨论了一个产品或服务想法的产生，以及将想法转化为现实的计划。现在我们开始探讨真正的生产过程。在本节中，我们将研究运营控制的四个重要领域：采购、库存控制、调度和质量控制（见图 8.5）。

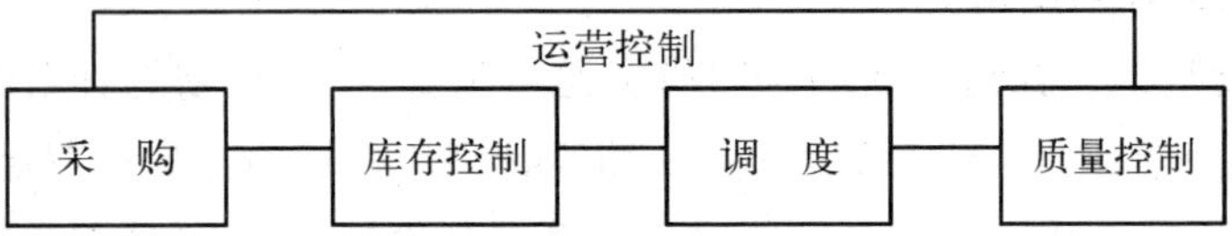

图 8.5 运营控制的四个方面

注：在任何企业中实施运营控制系统都要有效运用采购、库存控制、调度和质量控制。

8.6.1 采购

采购包含所有从其他公司获取原材料、用品、部件（或组件）的所有活动。例如 Levi Strauss，必须购买牛仔布、线和拉链，然后才能生产一条牛仔裤。对所有的公司来说，采购功能远非例行公事，而且其重要性不容低估。对于某些产品来说，采购的材料占他们批发成本的 50%以上。

采购的目的是确保材料在需要时能以适当的数量和最低的成本提供。一般来说，具有采购需求的公司必须和供应商建立在信任基础上的工作关系。除此之外，许多公司相信，采购的存在是促进多样性的一个领域。例如，AT&T 在 1968 年发展了一个供应商多元化计划，在超过 40 年后的今天，AT&T 该项目的目标包括从少数族裔、妇女和残疾老兵的企业中购买 21.5%的产品和服务。[17]

采购人员应时刻关注新的或备用的供应商，即使他们的需求已得到他们现有供应商的满足，因为罢工和设备故障等问题可以随时切断从原材料供应商的采购流程。

供应商的选择应该通过仔细分析一些因素来实现。以下因素尤其关键：

（1）价格。比较不同供应商提供的价格是选择供应商时必不可少的。

（2）质量。采购专家总是设法按照生产的产品的质量水平购买材料。最低可接受的质量通常由产品设计师指定。

（3）可靠性。以低价购买优质材料的协议是购买者的梦想。然而，如果供应商不提供，那就成了噩梦。

（4）信用证条款。采购专家应确定供应商是否要求即期付款，还是愿意使用信证。

(5) 运费。在做出选择之前谁付运费的问题应该得到回答。

8.6.2 存货控制

你能想象如果可口可乐生产厂用完了大家熟悉的红白色铝罐会发生什么事吗？即便完成制造过程，但将可乐运送给零售商将成为不可能。管理者会被迫关闭装配线直到下一批来自供应商的铝罐到达工厂。一个简单的事实是关闭设备很昂贵，因为仍然必须支付成本如工资、租金、水电费、保险费和其他费用。

运营管理者通常关心三种类型的存货。原材料库存主要由通过生产过程成为产品一部分的物料组成。在制品库存主要由部分完成的产品组成。成品库存由制成品组成。每种类型的库存也有其持有成本或存储成本、缺货成本、库存耗尽的成本。**库存控制**是以尽量减少存货成本的方式管理存货的过程，既包括持有成本，也包括潜在缺货成本。

今天，计算机系统被用来跟踪库存，并提醒管理人员补充即将缺货的库存。物料需求计划是今天被使用的最先进的库存控制方法之一。**物料需求计划(MRP)**是一个集生产计划和库存控制于一体的计算机化系统。MRP 系统的最大优点之一是能够有效地安排交货时间表和提前交货时间。对于一个复杂的产品，如汽车，有 4 000 个甚至更多零配件，实际上对个别经理来说，监督进入成品的数百个零件是不可能的。然而，使用 MRP 系统的经理可以安排订单和交货计划，以便物料、零部件和物料在需要时到达。

今天，一个流行的 MRP 的延伸被称为企业资源规划(ERP)。ERP 与 MRP 的区别是 ERP 软件更为复杂，不仅能监控库存和生产过程，还能监控质量、销售情况，甚至可以监测供应商所在地的库存量等变量。

由于大型企业会产生巨大的库存成本，因此库存控制受到了广泛的关注。一些企业使用的无存货系统是所有这些关注的结果之一。**无存货系统**是为了确保物料或供应品在需要时到达工厂，从而使库存和持有成本最小化。客户必须指定需要什么，在什么时候，多少数量。供应商必须确保正确的供货抵达商定的时间和地点。例如，在丰田装配厂使用无存货系统的管理人员确定将在规定时间内装配的汽车数量，然后丰田采购人员只订购生产这些汽车所需的零件。反过来，供应商在装配线上及时交货或在需要时交货。

如果没有适当的库存控制，业务经理不可能安排好生产顾客满意的货物所需的工作。

8.6.3 调度

调度是确保物料和其他资源在正确的时间处于正确位置的过程。材料和资源可以从仓库转移到工作站，它们可以在流水线上从一个工位移到另一个工位，或者他们可以准时到达工作站，这是工作的一部分。

正如我们的定义所暗示的，位置和时间对调度非常重要。材料的路径是材料跟随的工作站的顺序。假设 Drexel Heritage(美国最大和最古老的家具制造商)正在做一个由樱桃木制成椭圆形咖啡桌的生产调度。运营经理通过装配线上的一系列独立工作站将所需材料(木材、螺钉、包装材料等)运送到生产线上。

在每个工作站,执行一个特定的任务,然后部分完成的咖啡桌移动到下一个工作站。在运送物料时,运营经理特别关心生产过程每一步的顺序。对于咖啡桌,在木材完成之前,必须将其顶部和腿部切割成合适规格。(如果在切割之前就完成了木材,就会摧毁最后的结果,咖啡桌也得重新染上颜色。)

在进行生产调度时,经理们也关心时机。计时功能是指指定材料何时到达每一个站,以及在那里停留多长时间。对于樱桃咖啡桌,它可能需要工人用30分钟来削裁桌面和腿,另外30分钟钻孔和组装。在包装咖啡桌以便装运前,必须先用樱桃色染色,然后晾干。这最后一步可能需要长达3天,视天气情况和湿度而定。

无论成品是否需要简单或复杂的生产过程,运营经理都负责监控调度,称为跟踪,以确保工作按时间表进行。对于某些产品,运营经理通常倾向于使用甘特图或PERT技术来安排生产活动。

创业成功

非洲在社会责任型生产中所扮演的角色

从靴子到巧克力棒,非洲正在吸引对社会负责的制造业企业,这些企业将会充分利用非洲大量的原材料。Tal Dehtiar 创立了 Oliberte,其目标是为非洲带来高薪工作,同时在世界市场上销售高品质时装鞋。他没有从头开始建设生产设施,而是与埃塞俄比亚、利比里亚和肯尼亚当地的皮革供应商和小型工厂进行合作。虽然产量相对较低,该公司每年生产和销售约18 000双鞋,但随着 Oliberte 品牌的知名度越来越高,它正在稳步增加产能并扩大销售。

Madecasse Chocolate 由前 Peace Corps 的两位志愿者 Tim McCollum 和 Brett Beach 创立。Madecasse Chocolate 将当地生长的可可豆转化为优质巧克力棒,并从马达加斯加的公司基地出口。企业家们首先与种植优质可可豆的农业合作社签订合同。接下来,他们想出了如何将一吨可可豆运送到下游的合同制造工厂,在那里可可豆被烘烤并变成巧克力棒。最后,他们安排像 Whole Foods Market 这样的商店来出售巧克力棒。凭借200万美元的年销售额,Madecasse Chocolate 即将扩大其存储设施,为未来的发展做好准备。

资料来源:Based on information in Wonacott P., Small Factories Take Root in Africa [J/OL]. *Wall Street Journal*, 2011-09-24, www.wsj.com; Desai L. and Gross S., Shoe Company Hopes to Kick-Start Manufacturing in Africa[EB/OL]. *CNN*, 2011-02-01, www.cnn.com; Silverstein B., Madecasse, Rich[EB/OL]. *Brand Channel*, 2010-03-17, www.brandchannel.com; and telephone interview with Tim McCollum, Madecasse Chocolate, 2012-05-04.

通过甘特图调度

Henry L. Gantt 开发的甘特图是一个图形调度工具,它在垂直轴上显示要执行的任务,在水平轴上显示每个任务所需的时间。甘特图有以下功能:

(1) 允许你确定项目需要多长时间;

(2) 列出需要完成任务的顺序;

(3) 决定所需的资源;

(4) 监控完成项目所需的不同活动的进度。

描述制作 36 台高尔夫球车所需活动的甘特图如图 8.6 所示。甘特图通常不适合安排极其复杂的情况。然而,使用它们迫使经理去计划完成工作所需的步骤,并为工作的每一部分指定时间要求。

本图详细描述了制作36台电动高尔夫球车的工作。

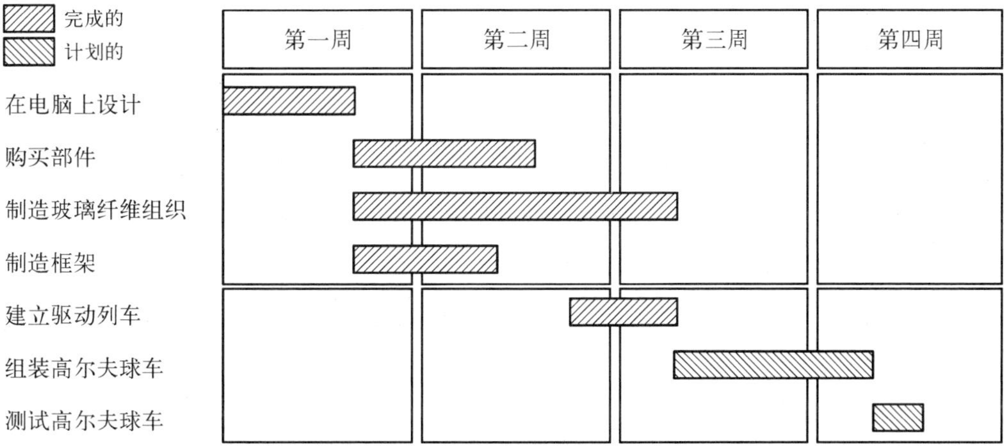

图 8.6　一个甘特图

资料来源:Cassidy F, *Management*[M]. 12th ed., 2013 Cengage Learning.

通过 PERT 调度

一项调度复杂项目和保持进度控制的技术是 **PERT(程序评估和评审技术)**。要使用 PERT,首先要确定项目中涉及的所有主要活动。例如,制作教科书所涉及的活动如图 8.7 所示。

所有的事件都按顺序排列。这样做时,我们必须确保在实际流程中发生在另一事件之前的事情在 PERT 图上也能如此排列。例如,手稿必须在类型设置之前进行编辑。接下来,我们使用箭头连接必须按顺序发生的事件。然后,我们估计每个活动所需的时间并在对应箭头附近标上标记。从开始到结束的最长时间的生产活动序列称为关键路径,此路径上的活动决定了流程可以完成的最小时间。这些活动是必须精心安排和控制的,任何一个项目的延误都会导致整个项目的延期。

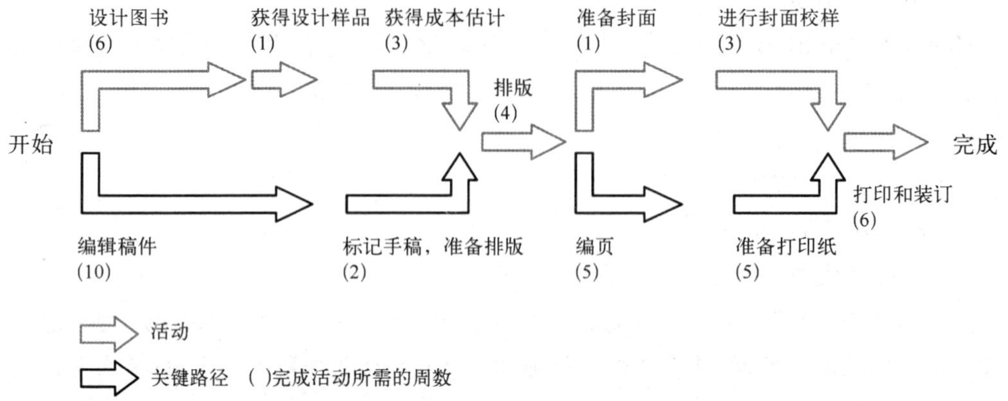

图 8.7 简化的用于生产教科书的 PERT 图

注：PERT 图表表明了完成一个给定项目需要的步骤，并且根据每个步骤所需时间来规划进程。关键路径上的步骤决定了所需的最短时间。

8.6.4 质量控制

多年来，越来越多的管理者意识到质量是优质产品或服务的基本要素。这种质量观带来了一些好处：产品缺陷数量减少，从而导致利润增加。此外，从开始就完全正确地生产产品或完成服务能够减少许多废品和大量返工。

正如本章前面提到的，美国商业公司在竞争激烈的全球市场上竞争，又一次审视了提高质量的重要性。今天，甚至还有一个国家质量奖。**马尔科姆·鲍德里奇国家质量奖**是由美国总统颁发的，旨在奖励那些在特定的管理任务中被认为是优秀的产品或服务，以促进产品和服务质量的提高。过去的获奖者包括 Ritz-Carlton Hotels、Boeing Aerospace、Motorola、Nestlé Purina Petcare、Cargill Corn Milling North America 和 Richland Community College（达拉斯社区学院区的一部分），等等。对于许多组织来说，使用鲍德里奇质量标准的结果是：

- 改善员工关系；
- 提高的生产力；
- 提升客户满意度；
- 市场份额增加；
- 盈利能力提高。[18]

所有获奖者都有一个共同的因素：他们使用质量控制来提高自己公司的产品或服务。

质量控制是确保产品和服务都是按照设计规范产生的过程。质量控制的主要目标是要使组织达到其为自己设定的质量标准。一些公司，比如奔驰，已经在质量上建立了自己的声誉。其他公司采用一种强调低价格和合理（但不是特别高）质量的策略。今天，许多公司使用表 8.1 中描述的技术收集信息和统计数据,这些信息和统计数据可以用来改进公司产品或服务的质量。

表 8.1 四个广泛使用的用于提高公司产品质量的技术

技　术	描　　述
标杆管理	一种比较公司生产产品或服务的方法,与被称为行业领导者的组织所使用的方法进行比较,以确定可用于提高质量的"最佳实践"
持续改进	持续改进是为消除问题和提高质量而付出无尽努力。通常这种方法会涉及许多对现行生产工序的小的变化或设计改进
统计过程控制(SPC)	取样以获取控制图实施中的数据,以了解生产过程是否按规定操作,并找出问题所在
统计质量控制(SQC)	用于监控生产过程中各个方面的一套详细的统计技术,以确保在制品和成品都符合公司的质量标准

尽管表 8.1 所描述的技术可以提供信息和统计数据,但必须根据信息采取行动,并做出变化来改进生产过程。公司的员工往往是提高质量所需要的最重要的组成部分。

通过员工参与提高质量

提高质量的第一步是员工参与。简单地说,成功的公司鼓励员工对工作质量负全部责任。丰田曾经是世界级制造业的榜样,当其面临着质量危机时,该公司宣布了一项基于其著名的"丰田之路"的质量改进计划。丰田方法的一个原则是,在源头解决问题,如果工厂有必要解决问题的话,工厂工人就可以停止生产线。另一个丰田用以解决质量问题的原则是使用品质圈来处理出现的困难。**品质圈**是一个在公司时间内解决产品质量问题的员工团队,这一级别的员工参与使丰田能够纠正问题,并改善公司的汽车。今天,丰田再次被公认为是最可靠的汽车品牌之一。品质圈也被成功地应用于 IBM、诺斯罗普・格鲁曼公司、洛克希德马丁公司和通用电气等公司。

检查工作的力度也在不断加大,这是对工作过程质量的检查。员工在生产过程中的不同时间进行检查。购买的物料在到达生产设施时可以进行检查。组件和部件在成为成品的一部分前可以进行检查。此外,成品在运给顾客之前可以检查。在设计规范中的项目继续进行检查,不在设计规范中的则从生产中移除。

全面质量管理(TQM)也可以用来提高公司产品或服务的质量。正如第 6 章所指出的,全面质量管理计划旨在提高顾客满意度,增加员工参与的努力,

加强供应商伙伴关系,促进持续改进质量的组织氛围。诸如美国运通、AT&T、摩托罗拉和休利特帕卡德等公司都使用 TQM 来提高产品质量,最终提高客户满意度。

另一种方法可供企业可以用于改善不仅质量,而且整体性能,即六西格玛(Six Sigma)。**六西格玛**是一种严格的方法,它依赖于统计数据和改进的方法来消除公司产品

和服务的缺陷。虽然许多专家都认为六西格玛类似于全面质量管理，但六西格玛通常有更高水平的支持、更多的团队合作和新的企业文化。开发、提炼和拥有六西格玛经验的公司主要有摩托罗拉、通用电气和霍尼韦尔。虽然这些公司都是大型企业，六西格玛的基本原则可以被任何公司使用，无论大小。[19]

世界质量标准：ISO 9000 和 ISO 14000

如果没有一个共同的质量标准，客户可能会受到制造商和销售商的摆布，随着在全球市场竞争的公司数量的增加，这个问题的严重性也随之增加，为解决标准化问题，成立了一个总部设在瑞士日内瓦的非政府组织国际标准化组织。**国际标准化组织(ISO)**是一个由来自 160 多个国家的国家标准研究机构和类似组织组成的网络，负责制定在全球范围内交易的优质产品和服务的标准。根据该组织的说法："ISO 的工作对我们生活的世界有着积极的影响。ISO 标准为所有类型的业务增加价值。它们有助于使产品、服务的开发、制造和供应更加高效、安全和清洁。它们使各国之间的贸易更容易、更公平。ISO 标准也有助于保护消费者和用户的产品和服务，使他们的生活更简单。"[20]

标准化是通过代表所有经济利益相关者、消费者和政府的国家代表团达成协商一致的协议来实现的。美国的成员组织是位于华盛顿的美国国家标准协会。

在 1987 年，ISO 发布了 ISO 9000，它规定了制造商和服务供应商必须接受认证的质量管理程序的指导方针。独立审计师和实验室测试服务的认证作为公司在设计、生产过程和产品测试中达到质量控制程序标准的证据。

虽然认证不是在全球开展业务的法律要求，但该组织的成员国已经批准了 ISO 标准。事实上，ISO 标准很普遍，以至于世界各地许多客户拒绝与未经认证的公司做生意。其一个额外的好处是，完成认证过程的公司经常发现新的、有成本效益的改进现有质量控制程序的方法。

作为这一标准化进程的延续，国际标准化组织已经制定了 ISO 14000 标准。ISO 14000 是将环境问题纳入操作和产品标准的国际标准，ISO 9000 和 ISO 14000 系列标准都定期更新。例如，ISO 9001：2008 包括重要的澄清和解决与 ISO 其他质量标准的兼容性问题。

8.7 利用技术提高生产率

不讨论生产率和技术，运营管理的覆盖率就不可能完成。生产率关系到所有的管理者，但对于运营经理来说，监督公司产品或服务的创建则尤为重要。在第 1 章中，生产率被定义为每小时工人的平均产出水平。因此，如果 A 工厂的每一个工人每天生产 75 个单元，而 B 厂的每一个工人每天只生产 70 个单位，那么，A 工厂的工人就更有生产力了。如果一个银行出纳员每小时服务 25 个客户，而另一个银行的出纳员每小时服务 28 个，那么第二个出纳员的效率更高。

8.7.1 生产率趋势

对美国企业而言,1979—2010 年,每小时产出的总生产率平均增长为 4.1%。[21] 更具体地说,美国公司每小时产出在 2010 年增加了 5.8%。[22](注: 在出版时,2010 年是完全统计数据可用的最近的一年。)虽然 2010 的每小时产出增加了 5.8%,但与我们的平均生产率增长相比,令人印象深刻的是,美国劳工统计局每年跟踪的其他 12 个国家的生产率增长比美国高,如图 8.8 所示。[23]

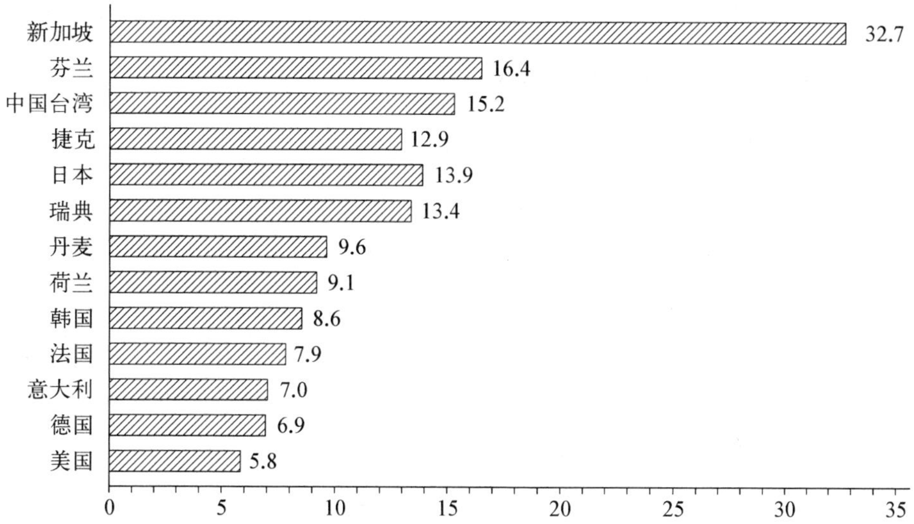

图 8.8 生产率增长速度

注: 这张图显示了 2010 年每小时产量增长最快的国家。
资料来源: The Bureau of Labor Statistics Web site at www.bls.gov.

8.7.2 提高生产率的增长

为了提高生产率,越来越多的企业采用精益制造的概念。**精益制造**是建立在消除生产产品或服务所需的所有活动的浪费的基础上的理念。精益生产的好处包括减少生产产品或服务所需的资源,更有效地利用员工时间,提高质量和增加利润。除了精益生产之外,如果美国公司要提高生产率和在全球市场上竞争的能力,还必须考虑其他一些因素。例如:

- 美国必须稳定经济,使公司在新的设施、设备、技术和雇员培训方面投入更多资金。
- 企业必须与员工合作,以提高员工的积极性和参与工作的能力。
- 必须审查所有政府政策,以确保不合理的法规不再妨碍生产力的增长。
- 成功用于制造企业的技术也可用来提高服务业的生产力。

- 必须增加自动化、机器人技术和计算机制造系统的使用，以降低生产成本。
- 必须强调以优质的产品和服务满足顾客的需求。

最后，为了使美国公司在全球市场上竞争，必须增加创新，努力研究开发新产品和服务。

8.7.3 自动化、机器人技术和计算机对生产力的影响

自动化是指全部使用或几近全部使用机器。自动化程序的迅速增加使得微处理器成为可能，该芯片是为企业、家庭和学校生产台式电脑的硅芯片。在工厂中，微处理器被用于机器人和计算机制造系统中。

机器人技术

机器人技术是利用可编程机器通过操纵材料和工具来完成各种任务。机器人工作快速、准确、稳定。例如，Illumina，一个圣地亚哥的公司，销售执行医学检验的机器人设备。其被出售给一些世界上最大的制药公司，在那里它被用来改变现有的处方药，开发新的药物治疗，并定制治疗各种严重疾病。Illumina 公司的机器人设备每天可以工作 24 小时，成本比人类实验室人员进行同样的测试要低得多。[24]

机器人在单调、重复的装配作业以及处理危险材料方面特别有效。例如，林肯电气公司提供机器人电弧焊机，以消除焊接时又热又脏的作业，这是许多制造任务的关键。额外的好处是，机器人电弧焊机往往更快，而且比老式的焊接机更精确。机器人也可用作人造的“眼睛”，可以在装配线上加工产品时检查产品的质量。

到目前为止，汽车工业使用了最广泛的机器人技术，但机器人也被用来开采煤炭，检查管道的内部表面，组装计算机部件，在医院提供某些类型的病人护理和夜间清洁，以及维护建筑物。

计算机制造系统

人们很快地指出计算机如何改变了他们的日常生活，但是大多数人没有意识到计算机对制造业的影响。简单地说，未来的工厂已经出现。对于大多数制造商来说，转变是从计算机辅助设计和计算机辅助制造开始的。

计算机辅助设计(CAD)是利用计算机来帮助产品的开发。福特加快汽车设计，佳能设计新的复印机，American Greeting 创造新的生日卡，都是采用 CAD。

计算机辅助制造(CAM)是利用计算机来计划和控制制造过程。设计良好的 CAM 系统可以使制造商变得更有生产力。不仅产品数量提高了，而且速度和质量也提高了。使用 CAM 系统的例子有：丰田生产汽车；孩之宝生产玩具；苹果电脑生产电子产品。

如果你认为下一个合乎逻辑的步骤是结合 CAD 和 CAM 计算机系统，那么，你是对的。

今天，最成功的制造商使用 CAD 和 CAM 一起形成计算机集成制造系统。具体来说，**计算机集成制造(CIM)**是一个计算机系统，它不仅有助于设计产品，而且可以控制生

产成品所需的机械。例如，Fifth & Pacific 公司(原名 Liz Claiborne)，采用 CIM 设计服装，建立新的时尚图案，然后剪裁布料用以生产成品。使用 CIM 的其他优点包括改进的灵活性、更有效的调度和更高的产品质量。所有这些因素使得生产设施在当今全球经济中更具竞争力。

柔性制造系统

近年来，制造商们知道用于生产产品的大批量生产和传统装配线存在许多问题。例如，尽管传统的装配线生产出大量相同的产品，但每当制造一个现产品时，该该系统都需要需要昂贵的、耗时的设备重设。这种类型的制造通常称为连续制造过程。**连续制造过程**是指企业在较长时间内生产相同产品的制造过程。现在可以使用灵活的制造系统来解决这些问题。**柔性制造系统(FMS)**将电子计算机和计算机集成制造结合在一个单一的生产系统中。FMS 是由电子机器重新编程，而不必花费大量的时间和精力为每一个新产品来改造传统机械设备的装配线。因为该系统比传统的系统需要较少的时间和费用来编程，厂家可以在不提高生产成本的情况下生产小批量的各种产品。柔性制造有时被称为间歇生产，间歇生产是指制造企业的机器和设备发生变化以生产不同产品的制造过程。

对于大多数的厂商，FMS 系统背后的驱动力是客户。事实上，客户驱动的生产这个术语经常被用来描述一个受顾客需求和顾客想要购买的产品影响的制造系统。例如，先进的软件和灵活的制造系统使戴尔计算机能够转变成更为客户驱动的制造过程。当客户通过免费线路打电话给销售代表或访问戴尔的网站时，这个进程就开始了。接下来，代表或客户将新产品的规格直接输入计算机，然后订单被送到附近的工厂。一旦收到订单，一个团队在一个可编程流水线的帮助下以顾客想要的方式制造产品，产品包括台式电脑、笔记本电脑和其他戴尔设备。[25]尽管这样设计和装备的 FMS 的成本很高，但电子设备比传统装配线上的机械使用频率更高，效率更高。

8.7.4 可持续性和技术替代

在第 1 章中，可持续性被定义为满足当前的需要而不损害后代人满足自己需求的能力。可持续性影响到一个国家、其人民和经济的方方面面，这一概念对于制造商和服务供应商尤其重要。由于生产商品和服务需要大量的资源，这些企业必须尽可能地节省资源。而且，减少浪费和维持地球的努力常常可以改善公司的利润。

在未来，大多数专家同意，由于美国制造商将继续创新，在制造业工作的工人将是高度熟练的，可以运用自动化和计算机辅助制造系统来工作。那些没有高科技技能的人将可有可无或者失业，许多工人将面临重新就业或在其他经济部门工作的选择。政府、企业和教育部门必须合作，为在自动化工作场所的工人扮演新的角色做好准备。

下一章讨论由技术替代引起的诸多问题。此外，还将描述人力资源管理的一些主要组成部分，我们将看到管理者如何使用各种奖励系统来提高动机、生产效率和士气。

商界报道回看

联合利华

世界各地的商店货架上都塞满了联合利华生产的食品、护肤品、家用清洁剂和其他消费品。事实上,190个国家的20多亿的消费者每天都使用联合利华产品。多年来,该公司已被授予20 000项专利,以保护在亚洲、欧洲和美洲进行的研究所产生的产品创新。科学家、化学家、营养学家和其他专家与市场研究人员、质量保证专家和安全专业人员密切合作,以创造和改进新产品,满足联合利华开展业务的国家消费者的日常需要。

联合利华已经制定了目标,以尽量减少其产品在所有阶段对环境的影响,从原料采购到生产、包装及其他过程。作为世界上最大的茶叶买家,联合利华承认,如果它能鼓励客户采用使用过的茶包去堆肥种植,他们将减少成千上万吨的垃圾,让地球变得更绿。

讨论题

1. 如何描述联合利华生产产品的方式?

2. 为什么像联合利华这样的大型跨国公司,还要在消费者经常购买的固定产品项目上继续投资研发?

本章小结

1. 生产的性质。运营管理由参与制造商品和服务的所有活动组成。运营对服务业和制造业来说同样重要。如今,美国公司被迫在一个从未如此小的世界里竞争,以满足更高的客户需求。因此,美国制造商利用创新来提高生产率。由于创新,只需要更少的工人,但是却需要工人要掌握自动化和技术技能。为了重新获得竞争优势,制造商们又一次审视了提高质量和满足客户需求的重要性。他们还采用了新技术来激励员工,降低成本,使用计算机辅助和柔性制造系统,改进控制程序,以及使用绿色制造。在全球经济中竞争不仅是有利可图的,而且是一项必要的活动,需要组织内每个人的合作。在运营管理方面有许多职业选择。

2. 生产过程如何将原材料、劳动力和其他资源转化为产品或服务。企业将资源转化为商品和服务,以便为顾客提供效用。效用是商品或服务满足人们需要的能力。形式效用是由人们将原材料、财务和信息转换成成品而创造的。生产过程因用于生产货物和服务的主要资源、资源变化的程度,以及企业使用的生产流程数量而有所不同。

3. 服务业对消费者、其他商业公司和国家经济的重要性。运营管理的基本原则在服务生产中的应用与美国服务业的增长和重要性一致。今天,87%的美国工人受雇于服务业。事实上,美国经济现在的特征是服务经济。对于一家服务公司,计划通常从确定顾客是谁和顾客需要什么开始。在确定了客户需求之后,下一步是制定一个计划,使公司能够交付客户想要或需要的服务。虽然衡量顾客满意度通常比较困难,但今天成功的服务公司努力提供顾客所需的服务。例如,与制造商相比,服务公司往往更仔细地倾听客户的意见,并对市场变化的需求作出更迅速的反应。

4. 研究和发展如何带来新的产品和服务。运营管理通常从产品研发开始。研发成果可以是全新的产品或服务,也可以是现有产品或服务的延伸和改进。研发活动分为基础研究(旨在揭示新知识)、应用研究(发现新知识和潜在用途)、开发和实施(利用新知识或现有知识生产商品和服务)。如果一个公司只销售一种产品或只提供一种服务,当产品或服务达到其生命周期的尽头时,该公司也将死亡。为了保持业务,公司至少必须设法改进或扩展其产品或服务的令人满意的能力。

5. 计划生产过程中涉及的组件。生产计划涉及三个主要阶段:设计计划、选址和设施计划和操作计划。首先,设计计划是为了解决与生产线、产能需求和技术使用有关的问题。然后必须考虑生产设施、人力资源和工厂布局。操作计划关注对生产设施和资源的利用。操作计划的步骤包括:(1) 选择计划周期;(2) 估计市场需求;(3) 比较市场需求与产能;(4) 调整产品或服务的生产以满足需求。

6. 采购、存货控制、调度和质量控制如何影响生产。运营控制的主要领域是采购、存货控制、调度和质量控制。采购涉及选择供应商。在选择供应商时应该仔细分析一些因素,包括价格、质量、可靠性、信用证条款和运输成本。存货控制是对原材料、在加工产品和成品库存的管理,以尽量减少库存成本。调度确保物料和其他资源在正确的时间处于正确的位置。甘特图和 PERT 都可以用来提高公司安排产品生产的能力。质量控制保证产品和服务是按照设计规范生产的。质量控制的主要目标是要使组织达到其为自己设定的质量标准。许多不同的方法可以用于提高质量。

7. 技术如何使美国企业在全球市场上更具生产力和竞争力。生产率是指每小时工人的平均产量。1979—2010 年,美国生产率平均增长 4.1%,更具体地说,生产率在 2010 年增长 5.8%。尽管 5.8%令人印象深刻,但美国劳工统计局每年跟踪的其他 12 个国家的生产率增长却比美国高很多。如果美国公司要提高生产率以及在全球市场上的竞争能力,就必须考虑几个因素。

自动化,指全部或几乎全部使用机器来工作,多年来一直在改变工厂的工作方式。越来越多的行业使用可编程机器,即机器人。计算机辅助设计系统(CAD)、计算机辅助制造系统(CAM)和计算机集成制造系统(CIM)利用计算机帮助设计和制造产品。柔性制造系统(FMS)结合了电子计算机和计算机集成制造技术,比传统的生产线更有效地生产出更小的一批产品。对每一个新产品,FMS 是由电子机器重新编程,而不是花大量的时间和精力来改造传统机械设备的装配线。

关键词

运营管理	服务经济	资本密集型技术	调度
回流	研究与发展(R&D)	工厂布局	甘特图
大批量生产	设计计划	计划周期	PERT(计划评审技术)
分解过程	生产线	采购	国家质量奖(马尔科姆·鲍德里奇)
合成过程	产品设计	存货控制	质量控制
效用	产能	物料需求计划(MRP)	品质圈
形式效用	劳动密集型技术	无存货系统	检查

六西格玛(Six Sigma)	自动化	计算机辅助制造(CAM)	柔性制造系统(FMS)
国际标准化组织(ISO)	机器人技术	计算机集成制造(CIM)	间歇过程
精益生产	计算机辅助设计(CAD)		

复习题

1. 列出运营管理所涉及的所有活动。
2. 分解和合成制造过程的区别是什么？各举一个例子。
3. 从主要资源、资源变化程度、生产过程的数量来描述本地的披萨店、干洗设施和汽车修理厂生产过程的特点。
4. 描述研究和发展如何导致新产品和产服务的扩展和细化。
5. 计划设计的主要内容是什么？
6. 在为新的生产设施选择一个地址时应该考虑哪些因素？
7. 如果你是一个运营经理，如果市场需求超过了公司产能，你会怎么做？如果你的生产设备的生产能力超过市场需求，你会采取什么行动？
8. 为什么选择供应商如此重要？
9. 什么费用必须要通过存货控制来平衡和最小化？
10. 物料需求计划(MRP)、企业资源计划(ERP)和无存货系统如何帮助控制库存和公司的生产过程？
11. 从某种意义上说，调度是运营经理的控制功能？
12. 员工在哪些方面有助于提高公司产品的质量？
13. 如何衡量餐厅、百货公司或公立学校系统的产能？
14. CIM 和 FMS 如何帮助制造商生产产品？

讨论题

1. 为什么 Rubbermaid 这家在美国已获得成功的企业需要扩大产能和将其产品销售给外国的消费者？
2. 美国企业采取什么步骤来恢复自己在全球市场的竞争优势？
3. 哪些类型的公司需要加强运营管理的特定领域？为什么？
4. 服务公司是否真有必要从事研究和开发？例如，在计划生产和运营控制方面？
5. 运营控制的四个方面是如何相互关联的？
6. 非营利组织如学校和医院，也涉及运营管理？为什么？

视频案例 8.1

伯顿滑雪板的高质量标准

“伯顿的人是强大的，鼓舞人心的，有趣的群体，我会想念他们，”佛蒙特州伯顿滑雪板的前首席执行官这样说。事实上，该公司近 900 名员工是公司成为世界领先的滑雪板和配件公司的原因之一。他们许多人都是滑雪爱好者，其中不乏 Jake Burton Carpenter，这位公司的创始人和目前的临时首席执行官。除了完成他的管理职责外，Jake 仍然在一年中有 100 天都会玩滑雪板，有时是为了测试新产品，但有时只是为了娱乐。“公司里有很多充满活力的人，他会影响你，”他说。

最初在 1977 年，公司是在谷仓里成立的一家创业公司。现在该公司生产和销售滑雪板，价格在 300—1 500 美元。Jake 说，他在学校的时候是个失败者，他为一项没有追随者的运动手工制作了自己的板子，却没有人认识。单板滑雪已经走过了漫长的道路，在日本的 1998 届冬季奥运会的场馆首次亮相。伯顿滑雪板也成长起来了。全球总部在美国伯灵顿，在奥地利有一家工厂，在芝加哥、洛杉矶、纽约、伦瑟姆(MA)、奥兰多、伯灵顿，以及东京和因斯布鲁克(奥地利)都有商店。它还与世界各地 30 多个国家的数以千计的零售商合作，并提供在线销售。该公司成功的一个重要因素是从一开始就坚持的高质量标准。这些都使伯顿滑雪板优质供货商的名字就是质量的代名词。它的滑雪板是按照严格规范制作的，从木材，玻璃纤维和钢(以及不便宜的泡沫材料)，毫不松懈地注意每一步的产品细节。“我们不偷工减料，”一位公司发言人说，尽管有时这意味着它的产品比竞争对手的价格要贵一点。当时企业的理念是“你得到你所支付的”，听从核心客户的需求，其主要年龄群在 12—35 岁。伯顿依然充满信心，对于那些不仅把滑雪当成一种运动，更是一种生活方式的人来说，其高标准能够满足人们的期望。“我们总是围绕滑雪板以及什么能让他们变得更好来做决定，”Jake 说。

每年通过重新设计每一个产品保证产品质量来保持它的“创新者而非模仿者的位置”，跟上不断变化的客户需求和愿望，跟上竞争对手的脚步并扩大自己的市场份额。一个这样的威胁是一家滑冰公司决定进入滑雪板产业。伯顿的管理者将公司的成功归功于公司良好的应对变化的能力。据 Jake 说：“作为一个公司，我们是在机会中获得发展的。”

一个新的机会是，公司需要在不牺牲质量的前提下控制其生产成本。伯顿最近宣称正在关闭在伯灵顿的工厂，将只让已经营了 25 年的奥地利工厂生产。公司发言人说：“在佛蒙特州生产一个滑板的成本要比我们出售它所获得的要高得多，这在目前的经济中是不可持续的。”近 400 名员工将继续留在伯灵顿工厂，这里有“擅长成型和发展产品”的设备，将继续承担研发责任。“在佛蒙特州，”当时的首席执行官说，“我们将继续专注于先进的产品开发，这将使我们为客户带来最新的滑雪技术，比以往任何时候都更快。”为保持其作为世界上最好的滑雪板制造商的声誉，伯顿在 2011 年开创了一个体现最先进水平的研究设备，以世界著名的雪山飞魂 Craig Kelly 命名。[26]

讨论题

1. 当伯顿关闭了它在伯灵顿的制造工厂时，大约 40 人失去了工作。你认为工厂关闭会怎样影响其总部员工的生产力？这可能对产品质量产生什么样的影响？

2. 你认为设计和开发人员与制造工厂隔这么远，会对质量产生影响吗？为什么？

3. 你能协调公司在产品质量与在更便宜的地方生产之间的主要资源吗？如果可以，如何做？如果不可以，为什么？

案例 8.2

波音飞机工厂内部

总部位于芝加哥的波音综合运用团队在华盛顿州和南卡罗来纳州的两家工厂激励创新和使用尖端技术来制造商业客机。该公司年收入达 680 亿美元,并在 70 个国家雇用超过 170 000 名员工。因为每次飞机起飞后生命就濒于险境,在波音公司设计、测试和制造的喷气式客机时,质量是其头等大事。

波音公司最畅销的机型是 737,自 20 世纪 60 年代末推出后已更新无数次。超过 350 家航空公司都有 737 飞机在飞行,而且还有新的订单,波音将交付另外 2 600 架 737(售价 5 900 万美元起,根据配置不同)。在波音的兰顿和华盛顿的工厂,不同的技术、工程和生产背景的员工组成工作小组去解决客机的特定部件或装配过程中的挑战。这些团队已经找到巧妙的方法在不扩大设备和增加成本的前提下来提高生产力。

例如,当喷气式飞机在装配的最后阶段沿着地面运转时,紧固件或螺栓会偶尔戳破轮胎。算上材料和劳动力,更换一个轮胎的费用近 10 000 美元。为了减少穿孔次数,团队尝试用特制形状的扫除机清除客机运行轨道上的固件。当这不能完全解决问题时,一个团队成员借用了他在摩托车比赛中看到的一个想法:在轮胎上盖上帆布罩,然后在运行开始前把它们取下来。这个想法的实施每年为波音节省了超过 200 000 美元的 737 轮胎更换费用。

团队想出创造性的方法来提高 737 工厂的生产效率。一个团队发现了一种方法,同时准备四台发动机安装在他们以前准备的同一个引擎空间。另一个团队改变了涉及喷漆部分的任务序列,每雇员每件工作至少节约 10 分钟。另一个团队在安装机轮之前预装液压管一些组件,这将使得熟练的机械师在 737 上节省 30 多个小时。所有这些都能增加效率:工厂现在可以在不到 11 天的时间组装整个 737 喷气客机,而在十年前需要 22 天。

波音最新客机——787 客机,是由高科技和轻碳复合材料生产出来的,在埃弗雷特、华盛顿、北查尔斯顿和南卡罗来纳设有工厂在建设南卡罗来纳州工厂的时候,它运用了 50 年制造飞机过程学到的一切。在海绵状的建筑里,一个 787 客机逐一在五个工作站中组装。场区工厂涵盖了每个 787 机身所需的大部件,这提高了效率。

尽管精心策划,但由于零部件短缺和无法预料的设计和装配故障,787 的燃油效率比计划落后了三年。波音公司收购了南卡罗来纳州供应商的一些生产业务,以直接控制供应链的一部分。现在,随着手上持有超过 850 架梦想飞机的订单,波音公司正在努力增加月产量,每月在埃弗雷特工厂生产 7 架客机,在南卡罗来纳州的工厂生产 3 架喷气式客机。[27]

讨论题

1. 目前,波音积压了一大堆 737 和 787 梦想飞机的订单。这会如何影响其生产计划?在不牺牲质量的情况下,公司应如何增加产量?

2. 你认为无库存系统适合波音 787 吗?为什么?

3. 一个生产团队建议改变油漆零件的顺序,在作业中每名员工每件工作节省 10 分钟。如何提出建议(即使是那些在生产过程中产生小的改进的建议)以帮助公司满足客户需求、提高质量和增加利润的能力?

尾注

1. Sources: Based on information in Rick Pendrous, "Knorr Brand Underpins Growth in Unilever's Savoury Business," *Food Manufacture (UK),* July 26, 2012, www.foodmanufacturer.co.uk; "Supply Chain News: Unilever Says Its Supplier Partnership Program Is Paying Big Dividends," *Supply Chain Digest,* July 24, 2012, www.scdigest.com; "Teabags Targeted for New Compost Scheme," *Guardian (UK),* May 23, 2012, www.guardian.co.uk; "Unilever Opens New, 'Green' SA Factory," *Africa News Service,* December 13, 2011, n.p.; Simon Zekaria, "Unilever Leans on Markets Outside Europe," *Wall Street Journal,* July 26, 2012, www.wsj.com; www.unilever.com.
2. The Bureau of Labor Statistics Web site at www.bls.gov (accessed February 13, 2012).
3. Tom Raum, "Obama Call for Manufacturing Revival a Tough Goal," the Yahoo! Finance Web site at http://finance.yahoo.com (accessed February 10, 2012).
4. The Bureau of Labor Statistics Web site at www.bls.gov (accessed February 13, 2012).
5. Chris Farrell, "Hope for American Manufacturing—and Maybe Jobs," *Bloomberg Businessweek,* October 14, 2011, Web site at www.businessweek.com.
6. Rebecca O. Bagley, "Made In America," *Forbes,* December 15, 2011, Web site at www.forbes.com.
7. Ibid.
8. "Obama Seeks to Increase Partnerships between Community Colleges, Industry to Train New Workers," *Washington Post,* February 13, 2012, Web site at www.washingtonpost.com.
9. Zackary Roth and Daniel Gross, "President Obama Touts 'Onshoring': Is Made in America Back?" the Yahoo! Finance Web site at http://finance.yahoo.com (accessed February 15, 2012).
10. Beth Buczynski, The Earth Techling Web site at www.earthtechling.com (accessed February 20, 2012).
11. Thomas D. Kuczmarski, "Remanufacturing America's Factory Sector," *BusinessWeek,* September 9, 2009, Web site at www.businessweek.com.
12. The Bureau of Labor Statistics Web site at www.bls.gov (accessed February 13, 2012).
13. Robert Kreitner and Carlene Cassidy, *Management,* 12th ed. (Mason, OH: Cengage Learning, 2013).
14. The Affinia Hotel Web site at www.affinia.com (accessed February 15, 2012).
15. The 3M Corporation Web site at www.3m.com (accessed February 15, 2012).
16. The Berry Plastics Corporation Web site at www.berryplastics.com (accessed February 13, 2012).
17. The AT&T Supplier Web site at www.attsuppliers.com (accessed February 13, 2012).
18. The National Institute for Standards and Technology Web site at www.nist.gov (accessed February 16, 2012).
19. The iSixSigma Web site at www.isixsigma.com (accessed February 13, 2012).
20. The International Organization of Standardization (ISO) Web site at www.iso.org (accessed February 19, 2012).
21. The Bureau of Labor Statistics Web site at www.bls.gov (accessed February 15, 2012).

22. Ibid.
23. Ibid.
24. The Illumina, Inc., Web site at www.illumina.com (accessed February 15, 2012).
25. The Dell Computer Corporation Web site at www.dell.com (accessed February 19, 2012).
26. Company Web site www.burton.com (accessed February 21, 2012); Mike Lewis, "Jake Burton on Taking the Helm," *Transworld Business,* May 4, 2010, http://business.transworld.net; "Laurent Potdevin Resigns as Burton CEO," *ESPN.com,* May 3, 2010, http://sports.espn.go.com (accessed June 21, 2010); Bruce Edwards, "Burton Moving Factory to Austria," *Rutland Herland,* March 17, 2010, www.rutlandherald.com; interviews with company staff and the video "Burton Snowboards' High Quality Standards."
27. Based on information in Jon Ostrower, "Untested South Carolina Outpost Is Central to Boeing's Dreamliner Hopes," *Wall Street Journal,* April 30, 2012, www.wsj.com; Kyle Peterson, "Boeing Debuts First 787 Dreamliner Made in South Carolina," *Reuters,* April 27, 2012, www.reuters.com; David Kesmodel, "Boeing Teams Speed Up 737 Output," *Wall Street Journal,* February 7, 2012, www.wsj.com; www.boeing.com.

第四部分

人力资源

人力资源这部分内容主要阐述最重要的也是最不具可预见性的资源——人。我们先考察人力资源的起始、录用、发展、留住最优秀的员工。接下来，我们讨论员工激励和满意度。

第 9 章

吸引和留住最优秀的员工

学习目标

1. 人力资源管理的主要组成部分。
2. 人力资源规划的步骤。
3. 文化多样性和其中的挑战与机会。
4. 人力资源的目标和使用工作分析。
5. 招聘流程、员工选拔和职业培训。
6. 员工补偿金和奖金的主要构成。
7. 员工培训和发展的目的和方式。
8. 绩效考核的技巧和绩效反馈。
9. 影响人力资源管理的最主要的规章制度。

商界报道

企业和求职者都使用领英

你使用领英吗？领英(www.linkedin.com)是一个专业人士的社交网站。在这个在线平台上，几乎每个行业的商务人士都可以与同行建立联系，包括展示他们的资格证书，研究潜在的雇主，探索职业的可能性。如今，企业正越来越多地通过科技来发掘求职者。因为领英拥有超过1.5亿名会员，涵盖200个国家，它已经成为许多企业在线招聘的一个关键枢纽。

例如，会员企业给领英付费，将对外招聘的职位公布在网上，通过领英寻找职位候选人。联邦快递企业在领英创建职业联络群，与有工作经验的专业人士和大学生建立联系，便于他们换工作或了解职业机会。联邦快递企业还为宣传招聘岗位支付领英一定的费用，使得符合招聘条件的领英会员在浏览网页时可以看到联邦快递企业的招聘通知。在网页上，领英也发布自己的招聘信息，填写相关信息后如工资、岗位要求，在职人员提供推荐信，就可以直接链接到企业招聘人员。

跨国企业发现，在很多地区通过领英招募员工是一种很高效的方式。英维思集团，是一家总部位于伦敦的企业，从事工厂电子控制装置、电力控制和交通运输系统，一直使用领英吸引在哈萨克斯坦、斯洛伐克和尼日利亚的应聘者。即使是企业在本地招聘，领英也是一种能够补充传统招聘的方法。当生化企业 AMRESCO 在其所在的俄亥俄州安排招聘会时，250 名员工将会通过网络把地点、时间推送给领英会员。现在，在 AMRESCO，有 1/3 的新员工是通过已经是领英会员的员工推介来的。

当 Softchoice 企业的软件开发人员想为其多伦多办事处聘请专业人士时，招聘人员会通过领英会员简历来筛选个人的相关技能和经验。然后，招聘人员会与这些人联系，通常是通过领英发送信息，就空缺岗位进行沟通。这使得 Softchoice 企业将候选人的范围扩展至那些原先并不积极寻求换工作的人。[1]

领英已经成为一种被应聘者和专业人士所青睐的重要工具。他可以帮助企业招聘，也可以帮助个人在网上推送和分享他们的简历和专业经历。我们从简要了解企业如何获取、留住、发展人力资源，开始人力资源管理的学习。在梳理完企业匹配人力资源的步骤后，我们探讨文化多样性的几个维度。然后，我们研究职务分析的概念。接下来，我们专注于企业获取员工的手段，包括招聘、选拔和程序。我们还讨论员工薪酬的形式，如何留住人，并激励员工高效工作。接下来，我们探讨员工培训、管理人才发展和绩效考核的方式。最后，我们思考影响人力资源管理的规章制度。

9.1 人力资源管理的概述

人力资源是一个企业独特的、有价值、最重要的资源。依照逻辑，一个企业会耗费很大精力在获得并充分利用这样的资源上。这方面的努力就是人力资源管理，也被称为员工和人事管理。

人力资源管理(HRM)涉及一个企业包括获得、留住和发展人力资源在内的所有活动。这个概念意味着，人力资源管理开始于招聘为企业工作的员工。招聘环节对于符合条件的员工而言具有相当竞争性。接下来，必须采取措施留住这些宝贵资源。(毕竟，他们是唯一可以离开企业的商业资源。)最后，就是使人力资源的能力得到发展。

9.1.1 人力资源管理活动

人力资源管理由获得、留住和发展这三个阶段大量的相关活动组成。以获得为例，包括规划和雇用新人员的各种活动。人力资源管理的这一阶段包括五个独立的活动：

(1) 人力资源规划——确定企业未来的人力资源需求;

(2) 岗位分析——确定岗位的精确性;

(3) 招聘——吸引申请者应聘;

(4) 选拔——选择和聘用最合适的申请人;

(5) 职业培训——让新员工熟悉企业。

留住人力资源主要通过激励留住员工,通过多样化的人力资源管理程序使员工有效工作。这包括:

(1) 员工关系——通过满意度调查、员工沟通程序、离职面谈和公平待遇提高员工工作满意度;

(2) 补偿金——通过货币支付对员工努力进行奖励;

(3) 奖金——为保障员工福利提供的奖励。

人力资源管理的开发阶段关注的是提高员工技能和扩大他们的能力。这一阶段的两个重要活动是:

(1) 培训和开发——员工学习新技能、适应新工种,以及更有效地面对新的工作,并以更有效的方法做他们目前的工作。

(2) 绩效考核——评估员工当前和潜在的业务水平。

9.1.2 人力资源管理的责任

一般情况下,人力资源管理是直线经理和员工人力资源管理专家的共同责任。在规模较小的企业里,企业所有者处理全部或者大多数的人力资源管理活动。随着企业规模的扩大,有必要雇用人力资源经理负责员工管理工作。像迪士尼那样大的企业,人力资源管理具有高度专业化。有单独人员分管补偿金、奖金、培训、开发,以及其他员工活动。以通用电气为例,其部门和办事处分布在全世界。由于企业规模和复杂性,通用企业有数百个人力资源经理,负责不同地区和不同部门的事务。

具体的人力资源管理就是把合适的人安排在最合适的岗位上。人力资源规划和岗位分析通常由专业人员结合直线经理的意见来进行。同样,招聘和选拔也由专业人员来处理,但是一线管理人员会参与招聘。员工入职培训由专业人员设计,由专业人员和一线管理人员共同执行。薪酬制度(包括奖金)一般是由人力资源管理专员制定和执行。关于加薪和升职,一线管理人员也可以提出建议[2]。培训和发展是员工和一线管理人员共同的责任。虽然人力资源管理人员设计企业的评估体系,但是关于员工的表现,这主要还是一线管理人员的工作。

9.2 人力资源规划

人力资源规划需要满足企业未来战略发展对人力资源的需求。出发点是企业的整体战略规划。从这一点来讲,人力资源规划要能预测未来的人力资源需求。下一步,规划专员必须确定企业所需的人力资源能够得到满足。最后,他们必须采取措施,使需求能够与供给相符。

9.2.1 预测人力资源需求

规划专员应根据相关可用的信息预估人力资源需求。企业的整体战略规划将提供有关信息,包括未来风险投资、新产品,以及扩张或压缩特定产品线的计划。过去有关人员配备水平、不断变化的技术、整个行业的实践、经济运行趋势等信息都是非常有帮助的。技术进步为预测和计划人力资源需求创造新的机会。德勤会计事务所的一项调查显示,新技术,比如社会媒体、云计算、新的分析方法提高了企业效率,这项调查增加了企业国际增长和领导力的重要性。为了利用这些机会并意识到威胁,企业必须聘请能够使用这些新技术的人力资源人才。

人力资源管理经理使用这些信息来确定员工的需要量和资格要求。规划专员使用广泛的方法来预测具体的人才需求。例如,有一个简单的方法,人员需求求预计将增加或减少同一比例的销售收入。因此,如果预计在未来两年,销售量增加 30%,那么,同期销售人员需求也将增加 30%。(这种方法适用于特定区域,同样适用于一般劳动力。然而,它不是一个非常精确的预测方法。)更为精确的是,基于计算机的人员规划模型,这种方法被诸如埃克森美孚公司等一些大公司所使用。[3]

9.2.2 预测人力资源供给

人力资源的供给的预测必须考虑到目前的劳动力和任何可能发生的变化。举一个计划项目的例子。假设一个公司,目前雇用了 100 名工程师,在 5 年内需要聘请 200 名工程师。规划专员根本不能假设将再聘请 100 名工程师,因为,在此期间企业现有的工程师可能会被提升,离开公司,或跳槽到其他公司工作。因此,规划专员如果计划在 5 年内需要 87 个工程师,这就意味着该企业将聘请 113 名新工程师。预测人力资源供给时,规划专员应当通过分析企业现有员工来确定谁能通过培训,并能够完成所需的工作。

预测人力资源供给的两个非常有用的技术是更换图表和技能量表。**更换图表**是一个关于关键人员和企业能够替代他们的人员清单。这份清单是为了确保如果高层管理者发生意外死亡、辞职或退休,他的职位能够及时被替代。一些公司还为可能最终取代高层的管理人员提供额外的培训。

技能量表是一个包含现有所有员工技能和经验信息的计算机数据库。它用来寻找候选人以填补可用的位置。以一个特定项目为例,项目经理需要寻找一个具有一定信息技术技能,至少有 6 年相关经验,能够熟练使用法语的现有员工。通过技能量表就能快速挑选出符合这些资格条件的员工。技能评估测试可以在一个企业内进行管理,也可以由外部供应商提供。一些企业,如 eSkill,提供可定制的技能评估和培训软件,使企业能够更熟练地检测技能,而不需要与外部供应商合作。[4]

9.2.3　供需匹配

一旦他们预测了人员的供给和需求,规划专员便可以采取行动使两者匹配。如果预计需求大于供给,他们必须制定计划招聘新员工。采取行动的时间取决于需要填充岗位的类型。假设我们计划期望在 5 年内新建工厂,需要招聘 1 个工厂经理、25 个维修工人,以及其他一些员工。我们可能会等一段时间才会开始招聘维修人员。但是,因为工厂经理的工作是非常重要,所以我们可能会立刻开始寻找合适的人。

当供给大于需求时,企业必须采取措施缩减员工规模。当供大于求时,一些雇员可能被解雇,他们脱离工作直到重新被需要。

也许最人道的裁员方法是通过人员自然流失。人员自然流失是劳动力的正常减少,例如员工离开公司。美国邮政服务公司,为了更加精简和更具竞争力,在未来的几年内,计划削减 65 万名员工,第一年将裁员 10 万名员工,其中大部分是源于自然流失,包括员工退休或换工作。大多数利益相关者认为对于美国邮政服务公司的经营来讲,这是必要的。美国邮政目前每月有 10 亿美元的赤字,而且客户数量很低。[5]

提前退休是另一个选择。对于几年内就要提前退休的人来说,期望能够在提前退休后得到全部工资。根据员工的年龄构成,可以得知是否需要裁员。

最后,通常多余的员工很容易被辞退。然而,由于这样的负面影响大,除非非常有必要时,这种方式通常不被使用。

9.3　人力资源的文化多样性

如今的劳动力是由许多类型的人组成的。企业不再假定每个员工都有类似的信念或期望。例如,北美白种男性可能去挑战权威,亚洲人则倾向于尊重和听从权威。在西班牙文化中,人们常常把音乐、食物和家庭成员带到工作中,而这是传统美国企业文化所不允许的。在面试中,求职者如果没有眼神交流,那么很可能被拒绝,除非在他或她的文化中,这样做只是出于礼貌。[6]

由于大量妇女、少数族裔群体和移民涌入美国劳动力,工作场所更具多样化。据估计,女性约占美国劳动力的 47%,非裔美国人和西班牙裔分别占到 12%和 15%。在美国,女性白领数量的增长速度超过男性白领。在大学毕业生中,女性的数量超过男性。近期经济衰退之后,女性的就业情况好于男性。男性就业率下降了 3.8%,而女性就业率仅下跌了 1.8%。[7]

文化(或工作环境)的多样性是指员工种族、民族和性别之间的差异。文化多样性的增加迫使管理者学习如何使用更广泛的价值体系来监督和激励员工。

职业女性的高占比，加上男性参与育儿这一新现象，给工作环境引入许多家庭问题。当今，教育程度越高的员工也需要更多的独立性和灵活性。作为对努力的回报，他们希望得到更多的薪酬和更好的生活质量。

虽然文化多样性带来了挑战，但是管理者们应该把它看作一个的机会，而不是限制。如果管理得当，文化多样性可以为一个企业带来好处。表9.1显示了几种多元文化能够带来创新管理的好处。

表9.1 文化多样性的好处

经济措施	描述
成本	随着组织越来越多样化，对于清贫工作的人工成本将增加。如果企业能够很好地处理这个问题，那么便可以从清贫工作中创造成本优势。此外，企业可以通过招聘熟知不同文化的人来节约成本，而不是通过培训美国人，例如，关于德国人如何做生意
获取资源	企业会提高自己的声誉，比如通过雇主对待妇女和少数族裔的态度，欢迎与否。那些享有较好的声誉的企管往往能够赢得更多人才的竞争，而这种声誉往往是通过管理者传递出来的
市场敏锐性	对于跨国组织来说，员工所具有的洞察力和文化敏锐性对于他们能够扎根在其他国家从事营销来说，是非常重要的。应当努力去提升这种能力。同样，这种能力对于从事国内市场营销的人员而言也同样重要
灵活性	文化能够使企业里的员工通常更为开放的对待职位的边界，更为迅速地在合作中获得晋升并有突出的表现
创造性	多样性的观点和没有过多强调过去是能够提高创造力水平的
解决问题	决策小组和解决问题小组之间的差异，通过更广泛的角度和更深入的分析关键问题，使决策优化
双语能力	工作场所中因文化多样性所带来的双语和双文化能力，对于不断增长的全球市场非常有利。员工了解其他文化的工作，不仅可以用他们的语言，还能够防止公司因缺乏处理文化复杂性的经验而做出尴尬举动。因此，公司可能会寻求具有多元文化背景的求职者从事商业活动

资料来源：Cox T.H and Blake S., Managing Cultural Diversity: Implications for Organizational Competitiveness [J]. *Academy of Management Executive*. 1991, 5(3): 46; Griffin R., and Moorhead G., *Organizational Behavior* [M]. Mason, OH: South-Western/Cengage Learning, 2010; Daft R L., *Management* [M]. Mason, OH: South-Western/Cengage Learning, 2010.

成功之道

首席多元化执行官是做什么的?

美国规模最大的那些公司都会设立一个称为首席多元化执行官的职位（简称CDO）。这个职位主要是提高公司招聘和培训计划的多样性程度。但是，确切来讲，

CDO是做什么的呢？在英格索兰的CDO已经对女性员工实施了领导力培训计划，同时开始针对女性员工、退伍军人和非洲裔美国人进行内部团队建设，旨在增加创新和支持全球增长。

恺撒娱乐是运营酒店和赌场，它的CDO设立了“形式多样化的设计”团队来应对困难和挑战。他从具有不同文化、来自不同地域和具有不同专业背景的应聘者中挑选员工，为解决每一个问题带来新的见解和观点。

在索迪斯，首席多元化执行官不论是在选择供应商还是在招聘员工时，都会以多元化为标准，这样做，可帮助公司在服务顾客时，不论是餐饮还是设施方面，都能够做得更好。具有多样性和包容性的咨询委员会确定多样性会影响索迪斯和所在社区的公司代表的发展趋势。美国运通的CDO实施了一系列的领导和指导方案来提高高层管理的多样性。像索迪斯、美国运通对于多样性的运用看起来已经不局限于招聘员工方面，“供应商基地反映了我们多元的客户基础、员工和股东”。

资料来源：Kwoh L., Firms Hail New Chiefs (of Diversity)[J/OL]. *Wall Street Journal*, http://online.wsj.com/article/SB10001424052970203899504577129261732884578.html, 2012-01-05; Baca E., Briones M.G., and Ferraez J., From the Mouths of the Leaders: Conversations with Four Chief Diversity Officers[J]. *Latino Leaders*, 2011, (11): 24; Henneman T., Making the Pieces Fit[J]. *Workforce Management*, 2011, (8): 12.

一个管理多样化的公司可以比其他公司在开发成本方面更具优势。此外，组织管理的多样性能够创造性地在一个更好的位置来吸引最好的人。一个多元文化的组织可能会获得某种营销优势，因为它处于不同的文化群体中。在一个组织中对多样性进行适当的指导和管理也可以提高创造力水平。那些主动拥抱文化多样性的人往往适合更灵活的职位，他们将接受和更舒适地与不同文化的同事一起工作。

因为文化多样性创造了挑战以及优势，重要的是一个组织的员工了解它。为了实现这一目标，许多美国公司已经培训他们的管理人员尊重和管理多样性。多样化的培训项目包括培训少数族裔成为经理，培训管理者视角的多样性，培训英语作为第二语言，推进和支持移民群体。许多企业认为实现具有多样性的培训跨度是非常必要的，这已经不仅仅局限在种族问题。例如，有些公司每年需要进行多样性培训和使用公司认可的全球员工资源团体，如普华永道。那些不断扩大业务范围的公司，需要将有凝聚力的劳动力从劳动力大军中选出并使之更加多样化。[8]

一个多样性组织只有具备系统性、持续性，并具备实力和来自最高领导层的持续承诺，才能够成功。文化多样性一直存在。它对组织的影响是普遍的，并将继续在公司内增长。管理者必须学会克服障碍，并利用与文化多样性的人力资源的相关优势。我们需要知道我们雇用员工的原因，否则雇用就没有意义了。换句话说，我们需要知道一份工作的性质，才能找到合适的人去做。

9.4 工作分析

工作分析是一个系统性工作。主要是用于研究职位,以确定他们的各种要素和要求。例如,在一个大公司里,可能有50种业务员职位,都可以被称为"文员",但每个职位可能会有所不同,每个工作所需的熟练程度以及职位要求所需的特定条件均会有所不同。这些区别是工作分析的重点。人力资源管理就是从事岗位说明管理的领导者。一些公司最近公布了职位种类项目,这个项目是结合一对一的咨询,提供在线支持,帮助公司确定工作岗位说明,确保他们遵守现行法律法规。[9]

对于一个特定岗位的工作分析通常包括两部分:工作描述和工作标准。工作描述是构成一个特定岗位元素的列表。它包括要执行的任务、工作条件、责任,以及必须在工作中使用的工具和设备(见图9.1)。

西南地区
工作描述

主题:格鲁吉亚销售协调员　　时间:3/26/2012
部门:校园市场　　级别:12
报告:区域经理　　非责任人/责任人:非责任人

小结:

通过监督其他总部设在格鲁吉亚的销售代表,以获得经验。一个由4位成员所组成的外部销售代表队,被分配到格鲁吉亚的院校中去。监督、协调、建议、决定有关格鲁吉亚的销售活动。基于与客户的沟通以及与学校管理者的广泛接触,提出有关格鲁吉亚对高等教育需求的具体问题的建议,例如远程教学、学期制改革、全州收养的可能性以及师资培训等。

委托责任:

- 监督/管理/培训的另一个亚特兰大的销售代表。
- 建议增加两个销售代表关注格鲁吉亚学校。
- 增加在格鲁吉亚的整体销售,扩展他或她的个人销售领域。
- 协助区域经理策划和协调区域会议和亚特兰大会议。
- 深入与校园管理员的对话,特别是在学期改革、远程学习和教师发展的领域。

标准:

这个职位需要提供一个直接的报告,同时在该地区发挥领导作用。对收入影响最直接的是单独指定区域、监管区域区域,以及整个格鲁吉亚的销售情况。

知识和能力:

必须在个人领域具备持续杰出的销售经历。必须表现出明显的团队合作和领导能力,并具有愿意超越个人领域的目标。应该明确了解公司系统和产品,也能够培训和领导其他销售代表。必须有与高等院校管理者交流和沟通的能力,在一个国家能够成为服务于公司和高等院校之间的桥梁。

图9.1　工作描述和工作规范

注:这份工作描述报告解释了销售协调员的工作并列明了职位的责任。具体的工作规范在最后一段。

工作规范是执行某一特定工作所需的资格的清单,如某些技能、能力、教育和经验。当公司打算聘请一个财务分析师时,美国银行可能会使用以下工作标准:"需要8—10年财务工作经验，在广泛的金融背景下关注客户，与客户管理团队合作，具有自信的工作能力和较强的分析能力，必须有较强的擅长和文字功底。个人特征应包括渴望成功、影响顾客（单独或作为团队的一员）、积极的态度、充沛的精力和能力，以及影响他人的能力。”

工作分析不仅是招聘和选拔新员工的基础，它也被用于其他领域的人力资源管理，包括评估和确定公平的补偿水平。

9.5　招聘、选择和定位

在一个有职位空缺的组织中，人力资源管理人员需要：(1) 找到工作的候选人；(2) 按每个职位找寻合适的候选人。这涉及三个活动：招聘、选择和新员工定位。

9.5.1　招聘

招聘是吸引合格求职者的过程。因为它是一个成本很高的过程中的一个重要环节（雇用一名员工的成本可以是几千美元），招聘是一个系统性过程。招聘人员的一个目标是吸引到“合适数量”的申请者。合适的数字是足以让申请人和开放的岗位之间有一个很好的匹配，但是，往往出现花费了如此多的时间和精力后，也并没有太多好的匹配人选。例如，如果有 5 个招聘职位和 5 个申请者，该公司基本上没有选择。它必须雇用这 5 个申请人（可能合格，也可能不合格），或者继续招聘这个职位。另一个极端是，如果几百名求职者申请 5 个职位，人力资源管理人员将不得不花费数周处理他们的申请。

招聘人员可能会通过在公司内部、公司外部，或两种都有，来寻求申请者。所使用的资源取决于职位的性质。在公司内部招聘时，公司会采取既定的或传统的招聘政策。

外部招聘　就是试图从外部组织吸引求职者。外部招聘包括通过报纸广告、就业机构和在线就业平台；校园招聘；在职员工的推荐；就业指导中心。越来越多的人利用互联网寻找工作。像“领英”或“我的职位”这类社交网站帮助匹配雇用者与感兴趣的潜在员工。在线求职网站，例如 Monster.com，或 MediaBistro 等将帮助求职者寻找工作，通过多样的分类方式，可对职位和行业进行搜索。[10]

显然，最好是将招聘手段与求职者的应聘方式相匹配。技术能够帮助组织完成这个匹配过程。最近，“我的职位”网站将社交网络融入人力资源管理，是一种将求职者与岗位匹配的方法。当一份工作与求职者的条件所吻合时，这种服务通过推特提醒人们。像领英这样的网站可以让员工将简历、技能和经验上传，雇主可以从中寻找合适的员工。通过这样的技术，让应聘者和招聘者更容易使职位得到匹配。[11]

外部招聘的主要优势是它带来了具有新视角和不同商业背景的人。一些公司更喜欢直接从大学招聘新人，因为他们认为这些候选人将更加适合公司文化和公司的需求。雇用年轻人才的另一个好处是，他们往往比老年人的技术更为精湛，这在当今快速发展的工作场所是非常可取的。

外部招聘的一个缺点是，它的花费往往很高，特别是如果必须使用私人职业介绍所。外部招聘也可能引起现有员工的不满。

内部招聘 内部招聘意味着将现任员工作为可申请职位的申请人。一般来说，目前的员工被考虑晋升到更高级别的职位。但是，也可以考虑使雇员在同一级别从一个职位转移到另一个职位。在领军企业中，85%的 CEO 都是从内部晋升的。在从外部聘请 CEO 的公司中，60%—80%的 CEO 在 18 个月后离职。[12]

内部招聘能够激励现有员工，使现有员工具有强大的动力，同时能够帮助公司留下优质人才。通用电气和埃克森美孚公司是致力于从内部招聘的公司。职位招聘的实践，或通知当前雇员即将招聘的信息，可能是公司政策或工会合同要求。内部招聘的主要缺点是，激励现有员工离职去另一个岗位，而原来的岗位则需要重新被填补上。这对公司而言，不仅会仍然产生招聘和选择成本，而且还必须培训两个员工，而不是一个。

在许多情况下，可能无法在内部招聘。例如，一个新的职位在公司内部可能没有合适的员工与之匹配，或者公司可能迅速扩大，以至于没有时间重新分配晋升或使现有员工转换到需要的位置。

9.5.2 选择

选择是收集有关职位申请人的信息，然后使用该信息选择最合适的申请人的过程。注意这里的用词——“合适”。在选择时，并不是雇用具有最高资格的人，而是雇用最合适的申请人。申请人的选择由负责该职位的主管经理作出。然而，人力资源管理人员通常会从对申请人的评估中获得帮助，评估申请人资格的常用手段是就业申请、面试、证明人和评估中心。

就业申请 就业申请对于收集候选人的教育工作经验和个人历史的实时信息很有用(见图 9.2)。从申请获得的数据通常用于两个目的：确定值得进一步筛查的申请人，并使面试人员熟悉他们的背景。许多公司提供在线应用程序，这有助于简化流程，并改进公司的数据收集功能。事实上，越来越少使用纸质材料。

有些公司要求求职者提交简历。简历是候选人背景和资格的一页或两页摘要。它可以包括申请人正在寻找的工作类型的描述。可以将简历发送给公司以请求考虑可用的工作，或者可以与雇用申请一起提交。

为了提高信息的有效性，人力资源管理专家向当前员工询问他们背景中与当前工作最相关的因素。然后，这些因素被包括在应用程序中，并且可能在评估新申请人的资格时放在重要位置。

就业测试对求职者进行的测试通常侧重于与工作相关的态度、技能、能力或知识。这种测试(例如，基本的计算机技能测试)表明申请人将如何完成这项工作。有时，公司使用一般智力或个性测试，但这些很少有助于预测具体的工作绩效。许多组织，从小型企业到财富 500 强企业，都使用行为预测测试。改进的技术大大降低了这种测试的成本。

工作经历 Work Experience（请由最近的工作经历开始填写 Starting with the most recent）

由(年/月)至(年/月) From(Month/Year) To(Month/Yea r)	公司名称 Company name	职位 Position	月收入(税前) Monthly Salary（before-Tax）	离职原因 Reason for Leaving	证明人 Testify person	联系电话 Tel No.

其他资料 Other information

目前年收入（税前） Present yearly income(before –tax):	期望月工资(税前) Expected Monthly Salary (before -tax):
可到职日期 Valid Date of reporting:	兴趣爱好 Interests:

自我评价
Self-evaluation

您有无在公司任职之亲友？ Relatives or friends, if any, employed by the company?
姓名 Name　　关系 Relation　　职位 Position

您曾否因工作关系受伤?如果有,请详细说明。
Have you ever suffered from injuries due to work accident? If yes, please specify.

您是如何得知此职位招聘信息的？ □网络 □现场招聘 □报纸 □内部介绍 □电视 □其它
How do you know this information? Network　On-site recruitment　Newspaper　Internal introduction　TV　Other

您为什么会选择瑞晶公司的这个职位？ Please state why you choose the position in Risun Solar?

遇到紧急情况时的联系人 姓名 关系 地址 联系电话
Emergency contact person: Name:__________ Relation:________ Address:__________________ Tel No.:_________

应聘者声明 Declaration

本人谨此授权公司查询有关关本人之资料，并同意不对任何人士、公司或机构因透露资料而起诉。本人同时表明此申请书内所有资料属实；如有虚报之处，可作为立即开除之理由。本人完全了解上述宣言的含义，依据以上内容，本人申请受雇于贵公司，并同意在受雇前接受体检。

I authorize Jiangxi Risun Solar Co., Ltd. to secure any information regarding myself and I hereby release any person, firm or institution of all liability for any damage whatsoever issuing from such information. I further declare that the statements made by me in this application are true, complete and correct. A false statement or dishonest answer to any question may be grounds for my immediate discharge from employment with Company. I apply for employment in your company on the basis of the information and conditions mentioned above which I fully comprehend and on the understanding that the company may require me to be physically examined before engagement.

签名 Signature:　　　　日期 Date:

公司承诺 Company commitment

我公司坚守职业道德，对于您以上所有信息均按有关规定保密。
We stick to the company morality,all your information will kept as a secret with the relerant provisions.

以下由人力资源部填写 The following will filled

以往资历调查 Reference check	调查人 Investigating person:
体检 Physically examination	填写人 Filled person:

图 9.2　应聘者申请表

注：雇主使用申请表来收集应聘者的教育经历、工作经历以及个人历史等事实信息。
资料来源：Courcesy of 3M。

雇主使用应用程序收集候选人的教育,工作经验和个人历史的事实信息。

面试可能是最广泛使用的选择技术。求职者至少由一名人力资源管理部门工作人员和求职者未来要一起共事的人员进行面试。高级职位的候选人可能会在一些部门的面试中遇到部门主管或副总裁。

面试为申请人和公司提供了更多了解彼此的机会。面试可以提出问题,测试候选人的能力,检阅就业历史,并了解候选人的态度和动机。候选人有机会了解更多关于工作和潜在同事的信息。在某些情况下,公司可使用像 Skype 或 Oovoo 的视频会议软件。这使得公司的面试过程更容易。一些公司已经能够减少进行面试的申请人数量。

不幸的是,面试可能是歧视开始的阶段。例如,假设一个女性申请人提到她是小孩子的母亲。她的面试官可能假设她不能参加与工作有关的旅行。此外,面试官可能受到外观因素的不当影响,或者他们可能询问不同申请人的不同问题,因此不可能比较候选人的资格。表 9.2 包含了一些难以回答的面试问题。

表 9.2 面试中可能很难回答的问题

1. 和我说说你自己。
2. 你对我们公司有什么了解?
3. 你能够为我们做什么?我们为什么雇用你?
4. 你有什么资格或认证让你认为你能够在你的领域成功?
5. 你从你以前的工作中学习到了什么?
6. 5 年后,你会是什么样子?
7. 你有什么特殊的能力?你是如何获得这些能力呢?
8. 你在你的一生中有什么特别的成就?你特别自豪吗?
9. 你为什么离开你上一份工作?
10. 你如何度过业余时间?你的爱好是什么?
11. 你的优点和缺点是什么?
12. 谈一下你的五个主要成就。
13. 你想要什么样的老板?为什么?
14. 如果你可以花一天与你认识的人或你想要认识的人在一起,这个人谁会是?
15. 你认为你的哪些个性特点可能导致你犯错?
16. 你怎么表示你的愤怒?什么类型的事情让你生气?
17. 你的大部分时间会花在哪种类型的人身上?
18. 什么样的活动是你不参加的?
19. 你确定会合作吗?
20. 你打算向我提些什么问题?

资料来源:GREENE/MARTEL, The Ultimate Job Hunter's Guidebook[M]. Cengage Learning 2012.

其中一些问题可以通过更好的面试官培训和使用结构化面试来解决。在结构化面试中，面试官只要求面试人员回答一组准备好的与工作相关的问题。公司也可以考虑为每个申请人使用几个不同的面试官，但这样做的花费可能是巨大的。

职业成功

点击这里进行测试

纸和铅笔测试已经让位于在线测试，使公司能够在做出聘用决定之前评估您的技能、态度和个性，并且这可在许多情况下得到运用，包括在安排面试之前。就业前测试帮助公司筛掉缺乏必要技能的人，并专注于可能在特定职位取得成功的候选人。例如，宾夕法尼亚州伯利恒的圣路加医院不仅寻找具备一流的医疗技能的人，它还使用就业前测试来确定求职者是否对客户服务有积极的态度。

当Bon-Ton商店想要在化妆品部门担任销售职位时，它要求申请人完成一个在线测试，共有80个问题。该测试帮助百货商店识别谁能够很好地解决问题，谁善于逻辑思考，谁具有很强的数学技能。由于Bon-Ton使用该测试，它大大降低了化妆品部门的周转率，同时提高了销售业绩。

作为一家鞋类零售商的Brown Shoe开始使用就业前评估，将此作为向更为广泛的个性化客户服务转变的一部分。然后，在对商店经理进行测试时，它发现了可改善的问题，例如评估语言推理能力，因为这些技能对于良好的在职表现尤其重要。

资料来源：Roberts B., Hire Intelligence[J]. *HR Magazine*, 2011, (5): 63; The Buyer's Guide to ... Skills Testing[J]. *Recruiter*, 2010, (9): 28; Mantell R., Job Seekers Are Getting Tested[J/OL]. *Wall Street Journal*, online.wsj.com/article/SB10001424053111904836104576563350928693850.html, 2011-09-11.

求职面试就好比第一次约会。像约会一样，面试可以在很多地点，通过各种方式发生。目的是让候选人和公司有机会了解彼此。你能想到在招聘过程中有利于双方的选择方法吗？

证明人　通常要求求职者提供证明人的名字——可以证明其背景信息并提供个人评价的人员。一般来讲，申请人倾向于仅列出可能有正面回应的证明人。因此，从证明人中获得的个人评价可能没有什么价值。然而，通过证明人可以验证申请人信息，如之前的工作职责和申请人离开上一份工作的原因。在某些情况下，在线社交网络改变了雇主接收信息的顺序。通常，证明人在面试之后。然而，申请材料可能包括前雇主和同事在他们的领英账户发布的评论，以便潜在的雇主在面试之前就看到对他们工作的积极评价。[13]

评估中心　评估中心的主要工作是选择当前员工晋升到更高级别的职位时进行考察。通常，一组员工会被派遣到中心待几天。在那里，他们参加旨在模拟管理环境和预测管理有效性的活动。受过培训的观察员就是否可以晋升提出建议。虽然这种技术越来越受欢迎,但所涉及的费用限制了对评估中心的使用。

9.5.3 导向

一旦收集和分析了关于求职者的所有信息,公司就可扩大工作机会。如果被接受,候选人将成为雇员。

一个候选人加入公司后不久,他或她就可加入公司的导向计划。**导向**是了解新员工与组织的过程。导向的主题范围包括从公司自助餐厅的位置到公司内的职业发展路径。导向本身可能包括人力资源经理半小时的非正式演讲,或者它可能是一个涉及数十人的持续几天或几周的精心的入职计划。

9.6 薪酬和福利

有效的员工奖励制度必须:(1) 使员工能够满足基本职位需求;(2) 提供与其他公司相当的奖励;(3) 在组织内公平分配;(4) 认识到不同的人有不同的需求。

公司的薪酬体系的构建需要满足前三个要求。第四条困难些,因为它必须考虑许多变量。大多数公司提供了许多好处,总的来说,通常有助于满足员工不同的需求。

9.6.1 薪酬决定

薪酬是员工收到的劳动报酬。它对员工的重要性显而易见。因为薪酬占公司运营成本的比例很大,对管理层也同样重要。例如,医疗保健服务的薪酬占运营费用的比率最高——薪金占运营成本的54%。[14]因此,公司的薪酬制度,确定雇员薪酬的政策和战略必须认真设计,为员工提供需要,同时将劳动力成本保持在合理的限度内。对于大多数公司,设计有效的薪酬制度需要三个独立的管理决策——工资水平,工资结构和个人工资。

工资水平 管理者首先必须确定公司的一般薪酬水平,相对于同类可比公司的薪酬水平。大多数企业选择的薪酬水平接近行业平均水平。然而,一个没有良好财务状况的公司可能达不到平均水平,规模较大的、运营良好的组织可能支付超过平均工资水平的薪水。

公司可以通过工资调查,确定职位的平均工资。**工资调查**是对行业或地理区域内现行工资数据的收集。这些调查通常由行业协会、地方政府、人事协会(不经常)和个别公司进行。

工资结构 接下来,管理层必须决定公司内所有职位的相对工资水平。管理者比秘书的工资更高吗?秘书比保管人的工资更高吗?对于这类问题决策的结果通常被称为公司的工资结构。

工资结构几乎总是在工作评估的基础上做出的。**工作评估**是确定企业内各种工作的相对价值的过程。大多数观察家可能会同意,一个秘书应该比保管人赚更多的钱,但高多少？工作评价应该提供这个问题的答案。

可以使用多种技术来进行评估。最简单的是根据价值对公司内的所有工作进行排名。更常用的方法是基于作业分析。每个作业包含每个作业的要素和要求的分配点。例如,"需要大学学位"这个要素可能值 50 分,而高中教育的要素需要可能只有 25 分。作业分配点越多,它被认为越重要(并且它在公司的工资结构中的水平越高)。

9.6.2　可比工资

妇女在劳动力中工资少的一个原因可能是,一部分妇女占据以女性为主的工作,例如护士、秘书和医疗记录分析员。这些工作需要较高教育水平、技能和培训,应该支付较高的工资,但是这类工作的工资往往被低估。**可比工资**是一个概念,追求的是同等的薪酬要求相同水平的教育、培训和技能的工作。近几十年来,许多国家已采取措施确保所有工人享有同等价值的同等报酬,但仍然有争议。例如,威斯康星州已经通过了一项法案,这将减少工人起诉雇主关于能力歧视的案件。这样的法律诉讼证明,同工同酬的问题远未解决。可比工资的批评者认为,市场应该确定工作的价值,法律不应该篡改市场的定价机制。[15]本章后面讨论的"同工同酬法"没有涉及可比工资的问题。批评者还认为,以女性为主的职业人为地增加工资将鼓励妇女继续这些工作,而不是寻找更高薪水的工作。

9.6.3　工资的种类

工资可以以各种形式支付。大多数形式的工资分为以下几类：每小时工资、每周或每月工资、佣金、奖金、一次性加薪和利润分享。

小时工资　**小时工资**是每个工作小时支付的特定金额。赚取小时工资的人在任何一周工作的前 40 个小时都会得到他们的小时工资。然后,超过规定工作时间,即 40 小时之外的工作时间的工资是原水准的一倍半。(即他们获得"一倍半"的加班费)。零售和快餐连锁店、装配线和文秘岗位的工人通常按每小时工资支付。

每周或每月工资　这种**薪金**是在员工工作期间为其工作支付的特定金额,而不考虑实际工作小时数。受薪雇员没有加班工资,但是他们不上班时不会失去工资。大多数专业人员和管理职位都是采用这种薪水。

佣金　这是一项按占销售收入的百分比支付的工资。销售代表和销售经理的工资通常通过佣金或通过佣金和薪水的组合来支付。

奖金　这是指工资、薪水或佣金之外的工资。奖励是对杰出的工作表现给予的额外奖励。它们可以分发给所有员工或仅分发给某些员工。一些公司每年向所有员工分配奖金。奖金的大小取决于公司的收入,有时取决于特定员工在公司的服务时间。公司有时会向超过特定销售或生产目标的员工提供奖励,这种做法称为增值共享。

为了避免每年全面加薪,一些组织对优秀员工进行奖励。这种按绩效支付的方法对于管理层控制劳动力成本十分有效,同时鼓励员工更有效地工作。雇员的工资取决于他或她相对于他人取得的成绩。

一次性加薪 在传统的奖励制度中,雇员在每次支付工资时都会得到每年增长工资的一部分。例如,假设获得月薪的雇员每月会得到全年增长年薪的 10%。他(或她)实际上是每个月都会提前拿到增长年薪的 10%。公司让员工选择,是一次性支付全部加薪还是像上面那样按月支付。如果一次性支付全部加薪部分,那么,雇员只能在其余时间得到他或她的"常规"薪水。一次性支付通常被视为无息贷款,如果雇员在一年中离开公司,则必须偿还。[16]

利润分享 利润分享是指根据利润的百分比确定公司员工工资。这个想法是激励员工有效地工作,让他们在公司财务的成功中占有一席之地。通用汽车员工参与员工利润分享计划。工人能够从这个福利中受益,因为该公司在汽车行业的自救中复苏。最近,它报告的利润超过 4 亿美元,并能够将高达 7 000 万美元的利润分享给小时工资收入者。

9.6.4 员工福利

员工福利是除了间接向员工提供的定期薪酬之外的奖励。员工福利主要包括部分或全部由雇主支付的服务(如保险)和雇主报销的雇员费用(如大学学费)。目前,这些福利的平均成本占员工总薪酬的近 30%,其中包括工资加福利。[17]因此,如果一个人每年获得的总薪酬(包括福利)为 50 000 美元,即工资为 35 300 美元,另加 14 700 美元的福利。

福利类型 员工福利采取多种形式。支付假期工资,包括缺席时间、假期和病假。一揽子的保险可能包括员工及其家人的健康、生活和牙科保险。一些公司支付一揽子的保险,也有些公司与雇员共同承担一揽子保险。养老金和退休计划的费用也可以完全由公司承担或与雇员分担。

法律的一些好处。例如,雇主必须支付工伤补偿保险,为工作中发生的伤害支付医疗费,并为因职业相关伤害而残疾的雇员提供补助。雇主还必须支付失业保险,并为每个雇员的联邦社会保障账户缴款。

雇主提供的其他福利包括学费报销计划、信用卡、儿童保育服务、公司自助餐厅、健身室和为所有员工提供广泛的股票期权计划。一些公司向美国军事后备役人员提供特殊福利,同样适用于现役。

一些公司提供特殊福利来吸引和留住雇员。Zappos.com 提供在线"笑声瑜伽"课程。Wegmans 食品市场提供免费戒烟计划和全天候保健热线。Google 以其特殊的福利和有趣的活动而闻名,其中包括保龄球馆、眼眉造型,以及公司内咖啡馆的免费食物。Autodesk 的员工可以带狗参加工作,每四年可以参加为期 6 周的带薪休假。FactSet 研究系统为员工提供免费午餐、夏季烧烤、现场派克卡车、奶酪卡车、蛋糕卡车和健身房。[18]

灵活的福利计划 通过灵活的福利计划,雇员可以将获得福利金花费在他或她所选择的满足个人需要的一揽子福利上。一些灵活的福利计划提供了广泛的福利选择,包括保健、牙科保健、人寿保险、工人和家属的意外死亡、长期残疾保险、休假福利、退休储蓄和贴身护理等。有些公司提供有限的选择,主要是体现在健康和人寿保险以及退休计划。

虽然管理灵活福利计划的成本很高,但是包括 Quaker Oats 和可口可乐在内的一些公司已经实施了这种方式,原因有几个:由于员工需求的多样化,灵活的计划可帮助公司提供更具体满足员工需求的一揽子服务。灵活的计划,从长远来看,可以帮助公司控制成本,因为分配了指定的金额以涵盖每个员工的利益。此外,提供具有多种选择的灵活计划的组织可能被认为是对员工友好的。因此,该组织更有能力吸引和留住合格的员工。

9.7 培训和发展

培训和发展在集装箱商店是非常重要的。因为大客户服务非常重要,每年全职销售人员接受大约 185 小时的正式培训,这并不是行业标准(大约 7 小时)。培训和发展使员工能够继续职业生涯。每个商店都有一个全职培训师,称为超级销售培训师。该培训师提供产品培训、销售培训和员工发展培训。一些高层管理人员认为,投资于培训和发展的财力和人力资源是非常值得的。

培训和发展都旨在提高员工的技能和能力。然而,两者通常被区分为员工培训或管理发展。**员工培训**是教授操作和技术,以及员工如何更有效和高效地完成现有工作的过程。**管理发展**是帮助准管理人员和其他专业人员在现在和未来岗位承担更多责任的过程。因此,培训和发展在被教导的人和教学的目的上是不同的。然而,两者都是个人和组织成长所必需的。希望保持竞争力的公司通常对员工的培训和发展做出巨大的承诺。基于互联网的电子学习正在增长。为了节省成本、旅行开销和时间,单独的在线学习(以及面对面的情况)是一个强大的替代策略。培训计划的制定通常包括三个组成部分:需求分析,培训和发展方法的确定,以及建立一个评估计划有效性的评估系统。

一些雇主正在使用新的方法来培训和认证工人。他们发现,良好的教育可能无法为员工提供必要的技能来做好工作,所以一些组织已经开发了一个类似于童子军徽章的系统。潜在的员工完成针对某一工作线的认证课程,并在成功完成后收到“徽章”。这样的项目减少了在被雇用后所需的额外的在职培训,因为他们面向在特定领域的培训。拥有此类认证可帮助雇主更好地了解潜在雇员的确切技能。一旦受雇,员工需要接受额外的培训,不同的公司和行业之间有很大不同。[19]

9.7.1 分析培训需求

在考虑制定培训计划时,管理者首先必须确定是否需要培训,如果需要,则确定存在哪些类型的培训需求。有时,起初似乎需要的培训实际上是在评估,需要的是动力。培训需求可能有很大差异。例如,一些员工可能需要培训以提高他们的技术技能,或者他们可能需要关于组织程序的培训。培训还可能侧重于商业道德、产品信息或客户服务。由于培训是昂贵的,因此确定正确的培训需求至关重要。

9.7.2 培训和发展方法

有多种方法可用于员工培训和管理发展。这些方法中的一些可能更适合于特定行业,但大多数可以应用于训练和管理发展。

- 共同工作。受训者通过在有经验的员工的监督下进行工作来学习。
- 模拟。可在一个单独的区域进行模拟工作情况,使学习远离日常的工作压力。
- 课堂教学和讲座。你可能已经很熟悉这些方法了。
- 会议和研讨会。专家和受训者开会讨论问题和交流想法。
- 角色扮演。参与者行使其他人在组织中的角色,以更好地理解这些角色(主要是管理开发工具)。

9.7.3 培训与发展评价

培训和发展非常昂贵。培训本身花费相当多,在培训期间员工通常不工作,或者减少工作量和效率。为确保培训和开发具有成本效益,负责的管理人员应定期评估公司的工作。

这种评价的出发点是在培训开始之前制定的一套可验证的目标。假设培训计划有望提高机械师的技能。该程序的目的可以表述如下:"在培训期结束时,每个机械师应该能够每小时加工 30 件,每 90 个零件完成后不超过 1 个有缺陷的零件。"这个目标明确规定了什么是期望的,以及如何测量或验证训练结果。然后,评估包括测量机械师的产出和训练后产生的缺陷部件的比率。

培训评估的结果应向所有参与方案的人员,包括受训人员和高级管理人员公布。对于学员来说,评估结果可以增强动力和学习。对于上层管理,评估结果可能是作出关于培训计划本身的决定的基础。

社交媒体

西南航空公司的传媒

西南航空员工庆祝公司通过 Flash Mob 进入亚特兰大市场,并在公司博客和 YouTube 上发布。早在许多公司有博客之前,西南航空公司就有博客,在 2006 年推出西南航空公司的传媒。该公司的 Facebook 和 Twitter 账户创建于 2007 年。虽然正式的社交媒体政策，明确传达的社交媒体指南，直到2010年才建立起来，西南航空已经有显著的社交媒体经验。以下URL链接到Twitter，Facebook，Flickr，LinkedIn，YouTube和其他社交媒体。网站的核心博客团队由员工、客户和商业合作伙伴等30人组成。

可以浏览以下网址：

www.facebook.com/Southwest Facebook，页面包含实时流媒体内容、宣传帖子和特殊票价，并通过西南员工和客户之间的互动建立社区。

http://twitter.com/southwestair，这个网站鼓励与当前和未来客户的一对一互动。

www.flickr.com/groups/southwestairlines/，此网站鼓励任何人分享随机加入博客的照片，并通过YouTube分享视频，网址为www.youtube.com/nutsaboutsouthwest。

9.8 绩效考核

9.8.1 常见评价技术

评估员工绩效的各种技术和方法有目标评估方法和判断评价方法。

目标方法 目标评估方法使用一些可衡量的指标作为评估绩效的基础。产出单位、销售额、缺陷产品数量和处理的保险索赔数都是客观的、可测量的数量。因此，平均每周处理26项保险索赔的员工的评价高于每周平均处理19项索赔的员工的评价。

这些客观措施可能需要对工作环境进行一些调整。假设我们的第一个保险索赔处理商在纽约市工作，第二个在农村爱荷华州工作。他们必须访问每个客户，因为他们正在处理家庭成员的保险索赔。他们的平均每周产量的差异可能完全是因为在爱荷华州必须前往访问客户的距离更长。在这种情况下，两个工人可能同样有能力和动力。因此，经理必须考虑可能被纯统计评测掩饰的情况。

判断方法 判断评价方法的使用比客观方法更频繁。他们要求经理判断或估计员工的绩效水平。然而，判断方法不是反复无常的。这些方法基于员工排名或评级量表。当使用排名时，经理对下属从最好到最差进行排名。这种方法有许多缺点，包括缺乏任何绝对标准。使用评级量表是最流行的判断评价技术。评级尺度由多个语句组成，每个员工的评级是按照标准来评定的。例如，一个陈述可能是"这个雇员总是做高质量的工作"。主管将给予雇员从5—1的等级，对应于从"非常同意"到"非常不同意"的等级。对所有报表项目的评级将被汇总以获得员工的总评价。

避免评估错误 管理者必须谨慎，以避免在评估员工时犯错误。过度偏重某一部分的评估，即过分强调一些问题，而忽视其他问题。经理必须防止允许员工在一项活动上表现不佳影响他或她对该下属在其他活动上的工作的判断。同样，过分强调最近的绩效会扭曲员工的评价。例如，在评定雇员在过去一年的表现时，经理不应以上个月的令人失望的表现来掩盖一年中前 11 个月完成的工作的质量。最后，经理必须防止基于种族、年龄、性别、宗教、国籍或性取向的歧视。

9.8.2 绩效反馈

无论使用何种评估技术，评估完成后应立即与员工讨论结果。经理应该解释现有奖励的基础，并应让员工知道他或她可以做什么，以确认在未来更好的表现。在这样的讨论中提供给雇员的信息被称为绩效反馈，并且该过程被称为绩效反馈谈话。

有三种主要的绩效反馈谈话方法：告诉—输出，告诉—听，解决问题。在告诉—输出反馈谈话中，上级告诉员工该员工的表现有多好或多差，然后试图说服员工接受评估。由于员工对评估没有任何意见，因此“告知—输出”视角可能导致下属方的防御、怨恨和沮丧。员工可能不接受谈话的结果，可能不会致力于实现所设定的目标。

通过告诉—听方法，主管告诉员工该员工的绩效是否是对的，然后给员工一个回应机会。下属可以简单地对主管的声明做出反应，或者可以允许提供完全的自我评价，挑战主管的评估。

在解决问题的谈话方法中，员工评估自己的绩效，并为未来绩效设定自己的目标。主管是一个同事而不是法官，并以非关键的方式提供意见和建议。进行积极和公开的对话，相互建立改进的目标。问题解决谈话最有可能导致员工对既定目标的承诺。

绩效反馈可以帮助员工在组织内取得进步。企业通常每年对员工进行评估，但有时它会每季度，甚至每月一次，特别是针对新聘用员工进行评估。从同事、下属和主管处收集关于员工的反馈的绩效评估可以帮助了解他或她的优势和弱点。

为了避免告诉—输出谈话中出现的一些问题，管理者有时使用混合的方法。混合使用告诉—输出方法来传达行政决定，以解决问题的方法，讨论员工发展问题和未来绩效目标。

目前流行的评估方法称为 360 度评估。360 度评估收集来自他或她的同事、下属和主管的关于员工的匿名评论，然后将这些评论编辑成给予员工的反馈报告。在员工发展努力中投入大量资源的公司尤其有可能使用 360 度评估。如果员工没有与他或她的主管进行一对一的谈话，就不应该给予员工反馈报告。在公司中引入 360 度评估系统的最适当方法是从上级管理开始。然后，管理人员应该接受关于如何解读反馈报告的培训，以便他们能够指导员工如何使用反馈来实现更高级别的与工作相关的技能和行为。

最后，我们应该注意到，许多经理发现很难讨论评估的消极方面。不幸的是，他们可能完全忽略绩效反馈或以非常弱和无效的方式提供它。事实上，虽然，大多数员工强调，弱化对他们的弱点的讨论。员工甚至可能不知道这些弱点及其后果。如果这些弱点没有通过绩效反馈来指出，它们不可能被消除。只有通过巧妙、诚实的沟通，才能充分利用评估结果。

绩效评估表									
部门	总经理室	职位名称			直属上司	集团总裁			
任职者		入司任现职时间			入司时间	年　月			
评估周期	自 20××年×月×日至 20××年×月×日		绩效总考等		4　3　2　1				
Ⅰ 绩效计划与评估(硬指标)				权重	100%				
公司关键 绩效指标									
直属上司 关键绩效指标									
指标名称	目标值	指标计算	评估方法	权重%	数据来源	考等			
						4	3	2	1
内销不含税收入	50 亿元	实际内销不含税收入/50 亿元－1	每上升(下降)4%,则加(减)1 分,最高分为 18 分,最低分为 0 分	10 分	公司审计部				
外销不含税收入	20 亿元	实际外销不含税收入/20 亿元－1	每上升(下降)6%,则加(减)1 分,最高分为 12 分,最低分为 0 分	10 分	公司审计部				
经营性净现金流量	5 亿元	实际经营性净现金流量/5 亿元－1	每下降 2%,则减 1 分,最高分为 25 分,最低分为 0 分	25 分	公司审计部				
应收账款周转天数	30 天	365 天/应收账款周转次数－30 天	每上升(下降)1 天,则减(加)1 分,最高分为 12 分,最低分为 0 分	10 分	公司审计部				
存货周转天数	65 天	365 天/存货周转次数－65 天	每上升(下降)1 天,则减(加)1 分,最高分为 12 分,最低分为 0 分	10 分	公司审计部				
应付账款周转天数	50 天	365 天/应付账款周转次数－50 天	每上升(下降)1 天,则加(减)1 分,最高分为 12 分,最低分为 0 分	10 分	公司审计部				
质量损失	10 元/万元销售	(实际质量损失－16.34 元/万元销售)/16.34	每上升(下降)3%,则减(加)1 分,最高分为 12 分,最低分为 0 分	10 分	公司质量部				
安装完成率	≥80%	工程验收完成金额/订货金额＊100%	每下降 5%,则减 1 分,最高分为 5 分,最低分为 0 分	5 分	技术服务部				
劳动投入产出比	≥5	万元收入/万元薪酬费用－5	每下降 0.5,扣 0.5 分,最高分 2.5 分,最低分 0 分	2.5 分	公司人力资源部				

图 9.3　绩效考核表

资料来源：百度图片。

译注：译者用了国内的绩效考核表代替了原文中美国 3M 公司的表。

9.9 人力资源的法律环境

已经通过很多人力资源管理方面的法律。主要是为了保护雇员的权利,促进工作安全,消除工作场所的歧视。在美国,影响人力资源管理的主要联邦法律,参见表 9.3。

表 9.3 美国联邦立法影响人力资源管理

法 律	目 的
《国家劳动关系法》(1935 年)	在劳资关系以及国家劳资关系委员会(NLRB)中建立了集体谈判过程
《公平劳动标准法》(1938 年)	为每周工作超过 40 小时的员工制定最低工资和加班工资
《劳资关系法》(1947 年)	提供工会权力和管理权力之间的平衡,也被称为《塔夫特哈特利法案》
《同工同酬法》(1963 年)	指定从事平等工作的男性和女性必须获得相同的工资
《民权法》(1964 年)	禁止基于性别、种族、肤色、宗教或国籍的就业做法方面的歧视
《就业年龄歧视法》(1967—1986 年)	禁止歧视 40 岁及以上人员的人事行为,1986 年的修正案取消了强制退休年龄
《职业安全与健康法》(1970 年)	规定员工可接触有害物质的程度,并规定雇主必须提供的安全设备
《雇员退休收入保障法》(1974 年)	规范公司退休计划,并为破产的退休计划提供联邦保险计划
《工人调整和再培训通知(WARN)法》(1988 年)	要求雇主给予员工提前 60 天关于关闭或裁员 50 名或更多员工的通知
《美国残疾人法》(1990 年)	禁止在所有就业过程,包括就业申请程序、招聘、解雇、晋升、薪酬、培训和其他条款、条件和就业特权方面歧视残疾人
《民权法》(第七章)(1991 年)	促进雇员起诉雇主进行性别歧视,并收取惩罚性损害赔偿
《家庭和医疗休假法》(1993 年)	要求有 50 名或更多雇员的组织在雇员子女出生(或收养)或员工或其配偶、子女或父母重病时提供长达 12 周的无薪假期
《负担得起的护理法》(2010 年)	需要一个由具有 50 个或更多员工的组织向员工提供的健康保险或支付评估,如果组织的健康保险太贵,员工有权从另一个提供者那里购买健康保险

9.9.1 美国《国家劳动关系法》和《劳动管理关系法》

这些法律涉及企业和工会之间的联系。一般来讲,在概念上是人力资源管理的一部分。然而，由于其重要性，它通常被视为一组单独的活动。我们在第 11 章详细讨论劳资关系和这两种行为。

9.9.2 美国《公平劳动标准法》

这部法律于 1938 年通过，自那以来修改了很多次，主要适用于工资。它规定了最低工资和加班工资。但是，许多管理人员和其他专业人员可以不受这项法律限制。例如，当他们每周工作超过 40 小时后，管理人员很少得到加班费。

9.9.3 《同工同酬法》

这项法律于 1963 年通过，与美国《民权法》第七章有所重叠(见下一章)。《同工同酬法》规定，从事平等工作的男女必须得到同样的工资。平等工作是需要同等努力、技能和责任的工作，并在相同条件下执行。如果薪酬差异归因于资历、资格或绩效的差异，薪酬差异是合法的。然而，妇女不能因同样的工作而仅仅因为她们是妇女而薪水更少(或更多)。尽管这部法律已经存在 50 多年，妇女和男子在职场中仍然没有得到平等对待。例如，只有 3%的财富 500 强公司的 CEO 是女性，女性仍然只赚取从事同样工作的男性薪水的 77%。为了更好地衡量和跟踪这个问题，美国劳工部呼吁技术专家帮助，它创造了同工同酬的挑战，它要求一般公众帮助开发一个应用程序，将教育人们关于持续性工资不平等问题。[20]

9.9.4 《民权法》

1964 年《民权法》第七章直接适用于甄选和促进。它禁止有 15 名或更多雇员的组织在性别、种族、肤色、宗教或民族血统等方面进行歧视。《民权法》第七章的目的是确保雇主仅根据雇员资格作出人事决定。受这一法律的影响，美国的就业歧视(特别是针对非洲裔美国人)得到改善。

平等就业机会委员会负责执行第七章。受到歧视的人可以向平等就业机会委员会提出投诉。调查委员会针对投诉进行调查，如果发现申诉人的确是歧视的受害者，委员会可以代表他采取法律行动。

1991 年的《民权法》有助于雇员起诉并获得对性别歧视的惩罚性损害赔偿。歧视问题以及在工作中的其他问题，例如性骚扰，都包括在这一法案中。

9.9.5 《就业年龄歧视法》

这项法案于 1967 年通过，并于 1986 年修订，总的目的与《民权法》第七章相同，是消除歧视。然而，顾名思义，“就业年龄歧视法”只涉及年龄相关的歧视。它适用于有 20 个或更多员工的公司。特别是，它反对歧视 40 岁或 40 岁以上人员的人事做法。(联邦法律没有禁止歧视年龄小于 40 岁的人，但是几个州已通过适用于各种年龄组的年龄歧视法。)规定了强制退休年龄也是非法的公司政策。雇主必须根据能力而不是年龄做出就业决定。

9.9.6 《职业安全与健康法》

该法案于 1970 年通过,主要涉及员工健康和安全的问题。例如,该法案规定了员工可以接触有害物质的程度。它还规定了雇主必须提供的安全设备。

职业安全与健康管理局(OSHA)是为了执行这一行为而设立的。OSHA 的检查员调查员工对不安全工作条件的投诉。他们还对在特别危险行业(如化工和采矿业)经营的公司进行抽查,以确保遵守法律。被发现违反联邦标准的公司可能被严重罚款或关闭。然而,许多人认为 OSHA 发布违规不足以保护工人免受伤害。

9.9.7 《雇员退休收入保障法》

这项法律在 1974 年通过,以保护雇员的退休福利。它不要求公司提供退休计划。然而,它确实规定,如果提供退休计划,则必须以使雇员的利益受到保护的方式进行管理。它还为破产公司的退休计划提供联邦保险。

9.9.8 肯定行动

肯定行动不是一项法律,而是美国总统发布的一系列行政命令。这些命令确立了在人事做法中采取肯定行动的要求。这项规定适用于拥有超过 50 000 美元的美国政府合同且拥有 50 名或更多雇员的所有雇主。规定雇主应:(1) 积极鼓励来自少数族裔成员的工作申请;(2) 从少数族裔中雇用合格的员工,尽管这些员工在组织中没有充分被代表。许多没有持有政府合同的公司自愿参与这个肯定行动计划。

9.9.9 《美国残疾人法》

《美国残疾人法》(ADA)禁止在所有就业做法中歧视残疾人,包括就业申请程序、雇用、解雇、晋升、薪酬、培训和其他雇用条款和条件。所有拥有 15 名或更多员工的私人雇主和政府机构均受 ADA 管辖。确定一个人的伤残等级是否能够被称为残疾人是很有难度的。根据该项法律对残疾人的标准进行统计,有 5 000 万美国人可以被认定为残疾人。[21] 该部法律还规定,服务于公众的所有企业都必须向残疾人提供其设施。

ADA 不仅保护具有明显身体残疾的个体,而且保护那些具有不太明显状况的人,例如心脏病、糖尿病、癫痫、癌症、艾滋病和精神疾病。由于这项法律,许多组织不再要求工作申请人通过身体检查作为就业条件。

雇主必须为残疾雇员提供合适的住宿。合适的住宿是对工作或工作环境的修改或调整,使残疾员工能够履行工作职能。合适便利具体包括使现有设施容易被使用,例如供坐在轮椅上的个人使用。合适的住宿还包括重组工作、修改工作日程、购买设备、调整设备、提供合适的翻译或口译员,或改变培训计划。

专注于什么员工和求职者能做什么,而不是他们不能做什么。《美国残疾人法》(ADA)要求企业为残疾申请人和残疾雇员提供合适的住宿条件。法律不是企业应聘用和留住残疾人的唯一原因。研究表明,这样做的公司同时具有积极的业务成果。今天可用许多手动和电子设备来帮助残疾人安全和高效地工作。简单地重新设计一个工作站可以使某人能够在他或她以前不能工作地方工作。

商界报道回看

领　英

当 2003 年领英推出时,其创始人永远不会想到,不到 10 年后它会全天候从世界各地每分钟吸引 120 名新成员。这个专业的社交媒体网站已经发展成为一个重要的网络工具,用于连接各类公司和求职者。用一位领英执行官的话来说,该网站是一个"全球人才市场",个人成员是"自己生活的创业者"。

为了让潜在雇主在领英上注意到,会员需要发布并保持他们的专业资料经常更新。他们的联系网络中的人越多,与招聘公司中某人联系的可能性就越大。加入行业或专业团队有助于成员在他们所选择的领域保持新的发展和新的开端。最后,领英是研究潜在的雇主并与公司招聘人员建立一对一联系的好地方。

讨论题

1. 在有岗位公开招聘时,领英会提醒会员注意,这样做的优点和缺点是什么?

2. 你认为一家公司是否能够查看为竞争对手工作的员工在领英上的简历,甚至联系他们? 解释你的答案。

本章小结

1. 描述人力资源管理的主要组成部分。 人力资源管理(HRM)是一组涉及获取、维护和发展组织人力资源的活动。人力资源管理的责任由专业人员和项目经理共同承担。人力资源管理活动包括人力资源规划、工作分析、招聘、选择、导向、薪酬、福利、培训和发展,以及绩效评估。

2. 确定人力资源规划的步骤。 人力资源规划包括预测企业将需要的人力资源以及它将获得的人力资源,然后规划一个将供应与需求相匹配的行动方案。裁员、减员、提前退休和(作为最后手段)解雇是减小劳动力规模的方法。而通过招聘可增加劳动力供给。

3. 描述文化多样性,了解相关的挑战和机会。 文化多样性是指由于种族、民族和性别而在劳动力人群中的差异。随着越来越多的妇女,少数族裔和移民进入美国劳动市场,管理层面临着挑战和竞争优势。一些组织正在执行与多样性有关的培训方案,并致力于充分利用文化多样性。通过适当的指导和管理,一个文化多样的组织可以证明对所有参与者都有益。

4. 解释工作分析的目标和用途。工作分析对于公司内的每个职位提供工作描述和工作规格。工作描述是构成特定工作的元素的列表。工作规范是执行特定工作所需的资格列表。工作分析用于评估和确定薪酬水平,并作为招聘和选择新员工的基础。

5. 描述招聘,员工选择和定向的过程。招聘是吸引合格的求职者的过程。公开职位的候选人可以从公司内部或外部征聘。在选择过程中,关于候选人的信息可应用程序、简历、测试、面试、证明人或评估中心获取。然后,此信息可用于为岗位选择最合适的候选项。然后,新雇用的员工将通过正式或非正式的入职计划来熟悉该公司。

6. 讨论员工薪酬和福利的主要内容。薪酬是员工收到的劳动报酬。在制定雇员的薪酬制度时,管理层必须决定公司的一般工资水平(相对于其他公司)、公司内部的工资结构和个人工资。工资调查和工作分析有助于做出这些决定。员工可以按小时工资、薪水或佣金支付。他们也可以得到奖励金、一次性加薪和利润分享。员工福利是对员工的非货币奖励。

7. 说明员工的培训和发展的目的和技术。员工培训和管理发展计划提高了员工为公司贡献的能力。至于什么时候设立培训计划,公司应分析培训需求,然后选择培训方法。由于培训费用昂贵,组织应定期评估其培训计划的有效性。

8. 讨论绩效考核技巧和绩效反馈。绩效评估或评估用于向员工提供绩效反馈,作为分发奖励的基础,并监督选择和培训活动。使用客观和判断评价技术,其结果可通过三种绩效反馈方法传达给员工:告知—输出、告诉—听和解决问题。

9. 概述影响人力资源管理的主要立法。在美国,通过了一些影响人力资源管理做法并保护员工权利和安全的法律。这包括 1935 年的《国家劳动关系法》、1947 年的《劳资关系法》、1938 年的《公平劳动标准法》、1963 年的《同工同酬法》、1964 年《民权法》第七章、1967 年《雇用法令》和 1986 年《雇用法令》、1970 年《职业安全与健康法》、1974 年《雇员退休收入保障法》、1988 年《工人调整和再培训通知法》、1990 年《美国残疾人法》、1991 年《民权法》和 1993 年的《家庭和医疗休假法》。

关键词

人力资源管理(HRM)	招聘	可比价值	利润分享
人力资源规划	外部招聘	小时工资	员工福利
技能盘点	内部招聘	工资	灵活福利计划
文化(工作场所)多样性	选择	佣金	员工培训
工作分析	薪酬制度	奖励支付	管理发展
工作描述	工资调查	一次性加薪	绩效考核
工作说明	工作评价		

复习题

1. 列出人力资源管理的三个主要活动及其目标。
2. 一般来说,人力资源管理部门中员工和主管经理的职责是什么?

3. 人力资源需求的预测与公司的组织规划是怎样匹配起来的？
4. 人力资源经理如何去协调公司的员工供给和需求？
5. 与文化多样化劳动力相关的主要挑战和优势是什么？
6. 工作分析、工作描述和工作规范是什么关系？
7. 外部招聘和内部招聘的优点和缺点是什么？
8. 在你看来，收集有关求职者信息的两种最好的方法是什么？
9. 为什么导向是一种重要的人力资源管理活动？
10. 解释三个与工资相关的决策是如何形成奖金体系的。
11. 在工作评估过程中如何使用工作分析？
12. 假设你刚刚新开一家福特 4S 店（销售展示店和维修店）。你将向哪些员工支付工资，是直接发工资，还是以佣金形式支付？
13. 员工的培训目标和管理发展的目标有什么区别？为什么在对员工表现进行评估后提供反馈是非常重要的？

讨论题

1. 管理人员如何准确地计划未来的人力资源需求？
2. 一般就业水平如何影响组织的招聘和选拔实践？
3. 员工福利真的有必要吗？为什么？
4. 作为经理，如果具有 6 年工作经验的运营员工拒绝持续培训，并忽略绩效反馈，您会采取什么行动？
5. 为什么有许多与人力资源管理实践相关的法律？在你看来，哪些是最重要的法律？

视频案例 9.1

Whirlpool 屡获殊荣的多元化计划是通过员工网络得以实现的

在当今全球市场中，经理们与具有不同的文化、语言、信仰和价值观的人们进行互动。Whirlpool 公司已经表明，多样化的员工队伍可以是一个强大的优势。

自从 1911 年成立以来，Whirlpool 总部位于密歇根州，已经发展成为一家全球性公司，在每个主要的大洲均设有制造工厂，年收入超过 190 亿美元。Whirlpool 大约有 60 000 名员工在北美以外地区工作。该公司屡获殊荣的多元化计划帮助员工发展。该计划将员工聚集到基于个人关系的支持小组中。为了进入该计划，工人选择加入特定的员工网络，例如西班牙人网络、年轻专业人员网络、亚洲人或非洲裔美国网络、女性网络、美洲网络或令他们感到受尊重的网络，包括同性恋、女同性恋、双性恋和变性者(GLBT)员工。

这些网络为员工提供了一个新的职业资源和培训机会。例如，根据公司网站的介绍，“我们的主要目标是成为 GLBT 的首选雇主，并肯定员工”。尽管该计划明显关注员工福利，Whirlpool 领导说，这些网络在全球营销方面也可提供竞争优势。该公司的消费者和家电护理副总裁 Kathy Nelson 说：“让不同的人做出决定，这很重要，因为我们需要确保作出商业决策的人知道我们的消费者是谁。”

这一信念完全符合公司董事长兼首席执行官 Jeff Fettig 所表达的“多元化使命宣言”：“我们通过真正反映我们全球客户群的多元化，包容所有参与的员工，最好地满足我们客户的独特需求。”[22]

讨论题

1. Whirlpool 的多元化计划的三个主要目标是什么？
2. 在建立多样化的工作场所时，管理者面临什么挑战？他们如何应对这些挑战？
3. 你认为 Whirlpool 的员工网络的形成是促进积极多样性文化的最好方式吗？请说明。

案例 9.2

在英特尔高科技手段的招聘是件容易事

加利福尼亚州的英特尔公司成立于 1968 年，那时大多数人认为芯片是由巧克力制成的。今天，英特尔从芯片生产中获得了 540 亿美元的年销售额，这些芯片将计算能力植入到家庭、办公室和工厂使用的各种数字产品中。该公司还为银行、企业和教育机构创建云计算系统。

为了保持其芯片和服务的需求，英特尔每年向全球提供 1 000 个新职位，目前拥有 43 000 名员工。它采用各种高科技和人工招聘方法来招聘有能力在英特尔快节奏的工作环境中取得成功的应聘者。在校园里，招聘人员携带安装了特殊软件的 iPad，以便他们可以输入每个学生的关键详情，包括姓名、成绩和课程，以及关于特定工作兴趣的标注。这取代了英特尔在校园招聘季节期间收简历。由于学生的个人资料几乎立即会出现在英特尔的全公司系统中，人力资源人员可以根据适当的工作机会匹配候选人，并在校园招聘会后的第二天开始接触，而在早前的基于纸张的招聘过程中，这个流程需要延迟一周或更长时间才会开始。

英特尔还邀请学生、应届毕业生和有经验的工作人员在线搜索其工作数据库或使用智能手机应用程序。来自领英的职业生涯页面的访问者可以在“学生休息室”中与招聘人员进行网络联系，单击后便可以了解有关当前工作机会的更多信息，并阅读目前在职员工的推荐信。英特尔的脸书招聘网页列出了各国的工作机会。该公司还通过 Twitter 消息、博客文章和定期招聘播客传播关于工作机会的消息。这些社交媒体招聘的努力增加了个人体验，并进入了广泛的网络以获得多样化的潜在申请者。

英特尔一直在测试虚拟职业展会，以扩大与学生的联系。英特尔的经理不是去校园，坐在招聘桌旁一两个小时，而是待在办公室，与在电脑上远程“参加”招聘会的学生在线交换消息。在两小时的虚拟职业展会中，英特尔招聘人员可以与 400 名学生交换信息，并获得超过 600 份简历。此外，英特尔还举办了关于如何撰写简历、面试时期望什么，以及其他职业发展主题的网络研讨会，并以一对一沟通的问答环节来结束。

英特尔的全球运营是为了保持持续的创新驱动，这项工作既富有挑战，又令人兴奋。“许多时候会从上午 6 点开始，直到下午 10 点才能适应不同的时区，”一个人力资源经理说。

为了奖励员工的辛勤工作，英特尔提供了全面的福利计划。此外，已经在英特尔工作 7 年以上的员工有资格享有为期 8 周的带薪休假。这允许员工追求个人放松，然后重新具有热情地回到公司。同事经过培训，在休假期间处理该员工的工作，也为磨炼团队合作和个人技能创造新的机会。

英特尔定期出现在《财富》杂志的“100 家最佳工作公司”名单上，它也被其他公司公认为是杰出的雇主。毫不奇怪，其员工流失率非常低，公司为每个开放职位收到 100 份申请。无论技术如何变化，英特尔都需要吸引和留住优秀员工，以保持其竞争优势。[23]

讨论题

1. 当公司接受电子简历而不是使用印刷简历时，求职者和英特尔经理如何从中获益？
2. 为什么英特尔提到其关于休假的政策，并定期向当前员工宣传？
3. 通过虚拟职业展会与学生进行初步接触，而不是在校园里的现场交流，有什么优点和缺点？

尾注

1. Based on information in Josh Bersin, “LinkedIn Is Disrupting the Corporate Recruiting Market,” *Forbes.com,* February 12, 2012, http://forbes.com/sites/joshbersin/2012/02/12/linkedin-is-disrupting-the-corporate-recruiting-market/; Wallace Immen, “Making the Social-Media Link to a New Job,” *Globe & Mail (Toronto),* December 2, 2011, p. B16; Elisabeth Geisse, “The In Crowd,” *Inside Business,* September–October 2011, p. NC52; “The Challenge: A Joined-Up Hiring Solution,” *Recruiter,* March 23, 2011, p. 20.
2. “Human Resources Jobs at GE,” http://jobs.gecareers.com/go/Human-Resources-Jobs/236325/, accessed March 23, 2012.
3. Samuel Greengard, “Technology Drives Major Changes to HR,” *Baseline*, March 14, 2012, www.baselinemag.com/c/a/IT-Management/Technology-Drives-Major-Changes-to-HR-771760/; “Human Capital Trends 2012: Leap Ahead,” Deloitte, www.deloitte.com/view/en_US/us/Services/consulting/human-capital/human-capital-trends-2012/index.htm?id=us_furl_cons_general_hct12_main_022812, accessed March 16, 2012.

4. eSkill, www.eskill.com/, accessed March 16, 2012.
5. Editorial, "Reforming the Postal Service," *The New York Times,* March 1, 2012, www.nytimes.com/2012/03/01/opinion/reforming-the-postal-service.html.
6. U.S. Department of Labor, Bureau of Labor Statistics, http://bls.gov/cps/ accessed February 16, 2012.
7. David Leonhart, "Has the He-covery Become a She-covery?" *The New York Times* Economix blog, March 9, 2012, http://economix.blogs.nytimes.com/tag/women-in-the-workforce/.
8. Barbara Frankel, "The DiversityInc Top 10 Companies for Global Diversity," *DiversityInc Magazine*, May 18, 2009, http://diversityinc.com/diversity-management/the-diversityinc-top-10-companies-for-global-diversity-2/.
9. "The Job Description Project,"HRTMS, www.hrtms.com/the-job-description-project.html, accessed March 24, 2012.
10. Jennifer Bergen, "The 10 Best Job Search Websites," *PC Mag*, February 24, 2012, www.pcmag.com/slideshow/story/294523/the-10-best-job-search-websites/.
11. Tweet My Jobs, http://TweetMyJobs.com; "On the Job Hunt: Job Seekers Leverage Social Media," My Fox DC, March 9, 2012, www.myfoxdc.com/dpp/news/national/foxnews/On-the-Job-Hunt-Job-seekers-leverage-social-media_81538431.
12. Nanette Byrnes, "Star Search," *BusinessWeek*, October 10, 2005, http://businessweek.com/mediacenter/podcasts/cover_stories/covercast_09_29_05.htm.
13. Jeff Fish, "Yes, Social Media Helps you in Real Life!," The New Great Generation, March 24, 2012, www.boston.com/lifestyle/blogs/thenextgreatgeneration/2012/03/yes_social_media_helps_you_in.html.
14. "Salaries as a percentage of operating cost," Society for Human Resource Management, November 1, 2008, www.shrm.org/Research/Articles/Articles/Pages/MetricoftheMonthSalariesasPercentageofOperatingExpense.aspx, accessed March 16, 2012.
15. Cory Mason, "Wisconsin GOP bill would repeal law ensuring pay equity for women, Dem lawmaker says," Politifact, February 23, 2012, www.politifact.com/wisconsin/statements/2012/mar/12/cory-mason/wisconsin-gop-bill-would-repeal-law-ensuring-pay-e/.
16. Anne Lowrey, "Auto Bailout is Looking Better to the Public," *The New York Times,* March 13, 2012, http://economix.blogs.nytimes.com/2012/03/13/auto-bailout-is-looking-better-to-the-public.
17. "Employment Cost Index News Release," U.S. Department of Labor, Bureau of Labor Statistics, *Economic News Release*, October 28, 2011, http://bls.gov/news.release/archives/eci_10282011.htm.
18. Milton Moskowitz and Robert Levering, "100 Top Companies to Work For," *Fortune*, February 8, 2012, http://money.cnn.com/magazines/fortune/best-companies/2012/full_list/.
19. Jeffery R. Young, "Merit Badges for the Job Market," *The Wall Street Journal,* January 21, 2012, http://online.wsj.com/article/SB1000142405297020430140457717091222 1516638.html, accessed March 25, 2012.
20. "Want Equal Pay? Take this Challenge," *Forbes,* March 20, 2012, www.forbes.com/sites/dailymuse/2012/03/20/want-equal-pay-take-this-challenge/; Equal Pay App Challenge, http://equalpay.challenge.gov/, accessed March 25, 2012.
21. ADA Update: A Primer for Small Businesses, U.S. Department of Justice, Civil Rights Division, www.ada.gov//regs2010/smallbusiness/smallbusprimer2010.

htm#whoiscovered, accessed March 16, 2012.

22. www.whirlpool.com (accessed May 26, 2010); information provided through interviews with Whirlpool personnel and in the video "Meeting the Challenge of Diversity: Whirlpool."
23. Based on information in "Intel, #46, 100 Best Companies to Work For 2012," *Fortune,* February 6, 2012, http://money.cnn.com/magazines/fortune; Michelle James, "Lights, Camera, Savings," *Communication World,* March-April 2012, p. 42; Todd Raphael, "Intel Making Moves on Social Media, College Recruiting, Mobile Applications," *ERE.net,* November 29, 2011, www.ere.net; Kathryn Tyler, "Sabbaticals Pay Off," *HR Magazine,* December 2011, p. 38; www.intel.com.

第10章

激励和满足员工和团队

学习目标

1. 解释什么是激励。
2. 了解一些关于激励的主要理论。
3. 描述三种当代的激励理论：公平理论、期望理论和目标设定理论。
4. 解释提升员工激励的几种技术。
5. 了解团队的类型、开发和使用。

商界报道

REI从根本上保持真实性

自1998年有年度排名以来，REI始终占据每一份《财富》杂志的“100最佳工作公司的名单”。REI娱乐设施公司，它在美国29个州的122个商店通过两个电子商务网站销售户外设备和服装。REI于20世纪30年代由一群登山者创立，从珠穆朗玛的峰顶到曼哈顿海滩，它通过促进真正享受户外活动，从根本上保持真实性。这只是REI为什么有10 400名员工的原因之一。无论他们是登山者、皮划艇爱好者、滑雪者，还是露营者，都是如此，他们热爱他们的工作。

在REI工作，可以使那些热爱户外运动的员工将这种热情融入日常工作中，与志同道合的同事和客户共事和交流，这些员工每天都有机会去测试和销售最好的运动设备。公司还为员工提供大量的优惠商品和旅行，并鼓励他们为保护组织和其他社会团体做志愿者。在开设新商店之前，REI雇用当地人指导员工调查附近户外活动的偏好。例如，在北曼哈顿远足公园和江边入口的纽约大型商店的员工远比在繁忙的市中心区绿色区域工作的员工更容易锻炼团队协作能力。

所有 REI 员工都有资格获得医疗保障,无论他们是全职工作还是兼职工作,与传统公司一样关注员工,这在零售业中是很少有的。“我们真的相信我们的员工是我们最大的资产,”REI 人力资源高级副总裁解释说。“不论他们每周工作 5 个小时,还是每周工作 40 小时,他们都创造客户体验,他们都创造了公司的成功。”

REI 提高满意度的另一种方法是帮助员工平衡他们的个人和职业生活,如选择灵活的工作计划和远程办公。REI 员工越多,他们的休假时间就越长。最后,员工可以申请公司补助金去实现他们户外挑战的梦想,比如攀登喜马拉雅山。[1]

为了实现其目标,任何组织,无论是 REI,Google 还是当地便利商店,都必须确保其员工拥有适当的原料、充足的设备和正常工作的设备。组织也必须确保其员工有动力。在一定程度上,高水平的员工的动机可以通过有效的管理来实现。

在本章中,首先解释了什么是员工动机之后,我们提出了有关员工动机的几个观点,这些年来它们已经影响到管理实践:泰勒有关科学管理的想法、梅奥的霍桑研究、马斯洛的需求等级、赫兹伯格的激励保健理论、麦克的 X 理论和 Y 理论、大内的 Z 理论和强化理论。然后,把我们的注意力转向当代思想,我们研究公平理论、期望理论和目标设定理论。最后,我们讨论管理者可以用来培养员工动机和满意度的具体技术。

10.1 什么是激励

激励是导致一个人采取行动的推动力。一个成功的运动员被称为“有较高动力”。一个不愿意努力学习的学生被称为“没有动力”。我们将动机定义为激励、指导和维持行为的个人内部过程。这是个人的“力量”,导致你或我以特定的方式行动。例如,虽然工作轮换可以提高你的工作满意度和你的工作热情,以便你投入更多的精力,但工作轮换可能对我来说也许不会产生同样的影响。

士气是员工对工作、上司和公司本身的态度或感受。为了有效地实现组织目标,员工需要的不仅仅是好的原材料、充足的设施和高效的设备。士气高昂的结果主要来自工作满足或工作需要。在工作中可能满足的一个需求是需要被认可为组织的重要贡献者。作为工作的结果,需要满足的需要是金融安全的需要。高度的士气,也会导致奉献和忠诚,以及希望做好工作。然而,士气低落会导致员工离职,去其他公司寻求更令人满意的工作,从而造成低效的工作和高流动率。在最近的经济衰退之后,工作流动比率下降,因为许多人认为自己很幸运有工作。随着经济继续复苏,工作流动比率再次上升[2]。为了消除这种周期性,公司正在创造以提高员工满意度为目标的工作环境。能够反映一个特定组织满意度的一个明显指标是,雇员是否喜欢在那里工作,以及其他人是否想在那里工作。在《财富》杂志的“前 100 家公司”榜单中,最好的十大公司是 Google、波士顿咨询公司、

SAS、Wegmans 食品市场、Edward Jones、Netapp、Camden Property Trust、REI 娱乐设备、CHG 医疗服务和 Quicken 贷款。[3] 激励、士气和满意的员工的需求因此交织在一起。除了生产力，它们自 19 世纪末以来一直是许多研究的主题。接下来我们继续讨论激励，并概述早期研究的一些标志。

10.2 激励的历史视角

研究人员通常是从脑海里的一个相当小的目标开始一项研究的。然而，在他们深入理解了主题之后，他们会意识到应该扩大研究目标和研究内容。从早期对生产力的研究过渡到现代的员工激励研究也正是如此。

10.2.1 科学管理

19 世纪末，泰勒(Frederick Taylor)对提高个体工人的效率感兴趣。这种兴趣源自他自己在制造工厂的经验，最终导致**科学管理**理论的产生，将科学管理原理应用于工作和工人的管理。

泰勒的第一份工作是在费城的中型钢铁公司，在那里他对浪费和低效率产生了强烈的厌恶。他还观察到一种他称为"士兵"的做法。工人"迟滞"或工作缓慢，因为他们担心如果工作速度更快，他们完成工作后会失去工作。泰勒意识到管理者并不知道这种做法，因为他们不知道工人的生产力水平应该是怎样的。

每个人都快乐吗？一个世纪前，在美国大多数企业并不十分关注员工的满意度。今天却不是这样。你是否认为员工的激励和满意度已经得到改变？

泰勒后来在伯利恒钢铁公司工作了几年。在那里，他在激励领域做出了最重要的贡献。他建议每个工作应该分解成单独的任务。然后，管理层应确定：(1) 执行每个任务的最佳方式；(2) 当员工正确执行任务时，期望得到的工作结果。接下来，管理层应仔细选择每个工作的最佳人选，并训练该人如何正确地完成工作。最后，管理层应与工人合作，确保工作按计划执行。

泰勒还提出了大多数人工作只为了赚钱的想法。因此，他认为薪酬应直接与产出挂钩。一个人生产得越多，他或她应该得到更多的报酬。这产生了**计件制度**，在这种制度下，员工为他们生产的每个单位产品支付一定的金额。在泰勒的计件制度下，每个员工被分配了一个产出配额。超过配额的单位费率都较高(见图 10.1)。今天，一些制造商和农场里的劳动者收获作物时仍然使用计件体系。

当泰勒的体系在伯利恒钢铁公司实施时，结果是戏剧性的。钢铁工人的每天平均收益从 1.15 美元上升到 1.88 美元。(不要让当时流行的低工资模糊了这一事实，即生产效率增加了 60%以上！)工厂每天平均处理的钢铁量从 16 吨增加到 57 吨。

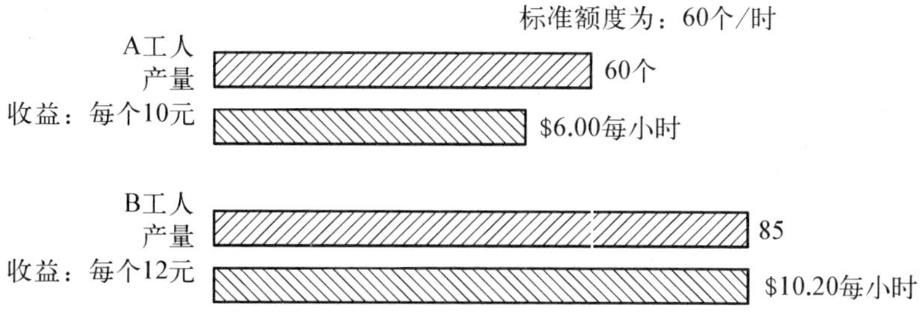

图 10.1　泰勒计件系统

注：生产出比规定数额更多产品的工人，他们的报酬率都高一些。

泰勒的革命思想对管理实践产生了深远的影响。然而，他对激励的看法很快被认为是过于简单化和狭隘的。的确，大多数人期望通过他们的工作挣钱，但人们工作除了工资以外的各种原因也的确是真实的。因此，简单地增加一个人的工资可能不会增加该人的激励水准或生产力。

10.2.2　霍桑实验

1927—1932 年间，Elton Mayo 在芝加哥西部电气公司的霍桑工厂进行了两次实验，现在被称为霍桑试验。这些研究的最初目标是为了确定工作环境对员工生产力的影响。

在第一组实验中，工作场所的照明强度对于一组工人是变化的，第二组不变化照明强度。然后，测量两组的生产力以确定光线的影响。令研究者惊讶的是，两组的生产力都有所提高。对于其光照变化的组，生产率保持着较高水平，直到光的强度被减少到月亮光亮的水平！

第二组实验侧重于计件系统在提高工人群体产量方面的有效性。研究人员预计产量会增加，因为较快的工人会对较慢的工人施加压力，以产生更多产品。再次，结果不是符合预期的。无论"标准"费率怎样变化，产出保持不变。

研究人员得出结论，人为因素影响了两个实验的结果。在照明实验中，研究人员仅仅通过要求他们参与研究，给予了这两组工人对他们的工作的参与感。这些工人也许第一次觉得，他们是组织的一个重要组成部分。在计件实验中，每组工人非正式地设定该组的可接受的产出率。为了获得或保持群体的社会接受度，每个工人必须以该速度生产。较慢或较快的工人被迫保持与群体一致步伐。

霍桑研究表明，这样的人为因素至少与薪酬的激励一样重要。从这些和其他研究中，管理中的人际关系行为诞生了。它的前提是简单的：对他们的工作感到高兴和满意的员工有动机表现得更好。因此，最好的管理是提供使员工最大化程度满意的工作环境。

10.2.3　马斯洛的需要层次理论

亚伯拉罕·马斯洛是一位美国心理学家，其著名的作品发表于 20 世纪 60 年代和

70年代,他根据需要的层次制定了一种激励理论。需要是个人要求。马斯洛认为人类是"想要"寻求满足各种需求的人。他观察到,这些需求可以根据它们在**马斯洛需求层次**的序列中的重要性来排列(见图10.2)。

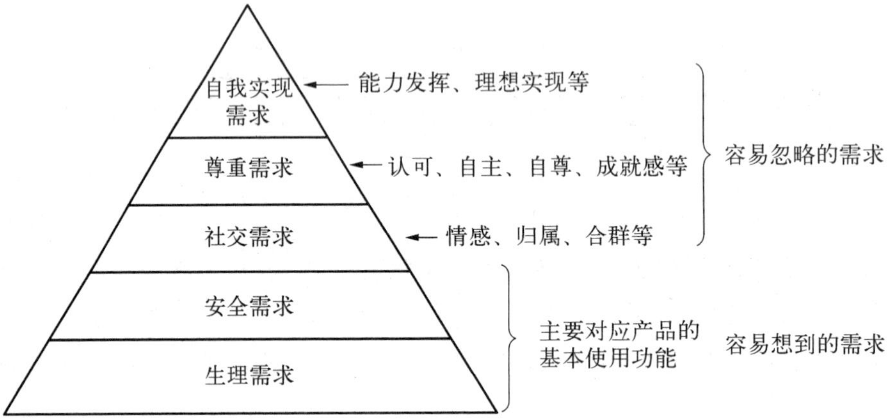

图10.2 马斯洛的需求层次

注:心理学家马斯洛认为人类的需求可以分为五大类。

最基本的需要是**生理需求**,我们需要获得维持生存的东西,包括食物和水、衣服、住所和睡眠。在就业情况下,这些需求通常通过足够的工资来满足。

下一个级别是**安全需求**,我们需要的物理和情感安全。安全需求可以通过工作保障、健康保险、养老金计划和安全工作条件来满足。许多公司正在面临越来越多的员工医疗保险费。提供医疗保险和退休福利的成本上升是许多公司面临的主要问题,为了保持低成本,许多公司都降低了医疗保险。这些变化对不同年龄雇员的影响不一致。虽然前几代人常常依靠相对安全的退休计划,但刚进入劳动力队伍的年轻人却没有这样的保证。[4]

接下来是**社会需求**,人们对爱、情感、归属感的需求。在一定程度上,这些需求可以通过在工作环境和非正式组织中的关系得到满足。但是,超越工作场所的社会关系,如家人,朋友,也是被需要的。许多雇主为他们的雇员提供灵活的计划选择,以提高他们的生活质量,包括为家庭和朋友留出时间。有灵活工作计划的雇员更有可能参与家庭活动或社交活动。有一个更好的平衡能使人们更快乐。埃森哲的一项国际调查发现,具有灵活工作时间表来满足他们社会需求的员工更加忠诚,更不可能离职。[5]

在尊重需求的层次,我们需要别人的尊重和认可,感受自我的成就和价值(自尊)。这些需求可能通过个人成就,晋升到更负责任的工作,获得各种荣誉和奖励,以及其他形式的认可来满足。

在需求层次的顶部是**自我实现需求**,成长、发展,并成为我们能够成为的一切的需求。这些需求是最难满足的,满足方法往往随个人而变化。对于一些人来说,学习一项新技能,在退休后开始一项新工作,或者为了成为"最好的"做的一些努力可能是自我实现的方式。

马斯洛建议人们首先努力满足他们的生理需要，接着是安全需求，随“需要阶梯”而上。一般来说，他们会由于最低水平的需求仍然得不到满足而受到刺激。但是，在下一个更高级别的需求发挥作用之前，这一级别的需求不需要完全满足。如果一个人的生理和安全需求得到基本满足，那么此人将主要由社会需求驱动。但是，一些未被满足的生理和安全需求也很重要。

马斯洛的需求层次结构提供了一种有用的方式来考察员工的激励机制以及管理方法。大体上，美国企业已经能够满足工人的基本需求，但是高阶需求更是一种挑战。这些需求不能以一种简单的方式得到满足，并且得到满足的手段因人而异。

10.2.4　赫茨伯格的激励-保健理论

在 20 世纪 50 年代末，弗雷德里克 · 赫茨伯格在匹兹堡采访了近 200 个会计师和工程师。在采访中，他让他们想一下他们对自己的职业和工作感觉特别好的一个时刻。接着，他让他们描述一下使他们感觉如此之好的原因。然后，他同样地让他们想一下感觉工作特别不好的一个时刻。他惊讶地发现导致这种感觉好和感觉坏的因素是完全不同的；具体是，低工资会使一个挑剔的人感觉不好，但是除了高薪，还有一些使这些人感觉良好的因素。

在采访之前，赫茨伯格的一般假设是员工的**满意和不满意**处于同一要素的相反两端。人们感觉满意、不满，或者在两者之间。但是，赫茨伯格的采访使他认为满意和不满可能总共是两个不同的维度。一个维度的范围可能是从满意到没有满意的，另一个维度的范围可能是从不满意到没有不满意。换而言之，满意的对立面不是不满意。满意和不满意的理论是分离的不同的维度，这被称为**激励-保健理论**（见图 10.3）。

激　励　因　素	保　健　因　素
• 成就 • 承认 • 工作本身 • 责任 • 晋升 • 成长	• 监督 • 公司政策 • 与监督者的关系 • 工作条件 • 工资 • 同事关系 • 个人生活 • 地位 • 保障 • 与下属关系

图 10.3　激励-保健理论

赫茨伯格发现与满意度相关度最高的是成就、识别、责任、进步、成长等工作因素，而非工作本身。这些因素一般都被称为**激励因素**，因为后续因素的存在增加了激励效果。

然而,其缺席并不一定会导致不满情绪的产生。

引起不满意的工作因素是监督、工作条件、人际关系、工资、工作保障、公司政策和行政。这些因素,称为保健因素,当它们以可接受的程度存在时可以减少员工的不满意。然而,它们不一定导致高水平的激励。当缺乏保健因素时,就会导致不满意。

赫茨伯格的激励-保健理论 赫茨伯格提供了明确的指导方向,可使用激励-保健理论进行员工激励。他提示保健因素必须保证一个员工的舒适。然而,他警告说,一个没有不满的状态永远不会存在。

根据赫兹伯格的理论,在任何情况下,人们总是会不满,管理者应该让保健因素尽可能是积极的,并且应该只是短期的,而不是长期的,在激励员工时必须专注于提供这些激励因素,想必会增强学习动机和长期的努力。

我们应该注意到,员工的薪酬在赫茨伯格理论之外还有更多的效果。他认为,薪酬只提供短期的变化和不正确的激励。然而,在许多组织中薪酬是一种识别和奖励的形式,识别和成就是两个激励因素,薪酬的影响可能取决于它是如何分布的。如果一个工资增长不依赖于绩效(如在全体加薪或生活成本提高时),它可能不会激励人们。然而,如果加薪作为一种形式的认可,即奖金或激励机制,它可在激励员工更好的工作方面发挥更为强大的作用。

10.2.5 X理论和Y理论

X理论和Y理论的概念由道格拉斯·麦格雷戈在他出版的《企业中人的方面》一书中提出。它们本质上是一组假设,它们是管理层对工人行为的态度和信念的基础。

X理论是关于员工激励的概念,一般被认为是泰勒的科学管理理论的组成部分。X理论假定员工不喜欢工作,并且只有在高度控制的工作环境中才能有效地工作。

X理论基于以下假设:

(1) 人们不喜欢工作,并且尽量避免它;

(2) 由于人们不喜欢工作,管理者必须胁迫、控制和频繁威胁员工实现组织目标;

(3) 人们通常需要被领导,因为他们有野心,不会担负责任,他们主要关心安全。

这些假设的逻辑结果将是高度控制的工作环境,在其中经理做出所有的决定,员工执行所有的命令。

另一方面,**Y理论**是关于员工激励的概念,一般与人际关系交往的观念一致。Y理论假设员工接受责任并努力实现组织目标,通过这样做,他们也得到个人奖励。Y理论基于以下假设:

(1) 人们不会天生不喜欢工作,事实上,工作是他们生活的重要组成部分;

(2) 人们将努力实现他们所承诺的目标;

(3) 当人们明白,实现目标将带来个人的回报,人们就会致力于实现目标;

(4) 人们经常寻求并愿意接受责任;

(5) 员工有潜力帮助完成组织的目标；

(6) 组织一般不会充分利用他们的人力资源。

显然，这个观点与 X 理论的观点完全不同，并且比 X 理论更加积极。麦格雷戈认为大多数经理的行为符合 X 理论，但他认为 Y 理论作为管理行动的指南更适合和有效（见表 10.1）。

表 10.1 X 理论和 Y 理论

领　域	X 理 论	Y 理 论
工作态度	反感	参与
控制系统	外部	内部
监督	直接	间接
承诺水平	低	高
员工潜力	被忽视	被认可
人力资源使用	有限	无限

人际关系运动、X 理论、Y 理论增加了管理者对社会因素在工作场所的重要性的认识。然而，人类的动机是一个复杂和动态的过程，没有简单的决定因素。无论是金钱还是社会因素本身都不能提供答案。相反，在提高激励的任何尝试中必须考虑许多因素。

10.2.6 Z 理论

管理学教授威廉·大内（William Ouchi）研究了美国和日本公司的商业实践。他总结说，这两个国家中不同类型的管理系统占主导地位。[6] 在日本，大内发现了他所谓的 J 型公司。他们的特点是雇员的终身雇用、集体（或集体）决策、决策结果的集体责任、长期的评价和推广、隐含的控制机制、非专业的职业发展道路，以及对员工作为人的整体关注。

美国工业由威廉·大内称之为 A 型公司组成，其遵循不同的模式。他们强调短期就业、个人决策、个人对决策结果的责任、快速评估和宣传、明确的控制机制、专业的职业发展道路，以及对员工仅作为员工的部分关注。

一些非常成功的美国公司以 J 型和 A 型模式的混合为代表。这些公司称为 Z 型组织，强调长期就业、集体决策、对决策结果的个人责任、缓慢的评估和推广、非正式控制以及一些正式的措施、适度专业的职业发展道路和对员工的整体关注。

威廉·大内的 **Z 理论**认为，在实践中介于 A 型和 J 型之间的一些公司形式是最好的美国公司结构（见图 10.4）。Z 理论的一个主要部分是强调参与决策。重点是“我们”，而不是“我们与他们”。Z 理论的员工和经理将组织视为一个家庭。这种参与精神可以促进合作，传播信息和组织价值观。

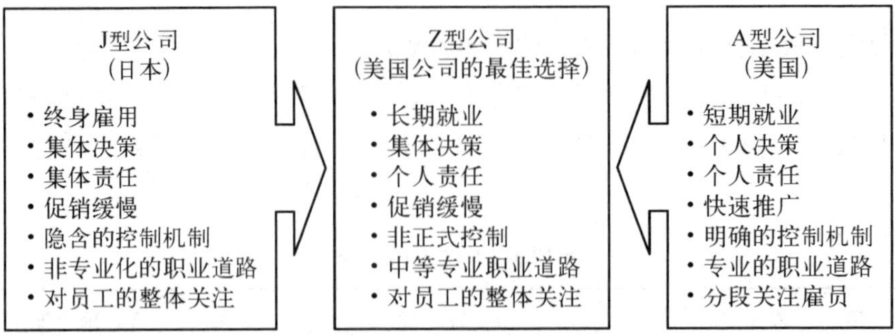

图 10.4　Z 理论的特点

注：日本和美国管理理论的最佳部分相结合,形成了 Z 理论的核心。

10.2.7　强化理论

强化理论是基于这样的前提：被奖励的行为可能重复,而被惩罚的行为不太可能复发。强化是直接遵循特定行为的动作。这可能是一个特别大的销售经理获得新客户后的工资加薪,或者是对工作迟到的谴责。

强化可以采取各种形式并且可以以多种方式进行。积极的强化是通过提供奖励来加强期望的行为。例如,许多员工对赞美反应良好,承认他们的上司做好工作,增加(加强)他们在未来表现良好的意愿。负强化通过消除不期望的任务或情况来增强期望的行为。假设一个机器车间必须每个月彻底清洁,这是一个又脏又累的任务。在一个特定月份,当工人在正常工作任务中做得令人不满时,老板要求工人清洁工厂,而不是进行通常的普通维护服务。员工将有动力在下个月努力工作,以避免不愉快的清理工作。

惩罚是不可取的行为的不良后果。在组织中常见惩罚形式包括谴责、减薪、专制裁员和终止(解雇)。惩罚往往比损害本身造成更多的危害。它倾向于制造一个在主管监督下的不愉快的环境,来抑制不良行为,这样做加剧了敌意和反感。

管理者有时希望通过不回应来消除不良行为,认为这种行为最终会自动"消除"。例如,假设一个员工向他或她的经理写出关于不重要事件的投诉。如果经理没有回应任何这些投诉,员工可能会停止写它们,并且行为将被压制。

强化的有效性取决于使用的类型和如何评估时效。一种方法在某些条件下可能效果更好,尽管在某些情况允许使用多种方法。一般来说,当经理有选择时,积极的强化被认为是最有效的。

持续加强对于经理和员工都可能变得乏味,特别是当同样的行为以同样的方式再次强化时。在开始时,可能需要在每次发生时加强期望的行为。然而,一旦所期望的行为变得更多或者更少时,偶尔强化似乎最有效。

在很多情况下,你会看到强化理论的表现。当一个运动队获得冠军赛的冠军,这是正强化。当学生收到一张成绩很低的成绩单时,那就必须重考,这是负强化。

10.3 当代激励理论

马斯洛的需求层次和赫兹伯格的激励-保健理论是流行和广为人知的激励理论。每一个都是对科学管理理论以及 X 理论、Y 理论的相对狭窄的观点的重要突破。但是，这些理论有一个弱点：未指出究竟是什么激励人，也不解释激励为什么或如何发展，以及持续时间。近年来，管理者已经开始探索三个其他模型，采取更动态的激励观。这些是公平理论，期望理论和目标设定理论。

10.3.1 公平理论

激励的**公平理论**是基于人们有动机为自己获得和保持公平待遇的假设。这里使用的公平是指奖励的分配与每个员工对组织的贡献成正比。每个人并不需要得到相同的奖励，但奖励应该根据个人的贡献。

根据这个理论，我们倾向于以下面的方式实现公平的观念。首先，我们开发自己的投入产出比率。投入是我们为组织做出贡献的时间、努力、技能、教育、经验等。产出是我们从组织得到的回报，如薪酬、福利、认可和促销。接下来，我们将这个比率与我们认为一些其他人的投入产出比作比较。它可能是一个同事，一个为另一个公司工作的朋友，甚至是我们组织中所有人的平均。这个人称为比较对象。请注意，我们对这个人的投入产出比的看法可能是绝对正确的或完全错误的。但是，我们认为这是正确的。

成功之道

游戏化的激励

采取游戏挑战的方法奖励员工可以改变企业激励员工的方式。例如，让收银员之间相互竞争以表彰最迅速的付款的服务。LiveOps 为员工提供了呼叫中心软件，可以获得徽章和其他无形奖励，如同一个正在进行的虚拟游戏，并且鼓励友好竞争，同时加强工作技能。这个游戏很受欢迎，至少 75% 的 LiveOps 员工一个月玩两次，并且员工的绩效也提高了。

IBM 创建了一个只供员工来玩的游戏，有一些直接与工作相关，有一些间接与工作相关。在一场比赛中，员工要提高系统的效率，使一个虚拟城市运行。领导 IBM 虚拟学习部门的查克·汉密尔顿说，这些游戏帮助遥远的员工感觉到与公司更彼此相连。

英国工作和养老金的部门有一个浏览器游戏称为“思想街”，这个游戏用来奖励员工提出改善关于提高工作的有效性和效率的想法。当员工发送一个想法,评论别人提交的想法,或注册执行别人的想法时,员工可以获得积分。高层董事会跟踪排名最前的想法或目标,通过实施上面的想法,某些部门预计将节省 3 000 万美元。

资料来源: Graham F., What If You Got Paid to Play Games at Work? [N /OL]. *BBC News*, http://bbc.co.uk/news/business-17160118, 2012-02-18; Silverman R.E., Latest Game Theory: Mixing Work and Play [J /OL]. *Wall Street Journal*, http://online.wsj.com/article/SB10001424052970204294504576615371783795248.html, 2011-10-10; Vezina K., Using Games to Get Employees Thinking[J /OL]. *MIT Technology Review*, http://technologyreview.com/business/38191/, 2011-08-17.

如果这两种投入产出比大致相同,我们认为组织是公平对待我们的。在这种情况下,我们的激励来自其他因素,他们也会如此。然而,如果我们的投入产出比是这两个中更高的那个,我们会觉得回报不够,并积极作出改变。我们可以:(1) 减少自己的付出,不努力工作;(2) 努力提高我们的产出,并要求加薪;(3) 试图和别人比较,增加一些投入或者接受减少的产出;(4) 离开现有工作环境;(5) 另外做比较。

公平理论是与薪酬支付最相关。因为工资是一个非常真实的衡量一个人的价值的方式,涉及薪酬的比较原本就是组织生活的一部分。经理可以尽量避免因不平等产生的问题,确保报酬是根据每个人的表现来分配的,每个人都清楚知道他或她自己的薪酬的基础。

10.3.2 期望理论

期望理论,是一个非常复杂的激励模型,它基于一个看似简单的假设。根据期望理论,激励取决于我们想要什么,我们认为我们如何才有可能得到它(见图 10.5)。考虑一下,例如,三个销售代表均为晋升为销售经理的候选人。比尔有很好的销售业绩,总是得到良好的工作情况评估。然而,他不知道他是否想要这份工作,因为这份工作必须长期出差,长时间工作,压力较大。保罗非常渴望得到这份工作,但并不认为他有很大的机会获得它。保罗的销售业绩很糟糕,他现在的老板对他的业绩的评估是一般。苏珊一样也想得到这份工作,她认为她有一个很好的机会。在过去这一年中,她的销售业绩明显改善,

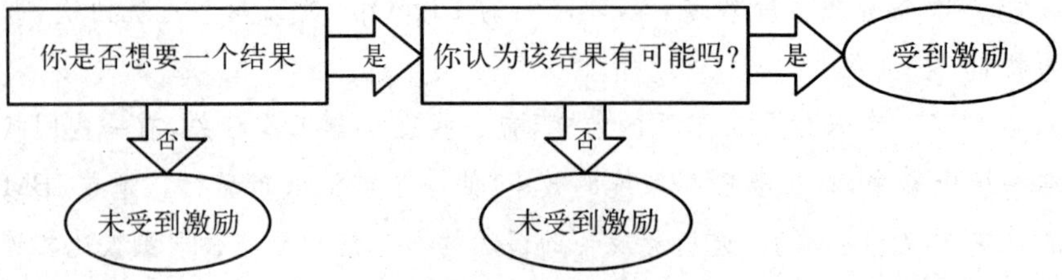

图 10.5 期望理论

注: Vroom 的理论基于这样一种观点——动机取决于人们想要什么,以及他们认为自己想要的程度。

公司对她的评价是最好的。

期望理论预测,比尔和保罗不会有动力去追求晋升,比尔并不很想得到晋升。保罗认为获得晋升的机会不大。而苏珊最有动力去追求晋升,因为她想获得晋升,同时她认为自己能够获得。

员工想要被公平对待。员工会比较自己的投入产出比,特别是与同事。这是公平理论背后的假设。但在血汗工厂这样不公平对待所有员工的实例中,公平理论发挥作用吗?

期望理论是复杂的,因为同一个操作我们将可能得到几个不同的结果,一些可能是我们想得到的,另一些我们可能不想得到。举一个例子,一个努力工作的人会因为加班获得额外资金,或被提升,获得有价值的新的工作技能。然而,那个人也可能是不得不花更少的时间在他或她的家庭上,或者减少他或她的社交生活。

对于一个人来说,晋升可能是最重要的,加薪和新技能也相当重要,家庭和社会是生活中不重要的方面,这种损失可以忽略不计。但对另外一个人而言,家庭和社会生活可能是最重要的,适度加薪和新技能并不重要,晋升的弊端就是为此要花费额外的时间用于工作。对第一个人而言,就会有动力去努力工作和投入额外的时间,而对第二个人而言,就不会有动机这么做。换句话说,是期望不同决定了动机的重要性,包括个人对每个结果重要性的评估。

期望理论很难运用于实践,但它确实为管理者提供一些有用的指导方针。它表明,管理者必须认识到:(1) 员工因为各种各样的原因而工作;(2) 这些原因,或预期的结果,可能会随着时间的改变而改变;(3) 对于管理人员来说,清楚地知道员工如何实现他们的期望是非常有必要的。

10.4 目标设定理论

目标设定理论是关于激励员工实现目标的理论,员工和经理共同设定目标。目标应该是非常具体的,难度适当,员工将致力于实现它。[7]奖励应该是直接目标的成就。使用目标设定理论,一个经理可以设计奖励,满足员工的需要,明确预期,维护权益,并提供保障。例如,一个经理可能会发现,如果有一天假期,员工就会非常积极。因此,经理和员工一起制定一个计划,只要经理对员工的工作很满意,那么员工会获得一天自由时间作为奖励。这个理论的主要好处是,它让员工很好地理解实现目标的好处,只要实现目标便可以获得奖励。

员工想要的是什么?这是他们经理需要确定的。不同员工的激励需要不同的奖励。弄清楚这些对于每一个目标设定是关键一步。

今天,不仅需要采用一个慷慨的工资来激励员工,越来越多的公司积极尝试以无形的形式来提高员工的满足感。这可以使用简单或花费较少的方法,例如,表中 10.2 中列出激励员工的各种技术,我们来讨论一系列综合运用上述技术来激发经理和员工的满足感。

表 10.2 无成本/低成本的激励技术

1. 感谢和庆祝生日和其他重要事件。
2. 允许一个员工去选择他或她下一个任务。
3. 请一位员工到你的办公室来向他或她表示感谢(不要讨论其他问题)。
4. 在内部通讯上发布一个"荣誉"的栏目,并且要求内部提名。
5. 指定正式奖励计划的员工。
6. 为一名员工或一组员工计划一个惊喜的成就庆祝。
7. 在一个特别项目团队的第一次会议上出现,并表达你对他们的参与表示感谢。
8. 在一个项目结束时发送一封信给所有团队成员感谢他们的参与。
9. 当你听到对一个人正面的评价,尽快私聊或用电子邮件复述给那个人。
10. 广泛宣传使用过的建议及其对你部门正面的影响。
11. 支持灵活的工作时间表。
12. 要求员工成为新员工的导师。
13. 张贴在你们部门布告栏的是来自顾客的感谢信。
14. 要有机会了解你的员工正在努力,并承认他们的努力。
15. 采访你的员工,捕捉他们的智慧。在一本小册子里宣传员工的故事,并把它交给员工。
16. 发送一条表达赞扬的短笺给你的员工的伴侣或家人。
17. 为你部门的员工设立他们自己的一天或一周来奖励他们(比如:行政工作人员周,保管人周),以及送给他们鲜花、糖果、精美早餐作为礼物,等等。
18. 你要逐渐意识到对于那些技术高超的、更有责任心的员工而言,他们会不断学习新技能,而这可能会对部门发展有帮助。
19. 为本周办公室的最佳员工颁发奖杯或者给予旅游的奖励。
20. 有时候自愿去分担一部分你的员工最不喜欢的任务。
21. 清洗你的员工的爱车。
22. 颁发一些球赛、高尔夫球课、电影的票,或者分发他或她喜欢的作者的书,以及"午餐请客"的抵用券,等等。
23. 为那些有杰出贡献的员工保留最佳车位。
24. 为你的员工具体的行为发送手写的短笺或当面称赞,而不是仅仅说一句简单的"感谢你所做的一切"。
25. 为你的员工制作一份图文并茂的年刊,来记录这一年他们所取得的成就。
26. 在你发给员工的感谢短笺上添加高级管理层的姓名,来让他们知道一个员工的不断努力和所能取得的成就。
27. 把你的员工介绍给重要的投资者、顾客,甚至高级管理层的某位要员。
28. 奖励那些虽然失败但是很棒的点子。
29. 在你的短片里特别留出一块类似"名人堂"的空间,展示并记录一些取得突出成绩的员工努力拼搏的真实细节的照片。

资料来源:Texas A&M University Human Resources Department, http://employees.tamu.edu/docs/employment/classComp/614recognitionIdeas.pdf; HRWorld, www.hrworld.com/features/25-employee-rewards/; Michigan Office of Great Workplace Development, www.michigan.gov/documents/firstgentleman/50_242400_7.pdf.

10.4.1　目标管理

目标管理(MBO)是一种激励技术，其中管理者和员工协作设定目标。MBO 的主要目的是强调员工期望在实现组织目标方面发挥的作用。

通过允许个人参与目标，设定和绩效评估，目标管理可提升他们的激励水平，大多数目标管理法有五个步骤。第一步，是获得高级管理层的认可，至关重要的是，以高层管理起点，明确目标管理法的宗旨。

第二步，必须建立初步目标，高层管理人员也在这次活动中起着重要作用，因为初步目标反映了公司声誉和策略，目标管理计划的目的是让这些目标成为组织的一部分。

第三步，目标管理制度实际上由较小的核心步骤组成，通过经理解释，组织内每一个员工都会接受某些要求，他或她可以帮助实现这些目标。

(1) 经理向每一位员工解释说，他或她已经为本集团的经理和员工接受了一定的目标，并要求每个人考虑他或她如何可以帮助实现这些目标。

(2) 经理稍后单独与员工会面。他们一起为员工建立目标。只要有可能，目标应该是可测量的，并应指定完成时间(通常为 1 年)。

(3) 经理和雇员决定了员工需要完成他或她的目标所需的资源。

第四步，经理和每个员工定期举行会议，审查员工的进步。在会议中，如果情况有变，他们可能会同意修改某些目标。例如，一个销售代表可能已经接受了增加销售额 20%的目标。然而，一个对手进入市场，使这一目标无法实现。鉴于这种情况，目标可能会向下修正至销售额的 10%或 15%。

目标管理的第五步是评估。在指定时间段结束时，经理和每个雇员再次开会，以确定满足了哪些达到了目标，哪些未达到目标，以及为什么。员工的报酬(以加薪、表彰或晋升的形式)主要基于目标达成的程度。

与其他管理方法一样，MBO 具有优势和缺点。MBO 可以通过积极参与公司的生活来激励员工。在目标设定和绩效评估方面的合作改善了沟通状况，使员工觉得他们是组织的重要组成部分。对进度的定期审查也增强了组织内的控制。MBO 的一个主要问题是，除非该进程是从组织的顶端开始的，否则会没有效果。在某些情况下，MBO 会导致过多的文书工作。此外，经理可能不喜欢坐下来与下属一起制定目标，而可能只是指定他们的目标。最后，除非目标是可量化的，否则 MBO 计划难以实施。

职业成功

您准备好频繁反馈吗?

通常每年或每年两次的员工绩效评估正逐步发展为每月甚至每日反馈会议，以加强良好的绩效,抑制低效的行动。一些企业发现员工实际上欢迎更频繁和更不正式的反馈。尤其是年轻的员工习惯于发短信、微博和其他简短的谈话,他们将他们对快速反应的期望带到工作场所。在当今快速变化的商业环境中,公司不希望员工等待几个星期或几个月才获得评论,这将有助于他们更好地工作。

例如,社交媒体网站的管理者每年两次正式审核员工绩效。此外,员工要求从同事和经理处提供反馈,并在项目结束时、会议后和演示后提出自己的意见。Facebook的人力资源副总裁解释说:"你不必与某人安排时间。这是一个只有45秒的谈话,主要是要怎么做?如何做得更好?"

在Atlassian,一家澳大利亚软件公司,管理者和员工每周都会讨论工作目标和工作表现。这些公司知道,在适当的时候获得一个赞美或改善的建议可以在强化有效行为方面有所不同。

资料来源:Gardella A., Beyond Annual Performance Reviews[N/OL]. *New York Times*, http://boss.blogs.nytimes.com/2012/02/27/beyondannual-performance-reviews/, 2012-02-27; Silverman R.E., Yearly Reviews? Try Weekly[J/OL]. *Wall Street Journal*, http://online.wsj.com/article/SB10001424053111903895904576542962030419874.html, 2011-09-06; Silverman R.E., Performance Reviews Lose Steam[J/OL]. *Wall Street Journal*, http://online.wsj.com/article/SB10001424052970204319004577088810100916828.html, 2011-12-19; Should Performance Reviews Be Fired? [EB/OL]. Knowledge@Wharton, http://knowledge.wharton.upenn.edu, 2011-04027.

10.4.2 工作丰富化

工作丰富化是一种激励员工的方法,为员工提供各种各样的任务,同时给予他们一些责任以控制他们的工作。同时,员工可以获得新的技能,并具备更广泛的视角,了解他们的个人工作如何有助于实现组织的目标。在本章前面,我们注意到赫兹伯格的激励-保健理论是使用工作丰富的一个理由。也就是说,工作丰富赋予员工的额外责任和控制增加了他们的满意度和积极性。例如,Google的工程师可以花20%的时间在他们选择的项目上工作。[8]这种类型的丰富可以激励员工为公司创造各种福利。有时,扩大工人的任务以包括额外但类似的任务,可以导致工作丰富。工作扩大可能意味着工人在一条装配线上用来给沿线下移动的部件连接三根电线,现在连接五根电线。不幸的是,添加的任务通常与工作者在更改之前执行的任务相同。在这种情况下,工作扩展可能无效。

而工作扩展并不真正改变工作的单调性,而是工作丰富性。工作丰富要求添加的任务可给予员工更多责任。它为工人提供了更多的任务和更多的控制,例如,如何执行它们。特别是,工作丰富化从工作中剔除了许多控制,给予工人更多的权力,并在完整的自然单位中分配工作。此外,员工常常获得新鲜和具有挑战性的工作分配。通过将更多的计划和决策融入工作中,工作丰富化使工作更加深入和复杂。

工作重新设计是一种工作丰富,其中工作重组可以培养员工与工作匹配的方式。可以通过组合任务,形成工作组或建立更紧密的客户关系来实现任务重新设计。员工通常在工作合并时更有动力,因为任务的多样性提出了更多的挑战,因此会有更多的奖励。工作组通过向员工展示他们的工作如何适应整个组织以及如何为其成功做出贡献,从而激励员工。建立客户关系允许员工直接与客户进行互动。这种类型的重新设计增加了就业的个人层面。工作重新设计的另一个动机是减少员工在工作中的压力。工作重新设计,仔细使员工与工作匹配以防止与压力相关的伤害。员工有时可以重新设计他们的工作,更喜欢他们喜好的积极角色。如果员工认识到工作机会,并以提高效率或生产力的方式重新工作,他或她可能想要晋升。基于组织需求重新设计职位可能有助于提高员工满意度,并减少员工流动率,同时提高企业的效率。[9]

当员工追求更具挑战性的工作时,丰富工作是最有效的。当然,并非所有工人都对积极工作做出积极回应。员工必须渴望个人成长,并拥有丰富的工作技能和知识。缺乏自信,对失败的恐惧和对管理层意图的不信任可能导致较差绩效。此外,一些工作者不认为他们的工作是常规和无聊的,其他人甚至喜欢日常工作,很满意现状。丰富工作对于专业化的公司来说也意味着额外费用,例如再培训的成本。

10.4.3 行为重塑

行为重塑是一种强化系统程序,以鼓励期望的行为。行为重塑涉及奖励,以鼓励期望的行动和惩罚,以阻止不期望的行为。然而,研究表明,奖励(如赞美和赞赏表示)是比惩罚(如谴责和蔑视)更有效的行为重塑。

当应用于管理时,行为重塑努力鼓励可取的组织行为。使用这种技术可从识别目标行为开始——要改变的行为。(例如,它可能是低生产水平或高缺勤率。)然后,评估这种行为的现有水平。接下来,当员工表现出期望的行为时(例如,增加生产或减少缺勤),管理人员以奖励的形式提供积极的强化。奖励可能是赞美或更具体的认可形式,如礼物、用餐或旅行。苹果创建了公司赠送和奖励计划,以使公司能够用 iPod、iPhone、iPad、Mac 电脑或 iTunes 礼品卡奖励他们的员工。[10]最后,再次评估目标行为的水平,以确定是否已经实现了期望的改变。如果已经实现,则保持加强。然而,如果目标行为在期望的方向上没有显著改变,则奖励系统必须改变为可能更有效的奖励系统。关键是设计有效的奖励,不仅会以所需的方式重塑员工的行为,而且激励他们。为此,专家建议管理层应奖励高质量、忠诚和生产效率提升。

10.4.4 弹性时间

弹性时间是一种系统,其中员工在由雇主确定的某一限度内设置自己的工作时间。通常,公司建立两个时间段:核心时间,即所有员工必须在工作的时间;灵活的时间,由员工选择是否工作。唯一的条件是每个员工每天总共工作 8 小时。例如,上午 9—11 点和下午 1—3 点的时间可能是核心时间,上午 6—9 点,上午 11 点至下午 1 点以及下午 3—6 点的时间可能是灵活的时间。这将给员工一个选择权利。提前上班,提前下班,或者晚上班,晚下班,或是花很长时间吃午饭休息。弹性工作时间也可以确保每个人在某个时间与主管见面或召开部门会议。另一种类型的弹性工作时间允许员工每周工作 4 天,共计 40 小时,而不是 5 天。工人一天工作 10 个小时,而不是每天工作 8 个小时。公司给员工提供弹性工作时间,能够用较低的成本的让员工感受到企业在关心他或她的幸福,为他或她提供更好的工作与生活的平衡。[11]今天,员工的需求和生活方式正在发生改变。双收入家庭比过去占更大的份额,尤其是女性参加工作的数量在快速增加。此外,更多的员工需要照顾老人。认识到这些变化,对家庭时间的需求在增加,许多雇主提供灵活的工作安排,不仅有助于员工更好地管理自己的时间,而且也会增加员工的积极性和工作满意度。对于有独立和自治意识的员工来说,让他们自主安排工作时间能够对他们产生激励。此外,员工有足够的时间处理与工作无关的问题,能够使工作更有成效,工作更让人满意。使用弹性工作时间有两个常见问题:(1) 管理者有时发现员工上下班时间不同会使工作变得复杂;(2) 没有弹性工作时间的员工有时会嫉妒有弹性工作时间的员工。

对大多数人来说,工作时间表意味着标准的朝九晚五,每周工作 40 小时。在现实中,人们的工作安排有很大的不同。灵活的时间表正变得更为常见的。这是科技的进步让人们保持联系,无论他们在哪里,什么时间。然而,一些行业更有可能为员工提供比其他人更为灵活的工作时间,如医疗卫生、教育和培训。例如,许多高压的会计师事务所,如安永(Ernst & Young)实施弹性工作时间作为奖励。奖励那些在一段时间以来都很繁忙且总加班的员工。在报税期间,员工要每周工作 60—70 小时,一些会计公司作为弥补,允许员工在非报税期间一周上班 3 天或在夏天延长假期。灵活的政策对于充满压力的行业而言,有助于减少员工的倦怠情绪和低效率。[12]

10.4.5 兼职工作和工作分担

兼职工作是员工每周工作时间没有达到全职员工需要的工作时间标准。虽然工作时间不同,但兼职工作的设置是确保员工能够在工作时间内完成工作任务的。对兼职工作特别感兴趣的是那些想要有更多时间陪孩子的家长,以及想要有更多休闲时间的人。兼职工作的一个缺点是,它通常不提供全职工作能够带来的好处。然而,并非总是如此。一些大型零售商为兼职员工提供良好的福利计划。提供最好福利的兼职公司有 REI、Land's End、Starbuck、Barnes & Noble。这些企业为几乎所有的雇员提供保险方案。运动用品连锁企业 REI 甚至为兼职员工提供激励薪酬和参与退休和利润分享计划的选择权。[13]

工作分担(有时被称为共享工作)是一种安排两个人共同完成一份全职工作。一个人可能从早上 8 点工作到中午,另一个人从下午 1 点工作到 5 点。或者他们每天轮换上班。工作分担与兼职工作不同。因为两个人分享一个岗位,这样岗位通常比兼职岗位更具有技术性。共享可能很难在开始时进行编排,但可能有助于提高工作满意度,并方便创建工作与生活的平衡。工作分享实际上可以使人们更有成效,因为他们知道他们的工作时间有限,而且其他人直接依赖于他们的工作质量。这种安排对于那些身为父母但同时特别吸引希望保持专业职位的人具有非常高的吸引力,他们有时间陪伴孩子。[14]工作共享将全职工作的安全性与兼职工作的灵活性相结合。对于公司而言,工作共享提供了一个独特的机会,吸引可能不是全职的高技能员工。此外,公司可以通过降低福利成本和避免员工流失来节省费用。对于员工,选择工作共享的灵活性可能意味着放弃全时工作的一些收益。此外,如果任务不容易分割,或者如果两个人不合作或彼此沟通不好,那么工作共享是困难的。

维护地球

保 存 现 金?

钱是动力吗? 如果你在 Genentech 工作,你可能会因为"绿色出行"获得现金奖励。为了帮助保护环境,Genentech 的员工通勤计划帮助其员工通过骑车去上班和使用拼车,同时获得现金奖励,从而节省时间和金钱。该计划为员工每天支付 4 美元,只要员工不单独开车,按照每人每天 4 美元的标准。公司还提供免费巴士服务,减少税前交通费用,以及提供公司通勤费用补贴,旨在帮助员工避免交通压力,保护环境。

资料来源:www.gene.com/gene/careers/gride.html.

10.4.6 远程办公

越来越多的公司允许**远程办公**,一直在家里工作或一周内在家工作几天。电子邮件、云计算、智能手机、笔记本电脑和平板电脑、视频会议和过夜快递都方便了在家工作,也使得在家工作成为一种趋势。在家工作意味着个人可以安排自己的时间,并与家人有更多的时间在一起。思科研究报告说,在美国,45%的员工都至少有一部分时间适合远程办公。软件公司 Wrike 的一项调查显示,83%的工人现在每天都在家里做一些工作。然而,从事远程办公的工人仍然担心,与他们上司的见面时间少,会不利于他们的职业技能进步。[15]

甚至 CEO 们都花更多的时间远程办公。CEO 们发现,他们可以通过电子邮件、短信或视频聊天,偶尔与员工进行虚拟会议,而不是长时间的面对面会议,从而提高效率并节省时间。越来越多的 CEO 在社交媒体和其他数字网站上花费时间,监控竞争和获得想法。[16]

允许远程办公的公司具有几个好处,包括提高生产力、降低房产和差旅成本、减少员工缺勤和流失、提高工作生活平衡、提高士气，以及获得额外的劳动力资源。远程办公还有助于通过减少空气污染物，减少交通拥堵和降低石油燃料的消耗来改善社区环境，这可以给公司带来绿色因素。此外，美国公共政策研究所估计，通过减少员工上班工作，每年约挽救 350 人的生命。在为员工提供远程办公或在家工作的所有公司中，思科排名第一，90%的员工被归类为“常规”远程办公人员。[17]

远程办公的缺点是孤立感，以及被家庭或家庭责任分心。虽然大多数老板说他们相信他们的工作人员在家里工作，但许多人认为在家是工作内敛的，低于办公室的工作人员的生产效率。此外，一些主管难以监测生产效率。

例如，思科是提供虚拟工作环境的行业领导者。大约公司 37 000 名美国员工中的 85%定期与公司远程连接。思科的员工使用了许多公司自己的产品，包括 WebEx 和 TelePresence，允许员工在线参加会议、培训和举行视频会议。思科的远程办公计划提高了员工的满意度，减少了成本，并赢得了众多的可持续性奖项。远程办公为公司节省了 2.77 亿美元，每年减少员工的汽油成本约 1 000 万美元。[18]

10.4.7 员工授权

许多公司通过使用授权增加了员工的动机和满意度。**授权**意味着通过增加他们参与决策，使员工更多地参与他们的工作和组织的运营。在授权的情况下，控制不再仅仅从组织的顶层向下流动。授权的员工在他们做什么，如何做以及什么时候做都有发言权。在一些组织中，员工的授权仅限于个人选择，如何时休息。在另一些公司，他们的责任可能包含更深远的问题。成功的公司往往把他们的员工看作资产，而不是强迫每个人都遵守一个分配的角色，被授权的员工感觉他们是有用的，将他们的责任转移到公司需求的方向上。这种方式在授权员工权力方面发挥明显作用，创建一个开放和安全的工作场所，员工感觉他们可以发声和被倾听。允许员工访问信息，使他们对他们的工作感到更满意。例如，SAP 开发人员网络的工作方式类似于社交网站，它将员工联系在一起，它还提供了大量其他信息和交互式平台，允许员工分享他们的知识，并为公司做出贡献。[19]

为了使授权工作更有效，管理层必须参与。管理者应该设定期望，沟通标准，定期评估，并保证后续行动。如果得到有效实施，授权可以提高工作满意度，改善工作表现，提高自尊，增加组织承诺。授权的障碍包括管理层的抗拒、工人对管理层的不信任、培训不足、管理层和员工之间的沟通不畅。

10.4.8 员工持股

一些组织发现，激励员工的高效手段是**员工持股**，即让员工拥有公司，他们为股东而工作。员工所有的企业直接奖励员工。当公司享有销售提升或成本降低时，员工可直接受益。国家员工持股中心是一个研究雇员拥有的美国企业的组织，它报告说，员工持股计划(ESOP)可提供相当多的员工激励，并增加员工的参与和承诺。在今天的美国，约有

1 400 万员工参与 11 500 个 ESOP 和股权奖励计划。[20] 作为一种手段激励高层管理人员，通常是为那些工作时间长，通常被认为是低薪水的中层管理人员，一些公司提供股票期权作为员工薪酬的一部分。该选择权只是在规定时间内以设定价格购买公司股票的权利。如果公司表现良好，股票价格上涨超过设定价格(可能是因为员工所做的所有工作)，员工可以选择立即出售股票。

ESOP 不适合每个公司，因为它们可能是复杂和昂贵的。例如，Lowe 公司决定停止其 ESOP 并将余额转入更传统的 401(k) 计划。然而，ESOP 可以给一些员工一种在他们的工作场所拥有利益的感觉。比如，REI 公司有一个受欢迎的 ESOP。[21]

10.5 团队和团队合作

团队和团队合作的概念可能最常与运动相关，但它们也是商业组织的组成部分。这种组织结构是受欢迎的，因为它鼓励员工更充分地参与业务决定。越来越多的公司组织中的工作团队反映出努力提高员工的生产力和创造力，因为团队成员正在致力于具体目标，并获得更大的自主权。这使员工具有更大的工作满意度，更多地参与管理过程。[22]

10.5.1 什么是团队?

在商业组织中，一个**团队**是两个或更多的工人作为协调单元来完成特定任务，或一个团队可以被分配一定数量的任务或目标，从开发新产品到销售该产品。[23] 一个团队也可以创建来识别或解决一个组织正在经历的问题。科特国际是一个组织，专门帮助其他公司实施其战略倡议，相信利用内部的志愿者团队可以帮助实施变革和解决问题。约翰 · 科特建议组建一个多元化的团队，其中有不同的观点、技能和经验水平。会员需要擅长与他人合作，并包容其他人的想法。[24] 虽然团队合作看起来像一个简单的概念，向足球或足球领域学习，球队可作为一个大型组织的缩影。因此，重要的是要理解团队的类型、发展状况和一般性质。

10.5.2 团队类型

在企业内部有几种类型的团队，实现不同的目的，包括解决问题团队、自我管理团队、跨职能团队和虚拟团队。

问题解决团队　在商业组织中最常见的团队类型是**解决问题的团队**。它通常是暂时的，以带领员工在一起解决一个具体问题。一旦问题解决，团队通常被解散。

自我管理工作团队　**自我管理团队**是员工团体内使用权威和技能来管理自己。专家认为员工自我管理团队更有动力和满意，因为他们有更多的任务多样性和作业控制。在许多工作团队，成员轮流进行所有的工作。

一些组织交叉训练整个团队，让每个人可以执行大家的工作。在传统的业务结构中，管理人员负责雇用和解雇员工，建立预算，采购用品，进行绩效审查，并采取纠正措施。当自我管理团队到位，他们接管了一些或所有这些管理职能。宝洁、法拉利和许多其他公司使用自我管理工作团队。Skype、电子邮件和其他电子方法允许员工之间即便远隔千里也可有效地合作。能够雇用来自全球各地的最好的员工工作并且相互沟通顺畅会使公司更具竞争优势。位于不同时区的虚拟团队即便位于不同大陆也可以使一家公司从事重要项目。自我管理团队的主要优点和缺点如图 10.6 所示。

优点	缺点
优点：提高员工士气； 提高生产力；帮助创新； 减少员工的无聊。	缺点：额外的培训成本； 团队可能是混乱的； 可能会出现冲突； 领导角色可能不清楚。

图 10.6 自我管理团队的优势和劣势

注：虽然自我管理团队具有优势，但管理者必须认识到自己的劣势。

跨职能团队 传统上，企业已经根据公司职能或特殊性将员工组织成部门。然而，越来越多的商业组织面临着需要在单个部门内完成需要多种技能的项目。**跨职能团队**包括具有不同专业、专业知识和技能的个人被带到一起来实现工作任务。例如，采购代理可以创建一个跨职能团队，与来自不同部门的代表一起了解公司的有效购买。这种结构避免了部门分拆，并且当有单个目标时允许更高的效率。虽然跨职能团队不一定是自我管理的，但是大多数自我管理团队是跨职能的。跨职能团队也可以是跨部门的。2008 年，福特汽车公司和其他主要汽车制造商及其供应商，正在努力确保公司有零件制造车辆，这是灾难反弹的关键组成部分，当时他们的供应链处于失败的边缘。为了重新考虑其供应链和提高效率，福特全球采购副总裁 Tony Brown 设立了一个跨职能团队，其中包括来自所有业务部门和各部门的代表。这些人负责监控零部件制造商，防止供应链中断，并帮助控制福特的供应基地。这个团队每天聚在一起，长时间工作到深夜，但他们能够解决福特的许多问题，并帮助加快汽车制造商的恢复。[25]

虚拟团队 随着尖端通信技术的出现，不再需要团队在地理上接近。**虚拟团队**包括地理上分散但使用电子通信沟通的成员。事实上，团队成员可能永远不会亲自会面，而只依靠电子邮件、电话会议、传真、语音邮件和其他技术交流。在现代全球环境中，虚拟团队将员工连接到跨洲、跨洋、跨时区、跨组织的共同任务。例如，负责 Firefox 的软件提供商 Mozilla 定期请求志愿者帮助测试和提高他们在项目中的表现。[26]在一些情况下，参与者之间的物理距离和缺乏面对面的交流可能会带来困难，特别是接近最后期限或沟通不畅时。

10.5.3 建立团队并高效运作

当团队最初开发时，成员需要时间来建立有效团队的角色、关系、职责和其他属性，随着团队的成熟，它有五个发展阶段，如图 10.7 所示。

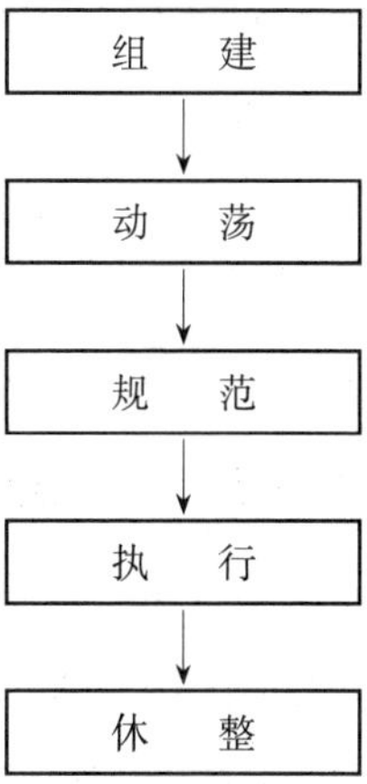

图 10.7　团队发展阶段

注：在尝试建立团队时，管理必须知道需要很多阶段。

组建团队是第一阶段，团队成员互相介绍，并开始发布团队动态。团队成员仍然不确定如何相互联系，什么行为被认为是可接受的，以及团队的基本规则。随着时间的推移，团队成员有更多互动，团队成员变得更加舒适，开始出现团体动态。

在**动荡**的阶段，互动可能不稳定，团队可能缺乏统一性。因为团队还是比较新的，这是确定目标和目标开始发展的阶段。团队成员将集思广益，制定想法和计划，并制定广泛的议程。在这个阶段，团队成员在他人周围变得更舒适，这对他们能够做出贡献是很重要的。在这个时候，可能会出现正式的领导。团队成员可能会成为非正式的领导者。动荡中确立的想法的成功或失败决定了团队需要多长时间才能到达下一阶段。

在动荡和第一次大规模的活动后，团队在**规范**阶段开始稳定。在这个过程中，每个人在组织内的角色开始变得明确，成员开始承认他人的角色。团结感会变得更强。如果这还没有发生，将出现一个确定的领导者。在这一点上，团队仍然可能有些不稳定，如果发生任何冲突，特别是在领导角色上发生冲突，团队可能回归到第二阶段。

第四阶段**执行**，是团队实现其全部潜力的时候。当团队开始专注于分配的任务并远离团队问题时，通常团队发展缓慢。团队成员在既定的角色下协调工作，以完成必要的目标。

在最后阶段**休整**，团队解散，因为项目已经完成。团队成员可以重新分配给其他团队或任务。如果将团队放在一起完成一个没有特定完成日期的任务，这一阶段并不总是发生。例如，即使在完成特定促销任务之后，百思买的营销团队可以继续为商店开发促销活动。这个阶段在解决分配的问题后，团队往往被解散，这在问题解决团队中尤为常见。

10.5.4 团队中的角色

在任何团队中，每个成员都有一个角色，可以帮助团队实现其目标。这些角色中的每一个都为团队成员交流增加了重要的维度。团队成员推进目标的实现，其中有扮演任务专家的角色，充分体现在分配任务时。在一个跨职能的团队中，这可能是与当前任务有关的最专业的人。社会情绪成员由支持和鼓励其他成员的情感需要的个人发挥。这个人将团队成员的个人需求放在团队的任务上。虽然这可能听起来不重要，社会情绪成员对团队凝聚力的奉献将导致更大的团结和更高的生产力。团队的领导者,也可能是其他人,将发挥双重作用。这种双重角色是社会情绪和任务专家角色的结合,因为这个人专注于任务和团队情绪。团队领导者可能不总是扮演双重角色,但是团队可能在他或她的领导下做到最成功。有时一个人承担非参与者的角色。这种角色行为的特征在于一个人的参与无助于完成任务,并且不对团队成员的社会情感需求提供有利的帮助。

10.5.5 团队凝聚力

由不同人物、专业、背景和工作风格建立一个团队是具有挑战性和复杂的。如果是一个团结的团队,成员之间能够和睦相处,并能有效地完成他们的任务。当然,有些因素也会影响团队内部的凝聚力。一般情况下,由 5—12 人组成团队比较理想。少于 5 个人的团队通常情况下不能很好地完成任务,并产生会各种各样不同的想法。超过 12 个人的团队太大,会导致成员之间不能建立良好的人际关系,让成员可能会感到害怕说话或者可能不交往。让团队成员作自我介绍并描述他们过去的工作经验也可能是有益的。这项活动将促进成员之间相互熟悉和分享经验。在团队中形成凝聚力的最可靠的方法之一是通过与其他团队的竞争。当两个队伍争夺一个奖项或认可时,他们被迫放弃冲突来完成他们的目标。通过增加激励来完成任务,团队自觉地变得更面向目标。此外,来自外部人士的评价将有利于增强团队的凝聚力。因为团队被看作一个集体,团队成员认可的一点是为自己的集体作出贡献。当团队成员目标达成一致时,团队也更容易取得成功。一个有明确目标的团队将更多关注自己所要完成的目标。随着团队成员关系改善,相互间的熟悉程度增加,相互间的互动更频繁,这样,团队的凝聚力也就建立起来了。

10.5.6 团队冲突和如何解决团队冲突

当两个或更多团队成员之间出现分歧时,就会发生冲突。在传统意义上说,冲突被视为消极;当然,如果处理得当,冲突可以改善团队。例如,如果两个团队成员在某一决定上产生分歧,则两者可以更紧密地分析情况以确定最佳选择。只要以尊重和专业的方式处理冲突,就可以提高其工作的质量。然而,如果冲突变得敌对并影响工作环境,则必须采取相应的措施以达到合适的折中效果。在商业组织中,因为任何一方都不会得到他或她想要的一切,因此妥协相对来说是困难的。最好的解决方案是折中,每一方在某种程度上都得到满足。我们最好避免弱化或忽略团队内的冲突,成员把注意力集中在问题上而不是任务上,这样也可能导致冲突增加。然而,重要的是要记住,如果要解决冲突或服务于建设性目的,就必须承认冲突的存在。

10.5.7 团队的优势和局限性

公司内的团队合作被视为是减少营业成本,提高生产、质量和客户服务的关键。还有证据表明，团队合作可以提高员工的工作满意度，并创造和谐的工作环境。因此，越来越多的公司正在考虑以团队作为一个可行的组织结构。然而，重组到团队的过程可能是有压力和耗时的，不能保证团队将有效地发展。如果团队缺乏凝聚力，无法解决冲突，公司可能会遭遇较低的生产效率。

商界报道回看

REI 回到内部业务

REI 有很长的历史表明他们关注员工，这反过来提高了员工激励和工作满意度。零售商奖励团队成就，如优秀的商店销售业绩，并通过诸如的方案来认可个人的成就，通过诸如“超越里程”奖项的计划。员工提名他们的同事获取安德森奖——一个以 REI 的创始人之一命名的荣誉。在每个商店或分部投票后，获奖者被带到总部举行为期 3 天的庆祝活动和仪式，他们会被收进 REI 的“名人堂”。

REI 通过年度就业调查衡量参与程度和满意度，然后在内部发布结果，以便在商店和部门层面的行动小组采取后续行动。REI 已实现超过 20 亿美元的年收入，其零售商以环保的方式赋予个人员工及其社区更多权利。

讨论题

1. REI 如何满足马斯洛层次结构中的各种员工需求？为什么这很重要？

2. 当员工在新商店开业之前远足或骑自行车时，团队合作的哪些具体方面可能会受到影响？

本章小结

1. 解释什么是激励。激励是激发直接和维持行为的个体内部过程。激励受到员工士气的影响，即员工对工作、上司和公司本身的感觉。激励与士气和工作满意度密切相关。

2. 了解一些主要的激励理论。员工激励的第一种方法是弗雷德里克·泰勒的科学管理，应用科学原则对工作和工人进行管理。泰勒认为，员工是只为了钱而去进行工作的，所以必须密切监督和管理。这个思想导致了计件系统，在其下的员工为他们生产的每个单位承担一定的责任。霍索恩研究所试图确定工作环境对生产力的影响。这些研究的结果表明人为因素对于生产力的影响多于工作场所的物理方面对于生产力的影响。

马斯洛的需求层次结构表明，人们对动机有五种需求。按照重要性的升序，这些需求分别是生理、安全、社会、尊重和自我实现的需要。人们被还未实现的最低层次的需求所促动。当在一个层次上的需求得到满足时，人们试图满足下一层次的需求。

赫兹伯格发现工作满意度和工作不满意度受到两组不同因素的影响。激励因素，包括承认和责任，影响员工的满意程度,但缺少它们未必引起不满。保健因素,包括薪酬和工作条件,影响员工的不满意程度,但不影响满意度。

X理论是一个假设员工不喜欢工作,只会在高度控制的工作环境中有效的工作的激励理论。因此,要实现组织目标,管理者必须强制、控制和威胁员工。这个理论与泰勒的科学管理理念大体一致。Y理论更多地与霍桑研究的结果以及人际关系运动一致。它认为员工可以被激励去做组织的负责任成员。Z理论强调长期就业、集体决策、个人责任决策结果、非正式控制,以及员工的整体控制。强化理论是基于一种想法,即人们会重复被奖励的行为,而避免被惩罚的行为。

3. 描述三种当代激励理论:公平理论、期望理论和目标设定理论。公平理论认为人们有动机去获得并保护他们自己的公平待遇。期望理论表明我们的激励水平取决于有多少我们想要的东西,以及我们认为我们有多大的可能去得到它。目标设定理论表明,员工被激发去实现他们和他们的经理一起设立的目标。

4. 解释几种激励员工的技术方式。目标管理(MBO)是一种激励技术,其中管理者和员工共同设定目标。MBO通过让员工更多地参与,来激励员工工作。工作丰富化旨在通过改变他们的任务种类和多样化来激励员工对他们的工作负有更多的责任和控制。工作扩大是给予工人额外的任务,是工作丰富的一个方面。工作重新设计是一种工作重组,通过工作丰富化改善员工与工作的匹配情况。

行为重塑使用强化手段来鼓励期望的行为。通过奖励高效、质量和忠诚,以所期望的方式改变员工的行为。

允许员工工作更灵活是另一种建立激励和工作满意度方式。灵活性是一个工作调度系统,允许工人设置他们自己的时间,只要他们在规定的限制范围内。

工作共享是一种安排,让两个人共享一个完整的工作位置。远程办公允许员工在家工作或部分时间在家工作。所有这些类型的工作安排给员工更多的自主时间以处理家庭责任或享受空闲时间。

员工授权、自我管理的工作团队和员工持股计划也是提高员工激励的技术。授权提升了员工对他们的工作的参与度,增加他们的决策权威。自我管理的工作团队是员工使用团体权威和技能来管理自己。当员工参与持股计划,如员工股票所有权计划(ESOP),他们有更多的激励因素去帮助公司成功,因此工作更有效。

5. 了解团队类型、建立和发展团队。大量的公司使用团队来提高他们员工的生产力。在商业组织中,团队是一组员工一起作为一个单位完成共同的目标或目的。

在企业中有几种类型的团队,以特定的方式实现不同的目的。问题解决团队是一个由知识渊博的员工带领团队共同解决一个具体问题。虚拟团队是一个由地理上分散的成员组成网络沟通的团队。一个跨职能团队是一个团队中具有不同专业、知识和技能的个人。

团队发展的五个阶段是组建、动荡、规范、执行、休整。作为一个团队,它应该变得更有效率和统一。团队中的四种角色是任务专家、社会情感角色、双重角色、非参与角色。每个角色在团队的互动中扮演一个特定的角色,一个团队要取得成功,团队成员必须学会解决和管理冲突,这样团队才能够以有凝聚力的方式完成目标。

关键词

激励	自我实现需求	目标设定理论	远程办公
科学管理	激励—保健理论	工作丰富	授权
需求	X 理论	工作扩大	员工持股
马斯洛的需求层次	Y 理论	工作重新设计	团队
生理需求	Z 理论	行为重塑	问题解决团队
安全需求	强化理论	弹性时间	自我管理团队
社会需求	公平理论	兼职工作	跨职能团队
尊重需求	期望理论	工作共享	虚拟团队

复习题

1. 科学管理与 X 理论相对于人际关系运动和 Y 理论有何不同?
2. 霍桑研究的结果如何影响研究人员对员工激励因素的思考?
3. 马斯洛需求层次理论中的五个需求是什么? 一个人的需求与激励因素有关吗?
4. 赫兹伯格理论的两个维度是什么? 什么种类的元素影响每个维度?
5. 强化理论的基本前提是什么?
6. 根据公平理论,员工如何确定他或她是否得到公平待遇?
7. 根据期望理论,哪两个变量阻碍了员工的激励水平提升?
8. 确定并描述激励的主要技术手段。
9. 描述 MBO 过程涉及的步骤。
10. MBO 的目标是什么? 你认为它的缺陷是什么?
11. 员工参与如何提高组织的生产力?
12. 描述行为重塑过程中涉及的步骤。
13. 识别和描述团队的主要类型。
14. 采用自我管理团队的主要好处和缺陷是什么?
15. 解释团队发展的主要阶段。

讨论题

1. 管理者如何利用马斯洛的需求层次结构来激励员工? 他们会遇到什么问题?
2. 各种激励理论是否相互矛盾或互补? 请说明。
3. 你认为什么激励技术的组合会导致最好的整体激励和奖励制度?
4. 强化理论和行为重塑被称为是对人的贬低,因为他们倾向于"像迷宫中的老鼠"那样对待员工。你同意吗?
5. 什么与团队凝聚力、团队冲突相关?

视频案例 10.1

在 L. L. Bean,每个人都是家庭

从 100 年前的一家小型邮购公司起步,如今 L. L. Bean 已经成长为一家知名的零售公司,年销售额超过 15 亿美元。它包括在美国 10 个州的 14 家商店,发布其广受欢迎的目录,有一个蓬勃发展的在线商店,并出售大约 20 000 种高品质的商品,包括为整个家庭购置配件,户外和野营装备,甚至行李、亚麻布、家具。L. L. Bean 的员工分享了一种密切反映公司创始人和管理者价值观的目标感,使他们感觉自己是一个大家庭的一部分。

虽然它的网上商店已经大大增加了它受欢迎的程度,该公司仍然继续使用大量纸质邮件和电话订单,使员工与客户保持持续的直接联系。该公司有一个世界级的培训计划,所以员工的技能不是一个问题。此外,员工的高参与度使公司成了《商业周刊》评选出的顶尖客户服务公司。他们为什么如此积极?"我们的前线员工是将公司的声音传递给我们的客户,"公司的电子商务副总裁说,"所以他们需要感到他们代表客户和公司支持做出正确的决定。"他描述了许多其他公司要求他们的电话呼叫中心员工作为监管机构去解决客户问题的方式,副总裁解释了为什么 L. L. Bean 做的不同:"我们期望你在电话上交谈的人会做得正确。其他地方你必须说,'让我跟你的主管谈谈,'我们真的不能忍受。我们把空中电话看成是一件坏事。"

授权员工自己解决客户问题不仅加快了呼叫的处理速度,而且 L. L. Bean 的客户更加满意,也增加了员工的决策权,以及使他们在工作中感到自豪和满意。该公司为员工提供年度奖金和利润共享。然而,正如该公司执行官所解释的那样,Bean 员工在公司的感觉并不是建立在钱上的。"它绝对不是基于这种激励……我们基于他们在提供正确的客户体验方面的投入,根据他们感觉有持有者的角色和能力来选择员工……他们有这种潜在的价值观,驱使他们提供……就像他们是公司的所有者一样。我和我的一线员工谈论了很多。"

公司的沟通有两种方式。L. L. Bean 员工也知道,当他们认为产品或业务流程可以改进时,他们有权宣布。正如一位经理所说,"他们对指挥链非常清楚,"这不行,你需要改变它,使它更适合客户。

L. L. Bean 奖励其员工的其他方式是公司拥有健身中心、步行道和提供钓鱼、皮划艇和滑雪的体育营,鼓励企业中的每个人保持健康和活跃。符合人体工程学的工作站使公司的承诺致力于员工的福利体现在他们的办公桌上。在他担任总裁期间,事实上,Leon Gorman 将公司的利益相关者定义为不仅包括客户、股东、供应商、社区和自然环境,而且包括员工。福利、工资、优惠和养老金是有竞争力的,甚至慷慨的。一些员工为公司工作了长达 30 年,并且近 800 名申请人通过一个纽约新的 L. L. Bean 商店的开业创造了 130 个工作机会。这一切都回到了戈尔曼所谓的个性的力量:"他的个人魅力,基于诚实,真正热爱户外,真正的热情的人激励了所有为他工作的人。这种尊重,作为创始人的传承,在今天仍非常活跃。"[27]

讨论题

1. 你认为授权在 L. L. Bean 扮演什么角色?

2. 因为该公司的零售网站已经证明是如此成功的,L. L. Bean 最近宣布关闭其 4 个呼叫中心之一,但其 220 名员工可以选择在另一个站点或远程办公。你认为关闭呼叫中心会产生什么效果?会对员工

的士气和生产效率产生什么影响？

3. L. L. Bean 还能做什么来激励员工？

案例 10.2

一个仓储公司在支付方式上的关怀文化

一个把员工满意度看作最优先的公司会取得长期的成功吗？Kip Tindell 自 1978 年开创以来一直这样做。当时他在德克萨斯州开了第一个仓储公司，销售各种容器，从箱子和篮子到钩子和货架硬件。今天，该仓储公司已经成长为一个年销售额达 6.5 亿美元的公司，在 22 个州和哥伦比亚特区有 55 个商店。即使拥有 5 000 名员工，Tindell 仍然坚持把他的员工放在第一位。"如果你真正地照顾你的员工，他们会更好地照顾客户，"他解释说。根据这个理念，该仓储公司在最近的经济衰退期间拒绝裁员，这赢得了公众的赞誉，并提高了其员工的第一声誉。

仓储公司开始聘请优秀的、热情的员工，真正想帮助客户解决他们的存储问题，选择产品组织壁橱、房间、车库或工作空间。为了吸引这种类型的员工，公司支付的薪酬高于其他零售商。它还为新的全职员工在第一年的工作中提供 263 小时的培训(兼职人员在第一年接受 150 小时的培训)。管理人员在人员管理、运营和领导方面接受额外的 5 周培训。

培训不仅包括产品知识，还包括公司的基本原则，如"沟通是领导力"。与员工共享信息的想法为他们提供了在工作中作出良好决策所需的工具。另一个基本原则是，员工和客户都受益于在每个商店创造的"兴奋的气氛"，使每个购物之旅成为一个有趣的体验。仓储公司不是强加一套厚厚的政策和程序手册，而是鼓励员工应用这些原则，运用他们的良好判断力来解决问题，并满足客户。

按照逐步推进和有序的发展策略，仓储公司每年只新建一两个新店。随着公司的成长，公司主要从内部扩展，给予管理者和员工大量的机会去发展专业和承担额外的责任。一个员工从销售层面开始工作，到管理本地商店，然后转移到更大的商店或监督在新市场的商店的盛大开业。

仓储公司荣获了 13 次《财富》杂志"年度 100 家最佳美国公司工作"。它经常出现在许多城市经营商店的"最佳雇主"名单上。由于其良好的声誉，公司每年收到超过 52 000 份工作申请。许多申请人由现有员工介绍而来或在商店购物，并希望在一起工作。仓储公司的 Facebook 页面，其中有 100 000 个"点赞"和一个特殊部分，其中包含职业信息。该公司很挑剔，只有不到 3%的申请人通过严格的筛选过程，并得到工作机会。

一旦被雇用，员工们非常满意，平均每年只有不到 10%的离职。这使得仓储公司独树一帜，因为它的大多数零售商的年营业额达到 100%增长率。把员工放在首位对于仓储公司和员工来说，已经获益了很多。[28]

讨论题

1. 基于赫兹伯格的激励-保健理论，仓储公司如何减少工作不满和提高工作满意度？
2. 什么是仓储公司授予员工的权力？你认为这会影响工作满意度吗？
3. 您会建议什么其他步骤以帮助仓储公司采取激励和满足其员工？

尾注

1. Sources: Based on information in "100 Best Companies to Work For," *Fortune*, February 6, 2012, http://money.cnn.com/magazines/fortune/best-companies/2012/full_list/; "I Work for One of the 10 Best Companies," *Fortune*, February 6, 2012, http://money.cnn.com/galleries/2010/fortune/1001/gallery.Bestcompanies_employees.fortune/index.html; "Perfect Balance," *Human Resources Management*, Issue 12 (2009), http://hrmreport.com/article/Perfect-Balance/; "REI: Going Local, Live from Blogwell," *Social Media*, August 9, 2011, http://socialmedia.org/blog/live-from-blogwell/rei-going-local-live-from-blogwell/; Stephanie Clifford, "A Retailer's Base Camp in Manhattan," *New York Times*, November 18, 2011, http://nytimes.com/2011/11/19/business/rei-opens-a-base-camp-in-soho-in-manhattan.html?pagewanted=all.
2. PR Newswire, "Job Absence Rates Down Over Year-Ago Levels," March 14, 2012, MarketWatch, www.marketwatch.com/story/job-absence-rates-down-over-year-ago-levels-yearly-turnover-in-2011-stable-with-2010-rates-bloomberg-bna-survey-of-employers-2012-03-14.
3. "2012 Top 100 Best Companies to Work For," February 6, 2012, *Fortune*, http://money.cnn.com/magazines/fortune/best-companies/2012/full_list/.
4. Theresa Ghirlarducci, "Don't Cut Pensions, Expand Them," *New York Times*, March 15, 2012, www.nytimes.com/2012/03/16/opinion/pension-funds-for-the-public.html?scp=2&sq=retirement%20benefits&st=cse.
5. K.J. Dell'Antonia, "Flexible Work Schedules Mean Employees Stay Longer," *New York Times*, March 1, 2012, http://parenting.blogs.nytimes.com/2012/03/01/flexible-work-schedules-mean-employees-stay-longer/?scp=4&sq=flexible%20schedule&st=cse.
6. William Ouchi, *Theory Z* (Reading, MA: Addison-Wesley, 1981).
7. Ricky W. Griffin, *Fundamentals of Management*, 6th ed. (Mason, OH: South-Western/Cengage Learning, 2012), 303–305.
8. "The Engineer's Life at Google," Google Jobs, www.google.com/jobs/lifeatgoogle/englife/index.html, accessed March 16, 2012.
9. John Baldoni, "Your Next Job May Be Staring You in the Face," CBS Money Watch, March 6, 2012, www.cbsnews.com/8301-500395_162-57390281/your-next-job-may-be-staring-you-in-the-face/.
10. Apple, http://store.apple.com/us_smb_78313/browse/home/campaigns/corporate_gifting, accessed February 16, 2012.
11. Robert Matuson, "Low-Cost Ways to Show Employees They're Highly Valued," *Fast Company*, March 7, 2012, www.fastcompany.com/1822943/low-cost-ways-to-show-your-employees-they-are-highly-valued?partner=gnews.
12. Stephen Greenhouse, "Flextime Flourishes in Accounting Industry," *The New York Times*, January 7, 2011, www.nytimes.com/2011/01/08/business/08perks.html?_r=1&ref=kpmg, accessed March 25, 2012.
13. Emily Guy Birkin, "The 16 Best Part-Time Jobs with Benefits," PT Money, February 1, 2012, http://ptmoney.com/the-ten-best-part-time-jobs-with-benefits/.
14. Lisa Gates, "Yes, You Can Negotiate a Job Share Without Taking a Pay Cut," *Forbes*, January 24, 2012, www.forbes.com/sites/shenegotiates/2012/01/24/yes-you-can-negotiate-a-job-share-without-taking-a-pay-cut/; Ellen Weinreb, "How Job Sharing May be the Secret to Work-Life Balance," *Forbes*, October 24, 2012, www.forbes.

com/sites/work-in-progress/2011/10/24/how-job-sharing-may-be-the-secret-to-work-life-balance/, accessed March 25, 2012.

15. Dan Schawbel, "The Rise of the Remote Worker, or How o Work from Home Without Getting Fired," *Time,* March 13, 2012, http://moneyland.time.com/2012/03/13/the-rise-of-the-remote-worker-or-how-to-work-from-home-without-getting-fired/.
16. Victoria Pynchon, "Working Mothers, CEOs, and the Death of Face Time," *Forbes,* February 19, 2012, www.forbes.com/sites/shenegotiates/2012/02/19/working-mothers-ceos-and-the-death-of-facetime/.
17. http://money.cnn.com/magazines/fortune/best-companies/2012/benefits/telecommuting.html, February 6, 2012 issue, accessed March 23, 2012.
18. http://money.cnn.com/magazines/fortune/bestcompanies/2011/benefits/telecommuting.html; Cisco, cisco.com/en/US/products/index.html, accessed February 16, 2012; "Cisco Study Finds Telecommuting Significantly Increases Employee Productivity, Work-Life Flexibility and Job Satisfaction," *Cisco, News Release*, June 25, 2009, http://newsroom.cisco.com/dlls/2009/prod_062609.html.
19. Eric Savitz, "The Empowered Employee is Coming; Is the World Ready?" *Forbes,* February 9, 2012, www.forbes.com/sites/ciocentral/2012/02/09/the-empowered-employee-is-coming-is-the-world-ready/4/.
20. "A Comprehensive Overview of Employee Ownership," http://nceo.org/main/article.php/id/6/page1/, January 2009.
21. "Birkenstock Employee Stock Ownership Plan," Find the Best, http://401k-plans.findthebest.com/l/26111/Birkenstock-Employee-Stock-Ownership-Plan.
22. Ricky W. Griffin, *Fundamentals of Management* (Mason, OH: South-Western/Cengage Learning, 2012), 396.
23. Richard L. Doft, *Management* (Mason, OH: South-Western/Cengage Learning, 2012), 510.
24. John Kotter, "Guiding Coalition: A Dream Team to Help You Implement Strategy Quickly," *Forbes,* February 2, 2012, www.forbes.com/sites/johnkotter/2012/ 02/08/guiding-coalition-a-dream-team-to-help-you-implement-strategy-quickly/.
25. Bryce G. Hoffman, "Inside Ford's Fight to Avoid Disaster," *The Wall Street Journal,* March 8, 2012, http://online.wsj.com/article/SB10001424052970204781804577269410217101038.html.
26. Mozilla, www.mozilla.org/about/governance.html, accessed February 16, 2012.
27. Company Web site www.llbean.com (accessed February 16, 2012); Michael Arndt, "Customer Service Champs: L.L.Bean Follows Its Shoppers to the Web," *Bloomberg BusinessWeek*, February 18, 2010, http://businessweek.com/magazine/content/10_09/b4168043788083.htm; interviews with L.L.Bean employees and the video, "At L.L. Bean, Everyone Is Family."
28. Based on information in Delen Goldberg, "Q&A: Container Store CEO Talks about Las Vegas Economy, Company's New Store," *Las Vegas Sun,* May 10, 2012, www.lasvegassun.com; Brooke Baker, "#1, Small Companies: The Container Store," *Indianapolis Star,* April 7, 2012, www.indystar.com; "The Container Store, #22, 100 Best Companies to Work For," *Fortune,* February 6, 2012, http://money.cnn.com/magazines/fortune; Todd Nelson, "Small Companies: Employees Come First at the Container Store," *Star Tribune (Minneapolis),* June 23, 2011, www.startribune.com; www.containerstore.com.

第 11 章

增进工会-管理层的关系

学习目标

1. 解释工会是什么,及其为何应运而生。
2. 讨论工会的谈判力量和工会成员的来源趋势。
3. 确定若干主要劳动管理立法的重点。
4. 列举成立工会所涉及的步骤,并了解美国国家劳工关系委员会如何参与这一过程。
5. 描述集体谈判过程的基本要素。
6. 确定工会-管理合同中涉及的主要问题。
7. 解释工会和管理层可用的主要议价工具。

商界报道

内部交易:拯救国际篮球联盟的赛季

在秋天或冬天没有篮球赛,或是整个季节没有篮球赛?当国际篮球联盟中胜利的队伍和工会协商超过一年仍不能达成一致时,球迷们担心在2011年12月的职业篮球赛季将会被缩短,甚至被取消。

钱是主要的问题,包括如何将收入从销售的票、电视转播权和相关商品中分配妥当,投资商想用一半的收入来提高联赛中许多亏损球队的盈利能力。然而,根据刚刚过期的合同,工会获得了57%的篮球相关收入。在新的多年期协议的过程中,五五分割会使工会花费数亿美元。球员和业主也争论到了薪金上限和奢侈税的变化,这两者都旨在改善预付大量现金的团队,因为他们拥有巨大的人才优势,却花费更少的现金来支付运动员的工资。

当双方不能达成一致意见时,NBA就把训练设施的大门锁上,使球员无法练习。经过几个星期的谈话，双方多次会面，但在解决他们的分歧方面没有取得任何进展。NBA 推迟夏季训练营和季前赛，然后取消了赛季的开放周。即使一位联邦调解者帮助协商的进行，双方依旧没能达成一致。接下来，NBA 宣称如果他们不尽快答应，将会减少对队员的福利。联盟成员通过投票否决了这个计划，并且解散了这个联盟。球员们对 NBA 也起草了一份不信任协议，这是一些他们被联盟代表时由于特殊的劳务体制而无法做成的事。

最后，在 2011 年 11 月的最后一个星期五，双方又举行了一次协商会议。经过这么多月的争议，球员和球队所有者能达成利于双方的协议，并且使队员们从法庭重返球场吗？[1]

国家篮球联盟，像其他许多商业性组织一样，已经存在多年了，管理阶层和联盟都经历过大起大落。许多企业如今与劳动者联盟有紧密的合作关系。**劳动者联盟**是一个劳动者聚集在一起讨论他们的工资以及他们与雇用者的工作情况的组织。在美国，非管理阶层的劳工有权力组织联盟作为一个群体去向管理阶层要求自己的权益。这项协商的结果是劳动合约——一项一定时间内(一般是 1—3 年)有法律效力的书面合同。在劳动者联盟和公司管理阶层间的协商产生的协商过程称为**劳动管理关系**，简单来说，就是工会管理。

因为劳动者和管理者有不同的目的，他们往往会与对方产生争执。然而，这些目的必须以一种方式完成，通过产品的生产以及服务。劳动合同表明，他们必须合作来完成他们的目标。可能出于这个原因，雇佣关系也从敌对变为合作。

11.1　工会历史的概述

直到 19 世纪中叶，当时的劳动组织很少。工人组织偶尔成为一个工艺联盟——一种单一工艺或贸易的技术工人组织。这些联盟通常只限于一个城市，而且经常只持续很短的时间。1786 年，美国第一次罢工涉及一群费城印刷工人，当雇主给予印刷工人加薪时，他们停止了对更高工资的要求，该团体解散。

11.1.1　早期历史

在 19 世纪中叶，运输业的改善开辟了制成品的新市场。改进的制造方法使得能够供应更广泛的市场，并且美国工业开始增长。内战和战争后铁路的持续增长导致进一步的工业扩张。

大规模生产需要越来越多的技术工人。随着熟练劳动力的增长，工会在工业化地区出现。从这些工会开始有三个重要的劳动组织出现并演变。(关于工会及其会员模式的历史概述，见图 11.1。)

劳动骑士

第一个重要的国家劳动组织是劳动骑士，它是一个秘密社会，在 1869 年由乌利亚·

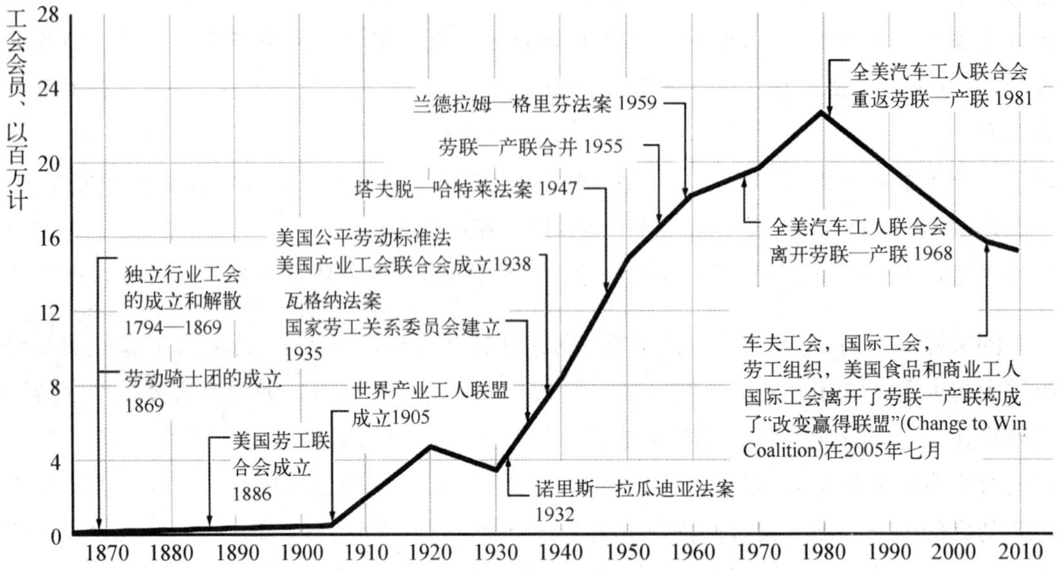

图 11.1 美国工会历史概括

资料来源：Union Membership (Annual)[R/OL]. U.S. Department of Labor, Bureau of Labor Statistics, www.bls.gov/news.release/union2.toc.htm, 2012-01-06.

斯蒂芬斯，一个乌托邦改革家和废除死刑者，在费城成立。到 1886 年，其成员达到约 70 万人。劳动骑士的一个主要目标是消除工人的商品化，这是由大规模生产技术造成的。另一个是提高员工和社会的道德标准。为了不利于该集团，其领导人非常集中于社会和经济变革，他们不承认技术变革的影响。此外，他们认为所有员工都有与劳动骑士的领袖相同的目标：社会和道德改革。劳动骑士组织的灭亡的主要原因是 1886 年的干草市场暴乱。

在芝加哥的干草市场广场举行一场集会(要求将工作日的时间从 10 小时缩短到 8 小时)，一枚炸弹爆炸了。几名警察和平民死亡或受伤。劳动骑士没有直接牵连，但他们很快失去了公众的青睐。

美国劳工联合会 1886 年，劳动骑士团的几位领导人加入独立工会，组成美国劳工联合会（AFL）。AFL 的创始人之一，Samuel Gompers 成了该组织第一任主席。Gompers 相信工会的目标应该是其成员的目标，而不是其领导人的目标。AFL 没有像劳动骑士那样寻求改变现有的商业系统。相反，其目标是提高其成员在系统内的生活水平。

劳动骑士和 AFL 之间的另一个主要区别是他们对罢工的立场。罢工是员工暂时停工，旨在提高他们的需求。骑士不赞成使用罢工，而 AFL 强烈相信罢工打击是一个有效的工会武器。AFL 还认为，有组织的劳动应在政治中发挥重要作用。正如我们将看到的，AFL 仍然是美国劳动市场的一部分。

工会成员的总数一般从 1869 年开始逐渐上升，在 1980 年时，第一个真正的全国工会联盟形成。图 11.1 中工会在历史上的重大事件是沿着成员变化的路线分别筛选出来的。

世界产业工人组织(IWW) 成立于 1905 年,它是一个比 AFL 更加激进的组织。它的目标是推翻资本主义。这个革命需求阻碍了 IWW 获得一个落脚点。相比之下,也许它的主要成就是使 AFL 看来不那么威胁到群众和商业领袖。

11.1.2 当代劳动组织的发展和演化

1900—1920 年,公司和政府都在尝试着阻止工会的发展。这段时期充斥着管理层和工会之间的罢工和暴力冲突。在炼钢厂、服装厂和汽车车间里,罢工的工会成员仇恨地与非工会工人、警察和私人警卫斗争。

AFL 仍是组织工人的最主要的力量。到 1920 年,它的成员包括了 75%的已加入工会的工人。尽管有它的存在,但是 AFL 并不是处理非技术和半熟练工人需求的最好途径。它的大多数成员都擅长于特殊的工艺或者贸易。但是,一战期间的技术变革导致了非技术和半熟练工人的数量在工人总数中的显著增长。这些人力图加入 AFL,但是他们没有被 AFL 的创建者很好地接纳。

一些工会(包括 AFL)确实承认了组织非技术和半熟练工人的必要性,他们也开始渗透入汽车和钢铁工厂。他们所形成的工会的类型是一个工业联盟,这个团体包括了一个工厂内所有的技术和非技术工人。很快那些在橡胶厂、矿场、报纸厂和通信工厂的工人也组织成工会。最后,这些工会离开了 AFL,并形成了产业工业联合会(CIO)。

在同一时期(20 世纪 30 年代末),AFL、CIO 和独立工会的会员数逐步攀升,其中大部分人为普通民众。有能力的工会领导运用有效的谈判策略,制定良好的法规。1940 年总工会会员人数增加到 900 万。从那时开始 CIO 与 ALF 在规格和影响上相互竞争。与此同时还有别的激烈竞争。那些在 AFL 和 CLO 中有权组织和代表特定群体的员工经常发生冲突。

自第二次世界大战以来,劳动市场经历了许多变化。其中之一便是在战争结束后,在公众舆论口中工会处于低迷时期。在战争期间,一小部分偏远却可见的罢工的公众反对工会。也许这时最重要的事就是 AFL 和 CIO 合并了。经过多年竞争,这两个组织意识到他们浪费了大量的精力和资源去争斗不如合并去增加彼此的实力。这场合并发生在 1955 年的 12 月 5 日。他们合并后的组织称为 AFL-CIO。这个组织拥有 1 600 万的工人,是当时最大的劳动组织。它的第一任主席是 George Meany,他担任到 1979 年。

11.2 今天的工会组织

工会中有权利和管理人员进行谈判的主要有两种。第一种是他们的会员。在一个行业内,一个工会代表拥有的工人越多,它在那个行业对公司经营的影响力越大。第二种是法律团体,他们保证工会有谈判权,并规范谈判过程。

11.2.1 工会成员

一个国家工人中大约有11.8%的工人加入工会。工会成员集中在少数工业和工作类别。[2]在这些行业中,工会有相当大的权力。

AFL-CIO现在是美国最大的工会组织,拥有约1 200万成员。[3]AFL-CIO的代表包括演员、理发师、建筑工人、木匠、零售员、音乐家、画家、教师、邮政工人、钢铁工人、消防队员、瓦工和报社记者。

在同一时间(20世纪30年代末),还有一个较大的工会不直接与AFL-CIO相联系,就是卡车司机工会。该工会最初是AFL-CIO的一部分,但在1957年他们因腐败和非法做法被驱逐出来。此工会最初是作为职业司机的组织,但最近开始招募各种各样的工作的雇员。目前其会员约有140万名工人。[4]

联合钢铁工人(USW)和联合汽车工人(UAW)是最大的工会之一。USW会员已增加到100多万人。它被称为纸张和林业产品、钢铁、铝、轮胎和橡胶、矿业、玻璃、化工、石油和其他基础资源行业的主要联盟。UAW代表汽车工业的员工。UAW也是AFL-CIO的一部分,但是它在1968年离开了自己的原联盟。目前,UAW有大约376 000名成员。[5]1981年,UAW重新加入了AFL-CIO。

在过去的30年里,国家劳动力中工会成员的比例有所下降。此外,尽管过去一段时间里工会成员的数量稳步增加,但自1980年以来,工会成员总数已经下降(见图11.1)。

在很大程度上,成员数量的下降是由几个因素造成的。工会化程度很高的行业要么规模在缩小,要么增长速度落后于非工会化行业。例如,钢铁行业的衰退往往会导致工会成员数量的减少。与此同时,高新技术产业的增长也增加了非工会工人的队伍。许多公司已从大规模工会化的美国东北和大湖地区迁移到工会较少的东南和西南地区——即所谓的Sunbelt地区。在重新建设的工厂中,以前工会化的公司倾向于雇用非工会工人。就业的最大增长发生在服务业,而这些行业通常没有被工会化。一些美国公司已将其制造业务转移到雇用较少工会劳动力的其他国家。

最近一项关于工会参与率的研究发现,参加工会与工资不平等之间存在负相关关系。工会在几十年前非常强大,大约1/3的员工是工会成员,他们能够在维持高工资方面发挥强大的影响力。该研究发现,导致工会衰落的最大因素是更多的传统工会化产业以外的工作机会,例如制造业和建筑业。该研究还发现,即使在工会化产业中的企业中,管理者也越来越多地反对工会活动。[6]

11.2.2 工会-管理伙伴关系

在20世纪的大部分时间里,工会代表工人争取工资和工作条件。为了获得工人的权利和对他们自己的认可,工会经常参加对抗性的集体谈判和罢工。在同一时间,管理层传统上保护自己的决策权,组织工作场所和战略规划。然而,越来越多的管理层已意识到这种传统的对抗关系不能获得高效的职场结果，也不能在当今高度竞争的市场上获得优秀员工。工会和他们的成员承认罢工导致了成本的降低，成千上万的工作人员失业，并减少工会公信力。今天，已不再是维持一个"我们与他们"的心态，许多工会正成为管理层的合作伙伴，以改善工作环境，赋予工人权力，增加生产，提高质量，降低成本。根据劳工部统计，工会-管理伙伴关系在美国越来越常见。工会-管理的伙伴关系可由工会领导人、员工、管理人员发起。为了权力范围的工作场所和业务问题，长期战略伙伴关系专注于分享决策。长期的合作伙伴关系，有时开始作用有限，随着时间的推移慢慢发展。教育仍然是一个工会参与度较高的行业。例如，耶鲁大学与当地 34—35 个工会的员工有一个长远的战略。这种安排有助于双方发展最佳实践，以及提供了一个解决争端的论坛，并达成一致。[7]

尽管工会-管理联盟伙伴类型不同，他们中的大多有几个共同的特征。首先，战略伙伴关系的重点是发展合作关系，而不是争论合同权利。第二，合作伙伴努力相互增益，组织变得更有竞争力，员工更好，工会具有更强的伙伴关系。最后，正如已经指出，战略合作伙伴参与一系列广泛的联合决策问题。这些问题包括性能预期、组织结构、战略联盟、新技术、薪酬和福利、员工保障和参与具有管理工会角色、产品开发、教育和培训。

管理者之间关系好的话可以帮大家面对新的和困难的劳工问题的发展变化。例如，许多公司希望他们的工会-管理的伙伴关系最好足以应对日益增长的医疗问题和护理成本。工会努力保护其成员不必支付更多的医疗费用，他们取得了一些成功，工会工人平均支付大约 17%的他或她的医疗费用，而没有工会工人需要支出 33%。[8]在解决医疗问题时，拥有强大工会管理的伙伴关系的伙伴关系将发挥至关重要的作用。

从冲突到合作。工会领袖和克莱斯勒集团有限责任公司的高级管理人员正在领导他们的组织，将合作伙伴关系扩大到克莱斯勒的业务上，并提高所需的工人数量。传统上，劳资关系一直存在争议。然而，多年来，许多公司和工会已经认识到合作是两个团队成功的关键。

工会-管理伙伴关系对管理层、工人和工会有许多潜在的好处。对于管理层，合作伙伴关系可以降低成本，增加收入，提高产品质量和提高客户满意度。对于工人来说，福利可能包括对其需求的更多反应、更多的决策机会、更少的监督、更多的责任和增加的就业保障。工会可以获得可信度，增加实力和成员。

在许多已经建立工会-管理合作伙伴关系的组织中，福特汽车公司是积极正面的范例。它目前与 UAW 签署了工会管理合作协议。这种合作伙伴关系是为了增加就业机会，使福特更加完善。该合作伙伴关系将在公司的管理体系中建立更好的沟通渠道，并提高质量绩效。[9]

11.3　劳动管理立法

正如我们所指出的，企业反对早期工会的努力。联邦政府一般通过法院系统支持反工会的努力，在某些情况下，联邦部队被用来结束罢工。然而，政府逐渐通过立法程序开始纠正这种不平衡。

11.3.1 诺里斯——滞后行为

1932 年的《诺里斯-拉瓜迪亚法案》被认为是确保工会权利的第一项主要立法，是劳资关系中的一个里程碑。这一行为使企业很难获得禁止罢工的法院命令。以前，法院很容易发出这种作为遏制这些活动手段的命令。

11.3.2 国家劳动关系法

1935 年，国会通过了《国家劳动关系法》(也称为《瓦格纳法案》)。它制定了员工决定他们是否希望由工会代表的程序。如果工人选择代表，该法案要求管理层与工会代表进行谈判。在这项法律通过之前，工会的努力有时被解释为违反《谢尔曼法案》(1890 年)，因为他们被视为企图垄断。《瓦格纳法案》还禁止管理层的某些不公平劳动行为，例如，对工人进行射击或惩罚，因为他们是工会成员，参加工会会议，贿赂雇员投票反对工会化。

最后，《瓦格纳法案》建立了**国家劳动关系委员会(NLRB)**，以执行法律的规定。NLRB 主要关注：(1) 了解员工，决定他们是否将由工会代表的选举；(2) 调查工会或员工提出的投诉。最近，NLRB 通过了一项裁决，大多数美国雇主必须发布通知，通知员工他们有权加入工会和集体谈判。这个决定被证明是有分歧的，当它首次在网上发布，导致超过 7 000 条评论。劳工团体称赞它让工人知道他们的权利，而一些管理人员和律师则抱怨说，国家劳工关系委员会已经变得过于团结。[10]

11.3.3 公平劳动标准法

1938 年，国会颁布了《公平劳动标准法》。该法案的一个主要规定允许联邦政府设定最低工资。第一个最低工资，是在 20 世纪 30 年代后期，不包括农场工人和零售雇员，每小时 0.25 美元。今天，全国最低工资是每小时 7.25 美元，虽然许多州和城市设定了自己的最低工资，以解决生活费用的差异。华盛顿州的全国最低工资最高，为每小时 9.04 美元。[11]一些雇员，如等待人员和农场工人，仍然不受大多数州的最低工资规定限制。该法案还要求，如果员工每周工作超过 40 小时，需要支付加班费。最后，它禁止使用童工。

道德成功或失败

公共部门工会应该有集体谈判权吗?

许多州的政府雇员长期以来都有代表他们工会。工会有权代表他们讨价还价。然而,近些年一些资金紧张的政府官员试图削减或消除公共部门工会的集体谈判权。例如,威斯康星州通过了一项法律,规定代表公职人员的工会仅限于工资谈判。俄亥俄州立法机构还投票决定限制公共部门工会的集体谈判,尽管该法律在第二年被废除。

那些争论公共部门工会受到限制的人担心国家试图从长期困难的衰退中恢复,预算短缺和公共工资单缩水。赞成这种限制的人正在寻求改善其国家的未来财政状况。公共部门员工反对限制他们的集体谈判权。他们认为,限制是防止工会在谈判工作条件和其他问题上代表他们利益的一小步,而不仅仅是工资。许多人还认为,公共部门工会被不公平地归咎于各州的预算问题。那么,公共部门工会的集体谈判权利应该被削减吗?

资料来源：Davey M., Right to Work' Bills Face Uncertain Future in an Election Year[N/OL]. *New York Times*, www.nytimes.com, 2012-03-20; Unions Risk Their Future at Ballot Box [N/OL]. *Times Herald* (Port Huron, MI), www.thetimesherald.com, 2012-03-19; Memoli M.A and Semuels A., Ohio Votes to Overturn NewCollective Bargaining Law[N/OL]. *Los Angeles Times*, www.latimes.com, 2011-11-08.

11.3.4 《劳动-管理关系法案》

20 世纪 30 年代的立法试图阻止雇主不公平的做法。从图 11.1 可看出,工会成员从 1910 年的大约 200 万人增至 1945 年的 1 200 万人。工会代表超过 35%的 1945 年非农业员工。随着工会成员和力量的增长,联邦政府开始检查劳动实践。几个漫长而激烈的罢工发生在 20 世纪 40 年代,主要集中在煤炭开采和运输行业,导致了立法限制工会的需求。因此,在 1947 年,国会通过了《劳动-管理关系法案》,也被称为《塔夫脱-哈特利法案》。

《塔夫脱-哈特利法案》的目标是在工会力量和管理当局之间保持平衡。它列出了一些禁止工会采取的劳动实践。这些包括在诚信管理中拒绝讨价还价、收取会费、过度骚扰不属于工会的工人,以及使用各种手段胁迫雇主。

《塔夫脱-哈特利法案》也给管理层组织工会活动更多的权利。例如,只要它提供的信息是准确的,管理层就可以为员工工会成员概括优点和缺点。该法案使美国总统有权去临时禁止或停止那些危及国家健康和安全的罢工。禁令是法院的命令,要求一个人或一个团队执行某些行为或避免执行某些行为。最后,《塔夫脱-哈特利法案》授权国家制定法律去允许员工在一个没有加入工会的公司工作。目前,美国有 22 个州(多数在南部)通过了这样的工作权利的法律。[12]

11.3.5 《兰德里格-格里芬法案》

在 20 世纪 50 年代,美国参议院调查和听证了一个公开敲诈勒索的工会,它被发现有贿赂、勒索的情况,以及工会领袖挪用公款。一些人参与纵火、勒索和谋杀。公共压力推动改革,并于1959年制定了《兰德里格-格里芬法案》。

该法律旨在规范工会的内部运作。法律的规定要求工会向美国劳工部提交关于其财政、选举和工会官员做出的各种决定的年度报告。《兰德里格-格里芬法案》还确保每个工会成员都有权为他们的工会中的每个选举职位寻求提名和投票。它规定了管理工会基金的保障措施,并要求管理层和工会管理工作人员向工会成员报告管理资金的使用情况。

11.4 组建工会的过程

在一个特定公司成立工会之前,公司的一些员工必须有兴趣成为工会代表。然后,他们必须采取一些步骤,正式声明他们成立工会的愿望。为了确保公平,大多数成立工会过程中的步骤由NLRB监督。

11.4.1 为什么有些员工加入工会

显然,雇员出于各种原因加入工会。

在许多行业中,例如教育行业,工会会员资格是如此普遍,以致新员工可能感到被迫加入。在一些州,即使是那些选择不加入工会的员工也需要支付工会会费,这是一个重要的鼓励因素。加入工会的另一个常见的理由是打击异化感。[13]一些雇员,特别是那些工作是沉闷和重复的雇员,可能认为自己只是机器的一部分。他们可能觉得他们在工作中失去了个人或社会认同。工会成员资格是与公司中的其他人建立联系的一种方式。

另一个常见的加入工会的理由是,工会成员增加了工作安全感。没有人想生活在任意或反复无常的解雇工作的恐惧。工会实际上只有有限的能力来保证成员的工作,但他们可以帮助通过执行资历规则,增加工作安全感。

雇员也可能因为他们的工作中的一个或多个元素不满意而加入工会。如果他们不满意他们的工资、福利或工作条件,他们可能寻找工会来纠正自己认为的问题。

有些人因为他们的个人背景而加入工会。例如,一个父母是工会积极成员的人可能倾向于对工会活动感到同样积极。

在某些情况下,员工必须加入工会以维护他们的工作。许多工会通过他们的劳动合同试图要求公司的新员工在规定的试用期后加入工会。根据《塔夫脱—哈特利法案》,各州可以通过禁止这种做法的工作法律。

11.4.2 形成工会的步骤

组建工会的第一步是组织运动(见图11.2)。它的主要目标是发展广泛的员工对建立工会的兴趣。为了启动运动,全国工会可以帮助组织者向公司发起兴趣,或者雇员自己可以决定他们想要一个工会。然后他们联系适当的全国工会并要求组织援助。

图 11.2　建立一个工会的步骤

注：工会化进程包括组织一场活动、签署授权卡、正式选举，以及国家劳资关系委员会(NLRB) 对选举的认证。

组织运动可以是相当情绪化的，它可能导致员工和管理层之间的冲突。另一方面，想要加入工会的员工将致力于完成它。另一方面，管理层将是极端敏感的，将它视为对其权力和控制的潜在威胁。

工会必须有书面授权才能代表员工。

在组织活动的某个阶段，员工被要求签署授权卡(见图 11.3)，以表示他们对工会的支持。由于各种 NLRB 规则和法规，工会组织者和公司管理层在授权期间必须非常小心从

义　　务

“我__________，在__________的存在下
(请打印名称)

成员__________

承诺并同意遵守并遵守‘宪法’以及______及其地方联盟的法律。我会进一步目的______建立。我会承认忠诚于其，不会以任何方式牺牲其利益。”

____
(由申请人签署—请勿打印)

打印或类型在黑色墨水

性别：男性【】女性【】

姓　　名	原名	社会保障号
地址(街牌号码)		出生日期
城市与州(或省)	邮政编码	电话号码
现雇主		被雇日期
分类		本申请日期

你曾经是会员吗？　是【】
不是【】　如果是，在哪里？　本地号码　　州

以下是工会秘书填充

地方联盟	启动日期	会员类型	卡号

图 11.3　示例授权卡

事。例如,管理层不得以任何方式要求员工签署任何文件。管理层也不能够暗示员工签署文件就是安全的,不签署就会处于险境。

如果至少30%的合格雇员签署授权卡,国家通常要求企业承认工会是员工进行博弈的代表。通常企业拒绝此请求,并进行正式选举决定是否有工会。这种选举通常涉及无记名投票,由NLRB管理。选举的结果由合格雇员简单多数决定。

如果工会取得多数,它就成为其官方讨价还价的代理人成员,最后一步,就是NLRB认证。工会可以立即展开与管理层谈判劳动合同的过程。如果工会被否决,NLRB也不会允许在一年中另外进行一次选举。

有几个因素可能使工会化进程复杂化。例如,谈判单位,它是工会要表示的特定雇员定义。工会组织者可能希望代表所有员工(例如,制造厂的所有工人),或者他们可能希望仅代表一组特定的员工(例如,大型制造厂的所有电工)。

另一个可能必须解决的问题是管辖权,这是特定工会组织特定工人群体(如护士)的权利。当司法管辖区重叠或不清楚时,雇员自己可以决定谁代表他们。在某些情况下,两个或多个工会可能试图组织公司的一些或所有员工。然后,通过选举选择,可以是工会A、工会B,或根本没有工会。

11.4.3 NLRB的角色

正如我们所证明的,NLRB大量参与工会化过程。一般来说,NLRB负责监督组织运动,进行选举(如果有保证)和证明选举结果。

在组织运动期间,雇主和工会组织者可以采取措施教育员工,关于建立工会的优点和缺点。然而,两者都不允许使用不当的战术或扭曲真相。如果发生违法行为,NLRB可以阻止可疑行为,推迟选举或搁置已经发生的选举结果。

NLRB通常在45天内进行选举,从中收集足够数量的签名授权卡。当大多数合格选民正式参加选举时,在工作场所的正常工作时间举行选举。在某些情况下,可能需要进行邮件投票或其他形式的选举。

选举的核证包括点票和考虑对选举结果的挑战。选举结果公布后,管理层和工会组织者有五天时间挑战选举结果。挑战的基础可能是选举前的不当行为或不合资格的选民的参与。在考虑任何挑战后,NLRB通过对选举结果的最终判决。

当工会成立时,工会和管理层就开始进行合同谈判等严肃事务。

11.5 集体谈判

一旦被NLRB认证,新工会的第一个任务是建立自己的身份和结构。它立即吸纳尽可能多的成员。然后,在内部选举中,工会成员选择工会管理者和代表。还选择一个谈判委员会开始**集体谈判**，与管理层谈判劳动合同。

11.5.1　第一份合同

为了准备与管理层的第一个合同会议，工会谈判委员会决定其在各种合同问题上的立场，并确定对工会成员最重要的问题。例如，两个最紧迫的问题可能是一般工资增长和福利一揽子计划。

工会然后通知管理层它准备开始谈判，双方就时间和地点达成一致。双方继续为会议进行准备，直到谈判的实际日期。

谈判偶尔在公司场所举行，但是更常见的是，双方当事人远离工作场所，也许在当地的酒店。工会通常由谈判委员会和该区域或国家工会办公室的一名或多名官员代表。公司通常由来自产业关系、运营、人力资源管理和法律部门的经理代表。法律要求每一方都诚意进行谈判，而不是阻碍或试图不必要地延长谈判过程。

工会通常首先提出其合同要求。管理层然后对这些要求做出反应，通常是反对性的。讨价还价可以在一些会议上来回动议，从提案到反对提案。在整个过程中，工会代表保证他们的成员了解正在发生的情况，以及谈判委员会对各种提案和反对意见的看法。每一方都尽可能地“尽自己的方式”，但每一方都认识到需要妥协。例如，工会可以通过要求每小时增加 1 美元的工资来开始谈判，但可能愿意接受每小时 60 美分。管理层最初可能提供 40 美分，但愿意支付 75 美分。最后，双方将商定每小时工资增加 60—75 美分。

如果不能达成协议，工会可能会罢工。然而，在工会的第一次合同谈判期间，罢工是罕见的。在大多数情况下，谈判小组能够同意对初步合同不采取罢工。

集体谈判的最后一步是批准，即通过工会会员投票批准合同。如果工会会员接受合同条款，则会签署并成为具有法律约束力的协议。如果合同没有被批准，谈判者必须回去，并试图草拟一个更可接受的协议。

11.5.2　后期合同

劳动合同可以涵盖 1—3 年或更长的时间，但每个合同有过期日期。随着该日期的临近，管理层和工会开始准备新的合同谈判。然而，现在的整个过程可能比第一次谈判更棘手。

一方面，工会和公司已经“相处”了好几年，在此期间可能出现了一些困难。每一方都可能看到某些问题的关键重要性，在谈判桌上造成很大情绪对抗，而且往往很难解决。此外，每一方都从早先的谈判中成长。每个人在某些问题上可能采取更难的路线，并且不愿意妥协。

合同期限本身也产生张力。随着截止日期的拉近，双方都感觉到压力(真实或想象的压力)达到协议。这种压力可能推动谈判者达成协议，但也可能有相反的效果，这使得协议更难达成。此外，在谈判的时候，工会领导人很可能会进行罢工投票，这个投票揭示工会成员是否愿意在一个新的谈判道路，而不在旧的一个到期之前谈判。在几乎所有情况下，这种投票支持罢工。因此，在他们谈判的时候，罢工的威胁可能会使双方的压力均增大。

11.6 工会-管理合同问题

正如您所期望的，许多不同的问题由工会和管理层谈判并纳入劳动合同。工会倾向于强调与之相关的成员收入问题，以及他们的生活水平和工会的力量。管理层的主要目标是在保持公司业务的前提下，尽可能多的增强其联合强度。工会和管理层之间的权利因公司的不同而不同。

11.6.1 员工工资

工会-管理关系中心的谈判领域是员工工资。通常涉及三个独立的问题：薪酬的形式，薪酬的大小，以及确定薪酬幅度的方法。

工资形式 这是指雇员为获得其对组织的贡献而获得的工资或薪水和福利。由于直接补偿是一个相当直接的问题，谈判者往往花更多的时间为员工制定福利计划。由于福利的范围及其成本多年来不断升级，这种薪酬因素变得越来越重要和复杂。

我们在第9章讨论了各种员工福利。其中，健康、生命、残疾和牙科保险是工会尝试为其成员获得的重要好处。随着医疗保健的成本不断增加，保险福利正在使雇主付出更多的代价，许多人正在努力将这种增加的成本转嫁给其雇员。递延的补偿，以养恤金或退休方案的形式，也是一个共同的焦点。关于延期发放薪酬的决定对公司可能产生长期影响。

在谈判过程中通常涉及的其他福利，包括有薪假期、休假和有薪病假政策。显然，工会认为尽可能多的有偿假期、假期时间和自由病假政策。管理层自然采取相反的立场。经过几十年的慷慨福利，大多数公司被迫减少收入或增加费用。特别是随着更多的婴儿潮一代退休，养老金变得太多，不可持续。即使是大量工会化的行业，如汽车制造和公用事业，也不得不减少他们对年轻工人的养老金和福利。[14]

成功之道

正在进行的仲裁

在各大洲，航空公司都受到燃料价格回升和全球竞争的压力。因此，当澳大利亚的 Qantas 航空公司想要通过重组做好扩张准备的时候，代表工程师、飞行员和地勤人员的工会开始担心员工的工作保障和工资。航空公司管理层和工会代表谈判了几个月，以解决他们之间的分歧，但没有成功。在加入工会的地面工作人员进行了一系列罢工之后，澳洲航空公司采取了极不寻常的措施，它停止了近两天国内和国际的所有航班。

然后，澳大利亚的劳资关系法庭 Fair Work Australia 进行了干预，以防止进一步的罢工并让澳航复飞。航空公司被允许在三周时间内与其工会达成协议。如果在截止日期内未通过决议，仲裁庭将会通过具有约束力的仲裁来解决争议。在接下来的几个月里，尽管航空公司及其工程师制定了一项法庭准许的协议，但是与地勤人员和长途飞行员的谈判仍旧走向了仲裁。工会和航空公司都不知道仲裁庭会对员工薪酬和保障做出什么样的决定。

资料来源：Based on information in Qantas Pay Dispute to Go to Arbitration[J/OL]. *Brisbane Times* (Australia), 2012-03-26, www.brisbanetimes.com.au; Qantas:"Book with Confidence"[J]. *Airports International*, 2011, (11): 23; Arlington K. with O'Sullivan M., Qantas, Engineers Settle First Leg of Dispute Route[N]. *The Age* (Melbourne, Australia), 2011-12-09, 3; Walton J., Govt Terminates Qantas Strike[N/OL]. *Australian Business Traveller*, 2011-10-31, www.ausbt.com.au; Schneiders B., Work Tribunal Endorses Qantas Engineers' Deal[N]. *The Age* (Melbourne, Australia), 2012-01-24, 5.

薪酬的幅度　相当重要的是员工作为直接和间接补偿获得的薪酬的数量或金额。工会努力确保薪酬与在同一或类似行业，包括地方和国家的其他雇员所得到的薪酬相等。工会还试图在合同生效期间包括提供加薪的合同条款。最常见的是生活费条款，它将定期加薪与生活费用的增加联系起来，如各种经济统计或指标所定义的。最普遍的是住宿花费的款项，这些款项和定期日益增长的住房花费联系在一起，被各种经济的统计或指标定义。

当然，工资的幅度也受该组织支付能力的影响。如果公司最近公布获取了大量的利润，工会可能会期望为其成员大幅增加工资。如果公司没有盈利，工会可能会同意较小的加薪，甚至工资冻结。在一个极端的情况下（例如，当该公司濒临破产），工会可能会同意削减工资。通常任何一个工资削减协议包括非常严格的条件。

讨价还价的幅度也围绕员工福利。在一个极端，工会寻求广泛的利益，完全或基本上由公司支付。在另一个极端，管理层可能会愿意提供福利计划，但可能希望其员工承担大部分成本。再次，诸如股权（与类似的公司和工作）和支付能力的因素进入最终协议。

支出决定　谈判代表还解决了个人工资将如何确定的问题。对于管理层，理想的安排是将工资与每个员工的生产力联系在一起。正如我们所见，这种工资手段往往用来激励员工和奖赏员工的努力。另一方面，工会认为这种安排可以制造员工之间的不必要竞争。普遍的主张认为员工的工资，至少在这部分应该是根据工龄的。工龄是指一个员工为一个组织已经工作了多长时间。

关于福利的决定因素也要商谈。例如,管理者可能只想提供利益的共享给那些为了公司工作有一定年数的员工。工会可能希望提供给所有的员工这些利益。例如,芝加哥警方工会的成员们收到了大量以额外津贴和好处的形式的开支分配。例如,这个工会有一个令人难以置信的慷慨的病假时间。警察每两年可以休假365天的病假。他们还获得了1 800美元的制服花费和2 800美元的打电话的补偿。镇长Rahm Emanuel正试图找办法减少这份慷慨的和昂贵的警察的福利。[15]

11.6.2 工作时间

工作时间的数量在合同谈判时是另一个重要的问题。加班关乎特别的利益。联邦法律将一周40小时以外多余的工作时间定义为**加班**。它也指定加班费必须是正常工资的1.5倍。工会也尝试为一天超过8小时的所有工作的时间协商加班费。同样,工会也会尝试为周末工作或假期工作获得更高的加班费(如,正常工资的2倍)。另一件事是更高的加班限制,如果超出这限制,雇员可以拒绝工作。

11.6.3 安全

安全实际包含两个问题。一是个体劳动者的工作保障,另一个是工会作为公司员工的谈判代表的安全。

工作保障是防止失业的保护。它是对于个体的关怀。正如我们早就注意的,对增加工作保障的渴望是在第一时间加入工会的一个主要原因。在典型的劳动合同中,工作保障是基于资历的。如果雇员必须被解雇或开除,那些有着最少资历的人是第一批离开的,一些更高级的雇员可能不得不变动到低级别岗位。

工会安全保障是保护工会作为雇员谈判代理的地位。工会安全保障往往是一个比失业保障更灵活的问题。工会往往努力争取尽可能多的安全,但管理层倾向于看到工会安全保障的增加和控制权的削弱。

工会安全保障直接受其成员影响。工会雇员与非工会雇员的比例越大,工会就越安全。在合同谈判中,工会因此试图建立各种工会成员条件。其中最严格的是封闭式商店,工人必须在雇用之前加入工会。这个条件被《塔夫脱—哈特利法案》所禁止,但是有关其他一些安排,包括下面的安排需要谈判:

- 新员工必须在规定的试用期后加入工会;
- 员工可以选择不加入工会,但必须向工会支付会费(这个想法是非工会员工从工会活动中受益,并应该帮助他们)。

11.6.4 管理权

企业特别感兴趣的是管理层保留的权利和特权。例如,公司希望尽可能多地控制他雇用谁，如何安排工作，以及如何处理工作纪律。相反，工会希望对影响其成员的这些和其他事项有所控制。有趣的是，一些工会正在朝着在公司治理中发挥更直接作用的目标取得进展。有些工会管理人员实际上已经获得了公司董事会的席位。在与据称有毒的企业文化相关的负面宣传之后，高盛集团首席执行官 Lloyd Blankfein 同意与美国州、县和市雇员联合会(AFSCME)签订工会协议，其代表 160 万名会员。这笔交易创造了对公司及其董事会的更多独立监督，但允许 CEO Blankfein 保留他以前的大部分权力。[16]

11.6.5　申诉程序

申诉程序是一种正式的确定的行动方案，用于解决员工对管理的投诉。几乎每个劳动合同都包含申诉程序。虽然不同的程序在范围和细节上不同，但它们可以涉及如下所述的四个步骤(见图 11.4)。

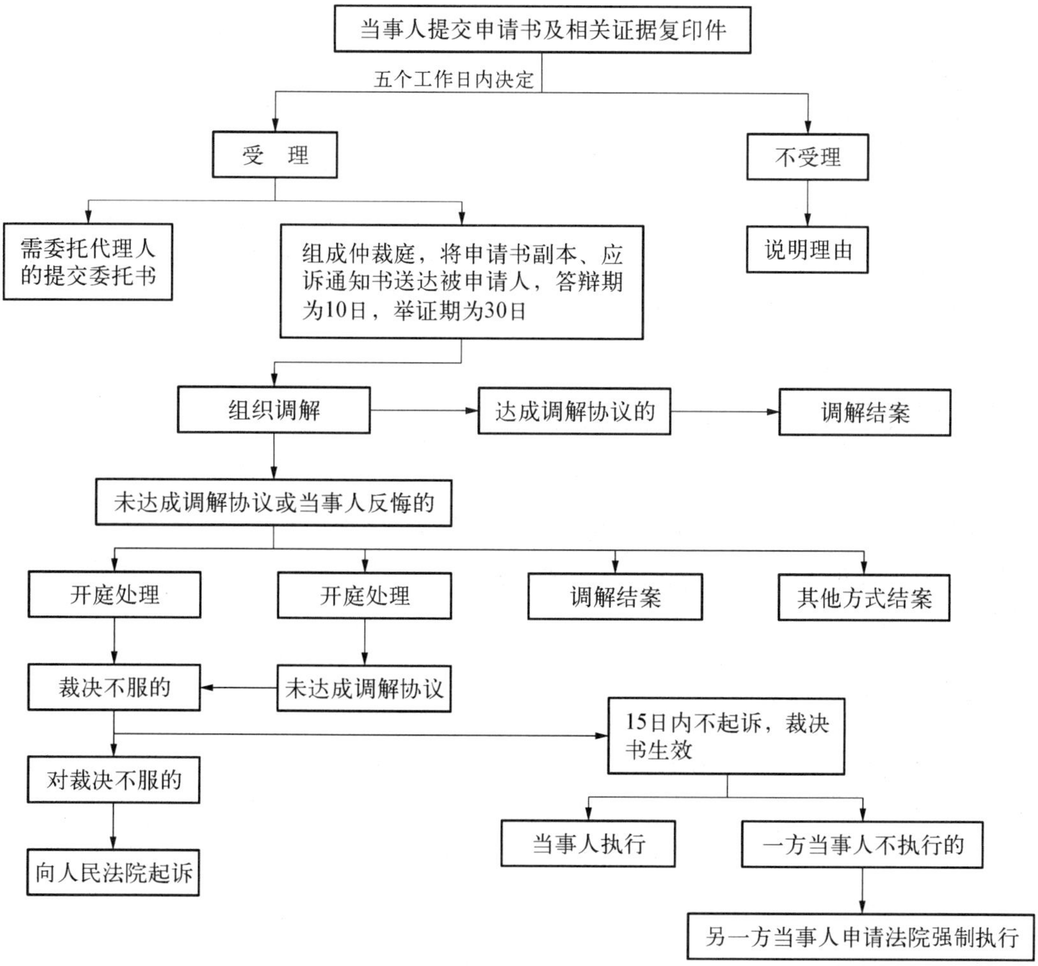

图 11.4　解决争议步骤

原始申诉 这个过程从一个雇员相信他或她被不公平地违反劳动合同开始。例如，员工可能在工作6个月后有权进行正式的业绩审查。如果没有进行此类审查，员工可以提出申诉。为了做到这一点，员工向工会管理员解释了抱怨，工会成员选举的雇员作为他们的代表。雇员和管理员然后与雇员的直接主管讨论申诉。这一抱怨和主管的回应都是书面的。

广泛讨论 在大多数情况下，这一问题在与主管的初始讨论期间解决。如果不是，则进行第二次讨论。现在，参与者包括原始方(员工，主管和管家)、工会申诉委员会的代表和公司的工业关系代表。另外，还保留了讨论及其结果的记录。

全面讨论 如果抱怨仍然没有解决，就进行全面的讨论。这次讨论包括参与更广泛讨论的每个人，以及工会申诉委员会的所有其余成员和另一位高级管理人员。一如往常，所有诉讼都以书面形式提出。所有参与者在尝试解决投诉期间，小心不要违反劳动合同。

中立的第三方听到双方的委屈，审查书面文件，并解决问题。

仲裁 申诉程序的最后一步是仲裁，中立的第三方听到双方的争端后，做出有约束力的决定。法院开庭审理时，每一方需介绍自己的情况，并且有权盘问证人。另外，仲裁员审查申诉程序前面的所有步骤的书面证明文件。双方可能之后给出摘要或简报。仲裁员然后决定是否该劳动合同受到侵犯，并且提出补救措施。仲裁员不能做出任何决定来添加、减损，或修改合同的条款。如果仲裁员可以证明超过他或她的授权范围内，任何一方均可向法院提出上诉。

当工会与管理层解决掉我们已经提到过的所有问题后，实际上还会发生什么问题？现在观察每一方使用的谈判措施，我们再回答这个问题。

11.7 工会和管理者谈判的技巧

在合同谈判期间内管理层和工会可以借用某些工具来相互影响。双方都可以使用广告和宣传来获得对各自立场的支持。最极端的措施是罢工和停工，但也有其他温和的技巧。

11.7.1 罢工

工会只在极少数情况下罢工。这几乎总是在现有劳动合同到期之后发生。一般来说，罢工一直在下降。2009年只有5次重大罢工，这是自从美国政府在1947年开始跟踪以来最低的纪录。2010年，只有11次重大罢工。2011年有19次重大罢工，比上年大幅增加。即使如此，如果新合同谈判似乎进展顺利，工会也不会真正开始罢工。工会确实进行了投票，但是投票可以主要用于在谈判失败后继续代表成员。[17]

罢工的主要目的是给公司施加财务压力，鼓励管理层满足工会的需求。当工会成员出去罢工时，通常是因为谈判似乎停滞了。罢工只是一个工作停止：员工不报告工作。此外，引人注目的是在就业地点前后行进，并通知公众正在进行罢工。在这样做时，他们希望：(1) 公众会同情罢工者，不会光顾正在打击的公司；(2) 公司的非罢工员工将尊重纠察线而不报告工作；(3) 其他工会将不会越过底线(例如，进行交货)，因此将进一步限制被打击的公司的操作。工会也可以参与信息发布，让公司知道他们的不满。

2012 年 3 月，政府工会成员在华盛顿、阿拉巴马州、纽约和俄亥俄州的城市对他们的医疗保险覆盖面的改变提出申诉。此次罢工影响了超过 60 000 名客户。[18]

显然，罢工对企业和工人代表都是昂贵的。在罢工期间，公司失去业务和收入，罢工的工人失去了他们本来可以赚到的工资。在罢工期间，工会尽力为其成员提供尽可能多的支持。较大的工会能够将其成员的一部分会费纳入罢工基金。该基金用于为罢工工会成员提供财政支持。有时，工人可能出去**野蛮的罢工**，这是未经工会批准的罢工。在这种情况下，工会领导通常与管理层合作，说服罢工者重返工作岗位。

11.7.2 减缓和抵制

几乎每一份劳动合同都包含一个条款，在合同期限内禁止罢工。(这就是为什么罢工，如果发生，通常发生在合同到期之后。)但是，如果成员认为管理层违反其条款，在合同有效期间，工会也可以罢工。工人也可能进行**减缓**，工人继续他们的工作，但工作的速度比正常慢。

抵制是拒绝与特定公司做生意。工会偶尔会采取这种策略，敦促成员(和同情者)不购买他们有争议的公司的产品。美国职业棒球大联盟发布了一项声明，谴责亚利桑那州的法律，给予警察前所未有的权力，以确定任何人的移民身份。除了表示不同意法律，许多大联盟球员发誓，他们不会参加在亚利桑那州举行的全明星游戏，但一切都按照计划，尽管法律存在争议。[19]主要抵制是针对直接参与争议的雇主，这可以是一个强大的武器。《塔夫脱-哈特利法案》禁止针对与雇主开展业务的公司进行第二次抵制。塞萨尔查韦斯，一个移民工人，创立了联合农场工人工会，通过抵制的方式提请注意低工资和恶劣的工作环境。

11.7.3 停工和罢工破坏者

管理者们最有力的武器是**停工**。停工是该公司拒绝让员工进入工作场所。像罢工一样，停工对于公司和员工来说都是昂贵的。出于这个原因，他们只是很少采用和在某些情况下使用。例如，生产易腐货物的公司，如果管理层认为，员工很快就会罢工，就可以使用停工。这个想法是为了及时停止生产，以确保生产出最少量的容易腐败的成品或半成品。

管理也可能试图雇用罢工破坏者。**罢工破坏者**是没有加入工会的员工执行与工会冲突的成员。招聘罢工破坏者可能导致暴力罢工，员工面对不属于工会的工人。该公司还面临着寻找合格的替代罢工工人的成员。有时管理人员接管罢工工人的工作。例如经理在电话公司已经积极参与手机维修服务。

11.7.4 调解和仲裁

罢工，破坏罢工，停工和抵制，都是一方和另一方的竞争。最终，一边“赢”和另一边“输”。不幸的是，这种行为的负面影响，包括怨恨、恐惧和不信任，可能持续几个月或几年之后，尽管那时争端已经解决。

更有效率的是越来越多地采取调解和仲裁。

中介，是使用一个中立的第三方来帮助管理和工会谈判期间。这个第三方（中介）听取双方意见，试图找到共同点的协议。中介也试图促进双方之间的沟通，促进妥协，和一般继续谈判。起初，中介可能私下会晤。然而，最终，他或她的目标是让双方解决分歧。联邦仲裁和调解服务（设施）是一个独立的政府机构，处理劳动争议的调解。该机构每年处理 4 700 起集体谈判，75%的中介使双方达成协议。该机构报告说它在 1999—2011 年挽救了企业和工人约 200 亿美元，显示出中介对双方的好处。[20]

与调解不同，仲裁的步骤是正式的听证会。就像它可能是一个申诉程序的最后一步，它还可用于合同谈判（也许在中介尝试）当双方不能达成一个或多个问题。在这里，仲裁员听到双方的正式职位突出，未解决的问题。仲裁员然后分析这些位置和作出决定的可能解决问题。如果双方事先同意，仲裁将确定下来，他们必须接受仲裁员的决定。

商界报道回看

国家篮球协会

在 2011 年感恩节后的第一个星期五，当篮球运动员的代表与球队所有者和联盟的代表会面时，NBA 在 2011-12 赛季的命运受到威胁。在之前的集体谈判协议到期后，NBA 将继续锁定新一轮的协议。现在球队所有者正在通过谈判来提高团队盈利能力，球员通过谈判获得收入。

会谈从星期五延长到星期六，星期六黎明前，双方达成协议。根据一个复杂的计算公式，队员将获得至少 50%，甚至可能更多的篮球相关收入。球队所有者的支出是有限制的，并需要支付为实现团队之间更好的竞争和财务平衡。球员撤回了他们的诉讼，并申请重新认证他们的工会，以便他们可以批准新合同。所有者开始签约球员，缩短了赛季，赛季将于 12 月 25 日开始。

讨论题

1. 调解无法帮助解决队员和所有者之间的问题，你认为仲裁应该是下一步所采取的行动吗？解释你的答案。

2. 长时间的协调不能达成协议时，使用锁定的优点和缺点是什么？如果不继续比赛，队员和所有者将面临的重大经济损失是什么？

本章小结

1. 解释工会如何以及为什么成立。工会是一个工人组织,他们一起行动,与雇主谈判工资和工作条件。劳动关系是工会和企业管理之间的交易。

美国的第一个主要联盟是 1869 年成立的劳动骑士,用以消除工人的职业化。在劳动骑士的基础上,1886 年成立美国劳工联合会(AFL)。AFL 的目标是提高其成员的生活水平,而不改变业务体系。1905 年,世界激进的工业工人(IWW)成立,其目标是推翻资本主义。在这三个国家中,只有当工业组织大会(CIO)成立为第一次世界大战和第二次世界大战之间的工业联合会时,AFL 仍然存在。经过多年的竞争,AFL 和 CIO 在 1955 年合并。不隶属于 AFL-CIO 的最大的联盟是 Teamsters Union。

2. 讨论工会的谈判力量和工会成员趋势的来源。工会与管理层谈判的权力来自两个来源。第一是其成员的规模。第二是保障工会有权进行谈判和规范谈判进程的一组法律。目前,工会会员占美国劳动力的不到 15%,而且由于种种原因,其会员似乎在减少。尽管如此,工会在许多行业中拥有相当大的权力,其成员占劳动力的很大一部分。

今天,许多工会正在与管理层建立伙伴关系,而不是保持其传统的主体地位。工会通过和管理层合作提高生产,提高质量,降低成本,赋予工人权力,并优化工作场所。通过有限度的合伙关系共同完成一项具体任务或项目。长期战略伙伴关系侧重于为一系列工作场所和商业事务共同决策。

3. 确定了几项重要的劳动管理立法的几个主要部分的主要重点。影响工会权力的重要法律包括“诺里斯-拉瓜迪亚法案”(限制管理层获得对工会的禁令的权力),“瓦格纳法案”(禁止管理层对某些不公平的劳工做法),“公平劳动标准法”(允许联邦政府设定最低工资和加班费),“塔夫脱-哈特利法”(禁止工会的某些不公平做法)和“兰德里格-格里芬法”(规定工会的内部运作)。国家劳动关系委员会(NLRB)是一个联邦机构,负责监督工会管理关系,由瓦格纳法案创建。

4. 列举工会形成所涉及的步骤,并展示国家劳动关系中董事会参与的过程。在公司内组建工会的尝试开始于组织运动,以发展广泛的员工对建立工会的兴趣。接下来,员工签署授权卡,以书面形式表示他们对工会的支持。第三步是举行正式选举,决定是否成立工会。最后,如果工会获得多数,它需要接受 NLRB 认证,使其成为其成员的官方讨价还价的代理。整个过程由 NLRB 监督,NLRB 负责组织运动,进行选举和确认选举结果。

5. 描述集体谈判的基本要素。一旦工会建立,它可能通过集体谈判的形式和管理层洽谈劳动合同。首先,洽谈委员会会表明自己对许多合同问题的立场。洽谈委员会将通知管理层他们已经准备好开始进行洽谈,而且已经选定好了时间和地点。洽谈委员会将代表工会,公司各部门的管理人员将代表组织。每一方都会被要求要保持真诚,不能拖延或者企图夸大商讨。最后一步则是需要批准,这需要通过工会成员投票支持。

6. 确定工会管理中的主要问题。当合同的到期日临近时,管理部门和工会开始去洽谈新的合同。合同问题包括雇员的薪水和利益、工作时间、职业和工会的安全、管理部门的权益和投诉程序。

7. 解释工会和管理部门可以获得的基本商讨工具。管理部门和工会可以在合同商讨期间用确定的工具去动摇另一方以及公众想法。广告和宣传可以帮助每一方获得支持。当洽谈没有平稳地进行时,工会可以通过罢工放慢速度或者抵制而加压。管理部门可能由于强制停摆和雇用工贼被反对。调解和仲裁是相对而言比较平和的手段。在这两个手段中,中立的第三方将加入洽谈。

关键词

工会	禁令	联盟安全	当纠察队
管理联盟(劳动)	谈判单位	闭店	自发罢工
关系	管辖	联合会	放缓
同业工会	集体谈判	代理店	抵制
罢工	批准	维修车间	锁定
工业联盟	资历	申诉程序	破坏罢工者
国家劳资关系	加班	商店服务员	中介
委员会	工作安全	仲裁	

复习题

1. 简要介绍了工会在美国的历史。
2. 描述了大部分工会的三个共同特征——管理伙伴关系。讨论管理联盟伙伴关系对管理,工会和工人的好处。
3. 在这个世纪政府监管如何管理联盟关系的发展?
4. 什么原因促使员工开始或加入工会吗?
5. 描述如何建立一个工会,并解释国家劳工关系委员会(NLRB)在这个过程中的角色。
6. 举例说明劳动合同谈判的主要领域。
7. 解释关于员工工资谈判的三个问题。
8. 失业保障和工会保障之间的区别是什么?工会如何增强工会的安全?
9. 什么是不满?描述典型的申诉程序。
10. 集体谈判所涉及的步骤是什么?
11. 为什么当今相对罕见罢工和停工?
12. 监察部门的目标是什么?
13. 调解和仲裁的技术有什么区别?

讨论题

1. 工会的权力主要来自他们的会员和劳动立法吗?工会力量的来源是什么?
2. 劳动合同可能是最简单的解决办法吗?最困难的在哪里?
3. 讨论以下声明:联盟安全意味着工会成员的工作安全保障。
4. 你将如何安排进行劳动合同谈判的成员?如何担任工会谈判委员会?
5. 在什么情况下罢工和停工的调解或仲裁是合理的?

视频案例 11.1

了解美国作家协会的工会

大多数人可能不看好“好莱坞”，但他们却会看好“工会”。也许他们想到的是卡车司机、老师、汽车工人、电工和其他强大的知名的工会。事实上，美国作家协会在美国的存在已经超过 50 年，它是在媒体业务中经久不衰的和有强大的力量，并且保护和提倡创意工作者。

该协会由两个单独的工会组成，即东部作家协会和西部作家协会。它们之间的联系非常松散，但是也经常一起行动。这是一个不以营利为目的的组织，它的成员包括数千位的平面艺术家和电影、电视、电台、新闻广播工作者家，和越来越多的因特网作家。一个直接的运动是 2008 年为期三个月的作家罢工，工会的管辖范围延伸到网络，这个组织正在发展成为保护和管理网络工作成员的组织。该协会为此创造新媒体项目经理的位置。

在和一个深夜电视访谈节目的编辑交流后，在娱乐圈“所有的想法开始于作家。没有作家你不会有生意——是我们让一切开始转动”。这是作者的一种骄傲，协会的成员容易感受到他们身后工会的力量。

作家协会的主要目的是去保护它们的成员，保证他们因为他们的工作得到应得的荣誉和应得的俸禄。给电影剧本编剧的补偿包括两个部分：预付款，支付交接的工作；补足尾款，工作时继续支付使用实例，当一个表演重播或者进入一个企业联合时。协会保护成员的一种方法是正确从互联网接收他们的尾款和其他的广播员，所以可在转交给个人作者之前检查其准确性。协会有一个复杂的监视系统允许它监看重播和确认付款和存款。当有些事物出错，即当某个人未能正确计算收支时，协会将会站在作者的一方。在有分歧的事件上，协会将会采取仲裁保证作者得到他或者她应得的。

大多数网络作家关闭了个人店铺，有价值的作家必须加入他们的工会并且在那里工作。作为回报，工会提供好处，像卫生保健计划和退休金。工会成员的收入范围广泛，所以工会作出特别的努力以吸引他们一起和发展一种团结力量以使诉讼和罢工有效。最近，近 1 000 名美国作家协会的成员提出一个集体诉讼案件抗议两个领军人才机构要求的年龄歧视。

工会成员仲裁也是成功的。美国作家协会最近在保护员工抵制雇主随意裁员中获胜(随意裁员是指员工可以在任何时间因任何原因被开除而几乎没有法律权利)。例如 2008 年美国作家协会罢工，作家从原本只能从电影视频销售中获利增加到可从国外销售中按百分比获得收入(许多美国电影在国外赚得比本国多)。这次漫长的 3 个月罢工打乱了许多顶级电视节目的秋季档，并使与此相关的工作人员暂时失业。这次罢工最终达成一个目标，即按对外销售的百分比计算收益。工会官员认为，这项成果使每个人都获得一点利益，从这一角度看，这是一个很好的结局。

美国作家协会继续在娱乐领域支持创意工作者。作家协会最近站出来支持作曲家和作词家，他们目前没有工会但在寻求加入类似组织。“我们非常支持”，一位工会发言人说，“我们认为作曲家和作词家是我们的同事，并且我们相信他们会获得加入工会组织的好处。”[21]

讨论题

1. 该工会成员在类似娱乐业这样的非基础行业拥有罢工权利时，他们的行为可能会让其他也人失去工作吗？

2. 你认为劳动争议的结果使得双方获得满意是一个很好的结局吗？为什么或为什么不呢？
3. 近 30 年来美国工会会员人数一直在缓慢下降，你认为这种下降的因素是什么？

案例 11.2

当护士和医院意见不一致时

当工会的护士和医院管理者意见不一致时会发生什么？不久前，加利福尼亚护士协会通过进行为期一天的罢工威胁到数十家加利福尼亚医院。该工会想要引起医院注意对护士的保护，免予其受到致命的 H1N1 猪流感的侵害。当时加利福尼亚有 200 人死于流感，医院应致力于患者免于猪流感侵害。工会在谈判中为其成员寻求一个新合同，包含比以前的合同规定更高的工资和较高的人员配置水平。

几天前的罢工运动促使工会谈判代表和医院的管理者坐下来和联邦调停者一起协调去解决他们的困难，双方达成协议，联邦官员批准了该合同，包括采取额外的安全预防措施来保护护士抵御猪流感。

这仅仅是一个例子，反映了尽管护士联盟成立了，但是在与医院管理者产生分歧要进行沟通时的复杂程度仍然较大。正因为这种挑战性的存在，美国医疗体系面临着两个冲突问题，即护士的短缺和控制成本去提供适当地医疗服务的压力。事实上，这两方面对于照顾病患的质量都极为重要，都需要考虑的。对此，美国国家统计局做了一项研究，跟踪纽约国立医院的 50 名护士 20 年来的罢工情况，这项研究发现，在罢工期间住院的患者死亡率更高，再入院率更高，即便医院雇用能够替代罢工的护士来照顾患者。

因为这次罢工情绪高涨，一些护士联盟正在联合起来宣传以提高他们的影响，在 2009 年，加利福尼亚护士联合马萨诸塞州护士还有美洲护士创立了国家护士联合，在这个组织中有 150 000 名成员，该组织具有最大优先权去游说更大比例的护士。

罢工并不是唯一的方法，在促使护士联盟将焦点聚集在他们的担忧问题方面，华盛顿州护理协会的成员不满意雇用合同可能会变更，这将限制休息时间，于是护士们在心脏医学中心外开始传递信息。护士们担心疲劳会影响疗服务的质量，他们想要的是保证有一个完整的 10 分钟休息时间，并且每 4 个小时休息一次，而不是所谓的罢工。护士会照常工作，但是会在上下班时用明显的标志表明自己的观点和不满，而不是一味的罢工。当护士们在与塔科马港市综合医院关于改变加薪计划和退休计划等问题进行谈判时，这个护士协会也设立了一个信息谈判团队。

有时护士联盟和医院管理者对于问题不能达成共识。宾夕法尼亚州的护士协会和教授们决定罢工，抵制宾夕法尼亚州的天普大学医院没有和已经工作数月的护士签订合同。抗议的一个关键原因是阻止工会领导者和成员公开批评医院管理和职员，这个医院的 CEO 说“不轻视”抗议的原因，不会阻止护士警告管理者关注对自己的人文关怀。其他的一些争端包括待遇、退休问题，以及对于医院工作者的后代上大学学费的优惠，这个医院雇用了 850 名临时护士，来维持在罢工期间所必需的人员数量。最后，通过工会和医院进行为期数日的谈判后，最终达成了双方可接受的协议，该工会促进批准了一个新的长期合同。[22]

讨论题

1. 请指出导致护士协会和医院之间的分歧的主要问题。你认为对于每一方而言，什么是最重要的？

为什么？

2. 为什么当一个护士协会希望引起对重要的合同的关注时，其会选择一个信息谈判团队而不是直接罢工？

3. 除非调解和仲裁不能够让管理者解决争端，美国法律制定者是不是应该禁止护士协会罢工？

尾注

1. Based on information in Jeff Zillgitt, "NBA Commissioner David Stern Talks to *USA Today,* February 22, 2012, www.usatoday.com; Larry Coon, "First Look at the New Deal," *ESPN,* November 26, 2011, http://espn.go.com; Ian Thomsen, "Silent Majority of Players Hold Key to Swaying Labor Negotiation," *Sports Illustrated,* November 6, 2011, http://sportsillustrated.cnn.com; Ken Berger, "We'll Never Know How Close We Came to Losing NBA Season," *CBS Sports,* February 26, 2012, www.cbssports.com; Mike Foss, "Timeline to an NBA Lockout and Loss of Games," *USA Today,* November 15, 2011, www.usatoday.com.
2. "Union Members Summary," U.S. Department of Labor, Bureau of Labor Statistics, *News Release*, January27, 2012, bls.gov/news.release/union2.nr0.htm.
3. "Union Facts: AFL-CIO," Center for Union Facts, www.unionfacts.com/union/afl-cio accessed January 6, 2012.
4. "Union Facts: Teamster's Union," Center for Union Facts, www.unionfacts.com/lu/93/IBT accessed January 6, 2012.
5. "Union Facts: United Auto Workers (UAW)," Center for Union Facts, www.unionfacts.com/union/United_Auto_Workers accessed January 6, 2012.
6. Bruce Western and Jake Rosenfeld, "Unions, Norms, and the Rise in U.S. Wage Inequality," *American Sociological Review*, August 27, 2011, vol. 76, no. 4, p. 513–537, http://asr.sagepub.com/content/76/4/513.abstract.
7. "Union–Management Partnership," Yale University, www.yale.edu/bestpractices, accessed March 28, 2012.
8. "Medical Plans: Share of Premiums Paid by Employer and Employee for Family Coverage," U.S. Department of Labor, Bureau of Labor Statistics, News Release, July 26, 2011, http://bls.gov/news.release/ebs2.t04.htm, table 4.
9. "UAW, Ford Reach Tentative Agreement on National Labor Contract to Add 12,000 U.S. Jobs, Significant Investment," *MediaFord.com*, October 4, 2011, media.ford.com/article_display.cfm?article_id=35382.
10. www.huffingtonpost.com/michael-gouldwartofsky/nyu-grad-students-file-fo_b_561439.html; Cynthia Foster, "NLRB Rule Could Create Stir in the Break Room," *The Recorder*, March 23, 2012, www.law.com/jsp/ca/PubArticleCA.jsp?id=1202546816771.
11. Martin Kaste, "Raising the Minimum Wage: Whom Does it Help?" NPR, January 3, 2012, www.npr.org/2012/01/03/144594861/raising-the-minimum-wage-who-does-it-help.
12. "Right to Work States," National Right to Work Committee, http://nrtw.org/rtws.htm accessed January 6, 2012.
13. "Can I Be Required to Be a Union Member or Pay Dues to a Union?" National Right to Work, www.nrtw.org/a/a_1_p.htm, accessed March 28, 2012.

14. Ivan Osorio, "Ma' Bell's Long History of Unsustainable Pensions is Alive and Well," *Forbes*, March 27, 2012, www.forbes.com/sites/realspin/2012/03/27/ma-bells-long-legacy-of-unsustainable-pensions-is-alive-and-well/.
15. Fran Spielman, "Chicago Police May Miss Pay Hike Because of Union Mistake," *Chicago Sun-Times,* March 28, 2012, www.suntimes.com/news/metro/11564354-418/chicago-police-may-miss-pay-hike-because-of-union-mistake-sources.html.
16. Ross Kerber and Lauren Tara LaCapra, "Goldman's Deal with Union: Something for Everyone," *Reuters,* March 29, 2012, www.reuters.com/article/2012/03/29/us-goldman-leadership-idUSBRE82S0C820120329.
17. "Work Stoppages Summary," Bureau of Labor Statistics, www.bls.gov/news.release/wkstp.nr0.htm, accessed March 19, 2011.
18. Staff reporter, "Allied Waste Garbage Service Disrupted, Workers on Picket Lines," King 5 News, March 29, 2012, www.king5.com/news/local/Local-Allied-Republic-garbage-workers-hit-picket-lines-144888405.html.
19. "Protestors Hand Out Awareness Ribbons," *Associated Press*, July 12, 2011, http://espn.go.com/mlb/allstar11/story/_/id/6763702/2011-mlb-all-star-game-immigration-law-protesters-attendance.
20. "2011 Annual Report," Federal Mediation & Conciliation Service, http://fmcs.gov/assets/files/Public%20Documents/2011_Annual_Report.pdf accessed February 20, 2012.
21. Based on information from the organization Web site wgaeast.com accessed February 20, 2012; Michael Rechtshaffen, "Writers Guild Members Claim Age Discrimination," *The Ottawa Sun,* May 9, 2010, ottawasun.com/entertainment/celebrities/2010/05/06/13853111.html; Michael Cieply, "Hollywood Directors Union Agrees to Early Contract Talks," *New York Times,* April 28, 2010, mediadecoder.blogs.nytimes.com/2010/04/28/hollywood-directors-union-agrees-to-early-contract-talks/; Andy Plesser, "Writers Guild Explores Rules for Uncharted Online Video World," *The Huffington Post*, April 23, 2010, http://www.huffingtonpost.com/andy-plesser/writers-guild-explores-ru_b_550000.html; Richard Verrier, "Writers Guild Sings Same Tune as Composers and Lyricists," *Los Angeles Times*, April 19, 2010, http://latimesblogs.latimes.com/entertainmentnewsbuzz/2010/04/writers-guild-sings-same-tune-as-composers-and-lyricists.html; information provided by Guild employees, and in the video "The Writers Guild."
22. Tony Dokoupil, "When Nurses Strike in New York," *Newsweek*, April 22, 2010, http://thedailybeast.com/newsweek/2010/04/22/when-nurses-strike-in-new-york.html; Jane M. Von Bergen, "Good News: Temple Strike Over," *Philadelphia Inquirer*, April 28, 2010, http://philly.com/philly/blogs/inq_ed_board/Good_news_Temple_strike_over.html; Josh Goldstein, "Nurses Key to Safe Patient Care," *Philadelphia Inquirer*, April 23, 2010, http://philly.com/philly/blogs/healthcare/Nurses_key_to_safe_patient_care.htm; Vince Lattanzio, "Tentative Agreement Reached in Temple Nurse Strike," *NBC Philadelphia*, April 28, 2010, http://nbcphiladelphia.com /news/health/Tentative-Agreement-Reached-in-Temple-Nurse-Strike-92274294.html; "Registered Nurses at Tacoma General Hold Informational Picket During Stalled Contract Negotiations," January 19, 2010, http://prnewswire.com/news-releases/registered-nurses-at-tacoma-general-hold-informational-picket-during-stalled-contract-negotiations-82076047.html; John Stucke, "Sacred Heart Nurses Picket Over Breaks, Benefits," *Spokesman-Review* (*Spokane, WA*), February 2, 2010, http://spokesman.com/stories/2010/feb/02/sacred-heart-nurses-picket-over-breaks-benefits/; Lori Rotenberk, "Nurse Super-Union Sets Agenda, Aims to Get Staff Ratio Laws Passed," Hospitals &

Health Networks, December 2009, http://hhnmag.com/hhnmag_app/jsp/article-display.jsp?dcrpath=HHNMAG/Article/data/12DEC2009/0912HHN_Inbox_unions&domain=HHNMAG; Joe Goldeen, "St. Joseph's Nurses Won't Walk Out," Records (Stockton, CA), October 30, 2009, http://www.recordnet.com/apps/pbcs.dll/article?AID=/20091030/A_NEWS/910300321/-1/NEWSMAP; Kris Maher, "Nurses' Union Plans to Strike," *Wall Street Journal*, October 20, 2009, http://online.wsj.com/article/SB125599594626395279.html.

第五部分

市场营销

构成企业营销努力核心的商务活动是那些与满足客户需求最直接相关的活动。这一部分，我们将细致分析这些活动。首先是市场、营销组合、营销环境、销售计划和购买行为，然后是共同构成市场营销组合的产品、定价、分销和促销。

第 12 章

通过有效营销建立客户关系

学习目标

1. 理解营销的内涵,知道客户关系管理的重要性。
2. 掌握营销如何通过创造一些形式的效用而实现增值。
3. 了解营销观念的发展脉络和背后原因。
4. 理解市场的内涵及其分类。
5. 了解营销组合的四要素及其对营销策略的重要性。
6. 掌握营销环境如何影响策略性营销计划。
7. 了解营销计划的主要构成要素。
8. 掌握市场测算和销售预测如何实施。
9. 掌握营销信息系统和销售调研的区别。
10. 了解消费决策过程的主要步骤及其影响要素。

商界报道

一磅标价 62 美元,单杯咖啡也太火爆了!

Nespresso 知道,单杯咖啡如此火爆的原因在于它能够在很短的时间内冲一杯非常好的咖啡。作为瑞士食品巨头雀巢旗下的品牌,Nespresso 向消费者和企业推销机器和咖啡胶囊时专注于便捷度和口感质量。目前,由于它面向消费者、小企业和大公司新推出许多咖啡机及配套咖啡胶囊,Nespresso 每年 30 亿美元的销售额仍在以近 20%的速度逐年增长。

尽管 Nespresso 的咖啡机和胶囊主要风行于欧洲,但公司不满足于仅在其发祥地销售,还将目标瞄准了其他咖啡文化深厚国家的爱好者。不论经济行情如何,在消费者看来,单杯咖啡或者意式特浓咖啡都是一份负担得起的奢侈。Nespresso 让更换胶囊更加便捷，消费者可以通过网络、电话或者在分布于50个国家的300家品牌店重新订购。由于便捷性，消费者愿意支付55美分购得一杯按照其口味和浓度预制的优质咖啡。如此算来，一磅咖啡可卖得62美元，这让Nespresso从每一杯咖啡中获得可观的利润。

随着单杯咖啡市场升温，Nespresso面临竞争更加激烈的市场环境。比如，由于Keurig咖啡机的畅销和K-Cup的独特分量，"佛蒙特绿山咖啡烘焙工坊"在美国占据相当大的市场份额。除了销售其自由品牌下的各口味咖啡，绿山的K-Cup里还会有Starbucks、Dunkin' Donuts和Newman's Own的咖啡。

由于Nespresso咖啡胶囊与Keurig咖啡机不兼容，K-Cup也用不了Nespresso的咖啡机，两家竞争的风险特别高。其他品牌之间的竞争情况也大抵如此。如果消费者买了一款单杯咖啡机，就意味着选择了未来消耗的咖啡胶囊。因此，Nespresso的销售员不单单是推销咖啡机，他们是在抢占先机，以便未来向其销售不计其数的咖啡、茶和可可胶囊，年复一年地维持其可观的利润。[1]

像Nespresso一样，许多组织通过营销努力为顾客提供满足和价值。理解客户需求(比如"怎么样比较酷")是提供客户满意度的关键。尽管营销包含一系列复杂的决定和行动，但它的出发点和落脚点始终在消费者身上。按照美国市场营销学会的定义，**市场营销**是指"在创造、沟通、传播和交换产品中，为顾客、客户、合作伙伴以及整个社会带来价值的活动、过程和体系"[2]。市场营销过程涉及8项主要功能和许多相关活动(见表12.1)。为确保营销活动有效，这些都是必不可少的。

表12.1　市场营销的8项主要功能

交换功能：所有企业(包括制造商、批发商和零售商)都在市场上买卖商品
1. 购买行为包括获取生产所需原材料，确定库存量和选择供应商。
2. 销售行为通过将产品权利由卖方转给客户而创造财产效用。
物流功能：它们涉及商品从制造商到消费者的全过程。运输和仓储提供时间效用和地点效用，它需要对盘存单的细致管理。
3. 运输涉及方式选择，即以一个可接受的价格提供一个可接受的交付时间表。
4. 贮存货物通常是必要的，以便在合适的时机出售。
便利功能：这些功能有助于交换功能和物流功能的实现。
5. 资金融通为营销的各阶段提供便利。通常，制造商向银行借款或向原材料供应商融资，批发商从制造商处融资，零售商在批发商或者制造商处融资，消费者则可以向零售商融资。
6. 标准化为产品和服务设定标准规格。分级根据不同尺码和质量将产品分类拣选。标准化和分级一起为产品的生产、运输、贮存和销售提供便利。
7. 尽管主管管理和保险可以减少一定风险，风险承担可以确保市场营销的恒定收益能够实现，而不会因为坏账费用、产品陈旧、员工盗窃、产品责任诉讼等引致损失。
8. 信息沟通是一切市场营销决策的必要前提。

这一章,我们首先查审为产品增值的市场营销活动,追溯市场营销观念的演变路径,并描述企业是如何践行的。其次,我们将关注点转向市场分类和营销策略,分析市场营销组合的四大要素,并讨论市场营销环境中的不可控因素。再次,我们探讨市场营销计划的构成要件,介绍市场评估、销售预测、营销信息系统、营销调研等战略营销计划工具。最后,我们研究消费者和组织购买决策的影响因素。

12.1 管理客户关系

市场营销中的客户关系是所有商务经济活动的命脉。维持良好的客户关系是营销人员的重要目标。**关系营销**的概念:"营销决策和活动的主要目标在于实现长期、满意的与顾客的关系。"关系营销不断深化买家对企业的信任,随着客户忠诚度的提升,公司对客户需求和愿望的了解也不断加深。成功的营销人员积极响应客户需求,并努力不断地为其创造价值增值。最终,这种相互作用营造了牢固的关系,从而企业可以与客户进一步合作,并维持相互信任。互联网已经扩大和改善了许多公司的关系营销选择,它使有针对性的沟通更快捷、更经济、更简易。新的数字技术赋予公司与消费者联系,并与他们进行实时对话的能力。这不仅提高了公司创新的速度,而且给消费者带来了他们被倾听的感觉。一些公司专注于培养这种关系。例如,"火花和蜂蜜"是由广告控股公司宏盟集团成立的一个趋势发现机构。"火花和蜂蜜"旨在利用正在通过社交媒体、Twitter 和 YouTube 重塑广告产业的技术力量,来识别和营销消费者现在喜欢和想要的产品。[3]

为了建立长期的客户关系,营销人员对营销研究和信息技术越来越感兴趣。**客户关系管理(CRM)**专注于使用有关客户的信息来创建营销策略,以开发和维持理想的客户关系。通过不断提升客户价值,企业试图从客户忠诚度当中寻求保留并提高长期盈利能力。因为 CRM 是创造和建立客户忠诚度的重要组成部分,许多公司提供高科技产品,旨在帮助企业识别良好的客户,并长期管理与他们的关系。技术的可及性为各种规模的公司创造了一个更平等的竞争环境。诸如 Batchbook、Mailchimp 等软件和程序甚至赋予非常小的公司以管理客户并与他们保持持续沟通的能力。[4]

道德成功或失败

客户是否总是正确的?

客户总是对的么? 当消费者退回一件损坏的产品给科勒(一家生产厨卫装置的公司),为保持良好的客户关系,科勒几乎总会提供换货服务。科勒的一位质保专家解释说“有时候你必须说‘不’”，比如当产品并未损坏或者有不当使用的时候。拥有电商公司 Umba Box 的企业家劳伦·索普说：“既然客户总是正确的，你有时候只能放弃这个客户。”当索普尝试了所有办法去应对抱怨，并发现客户无论如何都不会满意的时候，她就把精力转向自己的其他客户，那些她称作“给我带来成功的客户”。

如果有的客户伤害了其他客户，怎么办呢？在黑色星期五，圣诞礼物购买季伊始，一些等待讨价还价的客户动手打架并损坏了商店的摆设。如果客户妄用商家政策，怎么办呢？Costco（美国连锁企业）有提供无条件退款的保证。但是，几年前零售商注意到有些客户退还旧电视，接受退款，然后以更低的价格购买新款。为阻止这些行为，Costco 如今针对电子产品提供 90 天退款的政策，并邀请客户拨打免费热线寻求技术援助。

资料来源：BradshawL., Lauren Thorp on Taking the Plunge[J /OL]. *Forbes*, www.forbes.com, 2012-03-06; Warranty Success Stories[N /OL]. *Warranty Week*, www.warrantyweek.com, 2012-03-01; Ragaza L.A., Costco Laptops and Desktops for the Holidays[J /OL]. *PC Magazine*, www.pcmag.com, 2010-11-19; Carbone N., Black and Blue Friday[J /OL]. *Time*, www.time.com; www.costco.com, 2011-11-26.

管理客户关系需要识别购买行为模式，并利用这些信息致力于服务有望成功的、更易获利的客户。企业需要对客户需求和欲望保持敏锐洞察力，以建立联系，提升客户信任和忠诚度。在某些情况下，专注于满足有价值的现有客户，而不是尝试吸引可能永远不会有相同忠诚度的新客户，可能对公司更有利。这涉及如何预计客户在其生活中将花费多少在公司的产品上。**客户终身价值(CLV)**衡量一个客户在其生命周期内对企业的价值（销售减去成本）。[5]然而，维护终身价值客户也具有无形的好处，例如，他们能够向公司提供反馈，并引荐具有类似价值的新客户。公司愿意为维持这样的客户花费的金额也是一个因素。一般地，当营销人员专注于为其终身价值而不是其他要素选择的客户时，他们在未来的时间里将获得更高的利润。[6]由于技术创新和研究推进，如今计算客户终身价值是一个相当简单的任务。事实上，有很多在线计算器可供公司使用，其中就有哈佛大学创建的一款。[7]丧失潜在终身客户可能导致利润下降，因此管理客户关系已成为市场营销人员的主要焦点。

12.2 效用：营销增值

如第 8 章所述，**效用**是一种商品或服务满足人类需求的能力。最新的 iPad、Nike Zoom 跑鞋，或奔驰豪华跑车都满足人类的需要。因此，它们每个都具有效用。效用有四种。

形式效用通过向改变成品的生产而创造。营销努力会间接地影响形式效用,因为营销研究搜集的数据经常用于确定产品的尺寸形状和特征。

三种由营销直接创造的效用分别是空间效应、时间效用和所有权效用。**空间效用**的创造通过确保消费者在想购买的地点获得所需商品而完成。一双鞋子由工厂运送到百货公司,其空间效用就创造出来了。

时间效用由存储过程产生。例如,万圣节的服装可能在 4 月生产,但直到 9 月人们开始购买时才摆出来。通过存储服装到消费者需要的时候,制造商和零售商提供时间效用。

所有权效用是通过将产品的所有权转让给买方而创建的。对于像鞋子这样简单的产品,所有权转让通常通过销售转移。对于诸如汽车和房产等产品,所有权的转让是一个更复杂的过程。除了产品的所有权外,卖方转让该产品的使用权以满足其需要(见图 12.1)。

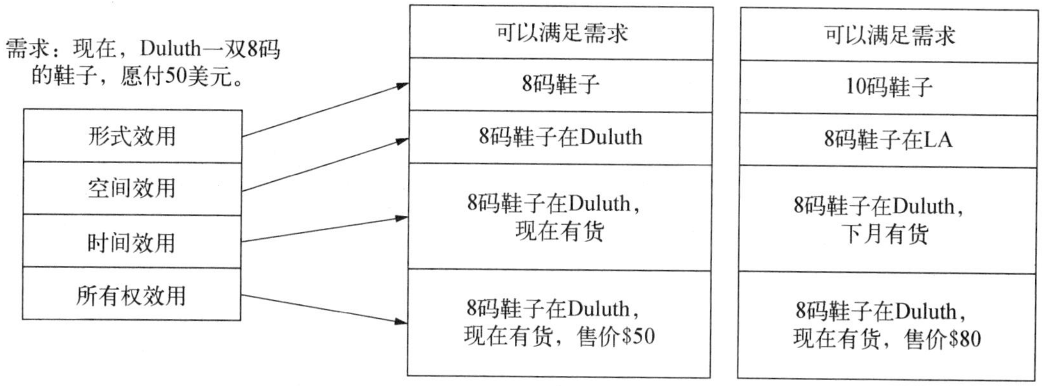

图 12.1 效用的种类

注：形式效用由生产过程创造,但营销过程创造空间效用、时间效用和所有权效用。

空间效用、时间效用和所有权效用都具有使用价值和交换价值。这两方面的价值通过一系列营销活动被添加到商品之中,从显示客户需求的研究到确保客户满意的产品售后。总体而言,这些营销活动的成本占消费者支付金额的一半左右。当这些营销活动构成了确保客户效用最大化努力的时候,他们会认为这些花费是值得的。

空间效用、时间效用和所有权效用只是营销活动的最基本应用。营销活动近年来受到“营销观念”的广泛而深入的影响。

12.3 营销观念

营销观念是一种经营哲学,它要求企业通过一系列协调的经营活动,提供满足客户需要的商品和服务。因此,企业必须首先与潜在客户进行沟通,以评估其产品需求。之后,必须开发一种商品或服务来满足这些需求。最后,公司还必须继续寻求方法来维持和提升客户满意度。这个过程是营销观念或营销导向的应用。由于产品质量差，不能充分满足客户需求，Captain D 的海鲜快餐连锁店的销售额连年下滑。为此，Captain D 运用营销观念彻底反思并改进了其营销方法。在全新的管理下，该餐厅花了几年时间为未来成功投资，通过改进产品、提升服务、招聘新型管理人才，甚至包括重新装修，以提高客户忠诚度。增加的销售额已在回报持续的新增投资，客户满意度和忠诚度也得到提升。[8]

12.3.1 营销观念的演进

从产业革命开始到 20 世纪初，企业致力于商品生产。消费者对制造业产品的需求如此强烈，以至于几乎企业生产的任何商品都可以轻易卖出。商业是强烈**产品导向**的，在此环境下，企业目标重心集中在提高生产效率和增加产出。营销仅局限于接受订单和运送最终产品。

20 世纪 20 年代，产出逐渐赶上并超过了需求。于是，厂商的直接努力转变为销售商品，而不是之前的仅仅努力生产消费者已经准备好购买的产品。这一新的**销售导向**以逐渐增多的广告、扩大的销售努力，和偶尔强化的销售技巧为标志。制造商生产他们期望消费者想要的商品，而营销主要包括通过个人销售和广告，接受订单和运输交货来促进销售。

然而，在 20 世纪 50 年代，商业人员开始意识到，即使巨大的广告支出和最彻底的久经考验的销售技术也是不够的。产品销售要想达到预期效果，还需要其他东西。那时，业务经理们认识到他们不单单是生产者或销售者，而是在从事满足客户需求的业务。营销人员意识到最好的方法是采取**客户导向**，换句话说，组织必须首先确定客户需要什么，然后开发商品和服务以满足这些特定需求(见表 12.2)。

表 12.2 客户导向的演进

业务经理们认识到他们不单单是生产者或销售者，而是在从事满足客户需求的业务。		
生 产 导 向	**销 售 导 向**	**客 户 导 向**
接受订单	增加广告	明确客户需求
分配商品	扩大销售努力	改进产品以满足这些需求
	强化销售技术	达到企业预期目标

包括研究和开发、生产、财务、人力资源、营销在内的所有功能领域，都被认为可在提升客户满意度的过程中发挥作用。

12.3.2 营销观念的实践

为了实践营销观念，公司必须首先获得关于其现有和潜在客户的信息。公司不仅要明确客户的需求，还要确定目前市场上的产品(包括自己的产品和竞争对手的产品)满足这些需求的程度。它必须明确其产品在哪些方面有所改进,以及客户对公司及其营销努力的看法。

于是,企业必须利用这些信息准确定位潜在客户和特定需求,并集中资源展开针对性营销活动。然后,企业必须调动其营销资源去做到:(1) 提供令客户满意的产品;(2) 为产品定价,确保消费者可接受,又能带来可接受的利润;(3) 推销商品,令潜在客户关注到产品的存在和认识到产品满足其需求的能力;(4) 确保产品的合理分布,以保证消费者无论何时何地需要时都能方便购得。

最后,企业还需要再次获得营销信息——这次是为了检验其营销努力的有效性。产品能否改进?是否进行了合理的推销?空间分配是否有效?定价是否太低或太高?企业必须随时做好准备,在其消费者和竞争对手相关信息的基础上,调整其部分或全部营销活动。比如,Sears' Kenmore 成为美国电气用具产业的标志性品牌。然而,随着其 85 周年来临,该公司的经理们发现,新一代消费者对这一老品牌并不以为然。Sears 决定重塑 Kenmore 品牌,通过集中改进其精密、现代的风格,提升能效,以使其现代化。Sears 启动了新的广告运动,给真实消费者以特写,并喊出"Kenmore,神来之笔!"的口号。这一运动通过电视广告和 Facebook、YouTube、Twitter 等平台的线上广告同步启动。Sears 希望,这一品牌再造运动能够帮助 Kenmore 在市场调整时吸引年轻消费者。[9]

12.4　市场及其分类

市场是由个体或组织构成的群体,他们需要给定种类的产品,并且有能力、有意愿、有权利去购买这些产品。市场大体上可以分为消费市场和 B2B 市场,针对这两类市场的营销差别很大,营销人员应该深度了解这两个市场的主要特征。

消费市场由购买者或家庭成员组成,他们做出是否购买的决策,以实现消费或者赚取利润。**B2B 市场**,也称为**工业市场**,其参与者大致分为生产者、经销商、政府和机构四类。这些市场购买特定种类的产品,用于制造其他供出售的产品或日常运营。**生产者市场**包括某些个人和商业组织,他们购买某些产品以用于制造其他产品。**经销商市场**包括批发商和零售商等中间商,他们购买成品并出售以赚取利润。**政府市场**包括联邦、州、县和地方政府,他们购买商品和服务,以维持内部运作,并为公民提供高速公路、教育、水、能源和国防等产品。政府市场容量有每年数十亿美元。**机构市场**包括教堂、非营利性的私立学校和医院、公民俱乐部、兄弟会和姐妹会、慈善组织和基金会,其目标不同于典型的业务目标,如利润、市场份额或投资回报率。

12.4.1　目标市场选择与评估

目标市场是由个体或组织构成的群体,该群体是公司所关注的,公司开发和维持满足其特定需求和偏好的营销组合。在选择目标市场时，营销经理考查潜在市场对公司销售、成本和利润的可能影响。在考查过程中，经理们试图确定组织是否拥有足够资源以通过营销组合满足特定目标市场的需求，以及满足这些需求是否符合公司的总体目标；分析这个目标市场中现存的竞争对手数量，及其各自优势。目标市场的群体可大可小。例如，Nissan Cube 产品旨在吸引青少年和 20 岁出头的年轻人，该公司确保 Cube 的促销、定价和分销适合此目标市场。推广这种车辆的想法来自美国大学生竞赛，Nissan 最终采纳了参赛学生的营销策略，而这群大学生也是 Cube 目标市场一部分的。[10] Rolls-Royce 则将其汽车瞄准一个非常独特的微小市场：想在其座驾上体现极致声望的富豪。其他公司则分别针对不同目标市场，提供产品、定价、分销和促销方面多样的营销组合。例如，一些高端服装设计师通过在 Target、Kmart 和 Walmart 等大众市场零售店展销中低端产品，以瞄准不同层次的目标市场。这种策略让设计师针对具有不同需求和可支配收入水平的客户提供差异化的营销组合。像 Rodarte 和 Jason Wu 这样的高端时装公司，其高级订制的产品售价达数千美元，而在 Target 零售的价格则低得多。折扣服装零售商 H&M 采取了类似的策略，提供由 Karl Lagerfeld 等大牌设计师设计的相对实惠的产品。这种高端品牌和低端产品之间的组合有助于在大量客户中传播设计者的名字，并为零售商和设计者提供宣传。[11]

12.4.2 无差异方法

公司设计单一营销组合，并在整个市场中为其特定产品进行营销，即是在使用**无差异方法**（见图 12.2）。这种方法假设目标市场中的个别客户对特定产品具有相似需求，企业因此可以用单个营销组合来满足大多数客户。这种单一的营销组合运用同一种类型的产品（很少或几乎没有差别）、统一的价格、统一的促销方案应对每个人，并通过统一的分销系统直达总体市场的所有客户。诸如糖和盐等日常食品和某些种类的农产品，可以通过无差异方法成功销售。由于消费者对于大多数类别的产品具有不同的需求，无差异方法仅在有限的情况下有用。当客户的需求不同时，公司应该使用市场细分方法。

12.4.3 市场细分方法

一家销售 40 英尺游艇的公司不会将其营销努力指向船舶市场中的每个人。有些人可能只想要一艘帆船或独木舟，有些可能想要一艘快艇或捕捞用的机动艇，还有些人可能在寻找类似一个小型远洋客轮的东西。针对这些船市买家的营销努力都将成为一种浪费。

相反，公司将应该把注意力集中在船舶市场的特定板块或部分。**细分市场**是指某个市场中共有一个或多个特征的一组个人或企业。将市场划分为细分市场的过程称为**市场细分**。如图 12.2 所示，有两种类型的市场分割方法：集中性和差异化。当组织使用集中性市场细分时，单个营销组合针对单个市场细分。如果使用差异化市场细分，多个营销组合分别集中在多个市场细分。

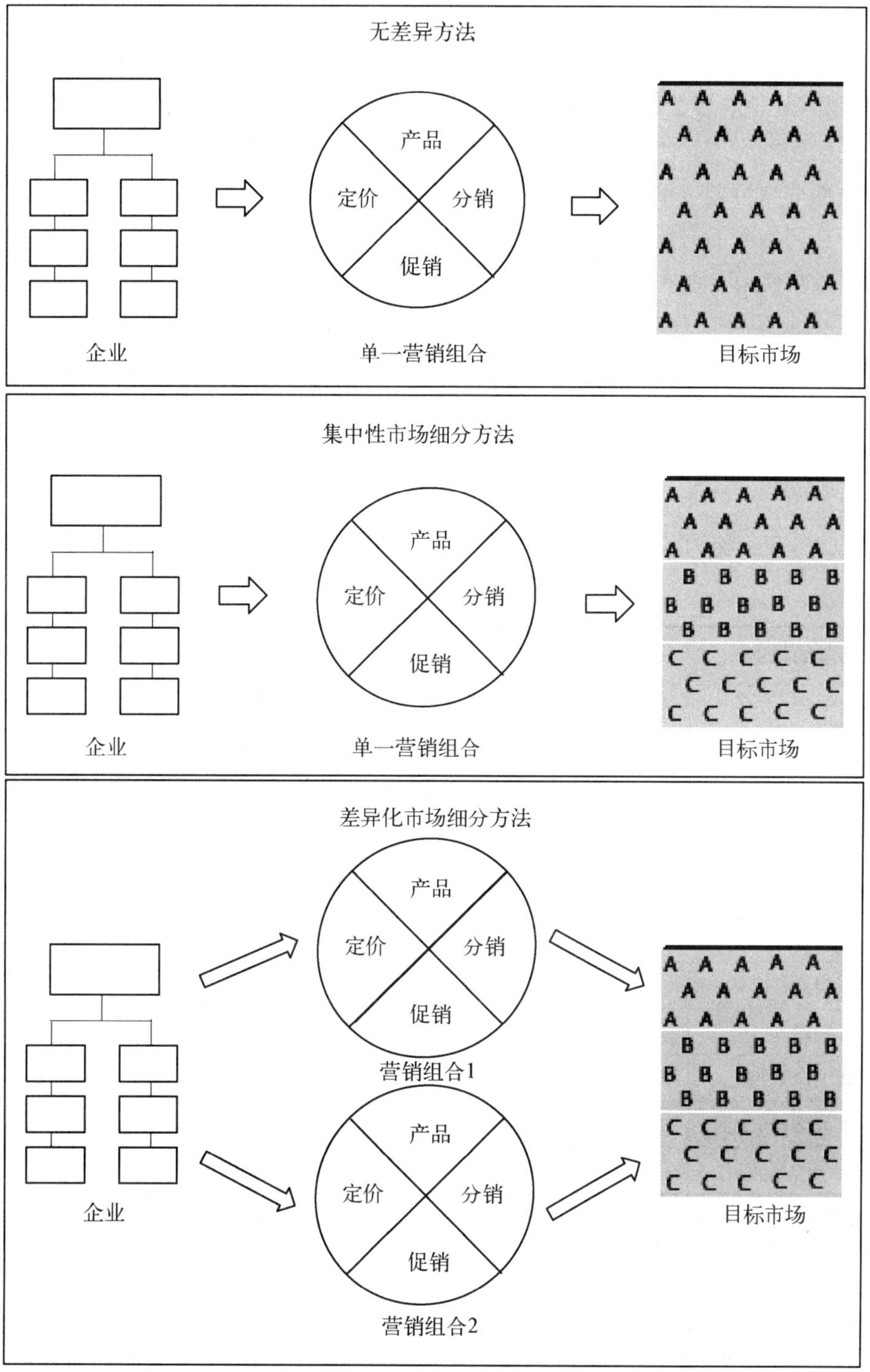

图 12.2　目标市场选择的基本方法

注：无差异方法假设目标市场中的个别客户对特定产品具有相似需求，大多数消费者的需求可以由单个营销组合来满足。当消费者有明显差别时，市场细分方法(集中的或差异化的)就成为必要选择。

资料来源：Pride W.M. and Ferrell O.C., Marketing: Concepts and Strategy[M] 17th ed., Mason, OH: South Western/Cengage Learning, 2014.

在上述例子中,市场细分的一个依据或基础是"船舶的最终用途",其中有些用途会让顾客购买40英尺游艇,以这一用途为基础形成的细分市场将成为公司的主要关注点。除此之外,收入和地理位置也可能成为市场细分的依据。这三种依据的任一差别都会影响个人购买船舶的类型。当选择市场细分的依据时,所选要素与人们对产品的需求差异之间的相关性非常重要。例如,游艇制造商不会使用宗教来划分船只市场,因为人们对船只的需求不会因宗教而有所不同。

营销人员使用各种依据进行市场细分。最常用于消费市场细分的依据如表12.3所示。其中的每一项既可以作为市场细分的单独依据,也可以与其他依据组合使用。例如,OfficeMax属于一个不那么耀眼的行业,目标市场(需要办公用品的人和企业)定位也非常宽泛。因此,公司最近决定重新定位自己。在对消费者的购物体验和期望进行研究基础上,OfficeMax推出了一个名为"生活很美丽,工作也可以"的全国性项目,该项目以时尚的品牌标签和芳香的产品目录为特色。OfficeMax通过进一步明确其细分市场与其他办公用品区别开。而这一巨大努力基于其大数据研究结果:妇女负责超过85%的办公室采购。[12]

表12.3 市场细分的常见依据

人口学的依据	心理的依据	地理的依据	行为学的依据
年龄	人格特征	地区	使用量
性别	动机	城市/城郊/乡村	最终用途
人种	生活方式	市场密度	利益期望
民族		气候	品牌忠诚度
收入		地形	价格敏感度
文化程度		城市规模	
职业		县域规模	
家庭规模		国家规模	
家庭生命周期			
宗教信仰			
社会阶层			

资料来源:Pride W.M. and Ferrell O.C., *Marketing: Concepts and Strategies*[M] 17th ed., Mason, OH: South Western/Cengage Learning, 2014.

12.5 创建营销组合

商业公司控制营销的四大重要元素,以组合成能够助其瞄准并掌握其目标市场。这四大要素分别是**产品**本身、产品的**定价**、为其**分销**所选择的手段、产品的**促销**,它们共同构成一个营销组合(见图 12.3)。营销人员为丰田的Scion 品牌汽车开发了营销组合,它以年轻、时尚的消费者为目标群体。Scion 将其大部分营销工作的目标瞄准 18—34 岁的人口。大约 75%的Scion 购买者是其品牌的新成员。许多 Scion 客户第一次购买汽车。Scion 最近的广告活动称为"我潮故我在",其中既有 Scion iQ 的新款发布,又有生动视频、互动宣传册等在线内容,甚至还有一个地下文化运动博物馆的在线展览,以突出车辆的功能。Scion iQ 营销组合还包含在全国各大城市的试驾项目,以及与艺术家的合作活动,以强调Scion 与艺术和音乐的联系。[13]

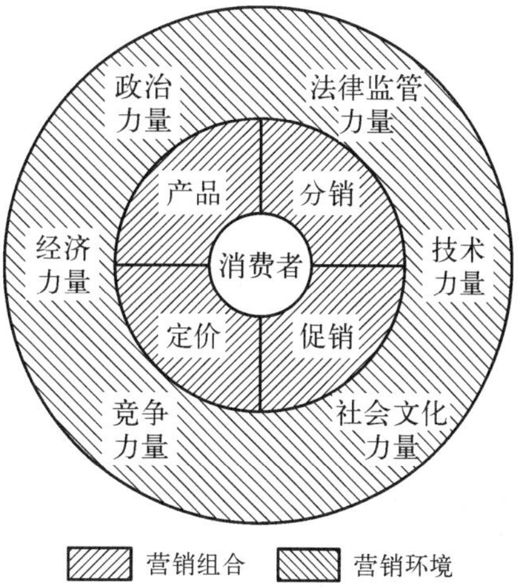

图 12.3　营销组合与营销环境

注：营销组合由企业控制的四大要素构成：产品、定价、分销和促销。企业通常无法控制营销环境中的有些要素。

资料来源：Pride W.M. and Ferrell O.C., *Marketing: Concepts and Strategies*[M] 17th ed., Mason, OH: South Western/Cengage Learning, 2014.

企业可以通过改变这些要素中的一种或几种来改变其营销组合。因此,企业可以用一种营销组合来应对一个目标市场,并使用一种稍微不同的营销组合来应对另一个目标市场。例如,大多数汽车制造商生产几种不同款式和型号的车辆,并将它们投入到基于潜在客户年龄、收入等因素划分的不同细分市场。

营销组合的**产品**要素包括与产品设计、品牌名称、包装、保修等相关的决定。当麦当劳考虑品牌名称、包装设计、订单大小、酱料风味和食谱等的选择时,这些都是其营销组合中产品要素的一部分。

定价要素涉及基本价格和各种折扣。定价决定旨在实现诸如利润最大化甚或为新款腾出空间等特定目标。汽车制造商提供的退税是一种定价策略,旨在提高低汽车销量。产品和定价在第 13 章有详细讨论。

分销要素不仅涉及运输和储存,还涉及中间商的选择。在特定产品的分销中应该经过多少层级的中间商?产品应当尽可能广泛地分发,还是应该限制在每个地区的几个专门网点?视频租赁零售商不得不对分配做出许多决定。目前,由 Coinstar 控股的Redbox 在视频租赁市场占有 24%的份额,最近接管了 Blockbuster 的 Dish Network 公司,占 14%,Netflix 占 5%。[14] 15 年前,几乎所有的视频都是通过实体商店租赁的。分销决策与活动在本书第 14 章有更详细的讨论。

促销要素专注于向目标市场提供信息。主要的宣传形式包括广告、个人销售、推销和公共关系。这四种形式在第 15 章有详细讨论。

营销组合的四大要素是可控元素。企业可以根据其组织目标、营销目标和目标市场的不同而调整其中一项或多项内容。随着对营销策略的讨论不断深入,我们会发现,营销环境还包括一些**不可控**的要素。

12.6 营销策略和营销环境

营销组合包括企业可控制和使用以应对其目标市场的要素。此外,公司还可以控制财务和信息等组织资源。这些资源也可用于完成营销目标。然而,公司的营销活动也受到一些外部力量的影响,这些力量通常是不可控的。如图 12.3 所示,以下力量构成了外部营销环境:

- 经济力量——经济条件对客户购买意愿和支付能力的影响;
- 社会文化力量——导致态度、信仰、惯例、习俗和生活方式变化的社会及其文化影响;
- 政治力量——通过官员选举和任命等产生的影响;
- 竞争力量——正在实施其营销计划的竞争对手的行动;
- 法律监管力量——保护消费者和企业正当竞争的法律,以及政府监管对营销的影响;
- 技术力量——可能创造新的营销机会或导致产品迅速过时的技术变革。

这些力量会对营销组合各要素相关的决定产生影响。营销环境的变化可能对现有的营销策略产生重大影响,也可能导致客户需求的突然变化。考虑技术力量对印刷报纸的影响:几年前,很少有人会想到消费者有一天不再需要他们的日报。然而,那一天确实来了。消费者现在想要当天的新闻,并可以随时在线访问。

社交媒体

在线视频为营销组合增添活力

在线视频可以为任何营销组合增添活力,帮助公司吸引注意,并教育和说服他们。无论视频是否呈现产品展示或客户证言,它都可以吸引关注,构建网络口碑,并宣传其主要功能和优点。例如,福特在 YouTube、Facebook 及其官网上发布视频,以宣传其车辆的创新功能。Blendtec 通过其名为"它能搅碎吗?"的流行视频展示了其搅拌机的强大功能。当 CEO 把一个 iPod 和不可思议的产品丢进搅拌机,观众目不转睛地观看其在短短几秒钟内变成渣渣。

资料来源:Hampp A., Super Bowl Buzz Wears Off the Viral Video Chart[N/OL] *Advertising Age*, www.adage.com, 2011-03-03; Bratt E., Social Media: Adding Video to Your Digital Marketing Plan[N/OL]. *San Diego Union-Tribune*, www.signonsandiego.com, 2011-02-06; Kiley D., Ford Kicks Off Social-Media Push for Explorer[N/OL]. *Advertising Age*, www.adage.com, www.youtube.com/user/Honda#p/c/1F2F88164C76470D/11/5gmzEC yp7nA, 2011-02-9.

12.7　拟定营销计划

营销计划是一份书面文件，其中指定了企业营销过程涉及的资源、目标、策略，以及在营销特定产品或产品组时使用的实施和控制工作。营销计划描述公司的当前情况，建立产品的营销目标，并制定企业尝试实现这些目标的方法。营销计划可以按照其涉及的时间长短划分，1 年或 1 年以内为短期计划，1—5 年为中期计划，5 年以上为长期计划。

虽然耗时，但是制定一个清晰、完善的营销计划很重要。它规定了营销计划实施相关的责任、分工和时间表，以及为实现营销目标所需的资源分配，公司员工之间可据此进行沟通协作，营销经理可据此监控和评估营销策略的实施。由于营销环境诸力量会不断变化，营销计划也必须经常更新。例如，已经超越汉堡王成为美国第二大汉堡包连锁的 Wendy's 推出了多重任务，改进其营销计划，提升其企业形象，以获得市场份额和收入增加。Wendy's 宣布了其在餐饮连锁行业重新定位的计划，它将瞄准更高端的竞争对手麦当劳，这一市场将带来大约四倍于 Wendy's 或汉堡王的年收入。麦当劳通过更健康、更高档的菜单项目取得了成功。Wendy's 希望做出类似的变化，以响应营销环境和消费者喜好的改变。为了掌控整个营销计划改革，Wendy's 连锁雇用了一位前宝洁公司高管，让其担任新的市场营销主管。[15]

营销计划的主要组成部分如表 12.4 所示。

表 12.4　营销计划的组成

计划内容	内容摘要	亮　点
实施纲要	1—2 页对整个营销计划的概要	
环境分析	与企业现状和营销环境相关的信息	1. 评估营销环境要素 2. 评估目标市场 3. 评估目前营销目标与表现
SWOT 分析	评估企业的优势、劣势、机遇和挑战	1. 优势 2. 劣势 3. 机遇 4. 挑战
营销目标	企业营销目标的详述	目标的定性描述
营销策略	企业获取其营销目标的路径概述	1. 目标市场 2. 营销组合
营销实施	企业实施其营销策略的方法概述	1. 营销组织 2. 行动与责任 3. 落实时间表

（续表）

计划内容	内容摘要	亮　　点
评估与控制	说明企业如何评估营销计划的执行效果	1. 绩效标准 2. 财务控制 3. 监控程序(审计)

资料来源：Pride W.M. and Ferrell O.C., Marketing: Concepts and Strategies[M] 17th ed., Mason, OH: South Western/Cengage Learning, 2014.

12.8　市场测算与销售预测

测算特定类型细分市场的销售潜力有助于组织做出一些重要决策。比如,企业可以据此评估进入新的细分市场的可能性,可以决定如何在其已经活跃的细分市场中配置营销资源和活动。与营销计划一样,所有这些测算都应确定相关的时间框架。1 年或 1 年以内为短期计划,1—5 年为中期计划,5 年以上为长期计划。测算工作还应确定其地理边界。例如,测算对象可以是城市、县域、省、国家或区域的销售潜力。最后,分析人员还应该指明其测算是针对特定产品、一系列产品,还是整个产品类别。

销售预测是基于指定水平的营销努力,企业关于其在某一时间段内销售产品量的估计。企业内部不同部门经理的决策都依赖销售预测。他们在购买原材料、计划生产、确保财务资源、考虑工厂或设备采购、雇用人员和计划库存水平时都根据销售预测进行决策。鉴于销售预测的准确性如此重要,企业通常使用多种预测方法,包括 CEO 的判断、买家或销售人员调查、时间序列分析、相关性分析和市场测试等。所使用的具体方法取决于所涉及的成本、产品类型、市场特点、预测时间跨度、预测目的、历史销售数据的稳定性、所需信息的可靠性,以及预测人员的专业知识和经验等。许多公司利用销售预测软件来帮助预测。例如,IBM 使用来自美国人口普查局的经济和人口统计数据以及销售预测软件来进行复杂的短期和长期销售预测。[16]

12.9　营销信息

准确和及时地获得和使用信息对于做出有效的营销决策是至关重要的。大量的有价值营销信息是可以获得的,其获得渠道一般有两种:营销信息系统和营销研究。

12.9.1　营销信息系统

营销信息系统是用于管理从内部或外部来源持续搜集的营销信息的系统。这些系统大多是基于计算机的，因为系统需要接受、存储、排序和检索的数据量十分庞大。如果系统要关注最新信息，**持续的**搜集数据是必需的。

在概念上，营销信息系统的操作简单。各种途径获得的数据被馈送到系统中。**内部**来源的数据包括销售数字、产品和营销成本、库存水平和销售人员的活动；**外部**来源的数据涉及企业的供应商、中间商和客户，竞争对手的营销活动，以及经济环境。所有这些数据都在营销信息系统中存储和处理。它以对企业做出营销决策最有用的形式输出信息，这些信息可能包括按地区呈现的每日销售报告、产品销售预测、购买趋势，以及行业内主要品牌的市场份额变化报告。信息输出的内容和形式取决于组织中的人员要求。无论从事行业，有何需求，营销人员都必须精通最新的技术，以最大限度地提高营销信息系统的效率。诸如认识到一个问题，即问题识别是消费者购买决策过程的第一阶段。这个广告使消费者意识到他们可能不知道他们正在参与的环境问题。然后，广告提供了有关解决方案的更多信息，即购买 Scott Naturals 浴室纸巾。Adobe、IBM、Google、Acxiom 和 Merkle 等公司都提供高科技工具，帮助营销人员收集和处理信息，管理营销活动，并生成营销报告。[17]

12.9.2　营销研究

营销研究是系统地收集、记录和分析关于特定营销问题数据的过程。因此，当决策者在其他途径无法获得有用信息的时候，营销研究便成为必要。营销研究是营销过程中的重要一环，因为它涉及收集和分析消费者需求、消费习惯、变化趋势等相关信息，以及营销环境变化的预测。例如，最近对汽车购买者的研究表明，政党隶属关系和汽车车型偏好之间存在相关性。民主党喜欢更小、更便宜的汽车，如本田思域，而共和党人倾向于选择更大、更昂贵的车型，如福特野马。这些信息可以帮助营销人员做出目标市场、营销组合等方面的决策。[18]

表 12.5 概述了营销研究的六步程序。该程序特别适合测试新产品，确定消费市场的各种特性，并评估促销活动。卡夫食品和家乐氏等食品加工公司使用各种营销研究方法，以避免由产品推介时间、地点不合适，甚或推介错误的产品所导致惨重代价。他们对非裔美国人和西班牙裔市场特别感兴趣，倾向于运用营销研究手段了解这些群体的食物偏好、忠诚度和购买激励因素，以便使公司能够更好地为他们服务。

表 12.5　营销研究的 6 大步骤

1. 明确问题	在这一步，需要准确地说明研究中涉及什么问题，需要做哪些反思，以及需要什么类型的解决方案。这是一个关键的步骤，不应该草率或仓促了事。
2. 初步调查	初步调查的目的是制定一个更清晰的问题定义和一套初步的答案。初步答案是通过审查内部信息和公布的数据，并通过与有相关经验的人交谈得出的。这些答案将通过进一步的研究进行检验。
3. 制订计划	在这个阶段，研究人员要知道需要什么样的事实来解决已确定的问题，以及哪些事实是可得的，他们制定了收集这些事实和数据的计划。

（续表）

4. 搜集信息	一旦基础研究计划完成,所需的信息可以通过邮件、电话或个人访谈,通过观察,或利用商业或政府数据源搜集。具体选择哪一种取决于计划和这些信息源的可得性。
5. 解读信息	信息本身并不总是能为营销问题提供一个完美的解决方案。这些信息还需要专业的解读和分析,才能作为管理层的决策依据。
6. 得出结论	有时,信息被解读之后,结论及建议就变得相当明显。有时,由于信息的缺失或者难以评估的无形因素,得出结论可能不那么容易。可供研究的信息不完备,不足以支撑决策的时候,指明这一问题也是必要的。

成功之道

使用神经科学进行市场调研

营销人员开始运用研究大脑和神经系统神经科学知识,以了解更多关于消费者行为的内在原因。例如,菲多利食品公司为深入了解消费者对"奇多"的反应,他聘请了一家公司来测量消费者吃奶酪泡芙时的脑波。研究表明,奇多留在他们的手指上的橙色奶酪和面包屑让消费者很受用。基于这项研究,菲多利在其广告和 Facebook 消息中使用了沾满奶酪和面包屑的手指,以增加视觉效果。

纳贝斯克饼干的"趣多多"品牌,在重新设计包装时也使用了神经科学的见解。前期研究表明,消费者对可重复封装的包装具有很高的偏爱,因此研究人员测试了不同的方式,突出了新设计的可重新封装性。他们还测试了包装图像,并根据研究结果选择了巧克力飞入曲奇的图像。

许多杂志也在使用神经科学进行市场研究。《新科学家》杂志通过对读者脑波的测量,以了解他们对封面艺术的反应。将结果付诸实践,封面经过特别设计的一期杂志在报亭的销售额比上一年提高了 12%。此外,《时代》杂志运用神经科学来衡量消费者对其 iPad 应用程序广告的参与度。虽然神经科学不会取代传统的研究技术,但它已经成为收集营销决策所需数据的一个工具。

资料来源：Nobel C., What Neuroscience Tells Us About Consumer Desire[EB/OL], *Harvard Business School Working Knowledge*. http://hbswk.hbs.edu, 2012-03-06; Marketing on the Brain[J]. *Marketing*, 2011, (11): 24; Young S., Neuroscience Explains the Emotional Buy[J]. *Brand Packaging*, 2011, (7): 16; Nenad D.H., Emotional Marketing[J]. *Editor & Publisher*, 2011, (1): 7.

12.9.3 利用技术手段搜集和分析营销信息

技术正在使营销决策所需的信息越来越容易获得。企业可以通过电子手段跟踪客户的购买行为,并能更容易地明确他们想要什么。这一能力正在改变营销的本质。电信与计算技术的融合为营销人员提供了准确的信息,不仅有关于客户与竞争对手的信息,也有关于产业前景和业务趋势的信息。

数据库是经过搜集和整理的信息集合,它以便于访问和检索的形式存储。通过数据库,营销人员可以访问内部销售报告、报纸文章、公司新闻稿、政府经济报告、参考书目等。许多营销人员使用商业数据库,如“律商联讯”,来获得有用的信息,用于营销决策。有些以前只能从专门生产商业数据库的公司以高价获得的信息,现在可以通过互联网轻松获得。然而,公司有些时候仍然需要访问大型商业数据库中那些含有广泛和深入信息的内容,如“邓百氏”的全球商业数据库,有 2.05 亿的业务记录。[19]

由单个公司提供的关于家庭人口统计、购买决策、电视观看行为,以及对优惠券和免费样品等促销活动的响应情况等信息被称为**单源数据**。例如,由芝加哥的信息资源公司(IRI)提供的行为扫描覆盖美国 26 个市场中的大约 60 000 个家庭。这种单源信息服务通过监控家用电视,并记录观看的节目和广告以获得信息。当这些家庭在装有扫描记录仪的商店购物时,他们倾向于使用热线卡片(类似于信用卡),而不是现金。这使得每个客户的标识能够被电子编码,使得公司可以跟踪所购买的每个产品,并将该信息存储在数据库中。

在线信息服务为订户提供电子邮件、网站、可下载文件、新闻、数据库和研究材料。通过订阅邮件列表,营销人员可以接收电子通讯并参与和其他网络用户的在线讨论。这种与客户、供应商和员工在线交流的能力提高了公司营销信息系统的能力,并帮助公司跟踪客户不断变化的需求和购买习惯。

互联网已经演变为一个强大的通信媒介,连接着世界各地的客户和公司。互联网使用量的增长已经带来一个新行业的崛起,这个行业的主要业务是使得公司和客户都可以容易地访问营销信息。许多网页对营销研究很有帮助,其中“尼尔森市场研究”和“广告时代”的主页便是其中的佼佼者。虽然大多数网页对所有互联网用户开放,但也有一些公司,如 U.S. West 和特纳广播系统,保持内部网页,称为**企业内部网**,仅允许员工访问内部数据并促进部门之间的通信。

表 12.6 含有各种二手信息来源,这是其他组织收集的现有信息,其中许多可通过网站获得。从表 12.6 可以看出,二手信息可以从各种来源获得,包括政府渠道、贸易协会、一般出版物和新闻渠道,以及公司信息。

表 12.6　二手信息来源

政府渠道	
Economic census	www.census.gov/ econ/ census07/
Export.gov-country and industry market research	www.export.gov/ mrktresearch/ index.asp
National Technical Information Services	www.ntis.gov/
Strategis-Canadian trade	http:/ / strategis.ic.gc.ca/ engdoc/ main.html

（续表）

贸易协会和展会	
American Society of Association Executives	www.asaecenter.org/
Directory of Associations	www.marketingsource.com/ associations/
Trade Show News Network	www.tsnn.com/
杂志、报纸、视频和音频新闻节目	
Blinkx	www.blinkx.com/
FindArticles.com	http://findarticles.com/p/articles/tn_bus/?tag=trunk
Google Video Search	http://video.google.com/
Media Jumpstation	www.directcontactpr.com/ jumpstation/
Google News Directory	www.google.com/ Top/ News/
Yahoo! Video Search	http://video.search.yahoo.com/
公司信息	
Annual Report Service	www.annualreportservice.com/
Bitpipe	www.bitpipe.com/
Business Wire-press releases	www.businesswire.com/
Hoover's Online	www.hoovers.com/
Open Directory Project	http://dmoz.org/
PR Newswire-press releases	www.prnewswire.com/

资料来源：Adapted from "Data Collection: Low-Cost Secondary Reserch," KnowThis.com, www.knowthis.com/principles-of-marketing-Tutorials/ data-collection-low-cost-secondary-research/ 2012-01-06.

可作为营销研究手段的最新流行工具是社交媒体。许多公司已经开始使用各种社交媒体来征求客户对公司现有或即将推出的产品的反馈意见。然而，参与社交媒体的风险在于，使您的公司易于受到一般公众的不良信息或负面信息的影响。然而，从营销研究的角度来看，这些评论需要被视为有用的信息。客户投诉是改进的机会。如果处理正确，它们可以成为无价的数据宝库。

12.10 购买行为的类别

购买行为可以定义为参与购买和使用产品的人的决策和行动。[20] **消费者购买行为**是指为个人或家庭使用而不是为商业目的所进行的购买。**商业购买行为**是指生产者、经销商、政府部门和机构对产品的采购。由于企业的成功在很大程度上取决于买方对特定营销策略的反应,因此了解购买行为很重要。如果营销经理能够掌握影响购买行为的因素,他们将能更好地预测客户对营销策略的反应,并制定令人满意的营销组合。

12.10.1　消费者购买行为

当消费者购买不同类型的产品时,呈现出不同的购买行为。对于频繁购买的低成本项目,消费者使用涉及非常少的搜索或决策努力的常规响应行为。当面对偶尔购买的商品,或者知名产品类别当中的未知产品时,消费者运用有限型决策。当购买的商品不熟悉、太昂贵或很少购买时,消费者运用扩展型决策。越来越多的消费者通过互联网上的信息提升决策能力。它赋予消费者提前了解产品的能力,让其能够在进店之前比较价格和特征,并阅读关于产品的评论。过去要依赖销售人员提供的信息,如今消费者可以通过在线研究独立完成,并作出购买决定。在这个新的环境中,营销和客户服务正变得越来越重要。[21]

人们进行购买决策时遵循图 12.4 中所示的一些或全部步骤。首先,消费者认识到一个需要解决的问题。而一个问题通常是由于缺乏需要的产品或服务。然后,买方寻找信息,其可以包括品牌名称、产品特性、保证和其他特征。接下来,买方衡量他已经发现的各种替代物,然后最终做出选择并获取该物品。在购买之后,消费者评估产品的适用性。这种判断将影响未来的购买。如图 12.4 所示,购买过程受环境因素(物理环境、社会环境、时间、购买理由、买方的心情和条件)、心理因素(感知、动机、学习、态度、人格和生活方式)和社会因素(家庭、角色、同辈群体、在线社交网络、社会阶层、文化和亚文化)影响。

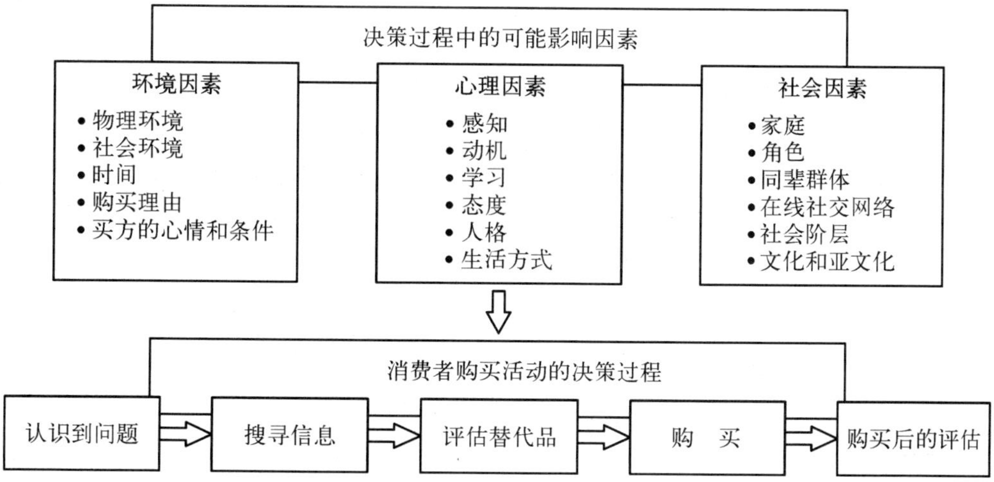

图 12.4　消费者购买决策过程和可能的影响因素

注：消费者进行购买决策时遵循这些步骤当中的一些或全部。

资料来源：William M.P. and Ferrell O.C., *Marketing: Concepts and Strategies*, 17th ed. Mason, OH: South-Western/Cengage Learning, 2014.

消费者购买行为也受购买能力的影响，这主要取决于收入。正如每个纳税人所知，并非所有收入都可用于支出。因此，营销人员以三种不同的方式考虑收入。**个人收入**是个人从所有来源获得的收入，减去个人必须支付的社会保障税。**个人净收入**是个人收入减去所有额外的个人所得税。这些税收包括地方、州和联邦政府征收的收入、财产、礼物和财产相关的税。在历史上，美国约3%的可支配收入被征收了，但是近年来，这一比例已经上升到可支配收入的约4.5%。[22] **可随意支配收入**则是指个人净收入减去对食品、衣服和住房的支出和储蓄。可随意支配收入是营销人员特别感兴趣的，因为消费者对其有最多的选择。消费者可使用其自由支配收入购买汽车、假期旅行、电影、宠物食品等项目。

12.10.2 商业购买行为

商业买家考虑产品的质量、价格和供应商提供的服务。商业买家通常比消费者更了解产品并且通常更大量地购买。一单生意中，通常由委员会或一群人共同进行购买决策，而不只是一个人。委员会成员必须综合考虑组织的目标、采购政策、资源和人员。商业购买通过描述、检查、抽样或协商进行。因为商业交易可能更复杂，订单更大，关于买家和卖家的信息往往很重要。信用评级机构 Experian 最近宣布与在线市场 Fedbid 建立合作伙伴关系，这将为企业和政府买家提供对卖家和承包商的信用记录的访问，以便他们能够对其供应链和智能采购做出更明智的决策。这种合作伙伴关系应该有助于节省商业买家的资金，同时减少欺诈和支出的浪费。[23]

商界报道回看

Nespresso

随着单杯咖啡市场的升温，Nespresso 及其竞争对手正竞相开展长期客户关系管理，目标直指每位客户购买行为的终身价值。售卖咖啡机是为客户服务的第一步，他们还将在未来几年内购买兼容的咖啡胶囊。Nespresso 俱乐部（现有1 000多万会员）是公司保持这些客户满意度和忠诚度的方式。会员可以咨询咖啡专家，要求其咖啡机的售后服务，订购咖啡胶囊的快递服务，以及新产品的提前尝试。

像绿山咖啡烘焙工坊及其他业内企业一样，Nespresso 已经对其机器和胶囊进行了专利保护，防止未经授权的复制。然而，这些专利将很快过期，这意味着公司必须准备好新的、改进的产品，以满足客户的需求并保持市场份额。

讨论题

1. Nespresso 的咖啡机和咖啡胶囊如何分别为客户提供短期效用和长期效用？

2. 在营销环境的六种力量中，你认为哪种力量对 Nespresso 拓展和维持长期客户关系影响最大？

本章小结

1. 理解营销的内涵,知道客户关系管理等重要性。营销是一种组织功能和一套流程,用于为客户创造、交流和传递价值,并以有利于企业及其利益相关者的方式管理客户关系。与客户保持良好关系至关重要。关系营销正在建立长期的、双方满意的买卖关系。客户关系管理利用有关客户的信息来创建营销策略,以拓展和维持理想的客户关系。管理客户关系需要确定购买行为的模式,并专注于最有利可图的客户。客户生命周期价值是一种复合要素,他包括客户与企业关系存续周期内的购买频率、每次购买的平均价值,品牌转换模式等。

2. 掌握营销如何通过创造一些形式的效用而实现增值。营销的增值作用通过提升效用或产品与服务满足需要的能力来实现。它确保产品在客户需要的地方提供以实现空间效用,确保产品在客户需要时提供以实现时间效用,并通过将产品的所有权转让给购买者以实现所有权效用。

3. 了解营销观念的发展脉络和背后原因。从工业革命到 20 世纪初,商人专注于商品生产;从 20 世纪 20 年代到 50 年代,重点转向了商品的销售。在 20 世纪 50 年代,商人还认识到,他们的企业不仅涉及生产和销售产品,更涉及如何满足客户的需求。他们开始实践营销观念(一种认为企业应该通过一系列协调的经营活动,提供满足客户需要的商品和服务的经营哲学)。

营销观念的实施以客户为出发点和落脚点,首先确定客户的需求,然后评估企业满足这些需求的程度。

4. 理解市场的内涵及其分类。市场的主体是人,这些人有着不同的需求、购买能力,以及购买的欲望和权力。市场可分为消费市场和工业(其参与者大致分为生产者、经销商、政府和机构四类)市场。

5. 了解营销组合的四要素及其对制定营销策略的重要性。营销策略是最好地利用组织资源来实现其目标的计划。制定营销策略涉及选择和分析目标市场,并创建和维护适当的营销组合以满足特定目标市场的需求。目标市场可以通过无差异方法或市场细分方法进行选择。细分市场是指某个市场中共有一个或多个特征的一组个人或企业。使用无差异方法的企业设计单一营销组合,并将其指向特定产品的整个市场;使用市场细分方法的企业则为特定目标市场分别设计营销组合。

企业营销组合的四要素分别是产品、定价、分销和促销。产品要素包括与产品设计、品牌名称、包装、保修等相关的决定。定价要素涉及基本价格和各种折扣。分销要素不仅涉及运输和储存,还涉及中间商的选择。促销要素专注于向目标市场提供信息。营销组合的元素可以根据企业组织目标、营销目标和目标市场的不同而进行调整。

6. 掌握营销环境如何影响战略市场规划。为了实现公司的营销目标,营销组合策略必须从对营销环境的评估开始,这将影响营销组合各要素的相关决定。营销活动受到构成营销环境的诸多外部因素的影响。这些力量包括经济力量、社会文化力量、政治力量、竞争力量、法律监管力量和技术力量。经济力量影响客户的购买意愿和支付能力。社会文化力量是影响顾客购买选择的社会和文化因素,例如态度、信念和生活方式。政治力量和法律监管力量通过保护消费者和规范竞争的法律影响营销规划。竞争力量是指正在实施其营销计划的竞争对手的行动。技术力量可以创造新的营销机会或导致产品快速过时。

7. 理解营销计划的主要组成部分。营销计划是一份书面文件,其中制定了企业营过程涉及的资源、目标、策略,以及在营销特定产品或产品组时使用的实施策略和控制工作。营销计划描述公司的当前情况,建立产品的营销目标,并制定企业尝试实现这些目标的方法。营销计划可以按照其涉及的时间长短划分,1 年或 1 年以内为短期计划,1—5 年为中期计划,5 年以上为长期计划。

8. 掌握市场测算和销售预测如何实施。市场测算和销售预测用于估计销售潜力,并预测特定细分市场的产品销售。

9. 掌握营销信息系统和营销研究。营销研究和营销信息系统可以帮助监测和评估企业战略,并协助营销决策的形式存储和处理内部和外部数据。营销信息系统是用于管理从内部或外部来源持续搜集的营销信息的系统。营销研究是系统地收集、记录和分析关于特定营销问题数据的过程,它是间歇性的,而不是连续的营销信息来源。技术使得营销决策所需的信息更容易获得。电子通信工具对于提供准确的信息非常有用。数据库、在线信息服务和互联网是改变营销人员获得和使用信息方式的新一代信息技术。一些公司正在使用社交媒体来获得客户的反馈。

10. 了解消费者购买决策过程的主要步骤及其影响因素。购买行为可以定义为参与购买和使用产品的人的决策和行动。消费者购买行为是指为个人或家庭使用而不是为商业目的所进行的购买。商业购买行为是指生产者、经销商、政府部门和机构对产品的采购。了解购买行为很重要,它有助于营销人员预测客户对营销策略反应。消费者购买决策过程包括五个步骤,即认识到问题、搜寻信息、评估替代品、购买以及购买后评估。影响消费者购买决策过程的因素分为三类:环境因素、心理因素和社会因素。

关键词

市场营销	时间效用	无差异方法	购买行为
关系营销	所有权效用	细分市场	消费者购买行为
客户关系管理	营销观念	市场细分	企业购买行为
客户终身价值	市场	市场计划	个人收入
效用	营销策略	销售预测	个人净收入
形式效用	营销组合	营销信息系统	可随意支配收入
空间效用	目标市场	营销研究	

复习题

1. 具体来说,营销如何创造空间效用、时间效用和所有权效用?
2. 什么是关系营销?
3. 营销型的公司与生产型公司或销售型公司有何不同?
4. 一群个人和组织构成市场的前提条件是什么?消费者市场与 B2B 市场有何区别?
5. 营销策略的主要组成要素有哪些?
6. 市场细分的目的是什么?市场细分与目标市场选择之间的关系是什么?
7. 营销组合的四个要素是什么?在何种意义上它们是“可控的”?
8. 描述营销环境中影响企业营销决策的力量。
9. 什么是营销计划?它的主要组成部分是什么?
10. 在进行销售预测之前应该说明什么主要问题?
11. 营销信息系统和营销研究之间有什么区别?这两者如何相关?

12. 正在改变营销人员跟踪商业趋势和客户需求方式的是哪些新信息技术？
13. 二手信息的主要来源是什么？
14. 为什么营销人员需要了解购买行为？
15. 个人收入、个人净收入和可随意支配收入有何关系？哪个是衡量消费者购买能力的最好指标？

讨论题

1. 一家主要关注其最有利可图客户的公司可能面临什么样的问题？
2. 以下哪种方式是营销活动？
   a）为郊区购物中心的客户提供充足的停车位。
   b）一家服装店购入七打各种尺寸和颜色的毛衣。
   c）提供对汽车的更长和更全面的保修。
3. 营销观念如何为公司增加收益？它又如何让公司的客户受益？
4. 营销信息对小公司和大公司都很重要吗？请说明。
5. 营销环境如何影响企业的营销策略？

视频案例 12.1

蓝翎车轮钢自行车市场

蓝翎是成立于 19 世纪的英国自行车公司,在其历史根基之上,蓝翎营销的钢架自行车之坚固与舒适已经赢得全球声誉。该公司以其原址所处的英国诺丁汉市之街道命名,公司的最初定位是设计和制造自行车的引领潮流者。蓝翎在 1903 年推出了装备有三挡变速轮毂的钢架自行车,这使行业发生了革命性的变化,并引发了一场永无止境的产品改进竞赛。在前汽车时代,它的自行车成了英国消费者的两轮时代标志,该品牌保持了数十年的良好口碑。虽然蓝翎的砍刀式自行车在 20 世纪 70 年代仍非常受欢迎,但在过去几十年里,国际竞争和不断变化的消费者品味已经带来了衰减。

现在,蓝翎在欧洲、加拿大和美国向消费者销售的自行车品类繁多。其位于华盛顿州肯特市的美国分部一直在为当代消费者研究新的自行车,并开发更轻、更快、更好的车型。受欧洲生活方式和骑行传统的启发,蓝翎正寻求方法依托其历史根基重振销售声威,并力争在 60 亿美元的自行车市场中占据更大份额。

蓝翎的美国营销人员一直在观察"信使市场",客户在市中心的街道上骑自行车向企业和个人交付文件和小包裹。他们还注意到,许多日常骑自行车的人随意穿着 T 恤和牛仔裤,而不是专为高速骑行设计的特殊赛车服。针对喜欢骑行生活方式的消费者,蓝翎的营销人员正在关注这一细分市场的特定需求和偏好,因为他们开发产品、定价、促销和分销新模式。

近年来,蓝翎的营销人员已经加强了将示范车队带到公共场所的做法,潜在的买家可以跳上公司的自行车并踩踏几分钟。这个做法能让喜欢骑自行车的消费者体验到骑行蓝翎的有趣感觉。市场营销人员也参观自行车比赛,并与美国各城市和城镇的自行车骑士会面,鼓励他们讨论蓝翎品牌和骑行生活,并征求关于特定蓝翎产品的反馈。

通过倾听消费者心声,蓝翎的营销人员认识到,许多人对钢架自行车的重量有误解。虽然钢铁可以相当沉重,蓝翎的自行车却是坚实、轻便、灵活和容易操纵的。根据市场调查,那些用钢架自行车的人称赞钢圈的质量,说它是"有灵魂的"。

为了保持与目标市场的联系,蓝翎在社交媒体上越来越活跃。它有几千粉丝访问其 Facebook 页面,关注其最新产品概念,张贴自己的照片,发表关于蓝翎自行车的评论。它还使用 Twitter 来发布消息,并回答有关自行车和即将举行的示范活动的问题。该公司的主要博客及时传达关于框架设计、新款自行车颜色、产品奖励和赛车活动等的最新消息。它还有一个单独的博客,主题是关于骑自行车的乐趣和挑战,这令客户非常感兴趣,因为许多人正是这样做的。通过倾听客户并展现其理解目标市场群体的日常生活,蓝翎正在竞争日趋激烈的市场中表现出越来越好的销售成绩。[24]

讨论题

1. 蓝翎使用了哪些营销观念？请说明。
2. 蓝翎使用什么类型的方法来选择目标市场？
3. 在四个要素中,哪一个对蓝翎的市场细分策略最重要,为什么？

案例 12.2

百事可乐的设计师挑逗目标市场的味蕾

百事公司，世界领先的小吃营销商，旨在通过精准定位和创意营销，争取更多的市场份额。百事公司的销售主要来自北美和南美，它在那里一贯是一个强大的竞争对手。在其不断扩大的品牌中，有 19 家已经是亿万美元的企业，包括：百事可乐、百事轻怡和激浪等软饮料；乐事薯片、立体脆和圆形米脆片等；立顿茶；纯果乐水果饮料；佳得乐运动饮料；桂格食品和阿夸菲纳瓶装水。

该公司面临来自可口可乐和草案食品公司的激烈竞争，这两个公司正在美洲、欧洲和亚洲展开营销浪潮。在某些情况下，它还必须应对拥有大型和忠诚客户群的各种本地品牌。因此，百事公司的营销人员不断研究客户的需求，研究环境力量的影响，以便他们能够为目标市场开发合适的营销组合。

百事公司的营销人员发现，对健康饮食的兴趣不断提升是一个全球趋势。几年前，英国政府开展了一个运动，警告消费者高盐摄入的危险，并敦促他们改善饮食结构。作为回应，百事可乐在当地流行的沃克斯薯片中减少了 25% 的钠量。美国卫生专家也呼吁在加工食品中使用低盐，百事公司现在正在降低全世界许多其他零食的盐含量。它也降低了脂肪和糖的含量，使营养标签更突出，以便消费者可以做出有根据的选择。首席执行官说："我们希望'趣味类'零食尽量健康。"

百事公司的营销人员注意到的另一个趋势是，数字媒体在青少年和年轻人中的使用量急剧增加，这是一个规模庞大、利润丰厚的小吃和饮料目标市场。因此，百事公司加大了对互联网、博客、Twitter、Facebook 和 YouTube 的使用，与这些消费者沟通并影响这些消费者。例如，它的激浪民族运动，邀请客户对他们最喜欢的激浪风味进行在线投票。它还组织比赛，请客户创建并提交自制的立体脆薯片电视广告。在网上公布决赛入围者进行公众观察和投票之后，百事可乐在美国橄榄球超级杯大赛期间播放获奖广告，给予获奖者现金奖励等。

百事公司最近的全新项目融合了数字营销与社会责任，是其不同寻常的营销努力之一。在这个为期一年的计划中，百事公司邀请消费者在网上申请补助金，以改善他们的社区。每个月，公众都投票赞成他们认为最值得资助的补助金。总而言之，百事公司获得了近 2 000 万美元的赠款，让成千上万的客户对该项目感兴趣，其优秀作品也得到了积极的宣传。当然，百事公司希望客户在做出关于小吃和饮料的购买决定时也会注意到并回应其社会责任。

如今，百事公司有一个持续的新产品介绍，它基于市场调研，并能帮助百事了解每个国家的客户喜好。例如，迎合俄罗斯的口味，它提供了红鱼子酱调味的乐事薯片。在中国，其草本乐饮料具有当地客户青睐的草本风味。在日本，知道其客户期待季节性品种，公司推出了一系列限量版软饮料，如百事猴面包树(非洲水果风味)。在印度，它通过 7Up 销售其独特的反传统柠檬饮料。为满足全球客户群体，百事公司下一步还将做出哪些努力？[25]

讨论题

1. 百事可乐公司通过什么方法来定位市场？
2. 营销环境中的各种因素如何影响百事可乐公司的营销策略？
3. 百事可乐公司应特别关注哪些影响消费者购买行为的要素，为什么？

尾注

1. Based on information in Haig Simonian and Louise Lucas, "Starbucks Takes Coffee Wars to Nespresso," *Financial Times,* March 5, 2012, www.ft.com; Dermot Doherty, "Nestle Forecasts 2012 Earnings as Sales Beat Estimates," *Bloomberg BusinessWeek,* February 16, 2012, www.businessweek.com; Joshua Levine, "Pod of Gold," *Time,* March 7, 2011, www.time.com; www.nespresso.com; Tom Mulier, "Nespresso Will Survive 'Plethora' of Knock-Offs, Inventor Says," *Bloomberg BusinessWeek,* January 30, 2011, www.businessweek.com.
2. "Definition of Marketing," American Marketing Association, www.marketingpower.com/AboutAMA/Pages/DefinitionofMarketing.aspx, accessed March 19, 2012.
3. Stuart Elliot, "Spotting the Trends, Before They Break Out," *New York Times,* March 11, 2012, www.nytimes.com/2012/03/12/business/media/spotting-the-trends-before-they-break-out-advertising.html.
4. Eilene Zimmerman, "A Small Business Made to Seem Bigger," *New York Times,* March 2, 2011, www.nytimes.com/2011/03/03/business/smallbusiness/03sbiz.html, accessed March 19, 2012; "Batchbook: Your Social CRM," BatchBlue, http://batchblue.com/socialcrm/, accessed March 19, 2012.
5. V. Kumar, *Customer Lifetime Value* (Hanover, MA: now Publishers, 2008), 5.
6. Rajkumar Venkatesan and V. Kumar, "A Customer Lifetime Value Framework for Customer Selection and Resource Selection and Resource Allocation Strategy," *Journal of Marketing 68* (October 2004), 106–125.
7. Dennis Price, "How Much is a Customer REALLY Worth?" *Insider Retailing,* March 18, 2012, www.insideretailing.com.au/IR/IRNews/How-much-is-a-customer-REALLY-worth--4454.aspx; Customer Lifetime Value Calculator, http://hbsp.harvard.edu/multimedia/flashtools/cltv/index.html, accessed March 19, 2012.
8. Press release, "Captain D's Continues Brand Rejuvenation—Generates an 8.5 Percent Same-Store Sales Increase in Q1," March 28, 2012, www.prweb.com/releases/Ds/Q1/prweb9338053.htm.
9. Sears, press release, January 19, 2010, http://searsmedia.com/tools/press/content.jsp?id=2010-01-19-0005167078; Elaine Wong, "Why Sears Is Rebranding Kenmore," *Adweek*, February 24, 2010, http://adweek.com/news/advertising-branding/why-sears-rebranding-kenmore-107086.
10. "Nissan Announces U.S. Pricing on 2010 Cube," *PR Newswire*, January 28, 2010, http://prnewswire.com/news-releases/nissan-announces-us-pricing-on-2010-cuber-70613072.html.
11. "Marni for H&M; Versace for H&M," *Vogue,* January 23, 2012, www.vogue.co.uk/news/2011/06/21/versace-collaborates-with-handm, accessed April 6, 2012; Karen Talley, "Target to Test In-Store Boutiques," *Wall Street Journal,* January 12, 2012, http://online.wsj.com/article/SB1000142405297020440900457715669185888450 0.html, accessed April 6, 2012.
12. Paula Andruss, "New OfficeMax Catalog Courts Women Consumers," *Deliver Magazine*, June 29, 2009, www.delivermagazine.com/2009/06/new-officemax-catalog-courts-women-consumers/.
13. Elizabeth Olson, "Scion Aims Online Videos at Young Buyers," *New York Times,* March 4, 2012, www.nytimes.com/2012/03/05/business/media/scion-aims-online-videos-from-wry-to-racy-directly-at-young-buyers.html.

14. "DVD, Game & Video Rental in the US," IBISWorld, http://clients.ibisworld.com/industryus/majorcompanies.aspx?indid=1370 (accessed February 21, 2012).
15. Candace Choi, "Wendy's Takes No. 2 Spot from Burger King," *BusinessWeek*, March 19, 2012, www.businessweek.com/ap/2012-03/D9TJLUH00.htm; Tim Feran, "Wendy's Hires New Chief of Marketing," *The Columbus Dispatch*, March 29, 2012, www.dispatch.com/content/stories/business/2012/03/29/wendys-hires-new-chief-of-marketing.html.
16. Press Release, "IBM Forecasts Robust Gains in 2Q Home Furnishing Sales," Market Watch, April 6, 2012, www.marketwatch.com/story/ibm-forecasts-robust-gains-in-2q-home-furnishings-sales-2012-04-06.
17. David Cooperstein, "Why Marketers Have No Choice But to Adopt Marketing Technology," *Forbes*, April 3, 2012, www.forbes.com/sites/davidcooperstein/2012/04/03/why-marketers-have-no-choice-but-to-adopt-marketing-technology/.
18. Mary Chapman Party Affiliations in Car-Buying Choices: A Thorny Patch of Consumer Analysis," *New York Times*, March 30, 2012, http://wheels.blogs.nytimes.com/2012/03/30/party-affiliations-in-car-buying-choices-a-thorny-patch-of-consumer-analysis/.
19. "D&B Enhances Portfolio Risk Manager for DNBi with Greater Analytics Capabilities," Market Watch, March 21, 2012, www.marketwatch.com/story/db-enhances-portfolio-risk-manager-for-dnbi-with-deeper-analytic-capabilities-2012-03-21.
20. William M. Pride and O. C. Ferrell, *Foundations of Marketing*, 4th ed. (Mason, OH: South-Western/Cengage Learning, 2011), 128.
21. Christine Crandell, "The New Corporate Power Couple," *Forbes*, February 25, 2012, www.forbes.com/sites/christinecrandell/2012/02/25/the-new-corporate-power-couple/.
22. Press release, "Personal Income and Outlays, January 2012," U.S. Department of Commerce, Bureau of Economic Analysis, www.bea.gov/newsreleases/national/pi/pinewsrelease.htm
23. Press release, "Experian and FedBid Provide Government and Commercial Buyers with Indicators of Seller Business Health," Market Watch, March 29, 2012, www.marketwatch.com/story/experian-and-fedbid-provide-government-and-commercial-buyers-with-indicators-of-seller-business-health-2012-03-29.
24. "BRAINy Awards Honor Individuals," *Bicycle Retailer and Industry News*, April 15, 2010, www.bicycleretailer.com/news/newsDetail/3961.html; Francis Lawell, "Raleigh: Cycling to Success?" *Business Review (UK)* (February 2009): pp. 16ff; "Industry Overview 2008," *National Bicycle Dealers Association*, http://nbda.com/articles/industry-overview-2008-pg34.htm; www.raleigh.co.uk/; www.raleighusa.com.
25. Based on information from Betsy McKay, "PepsiCo Develops 'Designer Salt' to Chip Away at Sodium Intake," *Wall Street Journal*, March 22, 2010, http://online.wsj.com/article/SB10001424052748704534904575131602283791566.html; Natalie Zmuda and Emily Bryson York, "Cause Effect: Brands Rush to Save World One Deed at a Time," *Advertising Age*, March 1, 2010, 1, http://adage.com/article/news/effect-brands-rush-save-world-deed-a-time/142338/; Natalie Zmuda, "Pass or Fail, Pepsi's Refresh Will Be Case for Marketing Textbooks," *Advertising Age*, February 8, 2010, http://adage.com/article/digital/marketing-pepsi-refresh-case-marketing-textbooks/141973/; Sarah Theodore and Elizabeth Fuhrman, "The Best Packages of 2009," *Beverage Industry*, December 9, 2009, http://bevindustry.com/articles/the-best-packages-of-2009; http://pepsico.com accessed February 21, 2012.

第 13 章

创造满足客户的产品并定价

学习目标

1. 了解产品的内涵及分类。
2. 掌握产品生命周期及新产品开发的必要性。
3. 掌握产品系列和产品组合,并能在这两者间做出区分。
4. 了解可用于改变产品组合的方法。
5. 掌握品牌化、包装和贴标签的用途及重要性。
6. 了解定价的经济基础、卖方控制价格的手段和买方对价格的反应。
7. 了解企业的主要定价目标。
8. 掌握公司可采用的三种主要定价方法。
9. 掌握公司设定价格的不同策略。
10. 掌握产品的三种主要定价类型。

商界报道

百亿美元品牌百事的食品储藏室

从奇多、立体脆到阿夸菲纳、佳得乐,百事公司旗下十亿美元级的品牌不断增多,这主要由于经营零食和软饮料的百事公司不断推出新产品,并在不同地方推行不同的定价策略。年营业额达 300 亿美元的百事公司,越来越多地联合推广两个或多个品牌,正如一位高级管理人员所表示的,因为"消费者往往一起考虑我们的饮料和零食品牌"。例如,该公司针对年轻人,在便利店展示立体脆薯片和百事极度可乐,并利用"双杀"的棒球标语,促销乐事薯片和特定的百事可乐。

百事公司定期推出新产品。针对喜欢尝试新口味的客户,百事旗下的菲多利研发了很多新奇口味的零食,其中甚至有烟味的多利多滋和立体脆薯片。同时,纯果乐也一直在开发优质的、适合客户口味的果汁混合物。Trop50 系列产品由优质的果汁与甜叶菊(一种天然甜味剂)混合而成,以减少糖和卡路里的含量。每几个月,纯果乐都会推出一种新的味道,如红橙或桃红茶,为买家味蕾提供更多的选择。自从 Trop50 于 2009 年首次登陆商店货架后,销售额每年以 50%的速度飞速增长,为百事可乐带来了新的成功。同样重要的是,这些独特的混合物帮助百事可乐与可口可乐的美汁源和 Simply Orange 非浓缩果汁竞争。

公司对消费者行为的了解对其价格制定尤为重要。百事公司在便利店和加油站提供 99 美分的软饮料,容量便于客户拿上就走;它还为小家庭聚餐提供标价 99 美分的 1.5 升装,为聚会等其他场合提供组合定价的 20 罐一包的 12 盎司罐头装。对于需要更小尺寸(如 7.5 盎司)的客户则需要支付相对更贵一点的单价。同样,百事公司有时必须为糖分和其他成分支付更多,然而由于竞争、客户抵制和经济条件等,它不能总是将更高的成本转化成更高的价格。展望未来,该公司在拓展新产品时将如何管理其利润?[1]

像百事轻怡一样,**产品**是指一个人在交易中获得的所有有形和无形的属性及其预期收益,它可以是货物、服务或创意。例如,购买一台苹果 iPod,不仅包括 iPod 本身,还包括耳塞、电源适配器、使用说明和保修凭证。一台新车也包括售后保证、用户手册,可能还包括一年免费的紧急道路服务。除此之外,汽车还附带有一些无形的元素,比如有车一族的身份象征和之前骑行生活的记忆等。有效地开发和管理产品对于组织是否能维持成功的营销组合至关重要。

一件产品可能是一件货物、一项服务或一个好想法。**货物**是一个真实的、物理的东西,我们可以触摸,如戴尔笔记本电脑。**服务**是对人或事物施加人力或机械努力的结果。基本上,**服务**是我们通过支付让别人带给我们的变化。房地产代理的服务导致不动产所有权的变化。理发师的服务导致你的外观改变。一个**想法**可能以哲理、教训、观念或建议的形式存在。一件货物或一项服务往往就包涵着一个好的想法。因此,我们可能会买一本书(一件货物),它还提供如何减肥的想法。或者,我们可以加入减肥中心了解减肥的想法,以获取在减肥过程中的帮助(服务)。

我们在本章首先介绍产品。审查产品分类,并描述每个产品发展的四个阶段或生命周期。接下来,说明公司如何通过改进或删除现有产品以及开发新产品来有效地管理其产品。我们还将讨论产品的品牌、包装和标签。然后,我们的焦点转向定价,解释影响卖家定价决定的竞争因素,并探讨买家对价格的看法。在考虑可以通过定价实现的组织目标之后,我们概述了几种设置价格的方法。最后,我们描述可以帮助卖家成功瞄准目标市场的定价策略。

13.1　产品分类

不同类别的产品瞄准不同的特定目标市场。产品的分类在很大程度上决定了营销该产品适合运用什么样的分销、促销和定价模式。

产品可以分为两大类：消费品和工业品(后者也称为 B2B 产品)。为满足个人和家庭需求而购买的产品是**消费品**。为转售、制造其他产品或在公司运营中使用而购买的产品是**工业品**。买方对产品的使用决定了其分类。值得注意的是，单个物品可以既是消费品又是工业品。同样一盏灯泡，当您在家中使用时是消费品，当您为企业使用而购买时就是工业品。

13.1.1 消费品分类

按照最广为接受的传统分类方法，消费品可分为三类：便利品、选购品和特殊品。这些分组主要基于买家的购买行为特征。

便利品是相对便宜的，经常购买的物品。消费者购买时几乎不费什么精力，如面包、汽油、报纸、软饮料和口香糖等。消费者购买时花费很少的时间，也很少细致挑选品牌或卖家。

选购品是购买者愿意花费相当大的努力来规划和进行购买的物品。消费者会花费充足的时间和精力去比较不同品牌和卖家的产品价格、产品特性、质量、售后服务和可能的保障等方面的差别。家用电器、软垫家具、男士套装、自行车和手机都是选购品的例子。这些产品预计将使用相当长的时间，因此购买的频率低于便利物品。

特殊品具有一个或多个独特的品质，特定的买家愿意花费相当多的购买努力。买家实际上会进行特殊品等购买规划；他们知道自己想要什么，而且一般不会接受替代品。在搜索特殊品时，购买者不比较替代品。例如，独特的跑车、特定类型的古董餐桌、稀有的进口啤酒，或者特别手工制作的立体声扬声器等。

13.1.2 工业品分类

根据其特性和预期用途，工业品可分为以下七类：原材料、主要设备、辅助设备、零部件、加工材料、供应品和商业服务。

原材料是最终成为产品物理组成部分的基本材料，它通常来自矿山、森林、海洋或回收的固体废物。原材料通常根据等级和规格进行买卖。

主要设备包括用于生产目的的大型工具和机器，如车床、起重机、冲压机等。一些主要设备是为特定企业定制的，但也有为多种类型的企业完成一个或多个任务而提供的标准化产品。

辅助设备是公司生产或办公活动中使用的标准化设备，例如手工具、传真机、小功率电动机和计算器等。与主要设备相比，辅助设备通常便宜得多，并且通常花费较少的购买谈判精力。

零部件是直接用于或几乎不需要处理即可用于组装产品的成品，它会成为产品的物理组成部分。虽然它最终组成较大产品的一部分，但通常可以容易地识别出来，例如时钟、轮胎、计算机芯片和开关等。

加工材料可直接用于生产另一产品。与组成部件不同,加工材料在成品中不容易识别。像零部件一样,加工材料根据行业标准或单个购买者要求的规格购买,如工业胶水和食品防腐剂等。

供应品为生产和操作提供便捷,但不成为成品的一部分,如纸、铅笔、各种油和清洁剂等。

商业服务是组织在其运营中使用的无形产品,如金融服务、法律服务、在线服务、清洁服务和营销研究服务等。购买者必须决定是由企业内部提供这些服务还是外包给其他企业。

13.2　产品生命周期

在某种程度上,产品就像人,有出生、发展和消亡的过程。每个产品都有其**产品生命周期**,即产品的销售收入和利润增加,达到峰值,然后下降的一系列阶段。企业必须应对产品生命周期的变化,能够从其提供的众多产品当中推出新产品,并不断改进,直至淘汰。否则,公司的利润将消失,企业将破产。根据产品不同,其生命周期阶段的长度会有所不同。在本节中,我们将讨论生命周期的各个阶段,以及营销人员该如何使用这些信息。

13.2.1　产品生命周期的各阶段

一般来说,产品生命周期被划分为四个阶段:推广期、发展期、成熟期和衰退期,如图13.1所示。有些产品在几个星期或几个月内迅速经历这些阶段,而有些产品可能需要几

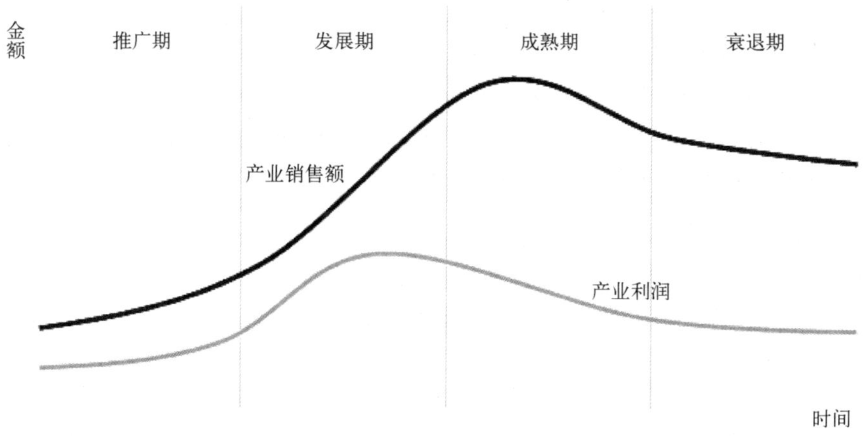

图 13.1　产品生命周期

注:该曲线显示了产品生命周期内销量和利润的变化。

资料来源:Pride W.M and Ferrell O.C., *Marketing: Concepts and Strategies*[M]. 17th ed. Mason, OH: South-Western/Cengage Learning, 2014.

年时间来完成每个阶段。魔方的生命周期就比较短;相反,帕克兄弟发明的抢手棋在将近一个世纪前推出,目前仍不见衰退迹象。

推广期 在推广期,客户对产品的认识和接受度低。由于促销和分销活动,销售逐渐上升。市场上没有竞争对手。价格有时候比较高,购买者主要是想一试为快的新产品拥护者。在这个阶段的营销挑战在于如何尽快让潜在客户知晓产品,并了解其特性、优点和用途。[2]

新产品很少立即取得成功。营销人员必须仔细观察早期购买模式,并准备好在必要时及时改进新产品。该产品的定价目标应该是吸引具有最大购买意愿和支付能力的特定细分市场。分销和促销计划应适合细分的目标市场。与产品本身一样,初始定价、分销渠道和促销活动可能需要快速调整,以保持推广阶段的销售增长。

发展期 在发展期,随着产品变得众所周知,销售额迅速增长。其他公司可能已经开始销售竞争产品。竞争和较低的单位成本(由于批量生产)导致较低的价格,这压低了每单位产品的利润。值得注意的是,行业利润在这个阶段达到峰值并开始下降。为了满足不断增长的市场需求,产品原创公司推出产品的改进版本,并不断扩大其分销范围。

对管理层而言,发展期的主要目标是通过鼓励品牌忠诚度来稳定和加强产品的地位。为了打败竞争对手,公司可进一步改善产品,或扩大产品生产线以吸引更多的细分市场。例如,苹果 iPod 的 MP3 播放器曾推出几种广受欢迎的版本。iPod Shuffle 是最小和最经济的版本;iPod Nano 是一个有内置的摄像机的轻巧版本,支持歌曲、照片和视频播放;iPod Classic 提供高达 160 GB 的硬盘空间,这是所有版本中最大的;iPod Touch 有一个鲜亮的触摸大屏和 WiFi 连接功能,支持 GPS 技术和应用程序下载。苹果已经扩充其 iTunes 音乐商店,包括可下载版本的流行电视节目(每集或整季购买)、独家音乐视频下载,以及可以在线购买或租借的电影。通过 iPhone、iPod Touch 系列和手机的发布,苹果大大丰富了其产品组合。持续的产品创新和服务扩张有助于扩大苹果在竞争性 MP3 播放器市场的市场渗透率。[2]

如果生产效率的提高能够节省公司的成本,管理层也可以通过降低价格进行竞争。随着产品被越来越广泛地接受,营销人员可能能够扩大分销商网络。市场营销人员还可以加强客户服务,并提高有缺陷产品的售后保障。这一阶段,促销努力集中于建立客户的品牌忠诚度。

成熟期 刚进入成熟期,销售额仍在增加,但增长速度已放缓。在这一阶段的后期,销售曲线达到峰值并开始下降。行业利润在整个阶段内不断下降。产品系列简化,市场细分更加细致,价格竞争加剧。竞争的加剧迫使竞争力较弱的企业退出该行业。市场上仍旧有原始产品的改进版和扩展版不断出现。

在产品的成熟阶段,可以通过重新设计的包装或款式变化来扩大其市场份额。伯克沙士树根啤酒是流行了一个多世纪的苏打饮料,它最近发布了一个新的包装设计,并喊出新的口号,以向其发源地墨西哥湾沿岸致敬。瓶子和罐子展示的钻石设计让人联想到这款饮料 1898 问世时的玻璃瓶包装(在墨西哥湾沿岸地区仍可买到),新的口号则是"1898 年至今,美味依旧"。在墨西哥湾漏油事件之后,公司希望利用客户对该地区的同情与怀念,为成熟品牌重新引起消费者关注。[3]此外,消费者可被引导更频繁的,或以新的方式使用产品。定价策略在此阶段是灵活的。尽管提升价格可能会抵消生产和分销成本的上涨,但是降价和价格刺激也很常见。市场营销人员可以向经销商提供各种激励和协助,以鼓励他们支持成熟产品,特别是在面临来自贴牌商品的竞争时。在这场激烈的竞争期间,可能需要新的促销活动和积极的人员推销。

衰退期　在衰退期,销售量大幅下降,利润也继续下降。竞争企业的数量减少,而市场中幸存的是专门销售该产品的公司。生产和营销成本成为利润的最重要决定因素。

当有新产品加入整个成功的产品系列时,公司还可以继续经营;否则,管理层必须确定何时淘汰产品。产品通常由于技术进步、环境因素或消费者转向竞争品牌而出现衰退。因此,该阶段产品本身几乎没有改变,改变的主要是价格。管理层可能提高价格以抵消成本增长,重新定价以维持市场份额,或降低价格以减少库存。同样,管理层将把衰退产品的分销范围缩小到最有利可图的现有市场。在此期间,虽然公司可能运用广告和销售激励以减缓产品的下降,但不会投入大量资源进行促销。公司可以选择从产品系列中淘汰利润较低的版本,或者完全放弃该类产品。谷歌在淘汰产品方面表现积极主动。2011 年,谷歌停止了 10 个未能飞速成长的产品,其中包括谷歌桌面、Aardvark 和谷歌软件精选。其中有些果断舍弃,有些逐步淘汰。[4]

13.2.2　利用产品生命周期

营销人员应该了解他们所负责的每个产品所处的生命周期阶段,并尝试估计产品在该阶段保持多长时间。在决定产品的营销策略时,必须考虑这两个因素。如果产品预计在成熟期保持很长时间,则可以在成熟阶段晚些时候再引入替代产品;如果预计成熟期较短,则应该更早地引入新产品。在某些情况下,公司可能愿意加速现有产品的衰退过程;在更多情况下,公司则将尝试延长产品的生命周期。延长产品生命周期可能是维持产品盈利能力的重要工具。屹立 150 多年的卡夫食品有限公司通过经常开发新的口味、用途和食谱,甚至推出季节性甜点和烘焙食品延长了杰利奥果冻的寿命。[5]

13.3　产品系列和产品组合

产品系列是一组仅在相对较小特性方面有差异的类似产品。一般来说,产品系列内的产品,其生产、销售或使用的方式彼此相关。例如,宝洁公司生产和销售的普莱尔、海飞丝和象牙几种洗发水。

多数企业倾向于在现有产品系列中引入新产品,因为这赋予他们将获得的经验和知识应用于新产品的生产和销售;而其他公司则倾向于开发全新的产品系列。

企业的**产品组合**包括其出售的所有产品。例如,收购吉列之后,宝洁拥有超过 85 个品牌,分跨美容美发与家居护理两个系列。[6]企业产品组合的测度有两个"维度"的指标:产品组合的**广度**,即它囊括的产品系列的数量;产品组合的**深度**,即平均每条产品系列所拥有的产品数量。这些只是一般描述,我们提及产品组合时只说较宽或较窄,而不说确切的三个或五个产品系列。一些企业提升其产品组合的宽度,以便更具竞争力。

13.4 管理产品组合

为了实现企业目标,为其目标市场或整个市场提供满意的产品,营销人员必须不断开发、调整、维护有效的产品组合。一成不变的产品组合很难长期有效。由于客户的产品偏好和态度在改变,他们对单个产品的需求可能减少或增长。在某些情况下,企业需要改变其产品组合以适应竞争。当一个或多个竞争对手主导了特定细分市场时,营销人员可能需要从其产品组合中剔除产品。同样,企业可能必须引入新产品或改进现有产品以更有效地竞争。营销人员还可以扩充公司的产品组合,以利用过剩的营销和生产能力。例如,美国通用磨坊食品公司的产品组合包括许多不同品牌。它不断向其不同产品系列(如早餐谷物)中添加新产品,以扩大其产品组合。早餐谷物产品系列由不同的相似品牌组成,如 Fiber One、Cascadian Farms 和 Wheaties。通用磨坊利用保健麦圈(Cheerios)产品系列的生产能力,提升其产品组合的深度,增加了花生酱、巧克力和牛奶焦糖等新口味。[7]无论既有产品组合遭受什么原因的挑战和警示,企业都应该积极管理以有所改善。改进产品组合的方法主要有三种:改进现有产品、剔除产品或开发新产品。

13.4.1 管理现有产品

产品组合可以通过从现有产品的基础上推出新品而改变,比如产品改进和产品系列拓展。

产品改进是指优化一个或多个产品特性。为了使这种方法有效,必须满足几个条件。第一,产品必须是可改进的。第二,现有客户必须能够察觉到已经进行了改善,假设修改的项目仍然针对相同的目标市场。第三,改进应使产品更符合客户的愿望,从而提供更大的满意度。例如,通用汽车为其雪佛兰福特混合动力汽车升级电池的结构和冷却系统,以消除一些消费者对电池安全性的疑虑。鼓励车主将其车辆带到经销商处接受新的改装电池。为了宣传改进,通用公司利用诸多渠道宣布了有关改变,如美国国家公路安全管理局网站。[8]

现有产品可以在三个主要方面有所改变:质量、功能和美学。**质量提升**是与产品的可靠性和耐久性相关的变化,通常通过材料或生产过程的改进来实现。**功能改进**影响产品的通用性、有效性、方便性和安全性，他们通常需要重新设计产品。经过巨大功能改进的典型产品类别包括家用电器、办公室和农场设备、消费电子产品等。**美学修饰**涉及通过改变产品的味道、质地、声音、气味或视觉特性来改变产品的感官吸引力。由于买方的购买决定受产品外观、气味、味道、感觉或声音的影响，美学修饰可以对购买产生确切的影响。通过美学修饰，公司可以将其产品与竞争品牌区分开，并且如果客户发现改进的产品更具吸引力，可能获得可观的市场份额。

产品系列扩展是与现有产品系列中的一个或多个产品密切相关的产品的开发，但又是专为满足某些不同的客户需求而设计。WD-40 是著名的多用途润滑剂制造商，它最近推出了其第一次产品系列扩展。WD-40 专家系列包括五种不同的工业和家用产品，含除锈剂和防水剂。[9]

每年，许多企业推出的所谓新产品实际上是产品系列扩展。在企业为增加销售而做出的努力当中，产品系列扩展比新产品更常见，它是一种风险和成本都比较低的替代方案。产品系列扩展可通过瞄准不同的细分市场，或尝试更精准地满足该细分市场客户的需要，以增加销售。产品系列扩展也有助于从竞争对手获得市场份额。

13.4.2　剔除产品

为了保持有效的产品组合，企业通常不得不停产一些产品。这称为**产品剔除**。没有竞争力的产品浪费了公司时间、金钱和资源，这些可用于改进其他产品或开发新产品。此外，当缺乏竞争力的产品在客户中产生不利的印象时，负面印象可能会损坏由其他产品所积累的良好形象。

大多数企业认为剔除产品是一项困难的工作。有些企业只有在财务负担非常严重时才会舍弃销售疲软的产品。然而，更明智的做法是，通过系统的评估审查特定产品对于企业产品组合的影响，以及它对企业特定时期销售业绩的贡献。评估方面应包括产品对未来销售业绩、成本、利润等方面的影响，并考虑营销策略的变化是否可以提高产品的市场表现。

产品剔除程序可以提高公司的绩效。例如，由于销售下滑和消费者兴趣冷淡，德国电信最近决定停产 Sidekick 4G 滑盖智能手机。但是，公司称并不会停止整个 Sidekick 生产线。[10]

13.4.3　开发新产品

开发和引入新产品通常是耗时的、昂贵的和高风险的。市场上每年都会推出数千种新产品，失败的比率仅为 50%，有些行业的失败概率还要高得多。[11]尽管开发新产品是有风险的，但如果不能引入新产品，对企业也是致命的。新产品的成功能够让企业生存下来，并维持良好的利润、可持续的竞争力和良好的公众形象。请参考表 13.1 中的产品给企业带来的回报。

表 13.1　2000 年以来的新产品前十

排　名	产　品　名　称	推　出　年　份
1	iPod	2001
2	Wii	2006
3	Axe	2002
4	$5 Footlong	2008
5	Activia	2006
6	Mini Cooper	2002
7	Crest Whitestrips	2000
8	Guitar Hero	2005
9	Toyota Prius	2000
10	7 For All Mankind	2000

资料来源：Advertising Age，http://adage.com/article? article_id=141032，2012-02-21.

基于与现有产品的相似程度,新产品通常可分为三类：**仿制产品**是故意将产品设计成与其他企业的产品相类似的样子,并与其竞争,如各种品牌的美白牙膏即是伦布兰特的仿品。**改进产品**是针对成熟市场的现有产品做出改进的产品。改进产品的主要特点是在既有产品基础上进行改进和扩展,虽然仿制产品也可能有一些改进和扩展的成分。创新产品是全新的产品。他们可能会产生一个新的行业或对现有行业造成颠覆性冲击。例如,数字音乐的引入给唱片产业带来了重大变化。创新产品需要相当多的时间、精力和金钱去开发。因此,它们不如仿制产品和改进产品常见。谷歌最近宣布了一项被称为谷歌眼镜的创新产品。这是一个面向未来的、雄心勃勃的计划,它试图将在线技术与用户佩戴的眼镜组合起来,一旦完成,产品将能够完成许多常见电子项目的所有功能。该产品将扮演智能手机、日历计划、导航系统、相机等角色,所有这些都将集成在谷歌眼镜这一可穿戴设备上。因为这种产品的创意是如此新颖,它已经成为相当多的消费者关注的目标,尽管许多技术人员和早期试用者对这种产品可能的公开发布兴奋不已。[12]图 13.2 展示了开发新产品的过程包括的七个阶段。

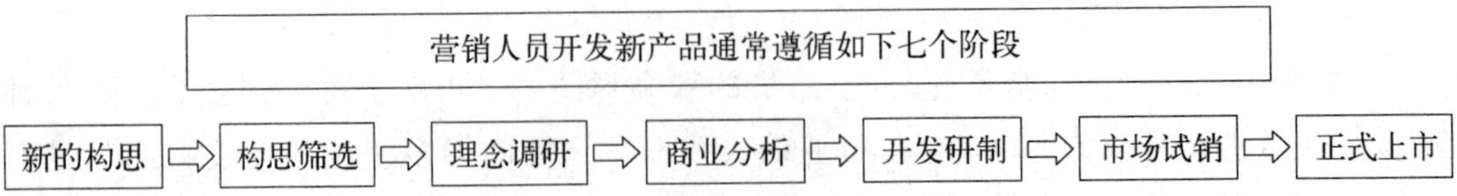

图 13.2　新产品开发的七个阶段

资料来源：Pride W.M and Ferrell O.C., *Marketing: Concepts and Strategies* [M]. 17th ed. Mason, OH: South-Western/Cengage Learning, 2014.

新的构思　构思阶段涉及寻找有助于企业实现其目标的产品理念。虽然一些企业几乎是偶然得到他们的想法，但是为追求最大限度地提高产品组合效率，有些公司会实施系统化的方法，以促进企业的新产品创意。这些创意可能来自任何人，经理、研究人员、工程师、竞争对手、广告代理、管理顾问、私人研究机构、客户、销售人员或高层管理人员都可以成为新的产品构思的参与者。有时，具有丰富经验和资源的大公司可以帮助小公司，指导他们构思新的产品，以帮助他们提升业务量。企业孵化器在全国各地涌现，将新的小企业与大型企业结合起来，使新业务能够从成熟企业那里学习营销和品牌化手段。Cincinnatibased Brandery 就是一个这样的孵化器，它将技术初创公司与来自宝洁之类的大品牌公司的营销人员配对。企业家可以领会创意，并帮助他们磨砺产品形象，改善营销策略。[13]

创业成功

牦牛的未来：从喜马拉雅到全世界

Julun Wilson 和 Aaron Pattillo 是 Khunu 的共同创办人，他们销售的高品质毛衣由不寻常的材料制成：喜马拉雅牧民饲养的牦牛身上的优质软毛。这两位企业家在北京郊外的山地自行车旅行中相遇，并迅速了解到为喜马拉雅牧民扩大经济机会是其共同兴趣。他们注意到牧民将粗牦牛纤维制成绳索，而较软的牦牛毛被吹走。Wilson 和 Pattillo 认为，如果牦牛毛可以让动物抵御喜马拉雅山的寒冷，这将是制作保暖衣物的上好材料。

作为牦牛毛服装的先驱，企业家必须让零售商和消费者认识到他们产品的好处，同时消除牦牛毛会又硬、又重的误解。他们还必须解释，他们的产品花费了额外的费用，因为从牧民手中买来的原料牦牛毛的高昂价格是与其卓越质量相匹配的。鉴于它与该地区古老的蒙古部落的联系，他们选择 Khunu 作为他们的品牌名称。

Wilson 和 Pattillo 如今是两大潮流的引领者：使用天然材料、进行道德采购。牦牛毛仍然是一个新事物，但 Wilson 说："全球时尚品牌一直在寻找新的纤维，用不了多久，牦牛毛就会成为他们推崇的主流原料。"

资料来源：Graham M. Yak-to-Back Success，*China Daily*，www.chinadaily.com，2012-01-04；Hyslop L.，The Expats Introducing the World to Yak Wool[N/OL]. *Telegraph*（UK），www.telegraph.co.uk，2011-02-26；Stroud J.，Glenwood Springs Man Helps Launch Adventure Wear Line Using Yak Wool from Himalayas[N/OL]. *Post Independent*（Colorado），www.postindependent.com；"Racing Start for Pioneers of Yak-Hair Clothing," *Financial Times*，February 11，2010，www.ft.com，2010-03-02.

构思筛选　在筛选阶段，与企业资源和目标不匹配的创意被拒绝。在这一阶段，大量的创意将会被舍弃，因为公司的经理会考虑企业是否具有开发和销售创意产品的专业人员。如果缺乏必要的技艺和能力，管理层可能会拒绝一个好的创意。

理念调研 理念调研是指通过书面或口头描述（也许辅助以一些图纸），向潜在买家的一小部分展示产品创意，以确定他们对产品的态度和初始购买意向。对于单个产品创意，企业可以测试同一产品的一个或多个构思。概念测试是一种低成本的手段，可以帮助企业在投入大量资源进行研发之前确定消费者对产品理念的初步反应。产品开发人员可以利用理念调研的结果，以提高对潜在客户来说最重要的产品属性和产品优势。根据所测试的产品创意的类型不同，问题的也有很大差别。以下是典型调研问题：

(1) 产品的哪些好处对您特别有吸引力？

(2) 您对哪些功能很少或没有兴趣？

(3) 与当前使用的产品相比，该产品的主要优点是什么？

(4) 如果该产品以适当的价格提供，您会多久购买一次？

(5) 该产品还可以如何改进？

商业分析 商业分析提供有关潜在产品的财务业绩的初步分析，比如其可能的盈利能力。在这个阶段，企业将评估新产品如果被引入会如何影响公司的销售、成本和利润。营销人员通常在研发人员和生产经理的帮助下完成初步的销售与成本预测。

开发研制 在产品开发阶段，公司必须先找出生产产品的技术可行性，即企业是否能够以足够低的成本制造出价格可接受的产品。如果可以，产品的创意和构思便转化为一个工作模型或原型。例如，位于加利福尼亚的汽车制造商 Aptera 最近开发了一款名为 2e 的电动汽车原型。它是一款创新型的三轮、两座汽车，使用磷酸盐基锂离子电池驱动的电机。2e 预计能耗为 200 MPG，单次充电可行驶大约 100 英里。[14] 通常，这一步骤对企业来讲是最耗时，也是最昂贵的。如果这一步完成，这款新产品将进入市场试销阶段。

市场试销 试销是指在少数几个市镇中少量投入产品，这些市镇被选择为预期目标市场的代表。其目的是了解消费者可能的反应。试销的时间长度要确保有购买意向的消费者有足够的考虑时间，并最终完成购买。营销人员可以在不同的地域试验不同广告、定价和包装的效果，并评估不同的营销组合对品牌知名度，消费者转换品牌或成为回头客的影响。俄亥俄州的哥伦布市，是一个非常受欢迎的试销区域，因为从人口统计学的角度看，它是整个国家的缩影。当温蒂汉堡（Wendy's）想要测试市场对其新推出的“黑标汉堡”的反应时，它首先将产品投放到哥伦布市。同样，杰尼冰淇淋（Jeni's）也选择在哥伦布市试销其辣椒风味的冰淇淋，并发现它大受欢迎。[15]

正式上市 在商业化期间，企业必须完善整个制造和营销计划，并做好项目的预算。在商业化阶段的早期，营销管理分析试销的结果，以了解在产品推出之前还需要在营销组合方面做什么变化，比如改变产品的一个或多个物理属性，修改分销计划以覆盖更多的零售店，改变促销努力或改变产品的定价等。产品通常不会同时在全国范围内推出，大多数新产品都采取分阶段展开的办法，即从选定的地理区域开始，并在一段时间内扩展到相邻区域。

13.4.4　产品为什么会失败?

尽管新产品从构思到上市经历了如此严密的过程，但大多数新产品最终却失败。事实上，许多知名公司都有失败的案例(见表 13.2)。

表 13.2　产品失败的案例

企　业	产　品
Gillette	For Oily Hair shampoo
3M	Floptical storage disk
IncrEdibles Breakaway Foods	Push n' Eat
General Mills	Betty Crocker MicroRave Singles
Adams (Pfizer)	Body Smarts nutritional bars
Ford	Edsel
Anheuser-Busch	Bud Dry and Michelob Dry beer
Coca-Cola	New Coke
Heinz	Ketchup Salsa
Noxema	Noxema Skin Fitness

资料来源：McMath R. and Forbes T., What Were They Thinking? [N]. *Reed Business Information*, 1998; Robert M. M., Copycat Cupcakes Don't Cut It[J]. *American Demographics*, 1997,(1): 60; Berggren E. and Nacher T., Why Good Ideas Go Bust[J]. *Management Review*, 2000, (2): 32-36.

为什么新产品会失败？主要是因为产品及其营销计划没有得到完善的计划和彻底的测试。例如，为了节省开发成本，企业可以对其产品进行市场试销，但不能测试其整个营销组合。或者，公司可能在所有"错误"显现之前推销新产品。或者，测试阶段已经发现问题，企业可能为了尽快收回成本，而在准备尚不充分的条件下提前进入全面营销阶段。又或者，一些公司预算不足便开始销售新产品。

13.5　品牌、包装及标签

产品(特别是消费品)的三个重要特征分别是品牌、包装和标签。这些特征可以将产品与成功的产品系列关联起来，或者与市场上既有的其他产品区分开。这些设计可以使产品具有吸引力，并为潜在的消费者提供决策信息。由于品牌、包装和标签是产品非常真实的一部分，企业有必要在产品规划期间特别注意。

13.5.1 什么是品牌?

品牌是指识别厂商产品并将其与其他卖家产品区分开的名称、术语、符号、设计或这些的任意组合。**品牌名称**是品牌可以言说的部分,它可以包括字母、单词、数字或音符等,例如 *Procter & Gamble* 中的&符号。而**品牌标志**也是品牌的部分,它往往能显示品牌独特性的符号或设计,如耐克的"旋风"标志。**注册商标**是在"美国专利及商标局"注册的品牌名称或品牌标志,它以法律保护商标不被注册企业之外的经济主体使用。**商号**是企业合法的全称,例如 Pizza Hut 或 Cengage Learning(本书的发行商)。

13.5.2 品牌类型

品牌通常根据其所有者划分为制造商品牌和经营商品牌。**制造商品牌**(或**生产者品牌**),顾名思义,是由制造商拥有的品牌。许多食品(家乐氏麦片)、大型家电(惠尔普)、汽油(艾克森)、汽车(本田)和服装(李维斯)等都是以制造商品牌进行销售。一些消费者喜欢制造商品牌,因为它们通常是全国知名,质量可靠,并随处可买到的商品。

经营商品牌(或**自有品牌**)是由个体批发商或零售商拥有的品牌。比较知名的经营商品牌有 Kenmore 和 Craftsman,两者都是西尔斯(Sears)旗下的品牌。经营商品牌的所有者声称他们可以提供更低的价格,赚取更大的利润,并提高自己品牌的客户忠诚度。一些拥有自有品牌的公司也生产自有品牌的产品。他们经常发现这样的操作有利可图,因为他们可以利用空闲的资源,同时避免大多数营销成本。许多自有品牌零售商销售的产品由专门生产零售商自有标签产品的公司生产。大多数超市都高度依赖其自有品牌,如果没有自有品牌,商店就没有盈利能力,也就无法生存。"自有品牌制造商协会"称,经营商自有品牌的质量和普及率都在提升,尤其在追求性价比的消费者群体中受欢迎。[16]

不论品牌是由生产者还是由零售商所有,消费者信心都是品牌产品成功的最重要因素。由于品牌标识的存在,消费者可以轻松识别每个产品,并能够再度购买性能和质量上让其满意的产品。同时,他们不经比较就可以忽略其他品牌的产品。在超市,具有较大市场份额和较强客户忠诚度的品牌产品最有可能在货架上占据最大空间。

一般产品(有时称为**非商标品牌**)是一种没有品牌的产品。它的包装上只标注产品的名称,如苹果酱、花生酱、薯片或其他随便什么内容。自 1977 年在超市中出现以来,一般产品有时候也可能由生产品牌产品的制造商提供。几年前,此类产品在货架上大约还能占到所有产品的 10%,如今这类产品占比已经下降到不足 0.5%。

13.5.3 品牌的作用

品牌化使买方和卖方都从中受益。因为品牌很容易识别,它们减少了消费者进行购买决策的时间,消费者可以快速找到他们喜欢的品牌。选购特定的品牌,如汤米·希尔费格、保罗、诺蒂卡或耐克,可以是表达自己的一种方式。当消费者无法评估产品的特性时,品牌的信用可以帮助他们判断产品的质量。例如，大多数消费者不能够判断立体声组件的质量，但可以挑选受尊敬的品牌产品。对消费者而言，品牌可以象征一个特定的质量水平，消费者对品牌的直观感觉可以代表物品的实际质量。品牌因此有助于降低消费者的购买风险。最后，消费者从消费特定品牌产品的过程中，还可以获得心理奖赏，象征自己的地位和品味，如雷克萨斯品牌。

因为消费者已经熟悉公司现有的品牌，品牌可以帮助公司推介具有相同品牌名称的新产品。品牌还有助于卖家的促销活动，每个品牌产品的推广都会为同一品牌的其他产品间接促销。例如，亨氏食品公司出售番茄酱、醋、素食豆、肉汁、烧烤酱和牛排酱等许多具有亨氏品牌名称的产品，对一个产品进行促销，也会带动其余产品销售。

品牌的一个主要功能就是创建**品牌忠诚度**，即消费者倾向于购买特定品牌的程度。品牌忠诚度越强，消费者持续购买其产品而不转换其他品牌的可能性就越大。品牌忠诚度有三个层次的内容：认可、偏好和坚持。在**品牌认可**层次，消费者知道品牌存在，并且如果他们的首选品牌不可用或者他们不熟悉现有品牌，他们将购买该品牌。这是品牌忠诚的最基本的层次。在**品牌偏好**层次，相较于其他竞争性品牌，消费者更喜欢该品牌，然而，如果首选品牌不可用，则消费者愿意替换另一个品牌。在**品牌坚持**层次，消费者更喜欢特定品牌，不会购买替代品。该层次是品牌忠诚度最强的水平，也是最不常见的一种。苹果是一个以拥有品牌坚持客户而闻名的品牌。每次苹果发布新产品，忠诚的客户都会排队等待几个小时，以便成为第一个购买它的人。在英国发布 iPad3 之后，一对英国夫妇在伦敦苹果商店之外排队等整整五天。[17] 一般而言，品牌忠诚度似乎在下降，这一方面由于营销人员对折扣价格、优惠券和其他短期促销手段越来越热衷，一方面受大量类似新产品不断涌现的影响。

品牌价值是与品牌市场竞争力相关的营销和财务价值。虽然很难衡量，但品牌价值代表了品牌对企业的价值。世界最受尊敬的品牌前十名如表 13.3 所示。促成品牌价值的四个主要因素是品牌知名度、品牌联想、心目中的品质和品牌忠诚度。品牌知名度衡量消费者对品牌的熟悉程度，买家更容易选择一个熟悉的品牌，而不是一个陌生的品牌。与品牌相关的联想可以将个性或生活方式与特定品牌链接在一起。例如，米其林轮胎与保护家庭成员，戴比尔斯钻石与持久深沉对爱情（“钻石恒久远”），胡椒博士与独特的味道等。当消费者自己无法判断产品的质量时，他们会依据自己对品牌的印象做出判断。品牌忠诚度是品牌价值的重要因素，因为它降低了竞争品牌挑战带来的脆弱性，并节约吸引消费者所需的巨大花费，此外，它还提升品牌知名度，并激励零售商经销此品牌。反过来讲，企业要树立新品牌以与知名品牌竞争，需要做出非常大的努力。有时，实力雄厚的企业选择并购一个知名品牌，而不是与它竞争。当星巴克决定进入果汁市场时，它首先收购了高端果汁品牌 Evolution Fresh。在收购完成并扩大了分销区域之后，星巴克才又在全国各地开设自己的果汁吧。[18]

表 13.3 全球最优价值品牌前十名

品 牌	品牌价值(单位：十亿美元)
Coca-Cola	71.9
IBM	69.9
Microsoft	59.1
Google	55.3
GE	42.8
McDonald's	35.6
Intel	35.2
Apple	33.5
Disney	29.0
Hewlett-Packard	28.5

资料来源：Best Global Brands[EB/OL]. *Interbrand*, http://interbrand.com/en/best-global-brands/Best-Global-Brands-2011.aspx, 2012-02-21.

与知名网络品牌合作进行的互联网营销有时会带来最好的效果。例如，Tire Rack、Razor Gator、Audible.com 和 Shutterfly 都依赖与互联网零售巨头亚马逊的合作伙伴关系来增加他们的销售额。亚马逊在其网站上提供特殊板块，以宣传其合作伙伴及其产品。与其自己的产品一样，亚马逊允许用户对其合作伙伴的产品进行在线评论，或将其添加到可以保存或 E-mail 给朋友的亚马逊"愿望清单"中。亚马逊甚至将其合作伙伴标记为"亚马逊信赖"的品牌，当客户浏览他们的网站时，这些实体市场等知名企业瞬间获得其网络市场的信誉。[19]

13.5.4 选择和保护品牌

在选择品牌名称时，应考虑许多问题。品牌名称应该容易写、容易说、容易记。通常，简练的单音节名称会满足这些要求，如汰渍(Tide)。单词、数字和字母组合在一起品牌名称也比较常见，如摩托罗拉的 RAZR V3 手机或宝马的 Z4 跑车。品牌名称应以积极的方式表明产品的用途、特性和主要优点，并应有一个足以与竞争品牌区分开来特殊印象。选择一个理想的品牌名称越来越具有挑战性，因为许多完美的产品名称已经被使用了。

重要的是，企业选择的品牌经过注册之后，可受到保护，仅供其自己使用。由于其设计，一些品牌比其他的更容易被侵犯。注册之后，商标可以享受十年的国内保护，并可以无限次地展期。企业还应成立专门的部门，负责评估商标需不需要申请展期。为确保享受法律保护，企业必须选取尚未注册的名称作为其商标。申请注册商标时，法院会进行一系列复杂的工作，确认品牌不会导致消费者对产品的来源混淆、误认或受到欺骗，进而才给予注册。麦当劳是一家积极保护其商标免受侵权的公司，它已经对一些具有 Mc 名称的公司提出指控,它认为使用该前缀会让消费者以为这些企业与麦当劳有联系。

企业还必须防止其品牌名称被误认为是一般产品或未注册品牌。产品的通用术语不能作为独家品牌名称受法律保护。例如,溜溜球、阿司匹林、自动扶梯、热水瓶等通用术语都不能作为品牌名称,也不会受到保护。企业可用大写的形式,让其成为一般产品的修饰形容词,如 Jell-O Brand 明胶。企业可以通过宣传其商标,避免其品牌被当作一般术语来使用。公司还可以使用注册商标符号如®™表示该品牌是商标。

13.5.5　品牌策略

任何企业首先要决定的就是是否推行品牌化战略。生产者可以选择利用生产商品牌、经销商品牌进行销售,还是同时使用这两种方式。经销商也面临同样的选择。一旦生产商或经销商决定使用其品牌进行销售,它便面临策略选择:独立品牌或家族品牌。

独立品牌是企业为其每个产品使用不同品牌的策略。例如,宝洁公司为其条皂使用独立品牌,如 Ivory、Camay、Zest、Safeguard、Coast 和 Olay。独立品牌的优点有两个:一是单个品牌的商品出现问题不会影响企业其他品牌的声誉;二是不同的品牌可以瞄准不同的细分市场。例如,Marriott's Fairfield Inns 面向预算有限的旅行者,而 Marriott Hotels 则面向高档客户。

家族品牌是企业对其所有或大部分产品使用相同品牌的策略。索尼、戴尔、IBM 和施乐等企业都以家族品牌销售其整个产品组合。家族品牌的优点也有两个:一个主要优点是,推广家族品牌的任何一款产品都会对其余产品对销售有带动作用;另一个优点是,产品上市伊始会由于其家族品牌的声誉而获得不错的开端。

13.5.6　品牌延伸

品牌延伸是指企业以其现有品牌销售不同产品类别的新产品。爱慕思原本是一个受欢迎的狗粮制造商,它与 VPI 宠物保险合作,将其品牌延伸到宠物保险领域。这种品牌延伸通常受到好评,因为爱慕思已经因其高品质产品而在真正关心其宠物的客户那里享有盛誉。许多人看好这一品牌延伸策略,因为宠物保险业尚没有一个成气候的领导者,爱慕思的进入可以占得先机,获得不错的市场份额。[20] 品牌延伸不应该与产品系列扩展混淆。**产品系列扩展**指的是以现有品牌销售相同产品类别中的新产品,仅改变产品的口味或尺寸,例如 Ben & Jerry 经常推出冰淇淋的新口味,完成诸如 Chocolate Therapy 和 Rocky Roadish 等产品系列扩展。然而,市场营销人员应该警惕的是,品牌延伸过度将对其品牌造成削弱,此时企业还需要从失败的品牌延伸活动中恢复其声誉。类似的案例有 Harley Davidson 香水、Fritos 柠檬水和 Bic 一次性内衣的品牌延伸策略。[21]

13.5.7　包装

包装涉及为产品提供包装的图案、样式等所有开发和设计活动。包装是产品的重要部分。它可以使产品更安全,更便于使用。通过其形状、外观和印刷信息,包装甚至可以影响消费者的购买决定。

包装的功能 有效的包装不仅仅意味着将产品装起来或者包起来。包装材料的基本功能是保护产品并维持其功能形式。牛奶、橙汁和发胶等液体需要保护和盛载,包装应能防止各种导致产品失效或增加成本的损害。另外,产品篡改等方面的问题也需要营销人员考虑,目前已有几种相应的包装技术防范此类问题。另有一些包装技术还有助于零售商防盗。

包装的另一个功能是为消费者提供方便。例如,小的无菌包装对小孩子的父母和具有积极生活方式的年轻人有很强的吸引力。包装的尺寸或形状会影响到产品的存储、使用方便性或替换率。例如,小包装的、一餐分量的蔬菜罐头可以防止浪费并易于储存。包装的第三个功能是通过传达其特征、用途、优点和形象来促进产品销售。有时,公司开发可重复使用的包装,以提升其产品的受欢迎程度。例如,Cool Whip 包装可以兼作食品储存容器。

包装设计注意事项 进行包装设计时必须考虑许多因素。第一个主要考虑的是成本。虽然有许多可选的包装材料、工艺和设计,但有些是相当昂贵的。虽然美国消费者愿意为更好的包装支付更多的钱,但始终有限。

营销人员还必须决定是否以单个或多个单元包装产品。多单元包装可以通过增加在消费点(例如在家中)的可用产品量来增加需求。然而,多单元包装对于不经常消费的产品不起作用,因为消费者不喜欢储存太多不能尽快消费掉的产品。然而,多单元包装可以使储存和处理更容易(如软饮料的六罐装),它也可以促进特价优惠,如买二赠一。此外,多单元包装可以通过鼓励买家多尝试几次来增加消费者对产品的接受度;但是,这也会损失一部分只想买一件尝试的客户。

营销人员还应考虑企业的包装设计中需要多少一致性。为了促进公司整体形象,企业可以决定所有包装设计都有一个共同的主题元素,即**家族式包装**。这种包装仅适用于同一产品系列的产品,如 Campbell 汤料、Weight Watchers 开胃菜和 Planters 坚果。但是,当公司的产品是不相关的或针对极不相同的目标市场时,家族式包装便不是好的选择。

包装也起着重要的促销作用。通过语言和非语言符号,包装可以将产品的内容、用途、特征、优点和危害等传达给潜在消费者。企业可以通过选择特定的颜色、设计、形状和纹理来创建所需的形象关联。例如,许多化妆品制造商设计他们的包装时,运用富于创意、奢侈和特立独行的形象。当包装设计为更安全或更方便使用时,尤其这两项特征有助于刺激需求时,包装便具有促销的功能。

包装也必须满足中间商的需求。批发商和零售商考虑包装是否方便运输、处理和储存。经销商如果认为产品的包装不方便处理,可能会拒绝销售此类产品。

最后,企业在开发包装时必须考虑环保问题。公司必须在获得消费者好感与保护环境的社会责任之间寻求平衡。大约一半的包装材料会成为环境垃圾,如不可降解的塑料瓶、塑料袋等。塑料包装材料不可生物降解,而纸张需要破坏宝贵的林地。因此,许多公司正在探索包装材料的环保替代品,并积极回收利用包装材料。星巴克甚至每年举行包装领导人峰会,以讨论包装流程如何减少浪费和提高循环利用。许多星巴克的店提供回收箱,用于回收废杯和其他垃圾,以便履行环保责任并降低成本。[22]

13.5.8 贴标签

贴标签是在产品或其包装上呈现产品相关的信息。**标签**传递的信息可能包括品牌名称、品牌标志、注册商标符号®、包装尺寸和容量、产品声明、使用说明安全预防措施、成分列表、制造商的名称和地址,以及用于自助结算和库存管理的通用产品代码(UPC)符号。

美国联邦法规规定了必须在标签中呈现的信息如下:

(1) 服装类标签必须标明制造商、生产国、织物内容和清洁说明;

(2) 食品类标签必须包含主要成分;

(3) 营养保健食品标签必须符合专门的标准格式;

(4) 食品标签必须注明每个包装的数量、分量,以及每单位食品的热量、脂肪和特定营养元素的数含量。

(5) 不可食用物品,如洗发水和洗涤剂,必须带有安全预防措施以及使用说明。

此类法规旨在防止客户误用产品带来的损害,以及对由此产生的索赔免责。食品制造商不得对他们的产品进行误导性的健康声明。例如,通用磨坊食品公司被勒令停止声称其谷物麦圈对心脏健康有好处,维生素水也因声称含糖饮料有益健康而被告上法庭。美国食品药品管理局的任务之一便是打击此类罪行,并向违规者发出警告,勒令整改。[23]

标签还可能包含详细的、书面的货品质量保证。**货品质量保证**是对产品出现质量问题时生产者责任的书面说明。由于消费者的争取和联邦立法,企业已经开始简化担保的措辞,并延长担保期限。根据意大利监管机构的处理,苹果因未能完全披露其 Apple Care 的保修条款,而被罚款 120 万美元。为此,苹果在官网发布信息,概述了其保修条款的主要内容。[24]

13.6 为产品定价

经过一系列的精心设计,产品的属性和效用可以满足其市场需求,同时为企业获利。然而,无论产品设计有多好,如果它的价格不合适,也无法帮助企业实现其目标。每个产品都有其有效价格,合适的价格既不能太高,也不能太低。下面,让我们看看企业如何确定其产品的合适价格。

13.6.1 价格的含义和作用

产品**价格**是企业在给定时间、给定情况下出售其产品愿意接受的金额。有时，价格可由买卖双方谈判决定，在更多情况下，产品的价格由卖方设定。假设卖方为特定产品定价10美元。实质上相当于卖家在说："任何愿意出价10美元的人即可在此时此地获得产品。"

根据产品的效用，这件产品价值几何，每个感兴趣的买家都会做出个人判断。如果在其心目中，产品的价值高于10美元，他就会购买；如果低于10美元，则不会购买。

因此，价格具有服务分配的功能。首先，价格依据是否愿意并能够购买，在消费者中间分配商品或服务。（正如我们在第1章中所指出的，经济问题"为谁生产？"的答案主要取决于价格。）其次，价格根据在多大程度上满足消费者的需求，在生产者中间分配财务资源（销售收入）。再次，价格帮助消费者在各种满足其需要的产品中间分配自己的财务资源。

13.6.2 供求影响价格

在第1章中，我们将产品的**供给**定义为生产者愿意以各种价格销售的产品数量。我们可以绘制一个特定产品（比如一条牛仔裤）的供给关系图（见图13.3左图）。**供给曲线**上，生产者的供给数量随着价格的上升而**增加**。

供给曲线(左):向右上倾斜意味着价格越高生产者的供给量越多；需求曲线(中)：向右下倾斜意味着价格越高消费者的需求量越少；供需曲线(右)：E点表示对生产者和消费者而言，产品价格和数量都实现均衡。

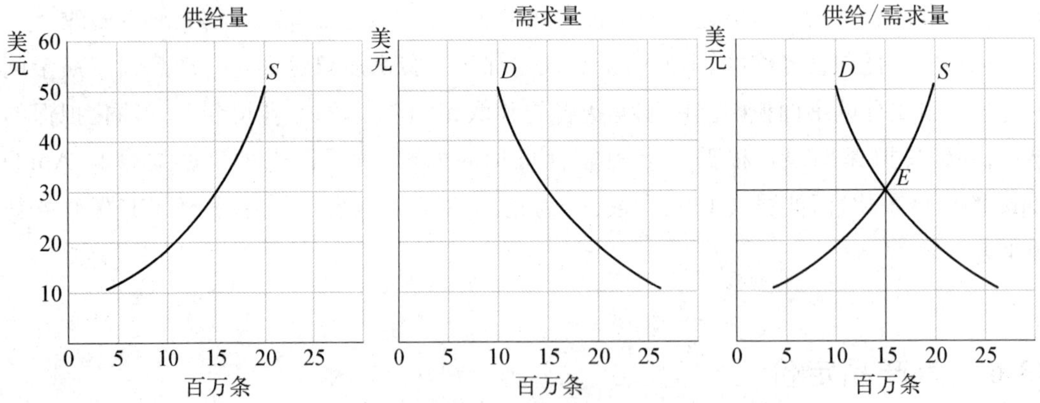

图13.3 供需曲线

如第1章所定义，对产品的**需求**是消费者愿意以各种价格购买的数量。我们同样可以绘制需求关系图（参见图13.3中图）。**需求曲线**上，购买者的需求数量随着价格下降而**增加**。产品的买方和卖方在市场上相互影响。我们可以通过将供给曲线叠加到同一产品的需求曲线上来显示这种交互作用，如图13.3右图所示。这两条曲线在E点相交，表示牛仔裤的数量为 1 500 万条,价格为每条 30 美元。点 E 在**供给曲线**上,表示生产者愿意以每条 30 美元的价格供给 1 500 万条;点 E 也在**需求曲线**上,表示每条 30 美元的价格下,市场消费者买家愿意购买 1 500 万条。点 E 即为均衡点。如果 1 500 万条牛仔裤生产出来,并标价 30 美元每条,将都能卖出去;同时,市场上每个愿意支付 30 美元的人都可以买一条牛仔裤。

13.6.3 价格和非价格竞争

在设置产品的价格之前,企业必须明确其竞争的基础,是单纯的价格竞争还是综合竞争。这将直接影响其定价策略和营销组合的诸要素。

当企业强调其产品的低价格,并将其产品价格设定为低于或等于其竞争对手的价格时,**价格竞争**便开始了。为有效使用这种方法,企业必须确保其能够灵活地变更价格,并且每当竞争者改变价格时,它都必须迅速且积极地调整价格。价格竞争允许营销人员根据产品的需求情况或公司的财务变化来设定价格。其主要缺点在于,竞争对手也可以这样做,他们也可以快速将价格降到与企业一样或更低。而如果企业情况使得它必须提高价格,竞争公司则可能够维持其原来的较低价格。与以往相比,互联网使得生产者更难以进行价格竞争,因为消费者可以轻松地在线进行比较产品价格。在市场上,提供价格低廉但受欢迎产品的低价竞争对手不断出现。例如,苹果 iPad 平板电脑控制着近 3/4 的平板电脑市场,但在谷歌 Android 操作系统上运行的平板电脑以其低廉的价格为消费者提供了新的选择。[25]

非价格竞争是指基于价格以外的因素进行竞争。当企业能够通过独特的产品质量、客户服务、促销活动、包装或其他特征使其产品脱颖而出时,它就可以有效地使用非价格竞争手段。这些特征必须能够为消费者轻易识别,并深度认可。一旦消费者因为非价格因素选择了某品牌,他们不容易受到其他竞争性企业和品牌的影响。企业可以用这种方式树立消费者对其品牌的忠诚度。**产品差异化**作为一种非价格竞争手段,可通过制造并扩大其产品与所有类似产品之间的差异来实现。例如,Vibram 五趾鞋与竞争对手的鞋子具有充分的差别,市场营销人员完全不必在价格上进行竞争。这些鞋子具有非常独特的造型,与市场上的任何其他鞋子都不同。它的设计像脚的第二层皮肤,保护双脚的同时,给人以赤脚运动的体验,这充分吸引了有此偏好的消费者。[26]

13.6.4 买家对价格的反应

在价格设定时,企业经理应考虑目标市场中消费者的价格敏感性。价格对他们有多重要? 是否总是“非常重要”? 一个细分市场的消费者可能比另一个细分市场的消费者更易受价格的影响。对于特定的产品,一些消费者可能认为价格时比较重要的因素,而其他消费者可能认为价格不是很重要。例如,对消费者而言,汽油的购买比跑鞋的购买更容易受价格的影响。

消费者对不同产品有不同的价格容忍度,也就是说,他们能够接受某些产品的价格在较宽的范围内浮动,对其他有些产品的接受范围则较窄。消费者对软饮料价格的接受范围较宽,从电影院的15美分/盎司到零售店的1.5美分/盎司。管理层应该意识到这些价格的可接受性及其适用的产品。公司还应该对竞争性产品的影响有所关注,如果产品被认为优于其类别中的其他品牌,或者产品已经激发了强烈的品牌忠诚度,则溢价可能是适当的;而如果消费者对产品有负面的暗示,适当降级价格则是合适的。

有时候消费者会将产品的价格与质量联系起来考虑,认为价格越高的产品,质量也会越好。参与定价决策的管理人员应确定这种情况在目标市场是否普遍存在。如果是,较高的定价可以改善产品的形象,进而使得产品更加值得拥有。

13.7 定价目标

在设定公司产品的价格之前,管理层必须明确企业想通过定价获得什么?也就是说,管理层必须让定价目标符合企业组织和营销的目标。当然,定价的一个目标是赚取利润,但这也可能不是企业的主要目标。下面这些因素当中的一个或几个可能对企业同样重要。

13.7.1 生存

企业在进行定价决策时,可能不得不考虑其在特定目标市场的维系问题,乃至整个企业的生存问题。这通常意味着,即便亏损运营,公司要以较低的价格吸引消费者。显然,这样的目标只能是短期的,长期的低价和亏损会导致企业破产。为确保在最近一轮的经济衰退中生存下来,连奢侈服装品牌阿博菲奇(A&F)也不得不降低价格以求生存。与2008年超过6 200万美元的收入相比,降价让A&F在2009年第一季度损失近2 700万美元。这种巨大的差异迫使零售商也相应地调整价格,以更好地迎合消费者的预算吃紧。[27]

13.7.2 利润最大化

许多企业可能会说它们的目标是利润最大化。但这一目标很难定义,因此不可能实现。最大利润究竟是多少?企业如何知道什么时候达到了最大利润?追求利润目标的企业应将其目标表述为完成多少利润总额或利润增长百分比达到多少。

13.7.3 目标投资回报率

投资回报(ROI)是指由投资而获得的收益。一些公司将年投资回报作为其设定价格的目标。康尼格拉是生产“健康之选”膳食等产品的公司,它将定价目标设定为税后投资回报率为20%。

13.7.4 市场份额目标

企业的**市场份额**是其在行业总销售中所占的比例。一些公司试图通过定价来维持或增加其市场份额。美国可乐巨头可口可乐和百事可乐通过激进的定价和其他营销努力试图提升市场份额。

13.7.5 现状定价

在产品定价时,有些公司以避免"制造争端"或维持现状为指导。这在依赖价格稳定性的行业尤其如此。如果公司跟随定价(竞争对手如何定价,其类似产品就会如何定价)可以维持利润和市场份额的相对稳定,那么它就会这样做。

13.8 定价方法

一旦公司制定了其定价目标,它必须选择一种定价方法来达到该目标。对于从事定价的每个公司而言,有两个非常重要的因素:一是明白最终决定产品销售价格的是市场平均成本,而不仅仅是本公司的成本;二是明白成本和预期销售额只能供企业确立**价格下限**,即企业不亏损销售的最低价格。在本节中,我们将讨论三种主要的定价方法:成本导向定价法、需求导向定价法和竞争导向定价法。

13.8.1 成本导向定价法

成本导向定价法是最简单的定价方法,企业首先要确定生产(或购买)一个单位产品的总成本,然后增加一笔金额以支付额外成本(如保险、利息)和利润。添加的金额称为**溢价**,总成本加上溢价就得到产品的销售价格。

企业的管理层可以根据其总成本的百分比设定溢价。例如,假设制造和销售 1 000 台 DVD 播放器的总成本是 10 万美元,即每台 100 美元。如果制造商想要一个高于其成本 20%的标价,那么售价将是 100 美元加 100 美元的 20%,即每台 120 美元。

溢价定价法很容易操作,它被许多企业(主要是零售商和批发商)采纳。然而,它有两个主要缺陷。一是确定有效溢价百分比比较困难。如果太高,超过了目标市场的合理区间,产品可能销量过低,无法收回生产和销售的总成本;如果太低,就相当于放弃了原本可以通过稍高定价赚取的利润。换句话说,溢价百分比的设置会直接影响销售的走向,这是非常困难的。

溢价定价法的第二个缺陷是它将定价与其他业务功能分开。产品的定价几乎不考虑市场或营销组合,它是在生产数量确定之后,生产成本产生后才设定的。为了追求最大效率,企业的各种业务功能应该被集成考虑,每一方面的因素都对所有营销决策产生影响。

成本导向定价法还可以通过盈亏平衡分析来完成。对于任何产品,**盈亏平衡点**是销售总收益等于总成本时的销售量。**总收益**是从产品销售得到的总金额，可由销售价格乘以销售量得到。

经营业务所涉及的成本大致可分为固定成本与可变成本。**固定成本**是指不受企业生产和销售数量变动影响的成本。例如，租金是固定成本，不论生产 1 单位还是 1 000 单位，它是不变的。**可变成本**是随生产的数量变化而变动的成本。制造立体声收音机的部件成本是可变成本，制造的数量越多，需要的部件越多，进而花费在部件上的成本也越高。**总成本**是固定成本与可变成本的总和。

如果销售价格给定，我们可以图形或公式的方法找到盈亏平衡点。图 13.4 显示了假定产品各销售数量对应的总收益与总成本。固定成本为 4 万美元，可变成本为每单位 60 美元，售价为 120 美元，盈亏平衡数量为 667 单位。为了找到盈亏平衡的数量，首先从销售价格中扣除可变成本，以确定一个单位的销售有多少钱用于抵消固定成本。然后用固定成本除以这个数值得到盈亏平衡数量。(图 13.4 中的盈亏平衡数量是由总收入线和总成本线的交点表示的数量。)如果企业销售数量超过 667 单位，则盈利；不足 667 单位，则亏损。

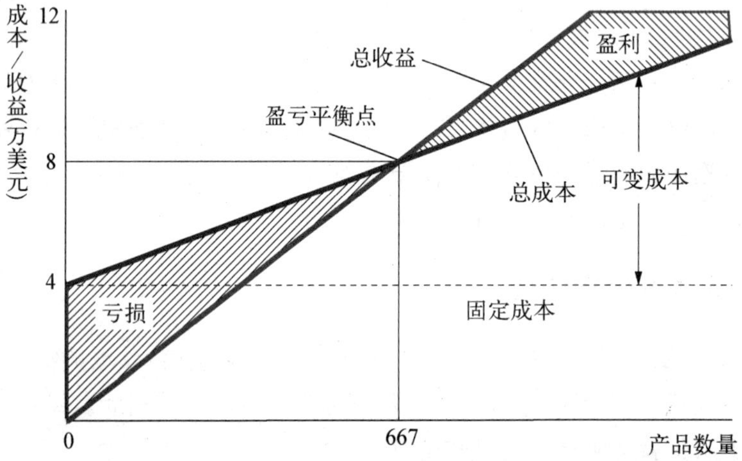

图 13.4 盈亏平衡分析

注：盈亏平衡分析回答如下问题：企业可以在特定产品销售中取得盈亏平衡的最低产量和销售水平是多少？

13.8.2 需求导向定价法

企业有时候会使用基于产品需求水平的定价方法，而不是基于其成本，即**需求导向定价法**。根据这种定价法，产品需求强劲时，定价高；产品需求弱时，定价低。长途电话公司一般使用基于需求的定价。这种方法要求营销人员估计不同价格下消费者需求的数量，并选择导致最高总收入的价格。显然，这种方法的有效性取决于企业准确估计需求的能力。为了解决停车位严重短缺的问题，旧金山市采用了一个需求导向的停车收费系统。在一天之内，停车位的价格会根据需求出现浮动。城市希望通过浮动收费鼓励人们在拥挤的区域外停车，并步行、自行车或乘坐公共汽车到达最终目的地，从而平滑对停车位和交通的需求。该计划被波士顿等其他城市密切关注,以作为一个备用方案,以市场手段解决停车和交通问题。[28]

如果企业希望在特定产品的营销中使用多个价格,那么需求导向的价格歧视将是比较理想的选择。价格歧视可以基于诸如购买时间、客户类型或分销渠道的不同而设定。体育场馆的活动经常采用需求导向定价法出售门票,每一场比赛的门票都将根据粉丝的需求进行定价,最受欢迎的座位(不论其在场馆的哪个位置)将以最高的价格出售。St. Louis Cardinals、San Francisco Giants 和 Minnesota Twins 的比赛门票都采用需求导向定价法。例如,Minnesota Twins 在 2011 年首次对两个座位区域进行差别定价,收到非常好的效果,他们决定在随后的赛季全面推行需求导向的差别定价。[29] 推行差别定价策略,公司首先必须能够根据不同的需求强度进行市场细分。公司还要确保各细分市场的隔离,即那些以较低价格购买的消费者无法向接受较高定价的细分市场消费者转售。这种隔离可以通过地域的差别等实现。

道德成功或失败

亚马逊的比价 App:这有没有问题?

价格比较并不新鲜:每个可以连接网络的人,不管是通过智能手机、平板电脑,还是计算机,都可以轻易了解到实体店里出售的商品在网上零售商那里标价多少。但是,当亚马逊第一次推出此应用呈现,鼓励消费者实体店浏览并网上比价时,实体店就恼火了。为什么?因为这款 App 鼓励消费者去实体店里挑选,并最终在亚马逊的比价商店购买。

消费者在实体店看中心仪的产品,扫描 UPC 产品代码,并查询亚马逊对同一产品的标价。如果消费者在 24 小时内从亚马逊购买该商品,还将获得 5 美元的返现。亚马逊在年终购物季推出其应用程序,引起众多下载的同时,也获得较大争议。

专家评论说,该应用程序将本土商店变成了展示厅,消费者在实体店挑选商品、咨询问题,最终却从亚马逊购买。调查显示,20%的消费者在从互联网零售商处购买厨房电器等产品之前,都会在本地商店流连挑选。实体店流失客户的同时,亚马逊却一直积累定价数据,以其有竞争力的价格不断提高销售额。价格比较 App 背后有没有什么伦理问题呢?

资料来源:Enright A., Online Shoppers Use Stores as 'Showrooms' Before Buying Items[J/OL]. *Internet Retailer*, www.internetretailer.com. 2012-03-08; DesMarais C., Amazon Price Check Discount Has Competitors Crying Foul[R/OL]. *PC World*, www.pcworld.com, 2012-12-10; Kain E., Amazon Price Check May Be Evil But It's the Future," Forbes.com, www.forbes.com, 2011-12-14.

如果消费者对产品的心里估价远高于其生产成本,那么,与成本导向定价法相比,需求导向的定价能够获得更高的利润水平。为了有效执行需求导向定价法,管理层需要准确估计各种价格水平下的需求量,这可能会非常困难。

13.8.3 竞争导向定价法

选用**竞争导向定价法**,企业首先要考虑竞争对手成本与收益,而不是其价格。如果竞争产品的相似度很高,而且价格是目标市场影响策略的关键变量,那么,竞争导向定价法将非常重要。选用竞争导向定价法的企业一般有三种价格选择:低于竞争对手,略高于竞争对手,或与竞争对手一样。发售这本教材的书店向本书出版公司支付的价格便是竞争导向的定价。竞争导向定价法可以帮助企业实现定价目标,以增加销售或市场份额,企业也可以辅之以其他成本控制方法,以确保企业盈利。

13.9 定价策略

定价策略是企业为实现定价目标而设计的一系列行动。一般来说,定价策略有助于营销人员解决设定价格的实际问题。企业在何种程度上使用如下所述策略,取决于其定价和营销目标、产品的目标市场、产品差异化程度、产品的生命周期阶段等因素。图 13.5 是定价策略的主要类型,我们在本节的剩余部分将深入讨论这些策略。

企业有许多可选的定价策略

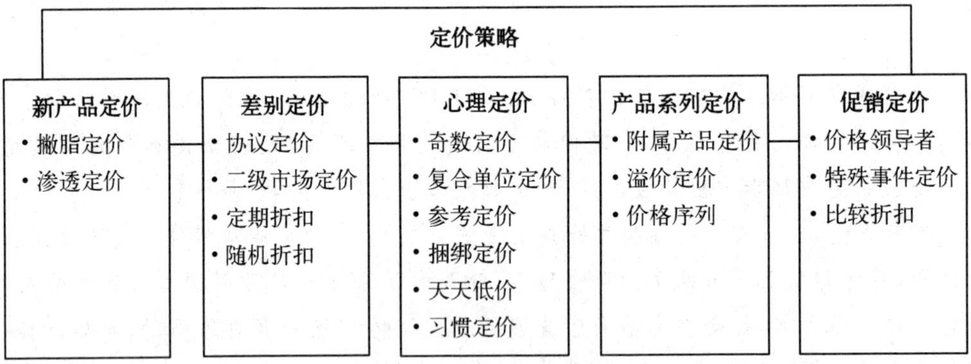

图 13.5 定价策略的类型

13.9.1 新产品定价

新产品定价策略有两种主要类型:撇脂定价和渗透定价。一段时期内,企业可以选择其中一种,或同时使用两种。

由于新产品的新颖性,以及拥有一款新产品所附带的威望和地位的象征,使得一些消费者愿意为创新产品支付高价。**撇脂定价**是指为产品生命周期推广阶段的产品设定尽可能高的价格的策略。企业主要瞄准市场上出价最高的消费者,以便尽快收回研发阶段支付的高成本。此外,撇脂定价可能抑制对产品的需求,如果企业在推广期的生产能力有限,这一定价策略将是有帮助的。此定价策略也有风险,即它会让潜在的竞争对手误以为此款产品非常有利可图,而其实际利润空间会比其以为的稍逊一筹。

与撇脂定价相反,**渗透定价**是为新产品设定低价格的策略。设定低价格的主要目的是快速抢占产品的市场份额。这可以让企业尽快渗透到整个目标市场,并阻止竞争对手的进入。同时,较低的价格会刺激销售,企业可以依靠规模生产降低平均成本,并谋划长期的生产运营。渗透定价的缺点在于,它将企业置于不太灵活的境地,因为提高价格会比降低价格困难得多。

13.9.2　差别定价

差别定价决策中首先要确定的重要问题是,是否为同一产品设定单一价格。单一价格是员工和消费者都很容易理解的。由于许多销售人员和消费者不喜欢价格方面的谈判,单一价格可以有效降低营销人员与客户发生对抗关系的机会。

差别定价是指对同一质量和数量的产品,向不同的消费者收取不同的价格。为了推行有效的差别定价,企业需要将市场准确细分成几个不同价格敏感度的板块。同时,应当警惕,避免造成消费者的疑虑和不满。差别定价的具体操作方法有协议定价、二级市场定价、定期折扣和随机折扣四种。

协议定价是指产品的价格由买卖双方之间的谈判最终敲定。在许多行业内,各分销层次都会有协议定价的情况。即使企业有拟定的价格,制造商、批发商和零售商之间也可以通过协议敲定最终的销售价格。消费者也经常参与到房产、汽车和二手设备等协议定价过程中。

二级市场定价意味着为主要目标市场设定一个价格,为二级市场设定不同的价格。通常二级市场的价格稍低,然而,当服务二级市场的成本高于正常水平时,二级市场的价格也可能更高。国外、国内等地理上有所分离的市场构成二级市场,愿意在非高峰时段消费的客户也构成二级市场(例如,错开高峰期来就餐的“早起的鸟”和非高峰时段通话的手机用户)。

定期折扣是指按照模式化和系统化的方式进行降价折扣的定价策略。例如,许多零售商有年度假日折扣,一些女装店每年有两个季节性折扣:冬季折扣(一月的最后两个星期)和夏季折扣(七月的前两个星期)。从营销人员的角度来看,定期折扣的一个主要缺点是,消费者可以预测到企业合适折扣销售,并会延迟消费,直到定期折扣季。

为了避免定期折扣的缺点,有些企业采取**随机折扣**的定价策略,即他们采用非模式化、非系统化的方式进行折扣销售。当随机发生产品的价格下降时,该品牌的当前消费者不太可能预测到何时会折扣销售,因此他们一般不会延迟消费。随机折扣还可以用来吸引新的消费者。

13.9.3 心理定价

心理定价策略鼓励消费者在情绪反应基础上购买，而不是依据经济理性。这一定价策略主要运用于消费品，而不是工业品。

许多零售商认为，消费者对奇数价格(如4.99美元)比对整数价格(如5美元)的反应更好。**奇数定价**是使用略低于整数金额的奇数设置价格的策略。9和5是奇数定价中最受欢迎的尾数。

使用这种定价策略的卖家认为奇数价格会提高销售额，而不只是对低价商品有效。汽车制造商可以将汽车的价格设置为11 999美元，而不是12 000美元。奇数定价一直是各种心理学研究的主题，但至今仍没有令人信服的结论。

许多零售商(特别是超市)实行**复合单位定价**，即为两个或多个单位设定一个价格，例如两个罐头99美分，而不是每罐标价50美分。尤其是对于经常购买的产品，这种策略可以增加销售量。这种定价模式下，预期会消费多个单位商品的消费者通常会增加购买以节省花费。

参考定价是指将产品定价设置在中等水平，并将其与定价较高的商品摆放在一起，希望消费者以较高的价格作为参照(即比较价格)，并由此让消费者觉得该价格更受欢迎。

捆绑定价是两个或多个产品(通常是具有互补性质的产品)包装在一起，并以单一价格出售。要吸引消费者，捆绑销售的价格通常明显低于产品单独销售的价格总和。对消费者而言，购买捆绑销售的产品也可能是有益的。银行和旅行服务、计算机和汽车等具有复选菜单的产品往往采取捆绑定价，这有助于提高客户满意度。通过将销售疲软的产品与销售势头强劲的产品捆绑在一起，企业可以刺激销售并增加收入。另外，捆绑销售还可以节约成本。电信运营商往往捆绑销售有线电话、网络和移动电话服务，AT&T、Comcast和DirectTV都提供这样的服务。

为了避免使用经常性的短期降价，一些企业将其称为**天天低价(EDLPs)**。在此策略下，营销人员将产品价格设置为比较低的水平，而不是将其价格定得较高并经常性地进行折扣活动。天天低价虽然没有大幅度的折扣，但其价格远低于竞争对手，使客户确信他们获得了公平的价格。沃尔玛等零售商和宝洁等制造商习惯使用天天低价的策略。它可以让企业减少促销成本，减少频繁降价造成的损失，并获得更加稳定的销售。这种方法的主要缺点是，消费者对其有不同的反应，有些客户并不认为其价格像厂商声称的天天低价，而只是营销的噱头。

在**习惯定价**中，某些商品的定价主要基于传统。各类糖果或口香糖往往采取习惯或传统定价的策略。

13.9.4 产品系列定价

在确定定价策略时，有些营销人员采用产品系列定价法，而不是对每个产品逐一定价。产品系列定价是指在设定和调整产品价格时综合考虑产品系列中对多个产品,并联动操作。产品系列定价可以为营销人员提供价格设置的灵活性。例如,营销人员可以让一个产品的利润丰厚,而另一个产品则远低于竞争对手的价格以抢占市场份额。

产品系列定价策略有三种常用的方法:附属产品定价、溢价定价和价格序列。

采用**附属产品定价**时,一般将产品系列中的基本产品价格设定较低,而对于让基础产品可用或增强其效用所需要的附属产品,则设定较高的价格。此类定价法最常见的例子如剃须刀和替换刀片的定价、打印机和配套油墨的定价等。其中,剃须刀手柄和打印机一般定价相当低,但是剃刀刀片和打印机替换墨盒通常是非常昂贵的。有时,一个品牌甚至会免费奉送剃刀柄,因为它知道消费者之后将被迫购买必要的剃刀刀片。

溢价定价是指为产品系列中质量最高、最通用的版本设定最高价格的定价方法。该系列当中的其他产品定价,则瞄准对价格相对敏感的消费者,或寻求产品特定属性的消费者。溢价定价法让营销人员从高价产品中获得利润的绝大部分。小厨房用具、啤酒、冰淇淋和电视有线电视服务等经常采用溢价定价法。

价格序列是仅以少数几种价格出售商品的策略。例如,一家商店只以 22 美元和 37 美元两种价格出售男士领带。这种策略广泛应用于服装和配饰店,对销售经理和消费者而言,这种定价策略可以让人免于为微小的价格差异而纠结。

13.9.5　促销定价

价格作为营销组合中的一个成分,经常与促销紧密相连。这两个变量也经常被关联考虑,很多时候定价策略是以促销为导向的。促销定价的示例包括价格领先者、特殊事件定价和比较折扣。

有时企业为少数产品的定价低于常规溢价,几乎接近甚或低于成本,这就是所谓的**价格领先者**。这种类型的定价在超市和餐馆中最经常使用,通过几款特别低价的产品吸引顾客。管理层希望,超低价吸引的消费者对常规定价产品的消费也会增长,由此会弥补超低定价的损失。

为了增加销售量,许多企业故意在特定季节或节日进行促销。**特殊事件定价**涉及与特殊节假日相关的广告促销或价格折扣。有些企业为回笼资金确保生存,会进行特殊事件定价,以收回运营成本。

比较折扣将产品的价格设置为特定水平,同时将其与较高的价格进行比较标注。较高的价格可以是产品的先前价格,竞争品牌的价格,其他零售店的价格,也可以是制造商的建议零售价格。客户可能觉得这种信息是他们想要的,并会对他们的消费行为有重大影响。然而,由于这种定价策略有时导致欺骗性的定价行为,联邦贸易委员会已经制定了比较折扣准则。如果用于比较的较高价格是以前为产品收取的价格,卖方必须曾按照此价格销售过一段足够长的时间;如果用于比较的较高价格是当地其他零售商的价格,卖方必须能够证明这种说法是真实的;如果用于比较的较高价格是制造商的建议零售价,卖方需要证实有相当多比例是按照建议零售价格出售的。因为,一些制造商建议的零售价格如此之高,以至于很少有产品按照建议价格出售,这时,比较折扣便具有欺骗性。

13.10 定价工业品

本章中前面讨论的许多定价问题涉及一般定价。然而,由于诸如购买数量、交通和地理问题等因素,工业品的价格设定可能不同于消费品的价格设定。我们下面考察与工业品相关的三种定价类型:地理定价、转让定价和折扣。

13.10.1 地理定价

地理定价考虑交付成本。需要买方支付交货成本的定价策略称为**离岸价**,这意味着价格不包括运费,因此买方必须从卖方的仓库到买方的营业地点支付运输成本。而**到岸价**表示价格包括运费,因此运输过程中的费用由卖方支付。

13.10.2 转让定价

转让定价是指企业内部一个部门销售给另一个部门时的产品定价。转让价格通常由成本核算决定。根据核算的成本范围不同,转让价格也会有所浮动,这取决于企业战略和企业内部各部门之间的关系。同时,企业还应确保参与交易的各部门之间的公平。

13.10.3 折扣

折扣是指产品的价格有所降低。生产者和销售者向他们的客户提供交易折扣、数量、现金、季节性折扣以及津贴等。**交易折扣**是根据经销商在市场中的地位不同而给予的不同折扣。**数量折扣**是企业对大量购买客户给予的一种减价优惠。因为批量购买中,卖家的单位销售成本较低。**现金折扣**是为即时付款提供的折扣。如果买方 10 天内支付首笔货款,30 天内全额付款,卖方可以提供 2%的优惠。**季节性折扣**是指针对反季节购买的买家给予的价格优惠。这种优惠可以让卖家在全年内保持比较稳定的生产。**补贴**是指为实现预期目标而进行的价格折让。例如,换购补贴是企业鼓励买家以旧换新而给予的价格补贴,促销新品的同时,回收二手设备(比如飞机)。表 13.4 列举了进行这些折扣的原因和例子。

表 13.4 B2B 市场常用的折扣

类 型	使 用 原 因	例 子
交易折扣(功能折扣)	为吸引和保持有效的经销商,而对他们履行运输、仓储、销售、信用保证等功能而给予的补偿性折扣	大学书店的价格往往是一般零售水平的 2/3 左右

（续表）

类　型	使　用　原　因	例　　子
数量折扣	鼓励消费者大量购买，同时通过累计折扣可以提升客户忠诚度	许多面向 B2B 市场的企业都会给出 2% 的折扣，如果买方 10 天内付款的话
季节折扣	让营销人员在非高峰期刺激销售以有效利用资源	佛罗里达的酒店给予夏季来此召开国际或区域性会议的企业以很大折扣
补贴	换购补贴可以鼓励消费者购买新产品，并可能在回收旧设备的活动中赚取一点利润；促销补贴可以确保经销商积极参与到企业的促销活动当中	农机公司鼓励农民以旧拖拉机换新的；纳贝斯克给予促销补贴，如果超市愿意在其过道设置广告显示屏，并展示两周

资料来源：Pride W.M. and Ferrell O.C., *Foundations of Marketing* [M]. Mason, OH: SouthWestern/Cengage Learning, 2013.

商界报道回看

百 事 可 乐

为追求更高的市场份额，百事可乐公司不断与可口可乐、卡夫等堪与其比肩的国际或本土食品和饮料巨头激烈竞争。虽然价格是其营销策略的重要组成部分，但百事公司更加强调产品差异化。这就是为什么它一直在扩充其十亿美元级的品牌，独特的口味和多样化的包装尺寸不断刺激着消费者的味蕾，并吸引起购买。

降低了热量指标的 Trop50 果汁系列等创新产品提升了百事公司的利润率，因为消费者更愿意为独特口味和健康饮食支付。因此，百事公司不断增加研发投入推出新品，并联合营销其旗下各品牌的零食和饮料，以积累更高的品牌价值。

讨论题

1. 百事公司如何使用价格差别营销其软饮料？
2. 用产品生命周期解释百事公司为何推出多样小吃和雪碧的众多口味。

本章小结

1. 产品的内涵与分类。产品是指一个人在交易中获得的所有有形和无形的属性及其预期收益，它可以是货物、服务或创意。

产品根据其最终用途分类。分类会影响产品的分销、促销和定价。消费品包括便利品、选购品和特殊品，是消费者为满足个人和家庭需求而购买的产品。工业品包括原材料、主要设备、辅助设备、零部件、加工材料、供应品和商业服务是为转售、制造其他产品或在公司运营中使用而购买的产品。

2. 产品生命周期及新产品开发的必要性。每个产品都会依次经历了四个阶段，即推广期、发展期、成熟期和衰退期。随着产品生命周期的推进，共同形成产品生命周期。随着产品在这些阶段的推进，产品的销售收入和利润增加，达到峰值，然后进入下降阶段。营销人员跟踪产品的生命周期阶段，以便估计何时应该引入新产品来替代衰退的产品。

3. 产品系列和产品组合的区别与联系。产品系列是由公司销售的一组类似产品。产品系列中的产品在生产、销售和使用的方式上彼此相关。该公司的产品组合包括其出售的所有产品。产品组合的广度，即它囊括的产品系列的数量；产品组合的深度，即平均每条产品系列所拥有的产品数量。

4. 确定可用于更改产品组合的方法。为了实现企业目标，为其目标市场或整个市场提供满意的产品，营销人员必须不断开发、调整、维护有效的产品组合。改进产品组合的方法主要有三种：改进现有产品、剔除产品或开发新产品。

新产品开发一般需要七个步骤。第一步，构思生成，获得一个关于潜在产品的想法；第二步，构思筛选，将与企业资源和目标不匹配的创意剔除；第三步，理念调研，在潜在买家的小样本中描述或展示产品构思以了解消费者反应；第四步，商业分析，对潜在产品进行销售、利润和成本等分析；第五步，产品开发，构思理念被转化为产品原型或样品；第六步，市场试销，在几个城市对新产品进行测试营销；第七步，正式上市，完善整个营销计划并全面生产。大多数失败的产品是由于产品开发环节或营销规划不足。

5. 品牌化、包装和贴标签的用途和重要性。品牌是指识别厂商产品并将其与其他卖家产品区分开的名称、术语、符号、设计或这些的任意组合。品牌通常根据其所有者划分为制造商品牌和经营商品牌。企业可以选择两种品牌策略：独立品牌或家族品牌。品牌策略用于将特定产品与现有产品、生产商或经销商实现关联(或不关联)。包装可以使产品更安全、更便于使用。通过其形状，外观和印刷信息，包装甚至可以影响消费者的购买决定。标签为客户提供产品信息，其中有些是法律要求标注的内容。

6. 定价的经济基础、卖方控制价格的手段和买方对价格的反应。在完全竞争的理想市场条件下，个别卖方对其产品的价格没有控制权，价格是由供求关系决定的。然而，在我们的实体经济中，卖家对价格确实有一定的控制能力，主要通过产品差异化策略。产品差异化是指制造并扩大其产品与所有类似产品之间差异的过程。公司也试图通过广告来影响定价。少数大卖家对价格有相当大的控制权，因为每家大公司控制着产品总供应的很大一部分。在价格设定时，企业经理应考虑目标市场中消费者的价格敏感性。买家对价格的看法受到产品对他们的重要性，他们认为可接受的价格范围，他们对竞争产品的看法，以及他们对性价比的态度。

7. 企业使用的主要定价目标。企业的定价目标包括生存、利润最大化、目标投资回报率、市场份额和维持现状。有时，即便亏损运营，公司也要以较低的价格吸引消费者以确保生存。**投资回报(ROI)**是指由投资而获得的收益。一些公司将年投资回报作为其设定价格的目标。一些公司试图通过定价来维持或增加其市场份额。在价格稳定性很重要的行业中，企业通常会与竞争对手同样定价。

8. 公司可采用的三种主要定价方法。三种主要的定价方法分别为成本导向定价法、需求导向定价法和竞争导向定价法。当采用成本导向定价时，总成本加上溢价就得到产品的销售价格。当采用需求导向定价时，需求较高时，定价较高；需求较低时，定价较低。当采用竞争导向定价时，公司可以选择价格低于竞争对手的价格、与竞争对手的价格相同，或略高于竞争对手的价格。

9. 公司设定价格的不同策略。定价策略分为五类：新产品定价、差别定价、心理定价、产品系列定价和促销定价。撇脂定价和渗透价格是用于定价新产品的两种策略。差别定价可以通过协议定价、二级市场定价、定期折扣和随机折扣来实现。心理定价策略的类型包括奇数定价、复合单位定价、参考定价、捆绑定价、天天低价和习惯定价。产品系列定价可以通过综合考虑产品系列的销售而设定的价格。促销价格的主要类型是价格领先者、特殊事件定价和比较折扣。

10. 工业品相关的三种主要定价类型。由于诸如购买数量、交通和地理问题等因素,工业品的价格设定可能不同于消费品的价格设定。工业品相关的三种定价类型分别为地理定价、转让定价和折扣。

关键词

产品	产品系列扩展	货品质量保证	定期折扣
消费品	产品剔除	价格	随机折扣
工业品	品牌	供给	奇数定价
便利品	品牌名称	需求	复合单位定价
选购品	品牌标志	价格竞争	参考定价
特殊品	注册商标	非价格竞争	捆绑定价
原材料	商号	产品差异化	天天低价(EDLPs)
主要设备	制造商(生产者)品牌	溢价	习惯定价
辅助设备	经营商(自有)品牌	盈亏平衡点	附属产品定价
零部件	一般(非商标)产品	总收益	溢价定价
加工材料	品牌忠诚度	固定成本	价格序列
供应品	品牌价值	可便成本	价格领导者
商业服务	独立品牌	总成本	特殊事件定价
产品生命周期	家族品牌	撇脂定价	比较折扣
产品系列	品牌延伸	渗透定价	转让定价
产品组合	包装	协议定价	折扣
产品改进	贴标签	二级市场定价	

复习题

1. 除了商品、服务或想法本身之外,产品的购买者还有什么获益?
2. (a) 银行、(b) 保险公司、(c) 大学,其产品分别是什么?
3. 决定产品是消费品或工业品的主要因素是什么?
4. 描述工业品的每个分类。
5. 产品生命周期的四个阶段是什么?企业如何确定特定产品处于哪个阶段?
6. 产品系列和产品组合之间有什么区别?请举例。
7. 在什么条件下产品改进最有效?
8. 为什么必须从产品组合中剔除产品?
9. 为什么公司要推出新产品?
10. 简要介绍新产品开发的七个阶段。
11. 制造商品牌和经营商品牌有什么区别?家族品牌和独立品牌有何区别?

12. 产品系列扩展和品牌延伸有什么区别？
13. 如何利用包装来加强营销活动？
14. 为什么使用标签？
15. 价格在经济中的主要功能是什么？
16. 比较价格竞争和非价格竞争的特点。
17. 买方对价格的反应如何影响价格决定？
18. 列出并简要介绍五个主要定价目标。
19. 溢价定价、盈亏平衡分析定价和竞争导向定价有什么区别？
20. 什么情况下需求导向定价比溢价定价更现实？
21. 企业为什么使用竞争导向的定价？
22. 定价策略有哪五大类？每类至少给出两个例子。
23. 描述工业品定价的主要折扣类型。

讨论题

1. 为什么理解产品如何分类很重要？
2. 产品生命周期各阶段的长度由哪些因素决定？企业如何延长每个阶段？
3. 有些企业直到出现财务问题才会剔除产品。这种做法可能导致什么问题？
4. 新产品开发中的哪些步骤最重要？哪些最不重要？为什么？
5. 品牌化、包装和贴标签是否真的有利于消费者？请说明。
6. 市场经济条件下，企业在多大程度上可以控制其价格？什么因素限制了这种控制力？
7. 在什么条件下，企业最有可能使用非价格竞争？
8. 公司可以有多个定价目标吗？它可以同时使用本章讨论的多种定价方法吗？请说明。
9. 撇脂定价的主要缺点是什么？
10. 什么是“有效”价格？
11. 在什么条件下，企业最有可能决定采用某种价格歧视？
12. 什么类型的产品是最有可能使用的心理定价策略？

视频案例 13.1

Blu Dot 式营销战略的艺术审美根源

20 世纪 90 年代后期，当三个具有艺术和建筑背景的大学同学搬进入新公寓要买家具时，他们很失望地发现，喜欢的买不起，买得起的不喜欢。幸运的是，以后的家具消费者不会再有这种苦恼了。这三位大学生创建了 Blu Dot，这是一家位于明尼阿波利斯的家具设计和制造公司，自 1997 年成立以来一直蓬勃发展。

Blu Dot 专注于打造融合审美享受、使用质量和实惠价格的家具。其现代化的流线型件使用现成的材料和简单的制造工艺，大幅降低了公司的成本和价格。公司还与制造工业品而非消费品的供应商合作，因为他们更高效，使用的工艺和技术成本也更低。像其创始人之一莫里斯·布莱斯(Maurice Blanks)所说的，这些策略加上扁平包装和易于运输的设计，使公司能够将低廉的价格与高端的工艺连接起来。Blu Dot 相信，任何人都可以设计一张 600 美元或 700 美元的咖啡桌，困难在于如何设计一张 99 美元的咖啡桌而同样令人满意。

公司有七个产品系列：桌子、存储、配件、书桌、床、座椅和搁架。它的每一个产品的定价策略都直接采用成本导向定价法。管理人员在固定成本和可变成本基础上，再加成确保企业运转良好的溢价，由此得出产品销售价格。之后，企业还考察竞争者对相似产品的定价，并识别三到四个定价信息，以帮助达成有效定价。另外，企业还采用一些创新的定价策略来赚取利润。例如，一组咖啡桌当中，可能有的款式定价较高，而其余款式定价较低以吸引更具价格敏感度的消费者。最终，企业的目标利润基本得到满足。

Blu Dot 认为其产品对消费者需求的满足依赖于其相互依存的三大元素：核心产品、其补充功能，以及其符号价值。虽然一些客户被产品的设计方面吸引，但其他客户可能更关注使用价值。这就是为什么该公司最近推出了一个独立品牌，称为 too(“太”)，并将其价格略低于原来的产品系列。这些产品已经通过“城市户外”上市，Blu Dot 根据销售进展，不断调整价格。联合创始人约翰·克里斯塔科斯(John Christakos)喜欢以烹饪过程比喻 Blu Dot 的定价过程，说两者都需要不断微调。

有趣的是，在最近的销售活动中，Blu Dot 给出了 0 的标价。为庆祝其伦敦苏豪区的新店开张，公司在各城市角落留下了 25 把通常售价 129 美元的名副其实的好椅子，并允许找到椅子的消费者将其免费带回家。大多数椅子配备了 GPS 定位，企业可以跟踪到谁解救了椅子，并在公司网站宣称椅子都得到了好的归宿，而其中那些愿意参与企业调研的消费者还将免费获赠第二把椅子。[30]

讨论题

1. 与工业品相比，Blu Dot 在销售消费品时面临哪些挑战？
2. 您认为产品生命周期是开发和管理 Blu Dot 产品的重要营销观念吗？为什么？
3. 描述产品组合和不同产品系列在 Blu Dot 的营销策略中所起的作用。

案例 13.2

佳得乐的品牌推广计划“G”方案是否有效?

45 年前率先开发运动饮料的佳得乐,目前正在使“G”方案进行品牌推广。佳得乐模式原本是由佛罗里达大学的研究人员开发的,以帮助大学橄榄球队的球员避免脱水。其他学校注意到了佳得乐的良好表现,很快也开始为他们的运动员订购佳得乐。接二连三地,佳得乐吸引了很多职业足球队的兴趣,并在 1983 年被定为国家足球联赛的官方运动饮料。同年,佳得乐被桂格燕麦收购,2001 年桂格又被百事公司收购。

纵观其历史,佳得乐一直是运动饮料的领先者。然而,近年来消费者行为变化和竞争加剧影响了其销售额。首先,健康理念提升的消费者寻求低热量、低钠的饮料,而不是传统的运动饮料。第二,百事可乐的主要竞争对手,可口可乐一直努力促销的运动饮料“动乐”抢走了一部分消费者。因此,佳得乐的年销售额停滞在 50 亿美元左右,其市场份额也下降到 75%,而动乐的市场份额则增长了 24%。

目前,佳得乐的营销人员也积极提升其销售额,为此,他们不断在特定目标市场推出新品,重新包装以吸引消费者注意。佳得乐的品牌名称和品牌标志都进行了微调,强化了“G”和闪电标志,同时淡化了其他内容,以增强佳得乐的识别度,像耐克旋风系列一样。

佳得乐还瞄准特定目标市场,推出了一系列针对运动员特定需求的 G 运动饮料。这是佳得乐的一个变化,数年来他一直在扩大其目标市场的范围,“解口渴更解体渴”的品牌定位瞄准了喜好运动的消费者,而不仅仅是运动员。佳得乐正回归其运动饮料的初衷,G 系列的运动饮料旨在为业余和专业运动人员提供健康饮料。

G 系列产品有三种:佳得乐 01,最初(Prime 01),用于运动前补充能量;佳得乐 02,表现(Perform 02),用于帮助运动者坚持完成锻炼;佳得乐 03,恢复(Recover 03),其中含有特别配方,专门为疲劳身体补充能量和促进肌肉恢复状态。佳得乐的运动饮品比之前的选择更多,而且增加了特殊的配方,包括蛋白质、碳水化合物和其他营养增强款。

由于新的分销安排,曾经在体院馆和更衣室销售的 G 系列 Pro,现在可以在 5 500 家 GNC 商店购买。GNC 的首席执行官称:“仅仅这条渠道将终结其他方式,它直接面向新的目标受众,消费者对他们喝到的非常热情。”另外,佳得乐还通过全食超市营销其 G Natural 和 G2 Natural 两款低热量饮料,全食公司是美国专门从事天然和有机食品销售的企业。

与品牌和个别产品调整一并进行的是,佳得乐也对其包装和标签进行调整。多年来,所有的瓶子都标注了“佳得乐”的全称,并被橙色闪电风格一分为二。如今,字母 G 已经成为新标签的核心,内有一个小的闪电标志。总的来说,G 系列包装统一了产品系列,同时允许每个项目有足够独特的触感,帮助客在拥挤的货架上快速找到他们想要的特定产品。复杂的新包装也使这一产品系列与传统的佳得乐绿橙色外观相区别,从视觉上强化了 G 系列的创新性。

佳得乐的广告和促销努力,还包括利用 YouTube 和 Facebook 等社交网络媒体关注体育运动,并对 Serena Williams 和 Derek Jeter 等即将参加重大比赛体育明星进行采访。然而,随着可口可乐对其动乐产品的大力促销,佳得乐的目标市场是否会受影响,其市场份额又会如何走向?[31]

讨论题

1. 强调"G"作为佳得乐品牌的主要元素的营销优势和劣势是什么？
2. 佳得乐为了加强对运动员的重点营销，应该改变分销渠道或包装吗？请解释。
3. 佳得乐的营销人员推出 Prime 01 和 Recover 03，采用的是品牌延伸还是产品系列扩展？

尾注

1. Based on information in Duane D. Stanford, "PepsiCo Adds Water to Tropicana Products to Juice Margin," *Bloomberg BusinessWeek,* February 16, 2012, www.businessweek.com; E. J. Schultz, "PepsiCo Plans 35% Marketing Boost for Snacks," *Advertising Age,* February 24, 2012, www.adage.com; Karlene Lukovitz, "PepsiCo CFO Talks Pricing, 'Stagflation,'" *MediaPost,* September 8, 2011, www.mediapost.com.
2. Apple, http://apple.com accessed February 13, 2012.
3. "Coming Soon: Barq's Root Beer Redesign," Bev Review, February 22, 2012, www.bevreview.com/2012/02/22/coming-soon-barqs-root-beer-redesign/.
4. AnandK@TWC, "Google to Discontinue 10 Products, Including Google Desktop, Google Pack," The Windows Club, September 3, 2011, www.thewindowsclub.com/google-discontinue-10-products-including-google-desktop-google-pack.
5. Jell-O, www.jello.com, accessed April 2, 2012.
6. Procter & Gamble, http://pg.com/en_US/brands/index.shtml accessed February 13, 2012.
7. General Mills Cereals, www.generalmills.com/en/Brands/Cereals.aspx, accessed March 30, 2012.
8. Nick Bunkley, "GM to Reinforce Battery in its Hybrid Car, the Volt," *The New York Times,* January 20, 2012, www.nytimes.com/2012/01/06/business/gm-to-reinforce-battery-in-hybrid-car.html.
9. Press release, "WD-40 Launches First-Ever Product Line Extension, Introduces New WD-40 Specialist Line of Products," *New York Times*, February 14, 2012, http://markets.on.nytimes.com/research/stocks/news/press_release.asp?docTag=201202141309BIZWIRE_USPRX____BW6491&feedID=600&press_symbol=284382
10. Phil Goldstein, "T-Mobile to Discontinue Sidekick 4G, but May Not Kill Sidekick Brand," Fierce Wireless, March 16, 2012, www.fiercewireless.com/story/t-mobile-discontinue-sidekick-4g-may-not-kill-sidekick-brand/2012-03-16.
11. "A Case for Modernizing Product Planning," (e-paper) Accept Software Corporation, www.accept360.com/resources/modprodplan, accessed April 2, 2012.
12. Google Project Glass, https://plus.google.com/111626127367496192147/posts, accessed April 6, 2012.
13. Emily Glazer and Suzanne Vranica, "Big Firms Mentor Start-Ups on Their Image," *Wall Street Journal,* March 29, 2012, http://online.wsj.com/article/SB10001424052702303816504577309842814468950.html.
14. Joseph Peña, "Aptera Secures Financing, Introduces New 2e Electric Car," *San Diego News Network*, April 14, 2010, sdgln.com/news/2010/04/15/video-aptera-secures-financing-introduces-new-2e-electric-car.
15. Staff writer, "Columbus, Ohio: Test Market of the U.S.A.," CBA News, March 25, 2012, www.cbsnews.com/8301-505125_162-57404087/columbus-ohio-test-market-of-the-u.s.a/.

16. "What Are Store Brands?" PLMA, http://plma.com/storeBrands/factsnew12.html, accessed March 19, 2012; Candace Choi, "Store Brand Groceries Now on Premium Shelves," USA Today, March 25, 2012, www.usatoday.com/money/industries/food/story/2012-03-25/store-brand-groceries/53739828/1.
17. Staff reporter, "Now That's What You Call Brand Loyalty!" *Daily Mail*, March 12, 2012, www.dailymail.co.uk/news/article-2114031/iPad-3-release-date-Pair-sit-head-queue-Apples-new-iPad-5-days-goes-sale.html.
18. Julie Jargon, "Latest Starbucks Concoction: Juice," *Wall Street Journal,* November 11, 2011, http://online.wsj.com/article/SB10001424052970204358004577030112155716538.html, accessed March 19, 2012; Josh Ozersky, "The Big Gulp," *Time,* March 12, 2012, www.time.com/time/magazine/article/0,9171,2108016,00.html.
19. http://amazon.com accessed February 13, 2012.
20. "Pet Insurance," Iams, www.iams.com/pet-health/pet-insurance, accessed April 4, 2012.
21. Matt Haig, *Brand Failures: The Truth about the 100 Biggest Branding Mistakes of All Time,* 2011 (Kogan Page Limited, Philadelphia, PA), p. 58, 77, 88
22. "Cup Summit 3," Starbucks, www.starbucks.com/blog/cup-summit-3/1084, accessed March 21, 2012.
23. "Vitaminwater Accused of Making Misleading Health Claims," Huffington Post, January 3, 2012, www.huffingtonpost.com/2012/01/03/vitaminwater-false-claims_n_1181860.html?ref=food; "Feds Cracking Down on Misleading Labels," National Consumers League, www.nclnet.org/food/85-food-labeling/374-fda-cracking-down-on-misleading-health-claims-on-food-labels, accessed April 1, 2012.
24. Eric Slivka, "Apple Clarifies Warranty Coverage Options for Customers in the European Union," Mac Rumors, March 30, 2012, www.macrumors.com/2012/03/30/apple-clarifies-warranty-coverage-options-for-customers-in-european-union/.
25. Quentin Fottrell, "New Cheap Alternatives to the iPad 3," *Smart Money*, March 7, 2012, http://blogs.smartmoney.com/advice/2012/03/07/new-cheap-alternatives-to-the-ipad-3/?link=SM_hp_ls4e.
26. Vibram Five Fingers, www.vibramfivefingers.com/index.htm, accessed April 4, 2012.
27. Dominic Haber, "Abercrombie & Fitch Plans Further Price Cuts After 1Q Loss," TopNews.com, May 17, 2009, topnews.us/content/25241-abercrombie-fitch-plans-further-price-cuts-after-1q-loss.
28. SF Park, http://sfpark.org/; Leon Neyfahk, "The Case for the $6 Parking Meter," The Boston Globe, January 15, 2012, www.bostonglobe.com/ideas/2012/01/15/the-case-for-parking-meter/H2Ih2QJ8wOEgwiMI7yHdVO/story.html.
29. Arragon Perrone, "Minnesota Twins Expand Dynamic Pricing for Single Games," Ticket News, March 21, 2012, www.ticketnews.com/news/minnesota- twins-expand-dynamic-pricing-for-single-games031221551; Press release, "Demand-Based Pricing for Single Game Tickets at Target Field Starts March 9," March 8, 2012, http://minnesota.twins.mlb.com/news/article.jsp?ymd=20120308&content_id=27106214&vkey=pr_min&c_id=min.
30. Based on information in bludot.com accessed February 21, 2012; "Stuff," bludot.com (accessed February 21, 2012) and originally published in *Minnesota Monthly*; Carl Alviani, "Taking the Middle Ground: Massive Design for the Masses?" Core 77, http://core77.com/reactor/07.05_mIddleground.asp accessed February 13, 2012; interviews with company personnel and the film, "Blu Dot."
31. Jeremiah McWilliams, "PepsiCo Revamps 'Formidable' Gatorade Franchise After Rocky 2009," *The Atlanta Journal-Constitution*, March 23, 2010, http://www.ajc.com/business/pepsico-revamps-formidable-gatorade-397505.html; Martinne

Geller, "Pepsi Eyes Emerging Markets, Healthy Fare," *Reuters*, March 22, 2010, http://in.reuters.com/article/2010/03/22/idINIndia-47126620100322; Noreen O'Leary, "Gatorade's G2 Channels Ali to Punch Up Its Messaging," *Adweek*, January 2, 2010, www.adweek.com/news/advertising-branding/gatorades-g2-channels-ali-punch-its-messaging-106901; Emily Bryson and Natalie Zmuda, "What G Isn't Is a Sales Success," *Advertising Age*, August 10, 2009, p. 17; David Sterrett, "New Drinks in Gatorade's Playbook," *Crain's Chicago Business*, November 9, 2009, p. 1; Burt Helm, "Blowing Up Pepsi," *BusinessWeek*, April 23, 2009, http://businessweek.com/magazine/content/09_17/b4128032006687.htm; gatorade.com accessed February 21, 2012.

第 14 章

批发、零售和实物分销

学习目标

1. 了解消费品和工业品的各种分销渠道。
2. 理解市场覆盖的观念。
3. 理解供应链管理如何促成分销渠道成员之间的伙伴关系。
4. 掌握垂直行销系统的概念及类型。
5. 理解批发商的必要性及其为零售商和制造商提供的服务。
6. 掌握批发商的主要类型。
7. 掌握零售商的主要类型。
8. 理解购物中心的分类及其决定因素。
9. 掌握五种最重要的实物分销活动。

商界报道

乔巴尼通过分销登上第一名

一个品牌如何仅仅在成立的四年内迅速成长为市场领袖？希腊酸奶制造商乔巴尼产品美味可口，包装引人注目，价格公道。但是，真正促使它急速上升的主导因素是分销。

当首席执行官哈姆迪·乌鲁卡亚得知纽约尤迪卡附近一家酸奶销售厂商的时候，他就有了乔巴尼的想法。与美国食品杂货店和超市的普通酸奶不同，乌鲁卡亚想要卖一种浓稠、味道浓郁且不被美国顾客熟知的酸奶。目前，在由希腊改进的酸奶这一产品目录中仅有“费奇”这一个品牌。

乌鲁卡亚买下这个酸奶厂，聘请了一个酸奶专家。2007 年，经过几个月的产品开发和测试，他的希腊酸奶连同富有趣味的标签和受欢迎的价格已经为向顾客介绍做好准备。

为了把乔巴尼送入尽可能多的消费者手中，乌鲁卡亚决定与主流零售商合作而不是向健康食品点和专门商店去有限分销。他记得："我们去大型连锁店说我们想把产品放在普通酸奶所在的区域。"另一个关键决定是提供店内样品让顾客在购物时能够品尝并购买这种新产品。

顾客非常喜欢这种酸奶，前三个销售乔巴尼的商店很快销售一空又来订购。那之后不久，Costco 和 BJ's 等东北部的大型批发零售商先后同意销售乔巴尼。当乔巴尼增加新口味时，零售商们为乔巴尼在货架上提供了更多空间。

竞争很快到来。"费奇"在离乔巴尼工厂一小时车程的地方成立了一家酸奶厂，厂址位于纽约乳品带内部。达农(Dannon)和优诺酸奶(Yoplait)也利用旺盛的需求推出了希腊酸奶。从初次销售开始，乔巴尼仅仅用了四年的时间就成为希腊酸奶的顶尖品牌，占有53%的市场，它也是世界第三大酸奶品牌，这很大一部分要感谢它的分销策略。乔巴尼这样快速增长的步伐可以维持多久?[1]

正如乔巴尼，一些公司采用了特殊的分销方式和市场渠道，这给予了它们可持续的竞争优势。美国有超过 200 万家公司帮助生产厂商把产品运送到消费者手中。像达乐公司、星巴克、希尔斯、沃尔玛这样的连锁商店它们经营零售商店，消费者可在这里购买产品。一些零售商，如雅芳公司、安利公司，它们派销售人员到消费者家里进行销售。还有另一些，如亚马逊公司，仅仅在线上销售。但是，大多数的零售商采用的是混合的分销渠道，这样的渠道可能包括零售商店以及可以在线购物和浏览商品目录的网站。

另外，还有超过五十万家把商品销往其他公司的批发商。大多数消费者对这些公司了解甚少，这些公司在"幕后"工作，极少直接销售商品给消费者。还有其他中间商涉及运输产品和转移所有权。因此，它们能够帮忙创造时间、场所以及对市场营销至关重要的所有权效用。我们将会看到，它们也向自己的供应商和消费者提供许多服务。

这一章，我们首先调查使产品从制造商到达最多数使用者的各种分销渠道。然后，讨论这些渠道中的批发商和零售商。接下来，调查购物中的类型。最后，探索实物分销的功能和用来运输商品的主要运输模式。

14.1 分销渠道

分销渠道或**营销渠道**，是指让产品从生产商到最终消费者手上的一系列营销组织。每个营销渠道都从制造商开始，到个体消费者或商业用户结束。

中间商或**营销中介**是营销渠道中连接制造商和产品使用者的营销组织。大多数情况下，中间商涉及产品所有权的转移。**商人中间商**，或者更简单地说，商人通过购买产品得到产品的所有权；而**职能中间商**只帮助转移产品所有权，但自己没有得到产品所有权。

14.1.1 消费品营销渠道

一般来说,移动消费品和商业产品有不同的分销渠道。图 14.1 展示了消费品最常用的四种营销渠道。

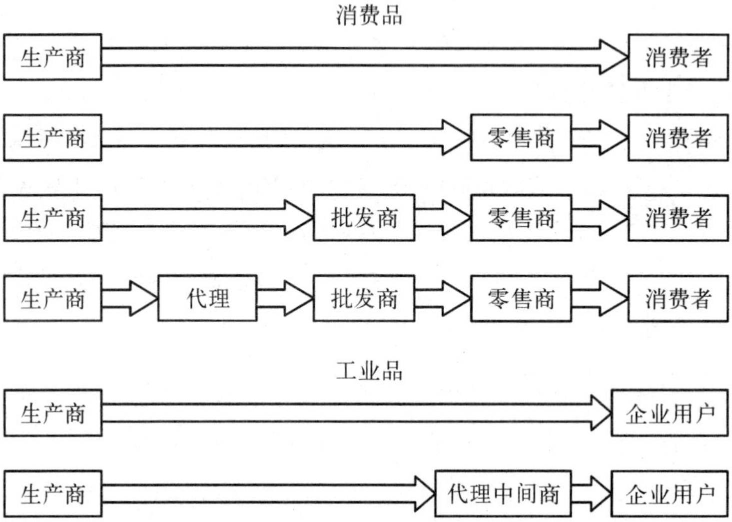

图 14.1 分销渠道

从制造商到消费者 这个渠道通常被称为**直销渠道**,该渠道中没有营销中介。事实上,所有服务项目和少部分消费品通过直销渠道进行分销。例如,戴尔计算机、玫琳凯和雅芳都是销售者直接把产品卖给消费者。

制造商直接把产品卖给消费者有其优点。制造商能够更好地控制产品质量和产品价格,它们不必通过给予中间商折扣来支付中间商提供的服务,它们能够与消费者保持紧密的联系。

从制造商到零售商到消费者 **零售商**是从制造商或者其他中间商那里购买产品卖给消费者的中间商。当零售商能够大量购买产品时,制造商便直接把产品卖给零售商(如沃尔玛)。这一渠道最常用于那些笨重的产品,如家具、汽车,因为额外的操作会增加销售成本。该渠道也是易腐坏产品(如水果、蔬菜)的常用渠道,也是必须在尽可能短的时间到达消费者手中的最新款产品的常用渠道。

从制造商到批发商到零售商到消费者 该渠道被认为是传统渠道,因为许多消费品(特别是日用品)都是通过批发商卖给零售商的。**批发商**是把产品卖给其他厂商的中间商。这些厂商可能是零售商、工业用户,或者是批发商。当搬运产品的零售商数目太多以至于制造商难以应付时,制造商就会用到批发商。例如,箭牌口香糖的制造商就是使用这种类型的渠道。

从制造商到代理商到批发商到零售商到消费者 生产商可能会通过代理商来接触批

发商。代理商是职能中间商,他们不需取得产品所有权,只通过生产商支付的佣金作为补偿。通常,这些产品都是廉价的需要频繁购买的商品。例如,为了得到大量有潜力的顾客,一家小型燃气驱动草坪修剪器的制造商可能会选择通过代理商把产品销售给批发商,然后批发商把产品卖给大量的零售商。该渠道也适用于高度季节性产品(如圣诞节树装饰品),一些没有自己的销售人员的制造商也会使用该渠道。

14.1.2 消费品的多渠道销售

通常,制造商针对不同的细分市场采用不同的分销渠道。例如,当销售同样的产品给消费者和商业用户时,制造商则会使用多重渠道。多重渠道也被用来提高销售或者占据更多的市场份额。为尽可能多的销售产品,凡士通超市除了与经销商合作之外,也试着通过自己的零售店销售。

14.1.3 工业品营销渠道

一般来说,工业品的制造商常常使用短渠道销售产品,这里介绍两种最常用的渠道,如图 14.1 所示。

从制造商到商业用户 在这种直销渠道中,制造商自己的销售人员直接销售产品给商业用户。重型器械、飞机和主要设备常常用这种方式分销。这种非常短的渠道允许制造商向顾客提供专业和及时的服务,比如运输、机械安装和维修。

从制造商到代理中间商到商业用户 制造商使用该渠道来分销诸如业务供应品、辅助设备、小工具和标准配件等产品。代理商是制造商和用户之间独立的中间商。通常代理商代表卖方。

14.2 市场覆盖率等级

市场覆盖等级是指一个特定地理区域内的批发商和零售商的数量。市场覆盖率分为三个等级:密集型分销、选择性分销和独家销售。

密集型分销是使用一切可用的品牌直销店分销产品。想要让产品在超市拥有尽可能多的陈列区的生产商通常选择密集型分销。制造商通过把产品销售给财务状况好且愿意存储和销售产品的中间商来使市场达到饱和状态。对于顾客来说,密集型分销意味着顾客可以去便利店花很少的时间就能买到产品。宝洁公司通过密集型分销为顾客生产零售包装的商品,因为顾客想要随时购买到产品。

选择性分销是在每个地理区域内仅使用一部分可用的销售点来销售产品。例如,著名的高端服饰设计师米索尼就倾向于选择性分销,设计低成本成衣服装系列产品,并通过目标商店进行分销,目的就使其品牌对消费者而言更负担得起、更贴近需求。[2]

个人 APP

不论你是在学校、在工作、在看球赛，或者在看电影，都会看到有瓶装水和零食销售。因为很多人在很多场所购买这些产品，于是制造商便使用密集型分销来让产品遍布各处。

独家销售是在一个广阔的地理区域内使用一家单一的零售销售产品。独家销售通常仅限于非常出名的产品。制造商常常为独家销售商列出许多要求，如库存水平、销售培训、服务质量和授权程序。例如，百达翡丽手表销售额达 50 多万美元，但仅仅在一些特殊地区才能买到。

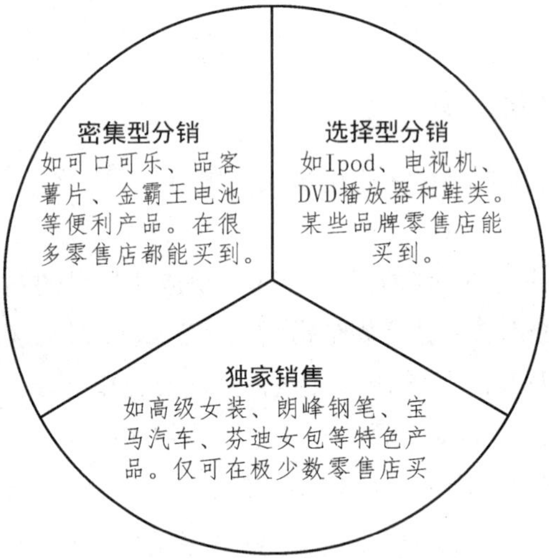

图 14.2　市场覆盖的三个等级

资料来源：Pride W.M. and Ferrell O.C., *Foundations of Marketing* [M]. Mason, OH: South-Western/Cengage Learning, 2013.

14.3　基于供应链管理的合作

供应链管理是通过渠道成员之间长期的合作伙伴关系形成的一个分销系统，以此减少低效率、高成本和生产过剩，并形成竞争优势以满足消费者。供应链管理需要包括生产、研发、销售、广告和运输在内的所有营销渠道成员之间的通力合作。供应链并不仅仅聚焦制造商、批发商、零售商和消费者，还关涉配件供应、运输公司、通信公司和其他参与产品分销的组织。供应商对零售商销售哪些产品有更大的决定权。这个现象称作**品类管理**，这在大型商场、超市和便利店等已经很常见。通过品类管理，零售商对于特殊品类的摆架展示征询供应商的意见，许多零售商和供应商认为这一程序带来了最大效率。

传统上说，购买者和销售者在买卖谈判时是敌对的关系。但是，供应链管理鼓励合作以降低库存、运输、管理和处理等成本，缩短快速预订周期，提高所有渠道成员的利润。当买方、卖方、销售中间商、中介机构共同合作时，消费者关于交货、时间安排、包装和其他方面的需求就能够更好地得到满足。最近，邓肯甜甜圈和巴斯罗缤冰淇淋的母公司邓肯布兰德与国家数据收集平台签署了一项长期供应链协议，目的是改善其供应链管理。国家数据收集平台将成为邓肯公司的独家供应链提供者，为其美国大陆的所有销售商处理分销和采购。这项协议也让邓肯公司可以统一的成本向全美超市的特许专营商提供产品。[3]

技术大大地促进了供应链管理的可操作性。通过计算机化的集成信息共享，渠道成员降低了成本，改善了客户服务。技术同时也使供应链成员之间形成更加互惠的关系。主要客户不再需要为所有的决定负责，供应商也将承担一部分决策责任。如今，供应链的所有成员都能在有关效率和创新的决策中发挥重要作用。[4]

14.4 垂直营销系统

纵向渠道整合通常是指营销渠道的两个或多个阶段由一家企业整合或管理。**垂直营销系统(VMS)**是指由垂直集成形成的集权式管理的分销渠道。这种合并减少了对特定中间商的需求。营销渠道中的一员能够对另一成员负责，或者能够实际购买另一成员的服务。苹果公司使用垂直整合模式已有数十年，甲骨文、摩托罗拉、亚马逊等其他公司也陆续采取此种办法。苹果公司坚持控制供应链中研发、设计、分销、营销和销售等环节，同时也对其生产的产品进行集中化营销控制。虽然垂直营销系统在苹果公司运行良好，但许多公司发现保持专门化，而只将非重要活动外包很有效。完全垂直整合是将从生产到销售所有环节的经营行为都纳入单一的经营控制。那些拥有油井、运输设备、炼油厂、终端和加油站的石油公司就是完全垂直整合的最好例证。[5]

垂直营销系统有三种类型：管理式、合同式和公司式的。在**管理式垂直营销系统**中，由于规模或其他原因，其中的一个渠道成员控制其他成员。在其影响下，渠道成员之间合作进行产品的生产和分销活动。像保洁公司这样强大的制造商与许多使用其品牌的中间商进行合作，并形成一个系统。尽管它在做决定时要考虑整个系统的目标，但是宝洁却像传统的影响渠道一样，控制着整个营销渠道的所有成员。在**合同式垂直营销系统**中，渠道成员间的合作、权利及义务都由合同或者其他法律措施明确规定。在**公司式垂直营销系统**中，生产和分销活动通过实际所有权结合在一起。例如，利明特女装建立了公司式的垂直营销系统，以管理共同所有的生产设备和零售商店。大多数垂直营销系统大都是为提升分销效率而将独立企业组织起来的。

14.5 市场中介：批发商

批发商可能是市场营销中介中最容易被误解的。有时，生产商试图通过直接与零售商或者顾客交易来把批发商从分销渠道中剔除出去。尽管批发商们可以被剔除，但它们通过提供各种各样的服务所发挥的作用却无法被磨灭。如果从营销渠道中剔除批发商，这些作用必须由其他渠道成员或者消费者来发挥，剔除批发商可能会降低分销成本，也可能不会。

14.5.1 为市场营销中介正名

新闻界、消费者、政府官员和其他营销者经常控诉批发商，认为他们理论上是低效率的、寄生性的。特别是消费者，他们认为分销渠道应该越短越好，中间商数量越少，产品价格就会越低。

消费者认为淘汰批发商将会带来更低的价格，但是，他们没有认识到他们仍然需要批发商的服务。这些服务由其他方式提供的话，消费者仍然需要承担其成本。而且，所有制造商都不通过批发商来运营的话，他们就不得不保持一定的规模，并雇用足够多的人员来单独与众多的零售商交易。即使采用直销的方式，产品也非常可能变得更贵，因为价格会反映制造商的低效带来的成本上升。如图 14.3 所示，4 位消费者从 4 家生产商购买可能产生 16 种联系，而有了营销中介，只要 8 种联系即可满足。

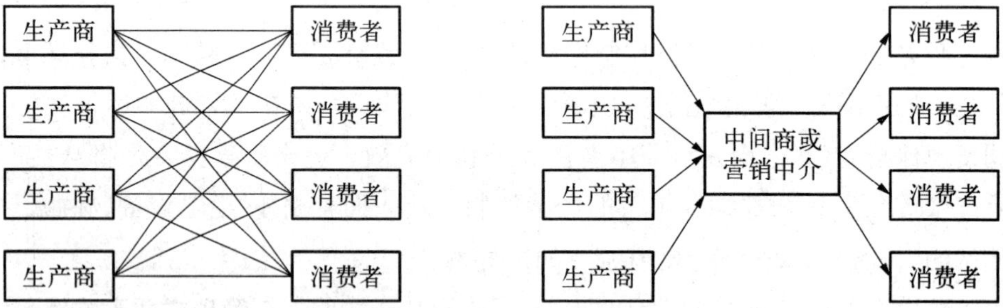

图 14.3 营销中介提供的便利

注：中间商的服务减少了生产商与消费者之间联系和交易的次数，因此提升了效率。
资料来源：Pride W.M., and Ferrel O.C., *Marketing. Concepts and Strategies*[M]. 17th ed. Mason, OH: South-Western/Cengage Learning, 2014.

为了进一步说明批发商是营销体系中的有用角色，假设糖果产业中的所有批发商都被淘汰了。仅仅为了把产品的知名度维持在当前水平，糖果制造商需要打无数的销售电话，联系成千上万的糖果零售商。例如，好时公司将不得不建立遍及全国的仓库，组织一队卡车，购买并维护无数台自动售货机，自己运输生产的全部糖果。糖果的销售和分销成本将急速上升。糖果生产商将要联系并运输产品到无数的小企业而不是给有限的一些大型的批发商和零售商。低效导致的惊人成本将会转嫁给消费者,糖果的价格会更贵,并且只能在少数零售商那里买到。

14.5.2　批发商对零售商提供的服务

批发商大批量进货,然后小批量卖给零售商并把商品交给零售商。批发商在一个地方存放各种各样零售商原本必须从许多生产商那里购买的商品。批发商还在其他三个方面提供服务:促销、市场信息和金融援助。

促销　一些批发商帮助促销他们卖给零售商的产品。通常,这些服务可能是免费的,也可能按成本计算费用。例如,为刺激购买欲望而进行的各种展销设计主要来自批发商。他们也帮助零售商把橱窗、柜台和陈列架打造得令人印象深刻。一些批发商甚至在特殊促销活动时期可能调遣自己的雇员到销售区来帮助销售。

市场信息　批发商是市场信息持续不断的提供者。批发商是当地企业和远距离供应商密切联系的纽带。在交易的过程中,他们收集消费者需求、价格、供应状况、贸易中的新进展、甚至产业人事方面的信息,这些信息可能通过批发商的销售人员直接传递给零售商。批发商通常还通过网页提供信息给顾客,帮助提高买方和卖方之间的透明度、改善两者之间的沟通情况。

关于产业销售和竞争价格的信息对于所有企业来说都至关重要。通过与大量供应商和零售商交易,批发商成为天然的信息交换场所。大多数批发商愿意提供信息给客户。

金融援助　大多数批发商为零售商提供金融援助,零售商常常也把这种援助看作是理所当然的。通过即期交货和频繁交货,批发商能够确保使零售商的库存投资小于销售收入。这种间接的经济援助为零售商降低了大量的营业资本。

14.5.3　批发商为制造商提供的服务

批发商为制造商提供的有些服务与提供给零售商的服务类似,有些却截然不同。

提供临时的销售人员　批发商为制造商提供临时的销售人员,这样就不需要制造商专设销售代表打电话给零售商。由此,生产商节省了大量开支。例如,利华兄弟公司和通用食品公司过去每年不得不花费数百万来聘用足够的人手联系所有能销售其主打产品的零售商。现在,这些制造商依靠批发商销售和分销产品给众多的零售商。但是,这些生产商还需要一定的电话销售人员,联系批发商和少数大型零售商。

降低库存成本　批发商从制造商那里购买大量商品并把它们存储起来再销售。批发商们这样做,减少了生产厂家持有的库存商品存货总量,因此降低了持有库存的利润。

承担信用风险　制造商通过批发商销售产品时,批发商先为零售商代付货款,然后再从零售商那里收款。批发商承担着坏账风险。此服务为制造商降低了为客户提供贷款和坏账费用导致的成本。

提供市场信息　正如批发商向零售商提供市场信息一样,他们也给制造商提供市场信息服务。批发商收集起来的有价值的信息可能与消费者需求、制造商竞争和购买行为趋势有关。

14.6 批发商的类型

批发商一般分为三类：商品批发商；代销商、代理人和经纪人；制造商分销处和营业部。在这些类型中，商品批发商占据绝大部分。他们构成了所有批发机构和批发从业人员数量的约4/5。

14.6.1 商品批发商

商品批发商是大量购买产品然后销售给其他批发商或者零售商、公共机构、农场、政府、专业人员或者工业用户的中间商。商品批发商通常经营着一个或者多个仓库，在这些仓库接收商品、取得所有权，存储商品。这些批发商有时被称为分销商或者经销商。

大多数商品批发商都是由销售人员、办公室文员、收货装运人员、库存经理和办公人员组成的企业。例如，休斯敦电线电缆公司就是为能量市场、公共事业市场、建筑市场和工业市场提供电线和电缆的主要批发商。为了满足顾客的需要，该公司的仓库中存有各种各样电缆。它也为顾客提供一些服务，比如当日运送、培训项目、帮助选择产品、辅助资产管理。[6]成功的商品批发商必须分析可用产品与市场需求，它的产品类型、种类和质量必须能够适应不断变化的市场行情。

商品批发商可以分为全服务批发商或者有限服务批发商，该分类取决于批发商所提供的服务范围。**全服务批发商**是履行包括运送货物、供货、仓储、安排贷款、支持促销活动、提供一般客户援助在内所有服务的批发商。

全服务批发商又包括一般商品批发商、部分产品系列批发商和特殊产品系列批发商。**一般商品批发商**进行各种各样的商品买卖，比如药物、五金器具、非易腐食品、化妆品、清洁剂和香烟。**部分产品系列批发商**仅存储少量产品系列，但是每一产品系列的销售规模都非常大。**特殊产品系列批发商**运输单一产品系列内特定的几款商品。如，仅参与贝类食品批发的即属于特殊产品系列批发商。

与全服务批发商相比，**有限服务批发商**仅承担批发商服务的一部分功能。其他市场营销任务则留给其他的渠道成员或者消费者。这一类批发商包括现货自运批发商、卡车批发商、产销直达货运批发商和邮购批发商。

14.6.2 代销商、代理人和经纪人

代销商、代理人和经纪人都是职能中间商。职能中间商不获取产品所有权，他们只从事一小部分营销活动并在销售价格中获得一定比例的佣金。

代销商是运载货物并帮助制造商进行销售谈判的中间商。在大部分情况下,代销商有权利设置价格和销售条件。当商品销售后,代销商或者安排送货,或者提供运输服务。

代理人是促进交易的中间商,他常常以佣金的方式被长期雇用,可代表买方或者卖方。当代理人代表制造商时,也被称作**销售代理人**或者**生产商代理人**。如果其代理的产品没有竞争性,销售代理人可能会在佣金基础上会代理一家或者多家制造商。代理人在特定的范围内为制造商招揽订单。通常,制造商会直接运输商品并向顾客提供海报进行宣传。制造商也制定价格和规定其他销售条件。制造商通过销售代理能够得到什么呢?销售代理可提供产品随时进入某区域的便利,定期打电话给客户的服务,销售经验以及已知的预定销售费用(按照销售收入的百分比收取佣金)。

经纪人是专门营销特定商品的中间商,他通常是临时雇用的人员,既可以代表买方,也可以代表卖方。然而,代理食品杂货店经营产品的食品经纪人通常与其客户保持着长期的关系。经纪人通过已经建立的联系或者在某领域的特殊知识可能只执行销售职能,或者同时进行买卖。

14.6.3 制造商分销处和销售办事处

制造商分销处实质上是制造商自有的批发商。销售分处库存商品、提供贷款、运送商品,并为促销活动提供帮助。他们的客户是零售商、其他批发商和采购人员。

因为销售分处属于制造商所有,他们主要存储所属公司制造的商品。销售政策和条款通常集中制定,然后再下发给分处经理去执行。

制造商销售办事处本质上是制造商的销售代理。销售办事处可能销售所属公司制造的商品,也可能销售本公司产品的辅助产品,这些辅助产品可能是由其他制造商生产的。例如,海勒姆酿酒厂进口西班牙的葡萄酒来增加销售办事处可提供给客户的产品数量。

14.7 市场营销中介:零售商

零售商是制造商和客户之间的最后联系环节。零售商可以从批发商或者制造商那里购买商品。他们不仅销售商品,也提供诸如汽车维修、理发和干洗等服务。一些零售商既销售商品也提供服务。Sears, Roebuck & Company 向客户销售商品,提供金融服务,并为从希尔斯购买的家用电器提供维修服务。

根据最近的普查数据,美国共有 100 万零售场所。其中一半多的零售场所雇员不足 10 名。另一方面,一些大的零售机构拥有无数员工,带来数百万美元的年销售额。[7] 表 14.1 列出了美国 10 大零售商的年销售额和年利润。

表 14.1 美国十大零售商 (单位：百万美元)

排 名	公 司	营业收入	利 润
1	沃尔玛	446 950	15 669
2	CVS	107 750	3 461
3	克罗格	90 374	602
4	好事多	88 915	1 462
5	沃尔格林	72 184	2 714
6	家得宝	70 395	3 883
7	塔吉特	69 865	2 929
8	百思买	50 272	1 227
9	劳氏	50 208	1 839
10	亚马逊	48 077	631

资料来源：Fortune 500：Our annual ranking of America's largest corporation[J/OL]. *Fortune Magazine*, http://money.cnn.com, 2012-05-21.

14.7.1 店内零售商的种类

零售商可根据其拥有的商店数量和所属公司来分类。**独立经营零售商**是只经营一家零售商店的零售商。约有3/4的零售商为独立经营零售商。一家店经营者正如所有的小公司一样，一般提供个人服务且位置便利。

连锁经营零售商是经营不止一家零售商店的公司。连锁零售商通过增加零售店的数量来瞄准新地域的市场。当销售额增长时，连锁零售商常常大量购买商品，从而从数量折扣中获取收益。连锁零售商在与供应商交易时也行使更多权利。约有1/4的零售机构经营连锁商店。

零售商还可以通过库存大小、类型和运输产品数目进行分类。按这些因素分类的零售商类型如下。

百货商店 这些大型零售场所由许多部门或者商店组成，销售的产品类型广泛。根据美国人口统计局，**百货商店**通常拥有25人或更多雇员，在店内分区销售家具、家用电器、家具服装、家用亚麻布和纺织品。例如，梅西百货、伦敦哈罗兹百货、法国巴黎春天百货都是大型百货商店。西尔斯百货、罗巴克百货和杰西潘尼百货也是百货商店。通常，百货商店以销售的商品为导向，提供贷款、送货、个人帮助、自由退货政策和愉快的购物氛围。

折扣店 **折扣店**是低于普通价格销售产品的自助式服务日用品商店。这些商店可以更低的利润安置于低租金地区的大型零售展示厅，提供最低限度的客户服务来给出更低的价格。为了保持价格低廉，折扣店在高周转率的基本原则上，销售如家用电器、玩具、服装、汽车产品和运动用品等商品。为了吸引顾客,许多折扣店也以较低的价格提供一些食品和家居用品。受欢迎的折扣店包括凯马特、沃尔玛、达乐和塔吉特。

由于折扣店之间的竞争加剧,一些折扣店已经改进了服务,改善了商店环境和商店位置。结果,许多知名的折扣店已经呈现出百货商店的特征。这种升级提升了价格,模糊了一些折扣店和百货商店的区别。

目录展厅和仓库展厅　**目录展厅**是陈列知名品牌并通过商店内的目录以折扣价格销售的零售店。在展室(有时通过邮件)可以得到华美的目录。顾客从目录或者展示陈列中选择商品。顾客填写商店的订单,然后把表格交给店员,然后店员从销售地区附近的仓库展厅检索商品。

创业成功

"小企业星期六",在当地购物一天

小企业星期六有一个目标:鼓励美国消费者在感恩节后的星期六到小商店购物。这场活动由美国运通公司发起,之后每年都举行,小企业星期六力图在每年最忙的购物周末将消费者带到独立商店。美国运通公司通过店内和在线使用的可下载的、可定制的营销资料帮助小型零售商宣传。为了刺激购物者,金融服务公司为当地小企业星期六购物的持卡人提供 25 美元的贷款。

小企业星期六年一年比一年成功,小型商店年销量提高,同时为当地的经济做出贡献。数以百计的公司(如小企业管理局、联邦快递、Facebook、多个城市和商会)支持星期六活动,它们向美国运通公司官方的小企业星期六的广告和社交媒营销加大宣传。

如今,在美国,超过 1 亿美元的购物者参与到小企业星期六活动,企业家们说,他们正在为更多的客户和新客户提供服务。一位书店老板说:"星期六看到很多新面孔非常振奋人心。实际上人们理解小企业的意愿,并且愿意告知我们他们已经选择了我们。"

资料来源:Schwamberger, 7 Facebook Tools You Can Use to Build a Movement [EB/OL]. Forbes.com, www.forbes.com, 2012-02-29; Abrams R., Small Business Strategies: Shop "Small" This Holiday Season[N/OL]. *USA Today*, www.usatoday.com, 2011-12-08; Tozzi J., Sizing Up Small Business Saturday[N/OL]. *Bloomberg Business Week*, www.businessweek.com, 2011-11-28.

仓库展厅是拥有以下五个基本特征的零售网点:(1) 商场规模大、价格便宜;(2) 仓库原料处理技术;(3) 垂直商品展示;(4) 一个大型预置的目录;(5) 最低限度的服务。一些最有名的展厅都是由大型家具零售商经营的。这些经营者雇用了少量员工,提供有限服务。大多数顾客把商品放进制造商提供的纸箱来搬运,但是一些仓库展厅也会免费

提供送货服务。水暖仓库就是一个仓库展厅，在这里，合约商和喜欢自己动手的顾客能够根据需要浏览多种多样的浴室和厨房水暖设备。[8]

便利店是小型的食品超市，它销售的产品范围有限，但是营业时间一般较长。约70%的便利店都位于商场1千米之内。例如，随处可见的White Hen Pantry、7-11、Circle K、Open Pantry都是独立的便利店。在美国，有超过118 000家便利店。[9]便利店的产品结构有限、价格较高使它们无法成为其他食品零售的主要威胁。

超级市场是一种大型的自助式服务商店，主要销售食品和日用品。超级市场有罐装的、新鲜的、冷冻的和经过处理的食品，纸制品，以及清洁用品。超级市场也可能销售家用器皿、化妆品、玩具、游戏、药品、文具、书籍和杂志、植物花卉和一些服装。

超级市场规模经营、重视低价，并为家庭日常需要提供一站式购物。每家超级市场年销售额至少达到200万美元。当前一流的超级市场包括Kroger、Albertson's、Safeway和Winn-Dixie。许多传统的连锁超市已经经历了利润缩水，发现很难与超级百货商店竞争，比如Walmart Supercenters或者Super Targets，它们存储与超市相同的商品，另外还有各种各样的其他商品。

超级百货商店是一种大型的零售商店，不仅销售食品和在超市经常见到的非食品，而且还销售附加产品——家居用品、五金器具、小家电、服装、个人护理用品、花园用品和汽车用品。超级百货商店为了吸引顾客也提供一系列服务。代表性的服务包括汽车维修、快餐店和餐厅、照片冲洗和银行业务。

仓储式商场是一种大规模会员制商场，把现付自运批发与折扣零售的特点相结合。通过缴纳年费，小型零售商就可以以批发价格购买产品来给企业使用或者再销售。仓储式商场也面向最终消费者销售。

仓储式商场提供的产品与折扣商店提供的类型相同，但其涵盖的产品规格和样式范围有限。它们仅涉及较短的产品系列，但是销售量相对较大。因此，仓储式商场的供应品种包括易腐品和非易腐食品、饮料、书籍、家用电器、家居用品、汽车零件、五金器具、家具和杂货等。大多数仓储式商场的销售额是一个典型百货商店的四到五倍。同时，仓储式商场的存货周转率高，这意味着他们经常能够在制造商的付款期到期之前出售其货物，这减少了其对资本的需求。

为了保持他们的价格低于超市和折扣店，仓储式商场提供的附加服务很少。他们一般只通过直接邮件做少量广告。商场往往有混凝土地板和足够叉车通过的宽阔通道。商品的陈列和展示也相对简单，客户购买时通常需要自己搬运。虽然有大约20个仓储式商场同时存在，但主要的竞争对手只有两个：Sam's Club和Costco。这些仓储式商场库存约4 000种物品（通常批量包装），包括办公用品、食品、电子、珠宝、衣服和电器。Costco是仓储式商场的领导者，其销售额为889亿美元，排名第二的Sam's Club，销售额为467亿美元。[10]

传统专卖店经营的产品组合宽度较窄，产品系列深度较浅。传统专卖店有时被称为有限产品系列零售商。如果它们仅销售一个特定的产品类别，则它们可以被称为特定产品系列零售商。专卖店通常销售诸如服装、首饰、体育用品、织物、计算机、花卉、烘焙食品、书籍和宠物用品等产品。专卖店的例子包括 Gap Inc.、Radio Shack、Bath and Body Works 和 Foot Locker。

专卖店经营的产品组合通常比百货公司更具深度。他们通过强调服务、氛围和位置来吸引客户。对大型零售商的冰冷气氛不满意的消费者经常发现小型专卖店更具吸引力。

低价零售商是指以低于批发价格销售二等品、旧款产品制、退货和反季节商品的商店，它给予消费者以较高的折扣。低价零售商销售服装，鞋子或家庭用品等少数几个民族品牌或自主设计的商品系列。这类零售商的例子有 T. J. Maxx、Burlington Coat Factory 和 Marshalls。与百货商店相比，低价零售商的价格一般比同类商品低 50%。但是，它们几乎不提供客户服务，店面通常只包括通用试衣间和中央结账柜台，一些低价零售商甚至不支持退换货。

品类杀手是一类专卖店，店面往往相当大，专注于单个产品系列。优惠的价格和大量的产品是其核心竞争力。这些商店之所以称为品类杀手，是因为他们对规模较小、成本较高的专卖店具有致命的杀伤力。品类杀手的例子包括经营建筑材料的 Home Depot、经营办公用品和设备的 Office Depot、经营电子产品的 Best Buy，所有这些都是其领域的领导者。Toys "R" Us，也是我们所谓的品类杀手之一，正面临一个相对黯淡的未来。前景堪忧的并不仅仅此一家品类杀手，当它们努力与世界第一大零售商沃尔玛竞争时，往往难以避免不断降低的销售额。沃尔玛甚至可以使其定价低于商品的成本，并能够轻松地调整店内不同类别商品的折扣程度和折扣时间。[11]

14.7.2 无店铺零售的种类

无店铺零售是指不在传统商店设施中进行的销售；消费者购买产品而不光顾商店。这种形式的零售占总零售额的比例正不断增加。无店铺零售包括直营、直销和自动售货机。

直销是指通过在家或工作场所的面对面销售演示向客户推销产品，也习惯称为门到门销售。美国的直销开始于一个多世纪前，起初只是走街串巷的小贩，如今已经发展成为一个相当大的行业，每年产值约 285 亿美元。[12] 今天的许多公司，如 Mary Kay、Kirby、Amway 和 Avon 不再使用上门推销的方法。他们通过邮件、电话、互联网或在购物中心识别客户，然后设置会面。直接销售有时涉及"聚会计划"，这可能发生在客户的家庭或工作场所。一个客户将充当主人并邀请朋友和同事到场，并由销售人员进行产品展示。通过此类方式进行的直接销售对销售人员有较高要求，他们需要能够识别潜在的主人，并激励他们邀请朋友和同事到特定场合观看展示。经常使用聚会计划的公司有 Tupperware、Stanley Home Products、Pampered Chef 和 Sarah Coventry。Mary Kay 还通过举行小型睡衣派对，化妆晚会等方式组织聚会计划。

直接销售有其好处和限制。它使营销人员有机会在一个环境中展示产品，一般地，客户的家里等可以使用其产品的环境将是理想场所。Kirby Vacuums 等一些公司，甚至会在展示他们产品的同时清洁你家的地毯。直接销售者需要给予客户个人关注，并且在方便的时间和地点将产品呈现给客户。销售者个人对客户的关注是一些直销商建立业务的基础。例如，您的 Mary Kay 销售人员可以根据您的特定需求推荐美容和皮肤产品。因为佣金占到销售价格的 30%—50%，销售人员愿意花费巨大的努力在潜在客户当中寻找真实消费者。因此，直接销售的整体成本使其成为非常昂贵的零售形式。

直营是指使用电话、互联网和非个人媒体向客户传达产品和组织信息，然后客户可以通过邮件、电话或互联网购买产品。直接营销可以分为目录营销、直接反应营销、电话营销、电视家庭购物和在线营销。

在**目录营销**中，企业提供产品目录，以便客户通过邮件、电话或因特网进行选择和下订单。目录营销始于 1872 年，当时 Montgomery Ward 向农村家庭发布了第一个目录。今天，在美国有 7 000 多家目录营销公司，以及从事目录营销的一些零售商店，如 Chico's。诸如 Spiegel 等企业的经营领域涵盖众多产品系列。过去，JCPenney 也曾使用类似的方法。然而，JCPenney 最近改进了其目录策略，用较小的专业目录替换了之前的“大厚本”（一个 1 000 页的目录）。[13] Burpee、Newport News 等采取目录营销的公司，其经营领域一般涉及较长的产品系列，也有一些则集中销售一条产品系列上的少数几个产品。许多采取目录营销的公司越来越依赖他们的网站，这一方面确保其以更低的成本营销产品，另一方面能够更加灵活地展示其剩余库存。

目录营销同样有优点和缺点。目录营销的优势包括效率和方便客户。零售商能够以较低的成本锁定偏远地区的需求，节省昂贵的店面费用，减少个人销售和店铺经营的费用。然而，目录营销不够灵活，提供的服务也相对有限，且仅适用于一组特定的产品。

直接反应营销是指卖方在较短时间内通过邮件、电话或在线方式宣传并销售其产品。此类营销的例子包括以密集的电视广告推销某个艺术家的音乐唱片，或者通过报纸和杂志推销儿童读物。这种营销方法曾导致一些产品红极一时。Shake Weight、Snuggie、Magic Bullet 等都因为这些直接反应营销而一时声名大噪。其中 Snuggie 是如此受欢迎，以至于它甚至摧毁了其竞争对手 Slanket。

电话营销是通过电话开展与营销相关的活动。有些企业会预先筛选潜在的客户列表，再进行电话营销。电话营销可以寻找销售渠道，改善客户服务，加快对逾期账户的支付，为非营利组织筹集资金，收集营销数据等。

有关电话销售的法律法规随着时间的推移变得更加严格。美国有些州设有不接受呼叫登记处，不希望接到营销电话的客户登记之后可以避免骚扰。2003 年，美国国会推出此方案，登记用户超过 2 亿。联邦贸易委员会（FTC）强力制裁违法行为，并且对拨打登记号码进行电话营销的企业处以 16 000 美元的罚款。最近，联邦通信委员会（FCC）创建了一个限制使用预先录制的信息来进行电话营销呼叫的规则，过去有过生意往来不足以成为企业进行电话营销的理由，要求在不希望接收呼叫的消费者选项中嵌入“选择退出”机制。目前，电话呼叫和短信骚扰成为消费者投诉的焦点，这刺激了更严格的法规获得通过。仍有权进行电话营销的公司必须支付访问不可呼叫登记表的费用，且至少每三天要从登记表获取更新的号码。

当然，也存在某些例外情况。公司仍然可以使用电话营销与现有客户沟通。此外，与慈善、政治和电话调查相关的组织不受国家登记册的限制。[14]

电视家庭购物向电视观众提供产品，鼓励他们通过免费电话号码订购并使用信用卡付款。电视家庭购物通常销售诸如珠宝、畅销产品、服装、家庭用品和电子产品等。随着这种媒体的日益普及，购物频道越来越多，甚至有专门销售特定产品类别的频道，如珠宝销售台。大约 60%的电视家庭购物销售收入来自重复购买者。

电视家庭购物形式有几个方面的好处。产品可以容易地展示，并且有足够的时间可以用于产品宣传和演示，以使观众知情。其产品显示的时间长度不仅取决于进行演示所需的时间，还取决于后台的销售监测。一旦呼叫达到峰值并开始下降，将进入一个新产品的展示。

在线零售通过网络向买家提供产品。大多数实体零售商都设有官方网站，以提供关于他们公司的信息或分发优惠券。消费者可以在线购买音乐会门票、汽车，甚至可以在 eBay 的官网上购买猫王形象的楔形奶酪。像 Netflix 这样的在线电影提供商的存在，使得消费者可以更便捷地获取他们想要的娱乐。消费者现在可以在线进行几乎所有的金融活动，包括交易股票，设立退休账户，以及与经纪公司进行互动。网上零售不断增长，甚至改变了人们的购物时间选择。“网络星期一”是感恩节后的星期一，它是网络时代比黑色星期五更新的购物传统日期。2011 年网络星期一的销售额比上年增长了 22%。它创造了美国网购历史上的最高单日销售额，而且网络星期一的销售成绩势必在未来不断突破其历史纪录。[15]

成功之道

下一代自动售货机

下一代自动售货机正在进入我们的生活，它将以最新的技术实现有快速、便捷、有趣的购物体验。半夜想吃蛋糕？前往任一台 Sprinkles 面包店外的 24 小时高科技自动售货机，将您的信用卡或借记卡滑入插槽，从 600 杯白天新烤的蛋糕当中挑选自己最爱，并看着一个机器人手臂仔细装到小盒子里，供你享用。

如果你口渴，在可口可乐的触摸屏自动贩卖机前，你可以选择 125 种不同口味的软饮料和其他饮料，或使用 Freestyle 应用程序自主调配自己的风味组合。这些机器与可口可乐的计算机系统联网，因此其营销人员可以根据一天中的时间和购买点分析最流行的口味。

最后，说到纯粹的娱乐，不得不说布宜诺斯艾利斯的乐事自动售货机。你选一个生马铃薯，看着它被洗净、削皮、切片、煮熟、盐渍、袋装，然后一包薯片弹出机器。实际上，客户看到的是一个生动的一分钟视频，展现和强化了乐事从一个土豆到薯片的加工理念。

资料来源：Isidore C., Cupcake ATMs on the Way[EB/OL]. CNN, www.cnn.com, 2012-03-03; In Argentina, Lay's Vending Machine Turns Raw Potatoes into Bags of Chips[N/OL]. *Advertising Age*, www.adage.com, 2011-09-15; Coca-Cola's Futuristic Soda Fountain to Get 2012 Ad Push [N/OL]. *Advertising Age*, www.adage.com, 2011-08-07; Berk C.C., Vending Machines Woo Gen Y with New Technology[EB/OL]. CNBC, www.cnbc.com, 2011-10-17.

自动售货是使用机器来分发产品。它是零售业中最无人化的形式之一，占整个零售销售额的比重不到 2%。小型的、标准化的常规消费品(如口香糖、糖果、报纸、香烟、软饮料和咖啡等)可以在机器中销售，因为消费者通常希望在最便捷的渠道和地点购买它们。近年来，自动售货机受到城市居民消费者的推崇，越来越多的商品(甚至高端物品)都可以通过自动售货机购得。例如，位于豪华酒店的半自动售货机向旅行者提供价值 500 美元的手表和 22 美元的眼霜，以备其将自己的相应物品遗忘在家里了。InstyMeds 自动售货机向客户分发处方药。宾夕法尼亚州的渔民甚至可以通过 PA Live Bait Vending 购买活饵。[16] 在人流量较大的地区，自动售货机为消费者提供高效和持续的服务。

由于只需要少量的空间，且不需要销售人员，这让自动售货机相比商店有一定的优势。这些优点部分地抵消了设备的高成本和频繁的维护和修理。

14.8 精心规划的购物中心

精心规划的购物中心是一个独立的零售设施，由独立的业主建造，由各种商店组成。此类购物中心的设计和推广，致力于为不同的客户群体提供各种不同的需求。其管理方面则致力于商店的协调组合，以提供舒适的氛围、充足的停车场、宜人的景观美化以及吸引客户的特殊活动。在同一位置满足大多数家庭的基本购物需求所带来的便利性是购物中心最吸引人的部分。

此类购物中心有四种类型：生活方式购物中心、邻里中心、社区购物中心或区域购物中心。虽然购物中心各不相同，但每个都提供了互补的商店组合，以适应不同的交通手段。

14.8.1　生活方式购物中心

生活方式购物中心拥有露天的配置，被高档的全国连锁专卖店占据。与传统的封闭购物中心相比，它提供相同质量的高档零售、百货公司、电影院和餐饮，只是更方便。生活方式购物模式已经在全世界普及，因为它结合了购物与逛街的感觉，并允许消费者漫步在室外，就像他们的上一代在大街上享受到的感觉一样。一些生活方式购物中心还将活动、体育和文化融入他们的设计中，以鼓励顾客更久停留。[17]

14.8.2　邻里购物中心

邻里购物中心通常由几个小便利店和专卖店组成。邻里购物中心的商业可能包括小杂货店、药店、加油站和快餐店。这些零售商为附近居民提供服务，消费者一般居住在周围两到三英里半径内，需要 10 分钟左右到达此地。因为在邻里购物中心中的大多数购买是基于方便或个人联系，所以管理层通常仅做有限的努力来协调邻里购物中心内商店之间的促销活动。

14.8.3　社区购物中心

社区购物中心包括一两个百货公司和一些专卖店，以及便利店。它吸引了来自更广地理区域的消费者，他们将驱车更远距离前来寻找在邻里购物中心买不到的产品和特色物品。社区购物中心经过精心规划和协调，通过特殊活动（如艺术展览、汽车展览和人行道销售）吸引人流量。社区购物中心的管理在于保持租户的平衡，使社区购物中心提供的商品涵盖更宽的产品组合和更深的产品系列。

14.8.4　区域购物中心

区域购物中心通常有大型百货公司、许多专卖店、餐馆、电影院，有时甚至有酒店。它承载为一个街市购物区提供的大多数商品。实际上，市中心的商人经常更新商店，扩大停车设施，以维持区域购物中心的竞争力。城市高速公路和改善的公共交通也帮助许多市中心的购物区保持活力。

区域性购物中心精心协调管理和营销活动，在目标市场覆盖 15 万个或更多的客户。这些大型中心通常做广告，举办特殊活动，并向某些客户群提供免费交通。他们还保持合适的商店组合。全国连锁商店可以比小型独立商店更容易在区域购物中心获得租赁，因为他们能够更好地满足中心的财务需求。

14.9　物流

物流是与产品从生产者到最终用户的有效移动有关的所有活动。因此，物流是产品本身(货物和服务)通过其分销渠道的运动。它是几个相互关联的业务功能的组合。其中最重要的是库存管理、订单处理、仓储、材料处理和运输。

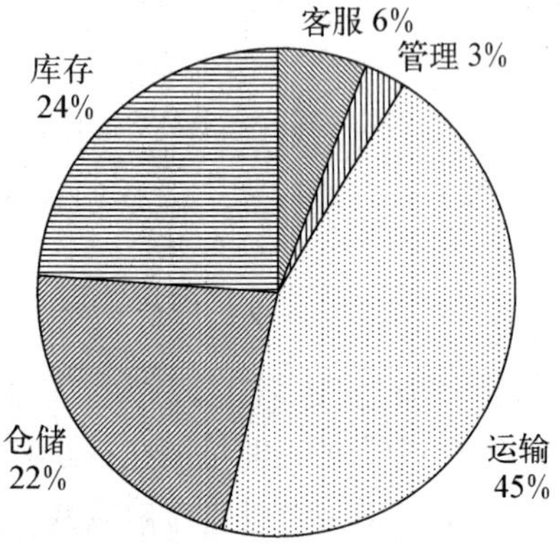

图 14.4 每个物流功能的成本在分销总成本中的占比

不久之前,这些功能还被认为是独立的功能,并由大公司的不同部门分别负责。而这些公司内部的小团队都将努力最小化其自身的成本并最大化其自身的有效性,但是结果通常导致较高的整体物流成本。对此问题的各种研究强调了物流各功能之间,及其与整个营销功能之间的联系。

由于这种相互关系,营销人员现在将物理视为一种综合努力,提供重要的营销功能:在正确的时间,以最低的总成本确保正确的产品在正确的地方可以购得。图 14.4 显示了每个主要物理功能的成本占比。

14.9.1 库存管理

在第 8 章中,我们从操作的角度讨论了库存管理。我们将**库存管理**定义为以尽量减少库存成本(包括持有成本和潜在脱销成本)的方式管理库存的过程。库存控制的定义和目标也适用于此。

持有成本是指在购买或运输给客户之前存储产品的成本。**脱销成本**是指产品脱销造成的损失。当然,减少库存可以降低持有成本,但由此提升的脱销成本可能对组织造成财务威胁;维持大量库存可以使脱销成本最小化,但由此带来的持有成本将是巨大的。

因此,库存管理是一种在脱销成本和持有成本之间的平衡行为。后者包括投资在库存中的资金成本、存储空间成本、保险成本和库存税。通常,即使库存投资相对较小的减少也可以提供相对较大的流动资金增长。有时,这种减少最好通过愿意承担合理水平的脱销成本来实现。

公司经常依靠技术和软件来帮助管理库存。对于使用即时(JIT)方法的公司来说,高效的库存管理和准确的重新订货时点是至关重要的,它确保供应在合适的时间点安排生产或转售。当使用 JIT 时,公司保持低库存水平,并在需要时以小批量购买产品和材料。通常,它没有安全库存一说,且要求供应商提供始终如一的优质产品。JIT 库存管理需要生产者和供应商之间的高度协调,但它显著消除了浪费并降低了库存成本。这种方法已被许多知名公司成功应用,包括 Chrysler、Harley-Davidson 和 Dell Computers,以降低成本和提高客户满意度。当在供应链中使用 JIT 方法时,供应商常常靠近他们的客户。

14.9.2 订单处理

订单处理包括接收和填写客户的采购订单所涉及的活动。它不仅可以包括客户订购产品的方式,而且包括计费和授予信用的程序。

快速、高效的订单处理是一个重要的营销服务，它可以提供巨大的竞争优势。为中间商购买产品的人尤其关注供应商订单处理的及时性和可靠性。对他们来说，及时性和可靠性意味着最低的库存成本以及在需要时而不是提前几个星期订购商品的能力。互联网正在为改进与订单处理相关的服务提供新的机会。

14.9.3 仓储

仓储是指接收和存储货物并准备重新装运货物的一系列活动。货物存储创建时间效用，即它们被持有，直到被使用或销售。仓储包括以下活动：

(1) 接收货物——仓库接受交货并承担责任。

(2) 识别货物——记录所有物品的数量组成。物品可以被标记或编码以供识别。

(3) 分拣货物——交付的货物可能必须在存储前进行分拣。

(4) 将货物发送到仓库——物料必须移至特定存储区域，稍后才能找到。

(5) 持有货物——货物在适当保护下储存，直到需要。

(6) 确认、拣货和组装——必须从仓库中选择要离开仓库的物品，并进行有效组装。

(7) 调度货物——每批货物都包装合适，并指向正确的运输车辆。准备货运和会计凭证。

公司可以使用自己的仓库或在公共仓库租赁空间。由特定公司拥有和经营的**私人仓库**可以设计用于满足公司的特定需求。但是，企业必须承担相关的资金融通、最佳选址和充分利用问题。一般来说，只有需要处理大量货物的公司才需要私人仓库。这样的公司有 United Parcel Service(UPS)、Walmart 和 Sears。

公共仓库向所有个人和公司提供服务。大多数是在城市郊区的巨大的单层结构，在那里铁路和卡车运输很容易。它们提供储存设施，用于分类和组装货物的区域，以及用于批发商和零售商的办公室和展示空间。公共仓库还将持有并发放用作借入资金抵押品的货物收据。

许多企业的选址和仓储设计，不仅考虑成本效益，而且追求优秀的客户服务。

维护地球

绿 色 物 流

大型零售商沃尔玛拥有世界上最大的私营分销业务之一，它拥有 7 000 多辆拖拉机和 53 000 辆拖车全天候运转，行程辐射全国各地。作为其绿色倡议的一部分，公司的物流部门采取了一些重要的措施，使其车队更高效、更环保。这些措施包括测试替代燃料，使用更高效的空气动力学卡车和混合动力车辆。因此，沃尔玛在过去几年中已经能够减排 40 000 吨二氧化碳，相当于在路上停下 7 600 辆汽车！可浏览下面网站进行扩展阅读：http://walmartstores.com/Sustainability/9071.aspx。

14.9.4 物料搬运

物料搬运是货物在仓库和运输过程中的实际物理处置。适当的材料处理程序和技术可以增加仓库或运输工具的可用容量。正确的处理可以减少破损和腐坏。

现代材料处理试图减少处理产品的次数。一种常用的方法称为**单元装运法**。它通过将几个较小的纸箱、桶或木箱组合成单个标准尺寸的装载单位,使货物可以用叉车、输送机或卡车进行高效搬运。

14.9.5 运输

作为物流的一部分,**运输**只是将产品运送给客户。卖方和买方之间的距离越大,运输工具和特定承运人的选择就越重要。运输是营销组合的一个重要组成部分,需要仔细规划,因为它可以显著增加成本。即使在燃料成本上升和对温室气体排放关注的当今,一些公司正在寻找通过改善交通网络来维持或降低成本的方法。耐克、沃尔玛和宜家等大公司都通过更好地管理交通网络,设法减少了碳排放,降低了成本,提高了运输效率。他们通过最佳做法减少排放,例如通过船舶而不是飞机运输产品,或通过火车而不是卡车运输产品。[18]

提供运输服务的公司称为**承运人**。**普通承运人**是运输公司,其服务可用于所有托运人。铁路、航空公司和大多数长途货运公司是常见的运输公司。**合同承运人**可以由一个或多个托运人租用。合同承运人不为公众服务。此外,他们在任何一个时间可以处理的公司数量都受到法律的限制。**私人承运人**由托运人拥有和经营。

此外,托运人可以雇用**货运代理**来处理其运输。货运代理人从托运人处取货,确保货物装载在选定的运输公司,并承担将货物安全运送到其目的地的责任。货运代理经常可以将多个小货物分组成一个大的运载单位(以较低的频率运载)。当然,这也为托运人节省了成本。

美国邮政局提供的**邮政包裹**服务,被邮购公司广泛使用。邮政局以最低的费率提供完整的地理覆盖,但它限制了它将接受的货物的尺寸和重量。UPS,一家私营公司,也为托运人提供小包裹服务。其他私营运营商,如 Federal Express、DHL 和 Airborne,在美国境内外提供一般的快速包裹递送。还有许多当地的包裹运输公司,包括为各种时间敏感行业提供专门的交付服务,如出版。

表 14.2 比较了用于选择运输模式的六个主要标准。显然,运输模式的**成本**对营销者来说很重要。有时,营销人员选择成本较高的运输方式,是因为他们能够提供相应的好处。**速度**通过承运人持有产品的总时间来测量,包括取货和交付、装运以及起点和目的地之间的运输所需的时间。通常,成本和速度之间有直接的关系,更快的运输方式更昂贵。运输模式的**可靠性**由该模式提供的服务的一致性决定。装载**灵活性**是运输模式可以提供用于移动特定种类的产品的适当设备和条件的程度,并且可以适于移动其他种类的产品。

例如,某些类型的产品可能需要受控的温度或湿度水平。**可达性**是指运输模式在特定路线或网络上移动货物的能力。**频率**是指营销人员以特定的交通模式运输产品的频率。管道提供连续的货物,而铁路和水路则遵循具体的时间表将产品从一个位置移动到另一个位置。在表 14.2 中,我们依据这六个标准,分别对五种运输模式进行了相应评级。

表 14.2 不同运输方式的特点及选择标准等级

	铁 路	卡 车	管 道	水 路	空 运
选择标准					
成本	中	高	低	很低	很高
速度	一般	快	慢	很慢	很快
可靠性	一般	高	高	一般	高
装载灵活性	高	一般	很低	很高	低
可达性	高	很高	很受限	受限	一般
频率	低	高	很高	很低	一般
运力占比	39.4	28.6	19.6	12.0	0.3
承运产品	煤、谷物、木材、重型设备、纸和纸浆产品化学品	服装、电脑、书籍、杂货、农产品、牲畜	石油、加工煤、天然气	化工原料、铝土矿、粮食、机动车、农具	花、高度易腐食品、技术仪器、应急配件和设备、隔夜邮件

资料来源:U.S. Bureau of Transportation Statistics, National Transportation Statistics, Washington, DC: U.S. Government Printing Office, www.bts.gov/ publications/ national_transportation_statistics/ html/ table_01_46a.html, 2010-04.

铁路 在货运总量方面,铁路是美国最重要的运输方式。它们也是许多产品中最便宜的。几乎所有的铁路都是普通承运人,尽管几家煤矿公司经营自己的运输线。

铁路运载的许多商品通过任何其他手段运输都不十分方便。它们包括各种食品、原材料和制成品。美国近 3/4 的煤炭通过铁路运输[19]。铁路运输的其他主要商品包括粮食、纸和纸浆产品、油罐车载液体、重型设备和木材。

卡车 汽车运输业则包括普通、合同和私人承运人。自从 20 世纪 20 年代美国建立国家公路系统以来,它已经经历了巨大的扩张。卡车可以将货物运送到没有铁路服务的郊区和农村地区。他们可以快速和经济地处理货物,并且他们可运输各种各样的货物。许多货主喜欢这种运输方式,因为它提供门到门服务,比船舶和飞机有更不严格的包装要求,以及灵活的交货计划。

铁路和卡车运输公司已经携手合作,提供一种称为搭载的运输方式。拖车被拖上火车的平板车厢,从城市到城市运载特殊装备,而在每个城市内部,拖车被卡车拖拉的方式完成运输。一些公司提供运输和整合服务,这对于不需要大批量运输的小公司来说可能是一个不错的选择，因为它允许他们利用规模经济降低成本。这样的运输公司处理通过铁路和卡车运输产品到目的地的物流。Piggyback Consolidators 是一个这样的载体。它使用低排放省燃料的船队，以及跟踪和报告服务，在北美提供运输。[20]

飞机　空中运输是最快但最昂贵的运输方式。所有认证的航空公司都是通用航空公司。补充或包机航线是合同承运人。由于运输成本较高，机场设施覆盖较少，并且比较依赖天气条件，航空公司运输在所有城际货运中占比不到 1%。只有高价值或易腐烂的物品，如花、飞机零件、立即需要的药品或物品，通常是通过空运运输的。

水路　货船和驳船提供最便宜，但运输速度最慢的运输方式。它们主要用于大量不易腐烂的物品，如化学品、谷物、机动车辆和大型设备。当然，水的运输仅限于位于可航行水道上的城市。

管道　管道是一种高度特殊的运输方式。它们主要用于运输石油和天然气。比如，Plains All American Pipeline 是一个快速增长的原油和精炼石油和液化石油气的载体。该公司每天通过管道系统处理大约 300 万桶石油产品，管道系统遍及美国和加拿大。[21]

随着国家对石油产品的需求增加，管道已变得更加重要。这些产品如半流体煤和木屑也可以通过管道连续、可靠地以最少的处理装运。

在下一章中，我们将讨论营销组合的第四个要素——促销。

商界报道回看

乔　巴　尼

为了满足对乔巴尼希腊酸奶不断增长的需求，每天装满牛奶的超过 40 辆冷藏罐车开往公司位于纽约上州的生产基地。牛奶被制成酸奶后，与水果混合调制成各种口味，倒入塑料杯中，由冷藏卡车车队将酸奶送到乔巴尼的“岸到岸”的零售商合作伙伴网络。总而言之，乔巴尼每周生产 200 万箱希腊酸奶，仍然是该类别的领先品牌。

当乔巴尼推出其面向儿童的希腊酸奶 Champions 时，强大的销售网络使该产品系列在短时间内快速分销道广泛地区。现在该公司正在测试国际分销，分别与加拿大的 Loblaw 和澳大利亚的 Woolworths 合作。观察其他市场的零售测试和市场对面向成人和儿童的新口味酸奶的反应，为乔巴尼的继续扩张做准备。

讨论题

1. 当乔巴尼决定在大零售连锁店进行分销时，它的目标是什么水平的市场覆盖率？为什么这是适当的？

2. 当规划像乔巴尼酸奶这样的易腐食品的物流分销活动时，营销人员需要特别注意哪些因素？为什么？

本章小结

1. 确定用于消费品和工业产品的各种分销渠道。营销渠道是一系列营销组织，其将产品从生产者引向最终用户。特定产品的营销渠道涉及该产品所有权的转让。商人中间商（商人）实际上获得产品的所有权，而职能中间商只是帮助转让所有权。

用于消费产品的渠道包括生产者—消费者的直接渠道、生产者—零售商—消费者的渠道、生产者—批发商—零售商—消费者的渠道、生产者—代理商—批发商—零售商—消费者的渠道。用于工业产品的渠道主要有两种：生产者—用户、生产者—代理中间商—用户。

2. 解释市场覆盖的概念。密集型分销是使用一切可用的品牌直销店分销产品，选择性分销是在每个地理区域内仅使用一部分可用的销售点来销售产品，独家销售是在一个广阔的地理区域内使用一家单一的零售销售产品。

3. 了解供应链管理如何促进渠道成员之间的合作。供应链管理是通过渠道成员之间长期的合作伙伴关系形成的一个分销系统，以此减少低效率、高成本和生产过剩，并形成竞争优势以满足消费者。供应链管理需要包括生产、研发、销售、广告和运输在内的所有营销渠道成员之间的通力合作。当买方、卖方、销售中间商、中介机构共同合作时，消费者关于交货、时间安排、包装和其他方面的需求就能够更好地得到满足。技术大大地促进了供应链管理的可操作性。

4. 描述垂直营销系统的内涵和类型。垂直营销系统（VMS）是指由垂直集成形成的集权式管理的分销渠道。这种合并减少了对特定中间商的需求。垂直营销系统有三种类型：管理式、合同式和公司式的。

5. 讨论批发商的需求，并描述他们为零售商和制造商提供的服务。批发商是从生产商或其他中介机构购买商品，并向工业用户、零售商或其他批发商销售的中间商。批发商在分销渠道中执行多项功能。如果它们被淘汰，其他渠道成员（例如生产者或零售商）必须执行这些功能。批发商为零售商提供促销、市场信息和金融援助方面的帮助。他们为制造商提供销售帮助，降低库存成本，提供市场信息，并向零售商提供信贷。

6. 识别和描述批发商的主要类型。商品批发商买卖产品。代销商和经纪人基本上是代理人，并不取得他们分销货物的所有权。制造商分销处和销售办事处分别由其代表的制造商所拥有，职能类似于商业批发商和代理商。

7. 区分主要类型的零售商。零售商是从生产者或批发商处购买商品，并向消费者出售的中间商。店内零售商包括百货商店、折扣店、目录展厅和仓库展厅、便利店、超级市场、超级百货商店、仓储式商场、传统专卖店、低价零售店和类别杀手。无店铺零售商不在传统商店设施中销售。相反地，他们使用直销、直营和自动售货。直接营销的类型包括目录营销、直接反应营销、电话营销、电视家庭购物和在线零售。

8. 确定购物中心的类别及其分类依据。有三种主要类型的购物中心：邻里购物中心、社区购物中心和区域购物中心。分类依据是购物中心特有的店铺组合和所服务的地理区域大小。

9. 说明五个最重要的物流配送活动。物流配送包括旨在将产品从生产者转移到最终用户的所有活动。其五大功能是库存管理、订单处理、仓储、材料处理和运输。这些相互关联的功能被集成到营销工作中。

关键词

分销渠道(营销渠道)	一般商品批发商	仓库陈列室	在线零售
中间人(营销中介)	限量批发商	便利店	自动售货机
商人中间人	特产批发商	超市	生活方式购物中心
功能中间人	有限服务批发商	仓库俱乐部	邻里购物中心
零售商	佣金商	传统专卖店	社区购物中心
批发商	代理人	低价零售商	区域购物中心
密集分销	经纪人	类别杀手	物流
选择性分配	制造商的销售分支	非零售店	库存管理
独家经销	制造商的销售办事处	直销	订单处理
供应链管理	独立零售商	直接营销	仓储
垂直渠道整合	连锁零售商	目录营销	物料搬运
垂直营销系统(VMS)	百货商店	直接反应营销	交通
商人批发商	折扣店	电话营销	承运人
全方位服务批发商	目录陈列室	电视购物	

复习题

1. 分销渠道与产品物理分销路径有什么不同?
2. 消费品最常见的营销渠道是什么？工业产品的呢?
3. 市场覆盖的三种一般方法是什么？每种方法适用什么类型的产品?
4. 什么是 VMS？试分别举出三种类型的 VMS 示例。
5. 批发商提供的服务有哪些。每项服务的对象是谁?
6. 商人批发商和代理批发商之间的基本区别是什么?
7. 区分三种全方位服务批发商,并明确批发商分类的依据是什么?
8. 区别(a) 代销商和代理人和(b) 制造商分销处和销售办事处。
9. 批发商和零售商之间的基本区别是什么?
10. 百货公司和折扣店在销售导向和理念方面有什么区别?
11. (a) 便利店、(b) 传统专卖店、(c) 类别杀手,如何与其他零售店竞争?
12. 无店铺零售商能为客户提供哪些店内零售商不能提供的?
13. 比较和对比社区购物中心和区域购物中心。
14. 什么是物流配送？它包括哪些主要功能?
15. 仓储是否包括存储之外的其他活动?
16. 列出主要运输方式,并至少指明其中的一个优点。

讨论题

1. 服务类生产商最可能使用哪些分销渠道？为什么？
2. 许多生产者既通过中间商销售，又直接向消费者出售产品。这样的生产者如何与自己的中间商竞争？
3. 在什么情况下，生产者可能使用代销商或代理人而不是自己的销售办事处或分销处？
4. 如果一个营销中介从营销渠道中被淘汰，什么情况下成本会降低？什么情况下成本会增加？营销中介的职能会被消除吗？请说明。
5. 哪些类型的零售店最适合密集型分销？选择性分销？或独家销售？请解释你的答案。
6. 各物流配送功能之间有何相互关联？其与营销组合的其他方面又有何关联？

视频案例 14.1

Taza 培育巧克力的营销渠道

Taza 巧克力是一家位于马萨诸塞州的小型制造商，以传统的墨西哥石磨工艺制造有机巧克力，将其大部分产品销往美国各地的零售商、批发商和经销商。世界各地的个人客户也可以在公司的网站直接从 Taza 购买其巧克力棒、烘焙方块、巧克力盖螺母和其他特殊产品，如果他们住在 Somerville(马萨诸塞州)，他们甚至可以看到 Taza 员工骑着“巧克力单车”，在高档食品卡车节或周末开放市场上销售产品和分发样品。

Taza 拥有约 20 人的员工，它直接从拥有有机认证资质的种植者那里获得所有原料，并培养他们与公司的私人关系。公司销售总监说：“我们的工艺流程非常少，因此我们能否获得非常高质量的原料是至关重要的……其中最重要的是可可豆……当我们购买这些时，往往支付高于公平贸易的价格。我们称之为直接交易。为了确保我们获得纯正的奶油，我们与生产这些的农民之间有直接面对面的人际关系。”

该公司相信，直接与供应商进行交易是 Taza 作为一家小型公司的最佳商业模式，不仅因为它允许公司实现其社会责任目标，而且还因为它能通过高昂的价格确保原料的质量。“我们是一个高级品牌，”销售总监说，“并且因为我们独特的运作方式，我们必须收取比巧克力的平均成本要高的价格……在批发商价格之上通常有 40%—50%的溢价……在零售店的架子上。所以，假设我们卖 4.50 美元的巧克力……那么批发价格将在 2.70 美元左右……分销商的价格甚至更低，可能在 2 美元左右。”与批发商的购买行为不同的是，分销商往往以最大的数量购买。“但批发将永远是我们的衣食父母，让我们真正走量的是靠他们，让我们有良好利润的也是他们……而与分销商的合作一直具有挑战性。他们总是挤压你的价格，或试图给你退款，或者进行促销和定价……而一般批发商至少在我们的行业中……更多地接受我们给他们的促销或定价。”

Taza 几乎没有广告，主要依靠 Facebook、Twitter、公司博客、电子邮件和事件营销，比如利用巧克力沙龙、美食节目、店内品尝等，特别是在大都市区的高档和有机食品商店制造影响。该公司试图与其可可农民一样培养与其分销渠道成员相同的个人关系。“当我们派送巧克力的时候，”销售总监说，“有时候我们会为那些在那里工作的人们多加一点。这总是有帮助，因为你正在建立这种人际关系。”作为一家私人公司，Taza 刚刚开始将其巧克力产品分销到加拿大和少数欧洲公司。它的营销渠道肯定在提供新鲜的产品中发挥作用。例如，在夏天将易腐烂的产品运送给客户可能是一个问题。但是“有了分销商……有了其冷藏仓库里长期持有的我们价值几千美元的商品将改变这个关系。这意味着零售商店可以从该经销商订购，支付大约相同的价格，第二天即可到货，但是却可以比直接从我们这里订购花费更低的运输成本”。[22]

讨论题

1. Taza 使用哪些分销渠道？
2. 直接向消费者出售如何令 Taza 受益？Taza 通过直接向消费者销售可能遇到哪些潜在问题？
3. 如果 Taza 希望通过扩大其产品的分销渠道来提升销售，你认为它应该与批发商还是与其分销商更紧密地合作？为什么？

案例 14.2

戴尔直销并没有那么直接

当迈克尔·戴尔在 1984 年开始他在德克萨斯州的计算机业务时，他选择了一个与其他计算机营销人员完全不同的分销策略。该公司不是通过批发商和零售商销售，而是直接与客户进行交易。这保持了低成本，并允许戴尔通过定制每台计算机来满足客户的需求。使用直接渠道还可以最小化库存成本，并降低风险。零件和产品有可能在客户下订单之前就已过时，这类风险在高科技行业中一直受到关注。

到 1997 年，戴尔的网站独立负责每天 100 万美元的销售。依赖其在线销售、目录营销和电话营销的良好效果，戴尔得以扩展到美国之外，并为四个目标市场增加了新产品：消费者、大公司、小型企业和政府机构。与此同时，苹果、惠普和其他竞争对手正在通过直接和间接渠道联系到许多相同的细分市场。例如，苹果商店成为吸引客户的主要渠道，并大大促进了 Mac 系列电脑和其他苹果电子产品的销售。惠普与增值经销商(VAR)建立了密切的关系，中介机构组装了计算机系统、服务器和其他定制产品以满足商业买家的特殊需求。

虽然戴尔在许多场合测试零售分销，但它从来不让实验持续太久。在 20 世纪 90 年代，它试图通过一些大的美国零售连锁店销售电脑，但很快停止了安排，因为利润率不如直接渠道健康。后来，它在美国主要市场开设了一系列品牌零售售货亭，展示其产品并回答客户的问题。与商店不同，售货亭实际上没有卖什么，客户只能下订单以便将来交货。戴尔最终关闭了售货亭。

到 2007 年，随着竞争对手的强劲增长，戴尔准备重新思考其全球渠道战略。在线购物使许多美国的计算机买家感觉更方便，而在很多其他国家却不那么受欢迎。为了获得国内和国际市场份额，戴尔必须追随消费者进驻到商店、购物中心和市中心的购物区。该公司开始通过美国的 Walmart、英国的 Carphone Warehouse、日本的 Bic Camera 和中国的 Gome 销售几款新的机型。此外，它在莫斯科、布达佩斯和世界其他首都开设了戴尔的商店。

到 2010 年，通过零售商的销售已经获得了足够的动力，让戴尔能够寻求其他零售交易。在另一个渠道转变中，它开始通过 VAR 合作伙伴，为中小型企业服务，并通过批发商在欧洲、拉丁美洲和其他地区分销产品。当戴尔推出新的智能手机系列时，它需要一个新的销售渠道安排来接触买家。因此，它安排 AT&T 等电信运营商向他们的客户销售新机型。

在戴尔成功改进其间接渠道的同时，直接向客户销售仍然是首要任务。戴尔通过针对每个目标市场的需求定制的网页，全天候提供订单。它还维护一个在线商店，销售停产和翻新产品。它每年都会邮寄数以百万计的产品目录和直邮件。它的销售力量甚至指向政府官员和大批量购买的大企业。戴尔的网站自豪地指出，十大美国公司和五家最大的美国商业银行“依靠戴尔运转”。

此外，该公司是通过社交媒体与客户交流的先驱。例如，戴尔在 Facebook 上拥有 139 000 名粉丝，并定期发布促销优惠吸引客户到其各大网站浏览。它也是通过微博网站 Twitter 直接向客户销售的先驱。在不到三年的时间里，它通过 Twitter 上的销售交易创造了 650 万美元的收入。这也许只是戴尔年收入 530 亿美元的一小部分，但它表明公司灵活适应客户行为和技术进步等环境力量的变化。

由于公司仍然面临着市场份额和利润方面的挑战，全球需求在经历了漫长而艰难的衰退之后也才刚刚起步，戴尔在未来几年里将做出怎样的渠道调整，请让我们拭目以待。[23]

讨论题

1. 戴尔是使用密集型分销、选择性分销还是独家销售的市场覆盖策略？为什么这适合戴尔的产品及其目标市场？
2. 戴尔使用多个营销渠道而不仅仅使用直接营销渠道的主要优点和缺点是什么？
3. 当戴尔转而运用多渠道营销策略时，其物流配送实践做了哪些相应的改变？

尾注

1. Based on information in "Greek Yogurt on a Marathon-Like Growth Spurt," *Wall Street Journal,* January 22, 2012, www.wsj.com; Sheridan Prasso, "The Unlikely King of Yogurt," *Fortune,* December 12, 2011, pp. 43–46; Karlene Lukovitz, "Chobani Champions Launches Platform, Campaign," *MediaPost,* October 3, 2011, www.mediapost.com; Philip Butta, "The World's 50 Most Innovative Companies in Food 2012," *Fast Company,* March 2012, www.fastcompany.com; "Chobani Begins Exporting, Breaks Ground on New Facility," *Dairy Foods,* November 16, 2011, www.dairyfoods.com.
2. Kurt Soller, "Target Will Soon be Selling Clothes You'll Want," *Esquire,* April 6, 2012, www.esquire.com/blogs/mens-fashion/the-webster-for-target-040612.
3. Ken Scarpati, "Dunkin' Donuts signs long-term supply chain deal," Supply Chain Digital, January 4, 2012, www.supplychaindigital.com/global_logistics/dunkin-donuts-signs-long-term-supply-chain-deal, accessed April 5, 2012.
4. Larry Hawes, "Innovation in Coordinated Business Networks," *Forbes,* April 3, 2012, www.forbes.com/sites/larryhawes/2012/04/03/innovation-in-coordinated-business-networks/.
5. Knowledge@Wharton, "How Apple Made 'Vertical Integration' Hot Again, Too Hot, Maybe," *Time,* March 16, 2012, http://business.time.com/2012/03/16/how-apple-made-vertical-integration-hot-again-too-hot-maybe/.
6. Houston Wire & Cable, www.houwire.com/, accessed April 6, 2012.
7. Retail statistics, U.S. Census Bureau, http://factfinder2.census.gov/faces/nav/jsf/pages/searchresults.xhtml?refresh=t, accessed April 3, 2012.
8. The Plumbing Warehouse, www.eplumbingwarehouse.com/main/, accessed April 7, 2012.
9. "Gasoline Stations (NAICS 447)," U.S. Bureau of the Census, census.gov/econ/census/snapshots/SNAP44.HTM accessed February 21, 2012.
10. Sam's Club Fact Sheet, Costco Wholesale Corporation Fact Sheet, Hoover's Online, http://hoovers.com accessed February 21, 2012.
11. "The Year The Walmart Stole Christmas," *Gile Toys Blog,* December 19, 2008, blog.giletoys.com/2008/12/19/the-year-the-walmart-stole-christmas/.
12. "Direct Selling by the Numbers," Direct Selling Association, www.dsa.org/research/industry-statistics/#SALES, accessed March 19, 2012.
13. Maris Halkias, "J.C. Penney's Big Catalog Soon to Be But a Memory," *TheSeattleTimes.com,* November 27, 2009, seattletimes.nwsource.com/html/businesstechnology/2010365217_jcpenneycatalog27.html.
14. www.donotcall.gov; Maya Jackson Randall, "FCC Cracks Down on Robocalls," *Wall Street Journal,* February 15, 2012, http://online.wsj.com/article/SB100014240529702047924045772259222939622O2.html.

15. Stu Woo, "Sales on Cyber Monday Jump Double Digits," *Wall Street Journal,* November 29, 2011, http://online.wsj.com/article/SB10001424052970204753404577066673191494882.html, accessed April 8, 2012.
16. "Vending Machines of the Past and Present," *The Wall Street Journal,* March 22, 2012, http://online.wsj.com/article/SB10001424052702304724404577295671669812582.html#slide/1; Aylin Zafar, "Prescription Pills, iPods, and Live Bait: There's a Vending Machine for That," *Time,* March 23, 2012, http://newsfeed.time.com/2012/03/23/prescription-pills-ipods-and-live-bait-theres-a-vending-machine-for-that/.
17. Staff reporter, "Retail's New Motto is Experiences and Shopping," SA Commercial Prop News, March 19, 2012, www.sacommercialpropnews.co.za/commercial-property-research-report/4539-retail-s-new-motto-is-experiences-and-shopping.html.
18. Justin Gerdes, "How Nike, Wal-Mart, and IKEA Save Money and Slash Carbon by Shipping Smarter," *Forbes,* February 24, 2012, www.forbes.com/sites/justing-erdes/2012/02/24/how-nike-wal-mart-and-ikea-are-saving-money-and-slashing-carbon-by-shipping-smarter/.
19. "Quarterly Coal Distribution Report," U.S. Energy Administration, January 12, 2012, www.eia.gov/coal/distribution/quarterly/, accessed April 7, 2012.
20. Piggyback Consolidators, www.piggybackconsolidators.com/, accessed April 4, 2012.
21. Staff reporter, "Plains All American Still a Pipeline for Fat Yields, More Gains," *Forbes,* March 27, 2012, www.forbes.com/sites/zacks/2012/03/27/plains-all-american-still-a-pipeline-for-fat-yields-more-gains/.
22. Company Web site www.tazachocolate.com accessed August 30, 2010; Courtney Holland, "Sweet Batches of Local Flavor," *Boston Globe,* August 18, 2010, www.boston.com; Kerry J. Byrne, "Festival of Food Trucks," *Boston Herald,* August 6, 2010, www.bostonherald.com; interviews with company staff and the video "Taza Cultivates Channel Relationships With Chocolate."
23. Charlotte McEleny"Dell Bets on Social Commerce as Next Boom Area for Etail," *New Media Age,* March 25, 2010, nma.co.uk/news/dell-bets-on-social-commerce-as-next-boom-area-for-etail/3011477.article; Antone Gonsalves, "AT&T to Launch Dell Smartphone," *InformationWeek,* March 23, 2010, informationweek.com/news/mobility/smart_phones/224100024; Fritz Nelson, "Full Nelson: Who Is Dell?" *InformationWeek,* January 10, 2010, informationweek.com/news/hardware/data_centers/222300311; Mary Ellen Slayter, "How Dell Took Social Media Mainstream," *Smart Blog on Social Media*, October 2, 2009, socialmedia/2009/10/02/how-dell-took-social-media-mainstream/; Jack Ewing, "Where Dell Sells With Brick and Mortar," *BusinessWeek,* October 8, 2007, http://businessweek.com/globalbiz/content/sep2007/gb20070927_440600.htm.

第 15 章

发展综合营销传播

学习目标

1. 描述综合营销传播。
2. 理解促销活动的角色。
3. 阐述三种类型的广告的目的。
4. 描述主要广告媒体的优势与劣势。
5. 了解开发一个广告宣传活动中的主要步骤。
6. 了解销售人员的种类、个人销售过程中的步骤以及重大的销售管理任务。
7. 描述促销活动的目标和方法。
8. 了解公关的类型和用途。
9. 认识影响促销组合成分选择的因素。
10. 了解和解析关于促销活动的评论。

商界报道

通过加入性感帅哥和幽默，老香料的利润增加起来

20 世纪 40 年代品牌如何能吸引 21 世纪的观众？这正是宝洁公司的营销人员在考虑如何激活老香料品牌以及它的男士香水、沐浴露和除臭产品的营销传播所面临的挑战。经过几十年的流行后，老香料品牌正被联合利华的斧牌以及其他带有前卫图片和闪亮广告的新品牌掩盖。为了振兴老香料，宝洁与广告公司 Wieden + Kennedy 共同发起“老香料的男孩”的活动，旨在重新激起消费者对这个品牌的兴趣、吸引消费者以及促进产品销售。

最初的运动主要是前 NFL 橄榄球运动员 Isaiah Mustafa 经常出现在一系列的幽默广告、在线视频和平面广告上。肌肉发达的 Mustafa 只穿着一条毛巾，好像他刚刚走出浴

室,在和观众打招呼——“你好,女士”,同时说如果你买了老香料“你的男人也可以闻起来像这个味”。这次活动立即引起广泛关注,老香料男孩视频在 YouTube 上迅速吸引了数以百万的观众。后续的一系列简短的在线视频均是 Mustafa 在银屏前对有影响力的名人的机智评价并且回答了在 Twitter 直接关于他的问题。老香料男孩在如此短的时间内出现在很多广告活动中使得其因创新的时机和创造性的内容赢得了广泛的宣传效应,进而推进了其销售势头并增加其品牌知名度。

几个月后,该机构推出了一个新的活动,即为了老香料的称号让 Mustafa 与一个模特出身的浪漫小说家展开了针锋相对的角逐。通过广告、在线视频和社交媒体的评论,这两个人交换了诙谐的评论并邀请公众投票选出两者中他们最喜欢的一个。最后,Mustafa 胜出,保住了这个品牌。新的香料把老香料放在聚光灯下,并试图使其从品牌竞争脱颖而出。最重要的是,“老香料首先占有市场份额,而且依旧在增长,”宝洁北美业务部的领导说,“我们产品销售光了,生产跟不上销售。”[1]

销售人员采用多种促销方法来创造在顾客心目中非常受青睐的公司和产品形象。推广使用有技巧的促销活动,对许多诸如老香料等品牌大有裨益。

促销是一个旨在告知、说服,或者提醒目标市场成员关于其组织和产品的沟通活动。我们最熟悉的促销活动——广告,其旨在告知、说服或者提醒我们购买特定的产品。但是,有比广告推广更多的促销活动,而且用于其他用途。慈善机构使用促销告诉我们他们需要的捐款,说服我们去给予,并且如果我们忘记了,他们就会提醒我们。甚至美国国税局使用促销(以公布形式)来提醒我们 4 月 15 日是纳税申报的最后日期。

促销组合(有时称为营销传播组合)是指公司为达成目标市场而使用的促销方法的特定组合。组合的组成取决于许多因素,包括公司的促销资源和目标、目标市场的本质、产品特征、各种促销方法的可行性。

本章我们介绍四种促销方法,描述它们是如何被用于一个组织的市场营销计划。首先,我们检查广告在促销组合中的作用。我们将讨论不同类型的广告、研发一个广告活动的过程以及广告所涉及的社会和法律问题。

接下来,我们考虑个人销售的几个类别,关注有效的销售管理的重要性。我们也看看促销,围绕着公司为什么使用它,以及哪一种促销技术是最有效的。然后,我们解释如何使用公共关系来推动一个组织和它的产品的发展。同时,我们说明如何在一个有效的促销组合中使用这四种促销方法。最后,我们讨论关于促销的评论。

15.1 什么是综合营销传播

综合营销传播是为确保其对客户的最大信息和说服力的影响而采用促销努力的协

调。综合营销传播的一个主要目标是发出一致的消息给客户。这种方法不仅培养长期客户关系，而且也有效地使用了促销资源。

综合营销传播的概念因种种原因已经被越来越多的消费者接受。大众传媒广告，在过去是一个非常流行的促销方法，但是今天使用得少了，因为它的高成本和不可预测的受众规模。营销人员可以利用更精确的有针对性的促销工具，如有线电视、直邮、DVD、互联网、特别有趣的杂志和博客。数据库营销也允许市场营销人员更精确地指向个人客户。大众媒体广告过去比现在更受欢迎，且仍在被广泛使用，但它只是不断扩大的营销传播方案的工具包中的一个工具而已。今天，营销人员可以采用各种各样的广告和促销方案。营销人员现在可以使用高科技选择的组合，比如有线电视和卫星电视、电子邮件、在线社交媒体和博客。今天由于网络数字媒体，营销人员可以通过实惠的广告活动直接解决顾客的需求和希望进而更精确地识别出他们的目标客户。直到最近，由不同领域的专家处理营销传播活动的不同方面。广告公司创建广告宣传，促销公司处理促销处理活动，公关公司处理公共关系问题。今天，公司可以依靠的组织为所有营销和促销活动提供一站式购物。这样的公司帮助减少协调问题，同时改善不同功能之间的集成。这是有益的，因为市场营销传播可能是非常昂贵的，对于公司尽可能有效地使用促销资源是很重要的。尽管公司可以节省在广告预算方面的开支，但为了吸引消费者，公司甚至依赖客户帮助开发有效的广告和设计促销活动。多力多滋和百事可乐等公司利用消费者广告和促销思想取得了巨大的成功。这些活动产生大量的网络口碑，可以导出比专业更廉价的活动。病毒式营销是通过数字渠道以达到用最小成本实现广泛的广告目的的另一种方式。大多数营销人员现在承认利用病毒式营销的重要性和能力。[2]

15.2 促销的作用

促销通常存在着两个误解的对象。人们经常注意到高度可视化的促销活动，如广告和个人销售，并由此得出结论，认为这些构成了整个营销领域。有时也有人认为促销活动不必要，而且价格昂贵，由此引发较高的价格。这两种观点都不准确。

促销的作用是通过信息直接或间接促进个人、团体或组织的交流，并影响他们接受公司的产品或者对公司有着较为良好的评价。为加速直接交流，营销人员将关于公司的商品、服务和想法的信息传达给特定市场。为了间接交流，营销人员与利益集团（如环境和消费群体）、监管机构、投资者向公众讲述关于公司及其产品。因此，促销的更广泛作用在于保持公司与各个团体之间在营销环境中的积极关系。

营销人员经常对于特定群体设计宣传，如广告，虽然一些可能针对更广泛的受众。几个不同消息可以同时传送到不同的市场部分。例如，BP 必须处理股东所关注的 2010 年的深水地平线石油泄漏和随后的清理工作，向客户宣传其产品和服务，并向投资者汇报其财务业绩。

为了充分利用促销传播活动，营销人员必须计划、实施和协调它们。促销活动的有效性很大程度上取决于市场营销人员可获得关于组织的营销环境信息的质量和数量（见图 15.1）。如果营销人员想要影响客户购买某种产品，例如，公司必须知道这些客户是谁以及为这种类型的产品他们如何做出购买决定。营销人员必须收集和使用关于特定受众的信息，并与他们进行成功沟通。有时，两个或更多的公司在联合宣传活动中合作。

图 15.1　组织的信息流入与流出

注：促销活动的有效性取决于营销人员的信息可获得性。
资料来源：William M, Pride and Ferrell O.C., *Marketing: Concepts and Strategies*[M]. Mason, OH: South-Western/Cengage Learning, 2014.

营销人员可以使用几种促销方法与个人、团体和组织沟通。这些方法结合起来促进一种特殊的产品，进而组成该项目的促销组合。

广告、个人销售、促销、公共关系是一个组织的促销组合中的主要四大元素（见图 15.2）。虽然可能只有一种元素可以使用，也可能是这些中的两种、三种或四种元素一起用于促销组合，具体取决于产品的类型和目标市场。

图 15.2　促销组合的组成部分

注：根据涉及的产品类型和目标市场，一个或多个这些成分用于促销组合。
资料来源：William M, Pride and Ferrell O.C., *Marketing: Concepts and Strategies* [M]. Mason, OH: South-Western/Cengage Learning, 2014.

广告是通过大众媒体将需要付费的非个人信息传达给特定目标对象。广告是足够灵活的，它可以达到一个非常大目标群体，也可以是一个小的、精心挑选的。**个人销售**是个人之间的交流，旨在通知客户并说服他们购买公司的产品。相比广告，通过个人销售抵达消费者更昂贵，但是这种方法可以提供即时反馈，并且通常比广告更有说服力。**销售促销**是运用活动或材料作为客户或销售人员的直接诱饵，这增加了产品附加价值或激发客户购买产品的动机。**公共关系**是一组广泛的沟通活动，用于创建和维持组织与各种公共团体（包括内部和外部）之间的有利关系。

15.3　广告

去年，美国公司在媒体广告花费了超过 1 440 亿美元。[3]我们首先将讨论如何将这些钱花费在各种广告类型上。然后，我们专注于广告媒体和开发广告活动中涉及的步骤。

根据其目的和广告词，广告可以被分类为三类：基本需求、选择性需求或制度需求。

基本需求广告旨在增加对特定行业内所有品牌的产品的需求。例如，精制玉米协会发起了一个多媒体运动，旨在教育消费者关于高果糖玉米糖浆，努力淡化围绕精制玉米成分的负面宣传。

选择性需求(或品牌)广告是用于销售特定品牌产品的广告。这是迄今为止最常见的广告类型，占广告支出的大部分。

选择性广告旨在说服消费者在短时间购物，也称为即时响应广告。大多数本地广告都属于此类型。本地广告客户通常宣传具有即时吸引力的产品。选择性广告旨在公众面前保持公司的名称或产品，也称为提醒广告。

在过去三十年变得更加流行的比较性广告主要是比较两个或多个品牌的具体特征。当然，这一比较显示广告客户的品牌与其他竞争品牌一样好或更好。消费者有时对基于"科学研究"和各种统计操作的索赔受到保护。比较性广告在一些国家是不可接受的或非法的。

制度广告是旨在提高公司形象或声誉的广告。积极的公共形象可以帮助组织不仅吸引客户，而且吸引员工和投资者。英国石油公司的"仍在工作，仍然承诺"活动在墨西哥湾大规模的深水地平线石油泄漏后展现了公司清理和维护环境的努力。这个正在进行的广告活动旨在通过展示对海湾地区清除污染的承诺来修复英国石油公司受损的形象，借此表现出对环境保护主义的承诺，并恢复消费者对公司的信心。[4]

15.4 广告媒体

广告媒体是广告传递到观众的各种传播形式。主要媒体是报纸、杂志、直接邮件、黄页、户外屏幕、电视、收音机、互联网和社交媒体。图 15.3 显示了在选定媒体上的广告费用比例支出。

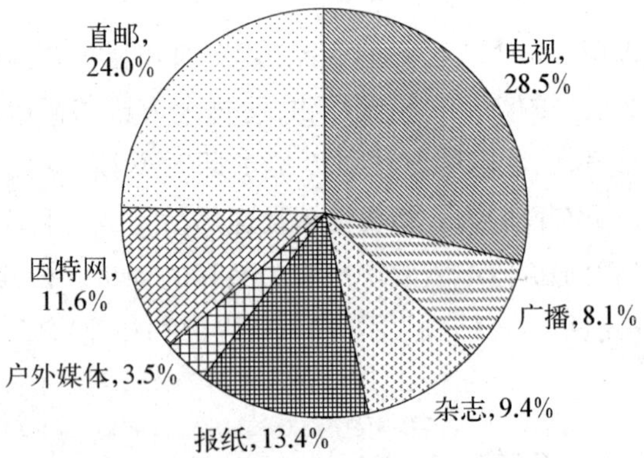

图 15.3 指定媒体上花费的广告总额比例

资料来源：U.S. Ad Spending Totals[N]. *Advertising Age*, 2011-06-20, 18.

15.4.1 报纸

有非常大比例的报纸广告是由当地的零售商所购买的。零售商广泛使用报纸广告，因为它相比其他媒体相对便宜。此外，由于大多数报纸提供本地覆盖，广告费不会浪费在接触公司市场以外的人员上。这也是及时的。广告通常只能在几天后才会展示。

然而，报纸广告有一些缺点。它的生命跨度较短；报纸通常使用一次就丢弃。报纸读者人数正在下降。报纸上的颜色再现通常质量不高；因此，大多数广告以黑白方式显示。最后，营销人员无法通过报纸广告来定位具体人群，因为报纸是被大多数人所阅读。

15.4.2　杂志

公司花在杂志广告上的钱在过去几年持平。但是，广告客户可以通过特殊兴趣杂志中的广告接触到特定的市场。船舶制造商有一个现成的消费者观众订阅游艇或帆杂志。一些杂志，如 *Times* 和 *Cosmopolitan*，出版区域版，为广告商提供了地理灵活性。

杂志广告比报纸广告更有声望，它允许高质量的颜色再现。此外，杂志广告具有比其他媒体更长的寿命，而且它们包含的广告可能被反复观看。

杂志广告的主要缺点是高成本和缺乏及时性。因为杂志广告通常必须提前两三个月准备，他们不能调整以反映最新的市场条件。杂志广告，特别全彩广告，也很贵。虽然达到 1 800 万人的成本可能与其他媒体相比有利，全页四色广告的成本可以非常高，在 *Times* 杂志上高达 320 000 美元。[5]

15.4.3　直接邮件

直邮广告是直接邮寄给个人的宣传材料。直接邮件是最具选择性的媒介；邮件列表可用(或可以是编译)几乎任何目标受众，从飞机爱好者到动物学家。直接邮件广告的有效性可以测量，因为广告客户可以记录，谁收到了广告并且可以跟踪谁响应广告。

一些公司正在使用直接电子邮件。避免客户收到不必要的电子邮件，公司应该要求客户填写一份申请表格以接受来自公司的促销电子邮件。

直邮广告的成功在一定程度上取决于维护好适当、当前的邮件列表。电子邮件活动可能会失败，例如邮件列表是过时的，邮件未能到达正确的人。此外，这种媒介相对昂贵。

15.4.4　黄页广告

黄页广告出现在分发给美国各地数百万客户的电话目录中，以及在线网站 http://yellowpages.com。客户使用黄页广告可以节省查找产品的时间，快速查找信息，以及了解产品和营销人员。与其他类型的广告媒体不同，购买黄页广告有效期一年，不能更改。

15.4.5　户外广告

户外广告包括出现在广告牌、海报、标志牌和运输工具上的简短宣传信息。

标志和广告牌广告允许营销人员专注于一个特定的地理区域；它也相当便宜。但是，因为大多数户外推广是针对移动观众的，信息必须被限制在几个字内。该介质特别适合于需要图画展示的产品。

15.4.6　电视

电视在广告总支出中排名第一。大约 97%的美国家庭至少有一个电视机，美国人平均每天看电视的时间是 5 小时 30 分钟。

电视广告是大公司的主要媒介，其目标是占领国家或地区市场。国家范围内广告客户可能会购买网络时间，这意味着其消息通常会由隶属于该网络的数百个本地站台广播。但是，由于有线电视频道和家庭视频电缆的可用性和普及性，接触到非常多的电视观众的机会正在逐渐减少。全国性和地方性的公司都可能购买覆盖特定地理区域的单个站点上的本地时间。

广告商可以赞助整个节目，与节目的其他赞助商一起参加，或者在期间或之间购买一个 10 秒、20 秒、30 秒或 60 秒的商业广告时间。在一定程度上，他们可以通过选择一周的星期几及其广告的大致时间来挑选他们的观众。Anheuser-Busch 在电视足球比赛上为百威啤酒做广告，因为大多数观众是男人，他们可能买啤酒。

营销人员也可以利用产品植入，这是付费让产品出现在电视节目、电影或音乐视频中。产品可能会出现在桌子或计数器，一个或多个演员可能正在使用它。通过频道切换和个人数字视频录像机(DVR)，电视观众可以避免观看常规的电视广告。通过将产品直接放入节目中，观众可能会接触到产品。产品植入仍然是许多营销者使用的稳定的广告方法。音乐视频越来越成为产品展示的场所，特别是艺术家代言的产品。Lady Gaga、Katy Perry 和 Rihanna 等艺术家经常在他们的音乐视频中展示参展产品和品牌名称。为了促进音乐视频中的产品植入过程，“我的产品植入”是一个新的平台，旨在匹配音乐艺术家和产品。[6]最近研究人员报告说，目前仍保有 90%的电视收视率，因为超过一半的电视家庭仍然没有获得时移装置(DVR)。即使在拥有 DVR 的家庭中，只有约 20%的观看时间被推移了。

电视广告客户可用的另一个选项是电视购物。**电视购物**是类似于娱乐的节目的较长的电视广告或消费者节目。运动器材等产品的电视购物告诉客户他们为什么需要产品，它提供什么好处、以什么方式胜过其竞争对手，以及它的成本。虽然最初播出主要是通过有线电视，今天的电视购物正变得越来越普遍到互联网和本地电视。目前，电视购物负责营销每年价值超过 10 亿美元的产品。甚至一些财富 500 强公司也在使用它们。

电视广告费是根据预期观看商业广告的人数计算的。在 2012 年，30 秒的超级碗商业成本是 350 万美元。广告客户通常为 30 秒电视广告在顶级黄金时间节目期间花费超过 50 万美元。[7]

15.4.7 广播

同杂志广告一样，广播广告提供选择性。广播电台开发针对特定群组的侦听器编程。在美国有近 5 亿个广播(每个家庭约 6 个)，这使得广播成为最容易接近的媒介。

广播广告可以比其他媒体更便宜。实际费率取决于地理覆盖面、签约的商业广告数量、指定的时间段，以及电台是否在 AM、FM 或两者上。即使是小零售商也能够提供广播广告，并且广播广告商可以在短期通知安排和改变广告。使用广播的缺点是，没有视觉图像和(因为有这么如此多电台)观众规模小。

15.4.8　互联网

互联网广告的支出是显著增加。互联网广告可以采取各种形式。横幅广告是矩形广告图形显示在网站的顶部。许多网站能够提供免费服务,因为它们由横幅广告提供支持。广告客户可以使用动画和互动功能以吸引更多用户注意他们的广告。另一种类型的广告是赞助(或品牌广告)。这些广告整合了一家公司品牌与编辑内容。此类广告的目标是吸引用户以便根据网站的使命来确定广告客户。例如,诸如耐克的跑鞋广告客户可以选择在一个流行的与跑步相关的生活方式博客中放置广告,因为网站是服务于公司的目标和活动的。有线电视家庭维修网站,http://DIYNetwork.com,可点击与特色文章相关的广告。有人浏览文章时在窗口上会找到不同窗口的广告现场。这种在线广告还使得消费者容易点击该公司的网站进行购买或浏览产品。[8]

许多互联网广告客户选择购买流行的关键字搜索引擎,如 Google、Bing、Yahoo 和 MSN。例如,Kellogg 在谷歌上购买谷物这个词,所以每次有人使用该词进行搜索,可以链接到 Kellogg 的网站。弹出插页式广告以显示产品。例如,www.Hulu.com 的用户通过定期观看每个视频上的商品可以免费观看任何可用的电视剧集和电影。

15.4.9　社交媒体

在过去几年里,作为广告媒介的社会媒体的使用已经大大增加。这主要是由于营销人员通过不同的社交媒体而不是传统的媒体来定位、互动和更亲自地联系他们的客户。越来越多的客户期望公司有在线产品。大多数公司都有网络网站,而且通过 Twitter、Facebook 和 LinkedIn 来传递信息。企业也可以在社交媒体网站和博客上发布广告。有些公司也有自己的品牌网站,这些网站虽然包含社交媒体的方面和特征,但专注于自己的品牌和产品。甚至美国总统也利用社交媒体宣传自己和他的信息。例如,总统奥巴马通过 YouTube 发表了一部长达 17 分钟的纪录片。该纪录片的功能像一个竞选年度中的广告活动,而总统的工作人员希望它会病毒式扩散。[9]

虽然公司越来越感到将数字媒体(如社交网站等)融合到营销组合的压力,关于利用在线社交媒体广告益处的研究还不是很清楚。社交媒体是一个非常低成本的广告媒介,它也是一个可以达到目标受众的优秀手段,但社会媒体网站并不能接触到广泛或不同的受众。相比之下,电视广告广播在体育赛事期间立马可以达到数百万高度多样化的观众。因为互联网观众较小以及网上客户是否真正看到促销的问题,使得如何测量社交媒体广告的投资回报仍然是一个挑战。广告公司可以测量的东西,如关注者、粉丝、网站流量、社交媒体上提及跨越其他数字平台,但营销人员很难将这些数据转换为投资回报率的估计值。然而,大多数营销人员认为在线社交媒体是重要工具,许多公司有全职社交媒体专家。[10]

15.5 研发广告活动的主要步骤

广告活动可分为几个阶段。这些阶段的数量和顺序可以不同,取决于公司资源、产品和受众群体。然而,任何组织中的广告活动的开展,将包括以下八个步骤。

15.5.1 识别和分析目标受众

目标受众是公司广告所直接针对的人群。为了精确定位目标受众和开发有效的活动,营销人员必须分析信息,诸如:潜在客户的地理分布;他们的年龄、性别、种族、收入和教育;以及他们对广告客户产品的态度和竞争产品。营销人员如何使用此信息将受到所要宣传的产品特征和竞争性质的影响。精确识别目标受众对随后阶段的适当开展以及最后的成功都至关重要。例如,Rykä 生产针对女运动员为目标受众的跑鞋和配件,并声称其产品定制是适合女性的脚形状和骨骼结构。作为促销活动的一部分,引入带有锻炼计划的公司合作伙伴,如 Jazzercize,吸引比男性更多的女性。它还邀请了受欢迎的脱口秀主持人和狂热的赛跑者 Kelly Ripa 作为其发言人。[11]

15.5.2 定义广告目标

广告活动应该以可衡量术语准确陈述其目标。目标应包括公司的当前状况,表明希望公司从最初状态走多远,朝着什么方向发展,并确定实现目标的时间段。销售的广告目标将会强调增加销售一定百分比或美元金额,或扩大公司的市场份额。传播目标将强调增加产品或品牌知名度、改善消费者态度,或传达产品信息。

15.5.3 创建广告平台

广告平台包括广告客户希望融入广告活动中的重要卖点或特征。这些特征应该对客户的选择和使用一个产品都很重要,如果可能,它们应该是竞争产品所缺乏的。虽然关于消费者认为什么是重要问题的研究是昂贵的,但是它是确定哪些问题应包括在广告平台中的最有效手段。例如,客户研究可能向感冒症状缓解药的制造商表明,客户想要一个减轻咳嗽、不流鼻涕,并防止眼睛进水的产品。

15.5.4 确定广告拨款

广告拨款是在指定期间内指定用于广告的总金额。这个阶段是对广告活动的成功至关重要,因为基于不足预算的广告努力会低估客户的需求,而预算太高则会浪费公司的资源。广告拨款可以基于去年(或明年的预测)销售额、竞争对手的广告支出或实际运行。表 15.1 显示了美国 20 大广告消费者。宝洁是传统的一个顶级广告消费者。

表 15.1　谁的广告支出最多？

排名	公　　司	广告支出（百万美元）	销售额（百万美元）	广告支出占销售额的比例
1	Procter & Gamble co.	$4 615	$29 488	15.7
2	AT&T	2 989	123 018	2.4
3	General Motors co.	2 869	34 514	8.3
4	Verizon Communications	2 451	107 808	2.3
5	American Express Co.	2 223	13 900	16
6	Pfizer	2 124	22 504	9.4
7	Walmart Stores	2 055	261 257	0.8
8	Time Warner	2 044	10 960	18.6
9	Johnson & Johnson	2 027	30 330	6.7
10	L'Oreal	1 979	5 742	34.5
11	Walt Disney Co.	1 932	26 389	7.3
12	JPMorgan Chase & Co.	1 917	86 724	2.2
13	Ford Motor Co.	1 915	43 774	4.4
14	Comcast Corp.	1 853	35 996	5.2
15	Sears Holdings Corp.	1 779	36 996	4.8
16	Toyota Motor Corp.	1 736	59 971	2.9
17	Bank of America Corp.	1 553	130 892	1.2
18	Target Corp.	1 508	65 357	2.3
19	Macy's	1 417	23 489	6
20	Sprint Nextel Corp.	1 400	32 260	4.3

资料来源：Advertising Age[N], 2011-06-20.

15.5.5　制定媒体规划

媒体规划准确指定哪些媒体用于广告活动和广告何时出现。例如，营销人员不太可能依靠数字媒体广告来销售针对退休的人寿保险，因为不同于年轻消费者，老年消费者不太可能使用互联网。虽然成本效益不容易衡量，媒体规划者最关注的是每一美元的花费所能达到目标受众的最大数量。除了成本，媒体规划者在广告目标中必须考虑位置和人口统计、消息内容和各种媒体观众的特点。媒体规划师从一般媒体开始决策，在每个媒体内选择子类，最后选择特定媒体工具。

15.5.6 创建广告信息

消息的内容和形式受产品特征、目标受众群体的特征、活动目标和媒体选择的影响。当选择那些对广告目标中的人群有意义和吸引力的词语和插图时，一个广告必须考虑这些因素。广告的副本或词语将根据媒体选择而变化，应该试图通过注意、兴趣、欲望和行动来引导观众。艺术品和可视化应该通过吸引观众的注意力和快速传达想法来补充副本。创建黏性广告信息对于公司来说尤其困难。例如，提供如此广泛的产品组合的eBay。eBay开发了一个“无论是什么”活动，以使用不同品种的产品(汽车、电视、礼服和笔记本电脑)形状像字母“it”的代表所有年龄组的各种消费者为特征。标语“无论是什么，你可以在eBay上得到它”，强调了可从网站获得大量的产品，并有效地展示该公司为其客户提供服务。

15.5.7 执行广告活动

执行广告活动需要广泛的规划、调度和协调，因为许多任务必须按时完成。许多人和公司，比如生产公司、研究组织、媒体公司、打印公司、照相制版商和商业艺术家可能参与活动。广告经理必须不断地评估工作的质量，并在必要时采取纠正措施。也可能出现需要改变计划的情况。设计师Marc Jacobs的营销团队在初始印刷广告Oh，Lola！后，由于香水在英国因不适当的色情被禁止而不得不立即排版新的广告。Marc Jacobs的营销团队通过发布一些适合其定位的定价广告来应对。[12]

创业成功

Via广告代理

Via拥有100名员工，年收入1 500万美元，是一家小型广告公司，拥有巨大的创意。它由约翰·科尔曼于1993年创立，目前运营在一座历史悠久曾作为缅因州波特兰公共图书馆的19世纪建筑中。这是一家屡获殊荣的机构，因其反应敏锐、注重结果的服务而闻名，通过开发独特的广告活动中的创意，帮助其商业客户实现促销目标。

三星电子的首席营销官指出，Via的创意专家是很好的听众，与客户合作，理解对可衡量的结果的需求。当三星推出其与苹果iPad竞争的Galaxy Tab平板电脑时，Via能够在五周内启动多媒体发布计划。三星在前三个月销售了超过100万台Galaxy Tabs，部分需要感谢Via的高效率的广告。

Via的专业知识和服务吸引了来自不同行业的越来越多的客户，如联合利华冰淇淋、Macaroni烧烤餐厅、Perdue鸡肉制品和人民联合银行。无怪乎《广告时代》最近提名 Via 为当年最佳小型广告代理。

资料来源：Maltby E., New Life for an Old Library[J/OL]. *Wall Street Journal*, 2012, (2): www.wsj.com; Morrison M., Via Agency Tapped to Handle Perdue's Marketing [N/OL]. *Advertising Age*, 2011-11-29, www.adage.com; Bulick B.S., Small Agency of the Year, Gold: Via[N/OL]. *Advertising Age*, 2011-08-08, www.adage.com; Via Agency, Baldwin Take Top Honors at Small Agency Awards[N/OL]. *Advertising Age*, 2011-07-28, www.adage.com.

15.5.8 评估广告效果

衡量广告活动的成功可以根据其在活动之前、期间和/或之后的原始目标。广告客户至少应该能够估计广告活动是否使销售额或市场份额上升，或者客户态度或品牌知名度是否发生任何变化。来自过去和当前销售的数据，以及优惠券和由研究机构管理的消费者调查的响应，是评估广告有效性的常用方法。虽然大多数营销商同意数字媒体和在线社交媒体是必不可少的营销工具，但可能很难测量在线广告的有效性，如投资回报。[13]

广告代理 广告商可以在媒体人员的帮助下或者雇用广告代理来规划和制作自己的广告。广告代理是一家独立的公司，旨在为其客户规划、生产和布置广告。许多大型广告代理商提供促销和公关的帮助。媒体通常支付 15%的佣金给广告公司，因此，代理客户的成本可能是相当适合的。客户可能被要求支付代理执行的特殊服务费用。还有其他方法可以补偿代理机构。

做大量广告的公司可以同时使用内部广告部门和外部独立机构。这种方法使公司能够发挥该代理机构在特定广告领域的专长。代理也可以给公司的产品和广告规划带来新的观点。

15.6 个人销售

个人销售是所有促销方法中最适应的，因为表达信息的人可以修改它以适应个人买家。然而，个人销售也是最昂贵的促销方法。

最成功的销售人员带有强烈动机地与他人一对一沟通。他们对其所提供销售产品有着深入的了解，他们愿意和能够处理订单中的具体信息。销售经理在招聘时倾向于强调这些素质。

许多销售情况需要面对面的接触和个人销售的适应性。这在工业销售领域亦是如此，其单次购买可能达数百万美元。显然，这种规模的销售必须认真地进行基于规划的销售演示，与客户保持个人联系，以及开展全面谈判。

15.6.1 销售人员的种类

因为大多数企业雇用不同的销售人员来执行不同的功能，营销经理必须选择不同种类的销售人员，旨在追求最有效地销售公司的产品。销售人员可被进一步地识别为订购者、订单接受者和支持人员。一个人可以经常执行所有三个功能。

订购者 订购者有时对创造性销售(即将公司的产品销售给新客户，并增加对当前客户的销售)负责。订购者必须了解买家的需求，为客户提供有关公司产品的信息，并说服他们购买产品。订单获取活动可分为两组。在当前客户销售中，销售人员专注于获得额外的销售额，或者从至少已购买过公司产品的客户中挖掘出潜在销售量。在新业务销售中，销售人员寻找新的客户，并说服他们首先购买该公司的产品。房地产、保险、家电、重工业机械和汽车工业特别依赖于新业务的销售。

订单接受者 订单接收者为保持与客户之间的良好关系而处理好重复性销售。订单接受者了解客户何时、在哪和需要多少他们的产品。内部订单接受者收到部分企业的邮件和电话订单；零售商店的销售人员也在内部订单接收者之内。外部(或现场)订单接受员则前往客户处。通常买方和现场销售人员建立起发生、接收和交付订单的互惠关系。内外订单接受者都是活跃的销售人员和经常为公司带来大部分销售的人员。

支持人员 销售支持人员帮助销售人员，但更多的是参与寻找潜在客户(可能是第一次客户)、教育客户、为公司建立商誉，并提供后续服务。最常见的支持人员是专业区域销售、贸易销售和技术销售人员。

专业区域销售人员通常为一个制造商工作，访问零售商并说服他们购买制造商的产品。如果零售商同意，他们就从批发商处购买产品，而批发商是制造商的实际客户。专业区域销售人员通常由医疗用品和药品的生产商雇用，并将这些产品推广给零售药剂师、医生和医院。

贸易销售人员通常为食品生产商或加工商工作，协助客户推广产品，特别是在零售店。贸易销售员可以为产品获得额外的货架空间、重新放置货架、设置显示器，以及分发样本。因为贸易销售人员通常也是订单接受人，所以他们不是严格意义上的支持人员。

技术销售人员在技术事务上帮助公司的当前客户。他或她可以解释如何使用产品、如何制作、如何安装它，或如何设计系统。技术销售人员应该接受正式的科学或工程方面的教育。计算机、钢铁和化学品是一些由技术销售人员处理的产品。

营销人员通常需要来自这些类别中的销售人员。影响招聘和其他人事决定的因素包括客户数量及其特点；产品的属性、复杂性和价格；公司使用渠道的分布；公司的广告方法。

15.6.2 个人销售过程

没有两种产品销售情况是完全一样，没有两个销售人员以完全相同的方式执行他们的工作。然而，大多数销售人员遵循六个步骤，如图 15.4 所示。

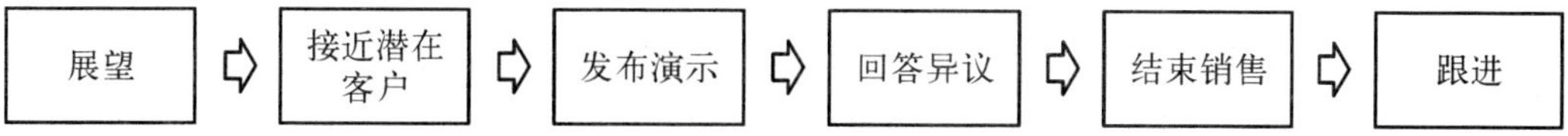

图 15.4　个人销售程序中的六个步骤

注：个人销售不仅是所有销售方法中最具可调整性的，也是最贵的。
资料来源：William M, Pride and Ferrell O.C., *Marketing: Concepts and Strategies*[M]. Mason, OH: South-Western /Cengage Learning, 2014.

展望　个人销售的第一步是研究潜在买家，选择最有可能的客户，或预估。预估的来源包括业务联系人和客户、公共记录、电话和贸易协会目录和公司文件。销售人员专注于那些有潜力的潜在客户的资金实力、意愿和购买产品的选择权。

接近潜在客户　第一印象通常是持久的印象。因此，销售人员与潜在客户的第一次联系是成功销售的关键。最好的方法是基于产品的知识，了解潜在客户的需求和产品如何满足这些需求。了解每个客户特殊情况的销售人员可能会获得良好的第一印象，并进行销售。

发布演示　下一步是销售演示的实际发布。在许多情况下，这包括演示产品。销售人员指出产品的功能和其优点，以及如何优于竞争对手的商品。如果该产品已经被其他公司成功使用，销售人员可以将这作为演示文稿的一部分。

在示范期间，销售人员可以建议潜在客户亲自尝试产品。示范和产品试验应强调在演示过程中的具体细节。

回答异议　潜在客户可能会在任何时候提出异议或提问。这使得销售人员有机会消除可能阻止销售的异议，指出其他额外功能，或提及公司可提供的特别服务。

结束销售　为了结束销售，销售人员要求潜在客户购买产品。这被认为是销售过程中的关键点。许多经验丰富的销售人员在试用结束时，根据假设客户将要购买该产品而提出问题。比如，“你什么时候想要交货?”和“你想要标准集装箱还是具有特殊选择的包裹?”这些问题可作为试用结束的典型方式。他们推动不情愿的潜在购买者购买而不必说“我会接受”。

跟进　销售人员必须在销售后跟进以确保产品按时、按正确的数量并在适当的操作条件下交付。在跟进行动中，销售人员也明确表示，他或她可以解决所遇到的问题。跟进可给客户留下良好的印象，并很好地服务于未来的销售，因此对销售过程至关重要。销售人员的工作不因销售而结束。只要卖家和客户保持工作关系，它就会继续。

15.6.3　管理个人销售

公司的成功往往取决于其销售团队的有效管理。虽然一些公司在没有销售力量的情况下依然有效运作，但大多数公司依靠强大销售力量及其带来的销售收入而成功。

销售经理在许多领域都有责任。他们必须设置具体的销售目标,比如可以量化的术语、规定一定的时间和某些地理区域。他们必须调整销售队伍的规模以满足公司的营销规划和营销环境的变化。销售经理必须吸引并雇用有效的销售人员。他们还必须制定培训计划,并做出决定在哪里、何时、如何和为谁进行训练。为留住合格的员工,他们必须制定一个公平并适当的激励计划。他们必须激励销售人员提高他们的生产力。他们必须定义销售地区并确定销售人员的权限范围和渠道。最后,销售经理必须通过销售报告、与客户的沟通,以及发票来评估运行情况。

15.7 销售促销

销售促销包括直接诱导客户或销售人员的活动或材料。您是航空公司经常性旅客计划的成员吗? 您最近在邮件或超市收到了免费样品吗? 制造商的回扣怎么样? 你使用优惠券吗? 所有这些都是促销活动的例子。销售促销技术通常用于增强和补充其他促销方法。他们可以对销售产生重大影响。

销售促销支出的急剧增加表明营销人员认识到这种促销方法的潜力。现在,许多公司将众多销售促销活动作为其整体促销组合的一部分。

15.7.1 销售促销目标

为实现一个目标或一组目标,销售促销活动可以单独使用或组合使用,无论是攻击性还是防御性。营销人员使用销售促销活动和材料主要是出于如下目的:

(1) 吸引新客户;

(2) 鼓励试用新产品;

(3) 激励成熟品牌的销售;

(4) 增加对当前客户的销售;

(5) 加强广告;

(6) 增加零售店的流量;

(7) 稳定不规律的销售模式;

(8) 建立经销商库存;

(9) 消除竞争性促销努力;

(10) 提高货架空间和显示屏幕。

15.7.2 销售促销方法

大多数促销方法可以归类为适用于消费者销售或贸易销售的促销技术。**消费者促销方法**吸引消费者到特定的零售商店并且激励他们购买某些新的或已制定的产品。**贸易促**

销方法鼓励批发商和零售商建立库存和积极推销制造商的产品。货币、商品、营销援助和礼品等激励方式通常授予购买产品或以其他方式积极响应的经销商。在销售促销和广告方面的花费支出中，约有一半用于贸易促销，约 1/4 用于消费者促销，约 1/4 用于广告。

一些因素将会影响使用哪些促销方法的营销决策。最重要的是促销努力的目标。产品特点(尺寸、重量、成本、耐用性、用途、特点和危害)和目标市场概况(年龄、性别、收入、位置、密度、使用价格和购买模式)都是必须考虑的。分销渠道和适当经销商的可获得性也影响销售促销方法的选择，还有环境中的竞争和监管力量。让我们来讨论几个重要的销售促销方法。

折扣

折扣是产品购买价格的一部分返还。通常，这种返还是针对收到优惠券并带有具体的证明采购的消费者。折扣是一种相对低成本的促销方法。过去主要用来帮助推出新产品项目，而现在应用于各种产品。一些汽车制造商为他们的车辆提供折扣，因为他们发现了很多客户更可能购买带有折扣的汽车，而不是更低价格但没有折扣的同样的汽车。折扣存在的一个问题是许多人认为兑换过程太复杂。购买折扣产品的人中只有不高的比例去实际申请折扣。

优惠券

优惠券降低了购买金额内特定项目的零售价格。它们是通过报纸、杂志、直邮、在线和商店里的货架提供给客户的。优惠券可以精确定位客户。许多公司正在利用互联网与目标客户进行交易以及分发优惠券。例如，Constant Contact 提供电子邮件和针对小型企业管理能力的 listerv。最近，该公司推出了 Groupon 替代品 SaveLocal，即以特定优惠券为目标客户交易。该服务允许企业专注于现有客户并提供由公司选择的方式激励这些客户。这个方法可以低成本地在使用和欣赏的客户中促销公司的产品或服务。到目前为止，Constant Contact 报告指出，使用这项服务的公司发现大约有 20%的优惠券用户是新的，这意味着服务可以有效吸引新客户。[14]

尽管多年来优惠券的使用一直在稳步下降，但是最近的经济衰退导致优惠券的使用增加。2009 年，公司发行 367 亿张优惠券，为 30 年来的最高水平。消费者赎回了 33 亿张优惠券，比上年增加了 27%，使其成为 17 年来第一次消费者的使用比前一年多。2010 年，赎回仍然如此，这在 Inmar 的促销服务总裁 Bob Carter 看来是有趣的，因为“在经济危机期间，因消费者行为的变化导致了优惠券赎回的大幅增长，将一直持续到经济衰退后”。[15]优惠券最多的是用于家用清洁剂、调味品、冷冻食品、药物和健康援助以及纸制品。[16]在某些地区的商店甚至用优惠券价值的两倍或三倍从购买价格中扣除，并将其作为自己的促销手段。无论是否购买额外的产品，优惠券也可以提供免费商品。

样品

样品是鼓励客户试用和购买的免费产品。营销人员使用免费样品刺激产品的试用，在产品的生命周期的早期阶段增加销售量，并获得预期的分配。样品可以通过在线优惠券、直接邮寄，或在商店发放等方式提供。许多客户喜欢通过邮寄接收他们的样品。提供样品仍然是最昂贵的促销技术。虽然它经常被用来推广新产品，但也可以用于促销已建立的品牌。例如，化妆品公司可以使用样品吸引客户。可口可乐经常在商业会议、音乐会和体育赛事上提供免费的产品样品，如维生素水。在设计免费样品时，公司必须考虑这些因素，如季节性需求产品、市场特征和先前的广告。

并非所有样品都是免费的。一些公司已经意识到客户为获得高端样品而愿意支付少量费用。Birchbox 是一家在线公司，每月 10 美元，每月给客户运送一盒高端美容产品样品。虽然这些样品不是免费的，但客户很欣赏可以低成本地尝试新产品和直接将产品运到他们家的便利。Sample Society 每月 15 美元提供类似的服务，包括来自 *Allure* 杂志编辑的美容提示。[17]

赠品

赠品是生产者因客户购买产品而回报的礼物。它们被用来吸引竞争对手的客户，引入不同规模的已建立品牌的产品，增加其他促销努力的多样性，并刺激消费者忠诚度。使用赠品时，创意是必不可少的；赠品突出和实现了大量的折让，赠品必须匹配目标观众和品牌形象。例如，服务站用填充物免费清洗汽车，一管牙膏附有免费牙刷，购买单打牛皮纸乳酪时免费赠送塑料存储盒。赠品必须容易识别和预判。赠品放在包裹上面或里面，并且还可以通过零售商或通过邮件分发。

频繁用户激励

频繁用户激励是一个为奖励重复（频繁）购买的客户而研发的项目。这样的项目是通常由服务业商家，如航空公司、酒店和汽车租赁机构所使用。频繁用户激励促使客户忠诚于特定的公司或一组合作公司，因为客户有额外的理由继续光顾业务。例如，大多数规模较大的航空公司提供经常性旅客计划，以免费票等额外旅行奖励已经飞行了指定里程的客户。有重要证据表明，航空公司的里程是客户高度重视的。现在，非航空公司比航空公司奖励更多的飞行里程。高收入客户中有较高比例使用频繁用户项目，而中等收入客户不太可能使用这些项目。

购买点显示

购买点显示是指促销材料放置在零售商店内。显示广告信息的屏幕通常位于所促销的产品附近。它可能实际上拥有库存商品，或者它可以简单地通知客户提供什么产品，以及鼓励他们去购买。大多数购买点显示是由制造商和批发商准备和设置的。

贸易展

贸易展是一个行业范围的展览，许多卖家在此展示他们的产品。一些贸易展览是专门为经销商组织的，即允许制造商和批发商向零售商展示他们最新的产品线。其他则是旨在刺激消费者的意识和兴趣。例如，每年在大城市举行的船展、家庭表演和花卉展。例如，E3 是世界上最大的针对电子游戏及相关产品的贸易展。每年有数万人参加这个贸易展，所有主要的游戏产品生产商会借此展示的新产品，并与行业的专业人士建立起关系。[18]

购买津贴

购买津贴是因经销商购买指定数量的产品而给予价格上的抵扣。例如,洗衣洗涤剂制造商可能补贴给零售商每个洗涤剂 1 美元。购买津贴可以激励经销商接纳新产品,并可能刺激大量购买。然而,由于购买津贴是简单、直接和容易管理的方法,使得竞争对手可以通过提供更好的购买津贴快速做出回击。

合作广告

合作广告是一种制造商同意承担零售商用于广告制造商的产品而发生媒体成本的安排。为了报销,零售商必须证明广告已实际出现。通常报纸广告占用合作广告费用的较大比例。

15.8 公关

如前所述,公关是一系列广泛的传播活动,旨在创建和保持公司与各种公共群体之间的有利关系,包括内部和外部。这些群体可以包括客户、员工、股东、供应商、教育家、媒体、政府官员和一般群众。

15.8.1 公关工具的类型

公司可以使用各种公关工具来传达信息和创建形象。公关专业人员准备书面材料,如小册子、通讯、公司杂志、年度报告和新闻稿。他们也制作公司标识材料,如标志、名片、标志和文具。演讲是另一种公关工具。演讲可以影响公司形象,因此必须清楚地传达所需的信息。

另一个公关工具是赞助活动,即公司支付全部或部分给特殊事件,如音乐会、体育比赛、节日或游戏。赞助特别活动是公司提高品牌知名度的有效途径,并以较少的投资获取媒体报道。例如,每年 6 月份在纽约麦迪逊广场公园举行的烧烤派对可持续整个周末,提供免费现场音乐和烹饪演示。烧烤爱好者可以从该国的顶级烧烤专家处购买食物盘子,所有收益都用于麦迪逊广场公园保护,借以维持公园。这对许多赞助该活动的公司来说有助于推广自己的品牌和慈善活动,例如可口可乐、宜家、Dyson 和南方生活。[19]

一些传统的公关工具与宣传相关,这也是公关的一部分。宣传是传播关于一个组织,其产品或者两者的新闻故事形式。宣传是通过大众媒体(比如报纸或广播)免费传播的。公司通过宣传提供产品信息;宣布新产品发布、扩展或研究;并加强公司的形象。公关人员有时组织活动,比如带有奖品和名人的盛大开幕仪式、创造关于公司的新闻故事。

最广泛使用的公关类型是**新闻稿**。它通常是由公司提供的约 300 字的单页面给媒体作为宣传形式。发布包括公司名称、地址、电话号码和联系人。表 15.2 列出了新闻稿可能涉及的一些问题。还有其他几种以宣传为基础的公关工具。一篇 3 000 字的**专题文章**通常刊登在特定出版物中。例如,对于软件公司可能会向计算机杂志发送关于其新产品的文章。一张**带字幕的照片**、一张附有简短说明的图片都是用来说明一个新的或改进的产品的有效方式。**新闻发布会**帮助受邀的媒体人员了解重要的新闻公告和接收补充文本材料和照片。最后,给编辑的信函、特别报道或杂志社论,以及视频可以分发到适当的介质上以便被更广泛地使用。

表 15.2 新闻稿可能面临的问题

信息技术的使用	包装的改变
支持社会事业	新产品
改进的保修	创造新软件
报告工业条件	研发
已有产品的新应用	公司的历史和发展
产品代言	开发新网站
赢得质量奖	授予合同
改变公司名称	开发新市场
采访公司高管	改善财务状况
改进的分配策略	开始展开
发起全球业务	品牌的历史
赞助活动	公司竞赛优胜者
名人访问	标志更改
新发现的报道	高管演讲
创新的营销活动	组织的优秀奖
经济预测	发明的周年纪念日

15.8.2 公关的使用

公关的重点是提高整个组织的声誉,主要通过让人们知道公司的产品、品牌或活动,以及创造特定的公司形象,比如创新性或可靠性。社会媒体网站,YouTube 和 Twitter,都成为联系消费者和参与对话的低成本工具。然而,社交媒体的情况正在快速改变。公关专家和其他营销人员必须跟踪一系列正在成长中的小的、针对特定小群体的社交媒体网站。较小的社交媒体网站专注于感兴趣的某一特定领域,可成为针对特定观众的简单方法。例如,Tennisopolis 是一个针对网球爱好者的社交媒体网站,Lookk 是一个针对时尚爱好者和设计师的网站。在这样的网站上发广告有助于公司建立其形象和达到其特定目标受众。这些网站也可帮助营销人员发现客户需求和新趋势。[20]

15.9 促销计划

促销活动是在一个特定促销组合中融合和使用四个促销方法(即广告、个人销售、促销和公关)的计划,以实现一个或多个营销目标。选择包括在促销组合中的促销方法时,重要的是协调促销元素,以最大限度地提高信息和促销对客户的影响。综合营销需要营销人员基于广泛的视角规划促销计划和协调整体的沟通功能。

在规划促销活动时,营销人员必须回答这两个问题:

(1) 促销在整体营销组合中的作用是什么?

(2) 在促销组合中使用每种促销方法的程度如何?

第一个问题的答案取决于公司的营销目标,因为营销组合的每个元素(即产品、价格、分销和促销)的作用取决于公司具体的营销目标。第二个问题的答案依赖于第一个问题的答案,以及目标市场。

15.9.1 促销和营销目标

促销自然比其他更适合于某些营销目标。例如,有些促销对于进一步提升营销目标毫无作用,比如“交货时间缩短 1/3”。然而,它用来通知客户交货是比较快的。让我们考虑那些需要将促销作为营销组合主要部分的目标。

提供信息这当然是促销的主要功能。它可能用于向目标市场传达新产品或其特征。它可以提醒他们注意特别优惠,或提供出售公司产品的零售商的地理位置。换句话说,促销可以用来提高营销组合中其他部分的效率。

增加市场份额促销可以用来说服新客户尝试产品,同时保持老客户的产品忠诚度。例如,比较性广告主要针对那些可能但目前还没有使用特定产品的人群。强调产品特征的广告还保证那些因做出聪明选择而使用产品的人群。自然山谷,一个谷物棒的制造商,揭开了一个新的活动序幕,旨在寻求增加其在格兰诺拉麦棒市场的份额。这个活动是以一个被称为自然山谷景观的网站为特色的,它允许用户虚拟地在美国国家公园徒步旅行。这个新的促销活动旨在通过进一步协调自然山谷品牌名称与健康户外的生活方式来占有更多市场份额。自然山谷增加了 3.9%的市场份额,现在达到 41.6%的市场份额。[21]

产品定位产品的销售在很大程度上取决于其竞争。竞争越激烈,就越难以维持或增加销量。出于这个原因,许多公司非常愿意在市场上定位他们的产品。定位是一个产品相对于已有竞争产品的形象。

促销是主要的定位工具。营销人员为避免竞争可以使用促销来定位一个远离竞争对手的品牌。促销也可以用于将一个产品直接定位在另一个产品上。例如,为了与苹果手机开展合法竞争,摩托罗拉提供 Droid。看看它的广告,毫无疑问,它正在手机领域展开竞争。与其相关的竞争声明,如"我没有一个真正的键盘,我不允许开源开发和在黑暗中拍照",很清楚,Droid 的定位是针对苹果手机。[22]

15.9.2 开发促销组合

促销的作用一旦确立,各种促销方法就可结合在促销活动中。正如在许多其他领域的业务一样,促销规划从一系列具体目标开始,然后设计促销组合以实现这些目标。

如果公司卖出多个产品,营销人员通常同时使用多个促销组合。促销组合成分的选择和使用程度取决于组织的资源和目标、目标市场性质、产品特点,以及各种促销方法的可行性。

组织中可用的促销资源的数量影响到营销人员可以使用促销方法的数量和强度。促销预算有限的公司可能会依赖于个人销售,因为个人销售的有效性比广告更容易测量。组织的目标也对其促销活动产生影响。公司为使广大观众熟悉一个新的、便利的项目可能会严重依赖广告和促销。如果公司的目标是向消费者传达信息,例如,对于某些功能电器,公司可能会开发一个包括广告、吸引消费者到商店的促销和个人销售在内的促销组合。

目标市场的规模、地理分布和社会经济特征在产品的促销组合中发挥作用。如果市场较小,那么个人销售就可能成为促销组合中最重要的元素。这对于销售对象是小型工业市场,以及只使用少数批发商销售他们的产品的业务来说是可行的。然而,对于需要接触数百万潜在客户的公司而言,他们将强调销售促销和广告,因为这些方法相对便宜。目标对象的年龄、收入和受教育程度也将影响促销技术的选择。例如,对于受教育程度较低的消费者,个人销售可能比报纸或杂志上的广告更有效。

一般来说,工业产品需要大量的个人销售,而消费品则取决于广告。然而,各种情况略有不同。产品的价格也影响促销组合的组成。因为消费者经常想要销售人员关于昂贵产品的建议,高价消费品可能需要更多的个人销售。同样,广告和销售促销可能对季节性物品的营销更重要,因为全年销售力量并不总是适当的。

促销方法的成本和可用性是促销组合中的重要因素。虽然全国性的广告和销售促销活动是昂贵的,但倘若该活动成功地吸引了大量的人就会使得每个客户的成本可能相当低。此外,本地广告,比如报纸、杂志、广播电台和电视台以及户外显示屏,对于小型本地业务可能不是那么昂贵。在某些情况下,公司可能发现没有可用的广告媒介有效地抵达目标市场。

15.10 对促销的批评

即使促销活动可以帮助客户做出明智的购买决策,但社会科学家、消费者群体、政府机构和一般社会成员都批评促销。这有两个主要原因：促销确实有一些缺陷；它是一个非常明显地贯穿我们日常生活的活动。虽然人们几乎普遍抱怨有太多的促销活动，但是也会引起许多更具体的问题。促销被指控具有欺骗性。促销被指责推动价格上涨。对促销的其他批评是，操纵消费者购买不需要的产品，导致更加物质主义的社会，客户不能从充分的促销活动中获益以证明其高成本促销的价值，并且促销可能会用于销售潜在有害产品。这些问题在表 15.3 中有所阐述。

表 15.3　对促销的批评

问　　题	讨　　论
促销是欺骗吗？	虽然不再普遍但一些欺骗性的促销仍然发生；法律、政府法规和行业自律都有助于减少故意欺骗性的促销；然而，客户可能被无意地误导，因为一些词语具有多样性意义。
促销会涨价吗？	当促销刺激需求时，较高的生产水平可能导致较低的单位生产成本，降低价格；当需求不受刺激时，价格由于促销成本的增加而上涨；促销刺激价格竞争，这有助于保持更低价格。
促销能创造需求吗？	许多营销人员通过对消费者需求的促销呼吁来利用消费者的需求；然而，营销人员实际上并不创造这些需求。如果没有促销，消费者仍然有基本需求，如马斯洛提出的那样。
促销鼓励物质主义吗？	因为促销带来了产品的知名度和可见性，它可能同电影、体育、戏剧、艺术和文学一样有助于物质主义；如果没有促销，很可能在一些群体中还有物质主义，这已被一些古代群体中存在的物质主义所证实。
促销能够帮助消费者不花费太多吗？	促销可以帮助消费者更了解产品和服务，使他们做出更加明智的购买决定。
潜在有害的产品也应该被促销吗？	一些批评家认为，不应该被允许可能不健康的产品的促销；而其他人则认为，只要是合法地销售此类产品，促销这些产品应该获得允许。

资料来源：Pride W.M. and Ferrell O.C., *Foundations of Marketing*[M]. Mason, OH: South-Western/Cengage Learning, 2011.

商界报道回看

宝洁公司的老香料男士护理产品的销售已达到了新高，得益于屡获殊荣的集成营销传播，使得该品牌赢得了新的优势和形象。大多数广告活动都是全国性的，虽然有些是针对地方的。对于一个假日运动，穆斯塔法以圣诞老人式的符号（包裹在毛巾中加上羊毛围巾）出现在当地广告牌、电视广告和报纸广告上，并评论着独特的本地情况和景点。

最近，另一名足球运动员特里·克鲁斯（Terry Crews），在其他的宝洁产品（比如

Bounce 织物柔软剂和 Charmin 卫生纸)的商业推广期间通过使劲推动墙壁展示了老香料身体喷雾的力量。这些有趣的广告成为老香料品牌及其母公司的病毒式宣传途径。

讨论题

1. 老香料的商业活动在广告平台上有什么卖点?如何做到将这些卖点与目标受众的需求或兴趣联系起来?

2. 当老香料赢得广告奖以及人们谈论它不寻常的营销活动的时候,这将如何帮助这一品牌的其他促销努力?

本章小结

1. 描述综合营销传播。综合营销传播是为确保其对客户的最大信息沟通和说服力的影响而采用促销努力的统合。

2. 理解促销活动的角色。促销是关于组织及其产品的沟通,旨在通知、说服或提醒目标市场成员。促销组合的主要组成部分是广告、个人销售、销售促销和公关。促销的作用是直接或间接地促进交流,并帮助组织与营销环境中的其他团体保持良好关系。

3. 解释三种类型的广告的目的。广告是需要付费的通过大众媒体向特定观众传播的非个人的信息。基本需求广告所促销的是整体行业而不仅仅是单一品牌的产品。选择性需求广告促销的是特定品牌的产品。制度性广告是构建公司形象的广告。

4. 描述较大广告媒体的优势与劣势。主要的广告媒体有报纸、杂志、直接邮件、户外显示、电视、收音机、互联网和社交媒体。报纸相对比其他媒体便宜,只接触在特定市场领域中的人群,并且及时。缺点包括:寿命短,颜色再现性差和不能达到特定人群。杂志广告相当有名。此外,它可以达到非常具体的市场领域,可提供高品质的色彩再现,并具有相对长的寿命,其明显的缺点是成本高和缺乏及时性。直接邮件是最具选择性的媒介,其有效性容易被测量。直接邮件的缺点是,如果邮件列表已过时,广告将无法抵达合适的人,那么活动就不能成功。黄页广告帮助客户节省查找产品的时间,快速查找信息,并了解产品和营销人员。不像其他类型的广告媒体,黄页广告按年度购买,不能更改。户外广告允许营销人员专注于特定的地理区域,相对不贵。然而,户外广告的消息被局限于几个词语,因为观众经常处在路途中。

电视占广告支出中的份额最大。电视给营销人员提供了在全国传播公司消息的机会。但是,电视广告非常昂贵并且寿命短。此外,有线电视频道和家庭视频已减少接触到极大观众的可能性。广播广告提供选择性,比其他媒体更便宜,并且可以基于计划灵活调整。广播的不足之处在于没有视觉呈现和零散的、较少的观众。使用互联网作为广告的好处包括越来越多的人使用互联网,这意味着越来越多的受众以及有能力精确定位特定客户。缺点是互联网广告的相对简单的性质容易被复制,特别是与电视相比,没有证据表明网络浏览者实际上注意到是互联网广告。社交媒体似乎允许营销人员通过诸如 Twitter、Facebook 和品牌特定的网站与客户制定目标、互动和更亲密地保持联系。社交媒体广告缺点是观众被限制在追随者角色上，营销人员仍然不确定其有用性和投资回报率，公司必须有员工专职从事实时活动。

5. 了解广告宣传活动中的主要步骤。广告活动分几个阶段。公司的第一个任务是识别和分析其广告目标。活动的目标也必须明确界定。然后公司必须开发广告平台或声明的重要卖点，并确定广告预算。接下来的步骤是制定媒体计划、创建广告消息，并执行活动。最后，促销经理必须评估之前、期间和(或)之后的广告活动的有效性。

6. 了解销售人员的种类、个人销售过程中的步骤以及主要的销售管理任务。个人销售是通知客户并说服他们购买公司产品的个人交流。这是最适合的促销方法，因为销售人员可以修改信息内容以适合每个买方。三大类销售人员指订单采购者、订单接受者和支持人员。个人销售过程中的六个步骤是展望、接近目标、做演示、回答反对、关闭销售、跟进。销售经理直接参与制定销售目标、招聘、选择和培训销售人员；补偿和激励销售人员；创建销售地区；评估销售业绩。

7. 描述促销活动的目标和方法。销售促销是使用活动和材料直接诱导客户和销售人员。销售促销方法的主要目标是增强和补充其他促销方法。销售促销方法包括折扣、优惠券、样品、赠品、频繁用户激励、购买点展示、贸易展、购买津贴和合作广告。

8. 了解公共关系的类型和用途。公共关系是一系列广泛用于创建和维持组织和各种公共团体(内部和外部)之间良好关系的沟通活动。公司使用各种公共关系工具来传达消息和创建形象。手册、通讯、公司杂志和年度报告都是书面形式的公关工具。演讲、赞助活动和公众发布是其他公关工具。宣传是关于组织及其产品或两者的新闻故事形式的传播。宣传类型包括新闻发布、专题文章、标题照片和新闻会议。公关可以用来提高公司的声誉和减少负面事件的不利影响。

9. 识别影响促销组合组成选择的因素。促销活动是一个组合和使用广告、个人销售、促销和发布的计划，旨在实现一个或多个营销目标。广告活动目标是从营销目标出发的。促销组合是基于公司的促销资源和目标、目标市场的性质、产品特点以及各种促销方法的可行性形成的。

10. 了解和解析促销活动的批评。促销活动可以帮助消费者做出购买决定，但他们也引起了很多批评。促销被指控具有欺骗性。虽然存在一些欺骗性或误导性促销，但法律、政府法规和行业自律会尽量减少欺骗性促销。促销常由于提高价格被指责，但通常倾向于降低价格。当需求较高时，生产和营销成本下降，这可能导致较低的价格。促销也有助于刺激价格竞争而降低价格。对促销活动的其他批评是它操纵消费者购买他们不需要的产品，导致更多物质主义，消费者未能从促销活动受益，以证明其高成本的促销活动。最后，一些关于促销的批评表明，潜在的有害产品，特别是与暴力、性别和不健康活动有关的产品，不应该被促销。

关键词

促销	制度性广告	广告代理	技术销售人员
促销组合	广告媒体	订单采购者	消费者销售促销方法
综合营销传播	直邮广告	创造性销售	贸易销售促销方法
广告	黄页广告	订单接受者	折扣
基本需求广告	户外广告	销售支持人员	优惠券
选择性需求广告	专题广告片	贸易销售人员	样本

赠品	购买津贴	新闻稿	新闻发布会
频繁用户激励	合作广告	专题文章	促销活动
购买点展示	宣传	标题照片	定位
贸易展			

复习题

1. 综合营销传播是什么？为什么它变得越来越被接受呢？
2. 识别和描述促销组合的主要成分。
3. 促销的主要作用是什么？
4. 选择性需求、制度性需求和基本需求相互有什么不同？各自给出个例子。
5. 列出四个主要的印刷媒体，并指出其优缺点。
6. 哪些类型的公司使用广播、电视和互联网广告？
7. 概述一下开展广告活动中的主要步骤。
8. 有自身广告部门的公司为什么还会使用广告代理机构呢？
9. 识别并给出三大类主要销售人员的例子。
10. 解释在个人销售过程中一个步骤如何转到下一个步骤。
11. 在管理销售队伍中的主要任务是什么？
12. 对于消费者来说销售促销方法和贸易销售促销方法的主要差别是什么？各自举例。
13. 合作广告是什么？哪类公司使用它？
14. 宣传和公关的区别是什么？各自的目的是什么？
15. 为什么促销在准确定位产品时是特别有效的呢？是稳定维持销量还是增加销售？
16. 哪些因素决定了公司使用会特定的促销组合？
17. 促销是欺骗的吗？如何区分欺骗还是不欺骗的促销？

讨论题

1. 讨论比较性广告的利弊，从如下角度：广告商、广告商的竞争者、目标市场。
2. 媒体中的哪种广告最能影响你？为什么？
3. 哪些类型的零售店或产品主要需要从销售人员处订购？
4. 一些公司已将他们的一部分促销支出从广告转移到贸易促销上，为什么？
5. 为什么一个生产商提供退款或优惠券而不是简单地降低其产品的价格？
6. 针对公众开展公关对组织有何益处？
7. 为什么企业使用赞助活动？
8. 什么样的促销组合可以用来延长已进入其产品的衰退阶段生命周期的产品的寿命？

视频案例 15.1

L. L. Bean 采用多种促销方法与客户沟通

L. L. Bean 也许是因它可爱的邮购商品目录而最为知名，它最近被排在英国最强大的品牌 Photobrand 名单的前列，击败 Ethan Allen 和 Yankee 蜡烛。L. L. Bean 从 1912 年成立时只有一个产品的公司已经成长为一个全国品牌，在 10 个不同州有 14 家店，并有一个蓬勃发展的网上商店。净销售额一年超过 15 亿美元。

营销传播现在变得更复杂，当初 Leon Leonwood Bean 做出他的第一个产品——防水靴，并用自制手册宣传。在它的早期，公司壮大依赖于口碑传播其可靠性和创始人的专家建议，他自己就是狂热的户外运动达人。Bean 决心建立公司和邮件列表，为此把公司的所有利润都投入广告，并与所有人谈论公司。当时他的一个邻居说："如果你过来和他握个手，回家你会发现他的商品目录在你的邮箱里。"

现在公司利用营销数据库系统以管理和更新其邮件列表。L. L. Bean 商品目录的规模扩张于 20 世纪 80 年代和 90 年代，但因公司网站承担了促销公司产品的一些任务而减少了。商品目录，仍然是公司的主要传播工具，也是一个多行业大奖获得者。该公司使用计算机建模工具帮助它识别客户想要什么，并只发送他们想要的目录。不过，商务副总裁说"我们发现大多数客户想要的是一些可以接触的东西"，当然商品目录仍然非常受欢迎。

最近公司历史上首次在线订单超过了邮件和电话订单。目录和网站之间的关系很复杂。L. L. Bean 的副电子商务总裁解释说，客户已经开始将他们的大部分购买转移到互联网上，但他们仍然依赖商品目录来浏览、计划和获得想法。客户带着他们 L. L. Bean 目录"到足球比赛，他们在车里读"，她说："将要改变的正是他们下一步要做的。"他们去在线查找有关项目的更多详细信息或下订单。

L. L. Bean 仍然放置打印广告，有时是小广告，只是提供一个免费的目录或提醒客户他们已经在家里有目录。既然目录很贵，但公司试图将它与其他营销媒体融合起来，所以它不会忽略其他引起客户关注的消息。

公司逐渐增大和不断增长的促销领域是互联网，使用流行的网站（如 Hulud.com）的横幅广告，允许客户点击进入 L. L. Bean 在线商店。公司还维护一个 Facebook 页面、一个 Twitter 账户和一个 YouTube 频道。公司也在电视上投入巨资广告，特别是在临近假日时。本地电视广告集中在公司零售店附近的地区。

L. L. Bean 并不认为其品牌被广泛了解是理所当然的。它还通过与有环保意识的公司和组织开展合作，通过慈善捐赠给那些致力于维护和保护地球的自然资源的组织来提高公司的知名度。但是，公司认识到一个好的产品是其成功的核心。"我们真的想销售一个好的产品，并保证这一产品质量，"公司电子商务副总裁说，"我们想使……客户快乐并且一次又一次地回到 L. L. Bean。"[23]

讨论题

1. L. L. Bean 的促销组合的内容是什么？

2. L. L. Bean 正在使用的"替代"促销，包括给在美国的天气频道的气象学家提供装备，在国家队和在 Red Sox 棒球队所使用的避免因下雨而延期的篷布上标示其名称。你认为还有什么其他类型的促销活动适合公司的户外形象？

3. 你认为 L. L. Bean 的网站会完全涵盖它的邮购目录吗？为什么或者为什么不？

案例 15.2

丰田的信任重建

多年来，丰田制定了质量和可靠性的标准。然而，丰田的成功被以牺牲质量为代价换取高速发展的欲望削弱了。几年前，丰田因为加速器、制动器和动力转向的安全问题召回了一系列有问题的几个流行车型，这次召回影响了五大洲 800 多万辆汽车。继召回公告后，丰田工程师和力学专家开始寻找问题的解决方案并开始修理数百万辆汽车。在调查造成这些问题产生的原因期间，公司暂停了在美国的生产。许多批评者指控公司召回问题汽车的行动太慢和试图搁置问题。因为太多的负面新闻，丰田的销售明显下降。丰田总裁 Akio Toyoda 承认，"我们如此过激地追求数量，使得我们无法跟上监督质量的工作人员的培训。"丰田公司还认识到丰田对消费者提出的问题所采取的行动太缓慢了。

丰田因涉嫌对消费者隐藏安全隐患而被罚款 1 640 万美元。这发生在因无数的召回各种各样的汽车型号而失去了他们的声誉之后。随着与突然加速相关的各种安全召回接近尾声，2010 年雷克萨斯 GX460 被消费者报告宣布为不安全的。丰田成为深夜的电视笑话，似乎处于持续地召回新闻中。这种负面宣传损害了声誉和丰田已经发展了多年的商誉。

在大规模召回之后，丰田不得不调整其广告战略。世界上最大的汽车制造商丰田拉动了其全国性的宣传其汽车安全性和可靠性的广告活动。丰田长期以来一直是汽车质量的领导者，不得不辩解弄清楚如何处理一个由召回引起的不断增长的公共关系危机，甚至停销。所有专家都认为丰田必须迅速行动以试图恢复信任和处理由数百万召回的车辆所造成的危机。为此制作了一系列广告直接处理危机，也承认公司已经在保持其对质量的关注同时销售已经迅速恢复。采用一些低调广告直接处理客户关系并承诺重获消费者的信任。

最初，丰田解决个别国家或销售地区的召回问题。公司认为，可以在不同的市场以不同的方式处理这个问题。公司忘记了社交网站通过全球数字媒体迅速突出产品相关问题。作为世界上的最大汽车制造商，丰田面临全球性的问题并发现它不能控制不同地区的信息。丰田因不能迅速反应违反了第一条危机管理规则，但当公司做出回应时，拿出了主要报纸的全页广告和制作了以经销商、机械师和车主为特征的感觉良好的电视广告。为了挽回购买者，公司提供无息贷款、贴现租赁和额外的两年保养计划。

除了修理车辆，丰田不得不修复其声誉。召回后不久，丰田建立了全球品质委员会，并承诺为每个区域任命首席质量官。丰田也在设计新的安全系统和检查过程。所有未来型号将包括一个新的制动超驰系统，在制动器和加速器踏板失灵的时候，该系统可以激活制动器。此外，丰田将由第三方测试电子加速系统。最终，为了重建丰田商誉，它将需要更多的委员会、承诺和计划。

最近，丰田推出了一个创新性的专注于凯美瑞新口号的广告活动。"准备好了，你呢？"是一种表明丰田在召回和因其声誉受损而使其产量下降后得以恢复的方式。丰田不仅注重安全、质量和耐用性，而且创造一个人们想要购买的凯美瑞汽车的新形象。两年前，泰国洪水和日本地震导致丰田的利润减少了 54%。不管这些最近的挫折怎样，丰田仍然面临着让消费者信任他们公司的挑战。通过这个新广告展示，丰田希望重获消费者的信任和市场份额。[24]

讨论题

1. 丰田为重建客户信任在哪些方面使用营销手段？

2. 召回后不久，丰田取消了其关于可靠性和安全性的广告活动。这个行动是必要吗？为什么或者为什么不？

3. 在召回期间和之后不久，丰田遭到了相当多的负面宣传。丰田为减少负面范围有什么可以做的？

尾注

1 Based on information in Nick Carbone, "Old Spice Guy Terry Crews Invades Kinder, Gentler Commercials," *Time,* February 3, 2012, www.time.com; John Reid Blackwell, "Procter & Gamble Executive Says Innovation Is Key," *Richmond Times-Dispatch,* February 16, 2012, www.timesdispatch.com; Todd Wasserman, "Old Spice's Terry Crews Crashes a Bounce Ad," *Mashable,* February 2, 2012, www.mashable.com; Douglas Quenqua, "Old Spice Guy Goes Cross-Platform for Holiday Campaign," *ClickZ,* December 7, 2011, www.cliz.com.

2 Kenneth C. Wisnefski, "'Kony 2012' Offers Business Lessons on Viral Marketing," *Washington Post*, March 9, 2012, www.washingtonpost.com/business/on-small-business/kony-2012-offers-businesses-lessons-on-viral-marketing/2012/03/09/gIQAGBsh1R_story.html.

3 www.marketingcharts.com/television/politics-olympics-to-drive-almost-half-of-12-us-ad-revenue-growth-20894/ May 23, 2012.

4 Corn Refiners Association, www.corn.org/, accessed April 1, 2012; Carol J. Williams, "Sugar Seeks Sweet Revenge Against Competition From Corn," *Los Angeles Times,* March 20, 2012, http://articles.latimes.com/2012/mar/20/local/la-me-sweetener-suit-20120307.

5 "Still Working, Still Committed," BP, www.bp.com/sectionbodycopy.do?categoryId=41&contentId=7067505, accessed April 1, 2012.

6 "2012 U.S. National Edition Rates," *Time,* http://timemediakit.com/us/rates-specs/national.html accessed February 22, 2012; Nielsen Wire, "TV Usage Trends: Q3 and A4 2010-Timeshifted Viewing Grows in U.S.," March 10, 2011, http://blog.nielsen.com/nielsenwire/media_entertainment/tv-usage-trends-q3-and-q4-2010/; Nielsen Wire, "Nielsen Estimates Number of U.S. Television Homes to be 114.7 Million," May 3, 2011, http://blog.nielsen.com/nielsenwire/media_entertainment/Nielsen-estimates-number-of-u-s-television-homes-to-be-114-7-million/.

7 Andrew Hampp, "How David Guetta is Helping EMI Improve its Product Placement" Billboard Biz, March 27, 2012, www.billboard.biz/bbbiz/industry/branding/how-david-guetta-is-helping-emi-improve-1006581152.story.

8 Superbowlcommericals.tv, "2012 Super Bowl Commercial Lineup," November 25, 2011, http://superbowl-commercials.org/3850.html.

9 DIY Network, www.diynetwork.com/, accessed April 1, 2012.

10 Jeremy W. Peters, "With Video, Hopes to Extend Campaign's Reach with Social Media," *New York Times,* March 14, 2012, www.nytimes.com/2012/03/15/us/politics/with-youtube-video-obama-looks-to-expand-social-media-reach.html.

11 Phil Mershon, "5 Social Media Marketing Trends: New Research," Social Media Examiner, February 29, 2012, www.socialmediaexaminer.com/5-social-media-marketing-trends-new-research-2/.

12 Rykä, www.ryka.com, accessed April 1, 2012.

13 Lindsay Goldwert, "Dakota Fanning Oh, Lola! Perfume Ad Banned," *New York Daily News*, November 9, 2011, http://articles.nydailynews.com/2011-11-09/news/30379945_1_perfume-ad-lola-elle-fanning.

14 Krista Neher, "4 Unique Approaches for Measuring Social Media ROI," ClicZ, February 15, 2012, www.clickz.com/clickz/column/2152418/unique-approaches-measuring-social-media-roi.

15 David H. Freedman, "A Groupon Alternative Aims to Offer Small Businesses a Better Deal," *New York Times,* March 15, 2012, www.nytimes.com/2012/03/15/business/smallbusiness/a-groupon-alternative-aims-to-offer-small-businesses-a-better-deal.html.

16 Inmar, "Consumer Use of Coupons Holds Steady in 2010," February 21, 2011, http://inmar.com/Pages/InmarArticle/Consumer-Use-of-Coupons-Holds-Steady-in-2010.aspx.

17 Thomas Baldwin, "Entrepreneur's Corner: Birchbox," *Wharton Journal*, March 19, 2012, http://whartonjournal.com/?p=1063; "Sick of Birchbox? Join the Sample Society," Divine Caroline, March 2012, www.divinecaroline.com/112923/126345-sick-birchbox-join-sample-society

18 "About E3 2012," www.e3expo.com/show-info/1101/about-e3/, accessed April 1, 2012.

19 http://bigapplebbq.org/index.php?s=sponsors accessed February 13, 2012.

20 Peter Guest, "Facebook, Friend of Foe?" *Wall Street Journal,* March 12, 2012, http://online.wsj.com/article/SB10001424052970203358704577235213738850008.html.

21 Andrew Adam Newman, "Marketers Promoting a Granola Bar Hit the Trails in National Parks," *The New York Times,* March 8, 2012, www.nytimes.com/2012/03/08/business/media/virtual-hikes-promote-nature-valley-granola-bars.html.

22 Jason D. O'Grady, "Verizon Droid Ad Attacks iPhone on Features," *ZDNet*, October 19, 2009, http://zdnet.com/blog/apple/verizon-droid-ad-attacks-iphone-on-features/5055.

23 Company Web site llbean.com accessed February 13, 2012; "Photobrand 25 Ranks ESPN, GE, and Dunkin' Donuts as New England's Most Powerful Brands for 2010," *PR Newswire,* June 1, 2010, http://prnewswire.com/news-releases/protobrand-25-ranks-espn-ge-and-dunkin-donuts-as-new-englands-most-powerful-brands-for-2010-95310399.html; Michael Arndt, "Customer Service Champs: L.L. Bean Follows Its Shoppers to the Web," *Bloomberg BusinessWeek*, February 18, 2010, http://businessweek.com/magazine/content/10_09/b4168043788083.htm; interviews with L.L. Bean employees and the video, "L.L. Bean Employs a Variety of Promotion Methods to Communicate with Customers."

24 Stuart Elliot, "For (Reinvented) Toyota Camry, Readiness is All," *New York Times*, October 12, 2011, http://nytimes.com/2011/10/13/business/media/for-reinvented-toyota-camry-readiness-is-all.html?ref=toyotamotorcorporation (accessed January 19, 2012); Hiroko Tabuchi, "Toyota Cuts Profit Forecast by 54%," *New York Times*, December 9, 2011, http://nytimes.com/2011/12/10/business/global/toyota-cuts-annual-profit-forecast.html accessed January 19, 2012; "Toyota Slips Up: What the World's Biggest Carmaker Can Learn from Other Corporate Turnarounds," *Economist*, December 12, 2009, http://economist.com/node/15065913?story_id=15065913&mode=comment&intent=readBottom accessed January 19, 2012; Nick Bunkley, "Toyota Issues a 2nd Recall," *New York Times*, January 21, 2010, http://nytimes.

com/2010/01/22/business/22toyota.html accessed January 19, 2012; "Toyota Motor Corporation," *New York Times*, January 4, 2012, http://topics.nytimes.com/top/news/business/companies/toyota_motor_corporation/index.html accessed January 19, 2012; Hiroko Tabuchi and Nick Bunkley, "Toyota Announces Steps to Restore Confidence on Safety," *New York Times*, February 17, 2010, http://nytimes.com/2010/02/18/business/global/18recall.html accessed January 19, 2012; Angela Greiling Keane and Kiyori Ueno, "Toyota May Recall Corolla After U.S. Investigation (Update3)," *Bloomberg*, February 18, 2010, http://bloomberg.com/apps/news?pid=newsarchive&sid=a1L3h21Tt7x0 accessed January 19, 2012; Daisuke Wakabayashi, "Adherents Defend the Toyota 'Way,'" *Wall Street Journal*, February 26, 2010, http://online.wsj.com/article/SB10001424052748703510204575084840073648572.html accessed January 19, 2012; Joseph B. White, "Why Toyota Rolled Over for Its SUV's," *Wall Street Journal*, April 21, 2010, http://online.wsj.com/article/SB10001424052748703763904575196124098163614.html accessed January 19, 2012; Suzanne Vranica, "Toyota Pulls Ads, Hires P.R. Firm," *Wall Street Journal*, January 27, 2010, http://online.wsj.com/article/SB10001424052748703410004575029782680063708.html accessed January 19, 2012; "Analysis: Toyota's PR 'Lessons to Be Learned,'" *just-auto.com*, March 30, 2010, just-auto.com/analysis/toyotas-pr-lessons-to-be-learned_id103856.aspx accessed January 19, 2012; Rich Thomaselli, "Incentives Boost Sales, but Toyota Brand Still Challenged," *Advertising Age*, April 12, 2010, adage.com/article/news/incentives-boost-sales-toyota-brand-challenged/143215/ accessed on January 19, 2012.

第六部分

社交媒体、电子商务以及财会

在《商务学》的**第六部分**，我们聚焦社交媒体、电子商务以及财会。第 16 章我们讨论商务企业如何利用社交媒体建立与消费者的关系，并改进其产品和服务，调查企业如何利用电子商务来降低成本、增加销量和利润。第 17 章我们考察管理信息的重要性，以及财会信息在改善管理决策中的应用。

第16章

探索社交媒体和电子商务

学习目标

1. 解释社交媒体对商务活动的重要性。
2. 讨论如何在商务活动中运用社交媒体。
3. 解释运用社交媒体要达到的商务目标。
4. 描述如何在商务活动中制定社交媒体计划。
5. 定义电子商务。
6. 理解电子商务的基本模式。
7. 确定影响未来互联网、社交媒体和电子商务的因素。

商界报道

大企业：愤怒的小鸟

2009年才出现的这样一个游戏，以1亿美元的年收入和全球范围内数以万计的粉丝让它的母公司迅速取得巨大成功。总部在芬兰的Rovio娱乐，创建了愤怒的小鸟这个游戏应用，玩家可以用弹弓来实现用红色小鸟打绿猪。公司在Facebook网站开通网页以向全球推广，没过几个月，又建立专门发布新闻和联系粉丝的博客。

一年里，有5 000万人将愤怒的小鸟这款游戏下载到手机、平板电脑或其他电子产品，要么玩免费的版本（四周被广告所围绕），要么升级到高级的版本。用不到一杯拿铁咖啡的价格，很多玩家乐于去购买游戏最高权限。在这款游戏发布3周年之前，其玩家已跃至5亿人，基于对更多游戏和相关商品的渴求，Rovio赚取了不菲的利润和来自全球的粉丝。

为了充分利用游戏的知名度，Rovio开发了一系列的衬衫和玩具，并通过网店的电子商务对外销售。很快，就实现了每月通过网站卖掉100万只毛绒猪和小鸟，外加100万个带有商标的T恤衫以及类似万圣节服装等季节性商品。然后，Rovio建立了其商标的许可经营，授权亚马逊和其他在线交易平台出售其商品，此外，也授权传统商店出售其商品。一年内Rovio数次发布愤怒的小鸟新的游戏，有一些适合季节性活动(比如中国的春节)，还有一些把鸟与猪的竞争进行升级(例如在太空)。社交媒体助长了狂热，因为玩家在网上相互比较他们在最新游戏变化中的胜利和挫折。

目前，拥有近10亿的下载量，愤怒的小鸟改变了Rovio的盈利模式，让它的业务超越了游戏，扩展至其他商品和服务。"我们只关注两件事情，那就是我们的粉丝和品牌，"首席营销官如是说，他将愤怒的小鸟视为一个电影的娱乐品牌、主题公园和衣服，像迪士尼那样拟人化的电影角色。[1]

本章对Rovio娱乐公司内部经营特征作了简要介绍，该公司是一个大企业，有将近10亿的下载量，1亿美元的年收入，收入主要来自全球毛绒动物、T恤和其他游戏相关商品。愤怒的小鸟和它的母公司Rovio娱乐，为我们提供了社交媒体和电子商务发展有多快以及改变人们程度的很好案例。花点时间想想，社交媒体和科技如何影响你自己的生活。短短几年，它改变了人与人之间的沟通方式、见面方式、购物方式。本章我们探索这些趋势如何影响个人和企业。

本章首先考察为什么社交媒体对个人和企业都很重要，进而讨论公司如何利用社交媒体建立与消费者的关系，利用社交媒体的目标，建立社交媒体计划的步骤，以及衡量公司社交媒体活动有效性的办法。本章的最后一部分仔细研究企业如何利用技术在互联网上开展业务，社交媒体和电子商务面临什么样的机遇和挑战。

16.1 为什么说社交媒体是重要的

如果你是一位"数字土著"(32岁以下的人)，你会清楚地知道什么是社交媒体，因为你的成长伴随着科技的进步，并且你会很愉快地分享与自己相关的信息。如果你不是"数字土著"，可能会认为社交媒体是一种奇怪(而又令人兴奋)的现象，因为在那里数百万的人可以轻易地运用网络技术实现自由分享、创作、投票以及与他人保持联系。

16.1.1 什么是社交媒体，它有多受欢迎?

目前，社交媒体仍在发展并且不停变化，因此关于社交媒体的定义有多个。我们认为，**社交媒体**表现为人们和企业通过在线互动，交流或分享想法以及关于个人、产品及服务的信息。简单来说，社交媒体是关于人的。它是一种参与文化，人们可以比以前更加轻松地进行讨论、投票、创作、联络及倡导。例如，你可以在Facebook上发布你的周末旅行计划，然后可以通过在Facebook上传视频、照片以及评价来分享你的旅程并记录下来。

还可以利用 Twitter 引起人们对骨髓捐赠的重视，帮助朋友实现骨髓配对。很难想象，像 Facebook 和 Twitter 等很多流行社交媒体网站都是在短短的近二十年内产生的(如图 16.1 所示)。

科技突破	
1966	• 电子邮件
1969	• 阿帕网（ARPANET）、网上服务
1979	• USENET
1986	• LISTSERV
1991	• 美国在线（AOL）
1995	• Classmates.com，雅虎
1996	• 美国在线实时通讯
1998	• MoveOn.org，谷歌
1999	• Napster，博客，Epinions，LiveJournal
2001	• 维基百科（Wikipedia），StumbleUpon
2002	• Friendster，Technorati
2003	• 领英（LinkedIn），Wordpress，Myspace，Hi5，Photobucket，Delicious
2004	• Gmail，Flickr，脸书（Facebook），Yelp，掘客（Digg），Orkut
2005	• Youtube，Mahable，Raddit，Bebo
2006	• 推特（Twitter），Ustream
2007	• 汤博乐（Tumblr）
2008	• 苹果的App Store
2009	• Foursquare，Google Wave
2010	• Pinterest
2011	• Google+
2012	• 脸书上市
未来	• 谁知道下一代社交媒体对个人和商业意味着什么呢？

图 16.1 主要科技事件和社交媒体发展时间表

注：类似计算机技术、社交媒体方面的发展不仅仅使人们联络速度加快，也改变着联络方式。

社交媒体到底有多流行？近期皮尤(Pew)网络调查研究报告显示，超过 2/3 的在线成年人都在使用脸书(Facebook)、领英(LinkedIn)或者推特(Twitter)之类的社交媒体平台。关于使用社交媒体的原因，大多数认为最重要的原因是可以通过社交媒体与家人和朋友保持联系，大约一半的人认为主要原因在于可以与老朋友重新建立联系，其他原因(比如联系兴趣爱好相同的人、结交新的朋友、查看公众人物的评论)相对不太重要。[2]

16.1.2 为什么企业要利用社交媒体？

社交媒体完全改变了商业环境。在早期，公司可以通过使用社交媒体的人数来发现潜在需求，这也是很多商业企业利用社交媒体最初考虑的。通过社交媒体，公司还可以分享产品和服务信息，改进售后服务。至今(当你读到的时候，数量会更多)，Facebook 已经不仅仅只是有 8.5 亿用户的最大社交网站，也是最受欢迎的网站，很多人在 Facebook 上花很多时间。[3]于是，很多公司竞相建立 Facebook 网页，开展竞争，创建 Facebook 广告，采取各种方式让 Facebook 上的用户也喜欢它们。例如，可口可乐是最有效利用 Facebook 开展营销的公司之一，目前拥有超过 4 100 万的粉丝。[4]从图 16.2 可以看出，企业为什么使用社交媒体(以及企业利润)的更多信息。

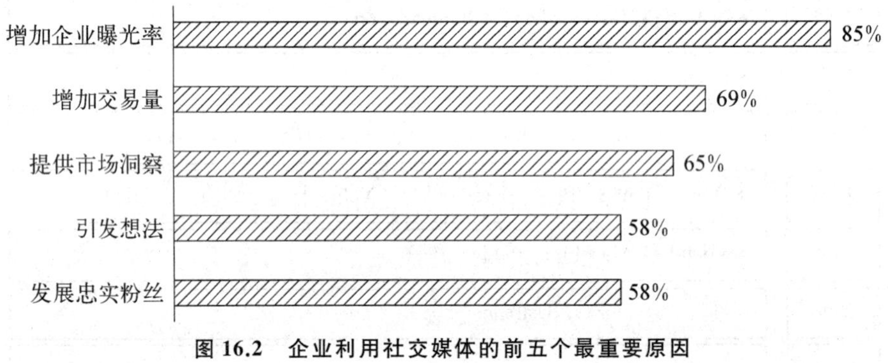

图 16.2 企业利用社交媒体的前五个最重要原因

注：尽管企业利用社交媒体的原因很多，最重要的是社交媒体可以增加企业的曝光率。
资料来源：Stelzner M A., 2012 Social Media Marketing Industry Report [EB/OL]. The SocialMediaExaminer.com Web site at www.socialmediaexaminer.com, 2012-08-14.

如此多的人主动在线分享他们自己以及喜欢或者不喜欢的东西，这正是很多企业积极参与到社交媒体的背后动力。与社交媒体相反，传统的营销诉求在下降，意味着企业使用电视和杂志广告向大量受众推广产品没有获得任何反馈的机会，消费者购买产品的决定往往仅受到他们朋友圈及家庭的影响。有了社交媒体之后，就不再是这样了。如果一个人有过一次不好的产品或服务体验，他会将其发布在博客、脸书或推特上。几年前，戴尔公司就经历了名叫 Jeff Jarvis 的博客的愤怒。他在购买一台戴尔笔记本电脑之后，在网上发布一系列的愤怒，被称为“戴尔地狱”(Dell Hell)，并引起其他有相似经历消费者的注意。这些消费者继续在网上诉说各自的故事。于是，与以前相比，更多的人知道了公司存在的失误。[5] Jarvis 继续与当时效率不是很高、反应不够迅速的戴尔售后部门进行着对话。这一事件被主流媒体报道之后，戴尔的售后服务评级变差，导致后来戴尔提出了以倾听消费者并完善售后服务为目的的公司倡议。目前，戴尔公司正在考虑安排一位领导，专门负责监管社交媒体和倾听消费者。基本论点是：因为社交媒体的存在，公司不再能很好地控制关于产品和服务的说辞，很多公司对于在消费者主导的文化推动下自己新的角色定位还感到不舒服。

16.2　企业可以利用的社交媒体工具

一个企业与其他企业以及令人兴奋的潜在消费者开展互动的方式数量非常之多，这也部分解释了社交媒体为什么如此富有挑战性。企业都在用社交媒体，因为它可以使得企业：

- 联系消费者
- 倾听主要股东（包括但不局限于消费者）的意见
- 提供另一种售后服务
- 在产品改进和配方方面吸引消费者

社交网站允许企业通过博客、视频、照片和播客，创建并分享它们的产品和服务信息。对于以销售为目的的企业来说，社交网站还可以开展网络研讨会以及上传有关信息的宣传材料。要了解企业如何使用社交媒体工具，可以再看一下图 16.2。

16.2.1　博客的商业用途

在商业有效利用社交媒体方面，博客已经成为最广泛使用的工具之一。**博客**是一个网站，允许公司在这个网站上分享信息，以增加客户对其产品和服务的了解，并建立客户对公司的信任。一旦发布关于公司或产品的叙述和信息，客户可以通过发表意见进行反馈，这是企业与客户建立对话的最重要的方式之一。一些专家认为，每个公司都应该有自己的博客，把现在或潜在的客户作为一般的人而非客户去进行对话。

博客能够有效地与客户建立更好的关系，吸引新客户，讲述关于公司产品或服务的故事，并提供一个活跃的论坛以测试新的想法。例如，西南航空公司在它的博客（Southwest Airlines' Nuts）上提供公司信息，并允许客户与公司员工进行互动。公司还可以在博客上开展网络研讨会和上传宣传资料，有效促使销售的实现。

16.2.2　照片、视频和播客

除博客之外，另一个社交工具是媒体**共享网站**，允许用户上传包括照片、视频和播客等多媒体内容。在参与媒体分享之前，请考虑以下三个因素：

- 将被使用的照片、视频和播客由谁来制作？

- 多媒体内容如何分发给感兴趣的企业和消费者？
- 制作和分发的成本是多少？

如今，照片共享提供了一种方法，公司可以在自己的网站或者社交网站上张贴照片来讲述其产品或服务令人信服的故事。

视频也因其在讲述故事方面内在的能力而广受欢迎。例如，娱乐公司现在传统上使用 YouTube 作为展示电影预告片的方式。家得宝公司在其 YouTube 频道上发布了很棒的自制视频。企业知道 YouTube、Flickr 及其他网站是有用的，因为这些媒体已经被其他企业和消费者当作娱乐和信息的来源。YouTube 是美国最大的视频网站。YouTube 不仅规模庞大(在访问者方面)，而且其用户具有在不同的年龄组别和性别之间均匀分配的特征。

播客是人们可以在平板电脑、电脑、MP3 播放器或智能手机上在线收听或观看的数字音频或视频文件。播客作为一种广播节目，可以通过各种手段(如 iTunes)发布，不受特定时间表的限制。播客的好处是可以随时下载。国家公共广播电台(NPR)和《纽约时报》都使用播客来发布新闻和信息。[6]

16.2.3 社交媒体评级

社交媒体能够使购物者访问自己社交圈内外其他人的意见、建议和转介。这种类型的信息可以通过社交媒体网站获得，同时还包括商品的评论和评级，就像 Groupon 和 LivingSocial 上的促销节目一样。这两个网站都提供向客户提供折扣优惠的有关公司的信息。

评估和评论网站建立的认识基础是消费者信任其他购买产品和服务的顾客所发表的意见。据尼尔森媒体研究报告，70%以上的消费者表示他们相信在线消费者的意见。[7]与传统广告相同类型的研究相比，这一统计数字要高得多。根据亚马逊和 eBay 的早期工作，新的网站已经出现，允许消费者评估本地企业或比较产品和服务。作为最受欢迎的网站之一，Yelp 将客户评级与社交网络相结合，已经成为网络上美国最大的本地商品评论数据库。

16.2.4 社交游戏

社交游戏是社交媒体的另一个增长领域。社交游戏是“多玩家、竞争性、针对性的活动，具有特定的参与规则和玩家社区中的在线连接功能”。[8]社交媒体最重要的一个方面是娱乐和游戏，如“愤怒的小鸟”和“Farm Ville”。研究确实表明，社交媒体的游戏化是一个大趋势，因为人们喜欢通过社交游戏赚取竞争力、社会地位和奖励。[9]对于创造游戏的企业，它可能是非常有利可图的。正如本章的开始处商界报道中“愤怒的小鸟”母公司 Rovio 娱乐公司每年从全球销售游戏相关产品和服务中获得超过 1 亿美元。一些企业选择创建自己的游戏，而有些企业则选择将广告投放到游戏中。例如，搜索引擎 Bing 将广告放置在 Facebook 游戏 FarmVille 中,结果获得了数十万 Facebook 粉丝。[10]

16.3 通过社交媒体实现业务目标

虽然社交媒体的普及是一个近年来才出现的情况,但是很多企业已经在使用它来实现重要的目标。其中一些目标是长期的,如建立品牌知名度和品牌声誉,而其他一些目标则更短期,如增加网站流量或产生销售引导。不管社交媒体如何使用,都有很多商机。在本节中,我们将探讨企业有效利用社交媒体实现业务目标的几种方式。

16.3.1 社交媒体社区

对于一个企业,社交媒体可以用来建立一个社区。**社交媒体社区**是基于人际关系的社交网络。[11]这些电子社区鼓励双向沟通,让人们开发个人空间,并通过技术和互联网来识别联系人。每个社区的人可以称为朋友、粉丝、追随者或联系人。流行的社交网站包括 Facebook(最大的)、LinkedIn(面向专业人士)、Twitter、Google +、YouTube、Pinterest 等。要查看有多少企业使用前四大社交媒体社区网站,请参见图 16.3。

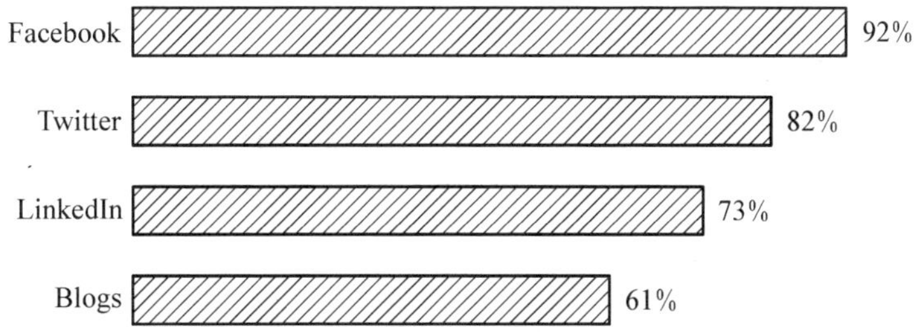

图 16.3 企业使用最多的四家社交媒体

注:对于使用社交媒体的企业来说,最受欢迎的社交网站是 Facebook、Twitter、LinkedIn 和 Blogs。
资料来源:Stelzner M.A., 2012 Social Media Marketing Industry Report[EB/OL]. The SocialMediaExaminer.com Web site at www.socialmediaexaminer.com, 2012-08-14.

每个利益群体、种族和生活方式群体都有社会团体。不同类型的社区包括不同的论坛。论坛也许是社交社区最早的形式。一个**论坛**是一个社区公告牌的互动版,专注于思路讨论。这些特别受到那些拥有共同兴趣如视频游戏等的人欢迎。基于社交媒体的另一个社区是维基。维基是一个协作的在线工作空间,使成员能够提供与其他人共享的内容。使用维基,社区成员既是编辑也是守门员,确保内容正确和更新。维基百科(免费的在线百科全书)是维基的最好例子。一个无偿专家的社区能够自动维护维基百科网站上的内容,使其得到及时更新和尽可能准确。

社交网络的总体目的是建立社区,发展联系。今天,许多公司正在使用社交媒体与其他公司和消费者建立社区,以实现业务目标。最近,百事可乐利用社会媒体展示其在社区教育和环境等领域的努力以体现其对现实社会的责任。百事可乐“刷新一切”活动背后的驱动力就是认为公司需要“走路”,真的要做一些事情来产生影响。百事可乐的该项目允许人们上传他们的想法或投票选择他们的最爱。然后,百事可乐投资票数最多的项目。超过 5 700 万客户投票选择不同的想法——所有这些都旨在改善社区。对于百事可乐,这个社交媒体项目能够使自己这位软饮料巨头吸引住那些社交媒体的忠实用户。[12]

16.3.2 危机和声誉管理

关注利益相关者最重要的原因之一是确定是否存在酝酿的危机。大多数公司认为,他们的公司距离一些潜在的危机时刻不到一年,并因此密切关注社交媒体上那些可能预测公司危机的对话。[13]最近,一个名为 Susan G. Komen 的矫正组织决定撤回对计划生育的资助。计划生育方面立即向捐赠者发送了一封电子邮件,以便寻找新的资金以取代该组织撤资。随着消息从电子邮件传播到社交媒体,许多人表示愤怒,认为名叫 Komen 的矫正组织正在玩“政治卡”。据社会媒体专家介绍,Komen 组织对负面宣传的回应不足。即使在主流媒体报道其有争议的决定之后,Komen 组织也未能在 Facebook 或 Twitter 上解决此问题。直到第二天,Susan G. Komen 矫正组织的创始人 Nancy Brinker 才谈到了这个问题,但此时该组织的公众形象已经受影响了。

联合航空也发现,当顾客向社交网络抱怨时,处理起来很困难。吉他手 Dave Carroll 指责联合航空公司在芝加哥的行李处理中损坏了他的吉他。经过几个月传统渠道的传播都没有解决问题,于是戴夫就针对这件事写了一首歌,拍摄了一部影片,并将其张贴在 YouTube 上。他的朋友们纷纷把这个链接转发到他们自己的网络上。不久,这个视频就得到了数以千计的关注,人们开始分享联合航空负面的故事。联合航空公司试图控制 Twitter 的损害,但大多数人认为这是改善客户服务的空白承诺。不久,公司被牵连进负面的新闻报道,无论是社交媒体还有主流媒体,并最终引起了公司股价下跌 10%。最后,据估计,由于忽视顾客的诉求,联合航空付出了 1.8 亿美元的代价。

16.3.3 聆听利益相关者

倾听别人,无论他们是否是顾客,都是公司社交媒体规划的重要方面。事实上,聆听往往是制定社交媒体策略的第一步。例如,聆听 Facebook 或 Twitter 上展开的对话,了解人们对公司产品和服务的看法很重要。通过关注 Facebook、Twitter 及其他社交媒体网站,Domino’s Pizza 发现人们对其产品的质量不满意。客户将酱油描述为“像品尝番茄酱”,包装外壳称为“像品尝纸板”。不幸的是,有足够的相似的评论已被公司使用传统的营销研究予以证明。他们发现这些情绪是真实的,然后公司制定了一个计划,重新设计公司各方面及其披萨产品。该计划是否有效呢?[14]结果是同店销售额增长率超过 14%。[15]

16.3.4　顾客定位

许多公司正在使用社交媒体提高客户的品牌意识和品牌形象。在千禧一代中，进行产品定位尤其有价值。千禧一代是 1980 年以后出生的懂技术、数字化的新一代人群。福特汽车公司(Fiesta)向千禧一代推出了小型汽车，它使用了社交媒体。福特之所以选择瞄准千禧一代，是因为作为一个群体，他们比老年消费者更有可能购买一辆小型汽车。对于这次社交媒体推广，福特招募了 100 名社交媒体用户，他们被称为“代理人”。他们被授权可驾驶六个月的福特嘉年华。唯一的要求是每个代理人在社交媒体上谈论汽车，并把使用视频发布在 Facebook、Twitter 及其他社交媒体网站上。最初，福特公司设定了吸引 14.4 万个网站访问者的目标，但到了促销结束时，已有超过 30 万人浏览了该网站。还有结果表明，福特的嘉年华社交媒体营销推广运作良好，社交媒体可以用来建立一个特定群体的品牌知名度。[16]

在某些情况下，意识不是一个问题，而与客户沟通的能力确是一个重要问题。社交媒体可以用来建立沟通。考虑 Old Spice 的情况。曾经被认为是“老人”的古龙水，Old Spice 努力争取在一个由新来者品牌如 Axe 占主导的行业中，赢得对他们沐浴产品的关注。作为一个品牌，Axe 在与千禧一代沟通方面做得很好。Old Spice 决定使用社交媒体即在 YouTube 上推出视频来重新定位他们的沐浴产品。产品视频在超级碗期间在网上推出，之后在网络电视上播出。结果是如此积极以至于 Old Spice 跟进推出了一个活动——在 Twitter 和 Facebook 上发布一些基于消费者在线评价的视频。[17]

16.3.5　社交媒体市场营销

根据 eMarketer 的调查，在拥有 100 多名员工的美国公司中，有 80%正在使用社交媒体工具进行营销。在小企业中，社交媒体用于营销的比例接近 40%，而在销售给其他企业的企业中，这一比例约为 24%。[18]社交媒体营销就是“利用社交媒体技术、渠道和软件，创造、交流、交付和交换对组织有价值的产品”。[19]随着公司越来越接受社交媒体，我们可以期望更多的公司使用社交媒体向客户推销产品和服务。研究表明，公司正在将广告资金从传统营销(如电视和杂志)转移到数字营销(如互联网搜索引擎和社交媒体)。专家预测，到 2016 年社交媒体将占所有在线消费的 26%。[20]主要原因很简单：人们在网络上花更多的时间。[21]通常，一个想要使用社交媒体做营销的企业，第一步就是去求助于 LinkedIn、Facebook 或者 Twitter。

今天，许多公司已经相当成功地使用社交媒体开展营销活动，不仅用于开发客户意识，而且用于获得销售线索，并增加实际销售额。例如，HubSpot 是一家软件公司，可帮助中小型企业开发入站营销计划。入站市场是一种营销术语，描述的是获得关注的最新方式，即通过在吸引客户的网站上创建内容来最终赢得客户。用于入站营销计划的工具包括搜索引擎、博客、视频和社交媒体。为了销售其软件产品，HubSpot 软件公司摈弃了传统广告，并开始借助于社交媒体。首先，通过创建有价值的内容和营销信息，并借助于社交媒体和搜索引擎网站广为传播,该公司开发了自己的入站营销计划。对 HubSpot 软件感兴趣的公司需要输入联系信息(姓名、电话号码和电子邮件地址)才能查看信息。人们提供了联系信息,因为他们相信公司的软件可以帮助他们改善营销活动。由于 HubSpot 的入站营销计划,创造新销售线索的成本比传统营销活动产生潜在客户的成本低五至七成,并获得了数千名新客户。[22]

戴尔还使用社交媒体销售其计算机和技术产品。不像其他公司试用社交媒体,戴尔决定更加明显并积极利用社交媒体即 Twitter 增加销售量。该公司通过将其 Twitter 账户中的链接包含在 Dell Outlet 网站上,销售价值超过 650 万美元的电脑。虽然这只占其总销售额的一小部分,但它确实表明产品可以通过社交媒体销售。[23]

与社交媒体一样重要,它只是数字营销的一个方面。事实上,数字营销或网络营销是由以下六个方面组成的,包括:

- 在线公共关系——开发社交媒体新闻包;
- 搜索引擎优化——使用网站中的关键字,为了在搜索引擎结果中排名较高;
- 搜索引擎营销——购买 Google 的广告,增加公司网站的流量;
- 展示广告——购买横幅广告;
- 电子营销——通过选择性加入电子邮件,以电子邮件营销为目标的客户活动;
- 内容营销——开发照片、视频、播客、博客等工具,为客户增加价值。

16.3.6 产生新产品理念

公司可以利用社交媒体进行大部分基于消费者的研究。例如,通过从 Facebook 或 Twitter 获得的信息,企业可以改善现有的产品和服务,开发新的产品和服务。还可将任务外包给一群人,以洞悉人们的想法。在某些情况下,可以通过群众投票获得有价值的信息。例如,Frito Lay 在过去几年中已经使用群众投票,鼓励人们创建并投票选出自己喜爱的多利多斯品牌的电视节目。获奖者随后可以参加超级碗节目。他们的"努力击败超级碗"项目已经非常成功。

公司甚至可以为特定品牌建立社区,以获得消费者的信息和创意。几年前,星巴克公司建立了一个名为 Mystarbucksidea.com 的网站,让客户能够发表关于公司如何改进的想法。自从网站创建以来,已经有关于星巴克产品、客户店面体验以及公司社区参与等方面成千上万的建议。该网站还使人们能够对最好的建议投票,其中许多建议在星巴克已经得到实施。例如,如果您是金牌会员或参与了 VIP 计划,在您的生日可以获得免费咖啡,这一建议就是来自客户。在这样的情况下,客户就可以和他们尊敬的公司分享自己的想法,并且只有当公司实施其想法时才能获得顾客进一步的忠诚度。[24]

16.3.7 招聘员工

多年来,根据"物以类聚,人以群分"的理论,许多公司利用现有员工招聘新员工。这个概念很简单：现有员工的朋友和家人可能被证明是合适的候选人。社会媒体将这一概念提升到一个全新的水平。LinkedIn 是专业人士最大的社交网络，被大小企业相当有效地用于聘用员工。事实上，超过一半的财富 100 强公司使用 LinkedIn 招聘未来的员工。使用 LinkedIn 对公司有利，因为它节省了时间并降低了招聘成本。使用 LinkedIn 等网站也可以让雇主看到有关候选人的更多信息。像 Accenture、Home Depot、IBM 和 Oracle 这样的公司都已经在 LinkedIn 上取得了成功。[25]

16.4　制定社交媒体计划

在制定使用社交媒体的计划之前，重要的是确定社交媒体如何提高组织的整体表现，以及如何"适应"公司的其他业务和促销活动。例如，如果社交媒体计划试图改善客户服务，则需要回馈到公司的整体组织工作，以改善客户服务。

16.4.1　制定社交媒体计划的步骤

一旦确定了社交媒体如何与公司的其他活动相关联，则需要考虑五个步骤。

步骤 1：听取决定机会。

社交媒体通常习惯于"听取"客户喜欢的或不喜欢的公司产品或服务。作为测试，阅读在社交媒体网站的评论可以了解消费者如何对现有产品或服务的价格上涨或下降做出反应。监控社交媒体网站还可以让管理人员和员工进行谈话，并讲述公司立场的故事。此外，公司可以监控社交媒体网站，收集有关竞争对手的信息以及业内人士的看法。

在聆听阶段之后，重要的是分析信息以确定公司的优缺点。对于一家公司，在采取下一步步骤之前，确定机遇和威胁也很重要。

步骤 2：建立社交媒体目标。

在听取并分析从社交媒体网站获得的信息后，使用该信息来制定具体目标很重要。对于社交媒体来说，目标是一个关于社交媒体计划应该完成的具体说明。每个目标应该是具体的、可衡量的、可实现的、现实的，并面向未来的。

对于大多数公司来说，最受欢迎的目标是提高品牌知名度，获取新客户，引进新产品，保留现有客户，并获得客户认可。[26] 其他重要的目标包括提高搜索引擎排名、展示公共关系活动、增加网站流量、产生销售引导。[27] 所有目标都需要明确，并与可用于实现每个目标的具体行动相关联。

步骤 3：细分和定位社交媒体客户。

理想情况下，一家公司要建立客户档案，收集客户年龄、收入、性别、种族等信息。当企业进行细分或定位客户时，这些档案有助于了解客户的想法，了解客户购物时间、购买数量和购买频率。事实上，有关潜在客户的更多信息将帮助您制定实现公司目标的社交媒体计划。缺乏关于客户的信息可能会浪费时间和金钱,从而无法成功实现公司的社交媒体目标。例如,大多数公司认为他们必须使用 Facebook 和 Twitter。但是,如果他们的核心客户不使用这些社交媒体网站,那么使用它们就没有意义。此外,真正了解客户如何使用社交媒体也非常重要。

- 他们创建照片、视频、博客帖子等内容吗?
- 他们是否使用社交媒体进行评分和评论?
- 他们是否在 Facebook 账户上发布产品评论和评分?
- 他们花了很多时间使用社交媒体吗?

据 Forrester Research 介绍,有六种使用社交媒体的个人。他们可以被分类为创作者、评论家、收藏家、参与者、观众或不活动人士。除了社交媒体用户的 Forrester 分类之外,附加信息可以帮助您定位"正确"的社交媒体客户,如图 16.4 所示。

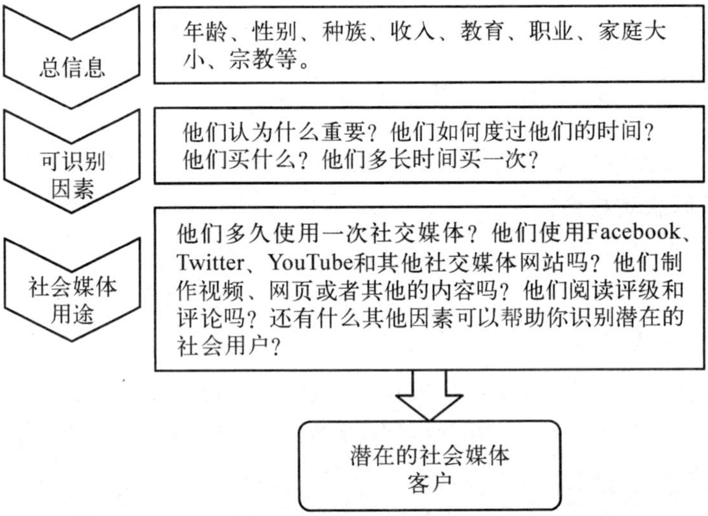

图 16.4 能够有助于定位不同社交消费群体的信息类型

注:关于社交媒体客户的信息越多,制定面向"正确"客户的社交媒体计划就越容易。

步骤 4:选择社交媒体工具。

探索适当的社交媒体工具通常从步骤 2 概述的公司目标开始。它还有助于公司审视正在尝试达到的目标客户或市场细分(步骤 3)。有了这些信息,下一步是选择正确的社交媒体工具来接触合适的客户。公司可以使用社交社区、博客、照片、视频、播客或游戏来接触潜在或现有客户。例如,如果目标是招收大学生进入入门级职位,LinkedIn 可能是一个不错的选择。记住,没有必要使用上述所有的媒体工具,尽管这些工具通常是可以利用的。同时,应当注意社交媒体并不是免费的,并且可能相当昂贵,因为花费时间和金钱。

步骤 5:实施和整合计划。

社交媒体工具确定后,公司就可以实施和整合社交媒体计划。与传统广告活动不同,社交媒体计划不一定有起始日期和停止日期。一些社交媒体活动将继续存在,并拥有自己的生命力。例如,一个非常成功和受人尊敬的在线零售商 Zappos,就是一家在社交媒体方面始终处于“开放”状态的公司。事实上,他们很少做传统广告,而是依靠社交媒体推广产品,监督客户服务,提高公司的声誉。另一方面,一些公司认为,有一个短期和长期混合的社交媒体推广计划非常重要。在这种情况下,重要的是要挖掘每个社交媒体活动的潜力,以确保它能够充分发挥效率。例如,如果一家公司正在进行 Facebook 推广,那么设计品牌页面、频繁更新页面以及提供新鲜内容等问题就很重要,因为这样可以保持并提高目标客户的回头率。如果在 Twitter 上使用相同或类似的社交媒体活动,公司就必须对网页设计进行更改,以确保其在 Twitter 站点上有效运行。

为了提高社交媒体的有效性,公司通常会将在线促销活动与传统的或离线的促销活动相结合。例如,在电视广告结尾处通常会看到 Twitter 图标,这向消费者表明,Twitter 上提供了有关该产品或服务的更多信息。事实上,随着在数字与社交媒体营销方面投入的增加,企业尝试将线上和线下促销活动结合在一起,以便获得更大的营销效果。

16.4.2 衡量和适应社交媒体计划

因为社交媒体是企业接触客户一种相对较新的方式,所以许多公司当下都在努力尝试衡量社交媒体。公司通常使用与电视、广播等长期建立起来的媒体渠道一样的测定方法来确定社交媒体对客户的公司品牌或特定品牌的影响,以及销售(和利润)是否增加。根据这些信息,公司试图确定其对社交媒体的投资是否有积极回报。一般来说,有两种类型的社交媒体测量方法。尽管有定量和定性两种测量方法,但大多数公司倾向于使用定量测量。

定量社交媒体测量包括**数字测量工具**的使用,包括如计算网站访问者的数量、粉丝和追随者的数量、被攻击的人数和新客户数量等的数字测量。又如,可口可乐在其 Facebook 页面上拥有 4 100 万的粉丝,戴尔电脑通过使用 Twitter 来使销售收入增加超过 650 万美元。表 16.1 显示了一些流行的衡量社交媒体的量化方法。

表 16.1 衡量社交媒体的量化方法

媒体类型	衡 量 标 准	媒体类型	衡 量 标 准
博客	访客单一 意见数量 访客发表评论的比例	脸书	粉丝数量 点赞数量 评论数量 反馈增加量 通过脸书登录网站的人数
推特	跟帖数量 推特访问者和再次访问者数量 通过推特链接的点击率 访问网站的数量	YouTube	视频数量 访问人数 对上传视频评论数量 内置链接数量

因为一家公司在使用社交媒体时必须投入时间和金钱，所以绩效衡量和进行必要的调整是很重要的。除了已经提到的定量测量方法之外，一些公司正在使用关键的绩效指标。**关键绩效指标(KPI)**是衡量组织实现目标进度的测量。一般来说，KPI 是定量的（基于数字就像推特追随者的数量一样）。

如果使用 KPI 衡量社交媒体活动的成败，那么第一步就是将 KPI 与公司目标联系起来。第二步是设置一个基准——一个显示成功应该如何的数字。例如，福特表示，如果 144 000 人在规定的时间内访问了福特嘉年华网站，这表明该公司的社交媒体计划——向千禧一代推出新的小型汽车——是成功的。实际评测时，有超过 30 万人访问了该网站。简单地说，公司的社交媒体计划是成功的，因为它超过了原来的基准。随着时间的推移，将公司的社交媒体 KPI 与其基准值进行比较也是可能的。当趋势比较用于衡量社交媒体的有效性时，在一个测量期间，趋势可能比实际增减百分比更重要。

定性的社交媒体衡量是获取品牌观点和信念的过程。这个过程主要使用情绪分析来梳理关于公司的内容。情绪分析是一种测量方法，它使用技术来检测体验社交媒体活动的人的心情、态度或情绪。确定客户情绪的其他措施包括：

- 客户满意度得分，即客户的相对满意度
- 问题解决率，即客户使用社交媒体提出的服务要求被满足的百分比
- 解决时间，即解决客户服务问题所花费的时间

与定量测量相比，应该指出的是，许多定性的社交媒体测量本质上更主观。

不管使用哪种类型的测量方法，社交媒体最重要的方面之一（实际上是数字营销）是将社交媒体计划的目标与实现的结果相结合的能力。在根据预先确定的基准和分析趋势对社交媒体活动进行回顾后，可以做出改进措施，以提高社交媒体活动的有效性。

社交媒体对于使用电子商务在线销售产品和服务的企业尤为重要。在下一节中，我们将仔细研究如何组织电子商务公司，在线满足需求，并赚取利润。

16.5 定义电子商务

在第 1 章中，我们将商务定义为个人为了获利而生产和销售满足社会需求的产品和服务的有组织的活动。简单来说，**电子商务**可以被定义为个人通过互联网上可利用的设施来生产和销售满足社会需求的产品和服务的有组织的活动。有时候，人们使用电子商业来代替电子商务。严格意义上说，电子商务被个人公司或行业用于指称在互联网上进行的所有商业活动。另一方面，电子商业是电子商务的一部分，通常仅指在线进行买卖活动。在本章中，我们通常使用 e-business 这一术语定义电子商务，因为它的定义和范围更广泛。正如你将在本章剩下的部分中看到的那样，电子商务正在改变关键的商业活动。

16.5.1 组织电子商务资源

如第 1 章所述,要形成一个组织,企业必须结合人力、物力、信息和金融资源。电子商务也是如此(参见图 16.5),但在这种情况下,资源可能比典型商业更特别。例如,可以设计、创建和维护网站的人只是电子商务所需的人力资源的一小部分。物力资源必须包括专门的计算机、复杂的设备和软件以及高速互联网连接。用于跟踪查看公司网站客户数量的计算机程序通常就是所需的信息资源。金融资源,也就是开办和维护企业并使其增长所需的资金,通常反映出个人企业家、风险投资家和愿意投资高科技企业而不是把钱存入银行的投资者更多的参与。

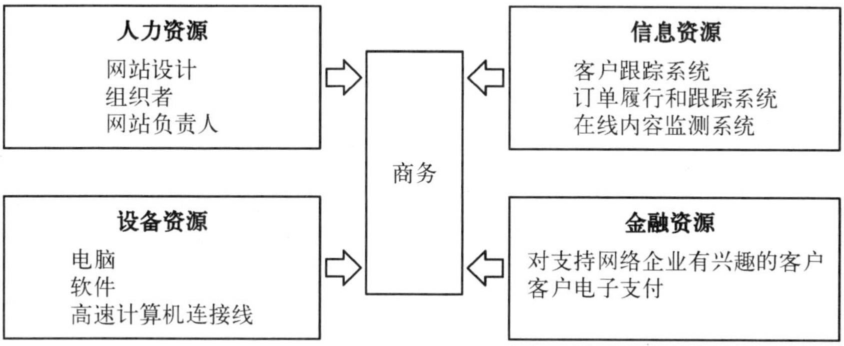

图 16.5 电子商务企业的资源

注:所有企业都使用四种资源(人力、物力、信息和金融),这些资源在电子商务中使用时会更专业。

为了降低电子商务中使用的专业资源的成本,许多公司已经转向外包。**外包**是寻找以较低成本提供专业帮助、零件或材料的外部供应商的过程。例如,需要专门软件来完成项目的公司可能会转向位于美国、印度或东欧国家的外部公司。

16.5.2 满足网上需求

想想以下这个问题:"为什么人们使用互联网?"正如本章第一部分所指出的,越来越多的人将电脑、互联网和社交媒体作为与人们联系的一种方式。互联网也可用于购买产品或服务。今天,越来越多的人使用互联网来满足这些需求。我们从两个基本假设开始:

- 互联网在创建互联网之前创造了一些新的客户需求。
- 电子商务可以满足这些需求,也可以满足更多传统需求。

例如,恢复硬件网站(www.restorationhardware.com)帮助世界上任何地方的客户提供访问同一虚拟商店的硬件和装饰品。在 eBay 的全球拍卖网站(www.ebay.com),客户可以以少量的费用购买和出售几乎任何东西。在每个示例中,客户可以使用互联网购买产品或服务。

除了购买产品外，互联网可以由个人和商业公司使用以获取信息。例如：

- 联网用户可以随时访问报纸、杂志和广播电视节目。
- 互联网为互联网公司和观众之间的双向互动提供了机会。例如，CNN 新闻网站(www.cnn.com)和其他新闻内容网站鼓励用户之间的对话。
- 客户可以通过请求更多信息或提出具体问题来回应互联网上的信息，这可能导致购买产品或服务。
- 最后，互联网允许客户选择他们提供的内容。了解客户的利益，使互联网公司能够将特定的智能广告引导到特定客户。对于广告客户来说，知道其广告被指向最有可能的客户代表是促使其更好地为广告付费的方式。

16.5.3 创建电子商务利润

商业公司可以通过增加销售收入或通过各种电子商务活动减少开支来增加利润。

流入公司的每个销售收入来源都被称为收入来源。增加收入的一个方法是在互联网上出售商品。在线商家可以每天 24 小时、每周 7 天抵达全球客户群，因为在互联网上购物的机会几乎不受限制。然而，从实体商店的客户获得的收入转移到在线的这些客户所赚取的收入并不会为企业创造任何真正的新收入。关键是要找到新客户，并产生新的销售，从而增加总收入。

智能信息系统可以帮助亚马逊(www.amazon.com)等互联网公司创造销售收入。此类系统存储有关客户的购买信息，以及有关买方偏好的各种其他信息。使用这些信息，系统可以在客户下次访问该网站时提供必要的协助。例如，如果客户过去已经购买了 Carrie Underwood CD，系统可能会建议推荐那些登台美国偶像或获得乡村音乐奖的类似艺术家的 CD。

虽然有些客户可能不会在网上进行购买，但该公司网站的存在及其提供的服务和信息可能会导致公司实体店的销售额增加。例如，本田的网站(www.honda.com)可以为顾客提供基本的车型比较信息，以便他们更好地准备参观汽车展厅。

除了在线销售产品或服务，电子商务收入是通过网页上的广告和通过在线服务和内容获取的订阅费来实现的。例如，胡佛公司(www.hoovers.com)是公司和行业信息的综合来源，为访问该网站的任何人免费提供其部分在线内容，但更详细的信息仅可通过付费订阅方式获得。此外，胡佛公司还从一些赞助商那里取得收入，这些公司在其网站上宣传其产品和服务。此外，胡佛公司还可以向在其网站上宣传产品和服务的赞助商索取收入。

分发新闻、杂志和报纸文章以及类似内容的许多互联网公司可以从与该网站相关的产品的卖家所获得的佣金中获得收入。例如，在线商城现在为电子设备和计算机硬件与软件的相关供应商群体提供服务，并提供销售其产品和服务的新方法。在许多情况下，供应商与网站所有者分享在线销售收入。

减少费用是电子商务有助于提高盈利能力的第二大方式。提供在线访问可以降低与客户打交道的成本。例如,Sprint Nextel(www.sprint.com)是一家维护拓展网站的公司,潜在客户可以了解有关产品和服务的更多信息,当前的客户可以访问个人账户信息,在线咨询服务问题,购买其他产品或服务。通过这种广泛的在线服务,Sprint Nextel 大幅度地减少实体店铺,节约了成本,提高了效益。我们将在本章中详细研究电子商务如何促进盈利能力,特别是在我们专注于互联网活动的一些业务模式时。

16.6　电子商务的基本模式

更好地了解企业如何适应互联网上可用的机会的一种方法是识别电子商务模式。商业模式描绘了一组商业运营的共同特点和方法,并以此创造销售收入并降低开支。以下将讨论的每个模型都代表了各种主要的电子商务模式。无论商业模式如何,计划往往取决于电子商务是新公司,还是现有公司增加的在线业务,见图 16.6。必须铭记在心的是,为了创造销售收入和赚取利润,一个企业——特别是一个电子商务企业——必须满足客户的需求。

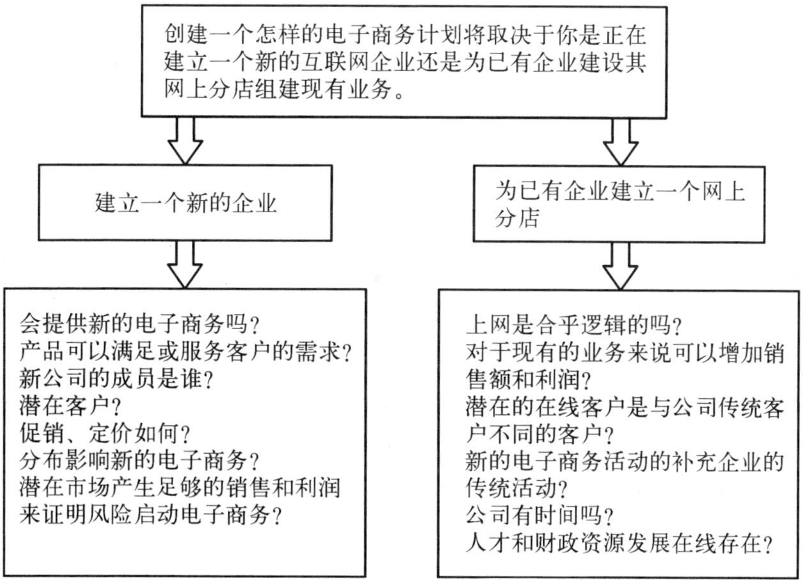

图 16.6　准备设立一家新的网络企业或者为一个已有的企业建设其网上分店

16.6.1　企业对企业(B2B)模式

许多电子商务可以通过客户关注点与别人区分开来。例如,一些公司主要利用互联网与其他企业开展业务。这些公司通常被称为拥有**企业对企业(B2B)模式**。

在考察 B2B 公司时，出现了两种明确的类型。在第一种类型中，重点只是促进企业之间的销售交易。例如，戴尔计算机采取的是网上订单式生产。戴尔在线订单的大部分来自企业客户，他们非常清楚自己所需要的产品，并正在寻找能够快速交付的价格合理的高质量的计算机产品。基本上，通过生产已有订单的产品，戴尔减少了存储和运输成本，很少有滞销的未售出的库存。通过与戴尔直接交易，客户可以消除与批发商和零售商相关的成本，从而有助于降低他们为设备支付的价格。

第二种更复杂的 B2B 模式涉及公司及其供应商。今天，供应商使用互联网向客户报价，并使客户了解必须遵守的规则和程序。例如，福特已经开发了 B2B 模型，以联络成千上万的供应商，用来采购汽车零部件、耗材和每年价值数百万美元的原材料。虽然 B2B 网站的开发和维护成本很高，但福特公司节省了大量资金。鉴于潜在的巨大节省，许多其他制造商及其供应商开始加入和使用汽车制造商的 B2B 系统。实际上，供应商们知道，大公司可能购买大量的零部件、耗材和原材料，作为大公司的“首选”供应商，他们必须加入购买者的 B2B 系统。

16.6.2 企业对消费者(B2C)模式

与 B2B 模式相比较，像 Barnes and Noble(www.barnesandnoble.com)和网络零售商 Lands' End(www.landsend.com)这样的公司显然将重点放在个人消费者身上。这些公司被称为**企业对消费者(B2C)模式**。在 B2C 情况下，了解消费者在线行为对公司成功至关重要。通常，使用 B2C 模式的商业公司必须回答以下问题：

- 消费者是否只使用网站来简化和加快购物时的比较？
- 消费者是否会在线购买服务和产品，或是最终在传统的零售商店购买？
- 什么样的产品和服务最适合在线消费者购物？

B2C 公司除了全天候提供全球各类产品和服务外，还经常尝试与客户建立长期的合作关系。企业通常会特别努力，确保客户满意，并尽快解决问题。专业软件还可以帮助建立良好的客户关系。作为客户浏览网站，跟踪和了解客户行为和购买偏好，可以帮助管理层做出明智的决策，以便更好地为在线客户提供服务。实质上，这就是 Orbitz(www.orbitz.com)的在线销售方式。通过跟踪和分析客户数据，在线旅游公司可以为客户提供个性化服务。虽然“小小的特别关注”可能会增加 B2C 公司的经营成本，但客户的反复购买将会多次回报之前的投资。

当前，B2B 和 B2C 模式是电子商务最受欢迎的商业模式。然而，还有其他商业模式可以通过实施专门的电子商务活动来创造收入。表 16.2 中描述的大多数业务模式是 B2B 和 B2C 模型的改良版本。

表 16.2　展现特定商业信息的其他商业模式

名　称	内　容
广告电子商务模式	在公司的网站上显示的收费广告，例如搜索引擎和其他受欢迎的互联网站点上的弹出式窗口和横幅广告。
经纪电子商务模式	将买卖双方聚集在一起的在线市场，促进货物和服务的交换。一个例子是 eBay(www.ebay.com)，它是提供几乎任何东西交易平台的网站。
C2C 模式	P2P 软件，允许个人通过互联网共享信息。例子包括 Bit Torrent(www.bittorrent.com)，它允许用户交换数字媒体文件。
订阅和付费浏览电子商务模式	只有付费用户才能访问网站的内容。例子包括标准普尔(www.netadvantage.standardandpoors.com)提供的投资信息和 Forrester Research 公司(www.forrester.com)提供的业务研究。

16.7　互联网、社交媒体和电子商务的未来

自从互联网上开始商业活动以来，计算机技术、社交媒体和电子商务的发展快速而强大，并已取得了巨大的成功，如 Google、eBay 和 Pinterest。然而，在经济危机期间，相当多的互联网技术公司在挣扎甚至面临失败。今天，参与互联网、社交媒体和电子商务的大多数公司都采用更加智能的发展方式。绝大多数分析师持有的长期观点是，互联网、社交媒体和电子商务将继续扩大，以满足企业和消费者的需求。

16.7.1　互联网增长潜力

到目前为止，全球只有很小一部分人口使用互联网。2012 年年初，世界上近 70 亿人口中大约有 23 亿人使用网络。[28]显然，这一数字增长的机会还很大。美国人占所有互联网用户的 11%。[29]在构成美国人口的 3.1 亿人中，有 2.39 亿人使用互联网。美国约 77%的人口已经在使用互联网，所以美国的潜在增长很有限。[30]另一方面，世界发展中国家的互联网用户数量有望大幅增加。

虽然全球互联网用户数量有望增加，但这仅仅是故事的一部分。也许更重要的问题是为什么人们正在使用互联网。使用互联网的主要原因包括与其他人联系、获取信息或购买公司的产品和服务。商业公司特别感兴趣的是社交媒体的增长。例如，2011 年 3 月至 2012 年 3 月，Facebook 用户数量从 6.64 亿增加到 8.35 亿。由于目前世界人口中只有 12%使用 Facebook，Facebook 用户数量预计未来几年将继续增长。[31]其他社交媒体网站(如 LinkedIn、Twitter、Pinterest)的用户数量也有望增加。

专家还预测，使用电子商务增加销售和降低开支的公司数量将继续增加。使现有商

业模式适应在线环境的公司将继续主导发展。例如,书籍、CD、服装、酒店住宿、汽车出租和旅游预订是非常适合在线购买和销售的产品和服务。这些产品或服务将继续以传统的方式销售,并以更具成本效益和效率的方式在互联网上销售。

16.7.2 伦理和法律关切

互联网、社交媒体和电子商务在社会和法律层面获得的关注超越了以往所有商业活动。本质上,互联网是一个新的"前沿"。

道德和社会责任 个人和企业在互联网上的社会责任和道德行为是主要关注的问题。例如,网络空间中的一个具有争议的事实是,一旦用户连接到互联网,就会被电脑跟踪发现,其信息未经授权地被访问和使用时有发生。基本上,用户访问一个网站,总是会不知不觉中收到一小段名为 **cookie** 的软件代码。该 cookie 可以跟踪用户在互联网上的位置,并监测用户在任何特定网站上停留的时间。虽然这种类型的软件可能产生有价值的客户信息,但也可以被视为侵犯隐私,特别是因为用户甚至可能不知道他们的行为被监控了。

除了未经授权使用 cookie 追踪在线行为外,还有其他几种威胁用户隐私和保密性的行为。监控员工的电脑使用情况可能是为了帮助雇主在公司时间内警告未经授权的互联网使用。然而,同样的记录也可以让公司有机会观察那些可能被视为私人和机密的信息。今天,法律专家认为,至少雇主需要向员工披露监督的程度,并考虑企业监督员工行为的动机。

一些公司也实行数据挖掘。**数据挖掘**是指通过查找有用信息的数据记录进行搜索的做法。客户注册表格通常需要各种信息才能让用户访问某个站点。根据个人信息,数据挖掘分析可以提供关于个人的私人和机密信息。例如,假设一个网站提供有关威胁生命的疾病的信息,如果这些信息被发送给保险公司,公司可能会拒绝为这个人保险,他们认为那些想了解这种疾病更多信息的人可能有更高的风险。

互联网犯罪 因为互联网往往被视为一个不受管制的世界,个人和商业用户必须特别注意在线风险和危险。例如,在未经用户同意的情况下渗透计算机系统的软件是恶意软件。恶意软件通常基于开发者的犯罪或恶意意图,并可能包括计算机病毒、间谍软件、欺骗性广告软件和其他能够犯罪的软件活动。用于描述破坏性软件的更具体的术语是计算机病毒。可以在世界任何地方发起的**计算机病毒**是旨在破坏正常的软件代码的电脑活动。恶意软件和电脑病毒的潜在毁灭性影响已经引起了软件安全行业的注意。

除了计算机病毒的风险之外,身份盗用是影响个人和商业用户的最常见的计算机犯罪之一。Javelin Strategy and Research 最近进行的一项研究表明,在短短一年内,有 1 160 万美国人是身份盗用的受害者。[32] 大多数消费者也担心欺诈。因为互联网可以轻松创建网站,从世界的任何地方访问,其创造者可以是匿名的,几乎不可能确定地知道您认为您正在与之互动的网站、组织或个人是他们的看法。一如以往,注意事项("让买家注意")是一个很好的建议,无论是否在互联网上。

16.7.3　计算机技术、社交媒体和电子商务的未来挑战

今天,比以往任何时候都有可用的更多的信息。虽然个人和商业用户可能认为我们处于信息超载的位置,但信息量将来只会增加。为了在未来获得更多信息,个人和商业用户必须考虑获取信息和计算机技术的成本。对于企业来说,通过简单的点击或触摸获取信息或销售产品或服务的能力是昂贵的。为了减少费用和改善可访问性,一些公司和个人正在使用云计算。**云计算**是一种计算机系统运用,其存储在因特网上的服务可随时提供给用户。当使用云计算时,第三方可以从任何地方提供处理能力、软件应用程序、数据库和可用于按需使用的存储。雇员登录第三方的系统而不是在雇主的计算机网络或个人计算机上运行软件和存储数据,而且是仅使用(并支付)实际需要的应用程序和数据存储。除了成本之外,还有一些企业必须考虑的外部因素和内部因素。

虽然工作中的环境力量很复杂,但将其视为影响企业如何使用计算机技术的内部或外部力量是有用的。内部环境力量是与企业内发生的行动和决策密切相关的部分。典型的内部力量包括公司的规划活动、组织结构、人力资源、管理决策、信息数据库和可用的融资。例如,专门的项目所需的熟练员工短缺可能会破坏公司向客户出售其服务的能力。与影响企业的外部环境力量不同,像这样的内部力量更有可能受到管理层的直接控制。在这种情况下,管理人员可以雇用所需的员工,也可以选择潜在的项目。除了影响公司运营的明显内在因素之外,越来越多的企业也关注技术如何影响环境。**"绿色 IT"**一词现在被用来描述企业的一切活动以支持一个健康的环境和保护地球。例如,许多办公室通过在计算机上存储数据和信息来减少使用的纸张数量。

相比之下,外部环境力量影响到公司对技术的使用。这些力量来自组织之外,不太可能被公司控制。相反,公司的管理人员和员工通常会对这些力量做出反应,试图保护组织不受任何不利影响,并在不断变化的技术环境中寻找方法来利用机会。影响公司使用技术的主要外部环境因素包括全球化、人口、社会、经济、竞争、技术、政治和法律力量等。

在本章中,我们探讨了个人和企业如何使用社交媒体。我们还研究了电子商务如何改变企业开展业务的方式。在第 17 章中,我们将研究企业对信息的需求,以及为什么会计是商业信息的主要来源。

商界报道回看

愤怒的小鸟

每当 Rovio 使用 Facebook、Twitter 和博客宣布发布一个新的"愤怒的小鸟"游戏,它使社交媒体世界嗡嗡作响。当 NASA 宇航员在国际空间站上使用"愤怒的小

鸟”玩具和“猪”气球来展示轨迹原理时，“愤怒的小鸟”空间将社交游戏带到了新的高度。粉丝们在发布后的头三天装载了新的太空游戏 1 000 万次，这也创造了 Rovio 电子商务收入的新纪录。

现在，“愤怒的小鸟”是一个国际风靡的现象，Rovio 正在欧洲计划推出“愤怒的小鸟”主题公园，在中国设立“愤怒的小鸟”商店，以及在全球发行“愤怒的小鸟”电影。Rovio 的收入将要高飞多久？

讨论题

1. 如果您是公司高管，您如何衡量 Rovio 使用社交媒体的有效性？

2. 在电子商务的环境影响力中，哪一个似乎对 Rovio 在“愤怒的小鸟”中的成功影响最大？

本章小结

1. 探讨为什么企业使用社交媒体很重要。数以百万计的各个年龄的人士使用社交媒体与人交流，分享想法、个人信息以及有关产品和服务的信息。根据最近的皮尤互联网研究报告，当今超过 2/3 的在线成人使用某种社交媒体平台，如 Facebook、LinkedIn 或 Twitter 等。使用社交媒体的主要原因是与家人和朋友保持联系。其他原因包括与朋友重新联系、与兴趣相同的人交流、结交新朋友以及阅读公众人物的评论。企业看到了使用社交媒体的人数众多的潜力。虽然企业已经使用社交媒体来分享他们的产品和服务信息，并改善客户服务，然而由于对产品或服务的描述并不完全详尽，许多企业仍然不适应这些与客户沟通的新方法。

2. 讨论企业如何使用社交媒体工具。企业使用社交媒体与客户联系，听取利益相关者，提供客户服务，向客户提供信息，并吸引客户进行产品开发和定制。要分享社交内容（有关产品和服务的信息），公司可以使用博客、照片、视频和播客。此外，社交媒体也使购物者能够在自己的社交圈内外访问其他人的意见、建议和转介。评价与评论网站是基于人们在购买产品和服务时信任他人意见的观点而建立的。社交游戏是社交媒体的另一个增长领域。一个社交游戏（如“愤怒的小鸟”或“FarmVille”）是一个多人、有竞争力的、以目标为导向的活动，具有明确的参与规则和在线社区中的在线连接功能。虽然一些企业选择创建自己的游戏，但有些企业则选择将广告投放到现有游戏中。

3. 阐述使用社交媒体的业务目标。虽然它的受欢迎程度是近来的一个现象，但许多企业已经在使用社交媒体来实现重要的目标。事实上，企业有很多方法通过社交媒体利用商机与其他企业和消费者建立联系。例如，企业可以使用社交媒体来建立社区。社会媒体社区是基于人际关系的社交网络。今天，有许多种社会社区，包括各种利益、种族和生活方式等群体。不同类型的社区包括论坛和维基。使用社交媒体的其他原因包括危机和声誉管理、听取利益相关者、赢得客户、社交媒体营销、创造新产品创意、招聘员工。对于企业来说，社交媒体营销特别重要，因为它不仅可以提高客户意识，还可以获得销售线索并增加实际销售额。

4. 描述企业如何制定社交媒体计划。在制定使用社交媒体的计划之前，重要的是确定社交媒体如何提高组织的整体表现,以及如何"适应"公司的其他业务和促销活动。一旦确定了社交媒体如何与公司的其他活动相关联,第一步就是听取客户对公司产品或服务的好恶。通常,第二步是建立具体的、可衡量的、可完成的、现实的和时间导向的社会媒体目标。在听取和确定目标之后,第三步是确定企业正在尝试通过社交媒体推广达成的客户或市场细分。第四步是选择用于接触客户的社交媒体工具。尽管使用所有可用的工具是不必要的,但公司可以使用社交媒体社区、博客、照片、视频、播客或游戏来接触潜在客户或现有客户。一旦社会媒体工具得到确定,一家公司就可以实施和整合社交媒体计划。

定量和定性测量都可用于确定社交媒体计划的有效性。定量的社交媒体测量包括使用数字测量。例如,主要绩效指标(KPI)是定量测量。定性测量是考察品牌的观点和信念的过程,主要使用情绪分析来梳理关于公司的内容。

5. 解释电子商务的意义。电子商务可以被定义为个人通过互联网上提供的设施来生产和销售满足社会需求的商品和服务的有组织的努力。任何业务需要的人力、物力、信息和金融资源都是高度专业化的电子商务。为了降低电子商务资源的成本,许多企业转向外包。

和传统的商业活动一样,使用电子商务活动,可以以独特的方式满足互联网创造的新客户需求。当电子商务尝试通过增加销售和减少开支赚取利润时,满足客户需求尤为重要。流入公司的每一种资金来源被称为收入来源。

6. 了解电子商务的基本模式。电子商务模式侧重于企业客户的身份。主要使用互联网与其他企业开展业务的公司通常被称为拥有企业对企业(B2B)模式。在考察 B2B 公司时,出现了两种明确的类型。在第一类 B2B 中,重点只是促进企业之间的销售交易。第二种更复杂的 B2B 模式类型涉及一家公司及其供应商。与 B2B 模式的重点对照,像亚马逊或 eBay 这样的公司显然将重点放在个体买家身上,因此被称为拥有企业对消费者(B2C)模式。在 B2C 模式下,了解消费者在线行为对公司的成功至关重要。成功的 B2C 公司经常特别努力地与客户建立长期合作关系。虽然 B2B 和 B2C 模式是最受欢迎的电子商务模式,但还有其他模型可以执行专门的电子商务活动以创造收入。

7. 确定影响互联网、社交媒体和电子商务未来的因素。互联网商业活动开始以来,计算机技术、社交媒体、电子商务等方面的发展迅速而强大。虽然一些技术公司在最近经济危机期间挣扎甚至失败,但大多数参与计算机技术、社交媒体和电子商务的公司都采用更加智能的发展方式。绝大多数分析师持有的长期观点是互联网的使用将会随着相关技术的发展而不断扩大。由于约 77%的美国人现在可以使用互联网,美国的潜在增长有限。另一方面,世界上近 70 亿人中只有 23 亿人使用网络。显然,世界发展中国家的互联网用户数量有望大幅增加。

计算机技术和互联网的未来将受到技术进步、社交媒体日益普及以及电子商务越来越多地使用的影响。其他因素,包括伦理学、社会责任感和互联网犯罪都会影响企业和消费者使用计算机技术和互联网的方式。虽然工作中的环境力量很复杂,但将其视为影响企业如何使用计算机技术的内部或外部力量是有用的。内部环境力量是与企业内发生的行动和决策密切相关的部分。相比之下,外部环境力量是影响组织以外的电子商务的因素。[33]

关键词

社交媒体	博客	播客	社交媒体
社交内容网站	媒体共享网站	社交游戏	社区

论坛	量化社交媒体测量	外包	数据挖掘
维基	关键绩效指标(KPI)	收入来源	恶意软件
千禧一代	定性社交媒体测量	商业模式	计算机病毒
社交媒体营销	情绪分析	企业对企业(B2B)模式	云计算
内向营销	电子商务	企业对消费者(B2C)模式	绿色 IT
众包			

复习题

1. 根据本章的材料所述，人们使用社交媒体的原因是什么？
2. 如何使用社交媒体与其他企业和消费者关联？社交媒体与电视和杂志广告使用的自上而下的传统广告方式有什么不同？
3. 什么是博客？企业如何利用博客来发展与客户的关系？
4. 媒体分享网站上可以使用哪些类型的内容？为媒体分享网站开发内容时应考虑什么因素？
5. 描述企业可以通过“游戏化”来产生销售收入的两种方式。
6. 以你自己的话来描述社交媒体如何帮助企业与其他企业和消费者建立联系。
7. 对于企业来说，为什么危机和声誉管理和听取利益相关者是重要活动？
8. 社交媒体如何针对特定类型的客户划分公司产品或服务的市场？
9. 你是否认为公司正在将广告资金从传统广告(电视和新闻报纸)转移到社交媒体(互联网搜索引擎和社交媒体)？为什么？
10. 社交媒体如何帮助企业产生新的产品理念和招聘员工？
11. 制定社交媒体计划所需的步骤是什么？
12. 定量和定性测量有什么区别？在衡量公司社交媒体计划的有效性时，您认为哪种类型的衡量标准是最可靠的？
13. 电子商务定义中包含的四个主要因素是什么？
14. 电子商务如何产生收入来源？
15. 两种基本的电子商务模式是什么？
16. 举例说明企业以不道德的方式使用计算机技术有哪些形式。
17. 影响电子商务的内部和外部力量有什么区别？其如何改变电子商务的运作方式？

讨论题

1. 鉴于日常生活的快节奏，大多数人经常觉得没有足够的时间做一切需要做的事情。然而，人们确实有时间在 Facebook、Twitter、博客和其他社交媒体网站上发布个人信息、照片等。你认为为什么人们对社交媒体如此迷恋？
2. 假如你是一家生产一条烧烤烤架的小公司的老板，应如何使用社交媒体与客户建立联系、改善客户服务、增加销售和降低开支？
3. 电子商务广告能够为广告业提供足够的收入吗？电子商务有哪些其他收入来源可以产生收入？

4. 外包对电子商务有好处吗？对公司的员工呢？解释你的答案。
5. B2B 与 B2C 电子商务模式有何区别？
6. 专家预测互联网、社交媒体和电子商务将随着计算机技术的不断发展而不断扩大，这种扩张对企业未来与客户的联系有何影响？

视频案例 16.1

卢克龙虾：企业家利用社会网络来抓住食物链

当卢克·霍尔顿(Luke Holden)决定在2009年开设餐厅时，使用社交媒体来宣传它似乎是有点欠周全的考虑。这位27岁的人说："朋友口碑比任何其他形式的广告都要强。"

不过，霍尔顿并没有一开始就在餐厅做生意。从乔治城大学毕业后，他去华尔街工作，担任金融分析师。几年后，银行业危机爆发。当他的许多同事开始下岗时，他开始考虑自己的创业计划。

霍尔顿已经注意到纽约市没有一家餐厅为好的龙虾卷提供一个合适的价格，"它们都是售价24美元，但你只能得到一点点龙虾，有太多的蛋黄酱，更多的填充物"，他说。这个缅因州人感到机会来了。另外，他知道在哪里找到一个好的供应商：他的爸爸，杰夫·霍尔顿，拥有缅因州波特兰的海鲜加工公司。卢克在年轻时为父亲工作。如果他直接从他的父亲那里购买海鲜，而不是通过批发商购买海鲜，他认为他就可以以较低的价格提供一个很大的龙虾卷。

因为纽约市的餐厅业竞争很大，霍尔顿认为自己最好不要马上离职。相反，他在Craigslist上发布了一个广告，找到一个可以帮助他开始运营的合作伙伴。于是，他遇到了本·康尼夫。康尼夫从耶鲁刚刚毕业，并且也看中餐厅业务。在提出商业计划并筹集资金后，他和霍尔顿雇用了一些员工，并在纽约市东村开了一家小型餐厅。康尼夫白天工作。霍尔顿夜晚和周末工作。

幸运的是，卢克的龙虾很快得到了良好反馈。更好的是，客户在网上称赞餐厅的特色卷，以及15美元的价格。具有健康和环保意识的食客也被吸引到餐馆，他们想知道食物的来源。"我们知道我们所有食物的确切来源，"霍尔顿说，"我们可以从海底追溯到东村。"

为了进一步宣传餐厅，霍尔顿和康尼夫与社交网站Foursquare签约。Foursquare有一个支持GPS的移动电话应用程序，根据您和您的朋友在网络中所说的喜好，建议您去所在地区的企业消费。拥有该应用程序的使用者可以在Foursquare上自动"登入"业务。他们可以让他们的朋友知道他们在哪里，并评论他们的经验。当客户累积登记记录后，他们有资格获得折扣和赠品。"忘记会员卡和优惠券。这使得它更多的是数字化和虚拟的，"霍尔顿谈到Foursquare时说，"这是一个数字化的沃尔玛，让你可以随身携带，不断赢得你的回报。"除了使用Foursquare推动客户进门外，霍尔顿和康尼夫也用它来帮助管理卢克龙虾店的业务。他们从Foursquare获得的数据允许他们按照性别、年龄和到达时间对客户进行分类。分析客人的到来时间有助于餐厅在业务不忙的时段提供特价。

然而，企业家并没有将他们的社交网络限制在Foursquare。他们使用Facebook、Twitter、Tumblr、Pinterest和Vimeo的组合来发布有关卢克龙虾店的照片和视频，发布卢克龙虾店的特色和竞争优势，并提供到餐厅网站和博客的链接。卢克的职员还"听取"了网络上的人们对餐厅的评论并进行回复。霍尔顿说："回应提及我们的顾客是我们将他们带入大家庭的营销方式，将对他们的反馈纳入我们的业务。"

在东村开设龙虾店六个月后，业务是如此的好以至于霍尔顿和康尼夫能够开第二家店。那时，霍尔顿觉得自己可以离开银行业务。从那时起，他们在纽约市开了两家卢克龙虾餐厅，在华盛顿特区开了一家，由霍尔顿的兄弟布莱恩经营。

2011年，卢克的连锁店在纽约地区推出了一辆食品卡车。工作车辆的员工使用Twitter来更新位置。

由于良好的产品和社交网络战略,纽约市一直充斥着有关卢克龙虾的信息。HauteLiving.com 甚至将其命名为城市最好的龙虾餐厅。有趣的是,没有任何传统的广告,霍尔顿和康尼夫已经取得了很大的成功——包括在 Kathie Lee Gifford 的今日秀上登场。用一个小小的吸引顾客的手段,使得他们看起来像是创造了食谱,实现了电视广告的效果。[34]

讨论题

1. 什么因素促成了卢克龙虾餐厅的成功?
2. 霍尔顿和康尼夫为什么会放弃传统的广告?这是个好主意吗?为什么或者为什么不?
3. 选择另一种类型的业务,并描述如何使用社交媒体网络来推广其产品或服务。

案例 16.2

Facebook:从宿舍上升到会议室

2004 年 2 月,哈佛大学二年级学生马克·扎克伯格(Mark Zuckerberg)创建了一个网站名为"Facebook",在那里,他和他的同学可以发布他们的照片和基本个人资料信息。这个网站发展得如此之快以至于一个月后,扎克伯格向其他大学和学院的学生开放。到了夏天,Facebook 已经成为世人关注的事件。扎克伯格将公司从他的宿舍搬到了加利福尼亚州的高科技硅谷,他聘请了更多的工程师来编写软件,推出了"粘贴墙"功能,以便用户发布信息、照片和视频等。

年复一年,数百万新用户登录,遍及"朋友"的朋友、熟人、家人和同学。企业还创建了一些页面来宣传自己和他们的产品。Facebook 的快速增长很快引起了微软的关注,2007 年微软投资了 2.4 亿美元,用于购买这家拥有雄厚实力的公司的一小部分股份。扎克伯格和他的团队努力工作,进行新一轮的升级,使 Facebook 更加社会化。

2008 年年初,Facebook Chat 上线。虽然工程师们设计出一个聊天功能,允许用户之间进行私人、实时的对话,但高层管理人员并不热心。工程师继续发展,并一再建议,终于赢得了扎克伯格的批准。今天,它仍然是该网站最受欢迎的功能之一。2009 年,Facebook 的全球用户数量超过其主要竞争对手 MySpace。一年以后,杰西·艾森伯格(Jesse Eisenberg)扮演马克·扎克伯格出演 *The Social Network*,这是一部获得奥斯卡奖的电影,主要讲述 Facebook 在金融财富方面的法律纠纷。

公司的大部分收入来自广告业务。Facebook 对用户很了解,因此可以帮助诸如 Domino's Pizza 等广告用户达到有高度针对性的受众群体,例如某些年龄段的用户和"喜欢"特定品牌或产品的用户。现在,Facebook 拥有近 10 亿用户,每年单独从广告中赚取超过 30 亿美元收入。由于美国、巴西、印度等国家的大多数 Facebook 用户通过智能手机访问他们的账户,该公司正在努力销售更多的移动广告。

Facebook 还试图在广告客户对营销数据的需求与用户需求之间找到适当的平衡。几年前,它违反了自己的隐私政策,允许广告客户访问一些特殊的可识别的用户数据,并与外部软件开发人员共享一些用户数据。在舆论哗然和政府调查之后,Facebook 同意与联邦贸易委员会达成和解,在获得用户同意后,才能更改其隐私设置。根据这一解决方案,Facebook 必须允许独立审计师在未来 20 年每隔一年检查其隐私控制和活动。

通过销售价值 160 亿美元的普通股,Facebook 于 2012 年成为上市公司。它筹集的资金将促进其全球扩张，并为下一代社交媒体服务付费，以满足用户现在和未来的需求。“我们不靠服务来赚钱，”首席执行官马克·扎克伯格说，“我们赚钱来建立更好的服务。”

讨论题

1. 每天有数百万人使用 Facebook 与朋友、亲戚和企业联系。因此，Facebook 现在是世界领先的社交媒体公司。在你看来，什么因素导致了 Facebook 的成功？

2. 什么是 Facebook 的电子商务模式，这种模式如何适应客户的社交媒体需求和兴趣？这个社交媒体公司如何产生收入和利润？

3. 由于 Facebook 是一家上市公司，它要向股东负责。如果您拥有 Facebook 股票，您将如何对首席执行官关于赚钱建立更好的服务的声明做出反应，而不是靠服务赚钱？

尾注

1. Sources: Based on information in Dean Takahashi, "Angry Birds Space Introduces the Age of the Mobile Game Blockbuster," *Washington Post,* March 27, 2012, www.washingtonpost.com; Maeghan Ouimet, "Can This Company Become the New Disney?" *Inc.,* March 26, 2012, www.inc.com; Sherman So, "Angry Birds Head for China," *China Business,* January 18, 2012, www.atimes.com; Carter Dotson, "How Mobile Games Leapt from Cult to Cultural Phenomenon," *Mashable,* January 30, 2012, www.mashable.com; Chris Reidy, "Shipments Rise for Angry Birds Merchandise," *Boston Globe*, July 19, 2011, www.boston.com; Jenna Wortham, "Angry Birds, Flocking to Cellphones Everywhere," *New York Times*, December 11, 2010, www.nytimes.com; and the Rovio Entertainment Web site at www.rovio.com, accessed April 22, 2012.
2. Smith, Aaron, "Why Americans Use Social Media, Pew Internet and American Life Project," the Pew Web site at www.pewinternet.org, accessed November 14, 2011.
3. The Facebook Web site at www.facebook.com, accessed April 23, 2012.
4. The Coca-Cola Facebook Web site at www.facebook.com/cocacola, accessed April 23, 2012.
5. Williams, Kim, "Dell Hell: The Impact of Social Media on Corporate Communication" at https://learningspaces.njit.edu/elliot/content/dell-hell-impact-social-media-corporate-communication, accessed March 12, 2009.
6. Michael Miller, *The Ultimate Web Marketing Guide* (Indianapolis: QUE, 2011), 315.
7. Vipin Mayar and Geoff Ramsey, *Digital Impact*: *The Two Secrets to Online Marketing Success* (Hoboken, New Jersey: John Wiley & Sons, 2011), 147.
8. Tracy L. Tuten and Michael R. Solomonm, *Social Media Marketing* (Upper Saddle River, New Jersey: Pearson Publishing, 2013), 147.
9. Dave Chaffey, "2011 Marketing Trends," the Smart Insights Web site at www.smart-insights.com/digital-p.marketing-strategy/online-marketing-mix/2011-digital-marketing-trends/, accessed March 1, 2012.
10. Jessi Hempel, "Why Bing Loves Farmville," the CNNMoney Web site at http://tech.fortune.cnn.com/2010/03/09/why-bing-loves-farmville/, accessed March 9, 2010.
11. Tracy L. Tuten and Michael R. Solomonm, *Social Media Marketing* (Upper Saddle River, New Jersey: Pearson Publishing, 2013), 5.

12. Michael Norton and Jill Avery, "The Pepsi Refresh Project: A Thirst for Change," *Harvard Business School*, November 14, 2011, 1–24.
13. Stephanie Rosendahl, "Top 5 Tips for Reputation Management through Social Media," the Articlebase Web site at http://articlebase.com/internet-marketing-articles/top-5-tips-for-reputation-managmenet-through-social-media-4997832.html, accessed July 7, 2011.
14. John Deighton and Leora Kornfeld, "United Breaks Guitars" *Harvard Business School*, August 11, 2011, p. 1–13.
15. Emily Bryson York, "Domino's Reports 14 Percent Same-Store Sales Hike for First Quarter," the Advertising Age Web site at www.advertisingage.com, accessed April 1, 2012.
16. John Deighton and Leora Kornfeld, "The Ford Fiesta," *Harvard Business School*, June 20, 2011, 1–24.
17. Todd Wasserman, "How Old Spice Revived a Campaign that No One Wanted to Touch" the Mashable Social Media Web site at http://mashable.com/2011/11/01/old-spice-campaign, accessed November 1, 2011.
18. Vipin Mayar and Geoff Ramsey, *Digital Impact: The Two Secrets to Online Marketing Success* (Hoboken, New Jersey: John Wiley & Sons, 2011), p. 141–43.
19. Tracy L. Tuten and Michael R. Solomon, *Social Media Marketing* (Upper Saddle River, New Jersey: Pearson Publishing, 2013), 5.
20. "US Interactive Marketing Forecast 2011 to 2016," the Forrester Research Web site at wwwforrester.com, accessed August 24, 2011.
21. "Consumers Spend Less Time with Traditional Media: US Interactive Marketing Forecast 2011 to 2016," the Forrester Research Web site at www.forrester.com, accessed August 24, 2011.
22. Thomas Steenburgh, Jill Avery, and Naseem Dahoud, "Hubspot: Inbound Marketing and Web 2.0," *Harvard Business School*, January 24, 2011, 1–21.
23. Adam Ostrow (2009, December 8) "Dell Rides Twitter to $6.5 Million in Sales," the Mashable Social Media Web site at www.mashable.com, accessed April 1, 2012.
24. The Dorito's Crash the Super Bowl Web site at www.crashthesuperbowl.com, accessed May 2, 2012.
25. The Starbucks Idea Web site at www.mystarbucksidea.com, accessed April 27, 2012.
26. Melissa Barker, Donald Barker, Nicholas Bormann, and Krista E. Neher, *Social Media Marketing: A Strategic Approach* (Mason, OH: Cengage Publishing, 2103), 29.
27. Melissa Barker, Donald Barker, Nicholas Bormann, and Krista E. Neher, *Social Media Marketing: A Strategic Approach* (Mason, OH: Cengage Publishing, 2013), 31.
28. The Internet World Stats Web site at www.internetworldstats.com, accessed April 29, 2012.
29. Ibid.
30. Ibid.
31. Ibid.
32. The Javelin Strategy and Research Web site at www.idsafety.net, accessed April 29, 2012.
33. Based on information in "Foursquare: Social Media for Small Businesses," *CBSNews*, June 13, 2011, www.cbsnews.com; Katy Finneran, "Food Trucks' Tasty Tweets," *FOXBusiness*, May 13, 2011, http://foxbusiness.com; Dana Schuster, "On a Roll!" *New York Post*, May 11, 2011, www.nypost.com; Alexandra Wolfe, "Luke Holden's Luke's Lobster," *Businessweek*, October 14, 2010, www.businessweek.com; Benjamin

Wallace, "On a Roll," *New York Magazine*, June 20, 2010, http://nymag.com.

34. Based on information in Bill Shea, "Advertisers Still Fans of Facebook," *Crain's Detroit Business*, May 20, 2012, www.crainsdetroit.com; "Road to IPO: Milestones in Facebook's History," *Associated Press*, May 18, 2012, www.businessweek.com; Somini Sengupta, "Facebook's Prospects May Rest on Trove of Data," *New York Times*, May 14, 2012, www.nytimes.com; Evelyn Rusli, Nicole Perlroth, and Nick Bilton, "The Education of Zuck," *New York Times*, May 13, 2012, BU1-BU5; Miguel Helft and Jessi Hempel, "Inside Facebook," *Fortune*, March 19, 2012, 113-122; Somini Sengupta, "FTC Settles Privacy Issue at Facebook," *New York Times*, November 29, 2011, www.nytimes.com.

第 17 章

运用管理和会计信息

学习目标

1. 分析信息如何降低决策风险。
2. 讨论管理信息要求。
3. 概述信息系统的五种功能。
4. 解释为什么准确的会计信息和经过审计的财务报表是重要的。
5. 看懂并分析资产负债表。
6. 看懂并分析利润表。
7. 描述商业活动对企业现金流量的影响。
8. 总结管理者如何评估企业的财务状况。

商界报道

普华永道通过“PowerPitch”进行创新

会计和咨询专家如何创造性地思考未来的商业可能性？总部位于纽约的普华永道（PwC），在 158 个国家有 766 个办事处，是业内领先的“四大”会计师事务所之一。它提供广泛的会计、审计、咨询和税务服务，旨在向许多行业的客户提供信息，其客户涵盖近 90%的“财富”全球 500 强企业。普华永道从 1849 年的一个人运作，成长为拥有 169 000 名员工的多元化巨人。

为了保持年收入超过 300 亿美元，该公司正在寻求切实的想法作为未来数百万美元业务的基础。它最近举办了一场名为“PowerPitch”的比赛，邀请美国的员工以团队的形式为新业务发表最理想的看法。对获胜的团队奖励 10 万美元，这相当于赋予员工吹牛的权利，比赛的过程也为完善新想法提供了机会。

在比赛的第一阶段,数百个普华永道团队共提交了 779 项商业计划,通过所有普华永道员工与合伙人小组进行审查和投票,选出 25 项提案进入半决赛,经过进一步角逐,5 项入围决赛。进入决赛的项目组前往纽约,向普华永道高层管理人员讲述并推销他们的提案(数千名员工通过网络直播观看了比赛)。经过一番讨论,评委选出了大奖得主。出乎意料的是,他们支持所有入围的五项提案,以进一步完善开展,并将进入半决赛的议案提交给孵化部门进一步学习。同样重要的是,"PowerPitch"证明了普华永道欢迎和鼓励大胆的想法——"这种安排有助于吸引并留住人才,"美国董事长说。

同时,普华永道已经开始扩展新的业务领域,帮助企业客户实现目标。例如,现在进行"绿色"审计,定期检查客户与环境相关的活动。通过审计可以发现,客户为了达到长期可持续发展目标做了哪些工作,如节约自然资源和能源、减少排放以及使产品和生产过程尽可能环保。[1]

信息是本章的核心。在本章的开始,介绍了商业报道中关于普华永道的信息,对于这个跨国公司而言,其最重要的目标之一是向客户提供信息,以便管理人员和员工使用,从而增加销售额、减少开支、改善企业运作规程。同样的信息通常分享给公司外部人员,如其债权人、供应商和投资者。极端的情况是,没有管理和会计信息,管理者无法做出决策,投资者无法评估潜在投资,债权人和供应商不能将信贷扩展到商业公司。

在介绍本章其他内容之前,首先会介绍员工为何需要管理和会计信息。本章前三节主要回答如下问题:

- 信息如何降低决策风险?
- 什么是管理信息系统?
- 员工如何使用管理信息系统?

接下来,说明管理和会计信息的重要性,为企业改进财务报告和会计工作做好准备。然后,我们对基本的会计恒等式和三个最重要的财务报表(资产负债表、利润表和现金流量表)进行讲解。最后,阐述管理者如何根据相关信息来评估公司的财务状况。

17.1 如何降低决策风险

正如我们在第 1 章指出的那样,信息是管理者经营企业必备的四个主要资源之一(此外,还有原材料、人力和财力)。尽管成功的企业必须有效利用这四种资源,信息则可以帮助企业降低决策风险。

17.1.1 信息和风险

为了改进决策过程并降低决策风险,个人和商业公司所使用的信息必须与特定目的需求相关且有用，只有这样的信息，才有助于做出更好的决策。

相关信息⟶更好的情报和理解⟶更好的决策

对于企业来说，导致更好决策的更好的情报和理解尤其关键，因为它们可以使得公司具有竞争优势，提高企业利润。

理论上来说，以准确完整的信息为基础做出的决策，没有任何风险。另一方面，没有任何信息的决策就像赌博。这两种极端情况，在现实中都不常见。大多数的商业决策，都介于两个极端中间。如图 17.1 所示，信息量越大，风险越小；反之，信息量越小，风险越大。

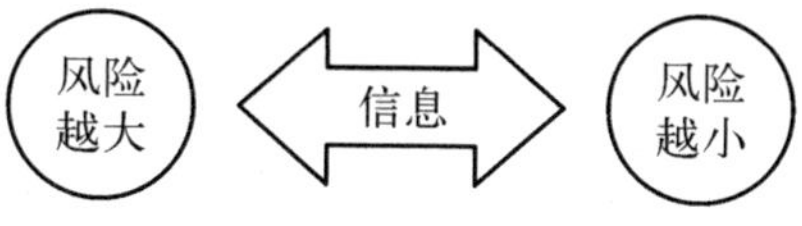

图 17.1　信息和风险的关系

注：当可用信息量很高时，管理者往往可以做出更好的决策。
反之，在可用信息量较低的情况下，决策风险较大。

假设宝洁公司的销售部经理负责推广一款名牌洗发水，如潘婷，她召集部门主要成员开会，来讨论选择新的杂志广告。广告代理商已经给出装在密封信封中的两个广告方案，经理和她的团队成员对两个新的广告内容都毫不知情，并且只能两者选其一，那么应该选哪一个呢？

在没有任何其他信息的情况下，该团队可以通过掷硬币的方式来做决定。但是，如果允许团队拆开信封并对两个广告进行检查，那么他们可以获取一些信息。除此之外，销售部经理如果还会传阅一份报告，显示一组目标消费者对每个广告的反应，这样该团队就有了更多的信息在两个方案中进行选择。因此，正确理解信息，能够使管理者获取更多的知识，进而做出更好的决策。

17.1.2　信息规则

市场调查持续显示折扣几乎会影响所有的汽车买家。简单来说，如果经销商降低价格，他们将会卖出更多的汽车。这种买家行为与价格之间的关系，通常被认为是正确指导销售部经理的信息规则。对相同或相似情形进行研究，如果均得出同样的结果，那么信息规则便产生了。

由于商务人士每天会收到大量的信息并且每天都要做出决策，他们尝试积累信息规则，以缩短分析选择的时间。信息规则让所有决策者的工作“大简化”。商务研究不断寻找有用的新规则，并辨认出那些已经不再有效的旧规则。这个持续的过程是有必要的，因为商务环境很少能保持长期不变。

17.1.3　数据与信息的区别

许多人认为数据与信息两个术语可以互换，但是两者有一些重要区别。**数据**通常是指由某种测量产生的数字或口头描述(单词 *data* 是复数形式,单数形式是 *datum*)。你当前的工资水平、埃克森美孚公司(ExxonMobil Corporation)的税收利润以及本田汽车目前的零售价格都是数据。大多数人认为数据只是数字,但它们也可以是非数值的。例如,一个人可以被描述为"身材高大、黑色短发运动员",那么这些描述本身就是数据。

信息是对特定目的有用的数据。假设人力资源部经理想比较五年内支付给男性和女性员工的工资。他可以从电脑中输出并打印雇员名单,包括每个员工现在和过去的工资,但是很难了解所有的名字和数值的情况。这些打印资料只能说由数据所组成,而并非信息。

现在假设经理用电脑绘制出五年内男性员工与女性员工每年的平均工资。这个结果是信息,因为经理可以用其比较五年内向男性和女性支付的工资。对于经理而言,客观、有用的信息(如图表)可以简化决策过程。

17.1.4 知识管理

一般公司会保留大量可以转换为信息的数据。典型的数据包括与人员、库存、销售额、会计有关的记录。每种类型的数据往往都存储在组织内的各个独立的部门。然而,数据如果组建为数据库,可以得到更有效的使用。**数据库**是将数据和信息集中到一个地方的单个集合,可以由组织中的人员做决策时使用。尽管数据库重要,但数据和信息的使用方式更为重要,对企业也更有价值。因此,管理信息专家现在使用**知识管理**(KM)来描述企业生成、使用和共享数据和信息的过程。通常来说,数据、信息、数据库和知识管理都成为企业管理信息系统的重要组成部分。

17.2 什么是管理信息系统

管理信息系统(MIS)是一种向管理者和员工提供尽量有效完成任务所需要信息的系统,MIS(有时也被称为信息技术系统或简称 IT 系统)的目的是将来源于外部和内部的及时有用的信息分发给需要的管理者和员工(如图 17.2 所示)。目前,大多数大中型企业都

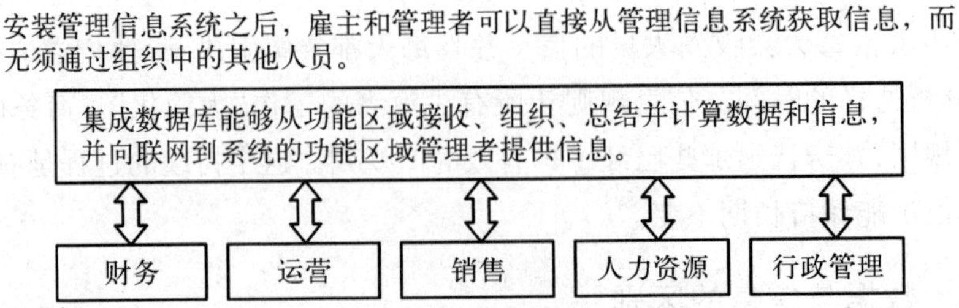

图 17.2 管理信息系统

资料来源：Griffin R., Management[M]. Mason, OH: Cengage Learning, 2013.

有自己的信息技术主管。**信息技术主管**是执行层面的经理，负责确保公司具有必要的设备，以向员工和管理者提供做出有效决策所需要的信息。

如今典型的管理信息系统是围绕计算机记录和通信软件而构建的系统，因此可以根据各种数据提供信息。毕竟，管理信息系统的目标就是向所有员工和管理者提供所需要的信息。

17.2.1　企业对信息的需求

员工和管理者必须规划未来、执行计划并对以往的成果进行评估。当然，他们需要的具体信息类型取决于各自所处的领域及在公司内部的层级。

目前，许多公司将管理细分为五个领域：财务、运营、销售、人力资源和行政管理。每个领域的经理在决策时都需要具体的信息。

- 财务经理显然最关心公司的财务状况。他们必须确保公司的管理者和员工、债权人和供应商、股东和潜在的投资者，以及政府部门能够获取他们需要的企业财务状况信息。公司会计师和财务经理除了要研究债务和应收账款、现金流量、未来资本需求、财务报表等会计信息之外，对财务经理来说，同等重要的信息还有目前的经济状况、利率以及未来商业环境的预测。
- 运营经理关注在产品和产成品当前和未来的销售及库存情况，产品和服务所需资源的可用性及成本。他们还必须了解任何可能对公司有用的创新性生产技术。
- 销售经理需要获取产品和服务的详细信息，以及竞争对手的这些情况，具体包括定价策略、新的促销活动以及竞争对手试销的产品。对销售经理而言，重要的信息还有公司客户信息、目前和预计的市场份额以及新的和未决的产品立法。
- 人力资源经理必须了解公司雇员的任何事情。主要包括对有价值的员工制定有竞争性的工资水平和福利计划，影响雇用规则、工会活动及公司增长、扩张或兼并计划的现行立法及法院判决。
- 行政经理负责公司的全面管理。因此，他们关心信息之间的协调，正如他们关心物力、人力和财力资源之间的协调一样。

管理者必须确保所有员工都能够访问到他们工作中需要的信息，行政经理还必须确保信息在整个公司中以一致的方式使用。举例来说，假设通用电气(GE)正在计划开办一个新工厂，5 年内投产。GE 的管理层将面临很多问题：工厂的生产能力与预计的销售计划是否一致？人力资源管理人员是否能够在就业预测的基础上为工厂配备员工？销售预测显示是否有足够的收入来弥补工厂的预期成本？其次，管理员必须确保所有管理者和员工都能获取并使用信息技术。无疑这需要对所有员工进行使用公司管理信息系统方面的技术培训。最后，行政经理必须承担更新公司管理信息系统的费用，并在必要时提供额外的培训。

17.2.2 系统规模和复杂程度

管理信息系统必须适应其所服务的公司的需要。一些企业为了节省初始成本，可能导致系统太小或过于简单。这样的系统一般最终只能服务于一到两个管理层或一个部门。其他部门经理一旦发现管理信息系统无法处理他们的数据，就将“放弃”它。

同样糟糕的是，管理信息系统太大或过于复杂，没用的容量和复杂性只能增加拥有和运行系统的成本，何况一个使用起来难度较大的系统根本不会被真正使用。

17.3 员工如何使用管理信息系统?

为了提供信息，管理信息系统必须完成五个特定功能：(1) 收集数据；(2) 存储数据；(3) 更新数据；(4) 将数据加工成信息；(5) 将信息呈现给用户。(可参见图 17.3)

17.3.1 第一步：收集数据

公司员工在管理信息系统的帮助下，必须收集建立公司数据库所需要的数据和信息，数据库应该包括过去和现在的可能有助于公司管理的数据。显然，输入系统的数据必须与公司管理者的需求相关。也许最重要的是，数据必须准确。不相关的数据毫无价值，但是不准确的数据可能会让企业遭受惨重损失。数据来源有两个：内部和外部。

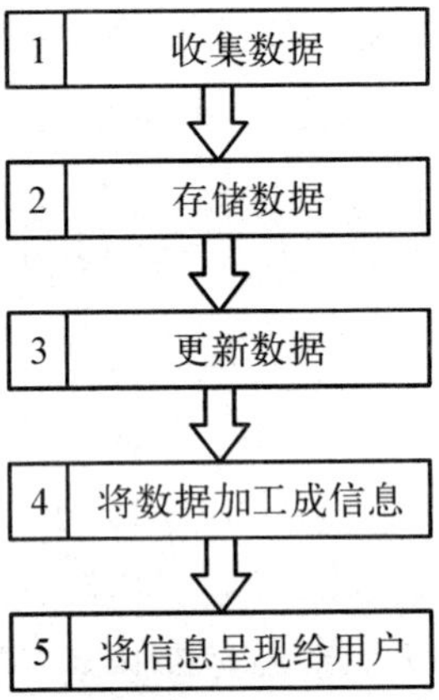

图 17.3 管理信息系统的五个功能

注：每个管理信息系统都必须适应其所服务的组织，并且必须完成五个功能。

内部数据来源 通常，管理信息系统收集的数据大部分来源于公司内部。最常见的内部信息来源于经理和员工、公司会计记录和报告以及会议记录。

过去和现在的会计数据还可以提供公司与客户、债权人和供应商交易的信息。销售报告是关于销售、定价策略和促销活动的有效性数据来源。人力资源记录可以作为反映公司工资和福利水平、招聘模式、人员流动以及其他人事变化信息的数据来源。

公司数据库也应该包括现在和过去的生产预测，以及这些预测实际的执行情况。资本扩张和新产品开发的具体计划和管理决策，也应纳入管理信息系统。

外部数据来源 数据的外部来源包括客户、供应商、金融机构和银行、贸易和商业刊物、行业会议、在线计算机服务、律师、政府以及专门提供数据的公司。例如，市场研究机构可以提供关于产品需求、消费者偏好和其他销售变量的销售预测；供应商也是关于原材料和零部件未来可用性及成本的最佳信息来源；银行家往往可以提供关于经济有价值的见解和预测;贸易和商业出版物及行业会议提供的信息包括对未来和现状的关注。可能会影响到公司的法律问题和法院裁决,有时候会在地方报纸上,更多的是在《华尔街日报》《财富》和《商业周刊》等专门刊物上进行讨论。诸如《劳动评论月刊》和《联邦储备公报》等美国政府刊物也是非常有用的外部数据来源,此外,还有一些在线计算机服务。

无论内部还是外部获取的数据,都要始终记住以下三点注意事项:

(1) 从市场研究机构等外部获取的数据,成本可能相当高。

(2) 过时或者不完整的数据通常会产生不准确的信息。

(3) 虽然电脑一般不会出错,但使用它们的人可能会有失误。因此,当数据(或信息)和您的判断不一致时,请对数据进行检查。

17.3.2 第二步:存储数据

对那些需要的数据,管理信息系统必须能够进行存储。通常,存储数据的方法取决于企业的大小和具体需要。小企业可能会输入数据,然后将其直接存储在员工计算机内的硬盘驱动器上。大中型企业将数据存储在较大的计算机系统中,并通过网络提供给员工。如今,网络呈现出多种形式的配置,可以由专业人士设计,与公司内部信息技术人员合作,来决定公司的最佳选择。

17.3.3 第三步:更新数据

管理信息系统必须能够对存储的数据定期更新,确保提供给管理者和员工的信息是准确、完整和最新的。数据更新的频率取决于数据本身的更改速度和使用频率。如果拥有当前最新数据至关重要,只要新数据可获取,就应该进行更新。例如,美国东部的连锁杂货店巨人食品店(Giant Food Stores),其收款机可自动将出售商品的数据传送给中央计算机,计算机相应调整商店的库存记录。在某些系统中,计算机甚至可以被编程再订购库存低于某一指定水平的商品。数据和信息可以间隔一定时间传入公司的数据库,比如 24 小时、一周或一个月。

17.3.4 第四步:处理数据

某些数据以存储形式直接使用,而其他数据需要处理,以提取、凸显或概括其包含的信息。数据处理是将数据转换为有助于达到特定目的的形式。

对于口头数据,处理主要是从存储中提取相关材料并将其组合成报告。然而,大多数商业数据都是数字形式——大量的数字,如特定产品的日常总销售额或生产成本。幸运的是,可以通过计算机编程来快速处理这些大量的数字。虽然这些数字集可能难以处理和理解,但可以通过统计对其内容进行归纳。**统计**是总结归纳一整组数字特定特征的方法。

17.3.5 第五步：呈现信息

管理信息系统必须能够以便于使用的形式将信息呈现出来。信息是以报告、表格、图表中的何种方法呈现，取决于信息本身及其具体用途。

商务报告 文字信息可以通过列表或短文的形式呈现。员工经常被要求准备正式的商务报告，典型的商务报告包括引言、正文、结论和建议四个部分。

引言为报告中后面的内容做好铺垫，描述要研究的问题，确定所使用的研究技术，并对报告中将提供的材料进行简要介绍。**正文**应客观描述完成报告过程中发现的事实，为结论和建议奠定基础。**结论**是对报告中调查结果的陈述，应该具体、切合实际，并有证据支撑。**建议**提出解决问题的对策，像结论一样，建议也应该具体、切合实际，并有证据支撑。

视觉展示和表格 视觉展示也可以用于呈现信息，并且可能是以更容易理解的方式展现多个信息项的图。图 17.4 显示了由计算机生成的视觉展示的例子。典型的视觉展示包括：

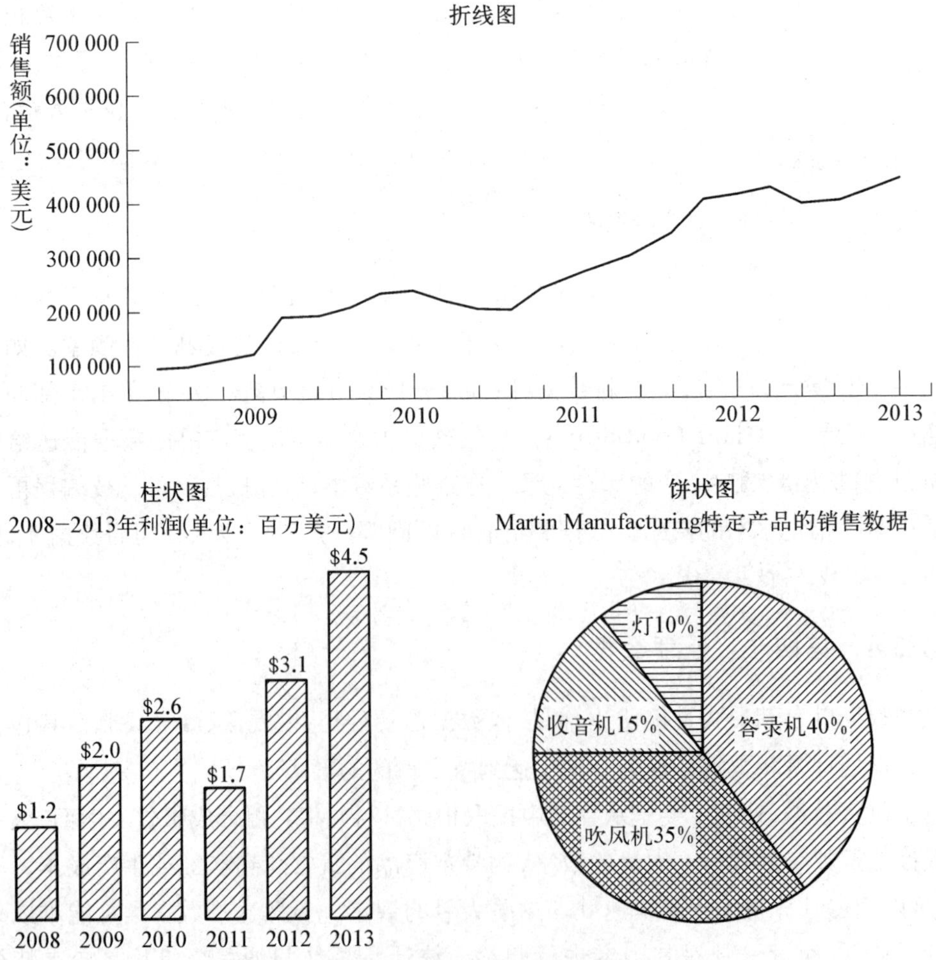

图 17.4 用于商务汇报的典型视觉展示

注：视觉展示帮助商务人士以容易理解的形式呈现信息。

- 曲线图
- 柱状图
- 饼状图

表格展示用于在列和行中呈现文字或数字信息,在提供两个或多个相关变量的信息时最有用。例如,可以使用表格来说明全国各地销售人员的数量,不同类型产品的销售量和所有产品的销售总额(见表 17.1)。需要控制的信息(如计算贷款还款计划)通常以表格形式呈现,表格展示通常比视觉展示具有更小的冲击力,当一个表格中包含多个列的信息时(如表 17.1),将需要多个柱状图或饼状图。

表 17.1　典型的三列表在商务报告中的应用

全明星技术销售预测			
地　区	**销 售 人 员**	**消费品(美元)**	**工业品(美元)**
东　部	15	1 500 000	3 500 000
中西部	20	2 000 000	5 000 000
西　部	10	1 000 000	4 000 000
合　计	45	4 500 000	12 500 000

17.3.6　做出明智决策

管理者和员工如何从电邮广告、垃圾邮件和无用数据中筛选有用的相关信息?除了上述步骤(收集数据、存储数据、更新数据、处理数据和呈现信息)之外,三个不同的应用软件事实上也可以帮助组织内不同级别的人员改进和加快决策程序。首先,**决策支持系统(DSS)**是一种提供相关数据和信息以帮助企业员工做出决策的软件程序。它可以用来确定不同变量变化带来的效果,并回答“如果”之类的问题。例如,位于密歇根州的公司 Pulte Homes 的管理者可以用决策支持系统来确定在高档豪华区域建新房的价格。输入建房子需要的土地、劳动力、原材料、建筑许可、促销等其他费用金额,决策支持系统可以帮助确定每个新房的底价。还可以调整建筑成本这一变量,进而确定对决策支持系统赋予不同假设条件下新房的价格。**经理信息系统(EIS)**与决策支持系统类似,是一种帮助和支持高层管理人员轻松获取公司内部和外部信息,并做出决策的计算机系统。

专家系统是一种使用人工智能模拟人类思维的计算机程序。它通过一组命令,来分析用户提供的关于特定活动或问题的信息,然后根据信息提出有助于决策的具体行动建议。专家系统已经被用于安排生产任务、诊断疾病、确定信用卡客户的信用额度、评估贷款申请和开发电子游戏等领域。

17.4 为什么会计信息非常重要?

在当今竞争激烈的商业环境下,所有成功的企业进行决策时都建立在信息的基础上。为了获得所需要的信息,企业使用如本章前面所述的管理信息系统。企业高管、经理和员工也都需要会计信息,这些会计信息是依靠会计制度而生成的。**会计**是系统收集、分析和报告财务信息的过程。请快速思考下面与企业相关的三个问题:

(1) 上一年企业的营业利润是多少?

(2) 企业上缴多少税收?

(3) 企业有多少现金需要支付给债权人和供应商?

在任何情况下,企业的会计人员和会计制度,都可以对上述问题或许多其他问题给出答案。会计信息不仅可以解答过去已经发生的问题,还有助于做出关于未来的决策。

因为公司会计人员和会计制度提供的信息非常重要,管理者及其他对公司财务记录感兴趣的群体,必须"相信这些数字"。为了提高会计信息和财务报表信息的准确性,企业通常聘请会计师事务所进行审计。

17.4.1 为什么审计财务报表很重要?

审计是对财务报表以及编制财务报表的会计核算过程进行审查。审计的目的是确保公司财务报表的编制符合**一般公认会计原则(GAAPs)**。一般公认会计原则是适用于美国企业的一系列公认的报告财务信息和会计职业应遵循的准则和做法。财务会计准则委员会(FASB)在制定和改进美国企业会计准则的过程中,一直在努力建立一套适用于美国和跨国公司的新准则,以便一般公认会计原则能与国际财务报告准则(IFRS)相适应。国际财务报告准则由国际会计准则委员会制定,适用于全球100多个国家。对于跨国公司而言,国际会计准则的好处巨大,它使得企业在提供符合全球标准的财务报告和会计记录方面节省了大量时间和资金成本。许多会计专家认为,不是国际财务报告准则是否会被美国采用的问题,而是什么时候被采用。[2]

如果会计师确定企业的财务报表客观反映了财务信息并符合一般公认会计原则,他或她将发表以下声明:

"在我们看来,财务报表……客观反映了所有重大事项,符合一般公认会计原则。"

虽然一项审计和审计报告不能保证公司没有"编造"财务报表,这并不表示公司总体上遵循一般公认会计原则。银行家、债权人、投资者和政府机构倾向于采纳审计师的意见,因为审计师和会计师事务所具有独立性,并且在历史上形成良好的道德声誉。最后,应该指出的是,如果没有审计机构和一般公认会计原则,监管就很少。企业财务报表及会计记录的有效性将迅速下降，企业也就难以从供应商那里得到债权融资、取得商品和服务，只能寻求投资者来融资或者准备政府机构要求提供的材料。

17.4.2　改革：2002 年《萨班斯-奥克斯利法案》

按照先锋共同基金(Vanguard Mutual Funds)创始人 John Bogle 的说法，“投资是一种信任行为，如果没有对以下活动的信任：报告数字反映真实情况，企业经营诚实守信，华尔街活动光明正大，投资者并未被骗，那么资本市场根本无法运转”。[3] 在现实中，Bogle 先生说得完全正确。为了确保企业财务信息准确无误，防止过去发生的类似会计丑闻的出现，美国国会于 2002 年通过了《萨班斯-奥克斯利法案》。主要内容包括：

- 责成证券交易委员会(SEC)组建由五位全职成员组成的联邦监督委员会，对会计行业进行监督。
- 行政总裁和财务经理必须保证定期编制财务报告，并且对故意违反证券报告相关要求的行为负责。
- 禁止会计师事务所对所审计企业提供非审计咨询服务。
- 审计人员必须保存财务文档和审计工作底稿五年。
- 审计人员、会计师和员工如果私自销毁财务文档和故意违反《证券法》，将被监禁长达 20 年并处以罚款。
- 上市公司必须每五年变更对其进行审计的事务所。
- 增加了对举报违反《萨班斯-奥克斯利法案》的保护性措施。

虽然大多数人欢迎《萨班斯-奥克斯利法案》的出台，但是其复杂的规则使得企业的遵从成本变得更加昂贵且更耗时，会计师事务所的难度也随之增加。然而，大多数人认为这些成本是值得的。

17.4.3　会计类型

虽然很多人认为所有的会计都从事同样的工作，但是会计行业内部有需要不同专门技能的特定领域。事实上，会计通常分为两大类：管理会计和财务会计。[4]

管理会计为企业内部的管理者和员工提供他们需要的信息，以帮助进行融资、投资、营销和运营方面的决策。通过管理会计信息，管理者和员工可以评估过去，也可以展望未来。另一方面，**财务会计**是为企业外部对企业财务信息感兴趣的人们提供财务报表和报告。通常，股东、财务分析师、银行、债权人、供应商、政府机构以及其他对企业财务信息感兴趣的群体，他们通过财务会计信息可以判定企业目标实现得如何。除了管理会计和财务会计之外，会计的专业领域还包括：

- 成本会计——确定具体产品和服务的生产成本；
- 税务会计——进行税务筹划，为公司或个人纳税申报；
- 政府会计——为确保收取税收提供基础会计服务，以实现州、地方和联邦机构的目标；

- 非营利组织会计——帮助非营利组织记录所有的捐款和支出。

17.4.4 会计职业

根据由美国劳工部出版的《职业展望手册》,从现在到 2020 年,会计师及会计领域的审计师的就业机会将平均增长 16%。[5]还有更多的好消息:会计的起薪往往比其他职业入门职位的工资高。

会计是一个令人兴奋并且回报较高的职业。要想在会计行业取得成功,员工必须:

- 负责、诚实、道德;
- 过硬的财务管理背景;
- 知道如何运用计算机和软件将数据加工成会计信息;
- 能够与会计信息的使用者进行沟通。

当今,会计师一般可以分为私人会计师和公共会计师。**私人会计师**是由特定的组织雇用的;另一方面,**公共会计师**是向客户收取费用来获取收入,可以是自由职业或者受雇于会计师事务所。一家会计师事务所的规模可以从一个人发展为拥有数百个会计合伙人及数千个员工的庞大国际公司。如今,人们常将最大的四家会计师事务所简称为“四大”,即普华永道、安永、毕马威和德勤。

通常,会计师事务所的员工中至少要有一名是**注册会计师**,一个人必须具备国家对会计学历和经验的要求,并通过严格的考试才能取得注册会计师资格。关于注册会计师的一般要求和注册会计师职业的更多信息,可以访问美国注册会计师协会的网站(www.aicpa.org.)来获取。

获取注册会计师认证,随之而来的既有地位也有责任。上市公司必须聘请独立的注册会计师来审计财务报表,除了审计公司财务报表,注册会计师的典型业务还包括纳税申报、确定商品和服务的生产和销售成本、编制重大管理决策所需要的财务信息。目前注册会计师提供服务的费用从每小时 50 美元到 300 美元不等。

17.5 会计等式和资产负债表

在本章的开头,信息被定义为以特定有用的形式提供的数据。现在,我们研究财务数据如何转化为财务信息,并通过资产负债表、利润表和现金流量表这三个非常重要的报表进行报告。首先来看,为什么说会计基本等式是资产负债表的基础。

17.5.1 会计等式

会计等式简单呈现了会计处理的基础,显示了企业资产、负债和所有者权益之间的关系。

- **资产**是企业拥有的资源——现金、库存、设备和不动产。

- **负债**是企业的债务——从其他企业借来并且需要偿还的借款。
- **所有者权益**是总资产减去总负债的金额——如果把企业的资产出售，偿还负债之后，所有者还剩余什么。

资产、负债和所有者权益之间的关系可以用下列**会计等式**来表示：

资产＝负债＋所有者权益

企业所有资产的金额不得超过借款（负债）金额与所有者投资金额之和。小到一家设立在角落里的杂货店，大到通用磨坊（General Mills）这样的巨型公司，其资产都必须等于负债与所有者权益之和。会计等式要运用到实务中，企业会计必须使用复式记账法来记录原始数据，反映企业日常财务事项。**复式记账法**是每个财务事项要通过两个或者两个以上不同会计分录来进行反映，以保持会计等式的平衡。这样，可以确保所有的财务事项都反映在财务报表中。财务报表有标准的格式要求，以便管理者、员工、债权人、供应商、股东、潜在投资者和政府机构等对企业财务感兴趣的人员，都能够尽可能地获取企业的财务信息。事实上，从临街音像店或者小型干洗店到类似于家得宝（Home Depot）、波音（Boeing）和美国银行（Bank of America）这样的大型企业集团，所有企业财务报表的格式都是一样的。企业财务报表至少每年要编制一次，是企业年度报告的组成部分。**年度报告**是提供给股东和其他利益相关方的报告，反映公司的经营活动及财务状况。大多数企业还会编制半年度、季度和月度财务报表。

17.5.2　资产负债表

问题：哪里可以找到好时公司（Hershey Foods）的资产、负债和所有者权益的总额？

答案：该公司的资产负债表。

资产负债表（有时也被称为财务状况表）是在特定会计期间结束时，反映企业资产、负债和所有者权益账户金额的一览表，资产负债表展示的结果肯定是资产等于负债加所有者权益。大多数人认为，资产负债表是报告类似于好时公司等企业的财务状况，然而，资产负债表也适用于个人。例如，Marty Campbell 三年前大学毕业，应聘到一家办公用品公司做销售代表，工作之后他建立了活期存款账户和储蓄账户，并购买了汽车、立体音响、电视机和几件家具。Marty 在买东西的时候，有些是支付现金，有些较大的支出则是靠借钱。表 17.2 显示了 Marty 当前的个人资产负债表。

表 17.2　Marty Campbell 的个人资产负债表　　单位：美元

20××年 12 月 31 日			
资产（美元）		负债（美元）	
现金	2 500	汽车贷款	9 500
储蓄	5 000	信用卡	500

（续表）

资产（美元）		负债（美元）	
汽车	15 000	负债总额	10 000
立体音响	1 000		
电视机	500	所有者权益	16 500
家具	2 500		
资产总额	26 500	负债与所有者权益之和	26 500

个人经常通过从资产中减去负债来确定他们的净资产或者所有者权益。

Marty Campbell 的资产总额为 26 500 美元，负债为 10 000 美元。总资产减去总负债的差额是所有者权益、公司的股东权益或者个人的净资产。根据 Marty 的资产负债表，其净资产为 16 500 美元，资产总额（26 500 美元）等于负债总额与净资产总额之和（26 500 美元）。因此，会计等式（资产 = 负债 + 所有者权益）仍然成立。

表 17.3 显示的是东北艺术供应（Northeast Art Supply）的资产负债表，东北艺术供应是一家为新西兰零售商供应相框、油漆、画布以及其他艺术家必需品的小公司。资产负债表中左侧是资产，右侧报告的是负债和所有者权益。让我们一起来看一下表 17.3 中各个不同账户。

表 17.3　企业资产负债表

20××年 12 月 31 日　　　　单位：美元

资产				**负债与所有者权益**			
流动资产				**短期负债**			
现金		$59 000		应付账款	$35 000		
有价证券		10 000		应付票据	25 675		
应收账款	$40 000			应付工资	4 000		
减：坏账准备	2 000	38 000		应付税费	5 325		
应收票据		32 000		流动负债总额		$70 000	
库存		41 000					
预付费用		2 000					
流动资产总额			$182 000	**长期负债**			
				仓储设备的抵押贷款	$40 000		
固定资产				长期负债总额		$40 000	
运输设备	$110 000			负债总额			$110 000

（续表）

资产				**负债与所有者权益**			
减：累计折旧	20 000	$90 000					
家具和仓储设备	$62 000						
减：累计折旧	15 000	47 000		**股东权益**			
固定资产总额			137 000	普通股		$150 000	
				留存收益		80 000	
无形资产							
专利		$21 000					
无形资产总额			21 000	所有者权益总额			230 000
资产总额			$340 000	负债与所有者权益之和			$340 000

注：资产负债表（有时也称为财务状况表）是在一个会计期间结束时，通过展示会计等式中各账户的美元数额，来反映企业的财务状况。注意上表中资产（340 000 美元）等于负债与所有者权益之和（340 000 美元），会计等式成立。

17.5.3 资产

资产负债表中，资产是按照**流动性从大到小**列示的。**流动性**是指资产转换为现金的难易程度。

流动性资产是可以快速转换为现金或者一年内可被使用的资产。现金是流动性最强的资产，所以它最先列出。其次是有价证券（股票、债券和其他投资），通常它们几天之内可以转换为现金。

接下来是公司的**应收账款**。应收账款是允许客户进行赊购而产生的，一般在 30—60 天内支付。但是，该公司预计其中一些应收账款将收不回来，因此其应收账款减掉了 5%的坏账准备。公司应收票据是收到客户签订的期票，它们通常比公司应收账款在更长的时间内偿还。

东北艺术供应的**商品库存**，反映了现有能出售给客户的货物价值。由于该公司的业务是批发业务，表 17.3 所示的库存反映的是准备销售给零售商的成品。对于制造类公司来说，商品库存也可能反映用来生产产成品或半成品的原材料。

东北艺术供应最后一笔流动资产为**预付费用**，是提前支付尚未使用资产的费用，例如保险费。它们通常是在保单年度开始时支付。对于未使用部分（例如保单年度的最后四个月）分担的费用就是预付费用。东北艺术供应的流动资产总额共计为 18.2 万美元。

固定资产是指持有或使用超过一年的资产。它们通常包括经营性土地、建筑物和设备。虽然东北艺术供应没有土地或建筑物，但是它拥有初始成本为 110 000 美元的运输设备,也有初始成本为62 000美元的家具和仓储设备。

要注意的是,固定资产的价值是原值减去其**累计折旧**之后的金额。**折旧**是指在固定资产使用期间的成本,即成本在其使用寿命内进行分摊。每年分摊的折旧额为当年的费用,资产价值必须减去折旧费用。比如东北艺术供应的运输设备,从购置起,已经贬值(或者用完)20 000美元。因此,此时的价值就是110 000美元减去20 000美元,即90 000美元。类似的,家具和仓储设备的价值是原值(62 000美元)减去15 000美元的折旧,为47 000美元。因此,对于东北艺术供应来说,固定资产总额为137 000美元。

无形资产是指不以物理形态存在,但具有基于企业授予权利和特权的有价值的资产,包括专利、版权、商标和商誉。根据其性质,无形资产是对企业有价值的长期资产。

东北艺术供应公司列出了该公司从发明者那里购买的特种油漆专利,公司会计师估计该专利当前的市场价值为21 000美元,因此该项无形资产的总额为21 000美元。可以看出,东北艺术供应公司共有三种类型的资产,资产总额为34万美元,如表17.3所示。

17.5.4 负债和所有者权益

资产负债表除了资产之外,还有负债和所有者权益。该公司的负债分为短期负债和长期负债两类。

短期负债是偿还期为一年以内的债务。东北艺术供应公司从供应商那里获得赊购权,因此,其资产负债表中列有应付账款,应付账款是由赊购而产生的短期债务。应付票据是通过期票所形成的义务,通常是短期的义务,但也可能会超过一年,只有一年内必须支付的应付票据才列入短期负债。东北艺术供应公司还列出应付工资和应交税费作为短期负债,这些都是在一个会计期间发生的费用。对于东北艺术供应公司来说,短期负债总额为70 000美元。

长期负债是指偿还期超过一年以上的债务。东北艺术供应的长期负债中仅列出一项,是用于购置仓储设备的40 000美元抵押贷款。如表17.3所示,东北艺术供应的短期负债与长期负债之和为11万美元。

所有者或股东权益 对于独资企业或合伙企业,其所有者权益为资产减去负债的差额。对于合伙企业,每个合伙人的所有者份额以其名称在报告中分别单独列示。对于公司来说,所有者权益通常被称为**股东权益**。资产负债表中报告的美元数额是当前累积的股票总额和留存收益。**留存收益**是指不分配给股东那部分营业利润。

东北艺术供应公司的原始投资额为15万美元,以每股6美元的价格出售25 000股。此外,东北艺术供应公司设立以来,其将8万美元的收益又进行了再投资。因此,所有者权益合计23万美元。如表17.3所示,东北艺术供应的资产等于负债与所有者权益之和(资产=负债+所有者权益),为34万美元,会计方程式仍然成立。

17.6 利润表

问题：哪里可以找到苹果公司的损益金额？**答案：**公司的利润表。

利润表有时也称为收入和支出表，是对公司在特定会计期间内(一个月、三个月、六个月或一年)收入和费用的概括。表 17.4 是为 Marty Campbell 编制的个人利润表，作为本章讨论的开始。Marty. 在过去三年里担任办公用品公司的销售代表，现在每年收入 33 600 美元，每月收入 2 800 美元，扣除所得税等项目之后，他每月收入为 1 900 美元。如表 17.4 所示，Marty 每月典型的费用是汽车贷款、信用卡还款、房租、水电费、食品、服装和休闲娱乐等。

收入与支出的差额，在企业被称为利润或损失，对个人则通常称为现金盈余或现金赤字。幸运的是，Marty 在每个月底都有 250 美元的盈余，他可以用这笔盈余进行储蓄、投资或者还债。个人利润表中的信息，还可以用来编制个人预算，个人预算是具体的收支计划，比如未来某个月的。

表 17.4 个 人 利 润 表

收入(实发工资)		$1 900
减去每月支出		
汽车贷款	$250	
信用卡还款	100	
房租	500	
水电费	200	
食品	250	
服装	100	
休闲娱乐	250	
每月总支出		1 650
现金结余(或利润)		$250

注：任何人都可以从收入中减去支出，编制个人利润表，确定在每月结束时是否有盈余或赤字。

表 17.5 呈现的是东北艺术供应公司的利润表。对于企业而言，净利润等于收入减去成本和营业费用。

表 17.5 企业利润表

年末(20××年 12 月 31 日)

收入			
销售总额		$465 000	
*减*去销售退回和折让	$9 500		
*减*去销售折扣	4 500	14 000	
销售净额			$451 000
销售成本			
期初库存(20××年 1 月 1 日)		$40 000	
购进	$346 000		
*减*去购买折扣	11 000		
净采购成本		335 000	
可供出售商品的成本		$375 000	
减去期末库存(20××年 12 月 31 日)		41 000	
销售成本(20××年)			334 000
毛利润			$117 000
营业费用			
销售费用			
销售人员工资	$22 000		
广告	4 000		
促销	2 500		
商店橱具折旧	3 000		
运输设备折旧	4 000		
其他销售费用	1 500		
销售费用合计		$37 000	
管理费用			
管理人员工资	$28 500		
租金	8 500		
办公设备折旧	1 500		
水电费	2 500		

（续表）

保险费	1 000		
其他管理费用	500		
管理费用合计		42 500	
营业费用合计			79 500
营业净利润			\$37 500
*减去*利息支出			2 000
税前净利润			\$35 500
*减去*联邦所得税			5 325
税后净利润			\$30 175

注：利润表概括了企业特定会计期间的收支情况，东北艺术供应公司的税后净利润为 30 175 美元。

17.6.1　收入

收入是指由公司从销售商品、提供服务或经营活动中获得的金额。像大多数企业一样，东北艺术供应公司凭销售其产品和服务获得收入。本部分关于利润表中收入的介绍，从**总销售额**开始。**总销售额**是指在会计期间销售的所有商品和服务的总金额，从这笔金额中扣除的项目有：

- 销售退回——客户退回已购商品；
- 销售折让——因为客户接受轻微受损或弄脏的商品，而给予的减价；
- 销售折扣——向付费快捷的客户给予的优惠。

总销售额扣减以上项目之后的余额为净销售额，**净销售额**是指在总销售额的基础上，企业通过调整已售商品和服务的销售退回、折让和折扣金额，得出实际收到的金额。对于东北艺术供应公司来说，其净销售额为 451 000 美元。

17.6.2　销售成本

下面的公式是确定零售商或者批发商销售成本的标准方法：

销售成本＝期初库存＋净购进－期末库存

根据表 17.5，东北艺术供应公司的会计期间开始于 1 月 1 日，商品期初库存金额为 40 000 美元。在 12 个月内，该公司购进了 346 000 美元的商品。扣除购买折扣后，实际支付了 335 000 美元。因此，在一年中，东北艺术供应可售商品价值为 40 000 美元加上 335 000 美元，合计 375 000 美元。12 个月后，截至 12 月 31 日，公司尚有 41 000 美元的库存可供出售。因此，东北艺术供应公司该年的销售成本为 375 000 美元减去期末库存 41 000 美元，即为 334 000 美元。现在就可以进一步计算毛利润了，公司的**毛利润**是其净销售额减去已售商品的成本。对于东北艺术供应公司,其毛利润为 117 000 美元。

17.6.3 营业费用

营业费用是指除销售成本之外的其他所有与销售商品有关的费用。总的营业费用包括销售费用和管理费用两部分。销售费用是与公司营销活动相关的成本,对于东北艺术供应,销售费用合计 37 000 美元。管理费用是管理业务产生的费用,合计 42 500 美元。销售费用加上管理费用等于总的营业费用,由表 17.5 可知,该会计期间的营业费用为 79 500 美元。

17.6.4 净利润

当收入大于支出时,两者之差称为**净利润**。当支出小于收入时,两者的差额称为**净损失**。如表 17.5 所示,东北艺术供应公司的营业净利润等于毛利润(117 000 美元)减去总营业费用(79 500 美元),即 37 500 美元。在这个金额的基础上,再减去利息支出 2 000 美元,得到税前利润为 35 500 美元。利息支出在这个环节扣除,因为它不属于营业费用,而是公司为融资而产生的财务费用。

东北艺术供应公司缴纳的联邦所得税为 5 325 美元,尽管税款可能需要或者不用立即支付,这都绝对是要从收入中扣除的一项费用,这使得东北艺术供应公司的税收利润为 30 175 美元,税收净利润可以用来向股东支付股息,也可以作为留存收益进行再投资,或者偿还公司债务,或者三者兼而有之。

17.7 现金流量表

现金对任何企业来说都至关重要。1987 年,美国证监会和财务会计准则委员会要求所有上市公司在其年度报告中列示现金流量表、资产负债表和利润表。**现金流量表**反映了一个会计期间内企业经营、投资和融资活动对现金的影响。资产负债表反映资产、负债和所有者权益的金额,利润表反映企业的利润或者损失的金额。现金流量表的重点在于可以了解当前企业可以用来支付的现金有多少,高管和管理人员还可以利用企业现金流量表的信息来确定向股东分配多少现金股息。最后,现金流量表的信息可用于评估企业未来投资和融资需求相关决策方案。包括投资者、债权人和供应商等外部利益相关者,也对企业的现金流量表感兴趣。投资者想知道一家企业今后是否有能力支付股利,在向企业提供信贷之前,债权人和供应商经常使用现金流量表上的信息来评估企业的偿债能力。

表 17.6 是东北艺术供应公司的现金流量表,它围绕营业、投资和融资三种不同的活动,反映企业现金的收支情况。

表 17.6 东北艺术供应公司的现金流量表

年末(20××年 12 月 31 日)

营业活动之现金流量		
净利润		$30 175
调整项目：		
折旧费用	$8 500	
应收账款的减少	1 000	
库存增加	(5 000)	
应付账款的增加	6 000	
应付所得税的增加	3 000	
营业活动之净现金流入		13 500
投资活动之现金流量		
增购设备	$ (2 000)	
增加投资	(10 000)	
出售投资	20 000	
投资活动之净现金流入		8 000
融资活动之现金流量		
偿还债务	$ (23 000)	
支付股息	(5 000)	
融资活动之现金净流入		(28 000)
现金净流入		$23 675
期初现金		35 325
期末现金		$59 000

注：现金流量表反映的是在一定会计期间(一个月、三个月、六个月或一年)企业的经营、投资和融资活动对现金的影响。从东北艺术供应公司的情况看，现金流量表中显示的年末现金余额为 59 000 美元，该金额与资产负债表上的现金账户金额相同。

- **营业活动之现金流量**。这是现金流量表中的第一部分，它反映了企业的主要收入来源——提供商品和服务。典型的调整是增加公司净利润的折旧额，其他反映收入增减变动的调整包括应收账款、存货、应付账款和所得税费的增减。
- **投资活动之现金流量**。这是现金流量表的第二部分，包括购买和出售土地、设备和其他资产及投资。
- **融资活动之现金流量**。第三部分和最后一部分反映所有融资活动的现金流，报告了负债和所有者权益账户的变动情况，包括贷款和还贷、出售和回购企业自身股票，以及分配现金股利。

所有这三项活动都会影响现金流量表的最终结果。对于东北艺术供应公司来说，期末现金余额为59 000美元。值得注意的是，这个金额与企业资产负债表中的现金账户金额相同。现金流量表、资产负债表和利润表是企业以往业务决策的结果，反映了企业偿债能力和股息的分派能力，并为未来发展提供资金支持。

17.8 评价财务报表

这三个财务报表（资产负债表、利润表和现金流量表）可以回答企业开展并持续相关业务的能力、盈利能力和投资价值等各种问题。通常，第一步是将企业的财务数据与同行业中其他企业进行比较，并与以往近期会计期间的自身财务业绩进行比较。

17.8.1 比较财务数据

许多公司将其财务业绩与竞争对手、行业平均水平的财务业绩进行比较，还可以与自身以往的财务业绩进行对比。因为各个企业会计都遵循一般公认的会计原则，这使得不同单位之间的财务数据比较成为可能。除了格式和条款方面的细微差异外，宝洁公司的资产负债表、利润表和现金流量表与消费品行业其他大型公司类似，比如雀巢、Clorox、高露洁、联合利华。企业之间的比较，可以给管理者提供关于企业的绩效以及在行业中的地位等大致情况。如果竞争对手是上市公司，可以从年度报告中获取其财务报表。行业平均数据由D&B（以前的Dun & Bradstreet）和Standard & Poor's以及一些行业协会等机构来提供。当今，大多数企业在年度报告中列示近年来财务报表重要事项的比较。例如，图17.5显示了计算机软件行业世界领先企业微软的收入、研发、营业收入以及销售费用的对比。通过分析这些数据，运营经理可以知道研发支出在过去三年中是否在增长或是减少，

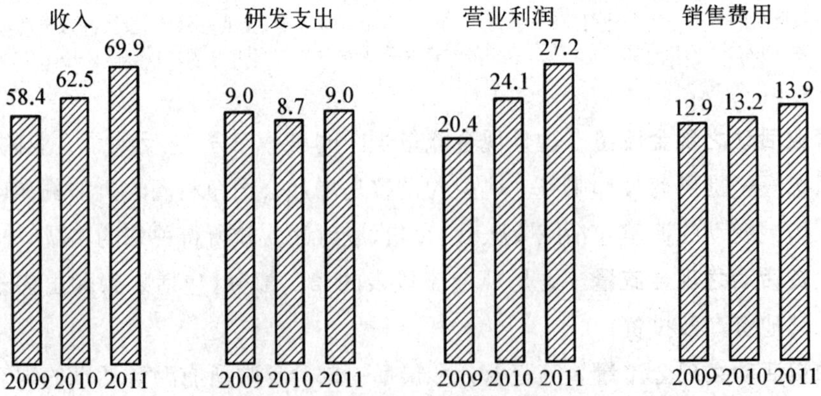

图17.5 微软当前和过去财务报表的比较

注：大多数企业在年度报告中列示近年来财务报表重要事项的比较（单位：十亿美元）。

负责营销的副总裁可以确定销售费用总额的变化情况。另一方面，股东和潜在的投资者可能更关心微软在同一会计期间收入和营业收入的增长或减少。此外，对公司财务状况进行分析的另一种方法，可以通过计算财务比率。

17.8.2　财务比率

财务比率反映企业财务报表中两个要素之间的关系。虽然可能计算出许多不同的财务比率，我们只讨论用于衡量企业盈利能力、偿债能力和存货周转率的三个财务比率。类似于财务报表中的单个要素，这些比率也可以与竞争对手和行业平均水平，以及企业以往会计期间的比率进行对比。计算这些比率需要的信息可以从企业的资产负债表、利润表和现金流量表中找到（在东北艺术供应公司的例子中，可以从表 17.3、表 17.5、表 17.6 中找到）。

衡量企业盈利能力的财务比率　税收净利润反映了企业是否盈利，但不能反映企业资源的有效利用，而存货周转率可以衡量后者。**销售回报率（或边际利润率）**等于税后净利润除以净销售额。对于东北艺术供应公司来说，

$$\text{销售回报率} = \frac{\text{税后净利润}}{\text{净销售额}} = \frac{\$30\ 175}{\$451\ 000} = 0.067(\text{或 } 6.7\%)$$

销售回报率反映企业如何有效地将销售转化为利润，销售回报率越高越好。当前，所有商业企业的平均销售回报率在 4%—5%。东北艺术供应公司的销售回报率为 6.7%，高于平均水平。要提高销售回报率，可以减少开支，或增加销售额，或者同时使用两者。

衡量企业偿债能力的财务比率　流动性比率是衡量企业偿还短期负债的能力。**流动性比率**等于流动资产除以流动负债。对于东北艺术供应公司来说，

$$\text{流动性比率} = \frac{\text{流动性资产}}{\text{短期负债}} = \frac{\$182\ 000}{\$70\ 000} = 2.6$$

这意味着东北艺术供应公司每一美元短期负债对应流动资产为 2.6 美元。所有行业的平均流动比率为 2.0，但行业间差异较大。较高的流动比率表明企业可以偿还其负债，要想提高流动比率，可以通过偿还短期负债、减少向股东分配的股息以增加现金余额，或者从投资者那里获得额外现金。

衡量企业如何管理库存　**存货周转率**是企业在一年内出售其商品库存的次数，可用一年内销售商品的成本除以库存的平均值来算得。

库存的平均值可以通过期初库存金额加上期末库存金额之和除以 2 算得。对于东北艺术供应公司，平均库存为 40 500 美元。

$$\text{库存周转率} = \frac{\text{销售商品的成本}}{\text{库存平均值}} = \frac{\$334\ 000}{\$40\ 500} = 8.2(\text{次/年})$$

东北艺术供应公司销售商品库存每年 8.2 次，大概每 45 天一次。所有公司的平均库

存周转约为9次，行业之间差别较大。例如，超市的库存周转率可能达到20，甚至更高。而家具店的库存周转率通常远低于其他快销品的平均水平。提高库存周转率最快的方法是以更多的频次、更小的批量采购商品。

像本节所述的三个比率一样，其他财务比率的计算，如所有者回报率、每股收益、流动资产与负债和所有者权益之间的关系，可以从企业资产负债表、利润表和现金流量表获取信息。有关财务比率分析的更多详细介绍，可能需要看一些会计或财务方面的教科书，或者使用互联网进行搜索。

本章关于企业管理和会计信息的讨论到此结束。在第18章，我们通过讨论货币、银行和信贷来研讨企业财务。

商界报道回看

Pricewaterhouse Coopers

21世纪的普华永道与19世纪中期设立的小型会计事务所Samuel Lowell Price一样，依靠全球员工的知识和经验，普华永道提供各种审计、会计和税务服务。其行业专家也向银行、律师事务所、零售商、医院、能源公司、旅游公司等许多公司，以及教育机构、政府机构和非营利组织提供专业意见和指导。

普华永道有一些非常特别的客户，尽管它的作用是幕后而不是红地毯。例如，普华永道收集并计算奥斯卡颁奖典礼的票数。感谢其极致的保密措施，事先并没有人知道谁赢，直到著名的主持人进入镜头，并向世界宣布。

讨论题

1. 如果类似于普华永道的会计师事务所被聘请审查上市公司的年度报告并签字，是否应限制其咨询业务，以避免受客户财务关联关系的影响？请解释你的答案。

2. 为什么美国电影艺术与科学学院(Academy of Motion Picture Arts and Sciences)聘请普华永道，而不是让自己的员工来计算奥斯卡颁奖典礼的票数？

本章小结

1. 分析信息如何降低决策风险。许多年来，商业中的人们(员工和管理者们)想当然地认为繁荣将会持续。当面临经济问题和越来越激烈的竞争时，很多人开始问：我们现在怎么办？虽然这个问题很普通，但却很难回答。确切地讲，对于一个商学大学生或刚刚就业的员工来说，这个问题更难回答。然而，对于那些愿意努力工作、不断学习和具有适应能力的人们来说，机会仍然是存在的。你所选择的职业最终将取决于你本身的价值以及你生活中的价值观。通过学习商业，你可以成为一个更优秀的员工或管理者或决定自己创业。你也可以成为一名更明智的消费者和投资者。

2. 讨论管理信息要求。商业是指以获取利润为目的，人类为生产和销售满足社会需求的物品或服务所进行的有组织性的努力。组建和经营一个企业必须整合四种资源：物质、人力、经济和信息。企业三大基本类型有服务业、制造业和营销中介。利润等于销售收入减去所有的营业成本。它是企业主承担商业风险所获得的回报——主要风险在于收不到回报以及失去投入公司的一切。虽然许多人认为利润本意上是一个企业的底线或最为重要的目标，但是许多企业会认真地通报他们在维护地球、参与绿色生态运动以及帮助提高人们生活质量等方面的贡献。

3. 概述信息系统的五种功能。经济学是研究如何创造和分配财富。每种经济体系必须回答四个问题：生产和提供**什么**物品和服务？这些物品和服务将**如何**生产？**为谁**生产和提供这些物品和服务？**谁拥有**以及由谁来控制大多数的生产要素？资本主义(我们的经济体系类型)是指提供物品和服务的大多数企业的所有权和经营权归个人所有的一种经济体系。资本主义来自亚当·斯密的理论。斯密的完全自由放任型资本主义经济体系是指，生产要素归实体私有，个人自由决定对资源的使用；价格根据竞争市场的供求效应决定；政府的经济角色限制在制度制定和评估。

如今，我们的经济体系是混合型经济。描绘我们商业体系特点的循环流动图(见图 1.5)中，家庭和企业利用货币作为交换媒介进行资源与物品和服务的交换。同样，政府从企业和家庭收取税金来购买提供服务所需的物品和资源。

在指令性经济中，政府而非个人拥有着大多数生产要素，并行使着其他三个经济问题的决策权。社会主义经济和共产主义经济(至少在理论上)属于指令性经济。

4. 解释为什么准确的会计信息和经过审计的财务报表是重要的。衡量一个经济体系表现的方法之一是评估生产率，即一个人工一小时的平均产出量。国内生产总值(GDP)是指在一年中，一个国家在其领土范围内所生产出的全部产品和劳务的价值，也可用于衡量一个国家的经济状况。同样还可以通过通货膨胀调整 GDP 从而获得实际 GDP。除 GDP 以外，还有其他经济指数，包括一个国家的贸易平衡、消费者信心指数、消费价格指数(CPI)、公司利润、通货膨胀率、国家收入、新建房屋开工率、基准利率、生产价格指数(PPI)以及失业率。

5. 看懂并分析资产负债表。一个国家的经济发展是波动的，而非每年稳速增长的。这些波动通常称为商业周期。一般来说，商业周期包括四种状态：高峰(有时称为繁荣)、衰退、低谷、恢复(有时称为扩张)。一些专家认为，有效地利用货币政策(美联储对美国货币供应规模和利率水平的决策)和财政政策(政府影响储蓄和支出的手段)可以加快经济恢复。

联邦赤字是指政府的支出大于其在税务和其他方面的收入。美国国债达到 15 万亿美元，平均到美国的每个男人、女人以及儿童身上约为 49 000 美元。

6. 看懂并分析利润表。竞争本质上是为获取潜在顾客的销售份额，企业之间发生的相互角逐较量。在资本主义经济体制下，可以确保企业经营的有效性和效率。竞争同样确保了一个公司要生存，只能通过提供顾客所需的产品和服务令顾客满意。经济学者们区分了四种不同程度的竞争，从强到弱为：完全竞争、垄断竞争、寡头垄断和完全垄断。供求关系综合影响着客户购买产品和服务时支付给生产者的价格。

7. 描述商业活动对企业现金流量的影响。从工业革命之初到 19 世纪和 20 世纪初的美国工业大规模扩张，美国政府对商业一直保持自由放任的态度。然而，在 20 世纪 30 年代大萧条时期，美国联邦政府开始向人民提供一系列的社会服务。

理解 20 世纪之后美国发展过程中发生的大型历史性事件，可以帮助我们记住经济就像本章在前面内容中将其比作的过山车一样——经济增长期后出现经济下滑期。历史性时间和不断变化的商业环境包括：战争、快速经济增长、社会责任运动、原油短缺、通货膨胀率高涨、利率上升、商业利润下降、科技运用增加、电子商务以及社交媒体等，塑造了今天的商业和经济。

如今，企业运营受到竞争环境、全球环境、科技环境以及经济环境的影响比以往任何时候都要强烈。因此，未来商业有大量改善的机会和挑战。[6]

8. 总结管理者如何评估企业的财务状况。

关键词

数据	审计	资产负债表(财务状况表)	净销售额
信息	一般公认的会计原则(GAAPs)	流动性	销售成本
数据库	管理会计	流动资产	毛利润
知识管理(KM)	财务会计	固定资产	营业费用
管理信息系统(MIS)	注册会计师(CPA)	折旧	净利润
信息技术高级管理者	资产	无形资产	净损失
数据处理	负债	短期负债	现金流量表
统计	所有者权益	长期负债	财务比率
决策支持系统(DSS)	会计方程式	留存收益	销售回报率(利润率)
经理信息系统(EIS)	复式记账法	利润表	流动比率
专家系统	年度报告	收入	库存周转率
会计		总销售额	

复习题

1. 用自己的话描述，在进行个人或工作相关决策时，信息是如何降低决策风险的？
2. 什么是信息规则？它们如何简化决策过程？
3. 数据和信息有何区别？分别举一个会计数据和会计信息的例子。
4. 列出管理信息系统的五个功能。
5. 典型的商务报告由哪些部分组成？
6. 描述三种能够帮助员工、经理和高管做出明智决策的计算机应用程序。
7. 在当今商务活动中，审计和一般公认会计原则的目的是什么？
8. 资本主义与社会主义和共产主义有哪些区别？
9. 生产率与失业率之间是如何联系的？
10. 定义国内生产总值。为何它对衡量经济具有重要意义？
11. 生产价格指数与消费价格指数之间是如何联系的？
12. 典型商业周期中包括哪四大阶段？货币政策和财政政策与商业周期是如何联系的？
13. 鉴别并比较四种竞争形式。

14. 解释产品的均衡价格或市场价格是如何确定的？
15. 本章描述了影响商业的四种不同环境。选择其中一种环境并解释它是如何影响俄勒冈州的一个小型电子产品制造商的？为什么？

讨论题

1. 近期经济危机造成的问题是如何影响商业公司的？这些问题是如何影响员工和个人的？
2. 哪些因素使得美国商业发展成混合型经济体系而非其他类型的经济体系？
3. 个人消费者在回答四大基本经济问题方面真的有发言权吗？
4. 国内生产总值是反映一个国家经济健康状况的可靠指数吗？哪种指数可能更为可靠？
5. 讨论这句话："商业竞争促使生产效率和产品质量的提高。"
6. 政府参与我们的商业体系是有利的还是不利的？原因有哪些？

视频案例 17.1

信息有助于为小人物打好竞技场

Nederlander Concerts 公司总部位于美国音乐会行业两个最大市场之一——洛杉矶(另一个是纽约)。该公司是娱乐行业中尚存的为数不多的家族企业之一,专注于音乐艺术家在美国西部演出的签约和宣传,如咕咕玩偶乐队、魔力红乐队和辛迪·劳帕等。该公司拥有或经营剧院、露天剧场和室内剧场(包括洛杉矶的希腊剧院,以及阿纳海姆的圣巴巴拉剧院和葛洛夫剧场),同时该公司还在西海岸沿线市场经营音乐会或演出场地出租业务。另外,Nederlander Concerts 公司还与加州大型城市(如圣莫尼卡和圣何塞)合作管理或经营当地市区剧院,并举办演出。

Nederlander Concerts 公司主要专注于中小型演出活动,可以提供一种独特的音乐会体验,让观众与演出者们能够近距离接触。因此它可以将这种高质量体验以高于大型剧场票价的价格出售。正因为这种高质量的体验,才能指望将演出票全部售罄,从而让公司和艺人获利。该公司的首席运营官说:"公司的主要部门包括人才招募和营销、经营、金融和商业开发……我拥有一个人才招募团队,我有一个营销团队,我们有一个大楼总经理,我们有一个实质性的人员团队来协助粉丝、协助艺人并协助我们所购买的演出。我们处于一个具有竞争性的市场,我们的所作所为是相当有趣的。"

虽然音乐会行业存在竞争似乎有点奇怪,但事实上 Nederlander Concerts 公司与其他举办商(如 Live Nation 公司)之间的竞争并非仅存在于观看演出观众的竞争,还有流行艺人的签约竞争。因此,音乐爱好者与表演者必须都要开心才行。音乐艺人所关心的主要是他们将得到的经济交易。Nederlander Concerts 公司首席运营官解释说:"要想签到演出并非易事;因为有竞争……我们在艺人中的声誉很好。但是还有另外一个因素,才是决定交易的关键。那就是给出你最高的价格。你要想一下,经纪人是不是在……告诉你有人比你出价高,愿意出更多。你不得不拿出你'不能再高了'的数字并停止竞价(该场演出),或你不得不说'好吧,为了得到演出,我再加点'。所以,经纪人与购买商之间存在着真正的过招……这种交易的艺术是我们每天的生活之道。"

有了人才之后,我们怎样才能让音乐爱好者来观看演出? Nederlander Concerts 公司营销副总裁说:"那就是去了解市场,去找所有你能找到的报纸,去听所有你能找到的电台,观看所有的电视节目、所有的新闻……然后再回到这些问题,谁是你要找的艺人,谁是他们的观众? 你如何找到他们? ……人们不去看演出的首要原因,是因为他们说他们不知道。这是让人恼火的。但是我们正在努力使那个人群的比例……小一点,更小一点,再小一点。"

当所有事情运转良好,公司就会盈利。"我们希望将大部分业务,也就是实际上我们 90% 的业务,投入在我们拥有或经营的场所,从而降低演出活动的风险……获得更多的收入来解决成本,包括人才成本,然后我们才能带走更多的利润。"[7]

讨论题

1. Nederlander Concerts 公司与其他剧院和举办商竞争音乐爱好者。你认为该公司与电视、电影、CD、DVD、流媒体视频和体育活动之间也存在竞争吗? 如果存在,这种竞争对 Nederlander 的业务有何影响?

2. Nederlander 公司要成为一个成功的企业,你能想到它必须要满足多少种不同人群的需求吗?

3. 举一个例子说明 Nederlander Concerts 公司是如何利用四种生产要素的。

案例 17.2

制造数字还是伪造数字?

销售和利润是否符合投资者和华尔街分析师的预期?上市公司的经理必须年复一年地回答这个重要问题。在一个理想的世界——从来没有经济危机,开支从未上涨,客户从不购买竞争产品——公司的股票价格会飙升,投资者会因为每份财务报告显示出更高的销售收入、利润率和收益而欢呼。

然而,在现实世界中,许多无法控制和不可预测的因素会影响公司的业绩。客户可能会购买较少的产品或推迟购买,竞争对手可能会推出优质产品,费用可能上涨,利息率可能攀升,购买力可能会直线下降。面对不及华尔街预期的财务业绩前景,管理人员可能会感受到使用各种会计技术进行"制造数字"所带来的巨大压力。

例如,电信公司 WorldCom 的一些高管通过将数十亿美元的日常费用记录为资本投资,从而使收益看起来更好。在 110 亿美元的会计骗局被曝光后的几周,该公司就被迫破产。另一个例子是,药品零售商 Rite Aid 的高层管理人员发布了不恰当的交易来夸大企业收益。后来,当 Rite Aid 不得不调低 16 亿美元的收益时,投资者则纷纷逃离从而使得股价下跌。

根据《萨班斯-奥克斯利法案》,首席执行官和首席财务官现在必须对公司的财务报告进行认证。有关《萨班斯-奥克斯利法案》的更多信息,请访问美国注册会计师协会网站 www.aicpa.org。在该法案生效后,数百家公司立即重新报告其收益,这就表明更严格的会计控制措施是符合预期效果的。Office Depot 的前任首席执行官 Steve Odland 说:"我并不是要为这些重新发布在报告上的数字进行解释,但我认为这至少是积极的——它显示了一个健康的体系。"然而,并非所有的盈利重述报告都是由于会计违规行为所导致的。"公众的总体印象是会计规则是非黑即白的,"他补充道,"但它们往往不是那样,而且在很多情况下,收益的变化来自 SEC(美国证券交易委员会)总会计师的新解释。"

现在,更严格的监管已经生效了一段时间,越来越少的公司宣布重新发布报告。事实上,自 2006 年达到顶峰以来,重新报告收益的公司数量已经下降。下降的主要原因是公司及其聘用的会计师事务所已经学会深入挖掘并分析生成财务报表数据的整个过程,并且检查数据本身。

由于对于会计准则的解读各有不同,当公司感到想要符合华尔街预期所带来的压力时,管理者有时会发现自己面临道德困境。以 Commodore Appliances 的假设情况为例,Commodore Appliances 是一家虚构公司,向 Home Depot、Lowe's 和其他主要零售连锁店销售产品。销售副总裁 Margaret 告诉区域经理 Rob,该公司的销售额在本季度下降了 10%。她指出 Rob 所负责区域的销售额下降了 20%,并表示高层管理人员希望他使用"账面持有法"来改善本月的数据,这意味着将未来的销售额度记录在目前阶段。

Rob 犹豫不决,说该公司正在获得市场份额,他需要更多时间才能获得销售动力。他认为"账面持有法"并不是一种好的商业行为,即便它是合法的。Margaret 暗示如果他的销售数字看起来不那么好,Rob 将失去工作,并强调他只需要在一个月中使用账面持有法。Rob 意识到,如果他不去执行,他将不会在 Commodore 工作下去。

Kevin 是 Commodore 的一位审计员，Rob 与其会面后得知账面持有法符合 GAAPs（一般会计准则）。Kevin 强调，客户必须自愿在货物交付或结算之前就取得所有权。任何账面持有的销售记录必须是真实的，需要由诸如与买方往来的电子邮件等文档作为支撑，并且交易必须在不久的将来完成。

Rob 处于一个十字路口：如果 Commodore 要达到其绩效目标，他的销售数字必须更高，但他并不确切知道他究竟何时（或者是否可以）完成他本月账面持有的销售记录。他不想误导任何人，但他也不想因拒绝做他被要求做的事而失去工作或者让其他人的工作处于危险之中。Rob 有信心，他可以长期提高他所在地区的销售额。然而，Commodore 的高管们正在向 Rob 施加压力，让销售数据现在就看起来更好。他该怎么办？

讨论题

1. 使用会计实务技巧（如账面持有法）来增加企业收益会产生什么样的道德和法律影响？
2. 为什么 Commodore 的审计员会坚持要求 Rob 为在使用账面持有法中所有的销售记录提供证据？
3. 如果你处在 Rob 的情况下，你是否同意在本月使用账面持有法？请证明你的决定具有合理性。
4. 假设 Commodore 必须在明年偿还自己获得的数百万美元贷款。如果贷款人了解到 Commodore 正在使用“账面持有法”来使收入看起来比实际收益高，那么贷方会如何反应？

尾注

1. Sources: Based on information from the PwC Web site at www.pwc.com, accessed April 12, 2012; Alison Overholt, “American Idol: Accounting Edition,” *Fortune,* October 17, 2011, pp. 101-106; Dena Aubin, “Going Green, Big Business Hires Auditors for Proof,” *Reuters,* November 23, 2011, www.reuters.com; Alex Spence, “PwC Reclaims the Lead in Global Consulting’s Four-Horse Race,” *The Times (London),* October 4, 2011, www.thetimes.co.uk.
2 John Smith, “Financial Reporting in a Changing World,” The International Accounting Standards Board Web site at www.iasb.org, accessed May 8, 2009.
3. Joseph Nocera, et al. “System Failure Corporate America Has Lost Its Way,” *Fortune*, June 24, 2002, 64.
4. “Summary of the Provisions of the Sarbanes-Oxley Act of 2002,” the AICPA Web site at www.aicpa.org, accessed April 9, 2012.
5. *Occupational Outlook Handbook*, The U.S. Bureau of Labor Statistics Web site at www.bls.gov/oco/ocos001.htm, accessed April 9, 2012.
6. Based on information found at The Little Guys Web site at www.thelittleguys.com/home.asp, accessed April 12, 2012; Alan Wolf, “The Little Guys Get New Home, Amended Name,” *TWICE*, April 19, 2010, 6, 22; Audrey Gray, “Perfecting a Soft Sell,” *Dealerscope*, March 2009, 82; and information from interviews with company staff and the video, “The Little Guys.”
7. Based on information from The Office Depot Web site at www.officedepot.com, accessed April 12, 2012; Matt Krantz, “Companies Are Making Fewer Accounting Mistakes,” *USA Today*, March 1, 2010, www.usatoday.com; Jane Sasseen, “White-Collar Crime: Who Does Time?” *BusinessWeek*, February 6, 2006, www.businessweek.com; Stephen Labaton, “Four Years Later, Enron’s Shadow Lingers as Change Comes Slowly,” *New York Times*, January 5, 2006, C1; *Making the Numbers at Commodore Appliance* (Cengage video).

第七部分

金融和投资

这部分我们关注另一种企业资源——货币。

首先，我们讨论货币的作用和作为银行系统组成部分的金融机构。然后，我们探讨企业和个人的财务管理和投资的概念。

第 18 章

理解货币、银行和信用

学习目标

1. 定义货币的作用和特征。
2. 总结美国联邦储备系统如何管理货币供给来保持经济稳定。
3. 描述银行业的相关组织机构。
4. 定义金融机构的服务。
5. 理解金融机构如何满足本国和国际客户需求。
6. 解释存款保险如何保护客户。
7. 讨论信贷和信贷管理的重要性。

商界报道

安普夸银行如何成为“世界最好的银行”

安普夸银行，设在美国俄勒冈州罗斯堡，没有经营传统的银行分支机构。取而代之的是，它的 184 个“专卖店”作为社区中心提供服务，其执行副总裁拉尼海沃德说：“提供银行服务以及舒适的设施来与我们的邻居分享。”客户在前台就可以找到银行工作人员，开户时可以坐在舒服的椅子上放松，随时到店都可以享受免费的咖啡和无线网络。一些安普夸店提供瑜伽课、品酒课、问答竞赛，甚至为临时商务会议提供会议室。客户也可以通过参加银行的旅行俱乐部报名旅游活动。为什么提供这些额外服务？因为安普夸希望成为客户心中“最好的银行”、一个好邻居，以及一股在它所服务社区的正能量。

安普夸银行从 1653 年仅有 6 个员工以及一个支行的规模通过兼并新的分支机构、新的市场以及其他银行逐步成长。到今天，其分支系统扩展到四个州，从太平洋西北部延伸到加利福尼亚北部，通过全方位服务分支机构、商业银行办事处、住宅抵押贷款办事处以及自动取款机等来服务客户。

除了其独特的社区“专卖店”理念，安普夸还提供一系列独特的银行服务。绿色大街(Green Street)贷款计划就是其中一例，该计划为业主和商家提供贷款用于安装太阳能板以及其他“绿色”建筑设施。另一个例子是主街(Main Street)贷款计划，通过该计划小型企业可以申请1万—10万美元不等的贷款，该计划是银行常规商业贷款服务的补充。

尽管安普夸银行已经成立60周年，但银行业刚刚进入技术时代。客户可以通过网上银行、手机银行以及其他高技术系统随时了解其财务情况。随着客户需求的变化，安普夸会为他们的个人和职业生活的每一个新阶段准备一系列的金融服务。

多数人认为像安普夸银行这样的银行机构，即本章所描述的金融机构，是存钱或借钱的地方。当你在像安普夸银行这样的机构存款时，你会获得利息。当你从银行或其他金融机构或贷款人借钱时，你需要付出利息。你可能会借钱买房子、车或者其他贵重物品，在这种情况下，你通过劳动获取的工资将成为你还贷款的资金来源。[1]

企业同样也可以获取各种资金来源。一个企业(即使是新成立的企业)拥有的有价值的资产形式可能是关于产品或服务的思想。如果企业(或其创始人)具有良好的信贷记录以及好的想法，像安普夸这样的银行或其他贷款人可能会借钱给这样的企业去发展、生产和销售其产品或服务。有息贷款将由未来的销售收入来支付。通过这种方式，企业和贷款人都将获得合理的利润。

在这些例子中，借款人当下需要资金并在未来具有偿还能力。尽管从银行或其他金融机构借款总是需要经过谨慎的审查，但负责任的借款行为能够满足个人和企业的具体需求。

本章我们首先概述能够使货币成为商品、服务、资源的一种可接受的支付手段的货币职能和特征。第二，我们考虑美国联邦储备系统在维护经济稳定中的作用。第三，我们描述银行业——商业银行、储蓄贷款协会、信用社和其他提供银行服务的机构。第四，我们考虑银行服务如何满足客户需求。第五，我们阐述美国联邦政府建立的保障机制，用于保护储户利益不受损失。最后，我们考察了信用交易以及信用信息的来源。

18.1 什么是货币

一些社会仍然通过以物易物的方式交换商品和服务，而并非运用货币。**物物交换系统**是指直接用一种商品或服务交换另一种商品或服务的系统。物物交换系统的问题在于交换双方必须同时需要对方的产品，并且双方产品必须是大致等价的。因此，即使是一些非常孤立的社会团体也会快速发展出类似货币的产物来消除以物易物的不便利。

货币是社会用于购买商品、服务或资源的物品。在历史上，不同群体采用过各种物品作为货币,如鲸鱼的牙齿、石头、珠子、铜十字架、蚌壳,以及金和银。当前,最通用的物品是金属硬币和纸币,两者统称为通货。

18.1.1 货币的职能

货币用于交换商品、服务和资源。然而,这只是货币职能的一般(以及理论上的)阐述。让我们来看一下货币的三个具体职能。

货币作为一种交换媒介 **交换媒介**是指可被接受的作为商品、服务和资源的支付手段的物品。这个定义看起来与货币的定义很相似,这是由于货币的最初职能就是作为一种交换媒介。关键词是可接受的,只有商品、服务和资源的拥有者在交换中接受货币,货币才能行使其交换媒介的职能。举例来说,如果你想在百思买购买价值 149 美元的惠普 Photosmart 打印机,你必须支付相应数量的货币,然后商店给你产品。

货币作为一种价值尺度 **价值尺度**是指单一的标准或"尺度"用于衡量或比较商品、服务和资源的价值。货币能够作为一种价值尺度是因为所有商品、服务和资源的价格都可以用货币来表示。这一"共同衡量尺度"使我们能够比较产品,并决定购买什么。

货币作为一种价值贮藏手段 个人或企业的货币并不一定要马上消费掉,也可以储藏起来,以期未来消费。因此,货币也可以作为一种**价值贮藏手段**或累积财富的方法。我们将钱放在口袋、饼干罐、储蓄账户等就是在发挥货币的价值贮藏职能。

货币的储存价值受通货膨胀的影响。第 1 章指出通货膨胀是物价水平的普遍上涨。假设你 1 000 美元可以购买一套 Bose 家庭影院。你的 1 000 美元的价值与一套家庭影院的价值相等。假设你没有马上购买,由于通货膨胀家庭影院的价格上涨到 1 025 美元,你手中的 1 000 美元不能买到同样的家庭影院了,说明你的钱的购买力下降了。经济学家通常采用居民消费价格指数,如图 18.1 所示,来说明通货膨胀对美元购买力的影响。居民消费价格指数衡量的是典型消费者购买的固定的一篮子商品的价格变化,包括食品、交通、住房、服装、医疗、娱乐、教育、通信以及其他商品和服务。居民消费价格指数的基准是 100,通过平均 1982—1984 年 36 个月居民消费指数包含的商品价格得到。到 2012 年 2 月,要购买基期 1982—1984 年 100 美元能够购买到的同样商品,大概需要花费 228 美元。

18.1.2 货币的重要特征

货币必须易使用、可信赖、能够表现出上文提到的三个职能。要满足这三点,货币必须拥有以下五个特征。

可分性 货币的标准单位必须可以分割为更小的单位以满足大额购买和小额购买的需求。在美国,标准单位是美元,可进一步分割为 1 美分、5 美分、10 美分、25 美分和 50 美分。

便携性 货币必须足够轻巧容易携带,因此纸币是货币的主要发行方式,包括 5 美

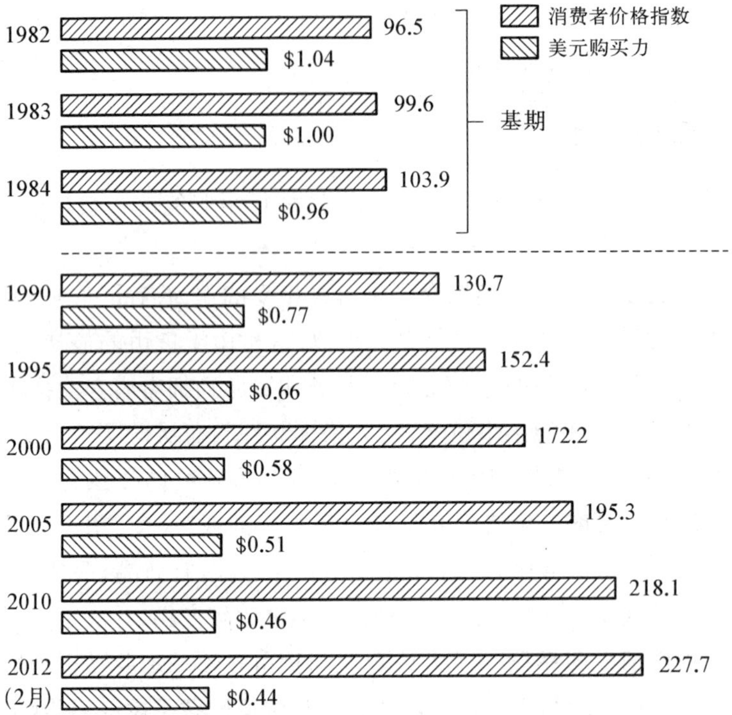

图 18.1　居民消费价格指数和美元购买力(基期 1982—1984=100)

注：通货膨胀使得货币储存价值损失。随着消费者价格指数上升，美元购买力下降。

资料来源：美国劳动统计局网站，www.bls.gov。

元、10 美元、20 美元、50 美元和 100 美元的纸币。

稳定性　货币应该具备保值功能，否则人们无法信任地储备货币。当币值极度不稳定时，人们会选择其他方式保值，如金子、珠宝、艺术品和房地产。

持久性　货币的制造材料应该在合理使用中具备持久性。为了提高纸币的使用寿命，很多国家采用含高纤维的特殊纸质材料。

难以伪造　如果一个国家的货币易于被伪造或仿造，它将难以作为一种支付手段。为了使纸币更难以被伪造，美国政府定期重新设计纸币，利用水印和复杂工艺来提高仿造的难度。

18.1.3　货币的供给：M_1 和 M_2

美国现在有多少流通的货币呢？在回答这个问题之前，我们需要先定义几个概念。**活期存款**是支票账户中的存款。之所以称为活期存款是因为该账户经审核可以直接在自动取款机(ATM)取现或进行账户间转账。

定期存款是有利息的储蓄账户或存款证明中的存款。金融机构通常允许储蓄账户或存款证明直接取现，但是需要提前书面通知。书面通知和取现存在着时间差，因此这种类型存款称为定期存款。

衡量货币供给的两种主要方式分别是：M_1 和 M_2。货币供给 M_1 是一种狭义的定义，仅包括流通中的货币、活期存款，以及其他可支取的存款。货币供给量 M_2 包括 M_1（流通中的货币和活期存款）再加上储蓄存款、某些货币市场证券，以及少于 10 万美元的存款证明。M_2 货币定义基于假设定期存款可以转换为可支出的现金。图 18.2 表明货币供给 M_1 和 M_2 所包含的因素。

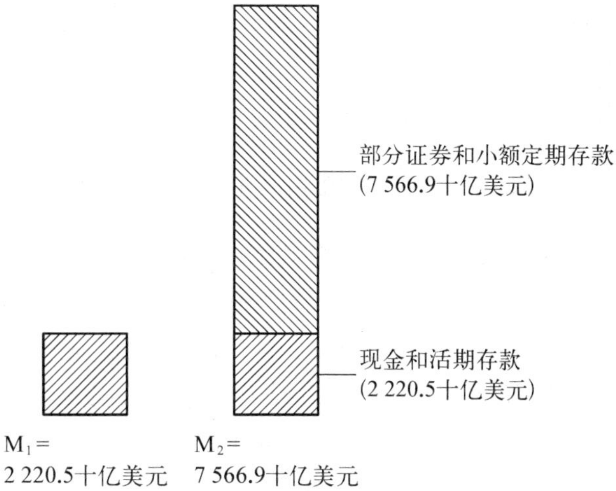

图 18.2　货币供给

注：货币供给量有两种测量方式，M_1 包括现金和活期存款，M_2 包括 M_1 以及储蓄账户、小额定期存款。

资料来源：美联储网站，www.federalreserve.gov。

因此，上文问题的答案是美国流通货币量依赖于我们如何衡量它。通常经济学家、政治家、银行家倾向于采用 M_1 或基于 M_1 的变形形式来表示流通货币量。

18.2　美国联邦储备系统

美联储的行为如何影响你我？美国联邦储备系统是什么？这是两个很好的提问。首先，美国联邦储备委员会（通常简称美联储）可以影响我们偿还贷款或信用卡的利率。尽管很多人在近年来的经济危机中才认识到美联储的作用，但事实上早在 20 世纪初，美联储就运用贷款计划来保持经济稳定。具体是这样运作的，降低银行向美联储借款的利率来支撑低迷经济。当美联储降低利率，银行能够低成本地向美联储借款，进而降低银行的商业贷款、住房贷款、汽车贷款甚至信用卡贷款的利率。低利率能够刺激企业和个人购买商品和服务，进而有助于恢复国家经济。另一方面，提高利率能够维持经济增长并控制通货膨胀。当美联储提高利率，银行向美联储借款成本增加，进而提高企业和个人的贷款利率。

现在我们来回答第二个问题。**美国联邦储备系统**是美国的中央银行，负责管制银行业。1931 年 12 月 23 日由国会创立，它的任务是保持银行业发展所需要的健康稳定的经济金融环境。

美国联邦储备系统的决策机构在华盛顿，由 7 名执行委员组成，每位执行委员需要由总统提名经参议院确认后才能上任，任期 14 年。总统每四年在执行委员中选出一名主席和一名副主席。

美国联邦储备系统由 12 家分布全国主要城市的地区性银行和 24 家支行组成。所有的全国性银行(即获得联邦政府特许)都必须是美联储成员。州级银行达到美联储成员条件的可以加入。要获取更多关于美国联邦储备系统的信息,可参见其网站 www.federalreserve.gov。

18.2.1 经济危机和美联储的应对措施

最近美国联邦储备委员会经常出现在新闻中,原因很简单:美联储负责在当前的经济危机时期保持美国经济的健康稳定。为此,美联储采取了一些具体措施使经济危机对企业和个人的影响最小化。具体而言,美联储的工作包括以下四个方面。[2]

注入流动性 美联储允许急需现金的银行向美联储借款,如果不这样做,这些银行将收紧贷款业务或停止向企业和个人贷款。

支持困境中的金融市场 在经济危机的第一阶段,投资人担心商业票据将成为废纸,因此他们停止向持有商业票据的货币市场投资。**商业票据**是大公司发行的短期承兑票据。同时,还有一些投资人从货币市场提现。为了重建票据市场,降低这种短期融资的成本,美联储为出售这种投资的金融机构提供抵押贷款,结果使票据市场逐步恢复运行。

支持重要的金融机构 雷曼兄弟投资银行和华盛顿互助银行的倒闭使得其他大型金融机构感到恐惧。危机恐慌的结果会导致银行和贷款人面临全面挤兑,进而可能引发整个金融系统的崩溃。为了重建市场信心,美联储同意给大型银行提供无追索权贷款。能够向美联储和其他政府机构借款,有助于安抚投资人,避免更大的金融危机。[3]

主要银行的压力测试 2009 年春,美联储联合其他联邦政府机构对 19 家美国最大的银行的金融情况进行了一次空前的审查。这种"压力"测试用于测度这些银行是否能应对经济危机。未能通过测试的银行需要通过出售股票或债券或者接受联邦政府基金以获得更多资金用于应对危机。至今,国家大型银行仍然必须接受美联储严格的压力测试来判断它们是否有能力应对另一场经济危机。

美联储的应对措施能够帮助重建金融体系信心,鼓励继续投资,稳定经济,为制定金融救援计划争取时间,恢复国家经济。在本书出版之时,尽管银行业、金融业的健康稳定程度有所提升,但仍须进一步关注美联储应对措施的长期效应。美联储未来的措施须确保经济持续稳定增长并控制措施运行成本。

美联储最重要的职能是通过运用货币政策管制国家货币供给量来确保经济健康平稳运行。货币政策即美联储对国家货币供给量和利率水平的决策。货币政策的目标是经济持续增长、充分就业和稳定物价。美联储实施货币政策的三种工具是银行存款准备金率、贴现率、公开市场操作。

18.2.2 存款准备金率管理

当银行接到一笔存款时,它必须留存其中的一部分以满足客户取现的需要。剩余的部分可以用于放贷。法律规定由美联储制定金融机构存款准备金的额度。**存款准备金率**是银行必须留存的存款比例，存款准备金可以存在银行自己的保险库也可以存在它所在的美联储地区银行中。举例来说，如果银行有一笔 2 000 万美元的新存款，存款准备金率是 10%，则银行必须保留 200 万美元。现有的存款准备金率从 0—10%不等，根据账户类型、银行存款总额等因素的不同而不同。

银行满足存款准备金要求后，可以利用剩余部分通过**存款扩张**过程创造更多的货币和贷款。接着前文的例子，银行保留 200 万美元在存款准备金账户，并将剩余的 1 800 万美元用于向个人和企业放贷。假设银行将这 1 800 万美元全部贷出，并且所有借款人又分别将 1 800 万美元存在了他们自己的银行账户中。此时，银行存款中将增加 1 800 万美元，这些存款同样适用上文的存款准备金率，因此银行需要保留 180 万美元作为存款准备金，并可以将剩余的 1 620 万美元用于放贷。当然，这一过程中，随着银行总贷款额增加，每一步的可贷金额逐步减少。

另外，我们应该指出的是银行家通常都很谨慎，他们不会利用存款扩张过程来最大化他们的可贷款额。相反，他们会采用折中的方式。

美联储委员会制定存款准备金率，**当其提高准备金率时银行的可贷金额减少**，经济增长放缓。相反，美联储委员会降低准备金率时，银行可贷金额增加，可以刺激低迷的经济。尽管美联储每年都可以调整存款准备金额度，但它很少这么做，因为这种控制货币供给量的工具作用很强。

18.2.3 贴现率管理

美联储会员银行可能需要从美联储借钱来满足存款准备金要求。美联储贷款给其会员银行的利率称为**贴现率**。贴现率由每个美联储地方性银行的董事会制定。2003 年 1 月到 2006 年 6 月，贴现率最低为 2%，最高为 6.25%。2007 年 8 月，美联储为了稳定经济，提高贷款，开始逐步下调贴现率。到 2010 年 2 月，贴现率达到历史最低水平，到本书出版之时仍保持在 0.75%。[4]

当美联储降低贴现率时，银行能够以更低的成本获得资金。会员银行会更倾向向个人或企业贷款并且贷款利率也较低。这一措施通常能够刺激国家经济。当美联储提高贴现率时，银行开始收紧贷款、提高贷款利率、降低其向美联储的贷款需求。整体效果是使经济放缓。尽管贴现率一直在下降并已经降到 0.75%，但不要忘了提高贴现率也是美联储保持经济健康运行的一种方式。[5]

18.2.4 公开市场操作

联邦政府的部分运作资金是通过买卖美国财政部发行的政府债券获得的。这些有息债券可以由个人、企业，或组织单位认购，其中就包括美联储。**公开市场操作**是指美联储通过买卖美国政府债券来达到控制货币供给量的目的。

联邦公开市场委员会(FOMC)通过纽约联邦储备银行交易平台来实现买卖美国政府债券的公开市场操作。要减少国家货币供给,FOMC会出售政府债券以收回债券购买者手中的资金。因此,市场上投资、购买、借贷的可用资金将会减少。要增加货币供给,FOMC会购买政府债券,其用于购买政府债券的资金会回到市场中增加个人和企业的可用资金。

由于政府债券的主要认购者是银行和金融机构,因此公开市场操作是一种间接影响投资和贷款的工具。

在三种货币政策工具中,公开市场操作是最重要的。美联储认购或出售债券的目的是调整联邦基金利率。**联邦基金利率**是指银行将其在美联储的间接可用存款贷款给其他银行以满足其存款准备金要求的隔夜拆借利率。由于联邦基金利率是由借款方支付,它会影响借款银行的贷款利率。尽管FOMC制定联邦基金利率的目标,但它并不能实际决定改利率,因为联邦基金利率是由公开市场决定的。(注意:联邦基金利率与上文讨论的贴现率是不同的。**联邦基金利率**是银行从其他银行借款所支付的利率。贴现率是银行从美联储借款支付的利率。)表18.1总结了公开市场操作和美联储其他货币政策工具的效果。[6]

表18.1 美联储用于调整货币供给量和经济的工具

工　具	直接效果	最终效果
存款准备金率管理		
美联储提高存款准备金率	银行可贷出资金减少——货币供给量降低	经济放缓
美联储降低存款准备金率	银行可贷出资金增加——货币供给量增加	经济活动增强
贴现率管理		
美联储提高贴现率	银行可贷出资金减少——货币供给量降低	经济放缓
美联储降低贴现率	银行可贷出资金增加——货币供给量增加	经济活动增强
公开市场操作		
美联储出售政府债券	银行可贷出资金减少——货币供给量降低	经济放缓
美联储购入政府债券	银行可贷出资金增加——货币供给量增加	经济活动增强

18.2.5 美联储的其他职责

除了管理货币供给量,美联储的职能还包括政府的银行、支票清算和电子转账、钞票审查、选择性的信贷控制。

政府的银行 美联储是美国政府的银行。作为政府银行,它每年处理数以万亿美元计的金融交易。举例来说,美联储为美国财政部提供金融服务,包括所得税存款账户和政府支出账户。

支票清算和电子转账 尽管不如之前应用广泛，但很多人仍然使用支票支付账单和购物，消费者在一家银行的支票用于支付另一家同城银行需要经过当地清算中心的处理。如果两家银行并非同城则处理过程会更复杂。美联储曾经每年需要及时准确地处理150 亿—170 亿张支票，现在由于自动化水平提高和电子设备的应用，美联储纸质支票清算数量在减少。美联储的支票清算服务需要银行付费。自动化和电子设备的应用使得多数支票的清算只需要 2—3 天即可完成。[7]

钞票审查 纸质钞票由于在市场上流通使用会磨损或变脏。典型的 1 美元钞票的使用寿命不超过 2 年，多数 50 美元和 100 美元的钞票使用寿命会略长一些，因为它们使用率相对较低。当会员银行将剩余现金存在美联储银行时，美联储会对这些钞票进行审查。不能继续使用的钞票会被抽出销毁。

选择性的信贷控制 美国联邦储备系统（以及美国消费者金融保护局，2010 年创立）负责执行 1968 年美国国会通过的《诚信贷款法案》。这一法案要求贷款人清楚说明贷款年利率和总费用。

美联储还负责规定证券交易的保证金要求。**保证金**是指购买价格中必须用现金或符合条件的证券（其余部分投资者可以拆借）支付的最低金额（用比例表示）。当前最低保证金要求是 50%。因此，假设投资者购买 4 000 美元的证券，他必须支付至少 2 000 美元现金或等价证券。其余的 2 000 美元可以从经纪公司拆借。尽管最低保证金要求是由美联储制定的，但不同经纪公司和证券交易所的保证金和用于证券交易的贷款利率可能会有所不同。

18.3 美国银行业

多数银行家会告诉你，至少对于美国银行业来说，近几年形势是令人沮丧的。其实不止银行家受到冲击，几乎每个人都受到国家经济危机的影响。

银行、储蓄信贷协会、信用社，以及其他金融机构是国家经济问题的中心。激进的贷款行为导致了创纪录的房屋抵押贷款和不良贷款，引发了金融危机。随着经济问题在银行业和金融业的扩大，个人和企业借款变得困难，这对借款方和贷款方来说都是很严重的问题。事实上，国家经济问题（或者说是世界的）已经很严峻，需要政府采取行动。布什政府和奥巴马政府都采取了金融刺激计划来救市。此外，美联储委员会和美国财政部也都采取行动。这些救市计划最终有所帮助，至少是缓解了一部分经济危机带来的金融困境。当然，银行和金融机构的运行方式需要更多的改变。[8]

18.3.1 银行和金融改革：新管制

尽管新管制措施受到一些批评，但我们还要进一步探讨如何预防经济危机期间国家经历的经济问题。奥巴马表示,美国新一届政府对于银行和金融管制的目标不仅是公正的也是合理的,包括如下各个方面。

- 保护美国家庭,避免不公正的和滥用的金融和银行业务
- 完善金融系统中的漏洞,避免大型银行和金融企业逃避联邦政府强有力的、全面的监管。为了实现这一目标,2010 年通过《多德-弗兰克华尔街改革和消费者保护法案》。这一法案解决了很多导致经济危机的问题,法案具体包括:
  - 成立新的消费者金融保护局。
  - 赋予政府权力以有序的方式来控制和关闭运营失败的大型金融公司。
  - 加强政府对金融银行业企业的监管。
  - 限制引发主要金融机构金融问题和国家经济危机的高风险投资。
  - 成立美国金融稳定监督委员会,负责金融系统潜在危机和困难的早期预警工作。

为了实现全面改革,必须确保银行和金融机构服从新管制方法。未来的监管将对银行和金融机构进行更深入的评估,确保其财务健康,并在问题影响到个人、美国经济、世界经济之前提早发现。

要获取关于现有管制和新管制方法的更多信息,可以访问美联储委员会网站 www.federalreserve.gov、美国财政部网站 www.ustreas.gov,或者在搜索引擎谷歌或雅虎中输入"银行改革"或"金融改革"。

除了国家经济问题以外,银行、储蓄信贷协会、信用社,以及其他涉及银行业务的企业之间竞争非常激烈。事实上,很多金融机构利用社交媒体,如脸书、推特、博客和其自身的官方网站,来吸引新客户,留住老客户。

以下我们从介绍银行业的主要参与者——商业银行开始。

18.3.2 商业银行

商业银行是为客户提供存款、贷款,以及其他相关服务的营利组织。与其他行业一样,银行的主要目的或任务是满足客户需求的同时实现营利。

银行的业务涉及个人和企业资金,因此银行要获得联邦政府或州政府授予的运营执照或许可必须满足一定的条件。**全国性银行**是美国货币监理署许可经营的商业银行。全美大约有 1 400 家全国性银行。这些银行必须遵守联邦政府银行业规则并接受联邦政府审计人员的突击检查。[9]

州级银行是银行运营地的州级银行业监管部门许可经营的商业银行。州级银行的数量约是全国性银行的 4 倍,但他们的规模通常比全国性银行要小。他们需要同时接受州政府和联邦政府审计人员的突击检查。表 18.2 列举了美国 7 家最大的银行,这些都是全国性银行。

表 18.2　美国七家最大的银行(根据 2011 年总收入排名)

排　名	银行名称	收入(百万美元)	利润(百万美元)	员　工　数
1	美国银行	134 194	−2 238	288 122
2	摩根大通	115 475	17 370	239 831
3	花旗集团	111 055	10 602	260 000
4	富国银行	93 249	12 362	272 200
5	高盛集团	45 967	8 354	38 700
6	摩根士丹利	39 320	4 703	62 542
7	美国运通	30 242	4 057	61 000

资料来源：Fortune 500：Industries：Commercial Banks, *Fortune*, 2011.5.23.

18.3.3　其他金融机构

除了商业银行以外，至少有八种其他类型的金融机构可以为其客户提供全部或部分的银行业务。

储蓄信贷协会　**储蓄信贷协会(S&L)**是提供支票和储蓄账户服务、定期存单并以投资房屋抵押贷款和其他消费贷款为主的金融机构。最早储蓄信贷协会只允许提供储蓄账户服务，自 20 世纪 80 年代美国国会通过了关于储蓄信贷协会的立法后，它们才被允许提供其他服务来吸引储户。

今天，全美大约有 1 050 家储蓄信贷协会，由美国联邦存款保险公司担保，由美国财政部分支机构美国货币监理署监管。州级储蓄信贷协会要接受州级政府的突击审计。

信用社　全美当前大概有 7 300 家信用社。**信用社**是仅为其会员提供储蓄和贷款服务的金融机构。会员通常是特定企业的员工、特定行业的从业人员，或是地方信用社服务社区的居民。相比商业银行和储蓄信贷协会，信用社的存款利率更高而贷款利率更低。美国国家信用社管理局负责联邦政府许可经营的信用社，州政府负责州许可经营的信用社。[10]

从事银行业务的组织　六种其他类型的金融机构也从事银行业务。尽管不涵盖全部银行业务，这些组织也能为其客户提供部分银行业务服务。[11]

- **互助储蓄银行**是储户所有的金融机构，其业务与银行、储蓄信贷协会、信用社基本相同，包括支票账户、储蓄账户和定期存单。与其他金融机构相似，它们也提供房屋抵押贷款、商业贷款、消费者贷款。与其他金融机构不同的是，互助储蓄银行的利润通常以股息或略高的存款利率的方式分给储户。今天，多数的互助储蓄银行分布在美国东北地区。
- **保险公司**为遍布全美的办公楼、购物中心，以及其他商业房地产项目提供长期融资服务,资金来源是投保人的保费。

- **养老基金**是由雇主建立的,用以确保其员工退休后每月能有固定收入。养老基金的资金可能来自雇主、雇员,或者两者共同。养老基金通常通过保守型投资获利,包括公司股票、公司债券、政府债券,以及房地产开发融资等。
- **经纪公司**的支票和储蓄账户的利率要高于一般利率。许多人选择经纪公司的账户,因为其使用方便,并且能获得略高的利率。
- **金融公司**为那些难以从银行、储蓄信贷协会、信用社获得融资的个人和企业提供融资。像福特汽车信贷公司、通用电气资本公司会贷款给个人和企业。ACE 现金快递公司给个人提供短期贷款。这些金融公司的贷款利率要高于其他金融机构。
- **投资银行**是帮助公司融资的机构,融资的主要方式是出售新发行的股票、债券或其他金融证券。尽管投资银行不像传统银行业机构那样,提供存贷款服务,但它们确实帮助企业实现融资。更多投资银行的信息以及它们在美国商务中的角色将在第 19 章讲述。

18.3.4 银行业的职业发展

表 18.2 表明全美最大的 7 家银行总雇员约 120 万人。如果再加上不在表 18.2 中的银行的雇员数,以及储蓄信贷协会、信用社及其他金融机构的雇员数,银行业从业人数是相当庞大的。根据美国劳工部出版的《职业展望手册》,预计从现在到 2020 年,银行业多数岗位上的人员数将有所增长。[12]

要想在银行业成功发展,银行、信用社或其他金融机构的员工必须具备以下素质:

(1) **必须诚实**。因为员工要处理其他人的资金,各个金融机构都竭力避免不诚实的雇员。

(2) **必须具备与人交流的能力**。银行业的大量岗位都需要员工具备人际交往的技巧,不仅是同事间的沟通也包括与客户的沟通。

(3) **需要具备良好的会计专业背景**。许多银行业职员的常规任务就是基础会计工作。举例来说,柜员必须将存款或取款过账在客户的账户上,每天工作结束时账面平衡,以确保准确性。

(4) **需要认识银行业和金融业之间的关系**。银行职员必须面试贷款申请人并确定其申请是否符合财务稳健性原则。最重要的是,贷款部职员必须能够对申请人进行评估,判断其是否具有还款能力。

(5) **需要具备基础的电脑操作能力**。银行的大多数职员都需要在他们的日常工作中使用电脑。

根据个人能力、工作经验和学历,银行业起薪一般在 1.8 万—3 万美元,但大学毕业生年薪达到 3.5 万美元或更多的情况也不少见。

18.4　金融机构的传统服务

为了说明银行服务对你的重要性，首先问你三个简单的问题：

- 上个月你写了多少支票？
- 你有信用卡或借记卡么？如果有的话，多久使用一次？
- 上个月你去了自动取款机几次？

如果你和大多数人和企业一样，你会发现没有银行或其他金融机构的服务很难正常生活。图 18.3 说明了银行或其他金融机构提供的典型服务。

传统服务	电子服务	国际服务
• 支票	• 自动取款机	• 信用证
• 储蓄	• 电子资金转移	• 银行承兑汇票
• 贷款	• 自动清算所	• 货币兑换
• 信用卡和借记卡	• 销售点终端	
• 财务建议	• 电子支票兑换	
• 工资单服务		
• 认证支票		
• 信托服务		
• 保管箱		

图 18.3　银行和其他金融机构提供的典型服务

这部分将讲解银行为个人和企业提供的最重要的传统服务。网上银行、电子转账及其他重要的未来发展趋势将在下部分进行讨论。

18.4.1　支票账户

企业和个人将钱存在支票账户(活期存款)中，以便他们可以写支票付款。**支票**是要求银行或其他金融机构支付一定金额给支票上注明的企业或个人的书面命令。

现今，有些金融机构的支票账户免费，而有些则会收取活动费(或服务费)。个人账户的费用通常在每月 5—20 美元，企业账户每月费用的收取依据日平均余额或月签支票数，或兼顾两者。企业账户的费用通常要高于个人账户。

多数金融机构还设有支付利息的账户，称为 NOW 账户(可转让支付命令账户)，该账户允许客户签支票。**NOW 账户**是一种有息的支票账户。这些账户的利率通常在 0.05%—0.25%。网上银行的利率会略高一些。但各家银行都会对其 NOW 账户施加一定的限制条件。

尽管银行和其他金融机构的支票账户利率较低，但总比没有要好。除了利率以外，在开设新的个人支票账户或对公支票账户前，还要对比每月的费用。

18.4.2 储蓄账户

储蓄账户(定期存款)是一种非常安全的现金储存方式,也是一种非常保守的投资方式。在本书出版之时,存折储蓄账户在商业银行和储蓄信贷协会的利率是0.05%—0.5%,信用社或网上银行略高一些。

愿意在银行存定期的储户可以获得更高的利息。想存定期的储户需要购买定期存单。**定期存单**是载明银行将按照承诺利率支付储户定期存款利息的凭证。在本书出版之时,该利率的范围在0.5%—2%,通常取决于存款数额和存款期限。一般规律是:存款期限越长利率越高。储户在到期前支取定期存单会有利息损失。

18.4.3 短期和长期贷款

银行、储蓄信贷协会、信用社和其他金融机构给个人和企业提供短期和长期贷款。**短期商业贷款**必须在一年或更短的期限内偿还。短期贷款主要用于解决现金流问题、采购、月开销,以及突发事件。

创业成功

Kiva.org 连接小微贷款借款人和贷款人

Kiva.org 是一个非营利组织,目的在于为有意愿借出至少25美元的个人贷款方和需要小额资金从商或维持企业运行的借款方牵线搭桥。小微贷款对于传统贷款人来说数额微不足道,但对于需要渔网、进货、运货自行车的低收入创业者来说,小微贷款是很重要的。

通过分布在61个国家的地方性组织,Kiva将借款人的照片和故事发布的其网站上。由贷款人决定将钱借给谁,Kiva在当地的合作伙伴负责管理贷款支出和偿还。只要200美元就能使秘鲁或肯尼亚的借款人成为自给自足的小企业主。Kiva安排高达1万美元的贷款帮助新奥尔良市或其他地方的创业者升级设备或发展新服务。

自Kiva 2005年创立以来,已经安排了来自218个国家74万贷款人的超过3亿美元的小微贷款。所有贷款中偿还率将近99%,这是相当高的比例。贷款偿还后,贷款人可以再次借贷给其他的借款人,再次开始借贷循环。Kiva的CEO说:"这是一种全新的融资方式,个人借贷行为。"

资料来源:Kiva网站,www.kiva.org,2012.4.1;Pan J.,725,000 Loans Granted by Kiva,2.6 Billion to Go[EB/OL].www.mashable.com,2012-03-15;Constine J.,Visit Kiva.org to Microlend $1 Million of Reid Hoffman'sMoney[EB/OL].www.techcrunch.com,2012-03-12;Silverman M.,How Kiva.org's CEO Uses Social Media to Spark a Dialogue of Change[EB/OL].www.

mashable.com，2011-09-12；Quillen K.，Kiva CEO Says Entrepreneurial Community Should Include High-Growth and Traditional Firms[EB/OL]. www.nola.com.，2012-03-12.

为了确保在需要时有短期资金可用，多数企业都会建立信用额度。**信用额度**是在实际需要资金前就已经批准的贷款。因为所有需要的书面手续已经完成并且贷款是预先批准的，企业就可以在有需要的时候快速获得资金。即使有信用额度，如果银行没有足够的可用资金，企业也可能贷不到款。因此，企业更倾向于使用**周转信贷协定**，该协定是一种保障性的信用额度。

长期商业贷款是还款期限一年以上的商业贷款。长期商业贷款的平均还款期限在3—7年，也有一些长达15年，极少数案例的还款年限甚至更长。长期贷款通常用于建筑或商业设施的扩建、并购业务、设备更新或产品开发等。

长期贷款需要抵押品。**抵押品**是指作为贷款担保的房产或其他财产（股票、债券、设备或其他有价资产）。举例来说，个人为购买一辆新的雪佛兰迈锐宝贷款，那么该车辆就是这笔贷款的抵押品。如果借款人在贷款协定期限内不能还款，贷款人有权回收该车辆。

借款人和贷款人协商短期贷款和长期贷款的付款周期和利率。商业贷款的付款周期包括每月、每季度、每半年、每年付款等。个人贷款的付款周期与贷款用途，以及在有抵押品情况下与抵押品类型有关。一般来说，个人贷款都是按月偿还。借款人应该通过比较各个金融机构的付款周期和利率来选择贷款。

18.4.4　信用卡和借记卡交易

2012年年底，1.6亿美国人将会用信用卡支付各种商品，如美国航空公司的机票或Zebco的渔具。为什么信用卡如此受欢迎呢？

对于买家来说，答案是显然的。买家在银行或其他金融机构存钱就能直接刷信用卡做现金使用。金融机构会对买家的信用卡交易收取一定的费用，为1.5%—4%不等。假设你用信用卡在德克萨斯州理查德森市的一家零售商——金星电器那里购买300美元的微波炉。当天，零售商将你的收费单以及当天的其他收费单、支票、现金一起存到其银行。如果银行每笔信用卡交易向金星电器收取4%的手续费，对你这笔交易银行将扣除12美元（$\$300 \times 0.04 = \$12$）的手续费，并将余额（\$288）存入金星电器账户。通常小企业每笔信用卡交易手续费高于大企业。信用卡交易数量、信用卡交易总金额以及卖家与银行的协商能力都决定了银行实际收取费用的多少。[13]

不要将借记卡与信用卡混淆。尽管它们可能看起来相似，但却有重要区别。**借记卡**在购买行为发生时会直接从你的银行账户中减去购买金额。（相反，当你使用信用卡时，信用卡公司会增加你的短期融资额，你在收到下期账单时付款即可。）借记卡通常用于在自动取款机提现以及在零售商处购买产品和服务。

18.5 银行服务创新

今天,许多个人、财务经理、企业业主都逐步认识到采用电子手段完成其银行业务的便捷性。让我们首先来看一下银行业未来的转变趋势。

18.5.1 银行业的转变

尽管专家们不能百分百准确预见哪些转变会影响银行业,但他们一致认为银行业会发生转变。专家们认为最显而易见的转变包括以下七点:

- 受经济危机的影响,更加强调对贷款申请人的信用评估;
- 政府对银行业的管制力度增强;
- 由于兼并,银行、储蓄信贷协会、信用社和金融机构数量有所减少;
- 随着各个国家的经济联系加强,银行业呈现全球化趋势;
- 将提升服务作为留住客户、防止客户流失到竞争对手处的重要方式;
- 信用卡和借记卡的使用率将进一步增加,而支票使用将有所减少;
- 网上银行和手机银行将继续增长。

成功之道

为经营你的数字钱包而竞争

现金不会很快在生活中消失,但Google、PayPal、Visa和其他大型企业为运营数字钱包的竞争已经展开。数字钱包在未来可能会替代皮革钱包。数字钱包的主要目的是加快交易速度,使日常交易能像网上交易的一键支付那样便捷。不再需要拿着现金给收银员或者等待找零,你可以用数字钱包(例如,你的手机)电子转账给卖家。数字钱包甚至可以提醒你优惠活动或者帮你赢取红包。

例如,Google钱包利用一种称为近场通信的无线电技术,只需点击一下手机就能使你的手机应用软件与收银机"对话"并完成支付(由你的信用卡或其他银行卡付款)。赛百味三明治和梅西百货是最先接受Google钱包付款的。PayPal系统,作为一种应用软件和上网,具有一个有趣的特征:在你付款后,你还有几天时间可以选择付款金来源,例如:商店会员卡或是银行借记卡。每年都有大量的现金交易非现金化。数字钱包会是你的未来吗?

资料来源:Kharif O., Google Said to Rethink Wallet Strategy[EB/OL]. www.bloomberg.com, 2012-03-21; Baig E.C, Mobile Wallet CompetitionHeats Up[EB/OL]. www.usatoday.com, 2012-02-28; Dyk D., The End of Cash[J]. *Time*, 2012, (1): 48-49.

18.5.2　网上银行、手机银行和国际银行

网上银行使你在家、在办公室或在旅途中都能登录你的银行系统，对客户来说，网上银行具备一系列优势，包括以下六点：

- 随时获取账户余额信息；
- 不用离开家或办公室就能存钱；
- 便捷转账；
- 支付账单；
- 方便查询支票清算情况；
- 简化贷款申请程序。

网上银行也给金融机构提供了诸多便利。其中最重要的一点是可以以更低的成本处理大量交易。正如你在第 17 章所学到的，成本越低，利润越高。除了低成本和高收益以外，金融机构认为网上银行更加安全，因为更少的员工处理更少的纸质材料。

除了网上银行，很多银行通过短信或者下载到手机和其他电子设备的应用软件提供手机银行服务。目的是让客户能够随时随地利用技术查询账户余额、转账和查询存款。手机银行特别适合那些居住地或工作地离银行网点较远或者不方便使用电脑登录网上银行的工作较忙的商务人士。

电子资金转账系统(EFT)是一种通过电脑终端或手机连接的金融交易手段。以下四种 EFT 的应用正在改变银行的运营：

(1) **自动柜员机(ATMs)**。自动柜员机是电子银行柜员，该机器几乎能够实现柜员所能提供的任何服务。只要能够正确识别客户身份，客户就可以利用柜员机从自己的支票账户、储蓄账户或信用卡中取现。ATM 机一般分布在银行停车场、超级市场、药店和加油站。客户不论白天还是晚上都可以使用。在柜员机交易可能会收取手续费。

(2) **自动清算中心(ACH)**。自动清算中心可以处理社会保障金、税款、日常账单、网上销售账单，以及工资，有效减少纸质票据。举例来说，一些大公司用 ACH 网络将薪水直接划拨到员工的银行账户中，这就可以避免填写每个员工的工资支票。

(3) **销售点(POS)终端**。POS 机终端是计算机化的收银机，在零售店使用，可以与银行的计算机相连接。假设你想在沃尔玛超市购物，首先在读卡器上刷下你的信用卡或借记卡，处理中心就会通知你所在银行的电脑你要付款，银行电脑会在你的账户上相应地增加一笔信用卡交易金额。如果你使用的是借记卡，银行电脑会从你的账户上减掉相应的购买金额。最后，这笔钱将增加到零售商的账户中。沃尔玛收到交易已完成的通知，收银机就会打印出你的收据。

(4) **电子支票转换(ECC)**。电子支票转换是将纸质支票信息转换为对商品、服务、账单的电子支付的过程。当你将支票给百思买的收银员，该支票经过电子系统处理，获取你的银行信息和相应的支票金额。支票一经处理，你会被要求在收据上签字，然后收银员会

给你一张说明消费记录的票据，最后这笔交易金额将转到百思买的账户上。ECC 也可以用于邮寄支票来购物或转账。

银行家和企业主都喜欢网上银行和 EFT 系统。网上银行和 EFT 系统都具备快速和低成本的优点。但是，很多消费者并不喜欢网上银行和 EFT 系统。一些人只是单纯的不喜欢“技术”，另一些人则担心计算机会篡改他们的账户信息。针对这种担忧，早在 1978 年美国国会就通过了《电子资金转账法案》，如果银行出现差错或消费者账户信息泄露，该法案可以保护消费者权益。

国际银行业务 银行服务对国际商务至关重要。根据跨国公司的需求，银行可以提供信用证或银行承兑服务。

信用证是由银行或其他金融机构开立的保证在具体期限内，通常是 30 天或 60 天，向卖方支付指定金额的法律文书。信用证要对一些条件有明确规定，例如商品的运输。

银行承兑是指银行在具体日期向第三方支付指定金额的书面命令。银行承兑是一种无条件支付命令。它仅是一种不带任何附加条件的银行承诺付款指令。

信用证和银行承兑都是广泛使用的进口和出口交易的支付手段。举例来说，假如你是美国企业主想要从意大利佛罗伦萨的一家小企业购买一些皮革制品。你用美国银行签发的公司支票付款，但意大利企业主会有所担忧。为了解决这一问题，你的银行可以开立信用证或银行承兑来保证付款。除了信用证和银行承兑外，银行也可以利用 EFT 技术加快国际银行交易进度。

另一种国际银行业务也值得关注，即银行和其他金融机构提供的货币兑换服务。如果你下单购买日本公司价值 5 万美元的产品，你将如何付款？用美元还是日元？为了解决这一问题，你需要银行的货币兑换服务。你可以选择任意一种货币用于付款，银行可以兑换货币帮助你完成交易。

18.6 联邦储蓄保险公司和国家信贷管理局

在 1929 年开始的大萧条时期，很多银行倒闭并且储户损失了他们的全部存款。为了避免这样的惨剧，并恢复公众对银行业的信心，美国国会在 1933 年通过立法创立了美国联邦存款保险公司(FDIC)。FDIC 的主要目的是为存款提供保险以对抗银行倒闭风险。

今天，FDIC 为每位储户提供 25 万美元的基本存款保险。不同类别的法定所有权的存款可以分别投保，因此你可以通过在银行或金融机构申请不同的所有权类别来增加保险责任范围。最普遍的是所有权类别是单独(或个人)所有权和共同所有权。储户也可以通过在不同金融机构开立账户来增加保险责任范围。要确认你的存款或你所在银行是否在保险范围，登陆 FDIC 网站 www.fdic.gov 或者致电 1-877-ASK-FDIC 查询。

银行和储蓄信贷协会需要向 FDIC 支付保费。与 FDIC 类似,国家信贷管理局(NCUA)为其会员提供储蓄保险,高达每位储户 25 万美元。与 FDIC 的保险责任范围相似,NCUA 对不同所有权类别的账户保险范围更大。

FDIC 和 NCUA 提升了美国银行业水平。这些组织为金融机构存款提供保险的同时也保有定期检查金融机构运营情况的权利。如果发现银行、储蓄信贷协会、储蓄银行或信用社存在管理问题,FDIC 和 NCUA 会报告给相应的银行监管部门。

18.7 有效信贷管理

对任何金融机构或企业来说,最重要的活动之一是明智地决策向谁提供信贷。**信贷**是用未来有息或无息偿还借款的承诺来交换的直接购买力。举例来说,假设你用银行贷款购买价值 15 万美元的房产。你作为借款方获得了直接购买力。相应地,你需要同意贷款方规定的相关条款。一般来讲,贷款方需要你支付首付、按月还贷、支付利息、为你的房产购买保险,直到贷款还清。

银行或其他金融机构提供贷款因为它们从事这一业务。贷款利率就是它们的利润。企业之所以会提供贷款给客户是出于三点理由:第一,一些客户不能马上支付全款,但他们可以通过分期付款的方式偿还贷款;第二,当竞争对手为客户提供信贷时,企业不得不在销售商品或服务时也提供信贷以提高竞争力;第三,企业可以从信贷服务中获取利息。

18.7.1 经济危机后从银行或贷款人处贷款

贷款人需要贷款利息用以支付业务费用和获取利润的,同时他们也要确保贷款能够偿还。借款人的工作对贷款人意味着借款人有能力并愿意偿还贷款的保障。最近的经济危机发生以后,银行、贷款人、供应商和信用卡公司在评估信贷申请时都更加谨慎。

对个人来说,以下建议或许对申请贷款有所帮助:

- 取一份贷款申请表回家填写完整。在家你可以找到回答贷款申请表上**所有**问题所需要的信息。
- 提前准备好描述你将如何使用资金以及如何偿还贷款。
- 多数类型的贷款都需要与贷款部门工作人员会面。在此也同样,准备是关键。考虑好你将如何回答贷款部门工作人员可能会问到的问题。
- 如果你的贷款申请被拒了,分析是哪里出了问题。询问贷款工作人员为什么你会被拒。如果是由于信息有误,可提供正确的信息,再重新申请。

对于需要融资的企业主,下列信息可能会有所帮助:

- 最好在你需要融资之前就与你的银行保持良好的关系。

- 帮助银行了解你的业务是什么、你将如何运用未来的融资拓展业务、现金流问题或突发事件。
- 即使并不需要资金，也尝试申请预先批准的信用额度或周转信贷协定。视申请为展示公司和其产品或服务的另一种方式。
- 除了申请以外，给注册会计师提供本企业最近三年的财务报表和营业税申报单。如果你的企业规模不大，你可以提供同一时期的个人财务报表和纳税申报单。
- 更新你的业务计划，以备贷款人审查你的工作计划。保证销售额估计值和其他工作规划的真实性。
- 写一份申请信，说明你的工作经验，你从事的行业是否属于市场扩张期，以及其他能够说服银行为你提供贷款的信息。

18.7.2 信贷管理的5C

企业为客户提供信贷，就会面临一些客户没有能力或不愿意偿还贷款的情况。为了帮助判断个人或企业是否存在信贷风险，贷款人通常会评估企业的财务报表。个人会被要求填写贷款申请表。贷款人还会考虑表18.3描述的信贷情况。

表18.3 信贷5C

贷款人通常用信贷5C来判断哪些贷款申请可以批准以及哪些会被拒	
考虑因素	**为什么这些因素很重要？**
特征	借款人对信贷义务的态度。
能力	满足信贷义务的财务能力——即定期还贷的能力。
资产	这一术语在这里指借款人的资产，或个人或企业申请贷款的净值。
抵押	房产或是包括股票、债券、设备以及其他作为抵押贷款担保的财产。
条件	可能会影响借款人还贷能力或其他信贷义务的一般经济条件。

18.7.3 检查信贷信息

信贷5C主要关注的是申请人提供的信息。贷款人如何判断信息的准确性呢？这与借款人是企业还是个人有关。

企业的信贷信息可以通过以下四种途径获得：

- **全球信用报告机构**。D&B(邓白氏)是全球领先的信用报告机构。其报告展示了具体公司的具体信贷信息。要获取D&B服务的更多信息，可访问公司网站www.dnb.com。
- **当地的信用报告机构**。这些机构可能会按月或按年收取费用来提供连续的信息报告。
- **行业协会**。这些协会可能会收取一定的服务费。

- **其他企业**。指曾为申请人提供过贷款服务的企业。

各种征信机构提供个人信用信息。下列三家是美国主要的消费者信用局：

- 益百利——网站 www.experian.com 或免费电话 888-397-3742。
- 全联公司——网站 www.transunion.com 或免费电话 800-888-4213。
- 艾奎法克斯——网站 www.equifax.com 或免费电话 800-685-1111。

18.7.4　消费者权益保护

消费者信用局要遵守美国《公平信用报告法》。该法案从两方面保障消费者权益：第一，消费者对本人在信用局的个人文件信息有知情权；第二，如果消费者认为文件中有信息不准确、有误导性，或者表述不清，有权要求信用局核查。如果有争议的信息被证实是准确的，消费者可以提供简明说明，用来表述已方观点。如果有争议的信息被证实是有误的，该信息必须删除或修正。而且，消费者可以要求信用局给近六个月内获得过本人有误信用报告的贷款人或未来雇主重新寄送一份修正的信用报告。[14]

美国公平和正确信用交易法要求每家全国性的信用报告公司，即艾奎法克斯、益百利、全联公司，每 12 个月按消费者要求给消费者提供一份免费的个人信用报告。要获取你的免费信用报告，可访问 www.annualcreditreport.com。（注：小心其他网站或许看起来与该网站相似，但它们可能要收取信息费或信用监督费。）

2009 年美国颁布《信用卡法案》，并于 2010 年 2 月 22 日起执行，为信用卡消费者提供相应的保障。这一新的联邦法案旨在平衡信用卡消费者和信用卡发行者金融机构的交易地位。该法案鼓励用通俗的表达方式公开更多信息：到期日期、滞纳金、支付每月最低还款额后付清余额的时限。要想获取 2009 年《信用卡法案》的更多信息，可以联系你的信用卡发卡行、美国联邦储备委员会（www.federalreserve.gov），或者在网上查询。[15]

商界报道回看

安普夸银行

有多少银行 CEO 邀请客户致电他们关于银行服务的问题、好评或是投诉呢？每家安普夸银行社区店（术语称为支行）都有一条直通 CEO 办公室的电话线，这也是银行人性化、社区化客户服务的一部分。在很多企业都更倾向于非面对面服务的今天，安普夸银行鼓励客户到店聊聊天，即使在他们没有办理业务需要的时候。银行也通过脸书、推特，以及银行网站来联系客户。

员工到世界最好的银行大学（内部培训设施）去学习消费者服务技术和产品知识。安普夸银行每年支付高达 40 小时的志愿者工作，因为银行的社区责任。难怪安普夸银行六次被评选为“100 家最适宜工作的公司”。

讨论题

1. 为什么安普夸银行选择使每家支行成为社区中心作为特有的发展路径？

2. 你愿意在像安普夸这样的商业银行工作吗，服务客户、小企业、大公司？解释下你的理由。

下一章你将看到为什么企业需要融资，它们如何获取资金，如何有效利用资金并与其组织目标保持一致。

本章小结

1. 定义货币的职能和特征。货币是社会中用于购买商品、服务和资源的物品。货币可以作为一种交换媒介、价值尺度和价值贮藏手段。为了有效发挥货币的职能，货币必须可以分割为便利的使用单位，对日常携带和使用来说要足够轻便和耐用，价值稳定，并且难以伪造。M1 货币供给包括硬币和纸币(通货)、支票账户里的存款(活期存款)。M2 货币供给是 M1 加上储蓄账户、某些货币市场证券和存款证明。

2. 总结美联储如何管制货币供给来保持经济健康。美联储负责管制美国银行业并维护良好的经济环境。联邦授权经营的银行(全国性银行)必须是美联储会员。州级银行达到美联储成员条件的可以加入。12 家地区性银行和 24 家支行组成了联邦储备系统。其总部在华盛顿，包括 7 位执行委员。在最近的经济危机中，美联储为减小经济危机的影响所采取的措施是必要的。具体来说，美联储为银行业和金融业提供流动性，支持陷入困境的金融市场和金融机构，对主要银行进行压力测试。

为了控制货币供给量，美联储管制存款准备金，也就是银行必须保留的存款比例。它也管制贴现率，也就是美联储向成员银行收取的贷款利率。它也从事公开市场操作，买卖政府债券。美联储买卖债券的目的是增加或减少联邦基金利率。联邦基金利率是指银行将其在美联储的间接可用存款贷款给其他银行以满足其存款准备金要求的隔夜拆借利率。美联储还作为政府的银行提供服务，并负责支票清算和电子转账，钞票审查，执行《诚信贷款法案》，规定证券交易的保证金要求。

3. 描述银行业相关组织。多数人都会受到国家经济危机的影响。为了解决导致经济危机的主要问题，经国会通过和总统签署的《多德—弗兰克华尔街改革和消费者保护法案》为消费者提供了新的保障措施，并加强了对金融业的管制。

商业银行是给客户提供存贷款以及相关服务的营利性组织。商业银行是由联邦政府或州政府许可经营的。储蓄信贷协会和信用社提供与商业银行相同的基础服务。互助储蓄银行、保险公司、养老基金、经纪公司、金融公司和投资银行提供一些有限的银行服务。由于银行和其他金融机构数量众多，很多人在银行业工作。

4. 定义金融机构提供的服务。银行和其他金融机构为客户提供一系列吸引人的服务。其中，对个人和企业来说，最重要的银行业务包括支票账户、储蓄账户、长短期贷款、信用卡和借记卡交易。其他传统服务包括理财顾问、代发工资、确认支票、信托服务、保险箱业务。

5. 理解金融机构如何转变以满足本国和国际客户需求。银行、经纪公司、保险公司和其他金融机构之间的竞争越来越激烈。随着金融机构网上银行和手机银行业务的开展,技术更为普及。电子资金转账系统(自动柜员机、自动清算中心、销售点终端和电子支票转换)的使用增加也将改变人们办理银行业务的方式。对国际市场中的企业,银行可以提供信用证和银行承兑服务为卖方减少拒付货款的风险。银行和金融机构还可以提供货币兑换服务,为进口或出口交易减少支付困难。

6. 解释存款保险如何保护储户。联邦储蓄保险公司(FDIC)和国家信贷管理局(NCUA)为其成员金融机构提供高达 25 万美元的储蓄保险。不同类型的法律所有权的存款可以分别投保。最常见的所有权类别是单独所有权和共同所有权。在不同的银行、储蓄信贷协会或信用社分别开立账户也可能会扩大保险责任范围。当 FDIC 和 NCUA 为金融机构的存款提供保险时,他们就有权定期对金融机构运营情况进行检查。如果发现银行、储蓄信贷协会、信用社存在管理问题,他们会报告给相应的银行监管部门。

7. 讨论信贷和信贷管理的重要性。信贷是用未来有息或无息偿还借款的承诺来交换的直接购买力。银行或其他金融机构提供贷款,这是它们的核心业务。企业在出售商品和服务的时候会提供贷款是因为一些客户付不起全款,并且它们要与提供贷款的竞争对手保持同步。企业同时也意识到提供贷款可以赚取利息。

是否批准企业和个人的贷款申请通常取决于信贷 5C:特征、能力、资产、抵押、条件。信贷信息可以从信用报告机构、信用局、行业协会、其他企业处获知。一些联邦管理部门旨在平衡信用卡消费者、信用卡公司和贷款人的交易地位。

关键词

物物交换系统	商业票据	州级银行	周转信贷协定
货币	存款准备金率	储蓄信贷协会(S&L)	抵押品
交换媒介	贴现率	信用社	借记卡
价值尺度	公开市场操作	支票	电子资金转账(EFT)系统
价值贮藏	联邦基金利率	NOW 账户	信用证
活期存款	商业银行	定期存单(CD)	银行承兑
定期存款	全国性银行	信用额度	信贷
美国联邦储备系统			

复习题

1. 货币的使用如何解决物物交换系统的问题?
2. 在健全的货币系统中,货币必须表现出的三种职能是什么?
3. 解释为什么货币必须具备以下特征:(1)可分性;(2)便携性;(3)稳定性;(4)持久性;(5)难以伪造。
4. M_1 货币供给量都包括哪些? M_2 呢?
5. 美国联邦储备系统是什么?它是如何组织运作的?

6. 描述在经济危机中美联储为了保持经济健康运行所采取的措施有哪些？你认为哪些措施是必要的？美联储的措施有效果吗？
7. 解释美联储如何运用下列方法控制货币供给：(1) 存款准备金率；(2) 贴现率；(3) 公开市场操作。
8. 美联储和消费者金融保护局负责执行《诚信贷款法案》。该法案对你有什么影响？
9. 全国性银行和州级银行有什么区别？还有哪些金融机构与全国性银行和州级银行存在业务竞争？
10. 目前金融机构提供的银行服务有哪些？
11. 对于消费者来说，网上银行的优势有哪些？
12. 自动柜员机、自动清算中心、销售点终端和电子支票转换对你办理银行业务有何影响？
13. 银行或其他金融机构如何帮助美国企业参与国际市场竞争？
14. FDIC 和 NCUA 的基础职能是什么？如何操作？
15. 你将如何审查想在百货商店借贷的贷款申请人的信息？如果是想在重型设备制造商的营业部借贷的企业申请者呢？

讨论题

1. 基于你现有的知识来回答，你将如何描述美国经济的金融状况？全球经济呢？
2. 金融机构向企业和个人贷款，就是运用存款扩张创造货币。请解释。
3. 为什么美联储要采用控制货币供给的间接方法而不是直接印钞票或是回收流通中的货币呢？
4. 为什么银行要为长期存款(例如定期存单)支付更高的利息？
5. 为什么消费者使用信用卡可能会陷入财务困境？如果你陷入信用卡债务，应如何减少自己的债务呢？
6. 假设你想借 1 万美元，你会如何让贷款部工作人员认定你是位信用良好的借款人？

视频案例 18.1

大通银行帮助小企业主

摩根大通公司是全球金融控股公司，2000 年由它现在的两大品牌：大通（前身为大通曼哈顿公司）和摩根（前身为 J·P·摩根公司）合并而成。2004 年收购了第一银行公司；2008 年新加入了贝尔斯登公司和华盛顿互惠银行，使得摩根大通公司成为全美第二大分支网络，其银行业服务涵盖 42% 的美国人口。大通银行在超过 60 多个国家开展业务并在世界范围拥有 24 万员工，持有估计价值 2 万亿美元资产，公司股票被计入在广泛关注的股票指数道·琼斯工业平均指数中。尽管经济下行，该行在过去四年连续宣布盈利。现在美国经济回暖，该行将增长更快，利润更高。

大多数人更熟悉大通银行的业务。这些业务包括：通过银行支行、ATM 机、手机银行、网上银行办理的日常银行业务；发行消费者信用卡；为小企业提供融资和银行服务；提供房屋抵押贷款和房屋净值贷款；帮助客户提供个人退休和投资计划；汽车和教育贷款。

大通的小企业银行业务一直践行着 J·P·摩根 1933 年在参议院下属委员会所讲的“银行业的另一个重要作用成为为满足行业扩张和发展提供资本的渠道”。向小企业提供资金是银行满足这些企业客户的重要职能之一。当小企业需要短期贷款来扩展业务，或者满足生产产品和销售产品回笼资金期间的资金需求的时候，信用额度可以在这一困难时期减轻小企业的现金流压力；或小企业需要商业抵押贷款购买新厂房或仓库，大通已经准备好提供相关服务。大通银行还提供几种不同类型的商业信用卡，小企业主可以在现金紧张时用于日常开支。这些卡有不同的优惠政策，如无年费、提供购买资金、奖励积分、每月全额付清账户免息。商务借记卡是另一种选择，支持诈骗监测和账户预警。

大通银行还帮助企业保管资金，不仅是在各支行提供存款服务，还通过锁箱服务（消费者可以将还款邮寄到邮局信箱中便于企业收款）解决安全收款问题。大通还为其小企业客户提供存款便利。现在企业在办公室就可以扫描纸质支票，将其转换为电子支付方式，进而享受网上银行的方便、安全和快捷服务。大通还提供一系列特殊定制服务和透支保障的企业支票账户。大通还提供企业储蓄账户和定期存单，企业可以将公司账户加入大通商务套餐以获取额外的优惠，如免收手续费、降低贷款利率。大通银行甚至还提供处理工资单的服务。

接受信用卡支付的零售企业，如 VISA、美国运通、万事达和发现卡等信用卡，可以通过大通银行来处理账单，第二天企业就能使用处理后的资金了。免费的技术支持每天 24 小时每周 7 天均可用，每月的银行账单和网上银行报告都帮助企业管理其信用卡业务。企业主还可以通过给银行发短信来付款、转账、查看账户和历史交易、电汇。另外，大通银行帮助小企业开展全球交易，不论是从海外购买商品还是接受国际客户的订单。[16]

讨论题

1. 如果你是小企业主，你会选择大通银行或其他银行提供的哪些小企业银行服务吗？为什么？

2. 你能想到银行可以为小企业主提供的其他金融或银行服务有哪些？

3. 大通银行引以为傲的是它熟知其企业客户本身，并实时了解客户所从事的行业。为什么了解这些信息对银行业来说是发展优势？

案例 18.2

夏威夷银行向客户和社区问好

在夏威夷设州之前就已成立有62年历史的夏威夷银行现在是美国顶尖的独立银行之一。它的社区融入与其财力雄厚一样为人称道。夏威夷银行81家支行分布在六个夏威夷群岛、美国萨摩亚、塞班岛、关岛和帕劳群岛。夏威夷银行能够为大公司、小企业和个人提供全套的金融服务。从传统的支票账户和储蓄账户到贷款、手机银行、网上支付，甚至国际贸易金融，夏威夷银行为客户提供了客户所需的实现其财务目标的全套服务。

基于火奴鲁鲁的夏威夷银行在将焦点转移到具有历史传统和市场份额优势的本州之前，曾尝试向美国大陆地区扩张。CEO皮特·胡指出："业界都认为对发展银行业务来讲夏威夷是颇具挑战的地方，在很多层面上这都是美国种族多样性最突出的地方。"考虑到这种多样性，夏威夷银行为客户提供多种沟通的选择，日语、韩语、法语、塔加洛语、越南语以及三种中文方言。夏威夷银行还为日益增长的中国游客提供在夏威夷银行ATM机使用中国银联借记卡的服务。

2/3的夏威夷家庭至少使用一项夏威夷银行服务，并且夏威夷银行企业客户的忠诚度也较高。夏威夷银行的第一笔商业贷款发生在25年前，贷款人是美味餐饮集团的创始人。今天，该集团已经发展超过40家餐馆，并且该集团和创始人仍然是夏威夷银行的忠实客户。毛伊岛苏打水和冰艺术，是一家家族经营企业，制作冰淇淋并在夏威夷岛上销售，它欣赏夏威夷银行的职业水准以及在一些事务上的专长，例如当地经济形势预测。最近夏威夷银行被评为"夏威夷年度小企业贷款人"，反映了夏威夷银行为企业家和增长型企业提供金融服务的实力。为了帮助客户更好地管理资金，夏威夷银行每月会组织一次研讨会，主题涉及买房、为退休后的生活储蓄、制定商业计划、投资决策。超过2 000名银行员工参与社区项目，如青年成就、夏威夷图书和音乐节、环境清理计划。一年一度的"员工捐赠"活动给当地的非营利组织每年捐款50万美元，银行每年为奖学金和其他社区活动捐款数万美元。

多亏了夏威夷银行合理的贷款和对经济和技术条件变化的适应能力，即使在最近的经济衰退期，夏威夷银行也一直保持盈利。随着客户开始使用手机和其他数码设备，夏威夷银行也扩展其手机银行和网上银行服务，为客户提供即时的财务信息。银行代表在脸书上私信客户，并更新银行脸书主页，以此方式与喜欢使用社交媒体的客户保持联系。为了方便客户，夏威夷银行还在客流大的商店里建立新支行，使客户在商店就能办理银行业务。夏威夷银行官方还创立了"商业仪表盘"，追踪客户服务关键步骤，并且确定需要改进的部分。[17]

讨论题

1. 你同意夏威夷银行在继续投资电子和手机银行新技术的同时，在商店内开设支行的决策吗？

2. 面对突然或急剧的经济下行，夏威夷银行要如何调整它的贷款政策？在此情形下，运用信贷5C，提出至少两点银行调整策略。

3. 除了在岛内使用多种语言，你认为在夏威夷为个人和企业提供金融服务，银行还面临哪些挑战？对夏威夷银行有什么启示？

尾注

1. Sources: Based on information in Charles Passy, "Banks Branch into Yoga," *Smart Money,* March 13, 2012, www.smartmoney.com; "100 Best Companies to Work For: No. 69, Umpqua Bank," *Fortune,* February 6, 2012, www.fortune.com; Michael Sisk, "Umpqua Keeps Testing New Ideas," *Bank Technology News,* July 1, 2011, p. 18; www.umpquabank.com.
2. "The Economy: Crisis & Response," The Federal Reserve Board of San Francisco Web site at www.frsb.org, accessed April 1, 2012.
3. The Federal Reserve Board Web site at www.federalreserve.gov, accessed March 30, 2012.
4. Ibid.
5. Ibid.
6. The Investopedia.com Web site at www.investopedia.com, accessed March 30, 2012.
7. The Federal Reserve Board at www.federalreserve.gov, accessed March 30, 2012.
8. "Wall Street Reform," the White House Web site at www.whitehouse.gov, accessed June 20, 2010.
9. The Office of the Comptroller of the Currency Web site at www.occ.gov, accessed March 31, 2012.
10. "The Quarterly Banking Profile for December 31, 2011," The Federal Deposit Insurance Corporation Web site at www.fdic.gov, accessed March 31, 2012.
11. U.S. Census Bureau, *Statistical Abstract of the United States, 2012* (Washington, DC: U.S. Government Printing Office), table 1183.
12. "The Occupational Outlook Handbook," the Bureau of Labor Statistics Web site at www.bls.gov, accessed March 31, 2012.
13. U.S. Census Bureau, *Statistical Abstract of the United States, 2012* (Washington, DC: U.S. Government Printing Office), table 1188.
14. The Federal Trade Commission Web site at www.ftc.gov, accessed March 27, 2012.
15. The United States Senate Committee on Banking, Housing, and Urban Affairs Web site at banking.senate.gov, accessed June 15, 2010.
16. Company Web sites www.chase.com and www.jpmorganchase.com, accessed March 31, 2012; "JPMorgan Chase Discloses Results," *American Banking and Market News,* July 15, 2010, www.americanbankingnews.com; Eric Dash, "JPMorgan Chase Easily Exceeds Estimates," *New York Times*, July 15, 2010, www.nytimes.com; and the video, "Chase Bank Helps Small Business Owners."
17. Based on information in Jackie Stewart, "Bank of Hawaii to Shift Some Branches to Grocery Stores," American Banker, February 7, 2012, www.americanbanker.com; Wang Kaihao, "Ready to Say 'Aloha,'" *China Daily,* June 6, 2011, www.chinadaily.com; Kurt Badenhausen, "America's Best and Worst Banks," *Forbes,* December 13, 2011, www.forbes.com; Rachel Witkowski, "Two Hawaiian Banks Find There's No Place Like Home," *American Banker,* May 18, 2011, p. 3; www.boh.com; *Bank of Hawaii Annual Report 2011.*

第 19 章

掌握财务管理

学习目标

1. 理解在经济不稳定的今天财务管理的重要性。
2. 定义公司短期和长期的财务需求。
3. 总结财务管理的规划步骤。
4. 描述不同方式的短期债务融资的优劣势。
5. 评估股权融资的优劣势。
6. 评估长期债务融资的优劣势。

商界报道

斯马克如何管理资产

像斯马克这样的公司,财务管理必须要做好。公司是以其创始人杰罗姆·门罗·斯马克命名,自 1897 年开始销售苹果酒和苹果酱。今天,斯马克家族仍在俄亥俄州奥维尔经营,公司拥有员工 4 500,每年食品销售高达 48 亿美元。它的知名品牌包括斯马克(果酱和果冻)、吉福(花生酱)、玛莎怀特(烘焙粉)和其他美味食品,分布在美国和全球市场。

为了快速融资,斯马克公司 1959 年首次向公众出售其普通股股份。近年来,它做出数次重大收购来丰富产品多样性并扩张其地理经营范围。2002 年它从宝洁收购了吉福和克里斯科,然后在 2004 年并购了国际多种食品公司。2008 年斯马克从宝洁收购了美国最大的咖啡公司——福尔杰咖啡。2011 年它收购了佛罗里达的罗兰咖啡并将其 1.1 亿美元年收入纳入公司财政。2012 年斯马克公司完成了对莎莉旗下的 Douwe Egberts 浓缩液体咖啡品牌的并购,向餐厅和单位批发。

像上述百万美元的并购案需要出色的财务管理。例如,斯马克向莎莉收购 Douwe

Egberts 花费了 3.5 亿美元现金，并承诺在未来 10 年内支付另外 5 千万美元。公司具有此次收购和其他收购行为的资金，因为在 2010 年公司就出售了 4 亿美元债券，并在 2011 年再次出售了 7.5 亿美元债券。尽管斯马克明白在未来需要还款给债券持有人，但在短期内它获得了前景良好的收购机会。

部分资金也用于投资使得公司经营范围扩大到它创始地俄亥俄州之外。举个例子，斯马克斥资 3 500 万美元购买了桂林西麦生物技术开发公司股份，这是一家中国燕麦制品生产公司。斯马克官方表示："西麦公司高质量可信赖产品的资产投资组合与斯马克拥有和销售领军食品品牌的战略相一致。"[1]

不幸的是，在近期经济危机中，诸多资金短缺的企业苦苦挣扎于为其经营所需资金进行筹款，本章开篇商界报道案例中提到的斯马克公司只是个例外。事实上，危机对多数公司高管、经理人、企业主敲响了警钟，因为一个要素变得明显起来，即借款(债务资本)或从企业所有人处获得资金(股权资本)的能力对于企业和经济系统的有效运行是必要的。[1]

本章我们考察为什么在不确定的经济中财务管理是重要的。然后我们讨论企业如何获得所需资金，用以满足所有企业组织的两种需求：企业启动和保持运营的资金需求；有效管理资金的需求。我们也关注企业如何发展财务计划和评估财务业绩。最后我们对比获取短期和长期融资的多种方式。

19.1　为什么要进行财务管理

一个公司的财务管理有多重要？

为了回答这一问题，考虑美国汽车制造商最近的三大财务问题。通用汽车和克莱斯勒在最近的经济危机中都申请了破产保护。尽管面临销售额下跌和世界范围的经济动荡，福特具有维持运营的财务保障。福特的经理采用积极的财务计划来预测汽车制造商的融资需求。为了避免和通用汽车和克莱斯勒同样的悲剧——破产，福特的财务经理在预计公司销售额和利润下行之时就已筹备借款。福特也出售股票和债券来筹款，用以在危机期间保持公司运营，甚至用于未来的发展规划。这种财务计划起作用了么？答案当然是肯定的！今天，福特正在售出更多汽车，以发展环境友好型为引擎，创造未来的概念汽车，并且已经恢复盈利。尽管很多因素可以解释福特的成功，但是多数专家都同意是公司的财务计划使其平安度过经济危机，并构建未来。

尽管大多数经理人和员工都受到经济危机的影响，但 2007 年年底之后，对财务经理来说，情况变得更加艰难。毕竟，他们的工作职责就是要筹集所需资金用以支付账单来保持一个企业的正常运转。在最近的经济危机中，很多财务经理和企业主发现许多传统的短期和长期融资渠道变得越来越困难，这些融资渠道本章稍后会讲解。在某些情况下，银行停止贷款，即使这些企业之前总是能够借款。举例来说，通用电气公司和美国电话电报公司这两家美国企业界的知名公司都没能获得他们所需要的资金。此外，第一次向公众出售股票的企业数目减少，因为投资人害怕投资新公司。最糟糕的情况是，在危机中申请破产的企业数目增多，正如图 19.1 所示。[2]

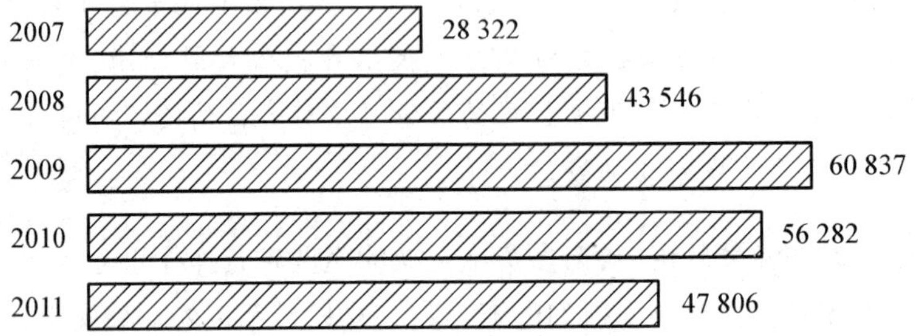

图 19.1　美国破产企业

注：在经济危机中，申请破产的企业数目增加。（在本书出版之时，最新的完整可用数据到 2011 年。）
资料来源：参考美国破产协会网站，www.abiworld.org，2012-02-24。

19.1.1　财务管理的必要性

财务管理是指获得资金和有效使用资金的所有行为。在某种程度上，财务管理可以看作是一个双边问题。一边是资金的使用往往决定了企业所需要的融资类型，另一边是融资类型决定了企业行为。财务经理必须确保在需要时企业有可用资金，并且以尽可能低的成本获取资金，以尽可能高的效率使用资金。另外，适当的财务管理必须确保下列各项。

- 建立与组织目标相一致的资金优先次序。
- 有计划并且可控的支出。
- 充足的可用资金以备当前和未来的需要。
- 企业的信用客户要按时支付账单，减少逾期应收账款的数目。
- 及时支付账单，确保企业的信用评级和借款能力。
- 在纳税期限前，用于企业纳税的可用资金。
- 盈余资金投资储蓄存单、政府债券、保守型有价证券。

19.1.2　经济危机后的金融改革

随着经济形势趋稳，财务经理的工作略微轻松一些。但很明显，仍需要一些工作来稳定金融系统并预防未来经济危机。影响企业和个人的经济危机的结果是使得加强管制和改革的呼声越来越高。为了满足这一需求，奥巴马总统签署了《多德-弗兰克华尔街改革和消费者保护法》，并于 2010 年 7 月 21 日生效。对于新法案，一些专家认为管制仍然不够，而一些专家则认为管制过多。尽管美国参议院和众议院对新管制存在争议，但是他们的目标都是促使华尔街企业为其行为负责,停止救市,加强对主要金融公司的管制,强化政府监督,限制高管薪酬和奖金,限制大型金融公司的规模,遏制危机前银行采用的投机性投资。

正如第 18 章提到的,新管制将保护美国家庭避免不公平和滥用的金融银行行为。对于企业来说,受新管制的影响,企业短期和长期融资的时间和成本都会增加。

19.1.3　财务行业的职业发展

你可能会想,为什么所有人都想从事财务工作。财务工作回报是丰厚的。一项额外的红利是,美国劳工统计局计划从现在到 2018 年财务部门的岗位数将增加 8%。

今天,财务行业有多种不同类型的岗位。在高管层面,大多数大型企业都设有首席财务官,负责财务管理。**首席财务官(CFO)**属于公司高层执行人,负责管理公司财务并直接向公司首席执行官或总裁汇报。一些公司更倾向采用财务管理副总裁、财务主管或财务总管的岗位名称来称呼 CFO 作为财务领域的高管级别职位。[3]

尽管一些财务领域的高管年薪达到 30 万美元或更多,但更多的是收入不高的初级岗位和较低级别岗位。银行、保险公司和投资公司都需要能够管理和分析财务数据的员工。还有从事制造业、服务业和营销的企业也是如此。高等院校、非营利组织、各级政府部门都需要财务人员。

从事财务工作需要具备一定的特点和技能。财务人员最重要的一点就是诚实。要注意:投资人、贷款人和其他企业高管希望财务人员无可指责。另外,中央政府和州级政府都制定了相关法律来确保企业财务报表反映企业真实的财务状况。除了诚实以外,财务经理人和员工必须:

(1) 具有很强的会计或数学背景;

(2) 掌握如何使用计算机分析数据;

(3) 善于书面表达和口头沟通。

典型的财务工作岗位包括银行职员、消费者信贷员、财务分析师、财务顾问、信贷员、保险分析师和投资项目执行人。根据求职者的资质、工作经验、教育程度,起薪一般在年薪 2.5 万—3.5 万美元,大学毕业生获得更高的薪水也并不少见。除了薪资以外,员工还能获得较高福利和其他津贴,这使得财务管理岗位更加吸引人。

19.2　融资需求

企业创立和保持运营都需要资金。企业所有人的原始投资,或许还包括他们的借款,必须足够帮助企业开始运作。之后,理想的销售收入可用于支付企业开支,并产生利润。

这是一个成功企业实际的长期运转方式。不同时期的收入和支出是不同的。在支出较高或收入较低的时候,可能需要暂时融资。同样,购买新设备或扩张现有厂房等情况可能需要更多资金，超出了企业当前可用资金，这种情况下企业也需要融资。

19.2.1 短期融资

短期融资是指使用期限一年或少于一年的资金。表 19.1 表明，有多种短期融资需求，但其中三点值得特别注意。第一，某些商务行为可能影响企业现金流并创造短期融资需求。**现金流**是指组织的现金流入和流出的情况。现金流的目标是企业在一定时期内有充足的资金流入用于支付企业当期的支出。然而，这一目标并不是总能达到。举例来说，加利福尼亚的卡拉威高尔夫公司向零售商和批发商提供信贷来获取公司的高尔夫球杆、高尔夫球、高尔夫服装、高尔夫配件。卡拉威的零售商采用信用购买方式可以在交易后30—60 天(或更长)付款。因此，在客户向它付款前，卡拉威可能会需要短期融资来支付账单。

表 19.1 短期融资和长期融资比较

企业选择短期融资还是长期融资取决于资金的使用目的	
企业现金需求	
短期融资需求	长期融资需求
现金流问题	业务启动成本
投机生产	兼并和收购
当前库存需求	新产品研发
每月支出	长期营销活动
短期宣传需求	设备更新
突发事件	设施扩建

注：短期融资是指使用期限一年或少于一年的资金。

第二大短期融资需求是投机生产。**投机生产**是指产品实际生产和产品销售之间的时间差。例如，类似康涅狄格的史丹利百得，其生产电动工具和小型器具用于圣诞季期间销售。企业的生产在每年 2 月、3 月和 4 月，企业利用短期融资购买原材料，支付工资和租金，支付存货成本，直到年底产品最终出售给批发商和零售商。图 19.2 表明尽管史丹利百得生产和销售制成品都在一年内，但支出高峰在一年的上半年。同一时期的销售收入较低。一旦企业制成品运送给零售商和批发商，并收到货款(通常在 30—60 天内)，销售收入即可用于偿还短期贷款。

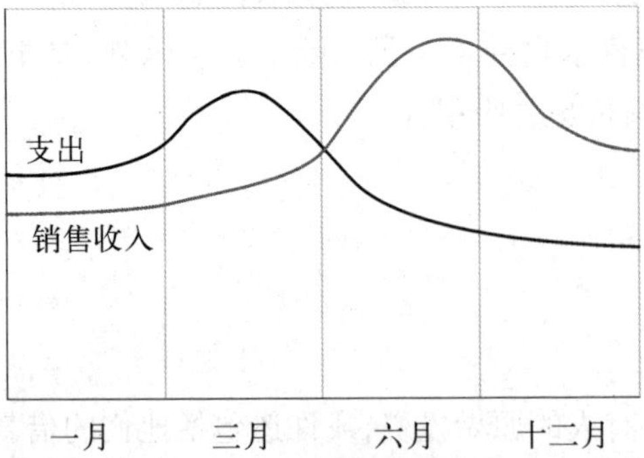

图 19.2 制造业企业的现金流

注：制造商，如史丹利百得，通常使用短期融资来支付生产过程中的花费。当产品运送给零售商和批发商并收到货款后，销售收入被用于支付短期贷款。

第三大短期融资需求是增加库存。营运规模从沃尔玛到社区药店的零售商都需要利用短期融资在销售高峰期之前建立库存。例如,达拉斯的布鲁斯米勒苗圃必须增加灌木、乔木、有花植物的库存,以满足春季和夏季销售旺季的需求。为了从种植户或批发商处购买这些商品作为库存,布鲁斯米勒苗圃使用短期融资,并在商品销售后偿还贷款。

19.2.2　长期融资

长期融资是指使用期限超过一年的资金。创立新企业显然需要长期融资。正如表 19.1 所示,企业兼并收购、新产品开发、长期营销活动、老旧设备更新、设施扩建也需要长期融资。[4]

大型企业所需的长期融资金额可能看起来几乎不太真实。3M 公司,这家以研发出名的大型跨国公司,在过去的 5 年里已经投资 70 亿美元用于开发使人们的生活更轻松和更安全的新产品。

19.2.3　风险回报率

根据财务专家的预测,两个原因使得企业未来短期和长期融资都将变得困难。第一,金融改革和新增管制都会延长获取融资的时间。第二,贷款人和投资人对待借款人的态度更加谨慎。为一项业务制定财务计划,做出影响企业财务状况的决策时,财务经理必须考虑风险回报率。

风险回报率是基于高风险高收益的原则。更保守的决策(伴随低风险)通常回报率更低。财务经理想要更高的回报,但他们必须努力平衡风险和回报。举例来说,俄亥俄州的美国电力公司考虑投资数百万美元研究新太阳能技术,使得公司能够利用太阳能生产电力。但是,财务经理(以及整个组织中的其他经理)在决定这样高昂的研究项目之前,必须确定潜在回报。

19.3　计划——合理财务管理的基础

在第 6 章,我们定义**计划**是组织完成其目标的行为框架。**财务计划**是指获取和使用实施组织目标所需资金的计划。

19.3.1　制定财务计划

财务计划(像所有计划一样)开始于建立一系列有效目标。然后,财务经理必须决定完成每一项计划需要多少资金。最后,财务经理必须确定有几种可行的融资渠道,并决定选择哪种。图 19.3 说明财务计划的三个步骤。

建立组织目标和指标　正如第 6 章指出的,**目标**是组织在 1—10 年期望达到的结果。

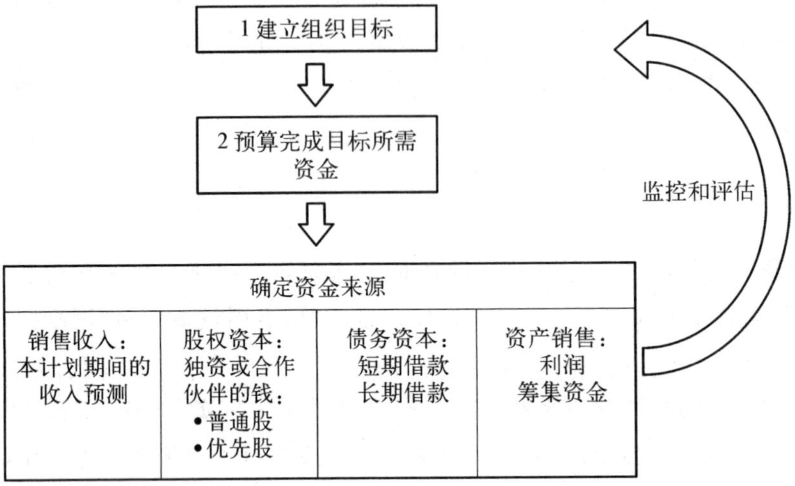

图 19.3　财务计划的三个步骤

指标是组织在未来短期内计划完成的详细说明。如果目标和指标不够具体和可量化，它们就不能转化为成本金额，财务计划也就不能进行。对大型企业来说，目标和指标都花费高昂。举例来说，你是否想过麦当劳的广告费是多少？为了宣传普及它每天服务的近6.8亿客户，这家世界最知名的快餐连锁店每年花费超过68.5亿美元。

财务需求预算　当财务计划师了解一个具体时期的企业目标和指标时，例如下一年，他们就可以建立预算，计划企业如何将产生的成本和收回的销售收入。确切地说，**预算**是计划未来一个时期的收入或支出或两者都包含的财务报表。[5]

一般来说，编制预算从各部门制定销售收入和各类支出开始。财务经理将各部门的销售收入和花费支出预算整合成整个公司的现金预算。**现金预算**是一个具体时期的现金收入和现金支出的估计值。请看图 19.4 展示的星条服饰公司的现金预算，销售收入列在每一季度的第一行，购买和日常费用支出列在中间。利用这些信息就可以计算这家零售

单位：美元　　　　　　　　　　从2012年1月1日到2012年12月31日

	第一季度	第二季度	第三季度	第四季度	总共
现金销售	150 000	160 000	150 000	185 000	645 000
未付款					
购买	110 000	80 000	90 000	60 000	340 000
工资/薪金	25 000	20 000	25 000	30 000	100 000
租金	10 000	10 000	12 000	12 000	44 000
其他费用	4 000	4 000	5 000	6 000	19 000
税	8 000	8 000	10 000	10 000	36 000
总付款	157 000	122 000	142 000	118 000	539 000
现金收益或(损失)	(7 000)	38 000	8 000	67 000	106 000

图 19.4　星条服饰公司的现金预算

服装店在每季度末预计的现金增加或减少。

多数企业在两种方法中选择一种编制预算。**传统**算法是每一项新预算都是基于上一年度预算金额,根据企业修订目标进一步修改,经理只需要调整新的费用项即可。这种算法的问题在于为经理或其部门的利益(有时是私心)留有补充预算项目的余地。这一问题可以通过零基预算法基本消除。**零基预算**是每一笔预算中的每笔支出都必须合理的预算方法。

为了制定长期融资需求计划,经理人通常要编制资本预算。**资本预算**是企业主要资产支出的估计值,包括新产品开发、设施扩建、老旧设备更新、兼并收购。例如,伯克希尔—哈撒韦公司,善于收购管理良好的创新型公司,在 2011 年通过编制资本预算来决策融资 90 亿美元的最佳方式,完成了对发展成功的路博润公司的收购。[6]

确定资金来源 图 19.3 中列出的资金的四大来源包括销售收入、股权资本、债务资本、出售资产所得。未来的**销售收入**一般占企业融资的最大部分。图 19.4 展示了星条服饰公司全年的销售额预计可以支付所有费用,并增加 10.6 万美元的现金收入。然而,星条服饰公司在第一季度的问题是预计销售收入少于花费的费用 7 000 美元。事实上,编制财务计划的主要原因之一是通过管理交货周期来解决这类现金流问题。[7]

第二类资金是**股权资本**,对于独资或合资企业,股权资本由企业所有人提供。对于企业来说,股权资本是通过出售企业股权份额获得的资金。股权资本主要用于长期融资。

第三类资金是**债务资本**,债务资本就是企业的借款。债务资本既可以供长期使用也可以短期使用。短期贷款就可以解决星条服饰公司的资金缺口。企业很可能会在第一季度的某个时间借入所需的 7 000 美元(或更多些),并使用第二季度销售收入来偿还。

出售资产所得是第四类资金。出售资产是激进的一步。然而,它是当销售收入下降并且股权资本或债务资本不足时合理的最后手段。资产也可能被出售用以增加企业的现金余额,企业不再需要某些资产或是某些资产不再是企业的核心业务的情况下,企业也可能会出售资产。2011 年,辉瑞公司,世界最大的制药公司,以 24 亿美元的价格将其胶囊制造部分出售给了世界领先的投资公司 KKR(科尔伯格 · 克拉维斯 · 罗伯茨)。辉瑞公司通过出售胶囊部分获得的资金将用于回购自己的公司股份。

19.3.2 财务绩效的监管和评估

确保财务计划的正确实施和在问题发展严重前发现潜在风险是很重要的。尽管努力增加融资、减少支出、增加销售收入以获取利润,零售和网上书店 Borders 在 2011 年申请了破产保护。最终,该书店被强制清库存并关闭其所有店面,因为一家破产的企业无法找到买家。

为了避免这一困境,财务经理应当建立一套监管财务绩效的方法。制定定期预算(周、月、季度)用以比较。通过比较可以找到需要进一步计划和修订的地方,至少是需要更谨慎调查的地方。预算比较也可以用于提高企业未来的预算水平。

19.4 短期债务融资来源

典型的短期债务融资是指在一年或更短期限内偿还的资金。在经济危机期间，许多企业都意识到通过短期借款来购买库存、日用品，以及支付工资和日常消费变得更加困难。现在可用融资数额已经有所增加。

申请融资并不意味着企业正在经历财务危机。相反，敏锐的财务管理通常意味着采用各种类型的定期有效的借款用于满足不同的需求。这部分我们将考察企业可利用的短期债务融资的来源有哪些。在后两部分，我们将关注长期融资的两种形式：股权资本和债务资本。

19.4.1 无担保的短期融资来源

短期债务融资的获取通常要比长期债务融资容易，主要原因有三点：

(1) 对贷款人而言，越短的还款周期意味着越小的不还款风险；

(2) 短期贷款的金额通常要小于长期长期贷款；

(3) 短期借贷双方通常有密切的工作联系。

多数短期融资的贷款人不需要抵押品。如果他们提出抵押品的要求说明他们关注到特殊贷款规模、借款方企业的不良信用记录，或者是一般的还款情况。本书第 18 章曾提到**抵押品**，其定义是以房地产或其他财产提供作为贷款的担保。

无担保融资是指不需要抵押品的融资。公司申请无担保的短期融资有几种选择。

商业信贷 制造商和批发商通常为零售商提供财务援助，允许他们在 30—60 天(或者更长期限)内支付货款。这种延期支付方式即为**商业信贷**。贸易信贷具体是指卖方在商品售出后并不要求立即支付货款，属于一种短期融资类型。这是短期融资最受欢迎的形式，因为大多数制造商和批发商都不收取贸易信贷的利息。事实上，企业之间 70%—90%的交易都会涉及贸易信贷。

我们假设轮胎店收到了制造商运来的一批轮胎，与此同时，轮胎店也会收到制造商开具的一张发票用以说明支付条款。轮胎店现在有两种付款方式。一是，零售商立即支付发票并可以享受制造商提供的一些现金折扣。现金折扣条款在发票上有规定。例如，“2/10, net 30”表明买方(轮胎店)如果在发票日期的 10 日内付款可以享有 2%的折扣。我们假设发票票面金额是 20 万美元，2%的现金折扣是 4 000 美元($200 000 × 0.02 = $4 000)。去掉现金折扣，轮胎店只需支付给制造商 19.6 万美元($200 000 − $4 000 = $196 000)。

二是，等到信用期限之前再付款。如果在发票日期后的 11—30 日期间支付，则轮胎店必须付给制造商全款。只要能够在信用期限以前付款，零售商就可以使用商业信贷的方式继续购买商品。

本票是借款人在未来某一特定日期支付一定数目金额给贷款人的一种书面承诺。对延长商业信贷期限感到不安的供应商可能更倾向于给开具本票的买家提供信贷。与贸易信贷不同的是,本票通常需要买家支付利息。尽管还款期限可以延长至 1 年,但大多数短期本票的还款期限是 60—180 天。

本票作为企业延长信贷期限的票据具有两种重要的优势:

(1) 本票具有法律效力,并且是一种可强制执行的合同;

(2) 本票是一种可流通的票据。

由于本票是可流通的,制造商、批发商、延长信贷期限的企业都可以将票据贴现或出售给其银行。如果票据贴现,则延长信贷期限的企业收到的金额会略少于到期金额,因为银行会收取一定的服务费。供应商可以直接得到大部分的钱款补偿,当本票到期时,银行可以收到账面金额。

无担保银行贷款　银行和其他金融机构向企业提供无担保短期贷款,利率根据每个借款人的信用评级来确定。**基准利率**是银行短期贷款收取的最低利率。图 19.5 追踪了 1990 年到 2012 年 1 月美国银行平均基准利率的波动情况。银行通常向信用评级良好的大型企业收取最低利率。信用评级较高的机构的利率可能是基准利率再加 2 个百分点。信用记录有问题的企业可能需要支付基准利率再加 4 个百分点。(银行对高风险贷款收取高利率的事实是本章之前讨论过的风险回报率的实际应用。)当然,如果银行认为借款人可能无力偿还贷款,其贷款申请就很可能被拒绝。

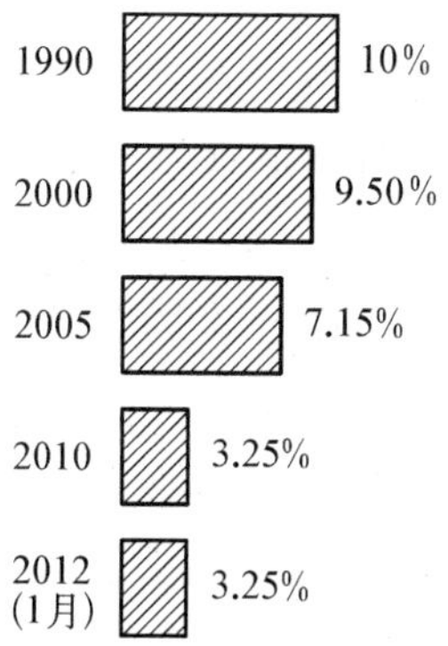

图 19.5　1990 年至 2012 年 1 月美国企业支付的平均基础利率

注:基础利率是信用评级最好的企业向美国银行借款的利率。其他企业支付的利率要比基础利率高。

资料来源:参考美国联邦储备银行网站,www.federalreserve.gov,2012-06-06。

当企业获批短期银行贷款时,利率和偿还条款可以进行协商。作为贷款条件,银行可能会要求企业在其存款账户上保留一定的补偿金额。补偿金额通常是贷款额的 10%—20%。银行也可能会要求每一家商业借款人至少每年**出清**(完全付清)一次其短期贷款,并且在 30—60 天内不得再次使用这笔款项。

商业票据　信誉良好的大型企业,像微软、宝洁、卡特彼勒可以通过发行商业票据快速获得大量资金。正如第 18 章定义的那样,商业票据是由大型公司发行的短期本票。商业票据的期限通常是 270 天或更短。

商业票据通常是由发行公司的信誉作担保的,不涉及抵押品。企业出售商业票据所需要支付的利率与其信用评级和偿还能力息息相关。在多数案例中,企业出售商业票据支付的利率会略低于银行短期贷款利率。因此,出售商业票据要比从银行获取短期融资的成本要低。尽管也可以购买小数额的商业票据,但大额商业票据(10 万美元或以上)更为常见。通过出售商业票据获得的资金通常用于补充存货、增加企业应收账款、支付工资和其他必需的花费,解决现金流问题。

19.4.2 有担保的短期融资来源

如果企业不能通过无担保融资来获得足够的资金,它就必须利用抵押品来获取额外的短期融资。几乎任何资产都可以作为抵押品。但是,库存和应收账款是最常用于短期融资的抵押资产。即使企业愿意提供抵押品,当其出现财务问题时仍难以获得短期融资。

以存货为担保的贷款 通常制造商、批发商、零售商都为库存最终产品投入了大量资金。另外,制造商还要库存原材料和半成品。这三种类型的库存都可以作为短期贷款的抵押品。但是,比起原材料和半成品,贷款人更倾向于便于出售的最终产品。

贷款人可能会坚持要求作为抵押品的库存要存储在公共仓库。在这种情况下,仓库的收据由贷款人保管。在没有收据的情况下,公共仓库不会允许提取货物。当借款人还款以后,贷款人归还仓库收据以及商品给借款人。除了贷款利率外,借款人还必须支付公共仓库的费用。结果就是这种类型的贷款要比无担保的短期贷款成本高。

以应收账款为担保的贷款 正如第 17 章所定义的,应收账款是企业客户应支付给企业的金额。企业可以将其应收账款作为抵押品来获得短期融资。贷款人可能会提前支付给企业 70%—80%的应收账款金额。第一种可选方式是,贷款人通过彻底的调查来确定应收账款的质量。(应收账款质量包括企业客户的信誉、应收账款到期时企业的偿还能力。)如果判定结果是肯定的,则贷款将被批准。当借款企业从那些作为抵押品的应收账款的客户中收取到还款后,通常它必须将这笔钱转给贷款人作为部分还款。另一种可选方式是通知借款企业的信贷客户直接向贷款人付款。

19.4.3 应收账款保理

应收账款可以通过另一种方式来帮助增加短期融资:应收账款可以出售给保理公司(或保理商)。**保理商**是指专门购买其他企业应收账款的公司。保理商以低于应收账款账面价值的价格买入,当每笔账目到期时收入全款。保理商的利润来源就是应收账款票面价值与保理商买入价的价差。保理商的利润通常基于其风险承担。这里的风险是指应收账款到期不能收到账款的可能性。由于经济危机余波以及一些银行不再提供短期融资,一些大型金融公司,包括美国银行控股公司和通用电气资本公司开始给新老企业提供额外的保理服务,使其能够出售应收账款。[8]

尽管企业出售应收账款获得的资金少于账面金额,但它可以直接获得所需资金。此外,它还将收款任务和收不到账款的风险一并转嫁给了购入应收账款的保理商。通常已出售的应收账款中的客户会收到通知将款项直接偿还给保理商。

19.4.4 成本比较

表 19.2 比较了各种类型的短期融资。正如你所见,商业信贷的成本最低。应收账款

转售很明显是成本最高的方式。对于很多企业目标来说,短期融资都是最能满足企业资金需求的方式。然而,在某些情况下长期融资可能会更适合。在这种情况下,企业可能会增加股本或长期债务资本。

表 19.2 短期融资方式比较

融资类型	成本	还款期限	企业	特点
商业信贷	低	30—60 天	所有信誉良好的企业	通常不用额外费用
向供应商开具的本票	中等	1 年及以下	所有企业	通常无担保但需要法律文件
无担保的银行贷款	中等	1 年及以下	所有企业	需要本票,可能需要补偿金账户
商业票据	中等	270 天及以下	信誉良好的大型企业	只大型企业可用
有担保的贷款	高	1 年及以下	信用记录有问题的企业	存货或应收账款通常作为抵押品
融通	高	无	有大量信贷客户的企业	融通公司购入应收账款

19.5 股权融资来源

长期融资的来源根据企业的规模和类型不同而不同。正如之前提到的,当所有人或合伙人向企业注资时,独资企业或合资企业获得股权资本(有时称为所有人权益)。对于股份制企业来说,获取股权融资的方式包括出售股票和使用未分配利润。这三种类型的企业也都可以获得风险投资和利用长期债务资本(借款)来满足他们的财务需求。

19.5.1 出售股票

股份制公司是由公司的股东们,即购买公司股票的人,来提供股权资本。

首次公开募股与一级市场 首次**公开募股(IPO)**是指股份制公司第一次向公众出售普通股。为了集资,社交网站 Groupon 通过 2011 年 IPO 获得 7 亿美元用于企业扩张以及其他业务活动。[9] 2011 年另一次 IPO 是 LinkedIn——世界最大的社交媒体公司之一——获得了 3.5 亿美元的融资。2012 年中旬,Facebook 利用 IPO 集资,这是在近些年来最大的一次公开募股。在本文发表之际,更多的社交媒体和技术类的 IPOs 正在计划在 2012 年进行。其他行业的股份制公司同样利用 IPO 来筹集资金。[10] 事实上,正如图 19.6 所示,最大规模的 IPOs 涉及美国的各行各业——Visa、通用汽车、美国电话电报无线

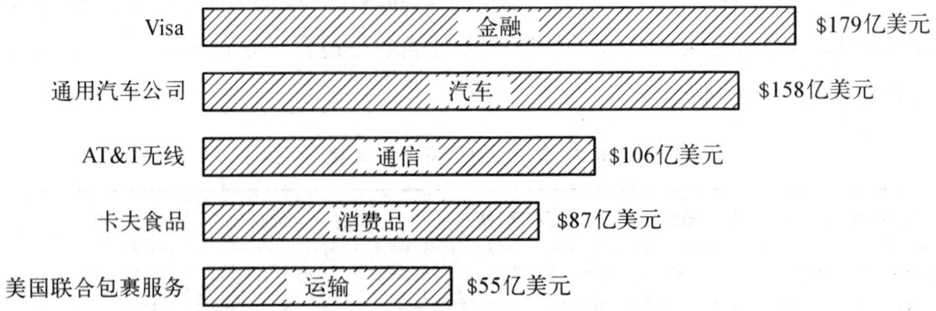

图 19.6 美国公司的最大时间首次公开募股

注：这五家公司通过出售股票筹集了数十亿美元。美国公司的纪录保持者 Visa 在 2008 年首次出售股票时筹集了超过 170 亿美元。

资料来源：Renaissance Capital, Greenwich, C, www.renaissancecapital.com, 2012-02-28.

公司、卡夫食品公司、美国联合包裹服务公司。

企业计划通过出售子公司来向公众集资也可以采用 IPO 的方式。2011 年，太阳石油公司出售其冶金部门股份获得超过 1.85 亿美元。新公司为 SunCoke 能源，是一个与太阳石油公司分开的新公司，将会生产冶金焦炭——一种制造钢铁的必需材料。从 IPO 获得的资金将被用于增加母公司的现金余额，并为企业的成长和扩张提供资金。除了通过 IPO 增加母公司的现金余额，当子公司股票升值时或者子公司不再符合母公司的业务发展计划时，母公司通常也会出售子公司股票。最后，如果某个子公司的成长速度明显低于公司其他部门，母公司也会考虑将其出售。[11]

公司利用 IPO 来集资，其股票会在初级市场进行出售。**一级市场**是投资人（通过投资银行）直接从证券发行人处购买金融证券的市场。**投资银行**是帮助公司集资的组织，主要是承销新发行的股票、债券或者其他金融证券。

尽管公司只能进行一次 IPO，但是假设公司股票上市的话，公司在 IPO 之后也能够继续出售股票。尽管出售股票的成本（通常称为**筹资成本**）高昂，但这种类型的股权融资的**运行成本**较低，主要原因有两点。第一，公司没有偿还通过出售股票获得的资金的法律责任。如果你购买公司股票并且过段时间决定出售你手中的股票，你可以卖给其他投资人，而不是公司。

出售股票的第二个好处是公司没有给股东们支付股息的法律责任。正如在第 4 章中提到的，**股息**是公司股东的一种收益分配方式。由于某些原因（如果公司今年运行不太顺利），董事会可以投票免除支付股息。收益就可以保留用于公司运营。当然，如果预期的股息被频繁地免除支付，股东们会向公司管理层表示不满。

二级市场 尽管公司股票只能在一级市场出售一次，但股票还可以在二级市场上反复出售。**二级市场**是已有的金融证券在投资者之间进行交易的市场。尽管公司在二级市场的每笔股票买卖并不直接获得资金，但是出售公司股票使得投资人能够获得资金，这也是投资人会购买公司股票的原因。如果没有二级市场，投资人不会在一级市场上购买股票,因为这些股票将不能转售给其他投资人。一般情况下,二级市场交易通过证券交易所或场外交易(OTC)市场来完成。

证券交易所是会员经纪人买卖证券的场所。通常大型企业发行的证券会在纽约证券交易所(NYSE)(现在由纽约泛欧交易所持股)进行交易,或者在全美各地的区域性交易所进行。超大型企业的证券可能同时在这些证券交易所进行交易。企业证券也可能在国外证券交易所上市,如在东京或伦敦。

数以千计的公司发行的股票是在场外交易市场进行交易的。**场外交易(OTC)市场**是对未在证券交易所上市的企业股票进行买卖的交易商网络。场外交易这个术语早在100多年前就存在了,当时证券就是在"场外"商店和银行进行销售的。到今天,大多数场外交易证券通过一种叫做纳斯达克的电子交易进行。纳斯达克是一种全国证券交易商协会自动报价系统。纳斯达克现在是世界上最大的证券交易市场之一。今天纳斯达克以其前瞻性、创新性、成长性企业而闻名,包括英特尔、微软、思科和戴尔。

股票分为两种类型: 普通股和优先股。作为长期融资方式,每种类型的股票都有其优势和劣势。

普通股　**普通股**代表了公司所有权的最基本形式。作为出售普通股获得融资的回报,公司管理层必须向股东们做出一定的让步,可能会涉及限制或改变公司政策。公司必须举行年会,由普通股持有人在年会上选举出董事会。股东们也会投票表决公司的重要决策,包括内容如下:

(1) 公司章程或法案的修订;

(2) 资产出售;

(3) 兼并和收购;

(4) 优先股或债券的发行;

(5) 普通股发行量的改变。

投资人只有在认为股票会增值时才会购入普通股。关于投资人为什么购买股票以及如何评估股票投资将在第20章"理解个人理财和投资"中进行讲解。

优先股　正如第4章中提到的,**优先股**所有人必须优先于普通股持有人获得股息。另外,优先股股东们明确了解他们将获得股息的具体金额,在股票上有写明。与普通股股东们相比,如果公司解散或宣告破产,优先股股东们也有资产索偿优先权(顺位在债权人之后)。尽管如此,与普通股一样,优先股股息发放必须经董事会批准,并且这种类型的融资并非债务,没有法律上的要求必须偿还。作为优惠待遇的代价,优先股股东通常没有在公司年会上投票的权利。

尽管公司通常只发行一种类型的普通股,但公司可能会发行多种类型的优先股,包括多种股息或股息率。例如总部在纽约的爱迪生联合电气公司就发行了一种普通股和三种优先股。

19.5.2 留存收益

多数大公司只分配其税后收益的一部分给股东。没有分配给股东的那部分公司利润称为**留存收益**。因为是未分配利润,留存收益被认为是股权融资的一种形式。

每年留存收益的金额是由公司管理层决定并经董事会批准的。大多数小型或成长型企业不给其股东支付现金股息或者仅支付非常小额的股息。所有或者说是大部分收益都用于支持公司的研发、扩张,或重大项目。再投资会增加公司股票价值,因为其为企业提供了零成本的资金。更多成熟的公司可能会分配其税后利润的 40%—60% 作为股息。公用事业公司或收入非常稳定的公司通常会分配 80%—90% 的税后所得。[12] 大公司的留存收益是一笔相当大的资金。例如,2011 年通用电气留存收益总额超过了 1 370 亿美元。

成功之道

在企业中寻找风险投资

为什么通用电气、戴尔、谷歌和其他大型企业会设置数亿美元的风险投资给小型企业呢?一个原因是可以和最具前沿思想的企业家合作。"风险投资使我们能够和这些不可思议的创新性企业联系起来,"通用电气的总经理解释道。通用电气投资那些处于发展初期、从事环境友好型技术和产品商业化的小型企业。

另一个原因是寻找在快速成长市场中活跃的潜在合作伙伴。例如,戴尔已经重启其风险投资组并计划向开展商业应用软件和推进云计算极限的创业型企业投资。除了计算机设备以外,戴尔正向着多样化发展,风险投资使它能够进入到新兴技术服务领域。

最后,长期利润驱动着企业从事风险投资。谷歌风投,寻找投资项目的部门,给技术性企业提供资金和服务,涉及领域很广泛,包括生命科学、能源和数字娱乐。谷歌风投已经帮助了 70 家企业,涉及内容包括招聘、技术、规划、营销,目的在于长远的经济回报。管理合伙人说:"当资金成为一种商品,你需要从其他方面来告诉创业者你将如何帮助他们。"

资料来源:Chapman L., Venture Firms Offer More than Just Cash[EB/OL]. www.wsj.com; Deborah Gage, 2012-04-04; Wall Street Journal, Dell Resurrects Venture Capital Arm[EB/OL]. www.wsj.com, 2011-12-16; Rusli E.M, GE Invests in 10 Home Energy Start-Ups[EB/OL]. www.nytimes.com, 2011-06-23.

19.5.3 风险投资和私募

要建立新公司或扩张原有公司,企业家可以尝试争取风险投资。在第 5 章中,我们将风险投资定义为给那些有潜力发展成功的小企业(以及困境中的企业)投资的资金。风投公司一般不会投资给典型的小企业——社区便利店或当地干洗店,而是倾向投资给有潜力获得巨额利润的企业。今天,大多数风投公司会选择投资给国家基础设施建设、计算机软件开发、消费者信息提供、社交媒体服务等类型的企业。例如,Zynga,这是一家快速成长型企业,开发了 FarmVille 和 Words with Friends 非常受欢迎的游戏,其在向公众出售股票之前就接受了风险投资。[13]

一般来说,风险投资公司包括投资人、富裕家庭成立的合伙公司、寻找投资项目的企业成立的合资公司。作为投资的回报,投资人通常会获得企业的股权或所有权,并分享企业利润。风险投资公司在规模和利益范围方面是多样化的。一些提供融资给初创企业,而另一些则只提供资金给比较成熟的企业。尽管风投公司愿意提供资金,在最近的经济危机后,他们也变得更有选择性地进行投资。

另一种融资方式是通过私募来进行。将股票或其他公司证券直接出售给保险公司、养老基金、大型机构投资人称为**私募**。与出售股票或其他公司债券给公众相比,私募方式的政府管制较少,并且成本较低。通常通过私募来融资的买卖双方的条款可以协商谈判。

19.6 长期债务融资来源

正如本章之前指出的,企业短期借款行为是出于某些合理的原因,并不是企业走投无路。同样,出于某些原因企业也会进行长期借款。除了通过借款来满足表 19.1 所示的企业的长期需求以外,成功的企业通常会利用财务杠杆来提高资金效率。**财务杠杆**是指利用借款来提高所有者权益回报率。财务杠杆的原理是,只要企业收益高于贷款利率,财务杠杆就是有效的。

为了理解财务杠杆如何增加企业所有者权益回报率,我们来看一下表 19.3 中,德克萨斯州 Cypress 弹簧塑料公司的信息。Pete Johnston,是这家企业所有人,正在考虑如何更合理地获得一笔 10 万美元的融资用于购买高技术制造装备。

- 他可以借款并支付 7%的年利率。
- 他可以给公司追加投资 10 万美元。

假设企业一年盈利 9.5 万美元,这笔贷款的年利率是 7 000 美元($100 000 × 0.07 = $7 000),如果采用借款的方式,Cypress 弹簧塑料公司的所有者权益回报率会更高。所有者权益回报率是由企业净收入除以所有者权益金额得到的。基于表 19.3 的计算,如果 Johnston 通过借款获得 10 万美元,Cypress 弹簧塑料公司的所有者权益回报率等于 17.6%。如果 Johnston 额外投资 10 万美元,企业的所有者权益回报率将会降至 15.8%。

表 19.3 Cypress 弹簧塑料公司债务或股权方式追加投资的效果分析

追加债务		追加股权	
所有者权益	$500 000	所有者权益	$500 000
追加股权	+0	追加股权	+100 000
总所有者权益	$500 000	总所有者权益	$600 000
贷款(利率 7%)	+100 000	无贷款	+0
总资本	$600 000	总资本	$600 000
年底收益			
总收益	$95 000	总收益	$95 000
减贷款利息	−7 000	无利息	−0
实际收益	$88 000	实际收益	$95 000
所有者权益回报率	17.6%	所有者权益回报率	15.8%
($88 000÷$500 000=17.6%)		($95 000÷$600 000=15.8%)	

利用财务杠杆最明显的风险是企业实际盈利可能会低于预期。如果这种情况发生，固定利息会减少甚至消除所有者权益回报。当然本金最终也必须要偿还。

对小企业来说，长期债务融资一般仅限于贷款。对于大型企业来说，还可以发行公司债券。

19.6.1 长期贷款

许多企业，如表 19.1 中列举的企业，通过从商业银行、保险公司、养老基金和其他金融机构贷款来满足长期融资需求。重型机械的制造商和供应商也可以通过给客户提供信贷服务来满足客户的长期债务融资需求。

定期贷款协议是要求借款人按月、季度、半年或一年分期偿还贷款的一种本票。尽管偿还期限也可能长达 15—20 年，长期商务贷款一般是 3—7 年。

假设 Pete Johnston，Cypress 弹簧塑料公司的所有人，决定通过借款获得 10 万美元，请利用表 19.3 说明的杠杆原理的优势。尽管企业所有者权益回报率确实增加了，必须每年支付利息，必须偿还最后贷款。每年定期偿还三年期的 10 万美元贷款，Cypress 弹簧塑料公司每年必须支付 33 333 美元加上 7 000 美元的年利息，或者说在第一年总共支付 40 333 美元。尽管由于前一年偿还了部分贷款，利息额会逐年递减，每年的偿还额对于像 Cypress 弹簧塑料公司这样的小公司来说仍然是一项大额的压力。

定期贷款的利率和偿还条款通常基于借款缘由、借款公司的信用评级、抵押品价值等。尽管长期贷款也可能是无担保的，但贷款人通常需要某种类型的抵押品。可接受的抵押品包括房产、股票、债券、设备，以及其他有价资产。贷款人可能还会要求借款人保证最低限额的流动资本。

获得贷款的基础 根据许多财务专家的建议，事前准备是申请长期商务贷款的关键。事实上，在你申请贷款之前就要开始准备了。在申请债务融资之前，你应该对潜在贷款人有所了解。尽管可能有许多潜在贷款人可以为你提供所需资金，但逻辑上讲，在企业办理其银行业务的地方借款更合理。这一事实强调了在企业银行账户保有足够余额的重要性。在申请贷款之前，你可能也会想通过一家国家级的信用单位，例如 D&B(之前名为 Dun & Bradstreet)来查看你企业的信用评级。

企业所有人通常需要填写一张贷款申请表，除此以外，贷款人还要看到一份你近期的商业计划。要明确地解释你打算做什么，完成你的商业目标需要多少资金，你将如何偿还贷款。大多数贷款人还会要求你提供一份由独立注册会计师出具的公司近期财务报表。然后编写一份名单，包括你的供应商、其他贷款人，或者与你有关的一些专业人士。你也有可能被要求就贷款请求与贷款部门工作人员进行讨论。希望你的贷款申请能够获得批准。如果没有的话，考虑一下为什么你的贷款申请被拒绝。回想下贷款过程，并思考在下次申请时如何做能够提高你获得贷款的机会。

19.6.2 公司债券

除了贷款以外，大型企业也会可能选择发行债券，债券面额在 1 000 美元至 50 000 美元之间。尽管一般公司债券的票面价值是 1 000 美元，但一次发行的所有债券的票面总价值会达到数百万美元。事实上，企业出售债券的原因之一就是可以向众多债券持有人借到大笔资金，通过发行债券获得的融资往往比向单一贷款人借款金额要高。**公司债券**是公司将偿还指定金额及其利息的书面承诺。公司债券的利率根据发行债券企业的财务健康状况而定。企业发行债券所要支付利率的增或减具体决定因素包括：

- 企业在到期前每年偿还利息的能力。
- 企业在到期时偿还债券的能力。

对债券投资人来说，公司债券利率是本章前部分提到的风险回报率的一个例子。简单地讲，投机性风险越高的债券，投资人预期的利息就越高。

到期日是指企业要偿还借款的日期。如今大多数公司债券属于注册债券。**注册债券**是指由发行企业在所有人名下注册的债券。很多企业并不发行实际债券，而是采用电子记录的债券，关于债券发行的具体细节、当前所有人姓名和地址都由电脑记录。这种方式更加安全，因为他们不会被偷窃、错置、损坏，并且在债券出售时，更容易交易。

在债券到期之前，企业按规定的利率向债券所有人支付利息。举例来说，American & Foreign Power 公司的债券到期日在 2030 年，期间其债券所有人每年每张债券可获得 5%的利息。假如每张债券面额是 1 000 美元，公司必须每年支付债券持有人 50 美元

(\$1 000×0.05 = \$50)。由于利息通常是每半年支付一次,American & Foreign Power 公司的债券所有人每 6 个月将会收到 25 美元/张债券。在到期日,注册所有人将会收到与债券票面价值等额的现金。

债券的类型 公司债券通常分为信用债券、抵押债券、可转换债券。大多数公司债券属于信用债券。**信用债券**是一种仅靠发行企业信誉支持的债券。为了增加公司债券对投资人的吸引力,企业也可以发行抵押债券。**抵押债券**是一种由发行企业各种资产作为担保的公司债券。可以作为抵押债券抵押品的公司资产包括没有作为其他债务责任抵押品的房地产、机械、设备。公司也可以发行可转换债券。根据所有人的选择,**可转换债券**可以交换为固定份额的公司普通股。

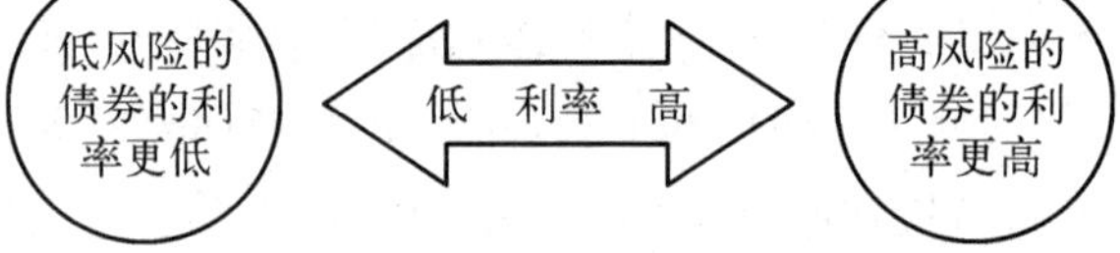

图 19.7 企业债券投资者的风险回报率

超威半导体公司(AMD)2015 年到期的债券属于可转换债券,每张债券可转换为 35.612 5 份 AMD 公司的普通股。公司发行可转换债券有三点好处: 第一,可转换债券通常比不可转换债券的利率要低;第二,可转换的特征可以吸引对投机性收益有兴趣的投资人,因为可转换债券允许转换为公司普通股;第三,如果债券持有人将债券转换为普通股,公司则不再需要在债券到期日将其赎回。[14]

债券到期日通常在债券发行日后的 10—30 年。一些债券在到期日之前就可赎回,即公司可以回购或赎回它们。对于这种债券,公司可能会支付给债券所有人一笔赎回溢价。赎回溢价的金额与其他规定都在债券契约中有明确说明。**债券契约**是详细说明所有有关债券发行条件的法律文件。

在考虑发行债券是否是公司获得融资最好的方式之前,经理们必须先确定公司是否负担得起公司债券的利息。显然,债券发行量越大,公司每年支付的利息就越高。举例来说,假设 American Express 发行票面价值 1 亿美元的债券,如果利率是 4.875%,这笔发行债券的利息则是 4 875 000 美元每年直到债券偿还为止(\$100 000 000×0.048 75 = \$4 875 000)。此外,American Express 必须在到期日偿还其债券的票面价值(1 亿美元)。如果公司在到期日违约,不能支付利息或偿还债券,债券所有人可以强制企业破产,他们的索偿权优先于普通股和优先股的股东。

公司可能会采用以下三种方式之一来确保它有足够的资金可用于偿还所发行的债券。第一,它可以发行**系列债券**,这种债券发行日期单一,但到期日期不同。例如,一个公司可能会通过发行 25 年期的 5 000 万美元债券来满足其企业扩张的资金需求。在前 15 年没有债券到期,此后,每年有 10%的债券到期,直到第 25 年末所有债券均偿还。第二，公司可以建立偿还基金。**偿还基金**是指每年储蓄一笔资金用于赎回所发行债券。在 Union Pacific 公司出售 2.75 亿美元债券之时，公司就开始建立一个偿还基金直到 2025 年债券到期。第三，公司可以通过出售新债券来偿还先前发行的债券。尽管这可能会延长公司的长期债务，公共事务公司和铁路公司多采用这种还款方式。[15]

发行债券的公司还必须指派一个**托管人**，即作为债券所有人代表的个人或独立公司。托管人的职责多是通过商业银行或者其他大型金融机构来处理的。公司必须定期向托管人报告其支付利息和最终赎回债券的能力。然后，托管人将这一信息以及托管人自身对公司支付能力的评估传达给其他债券所有人。

19.6.3　成本比较

表 19.4 比较了可以获得长期股权融资和债务融资的一些方法。尽管股票的最初发行成本较高，但出售普通股是大多数财务经理的选择。一旦股票出售，前期成本得到资金回笼，采用股票融资的运行成本是较低的。一般来说，运行成本最高的长期融资类型是长期贷款（债务）。

表 19.4　长期融资方式比较

融资类型	是否偿还	偿还期限	成本/股息	可能的资金用途
股权				
普通股	否	无	高初始成本，低运行成本，因为不必须支付股息	所有出售股票给投资者的公司
优先股	否	无	不必须支付股息，但任何股息分配优先于普通股股东	已有一定普通股股东作为投资者基础的大型公司
债务				
长期贷款	是	一般 3—7 年	依据经济环境和申请贷款的公司财务稳定性的不同，利率在 3.25%—12% 之间	所有能够满足贷款人的偿还条件和抵押要求的公司
公司债券	是	一般 10—30 年	依据债券发行公司的财务稳定性和经济环境，利率在 3% 到 9% 之间	财务健康的大型公司

在很大程度上，企业是通过众多个人投资来获得资金——人们在银行储蓄的资金或者人们用于购买股票、共同基金、债券的资金。在第 20 章，我们来看一下证券市场如何帮助人们进行商业投资。

商界报道回看

斯马克公司

杰罗姆·门罗·斯马克创立他的公司已经一个多世纪了，斯马克家族成员仍在做着明智的财务决策。1959年上市为公司投资产品开发和其他活动提供了奖金。最近，公司借利率较低之际发行公司债券，在保持长期借款成本较低的同时构建斯马克的现金头寸，当有好机会出现时，斯马克公司就能够及时作出反应。

为了在中国实现扩张，斯马克股权投资了当地一家领先的燕麦公司。斯马克从这家公司获取的市场知识将为其在亚洲市场出售北美产品铺平道路，也为其特别为中国开发和制造新食物提供可能。

讨论题

1. 为什么斯马克公司倾向于发行还款期限18个月以上的超出10亿美元债券，而不是普通股或优先股呢？

2. 你怎么看待斯马克公司为液体咖啡浓缩业务预付3.5亿美元后，未来10年再支付5 000万美元给Sara Lee的做法？解释你的答案。

本章小结

1. 理解为什么在今天经济不确定的情况下，财务管理是重要的？ 对于财务经理来说，过去几年相当困难。财务经理不得不面对销售和利润下行的压力。某些情况下，银行不再给以往总能借到钱的公司提供贷款。并且首次向公众出售股票的公司数量下降。最糟糕的情况是，在危机期间申请破产的企业数量增加。幸运的是，更多的企业在经济风暴中能够通过出色的财务管理顺利运营。

财务管理包含获取资金和有效运用资金的各项活动。财务管理是一个双边匹配问题。一方面，资金的用途往往决定着企业需要采取的融资类型。另一方面，可用资金的融资类型也决定着企业可以从事的活动。财务经理必须确保在有需求时企业具有可用资金，并且资金的获取成本尽可能低，资金的利用效率尽可能高。在经济危机爆发后，《多德-弗兰克华尔街改革和消费者保护法案》签署成为法律。直到今天，是否需要更多的管制仍在争论中。对于合格的工作申请人来说，现在仍有大量的金融领域工作机会。

2. 确定企业短期和长期的融资需求。 短期融资是指使用期限为一年或低于一年的资金。短期需求有很多，但现金流、投机生产、库存是最主要的三种。长期融资是指使用期限超过一年的资金。这种融资需求主要包括企业创立、合并或收购、新产品开发、长期营销活动、设备更新换代、设施扩增。财务专家指出，由于管制增加且贷款人更加谨慎，未来企业短期和长期融资都将会更加困难。财务经理在制定财务决策时还必须考虑风险回报率。风险回报率基于的是高风险、高回报的原则。相反，更加保守的决策则回报更低。

3. 总结财务管理的规划程序。财务规划始于组织的目的和目标，接着，将组织的目的和目标转换为部门预算，详细估计收入和花费。这些预算被整合为整体的现金预算，再由财务经理决定需要什么类型的资金以及如何获得。鉴于部门和现金预算强调短期融资需求，资本预算则用于估计企业的主要资产支出和长期融资需求。四种主要融资来源分别是销售收入、股权资本、债务资本、出售资产所得。获得所需资金后，财务经理要负责监管和评估企业的财务活动。

4. 描述不同方式短期债务融资的优劣势。大多数短期融资是无担保的，即不需要抵押品。无担保的短期融资来源包括商业信贷、向供应商开具的本票、无担保银行贷款、商业票据。有担保短期融资来源包括以库存和应收账款作为担保的贷款。企业也可以出售其应收账款给保理商。商业信贷是成本最低的短期融资方式。其他渠道的融资成本一般取决于融资来源和企业的信用评级。一般来说保理业务的费用最高。

5. 评估股权融资的优劣势。公司可以通过出售普通股或优先股来提高股权资本。公司第一次向公众出售股票称为首次公开募股(IPO)。通过 IPO 的股票在一级市场出售。股票在一级市场出售后，投资人可以在二级市场对股票进行买卖。一般情况下，二级市场交易通过证券交易所或场外交易市场来完成。普通股是具有表决权的股票。普通股持有人有权选举公司董事，并批准公司章程的变更。相比普通股持有人，优先股持有人具有股息分配优先权。股权融资的另一个来源是留存收益，即企业收益没有分配给股东的部分。风险投资，即投资给小型的(或处在困境中的)但有潜力获得成功的企业，是另外一种股权融资渠道。最后可以通过私募的方式出售股票或其他公司证券。

6. 评估长期债务融资的优劣势。对小企业来说，债务融资仅限于贷款。大型公司还有另一个选择就是发行公司债券。不论企业规模如何，都可以利用财务杠杆。财务杠杆是利用借款来提高所有者权益回报率。长期贷款利率一般与借款人的财务状况、借款原因、抵押品有关。长期商务贷款的还款期限通常是 3—7 年，但也可长达 15—20 年。当债券到期时，通过出售债券获得的资金必须偿还。此外，公司还必须为这笔资金支付利息，从债券出售开始直到债券到期为止。公司必须支付的利率取决于债券发行公司的财务健康情况。债券到期日一般在债券发行后的 10—30 年。有三种类型的债券，分别是信用债券、抵押债券、可转换债券，它们可出售用以增加债务资本。比较股权和债券的长期融资成本，采用股票(股权)融资的运营成本更低。成本最高的是长期贷款(债务)。

关键词

财务管理	现金预算	保理商	留存收益
首席财务官(CFO)	零基预算	首次公开募股(IPO)	私募
短期融资	资本预算	一级市场	财务杠杆
现金流	股权资本	投资银行	定期贷款协议
投机生产	债务资本	二级市场	公司债券
长期融资	无担保融资	证券交易所	到期日
风险回报率	商业信贷	场外交易(OTC)市场	注册债券
财务计划	本票	普通股	信用债券
预算	基准利率	优先股	抵押债券

可转换债券　系列债券　偿还基金　托管人
债券契约

复习题

1. 企业财务管理包括哪些内容?
2. 短期融资和长期融资有哪些不同?给出每种类型融资的两个资金用途。
3. 请用你自己的语言来描述风险回报率。
4. 现金预算的作用是什么?资本预算呢?
5. 零基预算是什么?它与传统的预算概念有什么不同?
6. 四种常见的资金来源是什么?
7. 财务经理如何监管和评估企业获得的融资?
8. 商业信贷作为一种短期融资方式的重要性是什么?
9. 为什么供应商会要求客户签署本票?
10. 基准利率是什么?谁可以采用基准利率?
11. 解释保理的工作原理。对于出售应收账款的企业,保理服务有什么好处?
12. 通过出售股票获得资金的优势有哪些?
13. 从公司的角度看,优先股与普通股有什么区别?
14. 公司的留存收益从哪来?这一融资方式有什么优势?
15. 对公司来说,公司债券相对长期贷款具有哪些优势?
16. 描述在公司债券到期时确保可用偿还资金的三种方式。

讨论题

1. 在最近经济危机中,许多财务经理和公司高层被批评,原因是:(a) 错误决策;(b) 道德行为缺失;(c) 高薪;(d) 数百万美元的高额遣散费;(e) 奢侈的生活方式。这些批评合理吗?说明你的观点。
2. 如果你是星条服饰公司的财务经理,企业第 2 季度和第 4 季度预计增加的现金你将如何使用呢?(见图 19.4)
3. 制定未来 6 个月的个人现金预算。解释一下如果在这 6 个月中每月月末出现预算不足或现金剩余,你将会怎么做?
4. 为什么贷款人在可以要求抵押品的前提下会提供无担保短期贷款呢?
5. 小企业家或公司经理如何利用财务杠杆来提高公司利润和所有者权益回报率?
6. 在什么情况下,大型公司会选择出售股票而不是发行债券来获得长期融资?什么情况下公司会选择发行债券而非股票呢?

视频案例 19.1

财务计划就等于 Nederlander Concerts 的利润

Nederlander Concerts 是一家从事美国西部地区现场音乐会预订、宣传、举办的公司。公司合作过的艺术家包括 James Taylor、Flogging Molly、Bruce Springsteen、Bonnie Raitt、Allman Brothers 乐队。但 CEO Adam Friedman 说，"我们没有必要做全国或是全世界范围的演出，我们在现有的小中型场地投资组合中寻找机会……它是世界上仅有的几家家族经营的娱乐企业之一……这意味着我们每一天都集中精力在公司经营。我们并不像那些受华尔街指导的公司，我们没有那些限制条件，我们没有那些报告的责任，这使得我们可以全神贯注在我们的企业发展战略上。"

当然，作为私营公司且不必向股东们(华尔街)负责并不意味着 Nederlander 没有报告的责任。正如 CEO 所解释的，"我们在年初不仅评估演唱会收入和花费，也会考虑特殊活动的收入。"Nederlander 拥有一些剧院、圆形露天剧场和表演场地，它有时也会为演唱会和活动租用西海岸沿线的场地。"举例来说，我们在洛杉矶为电影首映式租用设备，我们将有哪些收入？这一过程将产生哪些费用？我们一年的固定成本是多少？我们有哪些员工，是全职、兼职，还是季节性雇用？每天企业正常运行来保证这些收入和支付相应花费需要多少成本？这些都包括在每年年初的年度预算中，作为指导方针让我了解企业要如何实现增长。年度预算也使我能够向高层汇报我们这一年的发展方向是什么……每一场活动都有自己的损益表，是缩小版的年度计划，"CEO 说。

除了每天、每周、每季度的活动报告，Nederlander 的财务团队还会形成每天、每周的门票销售报告。公司整体表现的月度报告整合形成季度报告和年度报告。每份年度报告会与该年份预算作比较。财务部门要清点数百笔交易来获取这些年度数据，以呈现给公司高层来确保公司以最能盈利的方式运转。

Nederlander 的经理说音乐行业的收益必须采用长期测算，由于该行业的周期性和场地成本过高，很难有短期利润。公司现在财务状况良好(它属于 Nederlander 组织，一家全球性的收益良好并且具有剧院所有权的公司)，因此，它能够负担得起自身发展和扩张所需的资金，或者它可以以优惠条件借款。"非常幸运的是我们公司具有非常良好的资本化企业制度，并且已经在行业中运行了 80 多年，"CEO 说，"我们的资产负债表非常漂亮，这使得我们有能力进行债务融资，如果这么做更有效率的话……或者(利用)公司自有资金……如果借钱利润更高的话，我们会这么做，并且基于长期的银行业务关系，我们有能力以非常优惠的利率获得资金。"

能够与公司预约的一些艺术家见面是非常激动人心的。"但最终还是生意，"CEO 指出，"如果我们不能成功地增加收入和管理支出，最终公司不会获得利润，这将不是我们公司高层所乐见的结果。"[16]

讨论题

1. 这是 Nederlander 的首席运营官所说的其运营模式："一场秀的产品寿命非常短暂。你去卖了两个月的票，而你的票只有在作秀的当天才有价值。从这个意义上讲，这一模式非常有趣。"你认为公司的产品寿命短将会如何影响公司的财务计划？

2. 该公司 90%的情况下都会使用自己的场地和剧院。公司拥有自己的场地有哪些优势和劣势？

3. 假设公司自有资金充裕，为什么 Nederlander 在有些情况也会选择借款来发展企业呢？

案例 19.2

Darden 餐厅供应长期增长

自 Bill Darden1968 年在佛罗里达州开办其第一家红龙虾餐厅，增长就已在其计划内。新鲜海产品和休闲餐饮的结合很快流行起来，并很快吸引了 General Mills 的目光，后者在 1970 年买下了这家快速增长的公司。1995 年，General Mills 以其创立者的名字重新为这家公司命名，并将其剥离出来进行上市。Darden 餐厅上市之后，利用这笔收益为其长期增长制定新的财务路径。

今天 Darden 拥有员工 180 000 人以及 1 900 家全方位服务休闲餐厅，每年在北美地区提供超过 4 亿餐。公司的 7 个餐饮品牌是红龙虾（海鲜）、橄榄园（意大利餐）、长角牛排（西部主题的牛排等）、Capital Grille（高档牛排）、巴哈马微风（加勒比主题的休闲餐厅）、Seasons 52（新鲜烧烤食品）、Eddie V's（顶级海鲜和牛排）。Darden 的年销售收入高达 75 亿美元。

健康的现金流也是必须的。Capital Grille 的年平均销售额高达 650 万美元，橄榄园 480 万美元，红龙虾 360 万美元，长角牛排 290 万美元。Darden 利用餐厅营业收入再投资，包括开设新店、重新装修、采用环境友好的材料和能源节约的开关。鉴于 Darden 的规模，它可以利用规模经济效应，通过全球渠道来采购食品和饮料，进而保持成本可控，提高利润率。

多年来，该公司通过债务和股权相结合的方式来推动其持续的扩张。该公司利用一笔约有 5 亿美元的循环信贷协议来平缓其季节性业务的财务波动。尽管会受到天气条件、经济环境、假期和其他不可控因素的影响，但一般来说，Darden 的营业收入在春季最高，秋季下降到最低点。在有需要的时候，循环信贷协议为借款提供了便利。

Darden 还通过发行公司债券来集资，包括 5 年期、10 年期、20 年期，甚至更长期限。公司每年两次给其债券持有人发放利息。股权方面，Darden 的普通股在纽约证券交易所进行交易，并且它会给其股东支付现金股息。Darden 的现金流状况很好，事实上，前不久刚增加派息，并且在投资运营的同时 Darden 还在赎回债券。

尽管存在不可预见的经济环境以及来自快餐业和休闲餐饮业知名公司的激烈竞争，未来 Darden 仍然会继续快速增长。在最近的经济危机中，它没有像其他一些连锁店一样，采用大力度、广泛性的折扣来吸引客户。相反，它采用间或的、选择性的价格宣传来加强其承受能力。公司财务稳定意味着它有可用资金，用以收购行为、开设新店、开发新菜、训练新员工、开展新广告。

过去 10 年里，Darden 以其财务优势购买和扩张了 Capital Grille 和长角牛排连锁店。在 2011 年，Darden 收购了 Eddie V's 和 Wildfish Seafood Grill 连锁餐厅。它还通过开设 Seasons 52（以蒸、烘焙、烧烤菜品为特色）的新店，来迎合消费者对健康饮食日益增加的需求。正如其名所示，Seasons 52 根据季节变换定期更新菜单。不断变换的菜单吸引了很多回头客来品尝季节特色菜和往常最受欢迎的菜品。

Darden 也会关闭一些表现不佳的店面或出售整个连锁品牌，以保证其资金和管理资源用于更具增长性的机会。几年前，Darden 出售了旗下 Smokey Bones Barbecue & Grill 连锁店，认为这一餐厅概念不再具有 Darden 需要的全国范围扩张的潜力和利润潜力。为了追求其盈利性的长期增长，Darden 下一步会做什么[17]？

讨论题

1. Darden 正在斥巨资更新升级其多家红龙虾和长角牛排餐厅内部。你对于公司如何衡量这一重新装修计划的财务效果有什么建议？

2. 为什么 Darden 会发行 5 年期、10 年期、20 年期甚至更长期限的公司债券呢？

3. 如果 Darden 需要资金来装修已有店面、开设新店、偿还债务，为什么它还会给股东增加派息呢？

尾注

1. Sources: Based on information from the J. M. Smucker Co. Web site at www.smucker.com, accessed April 15, 2012; Betty Lin-Fisher, "Smucker Spreads into China Market," *Akron Beacon Journal Online,* March 26, 2012, www.ohio.com; "Smucker Completes Deal for Sara Lee Coffee Unit," *Columbus Business First (Ohio),* January 4, 2012, www.bizjournals.com/Columbus/news; Cecile Vannucci, "J.M. Smucker Completes Acquisition of Rowland Coffee," *Bloomberg News,* May 17, 2011, www.bloomberg.com; Robert Schoenberger, "J.M. Smucker to Buy Sara Lee's Coffee and Tea Business for $400 Million," *Cleveland Plain Dealer,* October 24, 2011, www.cleveland.com; Joseph Ciolli, "Smucker Plans Biggest Bond Offering to Help Finance Acquisitions," *Akron Beacon Journal Online,* October 13, 2011, www.ohio.com.
2. Maria Bartiromo, "BlackRock's Peter Fisher on When the Pan Will End," the *BusinessWeek* Web site, accessed October 8, 2008.
3. The U.S. Bureau of Labor Statistics at http://bls.gov, accessed February 29, 2012.
4. The 3M Corporation Web site at www.3m.com, accessed February 24, 2012.
5. The McDonald's Corporate Web site at www.aboutmcdonalds.com, accessed February 27, 2012.
6. Lubrizol Corporate Web site at www.lubrizol.com, accessed March14, 2011.
7. Tom Randall, "Pfizer Sells Capsugel Pill Unit to KKR for $2.4 Billion," the Bloomberg Web site at wwwbloomberg.com, accessed April 4, 2011.
8. "CIT, GE Capital Add to Factoring Businesses," the Reuters Web site at www.reuters.com, accessed March 29, 2010.
9. Julianne Pepitone, "Groupon IPO Opens at $28," the Fidelity.com Web site at https://fidelity.com/news, accessed November 4, 2011.
10. Ari Levy and Lee Spears, "LinkedIn Retains Most Gains Second Day After Surging in Initial Offering," the Bloomberg Web site at www.bloomberg.com, accessed May 20, 2011.
11. Ginger Crist, "Sun Coke Energy IPO Shares Soar," the Dayton Business Journal Web site at www.bizjournals.com, accessed July 21, 2011.
12. "The GE 2011 Annual Report," the General Electric Web site at www.ge.com, accessed August 20, 2012.
13. Russ Garland, "Zynga Inc: Venture Capital Investment Up Despite Fund-Raising Constraints," the 4-Traders.com Web site at www.4-traders.com, accessed January 20, 2012.
14. The Advanced Micro Devices corporate Web site at www.amd.com, accessed February 25, 2012.
15. *Mergent Transportation Manual* (New York: Mergent, Inc., 2009), 64.

16. Based on information from the company Web site www.nederlanderconcerts.com, accessed February 29, 2012; Nederlander Organization company overview, *BusinessWeek*, www.businessweek.com, accessed August 20, 2010; Hannah Heineman, "Moving Forward on Capital Improvement Projects," *Santa Monica Mirror*, July 28, 2010, www.smmirror.com; Steve Knopper, "Tour Biz Strong in Weak Economy," *Rolling Stone*, October 2, 2008, 11-12; Ray Waddell, "Nederlander/Viejas Deal Offers Touring Opportunities," *Billboard*, January 10, 2008, www.billboard.com; interviews with Nederlander employees and the video "Financial Planning and Budgets Equal Profits for Nederlander Concerts."
17. Based on information from the company Web site at www.darden.com, accessed February 29, 2012; Jason Daley, "The 500 Calorie Smack Down," *Entrepreneur*, May 2010, 85ff; Jim Johnson, "Darden Plans Eco Eateries," *Waste & Recycling News*, March 29, 2010, 6; Ron Ruggless, "Darden Says No to Discounting," *Nation's Restaurant News*, March 25, 2010, www.nrn.com; Jonathan Birchall, "Darden Claws Back Custom of US Diners," *Financial Times*, March 25, 2010, 18; "Darden 3Q Profit Rises 25 Percent," *BusinessWeek*, March 23, 2010, www.businessweek.com; Michael Sanson, "Darden Restaurants," *Restaurant Hospitality*, August 2009, 28.

第 20 章

理解个人财务和投资

学习目标

1. 解释为什么你应该管理个人财务和制定个人投资计划。
2. 描述安全、风险、收入、增长和流动性如何影响你的投资计划。
3. 认识到你可以怎样减少投资风险并增加投资回报。
4. 解释人们选择银行存款和债券等保守型投资的原因。
5. 明确股票、共同基金、房地产和更多投机性投资的优劣势。
6. 利用财务信息来评估投资方案。
7. 理解不同类型的投资是如何买入和卖出的。

商界报道

先锋集团考虑低成本和高科技

先锋集团通过提供低成本投资和涉猎高科技领域使投资者的资金得到最有效率的使用。在其成立初期,公司的主要业务是出售共同基金,投资一组股票或债券的一池子资金,而非个别股票或债券。先锋是建立共同基金的先驱,共同基金是在特定金融指标中的一组普通股或债券。在先锋建立其先锋 500 指数基金之前,个人投资者是不能从投资公司直接买入这种指数共同基金的。今天,先锋提供数百种共同基金和很多其他类型的证券以供不同类型的投资者和不同的投资目标,长期或短期,进行选择。

先锋集团是由它所管理的不同类型资金所有,因此它长期以来"按成本价格"操作共同基金。结果就是,投资者支付更低的共同基金费用,可以保留更多资金用于投资年复一年地赚取回报。究竟有多低呢?根据先锋的计算,它的平均费用率是,平均来说,是行业平均水平的五分之一。为了凸显这一区别,先锋最近派出一辆"成本价咖啡"食品卡车巡回出售咖啡,每杯28美分——正是平常价格的五分之一。“以成本价投资的概念很难解释,”先锋的发言人说,“因此我们试着帮助投资者通过一些有形的东西来体验,例如一项日常消费——咖啡。”

先锋也采用最新技术使其客户能够在任何时间任何地点查询他们的账户并了解最新的投资项目。其官方网站会提供详细的金融信息、网上交易等等,除此之外,公司也为手机和平板电脑提供可下载的应用程序。无论投资者是刚刚入门还是已有许多投资经验,他们都可以利用新技术来查看他们最近的交易、分析投资绩效、买入或卖出证券、阅读先锋的研究报告、订阅它的电子通讯、观看它的教学视频——所有这些只需要一点手指或一击鼠标即可。[1]

常言道,“我很富有我也很贫穷,但相信我,富有更好。”但只是梦想着成为富人,并不会使其成真。尽管成为一个富有的人并不一定就意味着幸福,但管理你的个人财务和开始一项投资计划都是有价值的目标。像先锋集团这样的公司(本章“商界报道”部分介绍的公司)提供一系列的服务帮助人们管理他们的个人财务,研究投资,买入和卖出股票、债券、共同基金和其他证券。但是,你必须投入所需要的时间和努力来管理你的个人财务,并成为一个好的投资者。另外,不要低估你自己在管理你的财务时的重要性。没有人要求你管理你的财务。没有人要求你要省钱来进行投资。这些都是你的决定——可以确实改变你生活的重要决定。[1]

很多人会问这样的问题:为什么现在要开始投资?为了回答这个问题,你必须要理解个人理财专家认为最好的投资是20—40年的长期增长项目。你在本章后面部分将会了解到,投资在短期内可能会贬值,但历史经验表明高质量的证券一般来说长期是增值的。

第二个令人信服的理由是越早开始投资计划,你的投资越快产生回报。那为什么人们会迟迟不开始投资呢?大抵有两个原因。第一,他们没有足够的资金用于投资。但是,只要你开始管理个人财务,合理控制消费,你就可以节约出资金来进行投资。人们不进行投资的第二个原因是,他们对投资一无所知。再次强调,本章将会讲解投资的基础知识。

本章首先从检查日常资金管理活动和简要说明开展个人投资计划的原因开始。接着,我们讨论选择投资时要考虑的重要因素,并介绍传统投资和高风险(投机性)投资。然后,我们分析如何利用信息来评估潜在的投资项目。最后,我们说明买入和卖出投资品的方法。

就是现在!迈出第一步,开始管理你的个人财务。

20.1 管理你的个人财务

如果能像变魔术一样积累财富当然很好,可惜这不是魔术。大多数人都是从整理自已的“账务”开始。在这一部分，我们将讲解有效进行财务管理的几个步骤，为你未来进行投资做好准备。

20.1.1 第一步：记录你的收入、支出、资产、负债

很多个人理财专家建议你通过确定你当前的财务状况来开始理财。一般第一步是构建个人收入表和资产负债表。(注意：个人收入表和资产负债表在第 17 章中有详细说明。)**个人收入表**列出一个具体时间段里(一般是一个月)你的收入和支出。在这段时期末，用收入减去支出就可以得出你是有所盈余还是入不敷出。盈余资金可以用来储蓄、投资，或是其他你觉得重要的用途。如果你是入不敷出，那你必须减少支出并偿还欠债，这样才能开始进行投资。

为了从另一个角度来了解你当前的财务状况，你应当建立一份个人资产负债表。**个人资产负债表**列出你在具体日期的资产和负债。从总资产中减掉总负债就可以得出你的净资产。对个人来说，**净资产**是你的总资产和你的总负债的差值。你的目标一直都是要增加资产值(你拥有的价值项)和减少负债(你的债务)。

根据两份表格所包含的信息，你就可以了解你当前的财务状况以及你的开销去向。你就可以接着进行下一步：构建个人预算。

20.1.2 第二步：制作有效的预算

个人预算是一份如何支配个人收入的具体计划。首先你要估算一段具体时间内(例如，下个月)你的收入。对于大多数人来讲，他们的主要收入是薪水。第二步，列举同一时期内的花销。一般支出包括储蓄和投资、住房、食物、交通、娱乐等。对大多数人来讲，这一部分你可以选择调整你在预算中所列出的不同项目的支出。例如，你可以决定减少娱乐支出而增加储蓄。最重要的是，平衡预算以保证你每月的收入等于花费、储蓄或投资的和。为了管理财务和构建可行的预算，你可能需要访问 Mint.com 的网站(www.mint.com)或 Motley Fool 的网站(www.fool.com)，或者互联网上类似的网站。这两个网站都会提供免费的帮助和建议来协助你逐步提高个人理财能力。

建立个人预算后，你需要将预算中的金额与你实际的收入和支出进行比较。其目的在于估计的收入和支出是准确的，并且在预算期末能有一定的结余。如果收入少于预算或是支出大于预算，你要对你的预算进行纠正。一般你修订预算的一部分内容，其他部分也会受到影响。例如，你每月租房价格上涨了，意味着你不得不减少娱乐方面的支出来平衡预算。注意避免信用卡透支或是借钱使得消费水平高于收入水平的诱惑。

20.1.3 第三步：管理信用卡债务

不幸的是，很多人是入不敷出的。他们通过信贷服务来购物，然后按月来偿还，支付服务费 10%—21%，甚至更多。在这种附加服务费的信用卡购物或分期付款购物减少或

结束之前,开始投资计划是不现实的。

尽管大家有各种理由使用信用卡,但重要的一点你要记住,使用信用卡非常容易使你陷入财务困境。请看下面五种警告信号。

- 不要拖欠账款。第一个警告信号是你不能全额偿还每月的贷款。
- 不要用信用卡支付日常小额消费。这样做常常会带来"真实的惊喜",当你在月底打开你的信用卡账单的时候。
- 不要使用大多数信用卡都有的现金预付功能。原因很简单,一般来说,现金预付的利率更高。
- 考虑你实际需要的哪些卡。多数专家建议个人可以持有1—2张卡,在遇到紧急情况时使用。
- 发现自己有财务困难可以寻求帮助。一些组织机构,像是消费者信用咨询服务(www.cccs.net)、美国信用咨询基金会(www.nfcc.org)可以帮助你制定计划来偿还信用卡债务。

减少或不再使用信用消费,支付账单后所剩余的资金就会增加,这笔钱可以用来储蓄和投资,进而实现你的投资目标。

20.1.4 投资目标

个人投资是指利用个人资金来赚取财务回报。因此,一般意义上,投资的目标是以钱生钱。然后,这样的目标对个人来说是毫无用处的,因为它过于模糊且容易满足。

事实上,投资的目标必须是具体且可测量的。它必须考虑到你的财务需求而为你量身定制。它还必须着眼于未来,因为投资一般是长期的。通过每年投入小额的钱,20—40年后,你就可以为紧急情况和退休生活积累足够的资金。另外,如果你选择高质量投资,你的投资价值将在长期实现增长。最后,投资目标必须是现实的,要基于当前的经济条件和投资机会。

一些财务规划师建议,投资目标应该以货币来说明,例如,"到2022年1月1日,我将拥有总资产8万美元"。另一些观点则认为,如果目标是以他们渴望做的事情来说明,人们将会更有动力朝着目标努力。"到2024年5月1日,我将攒够钱可以一年不用工作去周游世界。"你可以自己制定自己的目标并决定如何说明它。以下问题对于如何确定有效的投资目标可能会有所帮助。

(1) 你想实现什么财务目标?

(2) 你需要多少钱?什么时候需要?

(3) 你将如何使用这笔钱?

(4) 你有足够的钱用于实现你的投资目标吗?

(5) 你希望以影响你的投资目标的方式来改变你的个人情况吗?

(6) 什么经济条件会改变你的投资目标?

(7) 你愿意做必要的牺牲确保你的投资目标得以实现吗?

记住你确定的投资目标可能会影响你的事业选择。如果你选择的职业收入高于平均水平,你可以制定更具挑战性的投资目标。如果你选择的职业收入在平均水平或是平均水平之下,通过谨慎的个人财务管理还是能够制定投资计划。简单地说,不管你的收入如何,你都要控制支出和管理债务。

20.1.5 个人投资计划

在你形成具体目标并拥有投资资金后,你就可以制定投资计划了,投资计划与商务计划是相似的。首先,要评估不同的投资机会,包括每个投资机会的潜在回报和风险。这一过程至少需要一些仔细的研究,可能也需要一些专家建议。投资者要小心那些自称为"财务规划师"的人,实际上他们只是一些金融投资、避税、保险产品的销售人员。

一个真正的**财务规划师**至少要学习关于投资、保险、税务、退休计划、房产规划的知识两年,并通过严格的考试。作为经过培训并顺利完成资格考试的证明,华盛顿的国际金融理财师(CFP)标准委员会(www.cfp.net)允许个人使用 CFP 的称号。相似地,宾夕法尼亚布林莫尔的美国学院(www.theamericancollege.edu)允许完成要求的个人使用许可财务咨询师(ChFC)的称号。大多数 CFP 和 ChFC 不会出售特定的投资产品或收取他们所推荐投资产品的佣金。他们收取的是咨询费,价格在 100—250 美元每小时。

很多财务规划师会建议你在开始投资计划之前先储备一笔"应急基金"——一笔可以快速获取以备急需的钱。这笔储蓄账户里的钱的数额因人而异。大多数财务规划师认为,这笔钱至少要足够三个月的生活费才合理。但是,在预测到危机时你可能会想增加你的应急基金。

建立应急基金后,你就可以根据你的投资计划来投资其余的资金。你或许已经有一些可用资金了,或者还需要从收入中积攒一部分用于以后的投资。如何获取资金用于投资计划的建议见表 20.1。

表 20.1　帮助你为了投资计划攒钱的建议

1. 养活自己。很多理财专家建议:(1) 支付你每月的账单;(2) 合理的结余;(3) 使用剩下的钱满足个人花费。
2. 利用雇主赞助的退休计划。多数雇主会根据你工作中的贡献,匹配相应的退休账户 401(k)或 403(b)。
3. 参与一个选择性的储蓄计划。选择在发薪日扣掉薪水的一部分存入到储蓄或投资账户。
4. 每年实施一个月或两个月的特别储蓄计划。通过削减支出,你可以获得投资所需的资金。
5. 通过礼物、遗产、意外获得的财产。生活中,你很可能获得礼物、遗产、工资上调、年终奖、联邦个人所得税退税。这些意外获得的资金要用于投资而不是消费。

资料来源:Kapoor J.R., Dlabay L.R., Hughes R.J., *Focus on Personal Finance*[M]. McGraw Hill, 2010。

20.1.6 监测你的投资计划的价值

2007 年秋，股票市场的道琼斯工业平均指数创下历史新高 14 000 点。**道琼斯工业平均指数**是能够反映整个美国股票市场的 30 家领先企业的指数平均值。到 2009 年 3 月，这一指数跌落到 6 600 点。发生了什么事？简单地说，美国(以及大多数国家)经历了经济严重下滑。这次经济危机有很多原因，包括银行业和金融业危机、住房销售的低迷、消费者支出放缓、更高的失业率。尽管在本书出版之时经济表现出上升态势，并且道琼斯工业平均指数刚突破 13 000 点，但危机仍有可能再次发生。

尽管监测你的投资计划和再评估你的投资选择总是重要的，近期的经济危机强调了管理个人财务和投资计划的重要性。国家经济危机使很多人都感到措手不及。甚至很多人不得不以很低的价格出售他们的部分或全部投资产品来支付日常开支。

为了避免上述的困境，你必须要监测你的财务计划，并在必要的时候进行修正。永远记住你的情况和经济条件一直在改变。

20.2 个人投资的重要因素

你(或财务规划师)如何分辨哪些投资符合你的投资计划，哪些不符合呢？一种方式是从安全、风险、收入、增长性和流动性来考虑潜在投资与你的投资是否相匹配。

20.2.1 安全和风险

安全和风险是一个硬币的两面。投资中的安全意味着损失的风险最低，投资中的风险意味着对结果不确定性的衡量。如果你想在一定时期内有一个稳定的价值增长，可以选择安全的投资，例如：定期存单(CDs)、高评级的政府和公司债券、高信誉的公司股票，这有时被称为蓝筹股。

蓝筹股是一种安全的投资，通常会吸引保守型的投资者。**蓝筹股**一般由行业领导型企业发行，多年内都能够给股东提供稳定的收入和股息。共同基金和房地产也可能是非常安全的投资。

如果你想要更高的投资回报率，你必须放弃一部分安全性。一般来讲，潜在回报率与潜在风险直接相关。也就是说，你所承担的风险越大，潜在的资金回报率就越高。正如你所见，存在大量的投资性(潜在获利的)投资。[2]

通常初期的投资者害怕与投资有关的风险。然而，要记住的是没有风险就不可能获得更多的回报，使你的投资计划真正实现增长。事实上，一些投资者经常根据项目回报率来决策投资。你也可以用同样的方法来计算特定时期内你的投资实际盈利是多少。**回报率**可以用特定时期内你投资回报的总金额除以总投资额得到。例如：你投资了 5 000 美元 Home Depot 的股票，你获得了 108 美元的股息，到年底该股票价值涨到了 5 300 美元。你的回报率是 8.2%，如下所示。

第一步：年底的股票价值减掉最初的股票价值。

$$5\,300 - 5\,000 = 300(\text{美元})$$

第二步：第一步所得值加上股息。

$$108 + 300 = 408(\text{美元})$$

第三步：第二步得到的总回报额除以原始投资额。

$$408 \div 5\,000 = 0.082 = 8.2\%$$

注意：如果股票贬值了，计算回报率的步骤是一样的，但答案会是负数。通过这种方式，就可以比较不同风险投资选择的回报率。

20.2.2　投资收入

投资者有时会购入一些确定的投资产品，因为他们想获得一笔可预见的收入。例如：定期存单、公司和政府债券，和一些每年支付利息或股息的股票。一些共同基金和房地产也能提供稳定的收入。这些投资一般适用于保守型的投资者或者退休人员，这些需要稳定收入来源的人。

如果购买投资产品是为了收入，多数投资者关注的是发行人持续的定期的支付利息或股息的能力。定期存单和债券的投资人清楚地知道未来每年他们将收到的回报。而股东得到的股息则是不确定的，即使是最大型、最稳定的公司。与股票的股息类似，共同基金和房地产的收入每年也可能会有所不同。

20.2.3　投资增长

对投资者来说，增长意味着他们的投资产品增值。例如：增长型企业，像 Monster 饮品，Adobe 系统、Questcor 制药、Silicon Motion 科技通常只支付很少的股息，甚至是不支付股息。相反，将其利润用于再投资（作为留存收益）来满足额外支出。在这种情况下，股票价值随公司扩张而增长。

其他可能提供潜在增长的投资包括选择性共同基金和房地产。例如，因为基金中个股的潜在成长性，许多共同基金被称为成长型基金或积极成长型基金。

20.2.4　投资流动性

流动性是指投资产品转换为现金的容易程度。投资产品从现金或现金等价物（例如投资政府证券或货币市场账户）到极度冻结性投资，即投资产品不能很容易地转换为现金。

尽管你可以较快地出售股票、共同基金、公司债券，但是由于市场条件、经济条件，或许多其他原因,你可能不能回收你当初投资的那么多资金。也可能比较难以找到房地产的买家。寻找某些收藏类型的投资品的买家也可能是比较困难的。

20.3 提高你投资决策的要素

这部分我们先来看一下投资组合管理如何减小投资风险,以及选择"正确"投资时你需要考虑的因素有哪些。然后,我们讨论表20.2列举的投资项目如何帮助你达到你的投资目标。

表 20.2 投资选择

传统投资的风险小于投资性或高风险投资	**最具投机性的投资**
传统投资	短期交易
银行账户	融资融券交易
公司和政府债券	股票期权
更具投机性的投资	金融衍生品
普通股	商品
优先股	贵金属
共同基金	宝石
房地产	金属货币
	古董
	收藏品

20.3.1 投资组合管理

"我该怎么选择正确的投资产品?"好问题!但不幸的是,这个问题很难回答,因为你的投资目标、年龄、风险承受能力、财力和其他人都不一样。要决定什么投资是适合你的,可以考虑一下:自1926年以来,以标准普尔500股票指数测量的股票平均收益率仅有一年低于10%。**标准普尔500股票指数**是包含了能够反映美国股票市场整体升值或贬值情况的500支不同股票的指数。在同一时期,美国政府债券回报率是6%。[2]因此,为什么不把你所有的钱都用于投资股票或者投资股票的共同基金呢?毕竟,它们具有最高的潜在回报率。股票在每种投资组合中都可能占有一席之地,但事实上,除了选择一组股票或投资股票的共同基金外,还有更多的投资选择。

20.3.2 资产分配、时间要素、你的年龄

资产配置是指在不同类型投资中分配你的资金以减小风险的过程。资产配置是一种

花哨的说法,简单地说,它是指你需要分散投资,不要把鸡蛋都放在一个篮子里——一个投资者的通病。资产配置通常以百分比来表示。例如,我愿意拿出资产中多少比例用来投资股票和共同基金?我愿意拿出多少比例用于更保守的投资,例如定期存单和政府债券?事实上,这些问题的答案取决于:

- 你的投资产品可为你服务的年限;
- 你的年龄;
- 你的投资目标;
- 你的风险承受能力;
- 你每年能够储蓄和投资多少钱;
- 你当前投资产品的价值;
- 经济展望;
- 一些其他要素。

两个要素(你的投资产品可为你服务的年限和你的年龄)非常重要,值得你特别注意。

时间要素 在你取得投资获得的资金之前你有多少时间是关键的。如果你有可以使用 5—10 年甚至更长时间的闲置资金,你可以投资股票、共同基金和房地产。但是,如果你 2 年内就需要资金,那你很可能应该投资短期政府债券、高评级的公司债券或定期存单。对于短期投资,通过一种更保守的方式,你可以减少由于低迷的市场或不景气的经济环境不得不贬值出售你的投资产品的可能性。例如,在近期的经济危机中,很多退休人员不得不以亏损的价格出售股票和共同基金来支付日常花销。而很多有长期投资目标的年轻投资人就可以承担持有他们的投资产品直到价格回升的能力。

你的年龄 在制定一项投资计划时,你也应该考虑你的年龄。更年轻的投资人倾向于更大比例的投资成长型的投资品。而年纪大些的投资人倾向于选择保守些的投资品。结果就是他们会拿出小部分的资金用于投资成长型的投资品。不管什么年龄的投资人都不愿意投资亏损,事实上是更年轻的投资人有更充分的时间来等待投资品恢复到原价甚至增值。[3]

你的投资组合中应该包含多少成长型投资品呢?著名的个人理财专家 Suze Orman 建议用 110 减掉你的年龄,所得的差就是你应该投资成长型投资产比例。举例来说,如果你 30 岁,110 - 30 = 80,因此,你的 80%资产应该投资于成长型的投资品,剩余的 20%用于投资保守些的投资品。[3]

20.3.3 在投资过程中你的角色

投资者都想要更高的回报率,但他们通常不愿意花时间成为一个好的投资者。他们不愿意在没有试驾前就买车,或者也不愿在没有比较过其他房屋前就买房,但不知道是什么原因,他们会在没有任何准备工作前提下投资。这里给出的这些建议可以帮助你选择增值的投资品。

- **评估潜在的投资产品**。记住成功的投资人要在进行投资决策之前评估他们的投资产品。一般来说,保留你评估每一种投资产品所采用的资料是很有用的。然后,当需要再次评估的时候,你就知道从哪里开始搜索新的信息。本章"财务信息来源"部分中很多信息会帮助你学习如何评估不同的投资机会。

- **监控你的投资品价值**。你会相信有人投资了一大笔钱却不知道他们投资品的价值吗?他们不知道他们的投资品是增值还是贬值,也不知道他们是应该出售还是持有。一个很好的方法是监控你的投资品价值。
- **保持准确及时的记录**。准确地追踪记录可以帮助你发现利润最大化的机会,在出售资产时减少损失,决策是否对某项投资品追加投资。出于税收的目的,你应该记录每笔投资的购买,包括实际的投资成本、你支付的任何佣金或费用,以及你收到的股息、利息收入、租金收入。[4]

20.4 保守型的投资选择

厌恶股票、共同基金、其他投资选择相应风险的投资者,刚开始进行投资活动的投资人,需要稳定收入来源的投资人,或者担心经济下行的投资人,通常会选择投资银行存款、政府债券、公司债券。

20.4.1 银行存款

银行存款会支付利息因此也属于投资的一种,包括存折储蓄账户、货币市场账户、存单,以及其他有息账户。这些投资产品在第 18 章讨论过。银行账户的利息可以提现作为一种收入,或者也可以留在储蓄账户中增加本金和未来增值。在本书出版之时,一年的定期存单利率在 0.5%—1%。尽管定期存单和其他银行存款事实上是无风险的,许多投资人因为更高的潜在回报率会选择其他投资产品。

20.4.2 公司和政府债券

在第 19 章,我们讨论过为什么企业通过发行债券来获得融资。美国政府、州政府、地方政府也出于同样的原因发行债券。一般来说,投资人选择债券是因为债券能够提供稳定的收入来源。

政府债券 尽管美国国家债券规模越来越大,但大多数投资者认为国家政府债券是无风险的。硬币的另一面是这些债券的利率低于大多数其他投资品。美国政府债券的利息需要交纳联邦所得税,但可以免交州税和地方税。通常投资人可以从表 20.3 中五种不同类型的美国政府债券中选择。除了储蓄债券以外,每种类型的美国政府债券的最小购买额是 100 美元,并以 100 美元为单位增加购买额。要了解美国政府债券的更多信息,可以访问 www.treasurydirect.gov。

表 20.3　美国政府债券信息

安全类别	到期期限	利　　息	注　　释
短期国库券(T-bills)	4 周、13 周、26 周、52 周	短期国库券打折出售,实际购买价格低于 100 美元	当短期国库券到期时,你将会收到到期日价值
中期国库券	2 年、3 年、5 年、7 年、10 年	在到期前,每 6 个月发放一次利息	利息比短期国库券略高,因为期限更长
长期国库券	30 年	在到期前,每 6 个月发放一次利息	利息比短期国库券和中期国库券略高,因为期限更长
通货膨胀保值债券(TIPS)	5 年、10 年、30 年 在到期日,你将得到调整后的本金或原始本金,以更价值更高的为准	每 6 个月发放一次利息,利率是根据调整后的本金得到的固定利率	TIPS 证券的本金随着通货膨胀增加,随通货紧缩而减少
储蓄债券	支付高达 30 年的利息	利息每月添加到债券中并且在你兑现债券时发放	最小认购额 25 美元。注意:如果利息是用于支付有资质的大学学费,可能可以免交联邦税

与联邦政府类似,州政府和地方政府也出售债券来获得融资。**市政债券**,也称为**市政公债**,是由州政府或地方政府发行的债务证券。市政债券特别受富有的投资人的青睐,因为市政债券的利息收入可能可以免交联邦税。市政债券的利息是否可以免税取决于该债券所得资金的用途。注意:决定市政债券的利息是否应该纳税是投资人的职责。评估市政债券也是投资人的职责。尽管大多数市政债券相对安全,但近年来也有发生违约现象。

公司债券　因为公司债券是一种必须要偿还的长期债务融资形式,因此投资大型公司的债券一般被认为是比股票和投资股票的共同基金更保守些的投资产品。公司债券最主要的优点之一是它们是长期的收益性的投资。在购买日期到到期日期期间,债券持有人会获得利息收入,一般是每 6 个月一次。例如,假如你购买了 1 000 美元债券(公司债券通常的票面价值)以铁路为主的运输业巨头 CSX 公司发行的债券,利率是 6%。这个例子中,你从公司收到的利息是每年 60 美元($1 000 × 0.06 = $60)。公司债券的利息一般是每 6 个月支付一次。CSX 债券的例子中,债券持有人每年将获得两次各 30 美元的利息。

大多数初始投资者认为 1 000 美元的债券总是价值 1 000 美元。实际上,到期日前债券的价格可能会浮动。经济整体利率的变动是大多数债券价格浮动的主要原因。当经济整体利率上升时,固定利率的现有债券的市场价值一般是下降的。例如,如果经济整体的利率或其他可比较的债券利率上升,那么固定利率为 6% 的 CSX 债券的价值将会下降。当债券价格下跌时,可能可以低于票面价值买入。持有债券直到到期日,债券所有人就可以以高于买入价的价格将债券兑现。

如果经济整体利率下降,固定利率的公司债券也可以增值。在这种情况下,像固定利率为6%的CSX债券将会增值。买入价和卖出价之间的差值是利润,也是每年的利息收入。

在你投资债券之前,记住债券的价格可能下跌,如果企业遇到财务困难的话,利息支付和最终偿还也可能出现问题。很多投资人基于穆迪投资者服务公司、惠誉评级、标准普尔公司的债券评级来比较公司债券的潜在风险和回报。

可转换公司债券 一些公司更倾向于发行可转换债券,因为这类债券的利率在1%—2%,要低于非可转换债券。可转换债券持有人通过接受较低利率来获得投资增值的机会。例如,假设你购买了美国超威半导体公司1 000美元债券,可转换为35.612 5份额的公司普通股。这意味着你可以在公司股票价格为28.08美元($1 000 ÷ 35.612 5 = $28.08)或更高价格时将公司债券转换成普通股。[4]然而,持有人也可能选择不将他们的债券转换为普通股,即使在股票市场价格达到28.08美元甚至更高。不行使转换权利的原因很简单。普通股市场价格上升,可转换债券的价格也会上升。不转换成为普通股,债券持有人既可以享有由于普通股价格波动带来的债券增值,也可以享有债券利息收入。

20.5 更具投机性的投资产品

本章前面部分,我们讨论了安全和风险的概念。在考虑更具投机性的投资选择之前,来回顾一下基本规则是有益的,**潜在回报与潜在风险直接相关**。尽管所有的投资人都想获得更高的回报,但你必须考虑以下每种投资品所伴随的风险。最重要的是,记住本部分讲述的更具投机性的投资产品的回报是没有保证的。

20.5.1 普通股

正如第19章提到的,公司发行普通股来获得创业启动和公司运营活动所需资金。在投资股票之前,要记住公司没有偿还股票持有人购买股票资金的责任。通常股票持有人可以出售股票给其他人。

你怎么通过购买普通股来赚钱呢?一般来说,有三种方式:股息支付、股票升值、股票分割。

股息支付 许多股票持有人投资普通股的原因之一就是股息支付。一般来说,股息按季度支付。在本书出版之际,卡夫食品按季度支付给其股东每股1.16美元的年股息,也就是每3个月0.29美元。尽管公司没有支付股息的法律责任,或者公司遇到财务困境可以减少股息,但是大多数公司的董事会成员都希望能让股东开心(和获利)。公司也可以支付股票股息来代替现金股息。**股票股息**是指股票形式的股息。和现金股息一样，股票股息也是按股东拥有的股份比例来支付。

股票升值 股票投资者获利的另一种方式是在出售股票时的资本增值。**资本增值**是证券买入价和卖出价的差值。要获得资本增值，你必须在股票市场价值高于你原来买入价的时候出售。**市场价值**是指在一个特定时间一只股票的价格。

我们假设 2009 年 3 月 8 日，你以 37 美元每股的价格买入 100 股 Kellogg 普通股，并支付 25 美元手续费，总投资 3 725 美元。我们假设你持有这 100 股直到 2012 年 3 月 8 日，然后以每股 52 美元出售。表 20.4 表明了你的总投资回报。你获得 1 925 美元的利润，包括 3 年的股息每股 4.75 美元和每股 15 美元的市场增值。当然，如果股票市场价值下降，或者公司董事会决定减少或取消股息，你的回报将少于表 20.4 所示的总回报。

表 20.4 Kellogg 普通股票交易案例 单元：美元

假设：2009 年 3 月 8 日买入 100 股普通股，每股 37 美元；2012 年 3 月 8 日卖出 100 股，每股 52 美元；三年股息总共是每股 4.75 美元。

买入成本		卖出回报	
100 股，37 美元/股	3 700	100 股，52 美元/股	5 200
加手续费	+25	减手续费	−25
总投资	3 725	总回报	5 175
交易总结			
总回报	5 175		
减总投资	−3 725		
股票出售收益	1 450		
加总股息(三年)	+475		
本交易总回报	1 925		

资料来源：价格数据和股息金额来自雅虎金融网站，http://finance.yahoo.com，2012-03-08。

股票分割 许多公司的董事都认为存在一个最佳价格范围使得他们公司的股票最能吸引投资人。当市场价格高于这一范围时，他们可能宣布股票分割使得价格下降。**股票分割**是指每一股流通中的公司股票拆分成为多股。

最常见的普通股分割是将原始的每一股分为一、二、三份新股。例如，2011 年 11 月，知名护肤、化妆、香水、护发品牌雅诗兰黛公司董事会通过了一变二的股票分割决议。分割后，原有 100 股的股东现在变为持有 200 股。原来每份股票的价格按比例减小。在雅诗兰黛的例子中，每股市场价值减小为一变二股票分割前价值的一半。没有证据表明股票分割能够提升公司的长期表现。但是，在短期内投资者可以从股票分割中获利。**注意：**

股票分割后股票不一定会升值。但是,由于存在股票价值快速增长的潜力,股票分割后可能更能够吸引公众投资。这种吸引是基于认为大多数公司只有在财务前景改善和提升的情况下才会进行股票分割的前提。

20.5.2 优先股

正如第19章提到的,与普通股股东相比,公司优先股股东具有获取股息优先权。优先股股息金额在股票凭证上有明确说明。另外,如果公司解散或破产,优先股持有人的公司资产索偿权仅在债券持有人或一般债权人之后。这些特征使得优先股与普通股相比较成为一种更加安全的保守型投资和更加稳定的收入来源。

此外,优先股所有人可能通过某些优先股的特征来获利。**累积优先股**所有人会在普通股所有人获得任何股息之前优先获得减免股息。**可转换优先股**所有人可以通过增长和股息来获得利润。当企业普通股价值增长,其可转换优先股的市场价值也会增长。因此,可转换优先股结合了优先股的低风险和通过转换为普通股实现高投机收益的可能性。

20.5.3 共同基金和交易所交易基金

对许多投资者,共同基金也是一种投资选择。共同基金中包含多种基金可供选择。1970年仅有400多种共同基金。2012年1月,共同基金超过10 000种。[5]

根据共同基金教育同盟(www.mfea.com),一种**共同基金**是将许多投资者(其股东)的资金用于投资多种不同证券。共同基金的主要优势是**专业化管理和多样性**,即投资多种证券。[6]多数投资公司千方百计说服你,他们可以比你更好地选择证券。事实上,共同基金由专业基金经理人管理,他们花大量时间来选择"好"证券进入其基金组合。注意:即使是最好的投资组合经理也会犯错误。所以,你作为投资者必须谨慎,并在投资前评估不同基金。多样化相对安全是因为一支证券的偶然性损失可以由其他证券的收益来抵消。

共同基金基础知识 有三种基本类型的共同基金:(1)开放式基金;(2)封闭式基金;(3)交易所交易基金(ETFs)。从事**开放式基金**的投资公司发行并出售新份额给任何需要购买的投资人,也可以回购想要出售全部或部分基金的投资人手中的份额。**封闭式基金**只能在基金组成时出售基金份额给投资人。一旦所有基金份额出售,投资人只能从其他愿意出售基金份额的投资人手中购买。投资公司没有从投资人手中回购基金份额的责任。

交易所交易基金(ETF)是指投资具体股票或证券指数中的股票或证券的基金。尽管多数投资人认为EFT投资标准普尔500股票指数中股票,但多种不同类型的EFT尝试追踪各种不同类型股票、债券,甚至商品的指数。交易所交易基金往往反映一种具体指数的表现,随着指数中个股或证券的上下波动而上下波动。

与封闭式基金一样,交易所交易基金可以在工作日的任何时间在证券交易所或场外交易市场进行交易。尽管交易所交易基金与封闭式基金相似,但也有很大差异。大多数封闭式基金采取积极管理,由投资组合经理选择封闭式基金包含的股票和其他证券。但是,几乎所有的交易所交易基金通常投资一个特定指数。

ETF 包含股票、债券或证券。因此,不太需要投资组合经理来做投资决策。由于是被动管理,一般来说,交易所交易基金的各种费用相比封闭式基金和开放式基金相对较低。尽管越来越流行,但交易所交易基金仅有 1 100 多种。[7]

任何共同基金的份额价值都是通过计算其资产净值得到的。每股**资产净值(NAV)**等于共同基金的投资组合的当前市场价值减去共同基金负债除以流通数量的值。大多数共同基金的 NAV 每天计算一次,在报纸、金融刊物、网络上发布。因为 ETFs 和封闭式基金像股票一样,以当前的市场价值进行交易,这一价格可能高于或低于封闭式基金或 ETFs 的 NAV。

共同基金的销售费用 考虑成本,共同基金分为两种类型:非免佣基金和免佣基金。投资非免佣基金每次买入基金都要支付一笔销售费用。这笔费用可能高达 8.5%。尽管有很多特殊情况,共同基金的平均非免佣费用在 3%—5%。除了在投资人买入共同基金时收取费用外,一些基金还会收取递延手续费。一般来说,这笔费用是第一个 5—7 年取回金额的 1%—5%。这笔递延手续费随着你持有基金的年份逐年递减,直到手续费减少为零。[8]

免佣基金的购买者不需要支付任何销售费用。尽管一些基金销售人员宣称非免佣基金的表现要好于免佣基金,但两者并未表现出显著差异。因为免佣基金和非免佣基金都提供相同类型的投资机会,在决定哪种类型的共同基金最适合你之前,你应该进行充分调研。

共同基金还会收取年管理费,大约是基金中资产总额的 0.25%—1.5%。尽管费用差别很大,平均管理费是基金资产总额的 0.5%—1%。最后,一些共同基金收取 12b-1 费(也称为**分销费**),作为共同基金的宣传和营销成本。每年的 12b-1 费基于基金资产价值计算并且不能超过基金资产的 1%。与买入和卖出共同基金份额时收取的一次性销售费用不同,管理费和 12b-1 费是每年收取的运营费用[7]。

加总一个基金的所有不同的管理费、12b-1 费(如果有的话)以及额外运营成本,即可得到**费用比率**。很多金融规划师建议选择费用比率低于 1%的共同基金。要了解更多不同共同基金的费用,你可以访问证券交易委员会网站 www.sec.gov。

今天,共同基金也可以分为 A、B、C 三类。A 类,投资者在买入共同基金份额时支付佣金。B 类,投资者在第一个 5—7 年取现或卖出基金份额时支付佣金。C 类,投资者在买入或卖出基金份额时通常不支付佣金,但必须支付更高的运营管理费和 12b-1 费。

管理型基金和指数型基金 多数共同基金属于管理型基金,即由专业基金经理人(或经理团队)来选择基金中包含的证券。基金经理人也决定何时买入或卖出基金中的证券。

除了投资管理型基金,一些投资人选择投资指数型基金。为什么?答案很简单:多年来,指数型基金表现要好于管理型基金。具体的统计结果跟年份和具体基金有关,但一般性统计结果表明,标准普尔500股票指数比80%的共同基金表现要好。[9]简单地说,想要超越指数型基金,像标准普尔500,是很困难的。如果指数中的个股增值,指数上升。由于指数型基金与指数包含相同的证券,因此当指数上升时,指数型基金的每份价值也会上升。反之亦然。投资者选择指数型基金的第二个原因是这些被动管理基金的手续费较低。[8](注意:本章后面会讨论多种指数。)

共同基金投资产品的类型 根据投资的证券类型,共同基金一般分为三大类:股票、债券、其他。共同基金的主要类型是投资小、中、大型公司发行的股票的**股票基金**,这类基金可以给投资者带来收入、增长,或者既有收入又有增长。**债券基金**投资公司、政府、市政债券,给投资者带来利息收入。第三大类包括强调资产配置和货币市场投资或者致力于股票债券平衡的基金。[9]在大多数情况下,类别名称就表明了此类基金的投资类型。常见的基金名称包括:

- 积极成长型股票基金
- 平衡基金
- 全球股票基金
- 成长型股票基金
- 高收益(垃圾)债券基金
- 收入股票基金
- 指数基金
- 生命周期基金
- 长期美国债券基金
- 区域基金
- 行业股票基金
- 社会责任基金
- 小型股基金

为了帮助投资者实现投资目标,现在多数投资公司允许基金持有人在同一基金家族内进行持有基金的转换。当一家投资公司管理一组共同基金时,**基金家族**就存在。例如,基金持有人可以从Fidelity国际增长基金转换为Fidelity小型发现基金。一般来说,投资人可以通过书面、电话、网络给出在同一个基金家族中从一种基金转换为另一种基金的指令。每笔转换交易可能有小额的手续费。

20.5.4 房地产

房地产所有权是对冲通货膨胀最好的工具之一,但和其他投资产品一样,房地产也有其风险。例如,地理位置不佳的房地产的价值可能会下跌。表20.5列出了你在投资房地产之前应该考虑的一些因素。

表 20.5 房地产清单

尽管房地产是对冲通货膨胀最好的工具之一，并非所有的房产都会升值。在投资房地产之前应该要考虑以下因素。

房产评估	周围小区检查	其他因素
与相似的房产相比，此处房产价格是否有竞争力？	当前的房产区域要求是什么？	为什么当前持有人要出售该房产？
有哪些可用的融资类型？	小区人口在增加还是减少？	在出售给其他人之前，你将持有该房产多久？
税费是多少？	这一区域人群的平均收入是多少？	你合理预期的获益是多少？
维修和改装房产需要多少钱？	周围房产的修复状况如何？是否大多数建筑和房屋都需要维修？	该房产有价格下跌的可能吗？

当然，任何投资都有不利的一面，房地产也不例外。如果你想出售你的房产，你必须找到有兴趣并有能力获得足够资金以完成交易的买家。在贷款收紧、房地产下滑、你买入价过高时，要想找到这样的买家是很困难的。例如，很多房地产投资者不得不延长对房产的持有，因为在最近经济危机期间，买家不能获得融资。如果你不得不比原来的计划延长对投资品的持有，税费、利息、应付账款都可能成为较重的负担。一般来说，房地产会增值并最终出售获利，但并不能保证一定如此。你成功的程度依赖于你能否较好地评估不同的投资选择。

20.5.5 最具投机性的投资技术

高风险投资是指在短时间内获得相对高收益的希望不确定的投资。(参见表 20.2 中最具投机性的投资产品的类别)尽管所有的投资都有风险，但有些投资属于高风险，这是由于投资者采用了短期获得利润的策略。这些方法可以带来高收益和高损失。对于不完全了解其风险的投资者，这些方法并不适用。我们这部分首先讨论卖空，然后我们考察保证金交易和其他高风险投资。

做空 一般来说，你买入股票是期望其升值以获得利润出售。这一过程称为**做多**。然而很多证券由于多种原因可能价格下跌。例如，一家公司股票的市值在公司销售和利润低于预期时可能会下跌。在这种情况下，当个股价格下跌时，你可以通过卖空来获利。**做空**是指投资者出售其并不实际持有的而是向经纪公司先借入再偿还的股票的过程。这种方法的思路是今天高价卖出并且在以后低价买入。要从短期交易中获利，你必须按以下几个步骤来操作：

- 安排从经纪公司借入一定量的特定股票；
- 直接卖出借入的股票，假设在一段合理期间内股票价格会下跌；
- 在价格下跌后，买入与步骤 2 卖出量相同数量的股票；

- 将新买入的股票还给经纪公司以偿还步骤 1 的借入股票。

你的利润就是步骤 2 出售股票时获得金额与步骤 3 买入股票支付金额的差值。例如,假定你认为 Barnes & Noble 的股票每股 18 美元是溢价的,你认为在未来 3—4 个月该股价值会下跌。在这个例子中,你可以通过短期交易来获利——**如果股票价值确实下跌**。反之,如果每股 Barnes & Noble 股票的市值上涨,你会损失。

保证金买入股票 投资者以保证金买入股票是通过借入部分购买金实现,一般是从股票经纪公司借入。**保证金要求**是指不能借入的股票价格的部分。这一要求由美国联邦储备金委员会制定。

今天保证金要求是 50%,即你可以最多借入股票购买成本的 50%。一些证券交易所或经纪公司可能会强制其他限制条件和要求你存入更多的现金来减少借款比例。然而,为什么投资者想要以保证金的方式买入股票呢?很简单,因为通过这种方式他们可以买入两倍的股票数量。假定投资者预期美国电力公司(一家美国的能源公司)每股普通股的市场价值在未来 3—4 个月会上升。假设你有足够的资金买入 200 股。然而,如果你以保证金方式购买,你可以再买入 200 股,一共 400 股。假设美国电力的股票价格每股涨了 8 美元,如果你用现金方式购买,你的利润将是 1 600 美元($8 × 200 = $1 600)。如果你用保证金方式购买,你的利润将是 3 200 美元($8 × 400 = $3 200)。通过保证金购买更多的股票份额,你将获得更多利润(如借入资金支付的利息和通常的手续费更少的话)。

注意保证金购入的股票是借入资金的抵押品。在采用保证金方式投资之前,你应该考虑两个因素:第一,如果买入股票的市场价格没有如预期那样快速上涨,利息成本会增加并最终会耗尽你的利润;第二,如果保证金股票价格下跌,你的损失会更多,因为你持有更多数量的股票。

如果你以保证金方式买入股票的价值下跌到原始价格的大约 60%,你将收到经纪公司发送的**追加保证金通知**。然后,你必须提供额外的现金或证券作为借入资金的抵押品。如果你不能提供额外的抵押品,股票将被出售,所得款项用于偿还贷款和佣金。偿还贷款和佣金后剩余的资金将返还给你。

其他高风险投资 我们已经讨论了两种高风险投资——做空和保证金交易。其他高风险投资还包括:

- 股票期权
- 衍生品
- 商品
- 贵金属
- 宝石
- 硬币
- 古董和收藏品

无一例外,由于种种原因,这类投资品一般被称为高风险投资。例如,黄金市场有很多不择手段的经销商,出售不值钱的镀金硬币给不知情的投资人。需要加倍小心。**尽管这类投资可能获取大量收益,但不适用于那些不完全了解所有潜在风险的投资者。**

20.6 金融信息来源

有很多的信息来源可以供投资者参考,包括网络、专业咨询服务、报纸、经纪公司报告、商业期刊、企业报告和证券平均指数。

20.6.1 网络

通过网络,投资人可以得到关于投资和个人理财的大量信息。例如,你可以了解定期存单的利率,股票、债券、共同基金的当前价格信息,买入、持有、卖出投资品的专家建议。你甚至可以在网上交易证券。

因为网络包含大量的可用信息,你需要有选择地使用。网络搜索引擎,例如雅虎(www.yahoo.com)或谷歌(www.google.com)可以帮助你定位你真正需要的信息。这些搜索引擎允许你采用关键词搜索你想了解的个人理财或投资选择信息。为什么不看一看呢? 打开搜索引擎,输入网址,然后输入关键词,像个人理财或财务计划,看看结果。除了用搜索引擎来定位信息,你也可以从大量的投资网站上获取信息。表 20.6 中列举的都是成功的投资者常用的网站。

表 20.6 5 家流行网站帮助你构建一个成功的投资计划

主办人和网址	介　　绍
Motley Fool 网站 (www.fool.com)	省心的理财建议,一步步帮助你开始一项投资计划
CNN/财富 (www.money.cnn.com)	最新的金融新闻和投资信息帮助投资者提高投资技能
市场观察 (www.marketwatch.com)	股票和基金的价格信息,以及投资、经济、个人财务计划的信息
雅虎金融 (http://finance.yahoo.com)	最新价格信息和股票、共同基金、债券的一般研究信息
智能财富 (http://smartmoney.com)	如何使用容易操作的金融计算器来计算储蓄、投资、成本

从企业、经纪公司、从事共同基金的投资公司、房地产经纪人和代理人,以及联邦政府、州政府、地方政府的网站,你也可以获取有价值的投资信息。你会想从互联网探索可用信息可能出于两个原因:第一,容易操作。你需要做的只是输入网址或利用搜索引擎

来定位网站；第二，这些网站上的信息更新要比公开发布的印刷材料更快。今天，很多上述的信息来源也利用社交媒体与投资人联系。例如，嘉信理财利用 Facebook、Twitter、YouTube 来与现有的和潜在的客户联系。

此外，你也可以通过专业咨询服务（下一部分讨论的主题）获得股票、债券、共同基金和其他投资选择的信息。尽管这些服务提供的一些信息是免费的，但是你评估一项投资产品可能需要的更详细的信息是收费的。

20.6.2 专业咨询服务

很多专业咨询服务提供收费的投资信息。这些服务提供的信息可能在大学或公共图书馆也能找到。

正如本章之前讨论过的，穆迪、标准普尔、惠誉评级都可提供信息来帮助判断债券的质量和风险。标准普尔、摩根、Value Line 也会评级发行股票的公司。每一项投资者服务都会提供详细的财务报告。图 20.1 示摩根对美元树做的研究报告。注意，主要内容包含了财务数据、关于公司业务运行、近期发展、前景的综合信息和其他有价值的信息。标准普尔和 Value Line 的研究报告与摩根相似，提供类似的信息。

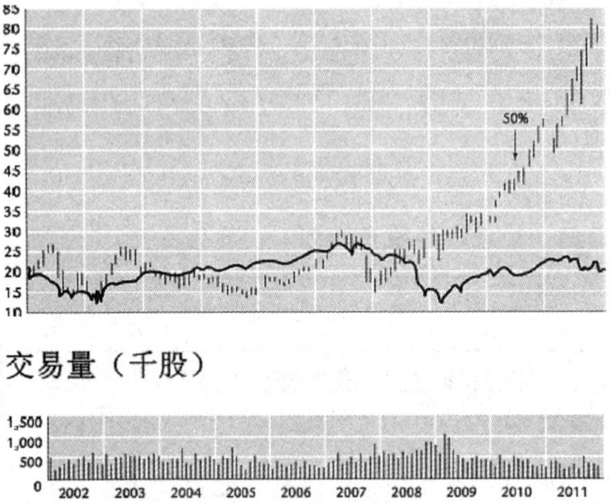

中期收益（每股）

Qtr.	Apr	Jul	Oct	Jan
2008-9	0.32	0.28	0.31	0.77
2009-10	0.44	0.42	0.51	1.01
2010-11	0.49	0.61	0.73	1.26
2011-12	0.82	0.77	0.87	

中期股息（每股） 无股息分配

估值分析 机构持股

每股收益预期	$4.01	无机构
	(12/10/2011)	545
市场总值	$97亿	份额
账面价值	$14亿	124,758,872
市净率	6.70	%
市销率	1.51	N/A

业务总结：零售—百货商场（MIC：2.1.1 SIC：5331NAIC：452990）

美元树是一家折扣店，提供固定价格 1 美元的商品。公司商品是消费品组合，包括糖果和食物、保健美容、家庭消费品；多样化商品，包括玩具、家庭器具、礼物、聚会用品、贺卡、softline、其他物品；季节性商品，包括复活节、万圣节、圣诞节商品。2011 年 1 月 29 日，该公司在美国 48 个州和哥伦比亚区有 4 015 家店面，在加拿大有 86 家店，分别以美元树、Deal $ 、美元树 Deal $ 、Dollar Giant、Dollar Bills 命名。

近期发展：2011 年 10 月 29 日，净收入从年初季度 9 320 万美元增加到 10 450 万美元，涨幅 12.1%。收入从上一年 14.3 亿美元达到 16 亿美元，涨幅 11.9%。营业收入 1.649 亿美元相比上一年该季度 1.409 亿美元增长 17%。直接营业费用从上一年可比较时期 9.206 亿美元增加到 10.4 亿，上升 12.5%。非直接营业费用从上一年同期 3.651 亿美元上升到 3.957 亿美元，涨幅 8.4%。

前景：我们 2011 年 12 月 11 日对美元树的评估是基于三种基本特征的系统分析的结果。盈余、相对估值、最近股价波动。在过去的 5 个季度，公司表现出正向的每股盈余趋势，并且最近分析师对公司进行评估，发布的 DLTR 要好于预期结果。基于营业收益率，与我们关注的所有公司相比较，美元树是相当有价值的。去年股价的变动表明 DLTR 在近期将表现良好。

财 务 数 据

千美元	9 Mos	6 Mos	3 Mos	01/29/2011	01/30/2010	01/31/2009	02/02/2008	02/03/2007
每股收益	3.74	3.60	3.44	3.10	2.37	1.69	1.39	1.23
每股现金流	5.53	5.10	5.21	4.09	4.34	2.98	2.56	2.62
每股账面价值	10.70	11.55	10.73	10.42	9.87	8.23	6.24	6.83
收入情况								
总收入	4 684 900	3 088 300	1 545 900	5 882 400	5 231 200	4 944.900	4 242 600	3 969 400
EBITDA	600 100	394 200	201 600	795 200	670 600	526 900	488 800	469 800
Depn & Amortn	119 900	78 800	39 200	159 700	157 800	161 100	158 500	159 600
税前收入	478 000	313 800	161 500	629 900	507 600	359 100	319 800	302 900
所得税	177 600	117 900	60 500	232 600	187 100	129 600	118 500	110 900
净收入	300 400	195 900	101 000	397 300	320 500	229 500	201 300	192.000
平均股份	120 700	123 000	123 500	128 000	135 000	136 200	144 600	155 700
资产负债表								
流动资产	1 332 500	1 408 300	1 325 500	1 333 300	1 305 600	1 073 200	788 800	959 000
总资产	2 431 200	2 478 900	2 381 300	2 380 500	2 289 700	2 035 700	1 787 700	1 873 300
流动负债	587 100	495 800	504 700	532 800	475 900	409 900	405 900	383 300
长期负债	250 000	250 000	250 000	250 000	250 000	250 000	250 000	250 000
总负债	984 300	891 200	894 600	921 500	860 500	782 500	799 300	705 600
股东权益	1 446 900	1 587 700	1 486 700	1 459 000	1 429 200	1 253 200	988 400	1 167 700
售出股票	119 000	122 300	122 277	123 393	131 284	136 157	134 677	149 495
统计记录								
资产回报率%	19.31	19.07	19.22	17.06	14.86	12.04	11.03	10.29
股本回报率%	32.38	30.42	31.28	27.59	23.96	20.53	18.72	16.15
息税折旧摊销前利润率%	12.81	12.76	13.04	13.52	12.82	11.34	11.52	11.84
净利润率%	6.41	6.34	6.53	6.75	6.13	4.94	4.74	4.84
资产周转率	2.67	2.64	2.69	2.53	2.43	2.44	2.32	2.13
流动比率	2.27	2.84	2.63	2.50	2.74	2.62	1.94	2.50
债务与股本比率	0.17	0.16	0.17	0.17	0.17	0.20	0.25	0.21
价格范围	81.74—48.58	70.21—41.04	58.12—39.15	57.36—31.41	34.33—22.45	29.17—19.39	30.38—14.20	21.40—16.30
市盈率	21.86—12.99	19.50—11.40	16.90—11.38	18.50—10.13	14.44—9.47	17.26—9.70	21.86—10.22	17.40—13.25

图 20.1 摩根对美元树公司的研究报告

资料来源：参考摩根的纳斯达克股票手册，2011—2012 冬季（纽约：摩根公司版权，2012）经摩根公司许可引用。

许多专业咨询服务提供共同基金的详细信息。晨星公司、标准普尔、Lipper分析服务、Value Line是四大相关信息来源。尽管一些信息是免费的，但更详细的研究报告一般是收费的。另外，很多给用户提供共同基金金融信息的时事通讯是收费的。

20.6.3 证券交易的财经报道

很多地方报纸都有商业新闻，包括证券交易报告。《华尔街日报》(每周出版)和*Barron's*(每周出版)几乎完全致力于金融和经济新闻，包括主要证券交易所的交易新闻。

因为关于股票、债券、共同基金交易的报道不同，我们分别考察每种类型的报道。

普通股和优先股 表格形式的股票交易报道一般是图20.2上半部分的样子。股票按字母顺序列出。你的第一个任务是浏览表格找到你感兴趣的股票。要了解股票行情，阅读表格横轴。图20.2中高亮标出的一行，给出Aflac——特别能说会道的保险公司发行的普通股的详细信息。

图中上面的表格是*华尔街日报*列出的股票报价的一部分。图中下方是该表格的放大版。放大表格每一列上面的数字对应图中间解释说明列表中的数字。

STOCK	(SYM)	CLOSE	NET CHG
ABB ADS	ABB	18.33	-0.45
ACE Ltd	ACE	68.41	-0.96
AES Cp	AES	11.72	-0.14
Aflac	AFL	42.89	-0.89

1.公司名称（通常用简写）：Aflac
2.交易股票的符号或代码：AFL
3.收市价是当天最后一笔交易价格：42.89美元
4.当天最后一笔交易价格和前一天最后一笔交易价格的差值：-0.89（华尔街术语，Aflac今天“收市价下降0.89美元”）。

1	2	3	4
STOCK	(SYM)	CLOSE	NET CHG
ABB ADS	ABB	18.33	-0.45
ACE Ltd	ACE	68.41	-0.96
AES Cp	AES	11.72	-0.14
Aflac	AFL	42.89	-0.89

图20.2 阅读股票报价

资料来源：*The Wall Street Journal*, 2011-12-13, C8.

债券 尽管一些报纸和金融出版物提供了关于公司和政府债券的有限信息，一般来说通过网络可以更容易地获取大量证券的更详细的信息。不论哪种信息来源，债券价格是按票面价值的百分比来报价，票面价值通常是 1 000 美元。因此，你必须用报价乘以票面价值(1 000 美元)来得到债券当前价格。例如，报价 84%的债券出售价格为 840 美元($1 000×84% = $840)。图 20.3 展示了从雅虎财经网站获得的 1 000 美元 AT&T 公司债券的详细信息，支付 5.5%的利息，2018 年到期。

图中上面表格是从雅虎金融网站获取的债券信息。每一行旁边的数字对应图中下面解释说明列表中的数字。

AT&T INC

OVERVIEW	
1. Price	112.28
2. Coupon (%)	5.500
3. Maturity Date	1-Feb-2018
4. Yield to Maturity (%)	3.447
5. Current Yield (%)	4.899
6. Fitch Ratings	A
7. Coupon Payment Frequency	Semi-annual
8. First Coupon Date	1-Aug-2008
9. Type	Corporate
10. Callable	No

1.报价是以票面价值的百分比表示：$1000×112.28%=$1122.80
2.息票(%)是利率：5.500%
3.到期日是债券持有人得到偿还的日期：2018.2.1
4.到期收益（%）考虑了债券到期价值、到期时间、当前价格和利息四者的关系：3.447%
5.当前收益（%）用年利息除以当前债券价格得到：（$55÷$1122.80÷0.04899=4.899%）
6.惠誉评级用于评估该证券的风险：A
7.息票支付频率告诉债券持有人他们多久能收到一次利息：半年
8.第一次息票到期日：2008.8.1
9.类型：公司
10.是否可赎回：否

图 20.3　阅读证券报价

资料来源：雅虎金融债券网，http://bonds.yahoo.com。

共同基金　在阅读股票报价时，如图 20.4 所示。正如在阅读股票报价，你的第一个任务是向下移动，找到你感兴趣的共同基金。然后，找到共同基金价格报价。图 20.4 的第一行给出了先锋 500 指数共同基金的信息。

成功的投资不止是运气！事实上，在你投资之前，你必须“投资”时间来研究股票、债券、共同基金和其他选择。为了成为一个“最好的”投资者，你需要继续评估每一项投资品。继续评估可以帮助你决定是否持有、卖出、买入你投资组合中每一种投资品。

20.6.4　金融信息的其他来源

除了网络、专业咨询服务、财经报纸报道，其他来源包括经纪公司报告、商业期刊、公司报告、关于投资选择的证券信息。

经纪公司分析报告　经纪公司雇用财务分析师来准备关于公司和其证券的详细报告。报告基于公司的销售额、利润或损失、管理和规划、公司的其他信息，它所属行业、产品需求、新产品开发、当前经济环境。报告可能会包括买入和卖出建议，一般免费提供给全方位服务的经纪公司的客户。折扣经纪公司也可能会提供经纪公司报告，但可能会收图中上面的表格是《华尔街日报》报道的共同基金报价的一部分。下面是该表格的放大版。放大表格每一列上面的数字对应图中间解释说明列表中的数字。

FUND	NAV	NET CHG	YTD %RET
Vanguard 500 Index	126.74	+0.46	9.4
TotBd	11.01	_	0.6
TotIntl	14.60	−0.04	11.8
TotSt	34.44	+0.16	10.1

1. 共同基金的名称：先锋500指数
2. 资产净值（NAV）：每一份额先锋500指数基金的价值：126.74美元
3. 今天资产净值和前一个交易日的资产净值的差值：+0.46（华尔街术语，“先锋500指数基金”今天收市价上升0.46美元）
4. YTD%RET给出了先锋500指数基金到年到期日的总回报率：9.4%

1	2	3	4
FUND	NAV	NET CHG	YTD %RET
Vanguard 500 Index	126.74	+0.46	9.4
TotBD	11.01	-	0.6
TotIntl	14.60	−0.04	11.8
TotSt	34.44	+0.16	10.1

图 20.4　阅读共同基金

资料来源：*The Wall Street Journal*，2012-03-10，B14.

取一定的费用。

商业期刊　商业期刊，如《彭博商业周刊》《财富》《福布斯》，不仅提供一般的经济新闻，也包括各个公司的详细财务信息。贸易或行业的出版物，像是《广告时代》，包括一个具体行业中的企业的信息。新闻杂志，如《美国新闻与世界报道》《时代》《新闻周刊》，定期会有一些财经新闻的专题。《货币》《吉普林格的个人理财杂志》《智能货币》，和相似的期刊提供信息和建议来提高你的投资技能。这些期刊在图书馆能找到，并且可在报亭或通过订购来购买。一些期刊有自己的网站，网站上可能包括纸质版的全部或部分文章。

公司报告　上市公司必须公布年度报告，包括公司整体表现的描述、企业产品或服务的信息、详细的财务报表，使读者可以用以评估公司的实际表现。还要公开由审计该公司的会计师事务所出具的一封信。正如第 17 章提到的，审计不能保证一家公司没有再加工他们的账本，但是审计表明该公司遵循公认的会计原则来报告收入、利润、资产、负债，以及其他财务信息。

此外，公司必须依法发行新证券，准备招股说明书，并确保将副本发布给潜在投资人。**招股说明书**是对新证券、发行公司、公司高层管理的一份详细的书面说明。一家公司的招股说明书和年度报告要对公众公开，你可以通过邮件或电话索要。另外，你也可以通过网络获取年度报告、招股说明书,或者其他财务信息。

20.6.5　证券平均值

投资者通常以报纸和电视新闻节目报道的证券平均值来衡量股票市场。**证券平均值**(或者说是证券指数)是所选择证券当前市场价格的平均值。例如,道琼斯工业平均指数和标准普尔 500 股票指数是投资者用于追踪美国股票市场的两个证券指数。今天,不仅有股票的平均值,还有债券、美国国库券、共同基金、房地产、商品、自然资源,以及很多流行的投资产品的平均值。一段时期的这些平均值可以表示价格趋势,但它们并不能预测单个投资产品的表现。它们充其量可以给投资者一种投资产品价格将发生什么的"感觉"。

20.7　如何买入和卖出投资产品

回想一下本章节所涵盖的内容。我们首先讨论为什么检查你当前的财务状况,并且管理你的钱是很重要的。接着,我们谈论了影响你投资选择的因素,成功的投资者是如何进行投资计划的,以及保守型和投机型的投资选择。最后一部分,我们讨论你怎么评估不同的投资选择,来做出明智的决定,是否买入或卖出一项投资产品。你理解前面部分信息并找到潜在投资品,你可以利用本部分的内容来判断买入或卖出投资品。

20.7.1　买入股票和债券

要想购买杰弗里·比尼的毛衣,你可以走进出售这种毛衣的商店,选择一款并购买。要想购买股票和债券,你需要通过经纪公司,即经纪公司的员工为你买入或卖出证券。

经纪公司和客户经理　客户经理,也称为股票经纪人或注册代理人,为客户买入和卖出证券的个人。在选择客户经理之前,你应该先确定你的投资目标。然后你必须谨慎地和客户经理交流你的目标,他/她可以更好地为你提供建议。你也必须决定你是需要一位**全方位服务**的经纪人还是折扣经纪人。全方位服务经纪人通常收费比折扣经纪人要高。为了帮助你决定你是否需要全方位服务还是折扣经纪公司,你应该考虑在决定投资产品时你需要多少帮助。很多全方位服务经纪公司认为你需要专业建议帮助你做出重大的投资决策。尽管这对一些投资者来说是正确的,大多数全方位服务经纪公司的客户经理都非常忙,不能花很长时间和你一对一讨论,特别是当你投资金额不高的时候。然而,很多折扣经纪公司认为你要为自己的投资决策负责。他们通过专业人士和研究资料来帮助你成为更好的投资者。

交易机制　当你确定一只特定的股票或债券,你可以打电话给你的客户经理或利用网络发出市场指令或限制性指令。**市场指令**是指以当前市场价格买入或卖出证券的要求。图 20.5 说明执行市场指令以当前市场价格卖出一只纽约证券交易所(NYSE)股票的一种方法。经纪公司可以匹配客户中一种证券的一个买方指令给客户中对相同证券的一个卖方指令。匹配指令通过证券交易所或场外交易市场不能完成。不管证券是买入或是卖出,股票、债券、很多其他金融证券的支付一般需要三个交易日。

限价指令是以指定价格或比指定价格更有利的价格(买入价更低、卖出价更高)买入或卖出证券的要求。假设你发出一项限价指令以每股 70 美元出售可口可乐普通股。只有当每股达到 70 美元或**更高**时,你的经纪代表才会为你出售股票。如果你发出一个限价指令在 70 美元买入可口可乐,只有在每股价格 70 美元或更低时,你的代表才会为你买入。一般来说,限价指令的期限是一天、一周、一个月,或者是直到取消期限。

1	客户经理收到你的卖出股票指令，传达电子指令到经纪公司在纽约证券交易所的代表。
2	公司代表在股票交易大厅将记录交易从柜台传递到经纪人。
3	经纪人到交易站，与发出买方指令的交易所成员进行股票交易。
4	交易执行后，经纪公司会收到通知单和股票价格收报机的收据。
5	股票价格收报机的收据显示卖出信息，确认信息传达给客户经理，她/他将通知你交易完成。

图 20.5　纽约证券交易所的股票交易步骤

注:尽管不是赛马,一个典型的股票交易仅需要 20 分钟。

佣金　大多数经纪公司买入卖出股票的最低佣金在 7—25 美元不等。另外的佣金基于买入和卖出的股票份额和价值。

表 20.7 表示网上经纪公司通常收取的佣金。一般来说,与通过全方位服务经纪公司交易证券的成本相比,网上交易的费用更低。通常全方位服务经纪公司收取交易额的 1%—2%费用。债券、商品、其他投资产品的交易佣金一般低于股票交易。

20.7.2　购买共同基金、房地产和其他投资产品

买入或卖出的方法基于你选择的基金类型。例如,开放式基金可以在任何交易日直接从发行基金交易的投资公司买入和卖出。封闭式基金和交易所交易基金可以在任何交易日通过证券交易所或场外交易市场来买入或卖出。佣金也是基于你买入的基金类型。非免佣基金的佣金高达 8.5%。当你买入或从基金中提现时,非免佣基金就要收取费用。如果你买入免佣基金,就不会收取费用。当你买入非免佣基金时,你通常在买入或卖出的

时候支付佣金，而不是买入和卖出时都支付佣金。记住：对于基金投资，你也要支付其他费用，通常每年计算一次。

尽管可以不通过房地产代理或经纪人购买或出售房地产，但大多数交易通过这些专业机构进行。找到一家代理或经纪人帮助你买卖投资产品是很重要的，因为她或他可以提供专业建议，不同房产具有不同市场价值，帮助完成交易。当你卖出房产时要支付佣金。

表 20.7 网上经纪公司通常收取的佣金 单位：美元

	互 联 网	交互式语音应答电话系统	经纪人助理
TD Ameritrade	9.99	34.99	49.99
嘉信理财	8.95	13.95	33.95
富达投资	7.95	12.95	32.95
史考特	7.00	17.00	27.00

资料来源：经纪业务评论网站，www.brokerage-review.com，2012-03-23。

经纪人(或客户经理)的业务一般涉及买入或卖出最具投机性的投资产品，如表 20.2 所示。例如，经纪人可以帮助你买入商品和贵金属。当你买入很多投机性产品的时候，特别重要的一点是“了解”你与之交易的人，因为可能出现欺诈和虚假陈述的情况。你需要倍加小心。

很明显，证券交易涉及大量的钱。为了努力保护投资者，避免不公平交易，联邦政府和州政府都采取行动来规范证券交易。

20.7.3 证券交易监管

证券的政府监管始于应对在买卖股票、债券和其他金融证券时的滥用和欺骗行为。今天，有很多关于银行的新闻报道，包括不良贷款和深陷财务报告问题的公司，从简单错误到完全诈骗，政府和投资者的关注度越来越高。

今天，由四种不同层次组成的金字塔式的监管体系来保证投资者得到保护。美国国会位于金字塔顶端。早期国会通过了 1933 年《证券法》(也被称为《证券真实法》)。这一法案规定了信息披露制度。**信息披露制度**是指投资者有权了解关于股票、债券、其他证券的全部重要信息，用以做出明智的决策。该法案还要求发行新证券的公司填写注册声明并公布招股说明书。1933 年以来，国会通过其他法案，还包括建立证券投资保护公司来保护投资者。国会也通过立法来遏制内幕交易。**内幕交易**是指内部人员——董事会成员、公司经理、员工买卖公司股票。尽管内部人员可以买卖公司股票，他们必须向公众披露他们的交易活动。近期，国会通过《萨班斯—奥克斯利法案》来提高企业的会计责任和财务报告。[10]

监管体系金字塔的下一层是证券交易委员会(SEC),1934年《1934年证券交易法案》成立。证券交易委员会是执行联邦证券监管的机构,也负责监督所有的国内交易、投资公司、场外交易市场、经纪公司,以及所有与证券交易有关的其他组织。

监管体系金字塔的再下一层是各个州。今天,大多数州要求新证券发行在州机构注册并且州内运营的经纪公司、经纪人、投资顾问必须获得许可。大多数州监管部门受理个人关于欺诈出售股票、债券、其他证券的诉讼。[11]

基础部分和最重要的一层监管金字塔是证券交易所和经纪公司的自我监管。据纽约证券交易所公布,自我监管从这开始,证券行业自我监督创造一个公平有序的交易环境。为了提供道德行为准则,纽约证券交易所公布了规章、政策和行为准则。这些标准适用于在纽交所进行投资活动的每一位成员。纽交所每年对每一家对公众营业的公司成员至少进行一次彻底检查。此外,超过300家经纪公司为其客户买入和卖出证券。这些公司有责任确保他们的雇员是训练有素的,并且符合严格的道德标准。

在开始投资之前,大多数人要先选定一个行业并获得一个工作职位,来挣取投资计划所需要的资金。

商界报道回看

Vanguard 集团

无论投资者是致电 Vanguard 集团,访问其中一个办事处,登录其网站,还是使用其应用程序,他们都会找到大量信息、工具和建议,从而帮助他们管理投资,并实现其财务目标。Vanguard 以其低成本指数基金而闻名,它还为个人提供经纪服务、退休计划服务、大学投资账户,以及研究和教育信息。此外,Vanguard 还为各个公司以及大学和医院等非营利组织管理退休基金。

由于 Vanguard 长期专注于共同基金,它直到2001年才开始提供交易所交易基金(ETF)。该基金仍旧保持低成本,就像 Vanguard 的共同基金一样。现在,Vanguard 已成为美国第三大 ETF 提供商,其客户资金中有超过45%流入到 ETF,资产总计超过2 000亿美元。

讨论题

1. 在为退休等长期目标进行投资时,与投资相关的成本如何影响您的业绩?根据本章的理论解释你的答案。

2. 作为投资者,您会向 Vanguard 公司的代表提什么样的问题?这些问题与您的财务目标有何关系?

本章小结

1. 解释为什么你应该管理个人财务并制定一项个人投资计划。很多个人理财专家建议通过确定你自己当前的财务状况来开始管理你的资金。第一步通常是构建个人收入状况表和个人资产负债表。你也可以构建个人预算。在开始投资之前,你必须管理你的信用卡债务。对大多数人来说,第二步是制定切合实际的投资目标。然后设计个人投资计划来实现这些目标。很多理财规划师也建议投资者应该建立一个应急基金,至少要包含3个月的生活费用。但是你可能想多存一些应急基金来应对预计的危机。剩余的资金根据投资计划进行投资。最后,所有投资都应该谨慎监管,并且如果必要的话,投资计划是可以修正的。

2. 描述下安全性、风险性、收入、增长和流动性如何影响你的投资计划。根据特定的投资目标,投资者在他们的投资品中关注其安全性、风险性、收入、增长和流动性。本质上说,安全性就是脱离损失的风险。一般来说,风险越大,一项投资的潜在回报越高。很多投资者通过计算回报率来决定愿意承担多少风险。不同风险的投资品的回报率也是可以计算的。收入是一项投资的周期性回报。增长是投资品价值的增加值。流动性是资产可以转换为现金的容易程度。

3. 认识到如何减少投资风险,增加投资回报。你投资组合中的投资品应该适应你的目标、年龄、风险承受能力、资金来源。资产配置是将你的资金分散在不同类型的投资品中以降低风险的过程。另外两种因素——你的投资产品为你服务的年限和你的年龄,也要在决定将资金投资给哪种投资品之前考虑。为了减小投资风险和增加投资回报,你应该在投资之前评估潜在的投资产品,定期检测你的投资产品的价值,保持准确和最新的记录。

4. 解释人们选择保守型投资产品包括银行存款和债券的理由。这一部分,我们讨论了传统投资产品,包括银行存款、政府债券、公司债券。尽管银行存款和债券也可以提供投资增长,但一般来说寻求可预测收入来源的投资者才会选择它们。美国政府(见表20.3)和地方政府都会发行大量不同类型的债券和证券。公司债券也有很多不同类型。政府和公司债券都是债务融资的一种形式。总的来说,一般认为债券是比股票、共同基金,或其他投机性投资产品更为保守的一种投资产品。

5. 明确股票、共同基金、房地产、更具投机性投资产品的利弊。通过股票投资,投资者可以获得股息支付、股票市场增值、股票分割。共同基金的主要优点是专业管理和多样化。今天,共同基金可以满足任何可能的投资目标。房地产投资的成功与否取决于对每一项投资选择的评估。高风险投资技术可能带来更大的回报,但也可能带来更高的损失风险。你可以在证券市场价值下降时通过卖空来获利。投资者也可以通过保证金买入股票,通常是从股票经纪公司借入部分资金。因为通过保证金你可以买入两倍的股票,只要股票市场上涨,你就能够使你的投资回报增长。其他的高风险投资包括股票期权、衍生品、商品、宝石、贵金属、古董、钱币和收藏品。

6. 利用金融信息评估投资选择。今天有大量关于股票、债券、其他证券、发行公司的信息。也有大量其他类型投资产品的信息包括,共同基金、房地产、其他高风险投资选择。两种常用的信息渠道(网络和报纸)每天报道证券交易信息。网络也被用于获取不同投资产品详细的研究信息。通常,关于证券最详尽的研究信息(也是最贵的)是从专业的咨询服务机构获取的。此外,经纪公司报告、商业期刊、公司报告也可以用于评估不同的投资选择。最后,大量的证券指数或平均数可以指出价格走势,但无法预测个股表现。

7. 理解如何买入和卖出不同的投资品。如果你投资股票和债券,你就可能需要经纪公司客户经理的服务。也可能会需要折扣经纪商或者利用电脑网上交易证券。市场指令和限价指令都可以用于在证券交易所或者场外交易市场买入股票。全方位服务的经纪公司一般来说比折扣经纪公司收取更高的佣金。除了共同基金和房地产以外,你的买入和卖出行为一般都要支付佣金,比如股票、债券、商品和大多数其他投资品。

买入或卖出共同基金的方式一般取决于你选择的基金类型。比如,开放式基金可以在任何一个工作日在发行基金的投资公司买入或卖出。封闭式基金和交易所交易基金都可以在任何一个工作日通过证券交易所或场外交易市场买入或卖出。尽管可以不通过机构或经纪商买卖房地产,大多数投资者通过机构和经纪商的专业建议来完成房地产交易。

今天监管金字塔包括四个不同的层面来确保投资者受到保护。美国国会、美国证券交易委员会(SEC)、各个州、证券交易所和经纪公司都参与监管证券行业。

关键词

净资产	标准普尔 500 股票指数	交易所交易基金(ETF)	招股说明书
个人预算	资产配置	资产净值(NAV)	证券平均值(或证券指数)
个人投资	市政债券	费用比率	客户经理
财务规划师	股票股息	基金家族	市场指令
道琼斯工业平均指数	资本增值	高风险投资	限价指令
蓝筹股	市场价值	做多	信息披露制度
回报率	股票分割	做空	内幕交易
流动性	共同基金	保证金要求	

复习题

1. 如何制定个人预算帮助你获得投资计划所需要的资金?
2. 什么是应急基金? 为什么会推荐应急基金?
3. 在安全和风险之间如何权衡? 怎么计算回报率?
4. 一般来说,什么类型的投资提供收入? 什么类型的投资提供增长?
5. 你认为如何进行资产配置? 对于 25 岁的投资者来说,投资品的服务年限和年龄将如何影响投资选择? 对于 59 岁的投资者来说呢?
6. 从安全性、风险、收入、增长、流动性的角度谈谈公司和政府债券作为一种投资品有哪些特点。
7. 描述投资者可以通过股票投资赚钱的三种方式。
8. 个人可以直接投资股票或是通过共同基金投资股票,两种投资方式有什么不同?
9. 做空和使用保证金买入股票有什么风险和回报?
10. 网络如何帮助你研究投资?
11. 除了网络以外,还有什么财务信息来源可以帮助你实现投资目标?
12. 你会选择全方位服务还是折扣经纪公司? 解释你的答案。
13. 市场指令和限价指令有什么区别?
14. 描述下证券行业是如何进行监管的。

讨论题

1. 2007—2009 年,人们经历了股票、共同基金、其他投资品的大跌。然后市场开始反弹。基于你回答该问题的时间的经济和投资市场的情况,你认为现在是开始一项投资计划的好时机吗？说明你的答案。
2. 什么样的个人情况可能导致投资者更倾向于他们投资规划的收入而不是增长？反之,什么个人情况可能导致投资者更倾向于他们投资规划的增长而不是收入？
3. 本章中,在很长一段时间,股票的表现很明显优于其他投资选择。基于这样的事实,为什么投资者会通过资产配置来多样化他们的投资产品呢？
4. 什么类型的投资者会选择政府债券？什么类型的投资者会选择增长型共同基金？什么类型的投资者会选择房地产？
5. 假设你刚刚继承了 IBM 公司的 500 股普通股,如果会做什么处理的话,你将如何处理？
6. 在你投资一支特定的普通股或共同基金之前,你需要什么类型的信息？通过什么渠道你可以获得这些信息？
7. 再看一下图 20.1(摩根公司对美元树公司的研究报告)。基于摩根公司的研究,你会买入美元树的股票吗？通过图 20.1 提供的具体实例来说明的你的决定。

视频案例 20.1

用预算驯服债务怪兽

多年来,Danny Kofke 和他的家庭购买了一些很不错的东西。他们拥有一个已经支付了一半房款的可爱的家,并且在欧洲等地享受了美好的假期。他和他的妻子,Tracy 最近购买了新的洗衣机、烘干机、冰箱、50 英寸的平板电视。在过去的七年,Tracy 已经可以待在家里专门照顾孩子了。

Kofke 夫妇才 30 多岁,是怎么做到管理生活如此成功呢(特别是在今天这样困难的经济环境下)?他们是那 1%的人吗? 或者 Danny 是高薪的高管或华尔街银行家?

并不是。事实上 Danny 是一位特殊需求老师,年薪仅 4 万多美元。这比美国平均家庭收入少 1 万美元。他和 Tracy 已经了解如何通过谨慎的财务支出使生活过得更好。如果 Kofke 家坚持他们的财务计划,到退休的时候他们将能够积攒百万美元甚至更多。

制定预算是他们成功的关键。"人们在金钱方面最大的错误是他们没有记录并不知道如何花费,"Danny 解释道。坚持做预算也是很重要的。Kofke 一家很仔细的排列他们支出的优先顺序。他们不会仅仅因为其他人都拥有而去买他们并不真正想要或需要的东西。"不要担心你的邻居会怎么想,"他说,"我知道在每个人都要赶时髦的今天要做到这样很难。"

Trevor Thomas 和他的妻子 Michelle 对他们的财务也管理得很好。和 Kofke 家一样,他们也努力地做预算。"预算可以帮助你避免在任何时候或方面超支,"Trevor 说。预算可以帮助你计划非经常性支出,比如汽车修理,并且帮助你进行未来的财务规划。Trevor 的财务预算帮忙应对了汽油和食物的价格上涨。"我们是一个六口之家,这些价格的上涨对我们影响很大,"他说。但是通过预算,他和 Michelle 就知道该如何调整他们的支出。结果就是他们没有像很多不做预算的人那样信用卡负债累累。

事实上,Thomas 家不仅没有信用卡债务,他们还没有房贷。在偿还他们的消费支出后,他们通常还能尽可能存一些钱。然后他们花了三年半的时间一点点地建了一栋不错的两层小楼。"我们从地基建起,订立合同和筹集资金都是我们自己完成的,"Trevor 说。

有信用卡债务和没有信用卡债务的区别在于,没有信用卡债务的人当他们不能马上拥有他们想要的每一样东西时,他们也不觉得怎样,注册财务规划师 Bedda D'Angelo 如是说,"他们不是生活标准低,他们只是不愿意购买他们不需要的东西和没有攒够钱去购买的东西。"他们也不用晚上睡不着觉来想如何偿还账单。[12]

Kofke 说他们确实有时被认为太小气,但他们不会因此觉得沮丧。在债务横流的今天,很多个人、企业,甚至政府破产,他们很庆幸他们没有在债务怪兽的控制之下。"去做对你和你的家庭正确的事情,"Danny 建议道,"如果那些没有好好管理他们财务的人们嘲笑你,并让你做出改变,你必须坚持做正确的选择。"

讨论题

1. 所有债务都是不好的吗? 什么情况下利用债务是合理的?
2. 为什么在年轻的时候储蓄和投资是很重要的?
3. 你可以采用什么办法来改善你的财务状况?

案例 20.2

富达国际帮助投资者为他们的财务未来做准备

位于波士顿的富达国际投资希望帮助它的 2 000 万客户学会管理财务并在任何时间任何地点获得帮助。不管客户是使用平板电脑，还是安卓应用程序、推特客服、电子转账、网上服务、呼叫经纪人，还是通过公司网站设置指令，富达国际随时准备好提供服务。

富达国际成立于 1946 年，现在在全球范围内有 39 000 员工，并且管理 524 只共同基金，从个人和机构投资者处吸纳总价值 3.6 万亿美元的资金。其共同基金包括四种主要类型：货币市场、股票、债券、国际证券。尽管它也提供很多指数化的股票和债券基金，富达国际的管理基金最负盛名，比如 Contrafund 和 Magellan 基金。多年来，它已经在向其他金融服务扩张，包括折扣经纪公司服务、大学储蓄账户、信用卡、支票账户、网上支付。富达国际也是美国最大的 401(k)退休账户管理者，为 19 000 多家公司、教育机构、非营利组织办理退休计划。

富达国际在金融市场开放的日子每天为客户完成 345 000 笔证券交易。超过 300 万客户每天点击其网站来阅读分析报告，了解投资和账户选择，查看市场最新研讨，监管他们的投资组合，或者是发布指令。要想获得个性化的服务和建议，客户可以访问全美的 168 个富达国际投资者中心或者参加当地富达国际投资专家的研讨会。

技术也是富达国际的强项之一，所以并不奇怪该公司的脸书主页有 55 000 个"喜欢"，推特账户有 48 000 个粉丝。"我们的目标是未来通过这些渠道不止是与数万而是能够与上百万的用户互动。"富达国际的数字发行部部长说道。在公司网站上，客户可以从便利性、价值、特征的角度，以一颗星到五颗星来表示，给经纪产品和服务进行评级。此外，关于他们喜欢什么、不喜欢什么，客户可以写详细的评论。这使得投资者可以了解其他投资者在考虑什么，并给富达国际设计新产品提供重要的反馈和新点子。

基于富达国际多样化的产品列表，"现在大家可以通过像富达这样的公司来做好所有的资金管理(需求)的事情，"其高级经理说。例如，客户可以用智能手机应用程序使用非退休账户储蓄，并且免费从任何当地银行的 ATM 提现，由富达支付 ATM 费用。事实上，现在客户每年通过点击实现 700 万美元在富达账户的交易，这一数据随着客户将更多个人资金转到富达而逐步增加。

年轻人可以拥有他们所需要的资金来享受退休生活吗？富达的研究表明，多亏了新的美国法律，更多员工主动加入到他们雇主的退休计划中。人们越早开始储蓄，到退休年龄时获得的资金就越多。在富达管理的退休金计划中，已有超过一半的公司员工加入，这一数字是 2006 年的 3 倍。当这些人需要其他财务帮助时，富达也会做好准备。[13]

讨论题

1. 为什么富达国际会提供 524 支共同基金？这对公司和投资者各有什么好处？

2. 与当地银行或信用卡中心的账户相比较，富达国际的支票账户有什么优势和劣势？

3. 假如你要评估一支特定的共同基金，在哪里你可以获得你选择合适基金所需要的研究信息？假如你已经选择好了合适的基金，你是更愿意网上操作，还是通过与富达国际的经纪人沟通来完成交易呢？

尾注

1. Sources: Based on information in Chris Flood, "Vanguard ETF Assets Surge to Top $200 bn," *Financial Times,* March 25, 2012, www.ft.com; Jackie Noblett, "Vanguard Drives Home Low-Cost Mantra, in a Mobile Café," *Financial Times,* March 21, 2012, www.ft.com; Jason Kephart, "Vanguard Steps Up Efforts to Woo Advisers," *Investment News,* March 12, 2012, p. 2; Robert Steyer, "Providers Going Big with Technology," *Pensions & Investments,* October 31, 2011, p. 2; www.vanguard.com.
2. "Money 101 Lesson 4: Basics of Investing," the CNN/Money Web site at www.money.cnn.com, accessed March 8, 2012.
3. Suze Orman, *The Road to Wealth* (New York: Riverbend Books, 2001), 371.
4. The 2010 Advanced Micro Devices Annual Report, the Advanced Micro Devices Web site at www.amd.com, accessed March 8, 2012.
5. The Investment Company Institute Web site at www.ici.org, accessed August 21, 2012.
6. The Mutual Fund Education Alliance Web site at www.mfea.com, accessed March 8, 2012.
7. The Investment Company Institute Web site at www.ici.org, accessed August 21, 2012.
8. Bill Barker, "Loads," the Motley Fool Web site at www.fool.com, accessed March 8, 2012.
9. "The Low Down on Index Funds," the Investopedia Web site at www.investopedia .com, accessed October 23, 2009.
10. "The Regulatory Pyramid," the New York Stock Exchange Web site, accessed March 10, 2012.
11. Ibid.
12. Based on information in Julia Gabriel, "Little Money? Live Rich on Simple Financial Wisdom," *CBN News*, October 30, 2011, www.cbn.com; Trevor Thomas, "Living Debt Free," *American Thinker*, July 24, 2011, www.americanthinker.com; Shelly K. Schwartz, "You Can Live Debt Free," *CNBC*, August 12, 2008, www.cnbc.com.
13. Based on information in John McCrank, "E-Brokerages Tap Social Media for Faster Service," *Reuters*, April 5, 2012, www.reuters.com; Stephen Miller, "Pension Protection Act Changes Plan Design, Motivates Saving," *HR Magazine*, February 2012, p. 14; Dan McCrum, "Original US Fidelity Business Thrives," *Financial Times*, April 11, 2012, www.ft.com; Ari I. Weinberg, "Coming to Your 401(k): Fidelity ETFs?" *Wall Street Journal*, January 3, 2012, www.wsj.com; William Baldwin, "Who Needs Bank Branches?" *Forbes*, August 3, 2011, www.forbes.com; www.fidelity.com.

图书在版编目(CIP)数据

商务学:第12版/(美)威廉・普赖德(William M. Pride),
(美)罗伯特・休斯(Robert J. Hughes),(美)杰克・卡普尔(Jack R. Kapoor)著;
李育冬等译.—上海:复旦大学出版社,2018.10
(西方商务经济学名著译丛)
书名原文: Business
ISBN 978-7-309-13713-2

Ⅰ.①商… Ⅱ.①威…②罗…③杰…④李… Ⅲ.①商务-高等学校-教材 Ⅳ.①F7

中国版本图书馆CIP数据核字(2018)第105790号

Copyright© 2014 by South-Western, Cengage Learning.
Original edition published by Cengage Learning. All Rights reserved. 本书原版由圣智学习出版公司出版。版权所有,盗印必究。

Fudan University Press is authorized by Cengage Learning to publish and distribute exclusively this simplified Chinese edition. This edition is authorized for sale in the People's Republic of China only (excluding Hong Kong, Macao SAR and Taiwan). Unauthorized export of this edition is a violation of the Copyright Act. No part of this publication may be reproduced or distributed by any means, or stored in a database or retrieval system, without the prior written permission of the publisher. 本书中文简体字翻译版由圣智学习出版公司授权复旦大学出版社独家出版发行。此版本仅限在中华人民共和国境内(不包括中国香港、澳门特别行政区及中国台湾)销售。未经授权的本书出口将被视为违反版权法的行为。未经出版者预先书面许可,不得以任何方式复制或发行本书的任何部分。

Cengage Learning Asia Pte. Ltd.
151 Lorong Chuan, #02-08 New Tech Park, Singapore 556741

本书封面贴有 Cengage Learning 防伪标签,无标签者不得销售。

上海市版权局著作权合同登记号:图字 09-2017-296

商务学(第12版)
[美]威廉・普赖德 [美]罗伯特・休斯 [美]杰克・卡普尔 著 李育冬等 译
责任编辑/鲍雯妍

复旦大学出版社有限公司出版发行
上海市国权路579号 邮编:200433
网址:fupnet@fudanpress.com http://www.fudanpress.com
门市零售:86-21-65642857 团体订购:86-21-65118853
外埠邮购:86-21-65109143 出版部电话:86-21-65642845
常熟市华顺印刷有限公司

开本 787×1092 1/16 印张 39.5 字数 798 千
2018年10月第1版第1次印刷

ISBN 978-7-309-13713-2/F・2466
定价:88.00元

如有印装质量问题,请向复旦大学出版社有限公司出版部调换。
版权所有 侵权必究